当代中国的水运事业

CONTEMPORARY CHINA: WATERBORNE TRANSPORTATION

当代中国出版社
Contemporary China Publishing House
2020年 · 北京

图书在版编目(CIP)数据

当代中国的水运事业 / 《当代中国》丛书编辑委员会编 . -- 北京 : 当代中国出版社 , 2020.6
（《当代中国》丛书）
ISBN 978-7-5154-0944-3

Ⅰ . ①当… Ⅱ . ①当… Ⅲ . ①水路运输 - 交通运输业 - 概况 - 中国 - 现代 Ⅳ . ① F552

中国版本图书馆 CIP 数据核字（2019）第 163914 号

出 版 人 曹宏举
责任编辑 宗 边
特约编辑 陈立旭
责任校对 康 莹
印刷监制 刘艳平
装帧设计 创世禧图文
出版发行 当代中国出版社
地 址 北京市地安门西大街旌勇里 8 号
网 址 http: //www. ddzg. net 邮箱：ddzgcbs@sina. com
邮政编码 100009
编 辑 部 （010）66572264 66572154 66572132 66572180
市 场 部 （010）66572281 66572161 66572157 83221785
印 刷 北京润田金辉印刷有限公司
开 本 787 毫米 × 1092 毫米 1/16
印 张 38 印张 556 千字
版 次 2020 年 6 月第 1 版
印 次 2020 年 6 月第 1 次印刷
定 价 270.00 元

ISBN 978-7-5154-0944-3

《当代中国》丛书
编辑委员会

《当代中国》丛书
编　辑　部

《当代中国的水运事业》

作　者

绪　论　罗延奎

第一编　王钟嶙　罗延奎

第二编　张文雄　宁兴琨　罗延奎

第三编　罗延奎　万裕林

第四编　程椿林　王宝章　朱复炎　梁辉志　梁　宇　龚定鑫

第五编　时信涵　晏贤良　许传鹏　孙起运

《当代中国》丛书再版说明

《当代中国》丛书作为新中国成立以来第一套大型当代中国国史和国情丛书，是新中国国史研究领域的标识性作品。该丛书以无可辩驳的史实客观呈现了新中国成立以后近40年我们党带领全国人民所取得的社会主义建设的伟大成就，是改革开放前后两个时期有机衔接的忠实记录。

《当代中国》丛书是20世纪80年代初胡乔木同志提议，经中共中央书记处批准，由中宣部向全国部署，交由中国社会科学院规划和编辑出版，是新中国成立后由中央组织的首次大规模编写中华人民共和国历史的工程。《当代中国》丛书共150卷，208册，约1亿字，3万幅珍贵历史图片。丛书内容广泛，几乎涵盖新中国成立以来各条战线、各个地区社会主义革命和社会主义建设事业的发展过程、辉煌成就。按内容区分，有部门（行业）卷、地方卷、专题卷，还有不限于某个部门或某个方面的综合卷。

1999年6月30日，《当代中国》丛书完成总结大会在北京人民大会堂召开，时任中共中央总书记、国家主席江泽民，国务院总理朱镕基，副总理李岚清等党和国家主要领导同志亲切会见了与会代表。江泽民总书记对丛书的完成表示热烈祝贺和高度评价，同时发表重要讲话。他指出：《当代中国》丛书为研究有中国特色社会主义的伟大事业的发展进程、经验和规律，为在广大干部和群众中开展爱国主义、集体主义、社会主义思想教育，提供了丰富的史料和生动的教材。大家应该充分运用这部丛书的科研成果，为资政育人服务，为推进改革开放和现代化建设服务。同年，《当代中国》丛书荣获第四届中国国家图书奖荣誉奖。

由于本丛书第一版时间久远，版本陈旧，且至今市面无存，为服务广大读者，我们推出了该丛书的新版本。目前再版这套丛书，既是向2019年新中国成立70周年奉献的一份厚礼，也是向2020年全面建成小康社会和2021年中国共产党成立100周年敬献的贺礼。

本次再版的总体原则是在尊重史实和时代语境的前提下，保持丛书既有框架和内容，个别调整体例、订正错讹。本次再版，我们邀请专业人员对各卷英文目录做了全面修订，使之更加准确、简洁。我们还提升了用材、装帧质量，务使该丛书以更好的面貌呈现给广大读者。

本次再版得到了中国社会科学院哲学社会科学创新工程和当代中国研究所的鼎力支持与帮助，在此谨表诚谢。

2019年，习近平总书记对在“不忘初心、牢记使命”主题教育中学习党史、新中国史作出重要指示。我们真诚希望，通过本丛书再版，能为全国广大读者增添一套新的、更为全面系统的学习教材，起到进一步传承红色基因、坚定理想信念的作用，做到知史爱党、知史爱国。

当代中国出版社

2019年12月

总　　序

中华人民共和国，作为一个伟大的社会主义国家，屹立于世，已经整整35个春秋。

当此之际，我们决定把30多年来的历史经验，分门别类，加以总结，编纂成书，陆续付梓，以献给这一伟大事业的创业者和建设者，献给行将参加到这一事业中来的一代又一代新的建设者，献给全国各族同胞和世界上一切关心我们事业的朋友们。

在中华民族5000多年的文明史上，我们当代的历史——中华人民共和国的历史，是最辉煌的篇章。这个时期，中国大地上社会的发展，历史的进步，各项事业的兴旺，人民的团结，都是空前的。我们并不满足于既有的初步成就，并不想以此矜夸于人，但是我国人民通过30多年的实践，确实重新建立了充分的民族自信。实践本身向全世界宣告，有着古老文明的中华民族，在中国共产党领导下，恢复了和勃发着青春的活力，她完全有能力在比较短的时间内，扎扎实实，以比较高的速度，迎头赶上，跻身于世界先进民族之林。

中华人民共和国的历史，是一部艰苦卓绝的社会主义创业史。其所以艰苦卓绝，一则是由于我们的基础太差，起点太低；二则是由于我们没有经验。如何把一个贫困落后的半殖民地半封建的旧中国改造和建设成为一个富强先进的社会主义新中国，不仅在我国的历史发展中是前无古人的创新之举，而且在世界范围内也无成例可援。我们固然可以参考和借鉴别人的经验，但从根本上来说，却只有靠我们自己运用马克思列宁主义的普遍真理，独立地认识和分析中国的特殊国情，以无畏的革命创造精神和严格的科学态度，找出一条中国化的建设社会主义的道路。只有这样，振兴中华的大业才会事半功倍，卓有成效。在革命战争年代，我们把马克思列宁主义普遍真理和中国革命具体实践相结合，形成了适合中国情况的科学的指导思想，即毛泽东思想。是否坚持马克思列宁主义普遍真理和中国革命具体实践相结合，是决定新民主主义革命成败的关键。新中国成立以来的历史实践表明，这同样是决定我国社会主义事业成败的关键。30多年来，中国人民为此贡献了智慧，付出了劳动，备尝了失误的苦痛和成功的欢欣。党的十一届三中全会以后，我们总结过去正反两方面的丰富经验，坚持和发展马克思列宁主义、毛泽东思想，逐步制定和完善各方面的方针政策，在探索建设有中国特色的社会主义的道路上，有许多新的创造，取得了重大的成就。在1982年党的第十二次全国代表大会上，邓小平同志提出："把马克思主义的普遍真理同我国的具体实际结合起来，走自己的道路，建设有中国特色的社会主义，这就是我们总结长期历史经验得出的基本结论。"建设有中国特色的社会主义，这是一个实践的过程，又是我们的认识不断提高和深化的过程，这是我们的出发点，又是我们的奋斗目标。我们完全可以自豪地说，沿着这条道路前进，通过全体共产党人和各族人民脚踏实地的艰苦奋斗，把我们的祖国建设成为一个高度文明、高度民主的社会主义的现代化强国，是指日可待的。

社会主义中国的历史还在发展。我们有责任把我国走过的道路和取得的经验，介绍给全国各族人民，介绍给世界人民。我国人民必能从中吸取到爱国主义和社会主义的可贵教益，国外一切关心中国的人也能够由此增进对社会主义新中国的了解。这就是我们编撰出版这套《当代中国》丛书的主要目的。

《当代中国》丛书，将遵循实事求是的科学的态度，不虚美，不掩过，用可靠的事实资料，如实地写出新中国30多年的建设史，为世人为后代留下一部科学的信史。我们深信，只要把30多年建设的成功和挫折的经验，运用马克思列宁主义、毛泽东思想——加以科学的总结，那就会使之成为传诸后世的国宝。

当然，任何珍贵的历史经验，都不应变成妨碍人们继续前进的沉重负担。我们不仅不能重复过去的错误，也不能为成功的经验所束缚，而故步自封。历史经验的可贵，在于提供给人们继续前进的力量，在于给人们研究和解决新问题以智慧。现在，为了实现社会主义现代化，全面进行经济改革和技术革命的历史任务，已经提上了议事日程。这些在新的历史条件下面临的重大的新课题，显然是不可能从既往的历史经验中找到现成答案的。我们的任务在于，正确运用历史经验，从中得出规律性的认识，以便用科学性和革命性紧密结合的革新精神，去迎接我国社会主义现代化建设的新高潮。

《当代中国》丛书编辑委员会

1984年5月3日

序

《当代中国的水运事业》一书，是众多编写者辛勤劳动的结晶。该书全面阐述了中国水运事业36年来的发展情况，为了解和研究具有中国特色的社会主义水运事业，提供了历史的经验和丰富的材料。

中国水路运输源远流长，在创造灿烂的中华民族古老文明中，有着特殊重要的位置。随着社会生产的发展，新的运输方式相继出现，但水运仍然是综合运输中的重要组成部分，它的独特功能和优势，是其他运输方式难以取代的。

中华人民共和国成立以后，特别是中共十一届三中全会以来，中国水运事业开始了蓬勃发展的新时期。海洋运输日益壮大，已跻身于世界航运大国之林，彻底改变了往日那种受制于人的局面；内河主要航道得到了初步治理，内河航运再不是古人诗句中的“孤帆远影”，开始出现“百舸争流”的繁荣景象；港口的布局和构成有了改善，建成了一批现代化的枢纽港口和港口群体；与水运相匹配的水运工程、水运工业、科研、教育、安全监督、航行保障和救助打捞等也都有相应加强。水运事业的发展为中国重点物资运输、外贸运输、旅客运输做出了积极的贡献，有力地支持了中国国民经济和社会的发展。

中国水运事业从自身的纵向发展比较，虽有长足的进步，但很不平衡，总体功能与国民经济的要求差距很大，丰富的水运资源和优势远远没有得到充分的利用。摆在我们面前的水运建设任务“任重而道远”。既要做好当前工作，努力为国民经济发展服务；又要根据水运事业发展的特点，用几个五年计划的时间，在发展以综合运输为主轴的建设方针指引下，统筹规划、条块结合、分层负责，逐步建成水运主通道系统。经过几代人锲而不舍的努力，源远流长的中国水运事业定能放射出更为光辉的异彩。

錢永昌

1989 年 2 月 28 日

目录

第一编
水路运输生产

第二编
水运工程

第三编

水运工业

第四编
水上安全监督和航行保障

第五编
科学研究、教育、出版和学会

Contents

Part One

Waterborne Transportation Production

Part Two
Waterborne Transportation Engineering

Part Four

Safety Superintendence and Navigation Support

Part Five

Scientific Research, Education, Publication and Society

绪　论

交通运输是经济社会的命脉。自从人类有了生产和产品交换，作为流通环节的交通运输便产生了。随着科学技术的进步和社会经济的发展，交通运输日臻完善且发挥着重要的作用。以蒸汽机实用技术为先导的世界第一次产业革命，使交通运输发生了巨大变革，蒸汽汽车、蒸汽机船、蒸汽机车相继问世，促进了社会经济的发展。在20世纪前半叶的世界第二次产业革命中，交通运输迈入了内燃技术时代。不仅出现了内燃汽车、内燃机车、内燃机船，还出现了飞机，形成了水路、陆路和航空的综合运输体系，其服务领域日趋广泛，质量显著提高，成为社会经济发展中不可缺少的重要环节。20世纪后半叶，以电子计算技术为先导的世界新技术革命，促进了世界经济在发展中调整，各种运输方式为人类广泛利用自然资源、发展经济合作和加快流通，发挥着巨大作用。一切社会经济活动，都需要交通运输先行。

水路运输（简称水运）凭借着约占地球表面2/3的海洋和陆域中的江、河、湖泊，以其运量大、成本低、能耗省、占地少和易开发等特点，在交通运输中占有重要的地位。

中国幅员广大，海域辽阔，岛屿星罗棋布。陆缘海岸北起鸭绿江大东沟，南至北仑河口，长1.8万余公里，渤海、黄海、东海、南海和太平洋，给中国以交通海外各民族的便利。

在960余万平方公里的陆地上，流域面积超过100平方公里的河流有5800余条，总长42万多公里，其中流域面积在1000平方公里以上的就有1500余条。注入海洋的外流河系水量，占河流总水量的95%以上，分布面积约占全国总面积的1/3。东部沿海和长江以南的广阔陆域，更是河网密布，水源充沛。水运较为发达的内河水系有长江、珠江、黑龙江、京杭运河和淮河，通常称“三江两河”。在铁路、公路、水运、管道和民航等运输业中，水运货运量在全国（暂缺台湾省）的总货运量中所占比重约为18%，货物周转量超过45%，而在外贸货物运输中则高达90%以上。水路客运以其舒适的生活环境和广泛的服务范围，受到旅游者和商贾的欢迎。岛屿之间的客货运输，更是离不开水运。

优越的自然资源，为水运发展提供了充实的物质基础。科学技术进步又使水运大放光彩。中国的水运事业不但历史久远，而且在世界水运史上谱写了光辉的篇章。

第一节　古近代水运史略

70年代，中国考古学者在浙江省余姚县的河姆渡遗址中发现了柄叶连体木桨，经放射性碳素断代，年代约为公元前5000年至前3300年，这说明当时已有舟楫之便。

春秋战国时代，中国水运已初具规模。秦穆公十二年（前648年），秦国运粮船自雍（今陕西凤翔）沿渭水入黄河，北逆汾水，船漕车转700里（350公里）至晋国都城绛（今山西新绛），古称“泛舟之役”。春秋战国后期，吴、越两国开发河道，扩展海路，进行漕粮和军事运输，成为水运发达的王国。公元前506年，吴国为西征楚国开凿沟通太湖与长江的胥溪，公元前495年为从海上进攻越国开凿沟通太湖与东海的胥浦，9年后在长江北岸的邗（今江苏扬州东南）开挖连通淮河的邗沟。公元前484年至482年，吴国又于商（今河南商丘）、鲁（今山东曲阜）之间开凿渠道，引古菏泽水入泗水，使江淮河道与黄河相通，威震中原。

秦统一中国后，水运有了进一步的发展。公元前219年至210年，秦始皇两次派遣方士徐福率众千人东渡大海“寻仙”，并于前214年命史禄主管开凿灵渠（又称兴安渠），沟通了湘江和漓水，使漕船直下五岭南粤。

随着社会经济的发展，水运逐渐成为主要运输方式之一。自西汉至唐初，京都所需粮食多从关东（今河南、河北、山东）沿黄河漕运入渭。两汉时期开辟的东至朝鲜和日本、中经已程不（今斯里兰卡）和安息（今伊朗）、西达大秦（今称罗马帝国）的“海上丝绸之路”，为往来学者、使臣和商贾提供了便利。东吴曾是海运发达的国家，它在发展北至渤海、南至南海的沿海航运，开发台湾和南海诸岛等方面，都取得了许多成就，其海外贸易远及红海西南沿岸。

唐朝“贞观之治”，兴国安邦，政通民富，水运发达。从中央到地方，都设有水道、漕运、海关和工程建设部门。水陆运使和市舶使分别统管水陆联运和海外贸易。航海术和造船术都有突破性的发展，天文航海学得到普遍应用。楼船和海船分成 9 个水密隔舱，并设置帆和舵利用侧逆风行驶。

宋朝时期，冶铁技术兴起，造船业进入蓬勃发展的时代，出现了快速的“魛鱼船”、轻捷坚实的“海鳅船”、河海通用的“多桨船”，以及用桨和踏轮推进的“铁壁铧咀船”，等等。中国发明的指南针和天文学已应用于航海，“舟师识地理，夜则观星，昼则观日，晦阴观指南针”。海外贸易航程经南海，循印度洋北部西行，达大食（波斯湾地区）、东非的摩邻（今肯尼亚马林迪）、泼拔力（今索马里的柏培拉）、层拔罗（今桑给巴尔）等国。

元朝时期，商品经济有了发展，水运交通和海外贸易活跃。1239 年至 1292 年，京杭运河和北洋海漕航线成为南北漕运要道。国际海上贸易也以泉州和广州为主要港口，与东南亚、印度半岛、波斯湾、阿拉伯半岛和非洲东海岸各国往来频繁。

明朝初期，废除了元朝的工役制度，生产力进一步解放，造船业得到更大的发展，不但民间作坊丛生，而且官办的龙江、清江、卫河工场均具规模。1405 年 7 月 11 日至 1433 年 7 月 7 日，三宝太监郑和率领“宝舡六十三号，大者长四十四丈四尺，阔一十八丈；中者长三十七丈，阔一十五丈”（明尺）的庞大船队，将地文航海、天文航海、罗盘指南等航海科学技术有机地结合起来，7 次横渡西洋（今太平洋、印度洋），远达东非海岸和红海沿岸 30 余国家和地区，发展了海外贸易，增进了中国与各国间的友好交往。1411 年至 1433 年，太监亦失哈也受命率庞大船队 10 次出使奴儿干地区（今黑龙江下游一带），并经黑龙江口渡鞑靼海峡抵“海外苦夷”岛（今称库页岛）。这些大规模的远航活动要比哥伦布由巴罗斯港首次远航加勒比海沿岸早80余年。

明朝初期的两次规模宏大、持续20余年的远航活动，曾使木帆船航运达到鼎盛时期，以后则逐渐衰败。究其原因，虽然众说纷纭，但根源在于封建统治者推行“闭关锁国”政策。清朝统治者的“海禁”竟残酷到“空其地而徙其民，寸板不准下海”。

从明朝中后期到清朝末期的300余年间，海运事业停滞，河运发展缓慢，而西方一些新兴的资本主义国家却以炮舰疯狂地向美洲、非洲和亚洲进行殖民掠夺。1840年，英国殖民主义者在广州水域挑起鸦片战争，迫使清政府于1842年签订《南京条约》，开放广州、福州、厦门、宁波、上海五处为通商口岸。此后，帝国主义列强控制了中国的水运事业，中国有海无防，航权丧失。英、法、德、日、美等国的炮舰曾长驱直入重庆、泸州等地，横行肆虐于川江。

中国自办的近代轮船运输业始于1873年年初（同治十一年十二月十九日）“官督商办”的轮船招商局（1932年改为“国营”），比航运发达国家落后半个多世纪，特别是在不平等条约的羁绊下，发展迟滞。稍具近代化的港口、码头都为外国侵略者“租借”或霸占。

1911年辛亥革命后，孙中山先生曾在《建国方略》中勾画了水运事业建设蓝图。然而革命尚未成功，他便去世。在第一、二次世界大战的前夕，帝国主义国家经济危机四伏，中国的水运事业曾有过短暂的兴旺时期。尽管如此，在1937年抗日战争全面爆发前，中国公私营轮船总吨位只不过58万，其中招商局仅有8.6万。而航行在中国的外国轮船总吨位达150余万，几乎垄断了中国的水路运输。卢作孚、张謇等爱国民族资本家经营的民生实业公司、三北轮埠公司以及其他民族航运企业与帝国主义者相抗衡，但步履艰难。

1937年7月7日，日本帝国主义向中国发动全面武装侵略，蚕食了所有沿海港口和绝大部分内河港口。国民党政府将近90艘、11万总吨的船舶凿沉于长江的江阴、镇江、乌龙山、马当，沿海的连云港、镇海以及黄浦江、闽江口和珠江口等处水域；另有130余艘（约14.5万总吨）船舶则根据《非常时期轮船转移外籍办法》改悬外国旗，航行海外。航行在西南地区内河的，仅有轮船招商局、民生实业公司、三北轮埠公司和大达、大通、达兴等轮船公司的部分船舶。

1945 年抗日战争胜利后，水运事业曾一度复苏，运输船舶数量激增。截至 1948 年 10 月，在航政机构登记的较大型轮船公司有 116 家，注册船舶 3830 艘、116 万总吨。其中，官僚资本企业 3 家，有轮船 329 艘、47.87 万总吨；民族资本企业 113 家，有轮驳船 3501 艘、68.13 万总吨。此外，还有分散在各地且多由封建行会控制的木帆船运输业，约有 200 万载重吨的各类木质船舶。天津新港的船闸续建、防波堤修复和航道疏浚工程，青岛港第 5、6 号码头修复工程，黄埔港码头和仓库工程，也都收到不同程度的效果。但是，随着国民党军队节节败退，亟待修复的港口、航道和船厂等基础设施又遭破坏，70% 以上的轮船被国民党挟持到台湾或就地炸沉，一些民族航运企业的运输船舶被迫滞留海外。

1946 年 5 月 7 日，松江省人民政府接管了松花江航运局，建立了人民政权的第一个航运机构。5 月 9 日即组织 12 艘船舶恢复了哈尔滨至通河段的航运。1949 年 6 月，东北区人民政府在沈阳设立了统管全地区河海运输的东北航政总局，下设哈尔滨航政局、安东（今丹东）航政局和大连轮船公司。与此同时，山东和苏北沿海解放区的木帆船运输业，也在完成军事和物资运输等项任务中十分活跃。

1949 年年初，中国人民解放军陈兵百万于长江以北，人民解放战争势如破竹。此间，尚未解放的上海市，物价暴涨，煤、粮、棉奇缺，工厂停工停产，民不聊生。2 月 13 日，新华社转发了毛泽东主席和周恩来将军给全国轮船业联合会理事长杜镛和上海市轮船业公会理事长魏文翰的复电，赞同上海与秦皇岛实现海上通航。后经多方努力以及共产党和国民党当局的认可，达成协议。从 2 月中旬至 4 月，“大上海”、“唐山” 等 11 艘轮船相继完成 90 余航次，运送面粉 300 万袋、煤炭 11 万吨和数以万计的邮件，深受人民拥护和国内外新闻界的赞扬。

1949 年 4 月下旬至 6 月底，在中国人民解放军横渡长江的战役中，各地木帆船运输业出色地履行了自己的历史职责，为中国人民的解放事业立下了赫赫战功。

各港埠城市解放后，中国人民解放军军事管制委员会和人民政府立即依照“各按系统，自上而下，原封不动，先接后分”的原则进行接管工作，废除帝国主义在中国的一切特权，收回海关，管制对外贸易，建立各级国营航运管理机构和企业。此外，还大力扶持私营航运企业和积极组织民间木帆船运输业，使之尽快恢复生产。

上海是中国最大的工商业和港口城市。国民党军队在撤离前夕曾企图使上海变成一座“死城”，而后还不时派遣空军和海军施行窜扰和轰炸，在黄浦江炸沉船只阻塞航道，在长江口陈舰封锁，指使特务在市内施暴和造谣惑众，使工业生产和人民生活所需的煤炭、棉花和粮食奇缺。迅速恢复航运、运送物资和支援解放沿海岛屿，是当时人民政权的紧要任务。上海市军事管制委员会航运处处长兼驻招商局轮船总公司的总代表于眉，深入港口和航运企业，向职工宣传军事接管政策，组织工人为基干力量，团结各方爱国人士和工程技术人员，打捞沉船，清理航道和抢修码头仓库，使上海港迅速复活。经过三昼夜抢修的货船“江陵”号，于6月3日启航开往汉口。从6月至11月，由轮船和木帆船运至上海港的煤炭计783万吨，粮食储备量达数亿公斤。上海市的经济复苏和市场稳定，给全国的经济恢复和人民生活安定带来希望，有力地支援了人民解放战争。

中华人民共和国成立时，解放区（西南、华南地区未计入）运输轮驳船共有2357艘、38.1万总吨。其中国营1001艘、27.1万总吨，私营1356艘、11万总吨；而在香港、台湾和其他海外地区的轮船合计448艘、78.2万总吨，其中招商局等国营船舶150艘、34万总吨，民生实业公司等私营船舶298艘、44.2万总吨。

第二节　水运事业的振兴

1949年10月1日，中华人民共和国庄严宣告成立。从此，中国的水运事业沿着崭新的社会主义航向，破浪前进。

一、恢复航运生产、建立管理体制（1949年至1952年）

1949年11月1日，中央人民政府交通部正式组成，首任部长章伯钧，副部长李运昌、季方就职视事。11月19日至12月28日，在北京召开了首届全国航务、公路会议，朱德总司令和政务院副总理兼财政经济委员会主任陈云莅会讲话，号召各方面相互学习，克服困难，通力合作，恢复航运，支援战争，迎接交通运输建设的伟大任务。这次会议在交流和总结军事接管和恢复生产经验的基础上，确定了交通运输的发展方针和任务，初步确定了全国各级交通管理机构和领导关系以及主要的规章制度。1950年3月12日，政务院发布了《关于1950年航务工作的决定》，确定航务工作的基本任务是“继续支援解放战争，并为恢复生产服务”。其主要内容有：在水运工程方面，疏浚主要港湾和内河航道，恢复沿海各港口和长江航线的助航设施，继续进行天津新港建设工程，保养修整各港码头仓库，打捞沉船，建立修船厂管理制度并大力修船；在航务管理方面，整顿和建立管理制度，制订统一规则，简化航行船舶检查手续，制定船舶检验标准和登记规则，改善引水制度，加强运价管理。此外，还对航务组织领导和培养技术人才等作了明确规定。

新中国的成立，极大地激发了海外赤子的爱国热忱。他们纷纷响应中央人民政府的号召，回归祖国，投入统一大业和发展水运事业的热潮之中。1950年1月15日，香港招商局和13艘船舶的爱国员工在经理汤传篪、陈天骏率领下，宣布起义回归祖国，在海内外引起广泛反响。华侨航商的船舶也踊跃归来，参加海洋运输。

新中国的诞生，得到了一切友好国家的普遍支持。正当美帝国主义对新中国实行禁运政策和蒋介石集团不断袭扰大陆、疯狂拦截船只之时，中国和波兰两国政府本着平等、互利、合作的原则，于1951年6月15日合营组建了中波轮船股份有限公司（时称中波海运公司）。此后，一些友好国家的航运公司也相继派船承担外贸物资运输或与中国建立远洋运输业务关系。

在水运事业的恢复过程中，也曾出现了如计划不周、管理不善等问题。特别是一些私营轮船公司之间倾轧竞争，投机倒把分子从中渔利，扰乱了航运市场。1951年8月1日，交通部决定对水运管理实行改革，将航务总局及其国营轮船总公司撤销，分别成立海运管理总局、河运管理总局和航道工程总局（不久改为航务工程总局），直接领导各海区（北洋区、华南区）和主要水系（长江、珠江和松花江）的航务、航运和工程部门；各大行政区、省和直辖市也按其管辖范围和权限，设立了相应机构。从此，形成了中央与地方企业并存、各有侧重的“政企合一”管理体制。在经营管理方面，推行经济核算制，统一费率、统一货源、统一调度，使水运生产逐步纳入国家计划经济轨道。同时，交通部还陆续颁发了《船舶登记暂行章程》等行业管理法规。

对私营航运企业，国家除给予必要的扶持外，还采取“公私兼顾，劳资两利”的政策，鼓励其向联营、合营方向发展，使一些企业很快渡过难关。1952 年 9 月 1 日，政务院根据卢作孚总经理生前的多次申请，批准民生实业公司实行公私合营。公私合营后的民生实业公司，在国家、劳、资三方共同努力下，运输生产颇有起色，迅速扭亏为盈，成为全国公私合营企业的楷模。

1952 年 12 月 2 日，全国民间运输船舶工作会议在北京召开，制定了民主改革的方针和政策，并决定加强对民间木帆船运输业的管理。当年年底，在全国轮驳船运输业中，国营企业居主导地位。以船舶吨位计，国营占 54%，公私合营占 7.8%，私营占 38.2%；以货运量计，国营占 58.7%，公私合营占 3.5%，私营占 37.8%。

港口、航道和船厂等也开始了恢复性整治。1951 年 8 月 25 日，政务院决定续建天津塘沽新港，并成立建港委员会。翌年 10 月 7 日第一期工程完成，周恩来总理题词祝贺开港。随后，毛泽东主席也来港视察。青岛、上海、黄埔和秀英等港口也都进行了修复或扩建，内河通航里程增加了 2.14 万公里，除浙江省和福建省沿海航运因一江山岛、大陈岛等尚未解放需要武装护航外，全国水运基本恢复。中波轮船股份有限公司还恢复了中国与印度洋和波罗的海沿岸一些国家的外贸远洋运输。上海、新港、民生和哈尔滨等修船厂生产恢复正常。

1952 年 4 月，中共中央和政务院任命王首道为交通部副部长兼党组书记，协助部长章伯钧主持全部工作。此后，交通部的工作日益加强，为密切中央与地方的关系和完成交通运输在恢复时期的任务，为迎接国家国民经济和社会发展第一个五年计划奠定了良好的基础。

在三年经济恢复时期，水运事业有了较快的发展，全国水运货运量平均每年递增26.4%，货物周转量则达32.2%（见表1）。

经济恢复时期全国水运主要经济指标

表1

指　标		1949年	1952年	平均年递增率（%）
水运货运量	（万吨）	2543	5141	26.4
水运货运量占全国总货运量的比重	（%）	15.8	16.3	
水运货物周转量	（亿吨公里）	63.12	145.75	32.2
水运货物周转量占全国货物周转量的比重	（%）	24.7	19.1	
内河通航里程	（万公里）	7.36	9.50	8.9
运输轮驳船　艘　数		5698	4659	
载货量	（万吨）	37.10	53.90	13.3
拖船功率	（10兆瓦）	7.45	5.73	3.8
载客量	（万客位）	16.30	17.10	1.6
运输木帆船	（万吨）	313.1	317.40	0.7
沿海、长江主要港口吞吐量	（万吨）	910	2311	36.4

二、在社会主义改造中稳步发展（1953年至1957年）

1953年，全国开始执行中共中央制定的由新民主主义社会向社会主义社会过渡的总路线和总任务。“一五”期间，国家优先发展重工业，在东北、华北、西北和西南部分地区建设新的工业基地以及相应的铁路和公路。水运事业则通过生产资料所有制的社会主义改造和提高管理科学水平，挖掘运输潜力，完成少量重点工程建设，加强运输生产的薄弱环节，使港口、航道、船舶、工厂等相应发展，进而提高水运生产力和水运在全国交通运输业中的比重。由于缺乏经济建设经验，根据中苏两国政府协议，交通部聘请苏联专家指导中国的水运建设，为迅速地将苏联的水运管理经验和科学技术介绍到中国，起到了有益的作用。

（一）生产资料所有制的社会主义改造。

对于资本主义航运业和民间木帆船运输业的社会主义改造，是通过民主改革、联营、公私合营和全行业的公私合营，并逐步将其生产纳入国家计划而实现的。1955 年 11 月 16 日至 24 日，中共中央政治局会议讨论并通过了《中央关于资本主义工商业改造问题的决议（草案)》，决定以赎买（折股定息）和国家资本主义的方法，有偿地而不是无偿地、逐步地而不是突然地改变资本主义所有制，同时给予资本家和资方实职人员以工作安排，不剥夺资产阶级的选举权，且对其代表人物给以恰当的政治安排。1956 年上半年，出现了全行业的社会主义改造高潮，全部实现了公私合营。下半年又逐渐将公私合营企业并入国营企业，资方船舶划归国营企业经营管理。1957 年年初，合并工作全部完成。

1956 年，民间木帆船运输业合作化运动形成高潮，初级合作社向高级合作社过渡也在加紧进行。生产资料所有制的社会主义改造基本完成后，广大职工的生产热情高涨，祖祖辈辈漂泊水上以船为家的船工，一部分移居岸上，生活条件也有不同程度的改善。

（二）强化集中统一、分级管理、“政企合一”的水运管理体制。

在国家的方针和政策统一指导下，长江、珠江、黑龙江水系干流和海洋运输的航政、航务以及主要企业、事业单位的生产由交通部主管，地方政府进行监督和指导；各地区水运的航政、航务和企业、事业单位的生产由地方政府主管；跨省区的水运发展计划和基本建设由交通部统一协调。至于沿海港口的管理，则根据贸易和运输需要以及港口的任务和设计能力，分别设置港务管理局、分局、办事处。港务管理局为经济核算单位，接受地方政府的监督和指导。各种生产资料公有制企业均附属于国家各级政府部门，实行“政企合一”的管理体制。

（三）提高管理水平，挖掘运输生产潜力。

1953 年 1 月 31 日，交通部决定在全国推行“一列式拖驳运输法”。2 月 3 日，黑龙江航运管理局率先将此法应用于松花江运输并推广“运输图表”工作法。1955 年 3 月 20 日，长江航运管理局正式实行“一列式拖驳运输法”，运输船队依照运行图表有计划地营运。这是水路运输在营运组织上的一次重大变革，它使内河运输的单船货运方式演变成拖驳船队货运方式，一大批浅水拖船应运而生。在沿海运输船队中，“民主 10”、“民主 11”客、货船和油船的动力内燃机化与蒸汽机燃煤机械化、燃重渣油等的技术改造，也都取得明显的进展。1957 年，仅交通部直属水运企业的轮驳船队，平均每吨船的年货运量即由 1952 年的 2.91 万吨公里增长到 4.67 万吨公里，其中长江航运管理局和广州海运管理局翻了一番多；地方水运企业的拖船平均每千瓦功率的产量达 5.16 万吨公里，创历史最高纪录。“一五”期间，水运费率一降再降，但由于管理水平的提高和科学技术的应用，水运企业的经济效益和社会效益明显提高。交通部直属水运企业的固定资产（原值）平均年递增率为 22.98%，营运利润年递增率为 46.83%。

（四）进行重点水运工程建设。

“一五”期间，相继新建了湛江港（第一期工程）和裕溪口煤炭装船码头，修复或扩建了天津港塘沽 9 号码头、烟台港西码头和铁路专用线、青岛港 18 个泊位、上海港十六铺码头等泊位以及黄埔港中级码头（3 号泊位），扩建了上海船厂和广州船舶修造厂等。以长江上游（川江）航道为重点的内河航道整治开发，也取得了较好的效果：水深在 1 米以上的航道延伸近 5 万公里；航道勘测和航标电气化改造工程在加速进行，常年碍航的沉船和雷区基本被清除。水运工程施工技术也不断提高，在港口工程中采用了装配式结构和预制安装工艺，沉船打捞采用了浮筒打捞技术。

“一五”期间，国家用在水运建设上的投资仅占全国投资总额的 2.1%。但是由于各方面的努力和广大职工忘我的工作，顺利地实现或提前完成了各项计划任务，使水路货运量和货物周转量平均每年分别递增 24.6% 和 23.3%，高于工业和农业总产值的递增率（前者为 18%，后者为 4.5%），水路货运量在全国总货运量中的比重由 1952 年的 16.3% 增至 19.2%。运输生产的各项主要指标均提前和超额完成计划。

“一五”期间，水运事业的发展虽然比较顺利，但在后期的指导思想和实践方面也发生了或潜伏着一些问题，主要表现在：

1. 误认为社会主义经济要有计划按比例地发展，就必须使多种经济成分向单一的公有制过渡。全民所有制企业成为国家各级主管行政部门的附属机构，集体所有制企业也受国家各级主管行政部门的直接控制，企业的生产经营权被缩小和削弱了。

2. 忽视价值规律的客观存在和积极作用，视盈利为资本主义思想。水路货运价格一降再降，使价值与价格间的背离逐渐拉大，企业积累逐渐减少，缺乏活力，扩大再生产只能依靠国家计划投资和物资调拨。

3. 1955 年以前，以全民所有制为主导、多种经济成分并存的航运体制已经形成。在 1956 年生产资料社会主义改造的高潮中，忽视甚至否定多种经济成分并存的必要性，不尊重资本家合法权利的现象也曾有发生；对华侨航运企业的团结、扶助、优惠的政策贯彻不力，挫伤了他们参加祖国航运事业的积极性。

三、由“大跃进”转入调整、巩固、充实、提高（1958 年至 1965 年）

随着中国共产党内的整风运动和全国反右派斗争的扩大化以及第一个五年计划的超额完成，“左”的错误指导思想开始发展起来。经济建设的理论和实践逐渐以“赶超”为目标，“以钢为纲”，以“大搞群众运动”为方法，掀起了国民经济“大跃进”运动。1958 年 5 月 13 日，中共交通部党组以“全党全民办交通，水陆空运大跃进”为题，向中共中央政治局报告了交通运输发展设想和“二五”时期的生产建设计划。《报告》认为，交通运输必须与工农业一齐跃进，为了在 15 年赶上英国，必须贯彻“依靠地方、依靠群众、普及为主”的建设方针，在工作安排上必须“中央与地方相结合，以地方为主；普及与提高相结合，以普及为主；大中小相结合，以发展中小为主”。关于“二五”时期的水运发展设想是：水路货运的平均增长速度为 25%，1962 年货运量达到 4.7 亿吨，货物周转量达到 1260 亿吨公里，比 1957 年各增长两倍，增加水深在 1.0 米以上的航道 3 万公里；到 1962 年共计通航里程约 16 万公里，其中水深在 1.0 米以上的航道达到 6.8 万公里；开通京杭运河，将海河、黄河、淮河、长江、钱塘江五大水系连接起来；增加江海轮驳船 170 万载重吨左右（包括远洋船舶 40 万载重吨），1962 年全国轮驳船达到 300 万载重吨左右。为了保证水运的高速发展，《报告》中还提出了关于水利资源综合利用、解决碍航闸坝、基本建设和规划工作的分工、改进水运经营管理、降低运价、发展综合运输和各种运输方式的合理分工以及降低船舶造价和燃料费用等问题。中共中央政治局北戴河会议原则同意了这份报告的意见并转发到各地党委。

“钢帅”要升帐，其他行业要“万马奔腾”，都需要交通运输。水运事业的广大职工发扬艰苦创业的精神，全力投入紧张的物资运输和技术革新、技术革命群众运动，涌现出大批先进模范人物，完成了各项运输生产任务。各港以自制的简易小型机械设备提高了运输机械化程度，有1/6左右的木帆船实现了机动拖带。但是，“大跃进”运动和管理权限匆忙而草率的层层下放，既打乱了生产建设计划，也搞乱了管理机制。在运输安排上，常常是顾此失彼，捉襟见肘，运输秩序失常；群众运动组织不周，占用了过多的农业劳动力和运输工具，运输工具和设备失修失养，尤其是地方运输机动船舶经常待修停航，有50%带病航行；木帆船增不敷损，减少了50万吨运力；沿海和长江主要港口的机械完好率一般只达到50%，货运质量下降，事故增多。同时，在思想作风上的“共产风”、浮夸风和对生产建设瞎指挥，也使工作受到不少损失。

1961年年初，中共八届九中全会决定对国民经济实行“调整、巩固、充实、提高”的方针。根据国务院的统一部署，交通部一方面恢复、健全管理体制和各项规章制度，一方面调整水运事业的内部结构，收回了下放地方的大型直属企业、事业单位，充实了远洋运输、内河运输和水运工业等方面的生产能力。

1961年4月，中国远洋运输总公司及其广州分公司正式成立。它们连同中波轮船股份有限公司、中捷合营的捷克斯洛伐克国际航运公司、中阿轮船股份有限公司以及中国外轮代理总公司和香港招商局等，形成了以自营船队为主导、跨国合营船队相协调的运储兼备、多种经营的远洋运输体系。随后，经过探索，国务院于1963年11月批准交通部利用中国银行积存的游资，以贷款方式和“滚雪球”的方法，扩大了远洋运输船队。1965年，中国远洋运输总公司的运输船队超过60万载重吨，为1957年的6倍多。远洋运输船队的壮大，为发展对外贸易和支援第三世界国家的经济建设，发挥了重要作用。

内河航道建设，诸如长江、珠江、松花江、京杭运河等水系的航道工程，各地方政府在国家财政资助下，发动群众以“愚公移山”的精神，结合农田水利建设综合实施，取得了初步成效。1962 年，全国内河通航里程延伸到 16 万余公里。京杭运河苏北段第一次整治工程完成后，既改善了航运条件，又提高了防洪排涝能力，1962 年的实际货物通过量 250 万吨，为历史最高纪录的 2.7 倍。小北江（又称涟江）的渠化工程，促进了广东省北部山区经济的繁荣。

港口建设取得良好的进展。在技术革命和技术革新的基础上，进行了局部环节的半机械化和机械化改造。一批港口的扩建和改建工程采用了新工艺、新材料、新设备和新技术，较快地完工投产，扩大了吞吐能力。南京港两个机械化煤炭泊位，形成了年中转 600 万吨煤炭的能力。天津新港第二期扩建工程，四年建成 5 个 1.5 万吨级泊位。

水运工业建设也有了起色。各地方的中心船厂都兴建了机械化船台滑道，缩短了修造船周期，提高了工效。长江干线的金陵船厂和青山船厂新建工程完工投产，不但提高了修船能力，也为长江航运提供了大量的驳船。中国自行设计和施工的第一座大型修造船厂——文冲船厂第一期工程按期完成投产，缓解了华南地区修船紧张的局面。1960 年 1 月改建的上海港口机械制造厂，8 月即试制成功国内第一台港口用的 5 吨门座起重机，此后又制成 5 吨叉车和 1 立方米单斗装载机。1965 年，交通部直属水运工业总产值达 12597 万元，其中修船 7054 万元，造船 2915 万元，其他 2628 万元。

调整和充实的效果是明显的，但一时却难以弥补“大跃进”带来的损失。而“以阶级斗争为纲”的错误指导思想又对生产建设带来不利影响。1963 年 5 月 1 日，首航日本门司港的中国远洋货船“跃进”号，在济州岛西南公海水域不幸触苏岩暗礁沉没，全体船员获救回国。“跃进”号沉没的直接原因虽是驾驶操作失误，但是从航行准备到沉船的全部过程，各个重要环节都存在漏洞。

首航日本的任务，原定由上海海运局货船“和平 32”号承担。为了扩大政治影响，交通部轻率地同意改派广州远洋分公司代管的“跃进”号（正在沿海试营运，尚未正式验收）。3 月 29 日，交通部报请国家验收委员会批准“跃进”号航行日本。4 月 11 日获准后，交通部即刻下达指令，要求“跃进”号于 4 月 29 日启航，而关于开航前后的一切事宜，却未及时做好周密的准备。

“跃进”号首航日本时，中日两国尚未恢复正常外交关系，国际形势错综复杂，采取适度的保密措施十分必要。但是，主管部门捉笔代劳选定的新航线，既没有征求船长意见，也没有全面考虑可能遇到的问题和应采取的对策。

“跃进”号开航前的准备工作仓促草率，人员调动频繁，对船舶航线、设备性能都未及认真复核校验，事发时一片混乱，失去了最后补救的机会。通信联络刻意保密，几经变更。通信办法的混乱，造成了事发后船岸失去联系。

“跃进”号沉没事件引起周恩来总理的极大关注。5 月 10 日，他亲赴杭州向毛泽东主席报告空军、海军营救情况，12 日又在上海会见被营救的船员和各单位的负责人。他在听取汇报后指出：“我们在调查‘跃进’号沉没原因时，不仅要注重和阶级敌人作斗争，而且要注重和自然界的敌人作斗争，要实事求是，要有科学态度。”他指示中国人民解放军副总参谋长杨成武组织空军、海军和交通部到沉船现场进行调查探摸，查明失事原因。当年 9 月，交通部领导做了深刻的检查，认真写出《“跃进”轮触礁沉没事件的教训》，并印发全系统职工，以求“前车之鉴，勖勉来兹”。

1958 年到 1965 年，国家用于水运基本建设的投资总额为 24.84 亿元（其中 11.63 亿元用于资助地方发展水运事业），与“一五”时期相比，平均年投资高而效率低。水路货运量和货物周转量年递增率分别为 4.5% 和 6.5%，远低于“一五”时期，而在全国所占比重也由 1957 年的 19.2% 和 23% 下降至 19% 和 19.4%。运输成本也增加了，交通部直属水运企业每千换算吨公里运输成本提高到 8.15 元，海港每千换算吨吞吐量的装卸成本上升到 1360.74 元。

四、在动乱中曲折前进（1966 年至 1976 年）

正当广大水运职工响应继任交通部部长孙大光关于“正视现实，真正下定决心，艰苦奋斗几年，落后是可以转化为先进的”号召，生产建设出现了稳步发展的好形势时，“文化大革命”运动席卷全国。这场持续十年之久的大动乱，给水运事业的发展带来了严重干扰和破坏。

1966 年，在“造反有理”、“横扫一切牛鬼蛇神”的口号声中，交通部和各地交通主管部门无法正常履行职责，各级负责人或是被揪斗或是“靠边站”，各种规章制度多被废除。为了恢复正常生产秩序，铁道部、交通部和邮政总局相继实行“军管”，又于 1969 年 11 月 5 日合并成立交通部，杨杰任部长，马耀骥任副部长，主管水运和公路交通。

由于陆运交通受阻，大量重要物资依仗水运。水运事业的广大职工响应周恩来总理的号召，坚守岗位，尽心尽责地完成了国家的各项任务，确保“北煤南运，南粮北运”，以及援外物资、外贸物资和西南地区战备物资的运输。1968 年 4 月 25 日，远洋货船“黎明”号由湛江港启航北上，5 月 8 日安抵青岛港，6 月 14 日胜利地完成了经台湾岛以东海域的“南北航线”试航任务。此后，“五指山”号、“阳明山”号又开辟了新的“南北航线”，北方的煤炭和石油，南方的磷矿石和糖等重要物资运输得到保证，断航 20 年的“南北航线”重新开通。1971 年 10 月 25 日，联合国大会第二十六届会议通过了关于恢复中国在联合国的一切合法权利的决议。世界人民希望中国强大昌盛，中国人民决心继续为世界和平和发展做出贡献。作为国民经济的大动脉和国际合作的纽带，水运事业必须尽快发展壮大。但是“文化大革命”运动却给水运生产建设带来了重重困难，全国内河通航里程逐年萎缩，航运设施失修失养；船舶技术落后，运力严重不足；港口生产秩序混乱，压船、压货持续发生；企业经济效益下降。

如何在政治动乱和经济困难的环境中尽快恢复生产秩序和提高运输能力，是水运事业亟待解决的棘手问题。在周恩来总理的直接领导和部署下，全国水运职工克服了种种困难和险阻，在发展远洋运输、建设沿海港口和水运工业中都取得了巨大的成就，在整顿企业管理中试行计件工资制也收到了明显成效。

（一）快速发展远洋运输船队。

60 年代，交通部利用中国银行贷款买船取得了良好的效果，积累了经验。

但是，“四人帮”① 却捏造了“造船不如买船，买船不如租船”的谣言，加罪交通部推行“修正主义”、“卖国主义”和“洋奴哲学”，并妄图以此上下株连打倒一大批领导者。他们的阴谋被历史事实粉碎了，谣言不攻自破。

1970 年 2 月，周恩来总理在听取全国计划会议的情况汇报后，果断地决定在“四五”期间将中国的远洋运输船队由 110 万载重吨扩大到 400 万载重吨，力争在 1975 年基本改变长期依靠租用大量外国船舶的被动局面。经周恩来总理批准，李先念副总理和余秋里副总理亲自组织国家计委、交通部、外贸部和中国人民银行实施，利用中国银行贷款（相当于每年租用外国轮船的费用），平均每年购置近 100 万载重吨船舶（包括国内建造的 10 万载重吨）的计划，交通部则以营运收入按期偿付本息。这项计划还包括以贷款购买大型船舶主机和造船设备，以支持国内船舶工业的发展。5 年间，在国务院的领导和部署下，在刚复任国务院副总理的邓小平和李先念副总理抵制和揭穿“风庆轮事件”阴谋②之后，中国远洋运输业迅猛发展。1975 年，远洋运输船队达到 500 万载重吨，实现了周恩来总理的夙愿。

（二）大规模地进行港口建设。

以往因国力不足，港口建设规模小且进展慢，生产能力普遍紧张。特别是 1971 年以后，外贸海上货运量由平均每年递减 2.1% 上升到递增 11.8%，而沿海外贸港口的货物吞吐量平均每年仅递增 6.2%，货等车船、船等泊位、仓库和堆场积货如山的紧张状况时有发生。1973 年 2 月 27 日周恩来总理指示：港口问题一定要解决，3 年时间基本解决港口问题，港口是发展水运繁荣经济的基础，要配套建设，包括装卸机械，供油、供水和港务船及其他运输生产设施等等。

---

① 1974 年 7 月 17 日，毛泽东在中共中央政治局会议上指责江青、张春桥、姚文元、王洪文搞“四人帮”。

② “风庆”轮事件：“风庆”号是江南造船厂为上海远洋运输公司建造的一艘 1.5 万载重吨级远洋货船，因部分设备质量不符合船舶入级检验标准，双方曾发生争执。交通部委派李国堂、顾文广于 1974 年到船协助首航欧洲工作，分别担任政委和政治干事。江青、张春桥、姚文元、王洪文指使亲信，就买船一事责难李、顾。李、顾据理反驳，指出这是妄图诬陷周总理和国务院其他领导人的阴谋。江青借此攻击交通部“崇洋媚外”，是“买办资产阶级思想专政”。张春桥、姚文元诬蔑李国堂是“买办资产阶级的代表”，王洪文则指使在上海的亲信扣留李、顾二人并进行围攻。10 月 17 日晚，江青等人在中共中央政治局会议上，借口“风庆”轮问题指责买船就是“崇洋媚外”，遭到邓小平的严正回击。“四人帮”被粉碎后，恢复了李、顾二人的名誉。

他委派粟裕和谷牧负责，组成国务院建港领导小组。沿海各省、自治区和直辖市相继成立了地区建港领导小组和指挥部。5月10日国务院建港领导小组提出，要改变港口落后状况，一方面要以最大的决心，采取有力的措施，加快建设进度；另一方面又要从现有的经济、技术条件出发，采取实事求是的态度。

9月27日到10月17日，全国首次港口建设会议在北京召开，确定到1976年的基本目标是：（1）沿海港口货物吞吐能力由1亿吨提高到1.6亿—1.7亿吨，基本适应国内外贸易和援外货运的需要，使进出口的原油、矿石、钢铁和杂货的运输状况有较大的改善；（2）大幅度缩短远洋运输船舶平均停港时间，基本消除压船、压货的严重情况；（3）保证远洋运输船舶的供油、供水，并为外籍船舶航次修理和船员生活服务提供必要的条件；（4）适当改善客运条件。港口建设的方针和政策是，注意合理布局，重点是有城市作为依托的已有沿海港口，并为以后港口建设制定长远计划；统一计划、统筹安排、远近结合和分期建设；坚持勤俭建港，处理好新建和改建的关系；“集中力量打歼灭战”，按照基本建设程序办事，没有勘察不能设计；没有设计不能施工，建成一个项目，投产一个项目，尽快形成生产能力；积极引进和采用新技术，加强科学技术研究，因地制宜，“土洋结合”，大胆创新；提高装卸机械化水平，组织科研、设计、制造和生产等部门对港口机械进行选型和定型，逐步做到标准化、通用化、系列化，对稳定的大宗散货尽量采用高效率的流水作业线，有条件的可试用集装箱。

虽然1976年发生了唐山大地震，但港口建设计划基本得到实现，沿海主要港口面貌一新，一批机械化、半机械化的大型专业码头在海滨蔚为大观。其中有以千里输油管道连通大庆油田的大连港鲇鱼湾10万吨级原油装船码头（年输油能力1500万吨）和秦皇岛港的2万吨级原油装船码头（年输油能力1000万吨），有湛江港的5万吨级油码头以及其他沿海和长江港口的原油卸船码头，使原油的吞吐能力净增约3000万吨。与此同时秦皇岛港第一期煤炭码头工程形成年度装船1000万吨的能力，连云港的煤炭码头工程形成年度装船275万吨的能力，上海港北票煤炭码头的机械化改造工程和黄埔港、宁波港的煤炭码头，使煤炭吞吐能力净增约2000万吨。大连、天津新港、上海、黄埔、湛江和八所等港还增加了散粮、矿石等散装货物的吞吐能力。此外，还着手建设集装箱码头。

（三）统筹发展水运工业。

1970年2月，周恩来总理在作出关于壮大远洋运输船队的重要指示的同时，还对发展船舶工业和水运工业进行筹划。粟裕受周恩来总理的委托，于1971年组织交通部、六机部、水产部和海军等就修造船工业和港口机械工业的全国性统筹发展问题进行调查研究。

1972年12月22日，交通部在北京召开水运工业会议，着手制定统筹发展规划和近期计划。其侧重点是：

1. 扩大修造船工业生产能力，将13个大中型工程（含6座1—5万吨级修船干坞、6座1—2.5万吨级浮船坞）列为国家重点建设项目。其中新建山海关修船厂、北海（时称“红星”）船舶修造厂、立丰修船厂、荻港修船厂、澄西修船厂、南海修船厂（1980年并入文冲船舶修造厂）、阳逻工程船修造厂、镇江锚链厂、红旗船舶配件厂，扩建上海、新港、文冲和青山等船舶修造厂。

2. 加强造船、造机和制造船舶配套产品的生产分工协作并提高其专业化水平。在具有发展造船生产能力的上海、新港和青山等船舶修造厂兴建大型造船车间和造船台，并在原有的基础上新建或扩建船用柴油机制造车间。在镇江市兴办船舶配套产品制造工业群，并对原有船厂的柴油机配件、铸工和锻工车间进行调整和扩建，使之纳入专业化、协作化的生产轨道。在港口机械制造方面，扩建上海港口机械制造厂，改建山海关桥梁厂的起重机车间，新建广州、川江、武汉等港口机械制造厂。

3. 新建和改建中小型修造船台滑道56个船位，其中3000吨级18个（青山船厂8个，金陵船厂10个），1000吨级22个（新河船厂9个，东海船厂7个，宜昌船厂6个），1000吨级以下的16个（江东船厂8个，吴淞船厂3个，川江驳船厂5个）。

4. 扶植地方水运工业发展，并将部分工厂的生产建设纳入全国水运工业生产建设计划。

此外，为了改善和加强船舶的航次修理能力，在沿海主要港口还新建或改建一批航修站。

1973年11月5日，粟裕向周恩来总理提交了《关于发展我国水运工业的意见》，说明“水运工业是发展水运的物质基础，多年来的经验证明，交通部也要搞水运工业，才能适应水运发展的多方面需要，对增强国家的造船能力是有利的。交通部不仅要担负起船舶的维修任务，保持现有船舶的正常营运，而且也要造一些辅助船、中小型运输船和装卸机械，使现有船舶和港口、航道配套成龙，更好地为远洋、沿海和长江运输服务；同时还要造一些中小功率的柴油机，加快木帆船的技术改造，增加机动船舶，支援地方水运，促进水运事业的全面发展”。《意见》提出交通部发展水运工业的方针是“修造并举，以修为主”和“造船大中小结合，以中小为主，从小到大”。

1976年，全国交通系统水运工业企业（职工总数在200人以上的）共计535家，完成工业生产总值86251万元，其中修船19785万元，造船42842万元；完成民用船舶修理29575艘，钢质船舶制造965艘、307742综合吨，水泥船制造2232艘、164266满载排水量吨；制造各类装卸起重机械773台、5吨集装箱55只和抓斗等属具248个。

在加强国内水运建设的同时，中国还加强了国际航运合作和支援发展中国家的建设，其中包括援建坦桑尼亚海军船厂、马耳他30万吨级巨型修船干坞和码头等项大规模工程。通过国际交往，既提高了中国在世界上的威望，增进了各国人民之间的友谊，也开阔了水运事业从业人员的视野，提高了他们的科学技术水平。

（四）开展企业整顿，提倡科学管理。

1972年，周恩来总理曾及时提出批判极左思潮，开展生产建设部门和企业的整顿，恢复和制订合理的规章制度，把国民经济搞上去。翌年2月26日，周恩来总理在听取国家计委汇报年度计划和《关于坚持统一计划，加强经济管理的规定（草稿）》时指出：“林彪一伙破坏经济所造成的恶果这两年表现出来了……运输能力也不行，进出口货物拥挤不堪……按劳分配的问题……现在是干难干易一个样，不利于调动职工积极性，也不利于控制职工人数的增加。必要的奖励制度是可以的。”10月，交通部在黄埔港试行计件工资制，劳动生产率明显提高，货物装卸质量得到保证，受到国内外船员和货主的称赞。但是，“四人帮”在上海的亲信炮制“要做码头的主人，不做吨位的奴隶”的谬论，遥相对抗。上海港的信誉被毁坏了，生产混乱不堪。

1975 年 1 月召开的第四届全国人民代表大会第一次会议决定恢复铁道部、交通部和邮电部，并任命叶飞为交通部部长。按照国务院的统一部署，交通部相继恢复和健全了一批旨在保证安全生产和提高生产质量的规章制度，使生产建设中的混乱局面有所克服，各项工作开始好转，科研成果不断涌现。

1966 年至 1976 年是中国水运事业在曲折中奋力扭转被动、落后状态的年代。10 年间，远洋运输、沿海港口和水运工业都取得了一定的成就，并为以后的发展提供了物质技术基础和经验。但内河航运长期落后的局面却未能改观，仍是水运事业中的薄弱环节，直接影响到全国交通运输建设的合理布局和综合运输能力的提高。统计资料表明，1975 年全国内河通航里程比 1962 年缩短 2.6 万公里；10 年间，全国交通系统水运部门运输船舶平均每吨船的年度货运量递减 7.8%，长江航运管理局拖船的年货运量递减 4.2%；在沿海主要港口，平均每万元建设资金所增加的吞吐能力，仅为“二五”时期的 58.8%，主要经济效益指标均处于低谷。

五、走上健康发展的大道（1977 年至 1985 年）

1976 年 10 月粉碎“四人帮”的胜利，使中国进入了新的历史发展时期。1978 年 3 月，全国科学大会在北京召开，邓小平以马克思主义的基本观点阐明了科学技术在社会发展中的重要地位和作用。1979 年，国家对国民经济实行“调整、改革、整顿、提高”的方针，不久即提出“改革、开放、搞活”的总方针。1981 年 11 月 3 日，第五届全国人民代表大会第四次会议通过的政府工作报告中指出：国民经济能否保持较快的增长速度，在很大程度上取决于能源、交通问题能否得到恰当的解决。能源和交通的建设要结合起来进行，交通还应该先走一步。若干年内中央的建设投资，应该首先考虑交通包括港口建设的需要。目前运输能力不足的铁路区段和吞吐能力不足的港口，必须首先加强技术改造。交通和水利部门要通力合作整治内河航运，大力提高航运能力。同时，要充分利用沿海的海运能力。要想尽一切办法，使交通运输适应整个生产建设事业发展的需要。1982 年 9 月 1 日召开的中国共产党第十二次全国代表大会，把交通列为经济发展的战略重点之一。万里副总理亲自率队考察沿海港口，及时解决生产建设中存在的紧迫问题，推动了水运建设健康发展。

在此期间，周恩来总理生前提出的发展远洋运输、建设沿海港口和水运工业三项重要任务，以及在推广和应用新技术、深入进行管理体制改革、确立多种经营方式和加速水运生产建设等方面，都取得了明显的成绩。

（一）推广和应用以电子计算技术为先导的各项新技术。

1964 年 10 月，交通部上海航道局在华东计算技术研究所协助下，首次使用国产电子计算机进行潮汐预报。为适应港口建设的需要，水运科学研究所于 1974 年成立了计算机筹建小组。翌年 9 月，交通部正式成立了北京电子计算中心站。70 年代后半期，交通部远洋运输和航务工程部门推广了电子计算应用技术。1982 年 7 月，交通部召开水运管理电子计算机应用代码标准编制工作会议。同年 9 月，航务工程、航道工程和科研、设计等方面的 23 个单位组成交通部水运工程系统电子计算机技术协调机构。此后，水运系统广泛运用电子计算机技术开展科学研究，紧密结合水运生产建设实际的研究成果成批出现，在水运软科学、水运工程技术、船舶运输科学、港口装卸工艺和设备、海洋救捞技术和海洋环境保护等领域取得了突破性的进展，许多成果填补了国内的空白，有的达到了国际先进水平。

交通部水运规划设计院与交通部电子计算机应用研究所合作，用最大网络流的标号法，建立合理运输的数字模型，研究货物的合理流向和流量。交通部第一航务工程勘察设计院与南开大学合作，用数学模拟方法，对煤炭出口码头装卸系统进行优化论证，确定出港口通过能力、运输船型、码头泊位、堆场和卸车线诸因素间的合理关系，还对散粮码头和集装箱码头的装卸设备进行了系统分析论证。交通部水运科学研究所会同有关省市交通部门、工程设计单位和高等院校，按系统工程的方法对海上煤炭运输进行优选，提出港口、船舶与航道建设的最佳配合和合理运输结构。

电子计算技术的应用，使水文和水力学的理论研究工作取得了丰硕的成果。在港口海域波浪运动研究中，天津水运工程科学研究所、华东水利学院（今河海大学)、南京水利科学研究院、大连工学院（今大连理工大学)、南京航务专科学校和上海航道局等单位均有建树。航道开挖和疏浚工程作业，自引入电子计算技术后，也取得了重大突破。广州航道局于 1981 年利用微型处理机研制成功自动测深和疏浚定位仪，实现了测量、记录、绘图和导航自动化。上海航道局利用 HI－FIX/6 型接收机、偏航指示器与国产 MDR－Z80 型微机联机，将测点的双曲线格网相位数转换为平面直角坐标和经纬度，可显示挖泥船偏航距离、航道浚深，并可自动绘图。

电子计算技术还促进了水运工业和打捞救助业的现代化管理和生产技术的提高。高等院校普遍开设了电子计算技术专业课程并开展普及和推广的教学活动。80 年代，为了加速现代化的进程，学习电子计算机技术又出现了热潮并产生了“热辐射”，在企业、地区乃至航运系统，电子计算机联网工作正在抓紧进行。

（二）进行管理体制改革。

水运管理体制的改革，以往自上而下地进行过多次，但都限于调整中央与地方即行业与部门之间的管理权限，企业仍然是国家机构附属的计划生产单位，所以成效甚小，甚至事与愿违。

1979 年夏，中国运输经济学界在北京召开了理论研究会，经济学家于光远和国家经委副主任郭洪涛主持会议并作了重要讲话，交通部部长曾生和国务院有关部委负责人，以及专家和学者都作了专题发言。会议着重讨论了运输经济的性质和地位以及经验、教训等问题，认为加强综合运输经济研究和调整、改革运输体制是十分紧迫而必要的。

1982 年，交通部根据国务院的部署，开展扩大企业自主权的管理体制改革，进行“政企分开”试验。当年 1 月 1 日，将大连港务管理局分为两个性质不同的独立组织：一个为国家行政机构，即大连港口管理局，主要负责港口行政管理和规划建设工作，受交通部和大连市人民政府双重领导，而以交通部为主；另一个为经济组织，即大连港装卸联合公司，主要从事港口装卸等运输生产经营，独立核算，自负盈亏，直属交通部领导。同年 5 月 4 日，交通部又根据国务院的决定将上海船厂等 14 个大中型直属企业和上海船舶设计院正式划归中国船舶工业总公司。这两项管理体制改革的试验，为改革的进一步发展提供了经验。水运管理体制改革的目的是建立新型的生机勃勃的水运体制，关键是增强企业活力，措施是政府机构与企业分开，各行其职，各尽其责。在改革步骤上，首先扩大企业的生产经营自主权，然后下放行政管理权限，由交通部和企业所在地方政府双重领导而以地方为主，逐步理顺中央、地方、企业之间的关系，使企业真正成为经济法人。1984 年 1 月 1 日，交通部决定撤销长江航运管理局，分别成立长江航务管理局和长江轮船总公司。前者为交通部的行政派出机构并暂行管理长江干线主要港口；后者则是交通部领导的航运企业，独立经营，自负盈亏。同时，长江各主要港口也独立经营，自负盈亏，并对全国所有航运企业的船舶开放。长江呈现出百舸争流、货运量翻番的繁荣景象。同年 6 月 1 日，交通部和天津市人民政府商定并经中共中央和国务院批准，以“先扩权，后下放”和“部、市双重领导，以市为主”的原则，将天津港的行政管理权由交通部转交给天津市人民政府。天津市人民政府在加强对港口行政领导的同时，并没有削弱天津港务局的职权，而是进一步深化改革。交通部仍尽其责，关心港口的生产和建设。1985 年，天津港各装卸作业区均改为独立核算、自负盈亏的经济实体，各项生产指标都有了增长。当年全港创利 2.4 亿元，基本实现了自我扩大再生产的目标。

管理体制改革并不是单纯的“下放、扩权、让利”，还要根据具体情况，区别对待，有计划有步骤地深化和配套进行。1982 年年初，考虑到内河航运落后和管理薄弱，交通部重新设立了内河航运管理局。翌年 5 月 19 日，决定对具有国际航运特点的黑龙江水系航运管理进行调整，将黑龙江航运管理局的行政领导改为“部省双重领导，以部为主”，交通部加强了对港口、航道和其他基础设施的建设。横贯广东、广西的珠江水系具有跨省区和国际航运的特点，也将成立交通部珠江航运管理局，以协调航运开发和加强基本设施建设。

（三）确立多种经济成分和多种经营方式。

1978 年 9 月 5 日，国务院召开全国计划会议，确定了经济工作必须实行三个转变：一是从上到下都要把主要注意力转到生产建设和技术革命上来；

二是从那种不计经济效果、不讲工作效率的官僚主义的管理制度和管理方法，转到按经济规律办事、把民主和集中很好地结合起来的科学管理轨道上来；三是从那种不同资本主义国家进行经济技术交流的闭关自守或半闭关自守状态，转到积极地引进国外先进技术，利用国外资金，大胆地进入国际市场状态上来。

近30年发展水运事业的经验教训，特别是50年代前半期水运的迅速恢复和繁荣以及70年代远洋运输业迅猛发展的经验，都表明在国家的统一计划指导下，按照客观经济发展规律，用经济方法管理水运事业，建立多种经济成分并实行多种经营方式，是符合国情的，是行之有效的。1978年，交通部即向国务院提出以企业集资的办法，由香港招商局在广东省宝安县境内兴办全国第一个外向型经济特区——蛇口工业区，经批准后于1979年7月正式动工兴建。1980年以来，交通部批准中国远洋运输总公司与江苏、河北等省合资建立地方远洋运输公司。此外，各航运企业也纷纷以不同方式联合经营专业公司。1982年2月，交通部部长彭德清在全国交通工作会议上强调指出，加速交通运输事业的发展有赖于调动各方面的积极性。翌年3月，新任交通部部长李清在全国交通工作会议上进一步指出："交通运输生产要在坚持国营运输的主导地位和发展多种运输形式的原则下进行改革，全面推行以承包为中心的多种形式的经济责任制；继续支持各省、自治区、直辖市建立外贸运输船队，调动各方面的力量加速港口建设，积极进行长江水系航运体制的改革，扶持集体所有制运输企业，保护个体运输专业户。"此后，水运事业即形成了多种经济成分、多种经营方式的格局。这种格局与50年代前半期的不同点在于：各企业均为经济实体，自筹发展基金，自主经营，自负盈亏；各合营企业实行董事会制，用经济办法而不是用党、政部门直接干预的办法开展生产经营活动。1985年，全国经营国际贸易海运的企业，已由1980年以前的4家国营企业增至66家各种经济成分的企业，共计经营运输船舶1204艘、1680万载重吨。其中，中国远洋运输总公司经营614艘、1332.6万载重吨，完成货运量5895.4万吨，货物周转量2841亿吨海里，分别超过"六五"计划指标的11.22%和21.82%；对外经济贸易部所属的中国对外贸易运输总公司经营运输船舶100万载重吨，并在国内外设立分支机构或联营企业，成为仅次于中国远洋运输总公司的远洋航运企业。交通部香港招商局也发展成为从事多种经营的集团企业。活跃在乡镇和支线运输上的水运专业户也有迅速发展，1985年共有运输船舶239132艘、328万载重吨，超过了50年代民间运输木帆船的数量。其经营方式有三种：船舶为个人所有，自行经营；由个人或联户承包集体所有制航运企业的船舶，定承包年限、定交纳规定金额；由专业户之间或专业户与企业之间签约联营，留利后分红。

随着经济的发展和航运市场的变化，专业户的经营趋向企业化，出现了多种形式的联合体、合作车船队、联合运输组织，以及产、运、销联合组织等。

国营航运企业经营方式的改革也在逐步深入发展，由最初的责任制、经济承包责任制向企业的全面经营承包制过渡。1982年，交通部首先在上海和烟台两个沿海港口试行“单船承包责任制”，使货物装卸工班效率提高，货损率下降，安全、质量、成本等项指标创出优异成绩，职工收入明显增加。1983年3月召开的全国交通工作会议充分肯定了“单船承包责任制”的积极作用，决定全面推广。1984年9月5日，交通部正式批准重庆、武汉和南京三个长江主要港口以及烟台、湛江和哈尔滨等港口为首批试行工资制度改革的单位，以探索改革经验。

1984年，中国远洋运输总公司根据多年来的平均先进定额指标，与船员签订单船营运经济承包合同，加快了船舶营运周期，提高了船舶完好率和安全航行率，增加了企业和职工的经济收入，一举摘掉了1983年经营亏损的帽子，还略有盈余，1985年又呈现出好势头。这在国际航运市场动荡和竞争激烈的形势下，实属难得，令同行刮目相看。

在北仑、连云港等港口水运工程建设中，也逐步开展了各种经济技术承包责任制和工程招标，不但提高了工程质量，而且缩短了建设周期，降低了消耗，减少了投资。大连港香炉礁码头实行投资包干后，比原计划节约投资13.3%；长江的安庆港五里庙煤码头工程实行招标制后，工期由23个月缩短到12个月。

但是，改革仍处于试验阶段，各方面的关系还有待理顺。随着企业管理权的下放，某些地方出现了管理层次增多而机能松弛的现象；航运市场管理不善、损公肥私、违法乱纪等也有发生；因改革不配套和发展不平衡，还不时发生新旧思想认识和管理体制等方面的矛盾，许多国营大中型航运企业的改革步履艰难；在蜂拥而起的个体、联营和地区性合营航运业中，滋长着急功近利的经营思想，千方百计争抢有利可图的货源，微利或无利的货源则受冷遇，影响了工农业生产和人民生活。此外，忽视安全、违章作业等现象也屡禁不止，发生了诸如广东省江门航运公司客船“红星 283”号在 1985 年 3 月 27 日遇雷雨大风翻沉的事故，死亡 83 人，造成直接经济损失 120 万元。这些都应在今后的改革中引起重视和不断加以改进。

（四）调动各方面的积极因素，加强水运基础设施建设。

水运事业的兴衰直接影响着国民经济和社会的发展。“六五”期间，国家将交通列为经济发展的战略重点之一，调动各方面的积极因素，以便加强水运基础设施的建设，促使交通运输各个环节协调发展，提高综合运输效益。其重点是加速提高煤炭和石油等能源物资以及集装箱运输能力，并通过技术改造、扩建和新建等方式，进一步改善港口货物集疏运系统。同时，继续加速以长江、珠江、黑龙江、京杭运河和淮河水系为中心的内河航道整治和开发工程。同期，还开展了以提高船舶营运效益为中心的船队技术改造，充实了现代化船舶。这样，不仅改善和增强了水路运输能力，而且为“七五”期间的生产建设和经济改革奠定了良好的物质技术基础。

在港口建设方面，国家在“六五”期间兴建 1 万吨级以上的泊位 132 个，建成 54 个，连同完工的 5000 吨级中级泊位 25 个，共计新增港口货物吞吐能力 1 亿吨以上，相当于过去 10 年新增能力的总和。其中煤炭 4770 万吨，石油 600 万吨以上，集装箱货物 550 万吨以上，矿石等散货 2700 万吨，件杂货近 1200 万吨。江海联运或直达运输以及水陆运输等综合运输条件也有了明显的改善，孕育着新的运输潜力。

在内河航道建设方面，注意综合开发和利用水资源，扩大水运通过能力。长江干线航道的现代化建设将向永善和渡口市延伸。对于长江水系的主要航运支流，通过整治和渠化，扩大干支直达运输能力。

包括港口、船闸、航道、桥梁、补水、船厂和通信工程在内的京杭运河苏北段续建工程，已列为国家“六五”和“七五”时期的重点工程项目。京杭运河全线的续建工程完成后，不但将扩大南北物资交流，减轻陆运压力，繁荣地区经济，而且将为实现“南水北调”创造有利的条件，使凝聚着劳动人民智慧的古老京杭运河充满活力，显示其难以估量的战略意义。为生产建设和便利人民生活做出新的贡献。

为开发西南地区的丰富自然资源，繁荣经济，西江航道的整治工程也被列入国家重点工程项目。工程完成后，西南地区将取道西江经珠江，与华南地区和世界各国相联通，实现结伴西江水，渡海通五洲的蓝图。

此外，松花江三姓险滩整治工程、昌江渠化工程、澧湘航道整治工程等，也都在当地政府和人民的通力合作下，加紧施工。长期未能解决的碍航闸坝问题，受到国家各级政府的重视，有的已经解决，有的正在解决。地处西北黄土高原的陕西、宁夏等省区，为加快地区资源开发和繁荣经济，也开始重视黄河航运建设。

在船队建设方面，交通运输部门在“六五”期间新增远洋运输船舶 426 万载重吨，沿海运输船舶 150 万载重吨，长江运输轮驳船 67 万吨载货能力、6.1 万客位，以及其他内河运输、工程和港务船舶，其中半数以上是中国自行设计和建造的现代化船舶。

“六五”期间，国家和企业以大量的资金和科学技术力量，研制或引进先进技术和装备，降低能源消耗，改善通信手段，提高营运效率和保障航行安全。1985 年，内河运输船舶节省能源成效显著，国营航运企业完成的货物周转量比 1980 年增加 23.7%，而船舶燃料单位消耗和总耗量却分别下降 30.7% 和 9.1%，提前完成“六五”计划指标。武汉长江轮船公司 1985 年货运燃料单位消耗为 3.78 公斤/千吨公里，居全国同行业先进水平。中国远洋运输总公司的船舶普遍安装了卫星通信和先进的导航装备，使营运效率明显提高。青岛远洋运输公司的船舶营运率就由 1983 年的 93% 提高到 1984 年的 94.6%，相当于净增 27 万吨运力。降低能源消耗是当今世界新技术革命的重大课题之一。80 年代中国也开始研制新型降低能耗的柴油机、由电子计算机控制的风帆—柴油机海洋船舶以及其他新技术。

（五）运输方式逐步完善，经营活跃。

运输船舶的现代化更新和改造，促进了联合运输、成组运输、集装箱运输和分节驳顶推船队等高效率运输方式的推广。1985 年，煤炭、矿石、钢铁、木材等大宗货物的干线水陆联运量达 6500 余万吨，比 1980 年增长 44%；干支线货物联运已深入到市、县、乡、镇，全国已有 26 个省、自治区和直辖市成立了县级以上的联运企业 250 余家，乡镇联运网点（联运站）、组已有 2000 余个，其中江苏省最为发达。

货物成组运输和集装箱运输在近 10 年间受到普遍重视，并深受货主和承运单位的欢迎。1982 年，长江航运管理局（今长江轮船总公司）已对 42.2% 的生铁、25.5% 的钢材、13.4% 的水泥和 10% 的化肥采用成组运输方式。其他港口在货盘、网络的基础上，增加尼龙集装袋等货物吊运属具，扩大了成组运输的货物品种和数量。

水路集装箱运输曾于 1956 年采用 3 吨型箱在国内航线试行，后因货源少和运输环节不配套而中止。1973 年 9 月，中国和日本商定在天津、上海与神户、横滨之间开展 10 吨型集装箱货运，拉开了中国大陆国际集装箱货运的帷幕。1978 年 9 月，中国远洋运输总公司开辟了中国—澳大利亚的第一条国际集装箱班船航线。1980 年，天津新港建成第一座集装箱码头，不久又建成中转站。集装箱货运方式的最大优点，是能优质而迅速地将货物从发货单位运送到收货单位，实现“门到门”运输。为了推广集装箱货运方式，需要货主部门和运输部门的密切合作。1983 年 4 月 5 日，国家经委、国家计委联合颁发了《关于发展我国集装箱运输若干问题的规定》，决定在“六五”期间的后三年建成上海、天津、黄埔等港口的集装箱专用码头和相应的内陆运输配套设施；做好天津、上海港口和京沪铁路集装箱试运工作；建成一批铁路集装箱运输的货场和专用货车；逐步开展上海至乌鲁木齐铁路直达，上海至武汉水路直达，上海经大连至哈尔滨的水路、铁路和公路集装箱联运；制订集装箱运输管理规章制度和具体措施。1984 年 1 月 9 日，国家经委又颁发了《加强国际集装箱港口集疏运工作暂行办法》。这两个文件及时地解决了国际集装箱运输在初始阶段所面临的关键问题，为在各种运输方式之间协调发展集装箱运输明确了方向。1985 年，中国的国际集装箱货运有了明显的进展，水路、铁路、公路和民航等运输部门均达到了不等的规模。其中 15 个港口开办了国际集装箱货运业务，完成的货运量占外贸总货运量的比重由 1980 年的 3. 2% 上升为 15%；大连、天津、青岛、上海、厦门和黄埔 6 个沿海港口，不但建成了 13 个国际集装箱专用泊位（年吞吐能力 85 万标准箱），而且设立了专业汽车运输公司和 15 个中转站，具有每年疏运 25 万标准箱的能力；铁路部门也有 34 个车站办理国际集装箱运输业务，疏运量达 25 万标准箱；长江的南通港和张家港等大型内河港口和一些地方航运部门也积极开展国际集装箱的支线运输。1985 年，6 个沿海港口的国际集装箱吞吐量为 57. 2 万标准箱，货物吞吐量 350 万吨，均为 1980 年的 7. 9 倍。吞吐量虽然增长很快，但还未达到港口泊位的设计能力，尚有 28 万标准箱的运输潜力。主要原因之一是水路、公路和铁路各相关运输方式之间的生产能力及其布局尚不协调，按货物重量计，汽车取送的比率是 65. 9% ，运输船舶取送的比率是 27. 2% ，而由铁路货车取送的仅是 7% 。

国内小型集装箱运输也初具规模。水运部门共有 5 吨型集装箱 3300 个，2 吨型集装箱 300 个，分别用于长江、北方沿海和华南沿海航区，但尚无专用船舶和码头设施。1985 年，水路国内集装箱货运量达 14. 8 万吨，为 1980 年的 6. 5 倍。铁路集装箱办理站已有 263 处，其中 116 处承办 1 吨型集装箱。天津、济南、蚌埠、南京等地中转站已建成。在东北地区和沪、苏、浙之间开展了铁路、水路和公路 5 吨型集装箱联运业务。由沿海客货班船、铁路列车和公路汽车实现的大连与上海地区间的集装箱货物水陆联运，颇受货主的欢迎。

从 1976 年开始的内河分节驳顶推船队运输方式，在 1977 年经验交流会之后得到迅速推广。1981 年，长江干线出现了由 4410 千瓦推船顶推的 3. 2 万吨分节驳船队；在渤海的莱州湾，河海顶推船队也投入营运。1985 年，分节驳顶推船队已成为长江中下游的主要运输力量，长江轮船总公司拥有各类分节驳船 495 艘、67. 8 万载重吨。存在的主要问题是运输管理规章制度尚不健全，顶推船与分节驳船不配套，顶推船的航行率为50%，分节驳船的航行率不足27%。

改革、开放、搞活的方针，使水运事业在短短的五六年间发生了前所未有的可喜变化，并逐步走上了健康发展的大道。

第三节　对当代中国水运事业的评价

从中华人民共和国成立到“六五”计划结束的36年间，世界航运经历了多次起伏。当代中国的水运事业虽然也经历了坎坷迂回的道路，但终于以较快的速度赶上了世界先进水平。特别值得指出的是，交通运输要先行，各种运输方式要综合利用和相应发展的论点，在80年代的经济改革中得到各方面的赞同，使交通成为国家经济发展的战略重点之一，一条适合国情的建设道路逐渐清晰。

一、建立了以公有制为主导的社会主义水运事业

为了在半殖民地半封建社会的落后基础上建立崭新的社会主义水运事业，中国共产党根据马克思列宁主义的基本原理和中国国情，创造性地制定了一系列方针、政策和措施，迅速而有效地控制了新中国成立初期的混乱状态，调整和充实国营企、事业，积极扶持私营企业并鼓励其向联营和国家资本主义经营方式过渡，并本着互惠合作的原则与友好国家和爱国的侨商发展远洋航运业务。“一五”期间，国家通过各项法规和管理制度加强行业行政领导；以改造、扩建和新建方式增强国营企业的生产能力；以“和平赎买”的方式，逐步地把资本主义的航运企业改造成为社会主义性质的公私合营企业；采取民主改革、折价作股等措施，在民间木帆船运输业中组建合作社和集体所有制的航运企业。1961年，中国远洋运输总公司成立并组建自营的远洋运输船队，从此揭开了中国远洋运输史的新篇章。在交通部和地方政府交通部门的领导管理下，港务、航运、航务工程、航道工程、水运工业、通信导航、船舶设计、物资供应、船舶检验、科研、教育、出版等均有不同程度的发展。

到70年代末，全国已形成了较为完整的社会主义水运事业。对外贸易部对外贸易运输总公司，以租用外籍船舶的方式，承担部分外贸海上货运业务。交通系统水运工业和六机部船舶工业的生产能力也不断提高。

80年代，水运事业的素质全面提高。交通主管部门逐步加强行业行政管理，在相继开展的航道、港口、水运工业普查的基础上，完善管理制度和提高决策、规划等宏观管理的科学水平。经过整顿和调整的企业，不断扩大了生产经营权限，加强科学管理，使社会效益和经济效益均有提高。新建的合资、集体和个体经营的企业如雨后春笋般地成长。1985年，全国交通系统开始形成以国营企业为主导的多种经济成分共荣的水运事业。各级政府交通部门正朝着依据国民经济发展计划调节和控制航运市场，航运市场引导各航运企业健康发展的方向迈进。随着国民经济改革、开放、搞活的深入和全面进展，水运事业再次呈现出繁荣景象。

二、以较快的发展速度改变落后面貌

从1433年郑和完成七下西洋的壮举之后，中国的水运事业逐渐衰落。近百余年来，众多的爱国志士仁人前赴后继，但终未实现振兴水运事业的宏愿。

新中国成立后，中国人民在中国共产党的领导下，发挥社会主义制度的优越性，自力更生，艰苦奋斗，克服种种艰难险阻，以较快的发展速度改变了积疾百载的水运事业落后面貌，远洋运输则已跻身先进航运国家之列。

从1951年到1985年，全国交通系统水运部门的运输轮驳船，以载重吨计平均每年递增12.4%，达2366.8万载重吨；货运量平均每年递增8.7%，达49965万吨；货物周转量平均每年递增15.3%，达7584亿吨公里。水上货运量占全国货运总量的18.5%，水上货物周转量占全国货物周转总量的45.5%。中国远洋运输总公司经营的运输船队，以载重吨位计已由“未入流”的地位跃居世界第七位，承担着应由中方船舶运输的外贸货运量的70%左右和1000余万吨第三国货运量，受到世界航运界的瞩目。

港口建设在70年代以前一直未能占据优先地位，以致成为国民经济中十分薄弱的环节。近十余年来，经过大规模的建设，一批具有现代化技术水平的大中型港口在沿海和长江等内河两岸形成新格局，在国内外物资交流和商贾往来中发挥了重要的枢纽作用。1985年，沿海15个和长江24个主要港口的货物和旅客吞吐量已达4.26亿吨和2.82亿人。改革、开放、搞活的方针，也为地方内河港口生产建设增添了生机和活力。在长江、珠江、黑龙江和京杭运河、淮河等水系的航运干支线上，航道整治和港口建设正在进行，有的已完工投产。1985年，全国年度货物吞吐量在1万吨以上或旅客吞吐量在1万人以上的有1947处。

作为水运基础的水运工业、航务和航道工程业、海难救助和打捞业以及科学研究和教育事业等，均有长足的进步。1952年，水运工业只能修理和制造小型的轮驳船，而70年代即能建造1.5万载重吨级的远洋货船和大型内河轮驳船，1985年工业总产值达14.8亿元（未计1982年并入中国船舶工业总公司的14家大中型企业）。工程建设能力由仅能承担单项施工，发展到综合建设拥有10万吨级码头的现代化大型港口和拥有30万吨级修船干坞的大型船厂，以及航道疏浚和通信导航设施等全套工程，年度施工达8亿余元工作量。科学研究紧密结合水运建设的需要，1978年以来获得交通部和国家科学技术委员会奖励达323项，其中葛洲坝枢纽全沙模型试验、交口铸铁离子氮碳钛三元共渗新工艺及其应用、袋装砂井真空预压法加固软土地基的研究、300米氦氧饱和潜水模拟实验、半潜式海上石油钻探船浮力顶升法合拢新工艺、船舶无人值班机舱自动化系统等，均达到世界先进水平。全国有12所高等院校和21所中等专业学校设置了水运和航务工程类专业，36年来共为水运部门输送了约5万高中级技术人才。1983年，大连海运学院受联合国开发计划署和国际海事组织的委托，成立了亚太地区海事培训中心。1985年，国际海事组织又在该学院设立世界海事大学第一分校。“亚太经社委员会”在上海海运学院举办了航运管理研究生班和本科生班。

“六五”期间，国家制订了全面发展水运事业的计划和长远规划，特别重视其内部构成和与其他运输方式之间的协调发展，以便较快地提高综合运输能力和经济效益。全国水运部门货运量平均每年递增3.2%（其中轮驳船货运量递增率为4.4%），货物周转量平均每年递增8.5%（轮驳船亦同）。长江干线每公里航线实现的货物周转量平均年递增率达14%，1985 年为1789.4 万吨公里/公里。

三、管理体制改革初见成效

管理体制属于生产关系范畴。它的改革是生产力发展的要求。80 年代，无论是经济发达国家，还是发展中国家，普遍在调整经济发展战略，进行管理体制改革。36 年来，中国水运事业进行了 4 次改革，效果不一。

第一次是在新中国成立不久的 1950 年 3 月。依据政务院《关于 1950 年航务工作的决定》，全国统一政令，各级政府交通部门实施行业行政管理。中央人民政府交通部下设航务总局和中国人民轮船总公司，各大行政区和省、市则分设交通部和交通厅（局）以及国营航运企业。各国营航运企业在中国人民轮船总公司领导下，统一航运业务，开展经营活动。

第二次是 1951 年 8 月，依据政务院《关于划分中央与地方政府财政经济工作上管理职权的决定》和第二次全国航务会议的决定，调整管理体制，实行专业分工，海洋和内河航运分管。中央人民政府交通部撤销了航务总局和中国人民轮船总公司，分别设立海洋运输管理总局和内河运输管理总局，并按海区和河系成立北洋、华东、华南区海运管理局，长江区、珠江和黑龙江航务管理局，管理交通部在各地的港口和航运企业，政治工作由地方党委领导，业务受地方政府监督、指导和协助；地方航运企业除在方针、政策、重要计划、重要制度等方面保证全国统一外，一切经营管理工作和政治工作均由地方当局负责。这次调整，明确划分了中央与地方航运管理范围和权限。但因财政、物资和设备等其他管理体制不相协调，地方航运建设仍无起色。

第三次改革始于 1953 年，是为了克服行政管理落后，建立和加强以计划生产管理为中心的“政企合一”、分级管理的水运体制。1958 年和 1970 年，曾两次将中央经济管理权限缩小，并将大部分部委经管的大中型企业和事业单位下放给地方政府管理，但“政企合一”的模式和企业作为行政主管部门的附属地位未变，仅仅是企业管理权的下放和上收的变换。1964 年，交通部按照国家经委的意见曾将长江航运管理局改为长江航运总公司，试办航运托拉斯。所有这些改革，都缺乏对中国社会的经济特征和客观发展规律的正确认识，都没有触及赋予企业以生产经营自主权这个根本要害问题，因而未达目的，有的适得其反。

第四次改革始于1979年，是在企业整顿和农村经济改革试点的基础上进行的，目前仍在进行中。在改革中，重视理论联系实际和指导实践的重要作用，明确了社会主义初级阶段的经济特征。改革的目的是建立国家、企业和职工三者之间责、权、利分明的，充满生机的社会主义水运管理体制；改革的中心环节是增强企业活力，而衡量改革得失成败的最主要标准是是否有利于发展社会生产力。改革在经历了企业整顿、扩大经营管理权限、实行经济承包制后，进一步向企业法人和法人代表（厂长、经理）负责制方向深化，实施经营承包制，企业成为相对独立的经济实体。这次改革取得了比较明显的效果。

四、适合国情的发展道路逐渐清晰

如何在半殖民地半封建社会的落后经济基础上尽快地建设社会主义经济，始终是中国共产党及其领导下的中国人民的共同愿望。经过36年探索，一条适合国情的水运事业发展道路逐渐清晰，其要点是：

（一）确立了指导思想的理论基础。1981年6月，中共十一届六中全会全面总结了中华人民共和国成立以来的历史经验，指明中国尚处于社会主义的初级阶段。在这个历史阶段中，国家所要解决的主要矛盾，是人民日益增长的物质文化需要同落后的社会生产力之间的矛盾；必须把工作重点转移到以经济建设为中心的社会主义现代化建设上来，发展社会生产力；经济建设必须从国情出发，按照客观经济规律和自然规律办事，协调发展；生产关系的变革和完善必须适应生产力的状况，国营经济和集体经济是基本的经济形式，必须实行适合各种经济成分的具体管理制度和分配制度，要大力发展商品生产和商品交换；等等。1984年10月，中共十二届三中全会通过了《关于经济体制改革的决定》，在总结历史经验的基础上，确定要以增强企业活力作为改革的中心环节；建立自觉运用价值规律的计划体制，发展社会主义商品经济；国家要以经济办法和经济组织来推动经济运行，实行政企职责分开，建立多种形式的经济责任制和实行按劳分配原则；积极发展多种经济形式，扩大国内外经济技术交流。所有这些都是发展水运事业所应遵循的普遍原则。

（二）交通运输必须根据本国的自然条件、国民经济发展计划和自身的特点，优先发展并合理布局。根据国民经济从1981年到2000年的奋斗目标，预计到20世纪末将达到沿海货运量2.44亿—3.34亿吨，货物周转量2700亿—3000亿吨公里；内河货运量9.4亿吨，货物周转量3100亿—4000亿吨公里；水路客运量4.5亿—5.0亿人次；远洋货物运量也将有大幅度增长。长江、珠江、黑龙江、京杭运河和淮河均可通行1000载重吨级驳船组成的船队，其他内河航道干线可通行300载重吨级驳船组成的船队。沿海港口泊位将达到550—600个，货物吞吐能力达到7.0亿—7.5亿吨。海洋运输船队总吨位将达到3500万载重吨。

（三）制定了与国民经济发展战略相适应的水运发展技术政策和目标，以及港口、航道、船舶、通信、导航和计算机应用等方面的技术措施，以科学技术进步促进水运事业的全面发展。20世纪末，运输装备、设施和管理等主要方面将达到经济发达国家70年代末或80年代初的技术水平，其中远洋运输将赶上或接近当时的世界先进水平。港口建设要与经济发展、城市建设和运输船型等因素相结合，以提高专业化和机械化为方向，增强集疏运能力。内河航运建设以综合开发长江、珠江、黑龙江、京杭运河和淮河为主，提高航道标准和通过能力，形成干支航运畅通的水系航道网。船舶以调整构成和提高经济技术效能为主，发展高效、低耗、安全、方便等船型，远洋、沿海和内河各具特色。电子计算机应用以管理方面的数据处理为主，全面普及。

（四）以全民所有制企业为主、集体所有制企业为辅、个体和合资企业为补充的水运事业将进一步完善。随着社会主义市场体系的发育和市场机制的加强，航运市场将日臻繁荣。国家运用经济手段、法律手段和必要的行政手段调节市场，市场引导企业发展；企业作为经济实体，必须不断改进生产经营，提高科学技术水平和职工素质，以优质服务扩大社会效益和经济效益。

（五）科学技术和教育作为水运事业现代化的基本标志和推动力，将得到优先发展。离开科学技术进步和科学管理，不可能摆脱高消耗、低效能的粗放型发展状态，也不可能较快地扭转水路运输在国民经济发展中的被动和落后局面，更不可能迅速赶上世界先进水平而进入国际航运市场，为繁荣海洋运输和增进各国友好合作效力。科学技术的发展，管理科学水平的提高，水运事业的振兴，都取决于水运从业者素质的提高。因此，教育事业占有突出的战略位置，肩负着培养德、智、体、美全面发展的不同层次的水运人才的历史使命。

新中国培养的第一代远洋船长、现任交通部部长钱永昌在1985年岁末，就“七五”水运建设计划指出：（1）在运输领域，要以能源运输、外贸运输和旅客运输为重点，合理调整运输结构，提高水运比重，完善水运体系，使各种运输方式协调一致，发挥综合效益；（2）加快沿海14个开放城市港口建设的进度，既要重点建设一批能发挥枢纽作用的大型港口，也要建设一批为大型港口分流和为地方经济服务的中、小型港口；加紧内河航道的建设，要以长江、珠江、黑龙江、京杭运河、淮河为重点，并逐步解决碍航闸坝问题。为此，要以多形式多方面集资，大力引进先进技术和装备，以技术改造、改建和扩建为主，加速水运建设；通过改革加强交通行业的行政管理，全面执行《国务院关于改革我国国际海洋运输管理工作的通知》，在整顿的基础上改善企业经营管理，扩大经济效益，提高运输安全质量。

第一编

水路运输生产

第一章
生产的管理和组成

第一节 概 述

中国江河纵横，湖泊密布，海域辽阔，具有发展水运的良好自然条件。

随着中国人民解放战争的胜利进展，解放区相继恢复和发展了内河和沿海运输，支援解放战争。新中国成立后，各地区的军事管制委员会，一边接管官僚资本的航运企业和扶持民族资本航运业；一边组织运输生产，支援解放战争，保障城乡物资供给。1949 年年底，全国交通系统拥有运输轮驳船 5698 艘、37.1 万载重吨，16.3 万客位；运输木帆船 30 万艘、313.1 万载货吨；内河通航里程 73615 公里，北方沿海航线基本恢复；完成货运量 2543 万吨，客运量 1562 万人，其中木帆船完成约 2000 万吨、200 万人；江、海主要港口货物吞吐量合计 910 万吨。

中华人民共和国交通部于 1949 年 11 月 1 日成立后，在统一政令，改进管理，建立以全民所有制为主导的水运体制，充实运输力量和提高运输质量，发展与其他运输方式的横向联系，以及开拓国际航运市场等方面，进行了大量的工作，把衰落了百年的半殖民地半封建水运事业改变成为较发达的社会主义水运事业。特别是 80 年代，在贯彻执行国民经济的“调整、改革、整顿、提高”方针和“对内搞活经济，对外实行开放”政策以来，水运生产日新月异。1985 年，全国交通系统拥有运输轮驳船 107307 艘、2366.9 万载重吨，木帆船 8829 艘、13.6 万载重吨；完成货运量 49965 万吨、7584 亿吨公里，客运量 27002 万人、旅客周转量 174 亿人公里；其中远洋运输船舶总吨位跃入世界前十名（见表 2）。全国交通系统主要年份水运客货运量、轮驳船和帆船保有量见表 3、表 4。

1985 年全国交通系统水运部门船舶保有量和客、货运量

表 2

项　目	轮驳船				帆　船		客　运		货　运	
	艘数	载重量（吨）	载客量（客位）	拖船功率（千瓦）	艘数	载重量（吨）	客运量（万人）	旅客周转量（万人公里）	货运量（万吨）	货物周转量（万吨公里）
全国总计	107307	23668691	596388	1017086. 9	8829	135685	27002	1738797	49965	75838107
内河	103149	7473534	522900	959354. 7	7798	97893	24994	1331145	34163	8334739
沿海	3095	4193101	67655	41712. 3	1031	37792	1874	379887	9175	14206406
远洋	1063	12002056	5833	16019. 9	—	—	134	27765	6627	53286962

注：在客、货运量中，帆船完成内河客运量 7 万人、旅客周转量 46 万人公里；货运量 978 万吨、货物周转量 88362 万吨公里，其中内河 900 万吨、72460 万吨公里，沿海 78 万吨、15902 万吨海里。

全国交通系统主要年份水运客、货运量和周转量

表3

年　份	客　运		货　运	
	客运量（万人）	旅客周转量（亿人公里）	货运量（万吨）	货物周转量（亿吨公里）
1949	1562	15.17	2543	63.12
1952	360	24.50	5141	145.75
1957	8780	46.38	15438	415.58
1960	12333	61.90	32555	767.77
1965	11369	47.37	22993	670.24
1970	15767	71.01	25444	931.34
1975	21015	90.59	34987	2844.67
1980	26439	129.12	42676	5052.74
1985	27002	173.88	49965	7583.81

全国交通系统主要年份轮驳船和帆船保有量

表4

年　份	轮驳船		帆　船	
	艘数	载货吨（万吨）	艘数	载货吨（万吨）
1949	5698	37.1	—	—
1952	4659	53.9	313033	317.4
1957	7261	113.0	259363	310.7
1960	18833	245.3	228000	395.5
1965	20998	288.7	180000	229.0
1970	41808	452.2	142262	180.6
1975	80445	1094.9	93353	112.7
1980	101197	1695.2	43060	52.7
1985	107307	2366.9	8829	13.6

各港口的生产建设差异万千。总的说来，沿海主要港口变化巨大，长江主要港口次之，其他内河港口发展缓慢，有的仍处于自然状态。1985年，全国交通系统年货物吞吐量在1万吨以上的港口1947处，泊位33218个、码头总延长1108.2公里，其中生产用泊位31867个、码头总延长1045.4公里；完成货物吞吐量107269万吨，旅客吞吐量34169万人，成为全国城乡物资和旅客运输的重要交通枢纽。上海港完成货物吞吐量12561万吨，已跻身世界十大港口之列。秦皇岛港已成为全国最大的现代化煤炭和石油输出港口。

第二节 管理体制

中华人民共和国成立以前，各解放区政府通过接管或自建方式，组建了规模不等的水运管理机构。1945 年抗日战争胜利后，在山东海防办事处等单位的基础上，陆续成立了同利、大华等贸易公司，兼营运输工作。1948 年 7 月，在同利公司航运部的基础上，组成大连轮船公司，从事渤海一带的沿海航运。人民政府设置的第一个航运机构，是在 1946 年 5 月 7 日成立的松花江航务局。1949 年 6 月，东北区人民政府航政总局成立，下设哈尔滨、安东（今丹东）和营口三个航政局。1950 年 3 月 11 日，东北航政总局改称东北航务总局并接管了大连轮船公司。大连轮船公司随即易名为大连航务局。

1949 年 1 月 15 日天津市解放，招商局轮船公司天津分公司等国民党政府的航政、航业机构即由中国人民解放军军事管制委员会接管。1949 年 5 月 27 日上海市解放，上海市军事管制委员会接管了招商局轮船总公司，同时并入被接管的国民党政府在上海的其他航政和航务机构。其他解放区的接管工作也陆续完成。1950 年年初，中央人民政府交通部设立航务总局。同年 4 月，招商局轮船总公司改为国营轮船总公司，翌年 2 月易名中国人民轮船总公司并迁至北京与交通部航务总局合署办公，下设上海、天津、青岛、广州、汉口区人民轮船公司。各地区也相继成立地方国营轮船公司及其管理机构。1951 年 5 月 4 日，政务院颁发《关于划分中央与地方在财政经济工作上管理职权的决定》，并于当月 24 日实施。从此，全国水运企业即分为中央（交通部）直属和地方（各级交通主管部门）所属两大类。同年 8 月 1 日，根据全国第二次航务会议的决定，交通部水运管理体制实行专业分工，海运与河运分立。交通部内分设海运管理总局和河运管理总局，并在沿海分别设立北洋、华东、华南区海运管理局，在长江设立长江航务管理局，在黑龙江水系设立黑龙江航务管理局，在珠江水系设立珠江航务管理局，撤销东北航务总局和中国人民轮船总公司及其分支机构的建制，分区统管港口和运输生产。1953 年 5 月，北洋、华东区海运管理局合并，改为上海海运管理局；华南区海运管理局改为广州海运管理局；主要港口改由交通部直接领导。1958年，交通部将大部分直属港口和航运企业的管理权下放给所在地方政府，仅保留长江航运管理局和上海海运管理局，并在部内成立海河运输总局，统管海河运输企业的经营管理。1961年2月7日，交通部根据中共中央提出的关于调整管理体制的精神，将原来下放地方的沿海10个主要港口收回，以后又将长江10个主要港口收回。广州海运管理局于1969年第二次下放广东省并与省航运厅、广州远洋分公司等合并，组成华南水运公司。1973年广州海运管理局恢复原建制并为交通部直属企业。

1964年8月，中共中央、国务院批转国家经委《关于试办工业交通托拉斯的意见的报告》，批准在全国试办12个托拉斯。据此，交通部将长江航运管理局改为长江航运公司，统一管理港口、航道、船舶、工厂和科研、设计、教育等部门，1975年9月1日恢复原名称。1964年7月，交通部决定成立了北方区海运管理局，统管渤海、黄海、东海沿岸的所有直属企业和事业单位，后于1968年11月撤销。

中国远洋运输管理机构建于1958年2月，时称交通部国际业务局，7月11日改建为远洋运输局。1961年4月27日，中国远洋运输公司及其广州分公司分别在北京和广州同时成立。从此，中国交通系统内便形成了包括内河、沿海、远洋运输企业和内河、沿海港口在内的较为完整的、多层次的水运管理体系。

港口是交通运输枢纽，既和航运休戚与共，又与其他运输方式和地方经济密不可分，因此对港口管理进行过多次改革探索。1950年3月12日，政务院发布《关于1950年航务工作的决定》，其中确定了改善港口管理、维修码头和仓库、调整港口组织领导等项工作。同年4月3日又发布《关于废除各地搬运事业中封建把持制暂行处理办法》，在各地工会的支持下，建立了统一的搬运公司。1952年，内河航运与海洋航运分立，并且实行“港、航合一”的管理体制。1953年4月30日，交通部发布《关于调整海运系统的组织机构和领导关系的指示》，实行“港、航分立”的管理体制，确定交通部直接管理沿海和长江、珠江、黑龙江的主要港口，其他港口均由地方政府交通部门管理。1954 年 1 月 23 日，政务院公布实施《中华人民共和国海港管理暂行条例》，确定“中华人民共和国沿海各港口由中央人民政府交通部（简称中央交通部）根据贸易、运输需要，并就其吞吐任务、设计能力分别设置港务管理局、分局、办事处（统一简称港务局）”，“港务局应遵照本条例之规定负责执行海港行政管理工作与业务事项，并为企业核算单位，受当地人民政府监督与指导”。内河港口的管理体制也随之做出相应的调整。各港口管理部门则根据条例中的原则，制定具体实施办法，并为克服成本高、效率低、质量差等运输生产的严重缺点，建立统计制度和定额管理，编制作业计划，以实现计划管理；同时建立调度机构和各类生产责任制度。

“一五”期间，港口生产发展较快。1957 年，交通部直属沿海和长江主要港口完成货物吞吐量6554.4 万吨，比 1952 年增长近 2.8 倍，其中沿海港口增长近 1.6 倍，长江港口增长 2.2 倍。装卸成本和费率均有大幅度降低，而生产效益和经济效益却明显提高。但是，如何同时提高中央和地方两个积极性，已成为亟待解决的问题。1957 年 9 月 5 日，交通部根据国务院《关于改进国家行政体制的决议（草案）》，制订了《中央与地方分工管理交通事业的方案》。1958 年，港口管理权限层层下放，严重干扰了生产建设的有计划进行。针对这一情况，1961 年在进行管理体制调整时，交通部对大连、秦皇岛、天津、青岛（含烟台）、上海（含连云港）、黄埔、湛江、汕头以及海口、八所（由广州海运局代管）等具有国际性或全国性的较大沿海港口实行直接领导，地方政府进行监督和指导；交通部长江航运管理局直接领导重庆、万县、宜昌、汉口、黄石、九江、安庆（含大通）、芜湖（含裕溪口）、南京、镇江 10 个长江主要港口，地方政府则予以监督和指导。其他沿海、内河港口由地方政府管理，交通部则在大政方针和管理方面给以督导，并协调各方的关系。管理体制的调整，便于克服国民经济所面临的严重困难形势和提高港口生产能力。但是在“文化大革命”中，国家行政管理机制遭受严重破坏，再次将管理权限下放地方政府。不过，鉴于前次下放的教训，各地方政府主管部门并未将所接受的中央企、事业单位组织系统和建制全部拆散或层层下放，交通部也没有全部撤手不管。但是这种管理体制仍不能适应外贸运输迅猛发展的要求，1973 年全国港口管理体制又基本恢复到 1961 年的形式。

80 年代的经济体制改革，涉及生产资料所有制结构、经济决策结构、经济调节体系、经济利益体系和经济组织体系等方面。在港口管理体制改革中，交通部根据国务院决定，首先对企业进行整顿，并与当地人民政府协商关于管理权限下放的相关事宜，采取先扩大企业的经营自主权，再下放管理权限，有步骤地实行“部、市双重领导，以市为主”。1985 年交通系统水路运输管理组织机构下表。

1985年全国交通系统水路运输管理组织机构

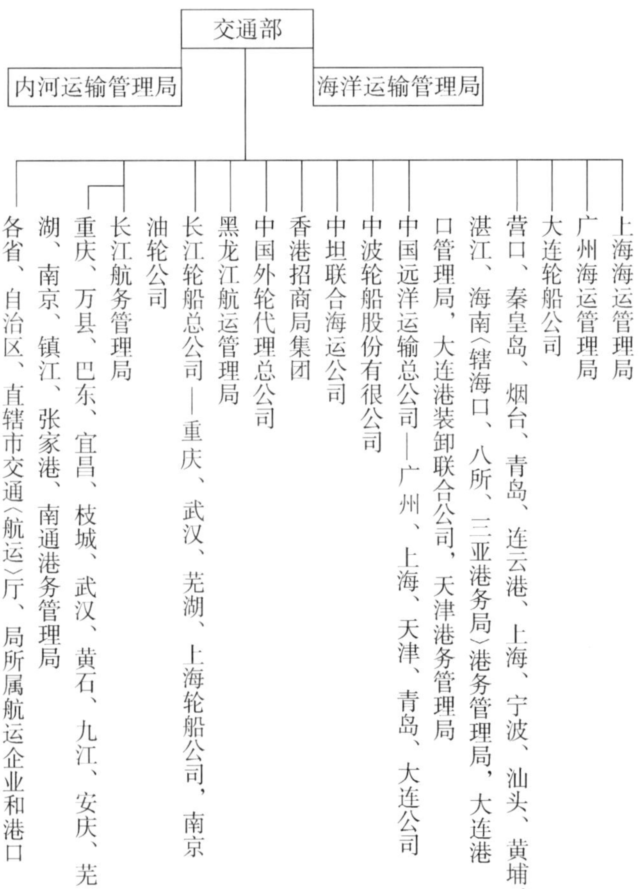

第三节　企业管理

新中国的水运企业管理，是在没收官僚资本主义航运企业并对私营航运企业实行社会主义改造的基础上，破除半封建、半殖民地的生产关系，实行民主改革，改变企业机构和经营管理制度，从而建立起以中央（交通部）直属和地方（各级交通主管部门）所属全民所有制水运企业为主体，集体所有制企业、合营企业和运输专业户为补充的多成分、多层次的水运企业管理体制，并且经历了由传统管理向现代科学管理过渡、由人治向法治过渡的变革过程。

50 年代初，水运企业引进了苏联的企业管理办法，实行计划管理、劳动管理、技术管理、经济管理和按劳分配等成套的管理制度和方法，保证了水路运输生产和经济建设的需要。但是，这套管理方法存在着政企职责不分，忽视企业经营管理自主权以及民主管理不健全等弊端。

1956 年 9 月，中共第八次全国代表大会制定了改进管理体制的基本原则，决定在企业中实行党委领导下的厂长（经理）负责制和职工代表大会制，推广工人参加管理、干部参加劳动，改革不合理的规章制度，以及领导干部、技术人员和工人相结合的企业管理新经验（简称“两参一改三结合”）。后来由于反右派斗争和“大跃进”运动以及忽视甚至否定按劳分配和商品生产的作用，水运企业管理混乱，责任制度废弛，生产安全质量得不到保证。

1961 年 9 月 16 日，中共中央颁发了《国营工业企业工作条例（草案）》，具体规定了工业企业的性质、任务、基本制度和各项管理工作。交通部及时组织实施，并针对水运生产的特点，强调“安全质量第一”的方针并探索科学管理方法，以促进运输生产健康发展。

在 1966 年开始的“文化大革命”中，企业管理机构被肆意拆散，行之有效的企业管理制度遭破坏，水运企业管理又陷入混乱局面。

1979 年，中共中央决定纠正“左”的错误，并以经济建设为中心，对国民经济实行“调整、改革、整顿、提高”的方针，进行经济体制改革和扩大企业自主权的试点，开展了企业的全面整顿，同时明确了建设社会主义现代化企业的标准和要求，从而使水运企业管理进入了科学管理的阶段。

80年代，随着经济体制改革和政治体制改革的展开，交通部根据国务院的指示，实行“有水大家行船”的政策，着力打破“条块分割”的体制。水运企业基本上实现了“政、企分开”，自主经营，并广泛开展全面质量管理活动。在企业领导体制上，逐步实行经理（局长）负责制，企业经理（局长）作为企业法人代表，对企业的物质文明和精神文明建设负全面责任。同时也改革了船舶管理体制，实行船长负责制。职工通过其代表大会和工会加强民主管理。

水运企业的基本经营原则，是在国家政策、方针和计划的指导下，面向国内和国际市场，满足货主和旅客的需要，安全、优质、及时、价廉、方便地完成运输任务，提高社会经济效益。因此，企业的法制观念、计划观念、市场观念、竞争观念、效益观念、人才开发观念逐步加强，企业的发展战略和经营决策得到重视，企业管理中的审计和统计工作、标准计量工作、技术经济定额工作、信息情报工作、责任制度以及职工教育培训等都有较大的提高，并以企业经济为中心，全面实行层层承包经营责任制。有的企业还实行了租赁经营或股份经营，较好地发挥了职工改善经营管理的积极性，促进了水运企业由单纯生产型向生产经营型转变。

为了有效地推动水运企业中物质文明和精神文明建设的发展，企业内部的组织机构根据统一领导、分级管理、责任统一、提高效益的原则，进行了必要的调整和改革，一般大中型水运企业采用了直线—职能制组织结构。这种组织结构形式保证生产经营决策权集中在企业最高领导层，有利于使直线指挥机构的各级领导在自己的职责权利范围内享有决定权。企业内部划小核算单位后，加强了专业分工和专业管理，以及发挥各级职能部门对直线指挥人员的参谋作用，从而保证各级直线领导人员对本单位的生产、安全、技术、经济活动和精神文明建设等进行有效的组织和指挥。实行层层承包经营和严格管理，使企业素质、社会和经济效益不断提高。80年代交通水运系统获国家级主要奖励单位见表5。

80 年代交通水运系统获国家级主要奖励单位

表 5

名称 年度	经济效益先进奖	设备管理优秀奖	质量管理奖	节能先进奖		
				一级	二级	三级
1982 年	广州海运局、大连港装卸联合公司					
1983 年	广州海运局、大连港装卸联合公司、上海港务局、浙江省航运公司杭州分公司、烟台港务局			武汉长江轮船公司（原长航武汉分局）	广州海运局、上海航道局	浙江省航运公司宁波分公司、重庆长江轮船公司（原长航重庆分局）、江苏运河航运公司、广州远洋运输公司、大连港装卸联合公司
1984 年	浙江省航运公司杭州分公司、大连港装卸联合公司、上海港务局、天津港务局		大连港口管理局（现大连港务局）			
1985 年	上海港务局、天津港务局、青岛远洋运输公司、南京港务局、福建省厦门轮船公司	大连港口管理局、烟台港务局、青岛远洋运输公司		武汉长江轮船公司	重庆长江轮船公司、广州海运局、大连港装卸联合公司	上海港务局、浙江省航运公司温州分公司、浙江省航运公司杭州分公司、广州远洋运输公司、天津航道局、上海航道局、青岛远洋运输公司、湖南省航运公司长沙分公司、江苏省运河航运公司

直线—职能制组织结构

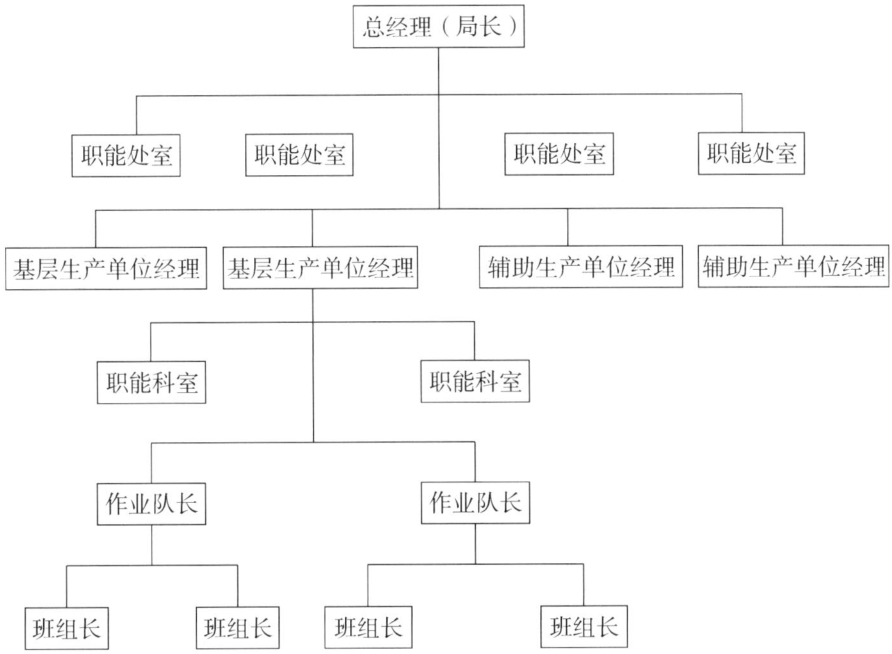

第四节　水运商务

水运商务是水路运输管理的重要环节。它的业务十分广泛，可概括为四大方面。

一、联合运输

联合运输是从各专业运输部门内部开始、逐步扩大横向联系范围而发展起来的。

在水运部门尚未开展货物联运之前，货物运输主要在港口派驻专人自行办理转运手续。随着货主和货运量的增多，这种方式不仅造成大量的人员和物资浪费，而且产生了港口货物积压和车、船滞留等混乱局面。为此，1952 年前后，大连、上海等中转货物较多的港口相继开展“代办货物中转”业务，即水运企业接受货主的委托，在货物中转地点代办货物继续运输的业务，减轻了货主派驻人员的负担。此后，水运部门又实行

“干支直达”和“水水联运”，缩短了运输时间，减少了货损货差，节约了运输费用，受到货主的普遍欢迎。

1954年3月10日，交通部颁发了《江海联运试行办法》，4月1日起实施。这样，货物运送，包括沿海、长江或地方内河等区段，自起运港到目的港，虽需经过一次以上的换装，但货运票据却一票到底，无需货主参加。

1958年8月12日，铁道部和交通部联合召开水陆联运会议，确定“运输协作的总原则应该是经常保持运输畅通，提高运输效率，保证工农业生产，保证人民生活需要”。1961年10月，交通部和铁道部联合颁发《铁路和水路货物联运规则》，翌年1月1日实施。这是中国不同运输方式之间首次以法规形式确定了货物联运，加强了多环节、多区段运输的衔接，加速了车辆、船舶和货物的周转，简化了运输手续，节省了物资流通费用，方便了货主。

1979年9月12日，林业部、交通部、铁道部和国家物资总局联合颁发了《关于组织东北木材水陆联运成组试装、运的通知》，随后又在水路、铁路、公路之间开展集装箱联运，进一步改善了联运条件，扩大了联运范围，提高了服务质量，向实现货物“门到门”运输迈出了可喜的一大步，同时更加密切了各种运输方式之间的横向联系。1980年实施了阳泉—青岛—上海煤炭水陆联运方案，1981年又实施了大同、开滦—秦皇岛—上海煤炭水陆联运方案。到1984年，干线联运已遍于4000多个铁路车站和97个海、河港口，大宗货物的年运量达5500万吨以上。与此同时，各种运输方式之间的干、支线货物联运也发展很快，全国县级以上的联运服务企业从1979年的几家发展到150余家。江苏省已把联运服务伸展到乡镇，建立了400多个联运服务站。1984年6月由重庆、武汉和南京三个联运公司发起成立的长江联营联运总公司，已有37个大、中、小城市的联运服务公司参加，开展省际间的联运服务业务，公司的业务已扩展到全国11个省、区。

1985年，水路运输在北方、南方沿海和长江开辟了28条集装箱航线，全国铁路运输已有263个车站办理集装箱运输，公路运输则承担港站间的集装箱集疏运，并开辟了5条集装箱专业运输线，开展“门到门”运输和联运业务。为了改善和扩大集装箱的联运能力，在天津、上海、黄埔港集装箱码头建设的同时，京沪铁路沿线的北京、天津、蚌埠、南京和上海等城市也在建设集装箱中转站，沪、苏、浙地区和京、津、冀地区的公路运输集装箱中转站也在加紧建设和完善。1980 年，集装箱运输公司成立，组织并协调全国范围的集装箱联运业务。

二、运输质量

水路运输质量的优劣，关系重大，影响深远。衡量水路运输质量，要从运输生产和社会服务两大方面着眼，考核其经济效益和社会效益。概括而言，就是要求旅客和货物在运输过程中，安全、及时和完好无损地抵达目的地。

1955 年，交通部制订了保证旅客、货物安全运输的实施办法。1960 年，交通部针对运输生产的宗旨和特点，提出了“安全质量第一”的方针。1962 年又颁发了运输质量考核指标：消灭重大货运事故，货损率不超过 5/100000，货差不超过 5/100000，赔偿比率不超过 5/10000。“文化大革命”中，这些考核指标曾被废止。

1978 年，在企业的全面整顿中，着重于安全文明生产和提高运输质量，总结并推广了上海港库场货物堆码标准。1979 年又学习国外先进经验，推行“全面质量管理”（又称全面安全质量管理）。在水运生产系统的各个环节，开始建立全面质量管理制度，在企业内部和运输船舶、港口作业区开展质量管理小组活动，采用数理统计、因果分析和分层排列，建立合理流程。1983 年以后，质量管理小组活动扩展到“港—船—港”和货物承托运各部门之间的联合质量管理之中。

1985 年，交通部直属水运企业运输质量明显提高，重大货运事故减少，基本上达到了部颁质量标准（见表 6）。但是在地方管理的一些水运企业中，特别是乡镇个体水运专业户，“安全质量第一”的方针仍未得到认真贯彻执行，主要原因是管理机构不健全，规章流于形式，经营者违章逐利。

三、规章制度

为了加强水路运输的生产管理，交通部陆续制订和颁发了有关规章制度，明确了货物承运者与托运者以及客运部门与旅客之间的关系和各自的权利、义务；同时规定了港口与航运部门之间的相互责任。现行的主要规章有：

1985年交通部直属水运企业运输质量统计表

表6

项　目	货运总件数（万）	重大货运事故（件）	货损率（‱）	货差率（‱）	实际赔偿	
					金　额（万元）	占货运收入比率（‱）
总　　计	100975	6	0.08	0.01	174.68	2.76
船舶运输	10983	4	0.55	0.07	142.66	3.19
港口装卸	89992	2	0.03	0.002	32.02	1.71
其中：沿海港口	73540	2	0.02	0.0004	28.21	1.75
长江港口	16452	0	0.04	0.01	3.81	1.47

注：除“实际赔偿”栏外，表中未包括远洋运输。

（一）《水路货物运输规则》（简称《货规》）。

《水路货物运输规则》于1972年4月1日颁发试行，1979年10月1日修订。《货规》规定了船舶、港口、货主各方在运输过程中应该共同遵守的事项。凡全民所有制的水运企业（包括租用外轮）在国内的货物运输，均须按本规则办理。集体所有制的水运企业可参照执行。各省、自治区和直辖市的交通厅（航运局）可根据其中的原则，制订补充规定或实施细则。香港、澳门与其他港口间的货物运输，以及水陆联运、军事运输、危险货物运输、邮件运输，则另有规定。《货规》包括总则、基本条件、运输计划、托运和承运、装卸和运输、到达和交付、变更运输、特种运输、江海联运、货物事故处理等项内容。

（二）《水路旅客运输规则》（简称《客规》）。

《水路旅客运输规则》于1961年公布试行，1974年7月1日修订。它规定了船舶、港口、旅客在运输过程中应该共同遵守的事项。各省、自治区和直辖市的交通厅（航运局）可根据其中的原则，制订补充规定或实施细则。《客规》包括旅客运输、行李和包裹、票价、运杂费和客运服务费、意外情况的处理等项内容。

（三）《铁路和水路货物联运规则》（简称《联规》）。

《铁路和水路货物联运规则》于1961年10月公布，1962年1月1日起实行，后于1967年5月和1973年根据实施情况作了修改增订。《联规》明确规定，所有铁路和水路联运货物的运输计划、运送条件、换装作业和赔偿处理等，均须按本规则办理。

（四）《危险货物运输规则》（简称《危规》）。

《危险货物运输规则》于1972年1月颁布试行。凡由铁路、水路运输的危险货物，除军运、国际联运另有规定外，均按此规则办理。《危规》包括总则、分类和范围、托运和承运、装卸和运输、保管和交付等5个部分，共计18条，并附有危险货物品名表，危险货物包装表，危险货物配装表，放射性货物运输包装等级表，放射性货物装载限额表，装卸放射性货物容许作业时间表，对装过危险货物的车、船洗刷和消毒的要求等。

（五）《水路货物运价规则》（简称《价规》）。

《水路货物运价规则》是水运企业的船舶承运货物时计算运价的依据。如交通部直属水运企业的船舶承运货物的运价，应根据《中华人民共和国交通部直属水运企业货物运价规则》计算，各省、自治区和直辖市的水运主管部门也都为所属水运企业的船舶货运价格作了规定。《价规》包括总则、货物运价等级、货物计量标准、运价里程、直达运价、特定运价、联运运价以及包船、包舱、租船等计费办法。

（六）《港口费收规则》（简称《费规》）。

《港口费收规则》包括《航行国际航线船舶及国外进出口货物海港费收规则》、《航行国内航线船舶及国内进出口货物海港费收规则》和《长江港口费收规则》，前者适用于全国对外贸易的港口，后二者只适用于沿海和长江的交通部直属港口。各省、自治区和直辖市的地方水运主管部门，可根据本地区的情况另行规定所属港口费收规则。

水路运输规章制度将随国民经济体制的全面改革而不断充实和完善。当前急迫的问题是制订国家运输基本法规，以便统一管理好全国交通运输业，并使各种运输方式协调发展，相互促进。

四、价格管理

水运价格包括船舶运费、港口装卸费和其他服务费用。在旧中国，国家没有统一的价格管理制度，各航商唯利是图，相互倾轧，价格远远背离了价值。新中国成立初期，建立价格管理制度的条件尚不具备。1949年年底，全国航务、公路会议提出“薄利多运”的原则。各水运企业根据所在航区的具体情况，整顿和改革运价：在沿海继续实行航线运价，在长江则按上、中、下游三段，各段又分上、下水分别计价。1950年2月，华东区航政局决定降低长江水运运价25%—30%。4月，招商局轮船总公司决定再度降低沪—汉线客运票价。7月，长江区航务管理局对全线运价和货物分等进行统一调整，再度降低20%左右。1951年11月，长江航务管理局修订货运计价办法，又将运价降低14%—46%。沿海客、货运输价格也作了相应的调整和降低。

1953年8月21日召开的全国交通会议决定坚持“薄利多运”的原则，反对“单纯地孤立地从赚钱多少来考虑问题和考核企业的成绩”。这是突出计划经济管理思想的表现，也是此后近30年中价格管理的指导思想。同年，交通部邀请海关总署、水利部、卫生部、中央财委计划局、中国人民保险公司和全国搬运工会等单位的代表，召开整顿港口费收座谈会，制订了《港口费收计算方法》。1954年，对直属企业的运价和港口费收进行了一次局部调整，主要是降低了长江上、下游的煤炭运价和华南沿海货运运价，将沿海货物分类由10级改为20级，进一步统一和简化了某些收费办法。1956年1月1日，交通部直属水运企业进行运价改革：长江运价降低13%，黑龙江运价降低26%，珠江运价降低21%；制订了江、海统一的《水运货物运价计算规则》，以货物重量计费，将江、海货物运价统一分为75类、25级，在沿海采用里程运价，在长江绝大多数航段实行“干线运价”。此外，重新制订了《海港费收规则》和《长江港口装卸费收办法》。1967年，运价再次调整和降低，交通部直属水运企业在北方沿海航区降低2.8%，南方沿海航区降低2.5%，长江干线降低4.6%。为了简化计算，又将货物分类由25级归并为8级。据统计，长江干线运价先后调整 7 次，降低 50% 以上。直属水运客运票价，经 1958 年正式统一制定后，20 余年基本未动，票价低于一般旅馆房费。在此期间，原有客船不断更新，客运条件有了较大改善，同时船舶修造价格、燃物料价格和工资逐步增长，客运成本大幅度提高，价格背离价值，以致客运量越大，亏损越多，严重地挫伤了水运企业经营客运的积极性。

各省、自治区和直辖市管理的地方水运企业，则因无全国统一规定可循，均参照直属水运价格管理办法制定运价，费率标准不一。

80 年代，国家大力发展商品经济，加强企业的科学管理，水运部门着手对运价管理进行改革，并修订各项收费规则。为了使各种运输方式的运价比价趋于合理，经国务院批准，从 1983 年 12 月 1 日起，调整了铁路、水运运价：改革水运轻泡杂货运价和港口装卸费计费办法，把按重量计费全部改为按体积、重量择大计费，并适当提高费率；改革长江运价结构，适当提高长江运价；适当提高水运客票价格，合理调整舱位等级差价，计北方沿海票价提高 60%，华南沿海提高 23.6%，长江提高 32%，长江上游的上、下行票价统一为一个标准，华南沿海和长江港口收费标准也作适当调整；冷藏船（舱）、一般危险货物装卸费和联运包干费有所提高。

第五节　货物运输

货物运输是水路运输的主要任务之一。在国家各个经济发展阶段，特别是在艰难的条件下，例如在战争年代的物资运输，解放初期的支援上海煤炭运输，南粮北调、北煤南运和保支农、保“三线”等重点运输，“文化大革命”动乱时期的货物运输以及支援第三世界国家的物资运输中，水路货物运输都以其特有的优势，发挥了重要的作用。

1953 年 11 月 27 日，交通部发布《关于航务工作的指示》指出，为了改进航运企业的经营管理，提高效率，降低成本，简化手续，更好地为客货运输服务，必须加强计划管理和定额管理，建立统计制度和各类生产责任制，设置调度机构，编制作业计划。30 余年来，各级航运主管部门和企业，除了充实和更新船舶以适应各类货物的运输要求外，还不断改进以货源组织和运输生产调度为重点环节的生产管理，开展合理运输，以提高货运质量，更好地为国民经济发展服务。

一、货源组织

50 年代初期，货源较少，北方沿海尤为不足。在“一五”至“二五”初期，国民经济的发展以工业为主导，水路运输曾以优先保证钢铁原材料和建筑材料为前提，兼顾其他货物运输。大宗货物的计划运输，要求加强货源组织工作。为此，交通部直属水运企业设有货源组织机构和“货源组织员”。“货源组织员”在克服货源不足和往返货运量不平衡中，发挥了重要作用。例如当时制定的“测算经济合理运输路线”方法，就是一项行之有效的措施。水运部门主动与物资主管部门配合，根据铁路、水路运输的能力和条件，从物资调拨分配开始即注意组织合理运输。报经国家经委批准执行的合理运输办法和流向图，计有煤炭、粮食、木材、矿石、生铁、盐、化肥、水泥、石油、磷矿石、化工原料等 13 种货物，既避免了物资的对流、倒流和重复运输，又发挥了水路运输的优势，提高了运输安排的计划性。

进入 80 年代后，货源组织工作面临着对内搞活经济和对外实行开放的形势，迫切需要改革，以适应社会主义有计划的商品经济的发展。为此，在加强宏观货运管理的同时，国家又采取一系列政策和措施，逐步缩小指令性计划货运的品种和范围，扩大指导性计划物资、商品物资的品种和范围，下放管理权限，以利于搞活货运市场。1984 年，除能源（煤炭、原油）、外贸和少数国民经济关键物资外，国家基本上不再下达指令性计划。商品经济的发展，促进了货运市场的兴旺繁荣。不仅国营水运公司积极开发货运，集体和各种集资兴办的水运公司以及运输专业户也广开货源，经营货运，有的还开展产、运、销联营，使运输事业有了很大发展。

实践经验表明，水路运输货源组织工作首先必须坚持调查研究，以求得可靠的货物流量和流向，据以制定合理的运输方案，企业才能不断提高经济效益。其次，必须搞好运输平衡。国家和社会各个方面对运输业都有一个共同的基本要求，即安全、可靠和及时，以保证国家经济和企业生产有计划、有节奏地均衡进行。各水运企业及其主管部门也有责任根据货主单位和货源情况并结合运输的可能，做好运输平衡，信守合同，维护双方的利益。第三，要坚持社会主义方向，做好服务工作。把社会效益与经济效益、国家利益与企业和职工利益、现时利益与长远利益有机地结合起来。在具体工作中，要处理好承托关系、联运关系、内外贸关系、干支运输关系、港航关系、港港关系、运贸关系和船货关系。

二、运输生产调度

水运生产调度的基本任务是：及时、全面地了解生产情况，合理组织和指挥船舶、港口的生产活动，编制港、航生产调度计划并组织实施，协调船舶和港口作业，加强水运与其他运输部门和物资部门的配合，确立正常的运输生产秩序，充分利用船舶和港口的生产能力，保证完成运输计划，信守合同。

交通部直属水运企业的生产调度，以集中指挥、分级管理为原则，采用三级管理制度，即交通部、航运和港口企业、船队和作业区，执行机构为调度室。各级调度职权范围是：

交通部调度室：监督执行国家下达的运输指令性计划，组织和指挥航运和港口企业的日常运输生产，并协调二者的相互关系。

航运、港口部门的调度室：编制营运计划和指挥本企业范围内的船舶运输或港口生产。

船队、作业区的调度室：实施航运或港口企业下达的生产调度计划。

此外，各地方航运、港口部门，均按隶属关系设立各级调度机构，组织和指挥日常的运输生产。

第六节　集装箱运输

1956年4月，在上海港—大连港—东北地区各省试办了集装箱海陆联运。

由于经济和技术上的原因，仅开展数月便停止了。1972年9月，上海海运管理局、长江航运管理局和广州海运管理局分别在北方沿海的大连—上海航线、长江下游的南京—南通航线和华南沿海的广州—汕头、海口航线，利用木质2吨箱250个再次试办海运和江海联运。据不完全统计，至1974年共运输1424箱次，货物4699吨。1973年9月，中国远洋运输总公司、中国对外贸易运输总公司、中国外轮代理总公司与日本新和海运公司和日新仓库公司合作，使用5吨小型集装箱在上海、天津与日本的横滨、大阪、神户各港之间进行国际航线上的集装箱试运。与此同时，中国远洋运输总公司还在上海—日本航线使用普通杂货船"风雷"号捎运国际标准箱，1974年11月又在天津—美国—加拿大航线（经日本中转）进行国际标准箱运输，至1975年共运输2400余箱次，货物约7000吨。

1975年，交通部水运科学研究所与红光港机厂联合研制了5吨集装箱50个，长江航运管理局随即改建武汉港25号码头，用2艘千吨级甲板驳正式开辟了武汉—沙市集装箱航线。

1976年，日本大阪井航运公司用"渤海"和"望乡"轮开辟了天津—神户和上海—神户集装箱航线。1978年9月26日，中国远洋运输总公司用"平乡城"货船开辟了上海至澳大利亚的集装箱货运航线，开创了中国集装箱船运输的新时期。此后又相继开辟了中国至日本、美国、中国香港和欧洲、波斯湾、西非、东南亚、地中海等国家和地区的集装箱航线。至1985年年底，中国远洋运输总公司经营37条集装箱班船航线，已有全集装箱船36艘、滚装船15艘、多用途船80艘投入营运，总载运能力约5.6万标准箱，并拥有干货标准箱6.4万个。

中国的集装箱运输由水路、铁路、公路和民用航空等运输部门分别经营管理。其中水路和公路集装箱运输集中于交通部的集装箱运输管理机构。交通部经营集装箱货运的直属企业有：中国远洋运输总公司，经营国际集装箱货运；中国外轮代理总公司，负责船、箱的代理业务；各港口的集装箱公司，经营集装箱的装卸、保管、堆存、装拆、中转联运和修理、清洗、熏蒸、消毒等业务；上海和广州海运管理局以及长江轮船总公司，经营国内沿海和长江集装箱货运业务；上海、天津、黄埔等主要对外开放口岸还设有汽车运输公司和拆装箱、中转联运站，承办水陆空联运。

1985 年年底，国际集装箱货运量在全国对外贸易件杂货运量中的比重，已由 1980 年的 3.2% 上升到 15%。其中，中国远洋运输船队完成的运输量达 32.4 万标准箱，319.2 万吨货物，分别为 1980 年的 5 倍和 6 倍。国内的 2 吨、5 吨型集装箱港口吞吐量达 11.1 万箱，货物 29.7 万吨。5 吨集装箱主要在沿海、长江和水陆联运中使用，2 吨型集装箱在南方沿海使用。1985 年，沿海和长江共有 2 吨型和 5 吨型集装箱 3000 多个，开辟了 21 条航线，其中沿海 15 条，长江 6 条。沿海港口有大连、天津、烟台、青岛、上海、福州、厦门、汕头、广州、海口和三亚等，长江港口有宜昌、沙市、武汉、黄石、芜湖、安庆和南通等，合计 18 个港口。当年完成运输量 5.26 万箱、14.8 万吨货物，主要由沿海客货班船、长江客班船捎运和集装箱驳船载运。

中国港口国际集装箱吞吐量统计表

（1978—1985 年）

表 7　　　　单位：国际标准箱

港口＼年度	1978	1979	1980	1981	1982	1983	1984	1985
大连	—	—	907	5536	12527	15705	24290	30101
天津	7017	9106	15812	24408	40909	60787	83491	149401
青岛	3325	5426	8707	11834	15030	19139	23327	33314
上海	7951	15861	31560	49440	66095	86317	114977	201716
黄埔	—	2524	7316	10684	6815	13398	21165	46754
广州	—	—	—	11537	16757	21543	31845	46835
其他港口		—	—	660	1182	6617	41132	64534
合计	18293	32917	64302	114099	159315	223506	340227	572655

国际标准集装箱主要用于远洋货运。1985 年，中国已在大连、天津、青岛、上海、宁波、福州、厦门、黄埔、广州、湛江、张家港、南通以及海口、蛇口、汕头和秦皇岛 16 个港口开办国际集装箱货运业务，全年吞吐量达 57.2 万标准箱，350 万吨货物。从 1978 年到 1985 年，港口国际集装箱吞吐量平均

每年以71%的速度递增（见表7）。

第七节　旅客运输

随着各地区相继解放，交通部门及时组织力量，恢复水路旅客运输。在黑龙江，新造的“东北”客船于1949年9月13日正式营运；在长江，1949年12月19日“民族”、“民联”两艘客货船首航汉渝线，载客400余人、载货1000余吨抵达汉口；在北方沿海，各航线旅客运输也相继恢复，“东方1号”至“东方5号”以及“海州”、“安乙”等客货船先后投入营运；在南方沿海，则将民生公司回国的8艘“大门字”型客货船投入临时航线承担客运。此外，各地交通部门还组织民间木帆船开展区间和支线短途客运。直到1952年，水路旅客运输的规模还很小，运量也不大。在北方沿海正式开办的客运班船航线只有6条，即以大连为基地的大连—烟台—威海、大连—青岛、大连—烟台—龙口、大连—天津和上海—宁波。南方沿海则因海上军事形势紧张，尚无定期客运班船航线。在内河，因船舶不能夜航而未能发挥水运优势，客运业务不景气。当年虽拥有17.1万客位运力，但仅完成客运量3121万人。1957年，全国轮驳船共拥有19.7万客位，年客运量达7231万人。其中，上海海运局拥有客船6200客位，年客运量139万人；广州海运局拥有客船2600客位，年客运量6万人；长江航运局年客运量854万人；地方交通部门年客运量6232万人。此外，帆船客运量1950年仅为271万人，1957年达1549万人。

为了加强水路客运安全，提高服务质量，交通部于1961年召开全国客运工作会议，总结10多年的经验，制定了“安全第一，正点运行，以客为主，便利旅客”的客运工作方针。同年，颁发了全国统一的水路旅客运输规章，并按沿海、长江航区编制统一运价标准，各条航线均有固定客货班船，客运设施相应得到改善。60年代，中国自行设计和建造的沿海客货船“民主17”号和汉口—上海航线大型长江客货船，以及由法国建造的1万总吨位级远洋客船“耀华”号和其他中小型客船相继投入客运。1971年，上海海运局已有客货船 21 艘、11374 客位，年客运量 192 万人；广州海运局拥有客货船 7 艘、3263 客位，年客运量 20 万人；长江航运管理局拥有客货船 113 艘、58614 客位，年客运量 1712 万人；中国远洋运输总公司拥有远洋客货船 3 艘、1642 客位，年客运量 2 万人。

70 年代特别是“文化大革命”结束后，水路客运有了迅速发展。1977 年，广州—海口航线定为每日班（即当日对开 1 艘客船）；1979 年，增开广州—汕头航线的隔日班，以及广州—三亚、汕头—海口、湛江—海口临时客运航线。长江客运普遍实行定航线、定班次、定时刻、定船舶、定码头的“五定”措施，航线增加，航期缩短。1980 年，上海海运局新辟上海—香港航线，福建省开辟厦门—香港航线，广东省汕头港除原有汕头—新加坡航线（由新加坡经营）外，又增开汕头—香港航线和广州—香港气垫船快班航线。1982 年，增开上海—福州航线和由新加坡船务公司的“长城”客船每月航行一次的黄埔、汕头、海口至新加坡、槟城客运航班。1984 年，沿海南北客运航线开通，上海海运局的“长柳”客船和广州海运局的“紫萝兰”客船对开上海—广州航班。1985 年，广州海运局又开辟了广州—青岛—大连客运航线。沿海和长江各主要港口大都新建了大型客运站，设有候船室，开办食品供应、图书阅览、邮电业务、行李托运等多项服务。全国水运部门客运能力和运量统计见表 8。

1978 年以来，涌现出大批先进客船、先进客运站、先进集体和先进个人，这对提高服务质量、改善客运管理，都起到了推动作用。其中上海—大连航线、汉口—上海快班和正班、重庆—涪陵航线以及南京港客运站和高港、重庆港、武汉港，分别获得全国交通系统“先进客运航线”和“先进集体”的光荣称号。被广大旅客公认的“信得过客运站”的南京客运站，23 年连续无事故，年年超额完成任务。上海海运局客运服务员、全国交通系统和上海市劳动模范杨怀远，把共产主义理想同热爱服务工作结合起来，数十年如一日。他用一根自备的小扁担，“挑万里情，送四季春，暖万人心”，把为千万旅客排忧解难看作是自己的最大幸福，在平凡的工作岗位上做出了不平凡的事迹。

全国水运部门主要年度客运能力和运量统计表

表8

<table>
<tr><th rowspan="3">年 度</th><th colspan="5">轮驳船客容量（万客位）</th><th colspan="5">轮驳船年客运量（万人）</th></tr>
<tr><th rowspan="2">合计</th><th rowspan="2">地方</th><th colspan="3">交通部直属</th><th rowspan="2">合计</th><th rowspan="2">地方</th><th colspan="3">交通部直属</th></tr>
<tr><th>内 河</th><th>沿 海</th><th>远洋</th><th>内 河</th><th>沿 海</th><th>远洋</th></tr>
<tr><td>1950</td><td>17.10</td><td>12.24</td><td>4.57</td><td>0.29</td><td>—</td><td>2106</td><td>1920</td><td>173.0</td><td>13.0</td><td>—</td></tr>
<tr><td>1952</td><td>17.10</td><td>12.10</td><td>4.24</td><td>0.76</td><td>—</td><td>3121</td><td>2640</td><td>411.0</td><td>70.0</td><td>—</td></tr>
<tr><td>1957</td><td>19.70</td><td>16.30</td><td>2.53</td><td>0.88</td><td>—</td><td>7231</td><td>6232</td><td>854.0</td><td>145.0</td><td>—</td></tr>
<tr><td>1960</td><td>22.80</td><td>20.80</td><td>1.55</td><td>0.47</td><td>—</td><td>11257</td><td>10890</td><td>288.0</td><td>79.0</td><td>—</td></tr>
<tr><td>1965</td><td>29.40</td><td>22.38</td><td>5.55</td><td>1.40</td><td>0.07</td><td>10192</td><td>8848</td><td>1213.0</td><td>131.0</td><td>—</td></tr>
<tr><td>1970</td><td>36.40</td><td>29.03</td><td>5.83</td><td>1.38</td><td>0.16</td><td>14757</td><td>12756</td><td>1791.0</td><td>208.0</td><td>2.0</td></tr>
<tr><td>1975</td><td>48.58</td><td>39.23</td><td>7.17</td><td>1.91</td><td>0.27</td><td>20778</td><td>18449</td><td>2030.0</td><td>298.0</td><td>1.0</td></tr>
<tr><td>1980</td><td>54.50</td><td>41.55</td><td>10.06</td><td>2.73</td><td>0.16</td><td>26377</td><td>23069</td><td>2862.0</td><td>445.6</td><td>0.7</td></tr>
<tr><td>1985</td><td>59.64</td><td>44.03</td><td>11.00</td><td>4.50</td><td>0.10</td><td>26995</td><td>22738</td><td>3549.0</td><td>714.0</td><td>0.4</td></tr>
</table>

刘正卿是长江客运先进模范人物的优秀代表。在30多年的服务生涯里，她心里始终装着自己的服务对象。在她的事迹感染下，10多年前曾受到她热心照拂的一位7岁儿童，如今长大后竟奇遇般地来到她的身边，立志为旅客服务工作奉献青春。

虽然船舶运力和服务设施都有较多的增加，但是水路客运还是远远不能满足社会需要，"买票难"的问题在某些航线上仍然十分严重而亟待解决。

第二章
内河运输

第一节 概 述

新中国成立后，立即清理航道，打捞沉船，恢复航运。1952 年，全国内河完成货运量 4505 万吨，货物周转量 75.9 亿吨公里。从 1950 年到 1961 年，全国内河轮驳船吨位平均每年递增 19.4%；通航里程增长，通航条件改善；主要港口的货物装卸机械化程度逐年提高，其他港口也在技术革新中自制机械设备替代了人力劳动，货物吞吐能力和旅客通过能力均有增长。

1962 年以后，国民经济发展序列由重（工业）、轻（工业）、农（业），调整为农、轻、重。但是在大力开展农田水利和水电建设中，忽视了水资源的综合开发利用，筑坝蓄水、围滩造田等损害内河航运的情况时有发生，工业建设布局也未能重视开发和利用内河航运。政策上的失误和资金缺乏，使内河运输发展受阻。“文化大革命”中，无政府主义思潮泛滥，内河运输受到更为严重的破坏。1979 年交通部组织的全国内河航道普查结果表明，通航里程除以江苏省为主的华东地区有明显延伸外，其他地区普遍缩短。

1979 年后，随着“调整、改革、整顿、提高”方针和“对内搞活经济，对外实行开放”政策的实施，农村和乡镇经济发展迅速，物资交流日渐活跃，沿海港口货物集疏运和建设原材料的运输，都迫切要求内河运输相应发展。中共第十二次全国代表大会决议把交通运输列为经济发展的战略重点，从中央到地方，从部门到企业，都开始重视内河运输建设，编制了“三江两河的航运发展规划”，为内河航运建设做了前期准备。1982 年 9 月 1 日，交通部成立内河运输管理局，既管直属内河运输企业，又管地方内河运输建设，同时采取有效措施，着手消除长期存在的“部门分割”和“地区分割”等有碍内河运输发展的消极因素，促进内河运输与其他运输方式和企业部门的生产联系。一些具有内河运输基础的地区也纷纷结合经济开发，重视利用内河运输。1985 年全国内河水运部门客货运量和船舶保有量见表9。长江干流、京杭运河和珠江、黑龙江、淮河水系全年完成货运量 2. 53 亿吨，货物周转量 581. 17 亿吨公里，在全国内河运输中所占比重分别为 74. 1% 和 81. 6% （见表 10）。

中国有众多的内河与海洋沟通，因此内河港口不仅对内陆流域的经济发展和客货运输具有重要的意义，而且对促进沿海和远洋运输业的发展日益发挥着积极的作用。

1985 年，全国年货物吞吐量在 1 万吨以上或旅客吞吐量在 1 万人以上的内河港口（站）有 1752 处，完成货物吞吐量 67626 万吨，旅客吞吐量 28412 万人。其中，货物吞吐量不满 10 万吨的 975 处，11 万—50 万吨的 513 处，51 万—500 万吨的 247 处，501 万—1000 万吨的 9 处，1000 万吨以上的 8 处。江苏省内河港口 340 处，完成货物吞吐量 24421 万吨，占全国内河港口总吞吐量的 36. 1%，居首位。浙江省内河港口完成旅客吞吐量 8010 万人，在全国所占比重为 28. 2%，居第一位。

36 年来，内河运输业取得了明显的进步，但总体功能仍落后于国民经济发展的需要，主要表现在：

1. 通航里程短，航道标准低，通过能力差。1985 年全国内河通航里程 109075 公里，仅占流域面积在 100 平方公里以上河流总长的 25. 3%。其中能通航 300 载重吨级以上船舶的航道不足 1 万公里，而能通航 1000 载重吨级以上船舶的长江、珠江、黑龙江、京杭运河和淮河航道里程合计不足 5000 公里，其余河流的航道水深均低于 1 米。1985 年，内河货运量和货物周转量在全国运输总量中所占比重仅分别为 12. 6% 和 5%，其中长江干线在内河运输中所占比重分别为 35. 9% 和 60. 3%。

2. 内河港口设施陈旧。1985 年，全国内河除长江、珠江、松花江、京杭运河和淮河上的主要港口具有机械化装卸码头和仓库等设施外，其余基本上

1985 年全国内河水运部门客、货运量和船舶保有量

表 9

地区序列	通航里程（公里）	旅客运输		地区序列	货物运输		轮驳船保有量			帆船保有量	
		客运量（万人）	旅客周转量（万人公里）		货运量（万吨）	货物周转量（万吨公里）	艘数	载重量（吨）	客位	艘数	载重量（吨）
全国总计	109075	24994.0	1331145		34162.9	8344739	103149	7473574	522900	7798	97893
长江轮船总公司	2813	3472.6	699300		5365.6	3198200	2256	2219419	106442	—	—
黑龙江航运局	4696	76.7	8300		302.3	100800	274	147228	3636	—	—
地方合计	101566	21445.0	623545		28495.0	5045739	100619	5106887	412820	7798	97893
浙江	10620	5562.0	94644	江苏	7559.0	1405959	24029	1172924	55480	1330	17444
四川	7998	4384.0	85256	广东	5309.0	389832	16439	549634	39358	1560	20872
江苏	23653	2644.0	90564	浙江	3735.0	459931	10269	336230	86784	777	5339
广东	11137	2153.0	129767	上海	2522.0	224950	3473	203515	6976	9	125
湖南	9941	1753.0	53606	湖南	2286.0	420546	12211	409180	37904	102	1132
湖北	7859	1340.0	21266	湖北	2188.0	803335	4618	672701	26234	64	642
福建	3888	784.0	22166	四川	1329.0	339875	4232	484623	84224	1876	22701
上海	2474	660.0	30519	安徽	1196.0	391253	11077	533767	18284	316	3562
安徽	5515	651.0	15387	广西	683.0	237581	3709	215801	18258	128	1743
广西	4521	523.0	55275	江西	492.0	204753	4562	209553	8931	463	6008
江西	4937	327.0	13032	福建	488.0	24609	1749	32299	14919	697	6487
贵州	1747	213.0	3572	河南	199.0	42352	2602	125788	2835	419	10235
云南	1043	126.0	3214	山东	105.0	33144	702	48544	203	—	—
河南	1110	121.0	3676	天津	103.0	873	139	10135	—	21	1024
黑龙江	—	76.0	586	黑龙江	98.0	36209	241	45665	1122	—	—
山西	170	45.0	178	贵州	69.0	16915	255	28887	3191	26	104

续表

地区序列	通航里程（公里）	旅客运输		地区序列	货物运输		轮驳船保有量			帆船保有量	
		客运量（万人）	旅客周转量（万人公里）		货运量（万吨）	货物周转量（万吨公里）	艘数	载重量（吨）	客位	艘数	载重量（吨）
全国总计	109075	24994.0	1331145		34162.9	8344739	103149	7473574	522900	7798	97893
长江轮船总公司	2813	3472.6	699300		5365.6	3198200	2256	2219419	106442	—	—
黑龙江航运局	4696	76.7	8300		302.3	100800	274	147228	3636	—	—
地方合计	101566	21445.0	623545		28495.0	5045739	100619	5106887	412820	7798	97893
吉林	737	42.0	228	山西	61.0	247	8	337	225	—	—
陕西	688	28.0	404	辽宁	22.0	299	9	300	250	10	475
甘肃	121	13.0	191	云南	20.0	3945	99	11255	3895	—	—
辽宁	508	—	14	吉林	16.0	7388	58	8030	1891	—	—
山东	1840	—	—	陕西	12.0	1711	67	3263	861	—	—
河北	—	—	—	河北	3.0	32	40	2154	291	—	—
内蒙古	602	—	—	内蒙古	—	—	22	2223	—	—	—
天津	458	—	—	甘肃	—	—	9	79	704	—	—

1985 年主要内河水运货运量

表 10

项　目	货运量（万吨）	货物周转量（万吨公里）	参加运输的单位
长江干流	12250	5030682	长江轮船总公司，上海市，江苏、安徽、江西、湖北、湖南、四川、贵州、云南、浙江等省
珠江水系	6035	713455	广东、贵州省，广西壮族自治区
黑龙江水系	416	144397	黑龙江航运管理局，黑龙江、吉林省
京杭运河	6002	644115	江苏、浙江、山东省
淮河水系	599	279128	江苏、安徽、河南省
合　　计	25302	6811777	

仍处于自然岸坡和人工装卸货物的状态，船舶在港停留时间长，客、货疏运慢，通过能力低。

3. 船舶技术状况落后。80 年代初，内河运输船舶开始了更新改造，淘汰了绝大部分木帆船和 60 年代建造的水泥船。以吨位计算，1985 年钢质驳船约占 75%，但是技术经济指标仍然不佳。以长江轮船总公司船队而论，现代化的大型分节驳顶推运输船队是在 70 年代后期建立的，载重吨位占全部驳船的 31.3%。在其他内河，由于航道限制和企业技术改造能力薄弱等原因，船龄在 30 年以上的船舶仍占多数。这也是内河运输成本高、时效低的重要原因。在一些地区，船舶技术状态落后，耗油量大，虽然运量增长了，但运输成本也提高了，两者相抵，盈利微薄甚至亏损。

4. 管理体制与生产力发展不适应。80 年代初期，从扩大企业经营自主权入手，进行管理体制改革，随后实行政企职责分开和打破部门与地区的航运分割，内河运输逐渐活跃。长江干线主要港口开放，各省运输船舶和远洋运输船舶纷至沓来。但是，在内河运输呈现活跃和繁荣景象之时，行业管理中还存在着宏观管理差、微观管理混乱、忽视航行安全和合理运输以及价格扭曲、运输效率低等问题。

第二节　长江水系内河运输

长江发源于青藏高原唐古拉山脉主峰各拉丹冬雪山南麓，发源后称沱沱河，汇当曲后至青海省的玉树称通天河，玉树至四川省的宜宾称金沙江，由宜宾至入海口称长江。长江全长6300余公里，水资源丰富，为中国第一大河，名列世界第三。

长江水系是全国最大的通航水系，共有3600余条通航河流，通航里程7万多公里，约占全国内河总通航里程的70%。长江干流贯通云南、贵州、四川、湖北、湖南、安徽、江西、江苏等省和上海市。主要支流有岷江、嘉陵江、乌江、澧水、沅江、资水、湘江、汉水、赣江、抚河、信江、青弋江、水阳江、京杭运河、黄浦江。长江水系的通航河流又与其他水系衔接，并与公路、铁路、运输管道和海路相通，形成了四通八达的运输网络，经济腹地广阔。

长江流域的自然资源丰富。经普查，磷矿储量占全国储量的90%，有色金属储量大，品种多，锑、钨、锡、钛等闻名于世，铜矿和铁矿储量分别约占全国储量的38%和33%。

长江流域地处温带，气候适宜，雨量充沛，农业十分发达。主要农产品有水稻、棉花、桐油、油菜、蚕丝、茶叶、麻和药材。古语“湖广熟，天下足”虽有渲染之嫌，但“南粮北运”却是千古史实。

丰富的资源和便利的交通，促进了工业和商业的发展。长江流域内有全国工商业中心上海市、“九省通衢”的武汉以及重庆、南京等区域性经济中心城市。新中国成立后，长江流域的经济更为发展。1980年，四川、湖北、湖南、安徽、江西、江苏和上海六省一市的工农业生产总产值和产量在全国所占比重分别为：农业产值37%，粮食产值38%，棉花产量43%；轻工业产值42%；重工业产值36%，钢产量41%；原油加工能力1600万吨，化肥生产能力在400万吨以上。80年代以来，长江沿岸兴建了宝山钢铁公司和石油化工厂等现代化大型企业，原有的一些大中型企业也进行了改建或扩建，城市与城市、企业与企业实行横向经济联合，形成了新型经济协作区，工商业有了迅猛发展。

优越的自然经济环境，为开发长江水系的内河运输提供了原动力。1985年，长江水系水运部门运输轮驳船保有量77081艘、628.2万载重吨、

1985 年长江水系水运部门运输船舶保有量

表 11

项目	轮驳船											帆船	
	合计			机动船			驳船			拖船			
	艘数	载重吨	客位	艘数	载重吨	客位	艘数	载重吨	客位	艘数	功率（千瓦）	艘数	载重吨
长江水系合计	77081	6282054	438345	20848	867490	369406	49661	5414564	68939	6572	856559.9	4963	57057
长江轮船总公司	2256	2219419	106442	179	193369	105066	1877	2026050	1376	200	269603.0	—	—
云南省	99	11255	3895	21	264	3895	60	10991	—	18	3706.9	—	—
贵州省	255	28887	3191	62	2932	3191	168	25955	—	25	6744.5	26	104
四川省	4232	484623	84224	490	12977	75199	3098	471646	9025	644	106984.2	1876	22701
湖北省	4618	672701	26234	1007	53767	26234	2831	618934	—	780	109116.4	64	642
湖南省	12211	409180	37904	4192	156851	37244	7732	252329	660	287	28970.6	102	1132
江西省	4562	209553	8931	3728	140423	8931	707	69130	—	127	11473.8	463	6008
安徽省	11077	533767	18284	5791	196806	15779	4690	336961	2005	596	61163.4	316	3562
江苏省	24029	1172924	55480	2752	60593	30210	18765	1112331	25270	2512	168132.9	1330	17444
浙江省	10269	336230	86784	2377	23686	56781	7004	312544	30003	888	51806.3	777	5339
上海市	3473	203515	6976	249	25822	6876	2729	177693	100	495	38857.9	9	125

43.8 万客位（见表 11）；全年完成的货运量和货物周转量在全国内河水运部门中所占比重分别为 78% 和 89%，客运量和旅客周转量所占比重均为 84%（见表 12）。

1985 年长江水系水运部门客、货运输完成量

表 12

项目	客运		货运		其中：长江干线货运	
	客运量（万人）	旅客周转量（万人公里）	货运量（万吨）	货物周转量（万吨公里）	货运量（万吨）	货物周转量（万吨公里）
长江水系合计	21133	1110360	26762	7469662	12249	5029508
长江轮船总公司	3473	699300	5366	3198200	5366	3198200
云南省	126	3214	20	3945	3	2799
贵州省	213	3572	69	16915	8	8957
四川省	4384	85256	1329	339875	688	285686
湖北省	1340	21266	2186	803335	2736	597542
湖南省	1753	53606	2283	420546	258	170995
安徽省	651	15387	1196	391253	637	214360
江西省	327	13032	492	204753	255	128985
江苏省	2644	90564	7559	1405959	2149	403324
浙江省	5562	94644	3735	459931	—	—
上海市	660	30519	2522	224950	149	18660

长江水系九省一市有内河港口 1398 处，占全国内河港口总数的 80%；1985 年完成货物吞吐量 61592 万吨，旅客吞吐量 25678 万人，分别占全国内河港口完成量的 91% 和 90.4%。1980 年 3 月，经国务院批准，张家港、南京、南通三处辟为外贸港口。同年 4 月，国务院又批准重庆、城陵矶、武汉、九江、芜湖五处为外贸运输港口。1982 年以来，全国人民代表大会常务委员会相继批准张家港、南通、黄石、安庆和南京等港口对外籍轮船开放。1984 年，长江航运管理体制改革，实行“港航分管”，沿线主要港口对所有航行于长江的船舶开放。当年 1 月 1 日成立的长江航务管理局，作为交通部派出机构并暂管重庆、万县、宜昌、枝城、城陵矶、武汉、黄石、九江、安庆、芜湖、南京、镇江、张家港、南通 14 个港口。当年城陵矶港移交湖南省，其余港口也将移交所在地方政府管理。

随着改革和开放，长江 24 个主要港口的货物吞量迅速增加，1985 年完成

11441 万吨，占全水系港口货物总吞吐量的 18.6%，比上年净增 486 万吨（见表 13）。

1985 年长江主要港口概况一览表

表 13

港　口	生产码头		仓库总面积	装卸机械	货物吞吐量（万吨）		
	泊位数	长度（米）	（平方米）	（台）	吞吐总量	出口	进口
总　计	471	24949	1962532	3085	11441	6169	5272
重　庆	43	2068	104116	218	413	112	241
涪　陵	11	493	10526	12	64	44	20
万　县	17	948	41981	36	151	90	61
巴　东	7	352	6900	18	31	21	10
宜　昌	20	1227	67752	87	129	66	63
枝　城	24	1566	62173	64	174	136	38
沙　市	30	981	68726	81	147	58	89
监　利	8	313	6023	6	30	13	17
城陵矶	9	375	61965	44	322	60	262
洪　湖	21	740	15600	3	38	15	23
武　汉	32	1930	401096	452	1481	643	838
阳　逻	12	348	8100	2	111	79	32
黄　石	26	1094	33890	118	306	225	81
武　穴	9	565	16637	24	215	208	7
九　江	11	707	64161	143	525	201	324
安　庆	22	1015	24751	101	594	276	318
池　州	17	851	102800	36	142	84	58
铜　陵	12	606	40770	65	141	64	77
芜　湖	41	1552	106564	121	560	405	155
马鞍山	29	999	252121	168	256	39	217
南　京	30	2274	150404	353	3663	2611	1052
镇　江	20	1702	80167	372	588	112	476
张家港	7	968	121482	227	341	168	173
南　通	13	1268	153277	334	1019	379	640

注：表列数字均为港辖区内数字。

一、长江轮船总公司经营的干线运输

1983 年年底以前，长江干线的航政、港务、航务统由交通部长江航运管理局领导。1983 年 4 月 10 日，为了加强长江水系航运的开发利用，国家经委、交通部同沿江六省一市，经过调查研究制定了改革方案，确定改革必须贯彻按经济规律办事的原则，打破行政区划，达到干（线）支（线）畅通，江海直达，人便于行，货畅其流，航运管理体制要“政企分开”，港口、航政和航运分立，统一政令，多家经营，分级管理，各行其责。经国务院批准，长江航运管理局于1984年1月1日撤销，分别成立长江航务管理局和长江轮船总公司。长江轮船总公司及其重庆、武汉、芜湖、上海分公司和南京长江油运公司承担长江干线主要客货运输，1985年货运量比1978年增加41.4%，服务质量也有提高。沿江各省市的国营和集体运输企业以及个体运输专业户也开展了长江干线水运业务。改革使长江干线运输呈现出繁荣景象，竞争又促使各种经济形式的企业不断改善经营。仅长江轮船总公司和长江航务管理局实现的利润，就由1983年的1.45亿元增加到1984年的2.07亿元。

1949年年末，长江干线仅有旧式轮驳船833艘、138951载重吨、44837客位和33903.56千瓦（46096马力）拖船功率，完成货运量191万吨，货物周转量11.1亿吨公里；客运量155.5万人，旅客周转量3.5亿人公里；货物平均运距581.2公里，旅客平均运距225.1公里。“一五”期间，在进行航道整治和航标改革的同时，运输船队充实了一批1000载重吨级驳船和735.5千瓦的拖船，以及江南船厂建造的大型客货船“民众”号和上海船厂改建的客货船“江榕”号。在运输管理方面，把苏联内河航运管理经验与长江航运实际相结合，实行“船舶运行图”调度管理法，建立了“一列式拖驳运输”和“顶推运输”的船队运行方式，大幅度地提高了船舶营运效率。长江干线实现日夜通航后，又明显地缩短了船舶营运周期。这一时期是长江干线内河运输首次振兴时期，英雄模范和先进生产者辈出，改变了长江航运旧貌。1958年的“大跃进”曾使长江干线货运量猛增，但是平均运距缩短，船舶完好率下降。“文化大革命”中又动乱了十年。1979年以后，长江干线内河运输才又有了新的发展。

在船舶运力方面，长江轮船总公司1985年拥有运输轮驳船2256艘、221.9万载重吨、10.6万客位、269.6兆瓦拖船功率，其中包括新型的长江客货班船、1471—4413千瓦的各类顶拖船和1000—2000载重吨驳船，以及豪华的旅游船和快速客运气垫船。运输船舶的现代化、大型化和专业化，平均每艘轮驳船的载重量由1952年的195吨增长到984吨。运输船舶的技术性能和配套能力也有所改善。1985年长江轮船总公司运输轮驳船队组成见表14。

1985年长江轮船总公司轮驳船队组成

表14

船舶种类	艘　数	载重量（吨）	载客量（客位）	拖船功率（千瓦）
客货船	139	20544	105066	—
货　船	16	8240	—	—
油　船	24	164585	—	—
顶、拖船	200	—	—	269603
驳　船	1877	2026050	1376	—
合　计	2256	2219419	106442	269603

长江轮船总公司的货物运输也由50年代初期的货种少、批量小、分段运、周转慢、运距短的情况，发展到货种多、批量大、直达运输、周转快、运距长、多种航班、长（途）短（途）快（速）结合，服务质量也有提高。

旅客运输发展迅速。1978年至1985年，长江轮船总公司的船舶旅客运量增加了49%，干线长途和区间短途航线已达38条，一批安全舒适、宽敞美观、航速较快的大型客船陆续投入营运，使长江客运面貌发生了巨大变化。如汉口至重庆之间，客船已由每天一班增加到两班；上海至汉口之间不仅有快班，繁忙季节每天还加开一个副班。快班船已将往返时间由原来的7天缩短为5天。汉口至南京之间过去没有班船往来，如今不仅有了正班，而且隔天安排一次快班。此外，随着放宽、搞活政策的深入贯彻，一些省、市地方航运企业的客船逐步驶入长江，如湖南、江西航运公司经营的岳阳—九江航线，四川涪陵轮船公司经营的重庆—宜昌航线、干支直达的武隆—重庆航线以及南通市快速客船公司经营的南通—上海快速客运航线等。长江干线客运正在形成多家经营的局面，旅客乘船买票难的问题有了一定的好转。长江客运所遵循的“安全、正点、薄利、便民、舒适”的服务方针，深受旅客欢迎。

1985 年，长江轮船总公司完成货运量 5365.6 万吨，货物周转量 319.82 亿公里，平均运距 596.1 公里；客运量 3472.6 万人，旅客周转量 69.93 亿人公里，平均运距 201.4 公里。

拖、驳船的运输效率是长江干线货物运输效益的关键。1985 年，航行人员人均年产量达 115.8 万吨公里，约为 1955 年 59 万吨公里的 2 倍，但由表 15 可见，拖船和驳船的生产效率却没有大的提高，有些还略有下降。其原因是多方面的，主要原因是港口装卸能力不足造成压船和经营管理不善。

长江干线拖驳船主要生产效率

表 15

项　目	单　位	1955	1978	1985
拖船航行率	%	52.3	53.1	50.6
驳船航行率	%	46.8	29.7	26.1
拖船每 0.735 千瓦产量	吨公里	92690	83637	92434
驳船吨位年产量	吨公里	20883	17268	15527
拖船每 0.735 千瓦拖带量	吨	2.40	2.07	2.09
驳船装载量利用率	%	58.9	68.9	64.9

长江轮船总公司主要年份船舶保有量和客、货运输量见表 16。

长江轮船总公司主要年份船舶保有量和客、货运输量

表 16

年份	船舶保有量			客　运		货　运	
	艘数	载货量（万吨）	载客量（万客位）	客运量（万人）	旅客周转量（亿人公里）	货运量（万吨）	货运周转量（亿吨公里）
1950	861	14.2	4.6	173.0	5.49	232.0	14.69
1952	865	16.9	4.2	410.6	8.76	429.7	26.85
1957	885	44.7	2.5	854.2	14.96	1335.1	103.26
1960	708	60.9	1.6	288.3	12.02	2325.4	144.13
1965	1335	66.3	5.6	1212.9	16.61	1971.9	109.51
1970	1387	75.5	5.8	1790.8	26.72	2015.6	109.16
1975	1611	110.1	7.2	2030.3	30.99	2667.0	146.42
1980	2113	180.3	10.1	2861.8	47.40	4736.7	262.22
1985	2256	221.9	10.6	3472.6	69.93	5365.6	319.82

（一）货物专线运输。

50 年代初期，长江航运部门就着手组织专门班子，深入调查研究，摸清货源和货流及其对运输的要求，总结规律，从而对钢铁、煤炭、矿石、石油和建筑材料等流量和流向均较稳定的大宗货物，及时制定了专线运输方案。

专线运输实行定货种、定船舶、定航线、定码头、定周期的“五定”制度，按照共同签订的协议，要求物资部门保证货源，港口保证装卸，运输部门保证运力，环环相扣，节节相连。在各条专线上，船到有货，车来有船，运输工具的生产效率显著提高；工人的责任心进一步增强，操作技术更为熟练，货损货差逐渐减少。实践证明，专线运输运量大，质量好，效率高，周转快，因而是完成物资运输任务和提高运输效率的重要手段。在此基础上，还对某些条件成熟的货种组织实行了产、供、运、销“一条龙”运输。1983年，专线运输所完成的煤炭、石油、矿石和建筑材料运输量占长江干线全部货运量的70%以上。

（二）重点建设物资运输。

长江沿岸重点建设物资，从50年代初期成渝铁路的钢轨、器材和机车，到近年进口的成套大型设备，都需要及时运送到目的地。在这些设备中，最重的达到360吨，最长的达57米，都是一些“超限货物”。这类重、大件的运输，给长江船舶和设备带来一定困难。但是，长江航运部门组成“三结合”领导小组，想方设法攻克难关，如加强驳船甲板负载能力和一船装载、分段牵引等适宜的运输方案，胜利地完成运输任务，达到了“完整无损”的要求，从而为保证长江流域各省市的重点建设需要做出了贡献。

（三）支农物资运输。

农业是国民经济的基础。长江流域的四川、湖北、湖南、江苏、浙江等省，素有“米粮仓”、“鱼米之乡”等美称。农业生产所需要的化肥、农药、种子、农机和鱼苗，需要不误农时地运到广大农村；农副产品如四川的柑橘、湖北樊口的鳊鱼（武昌鱼）、恩施的生漆以及粮食、油料、生猪、药材等，则需要源源运往沿江城市。长江航运部门把支农物资运输放在重要的位置，针对其零星、分散、运距短、季节性强等特点，制定了“优先承运，优先装卸，简化手续，降低运价”等一系列制度，开辟了支农运输专线，增建了260个小港站，建造了一批适宜短途运输、方便农民的小型客货船。在支农运输中，“东方红219”等货船的船员抢农时、急农业生产所急的动人事迹，温暖着广大农民的心，被誉为“方便船”、“周到船”、“贴心船”。

（四）货物成组运输和集装箱运输。

长江货物成组运输始于1965年。成组运输是用网络、货板、绳扣等工具将零星分散件的杂货和散货集零成组运输。它不仅可以改善劳动条件和提高装卸效率，而且可以加速船舶周转，提高运输质量。1982年，长江成组运输已由单一形式发展到多种形式，成组运输线40多条，各货种成组运输所占比重为：生铁42.2%，钢材25.5%，水泥13.4%，化肥10%，百杂货5%，矿石3.6%，其他2.2%。

长江集装箱运输自1972年试办以来，逐步推广，先后建立了南通—南京、汉口—沙市、芜湖—安庆等专线。1985年，长江干线共运输5吨型集装箱3277个，货物8521吨。1982年还开展了江海直达国际集装箱运输。随着适运货物的增多，长江成组和集装箱货运必将有迅猛的发展。

（五）外贸物资运输。

长江流域的外贸物资，过去都是经过上海港或由铁路运输，辗转装卸，货损大，时间长。针对这种情况，国务院于1980年宣布将长江沿岸的8个港口辟为对外贸易运输港口。1982年4月，长江轮船总公司与上海海运局、中国国际信托投资公司合资兴办了中国扬子江轮船股份有限公司，总载货量19420吨的4艘干货船承担沿江各省外贸货物运输，主要航线有沿海各港和日本、新加坡、马来西亚、泰国等，并在日本、马来西亚和泰国设有代理机构。1984年，扬子江轮船股份有限公司扩大了经营范围，在件杂货运输的基础上，增加了煤炭、木材、矿石等货物运输业务，开辟了到香港、日本的班船航线，并在蛇口工业区和香港设立办事处。1985年购置了4艘5000载重吨级散货船和2艘5000载重吨级干货船，以适应货运量不断增长的形势。

（六）旅游客运。

长江两岸有着挺拔雄奇的名山秀峰，闻名中外的三峡胜景，历史悠久的名城古镇，金碧辉煌的梵宫古刹，风光旖旎，景色宜人，是世界著名的游览胜地。陈毅副总理曾赋诗：“三峡天下壮，请君乘船游。”

随着国民经济的迅速发展和人民生活的普遍提高，近年来以旅游为目的的旅客急剧增加。为了适应这一新的形势，相继开辟了上海—九江、汉口—九江、重庆—丰都、宜昌—奉节、岳阳—九江等旅游航线，组织了一条龙服务，统一安排游客的吃、住、游、行。从 1978 年至 1985 年，慕名而来长江旅游的国外客人达 17 万人。长江轮船总公司的“昆仑”“巴山”“峨嵋”“神女”“三峡”“西陵”“隆中”以及湖北省旅游局的“扬子江”和上海长江万里旅游公司的“长城”9 艘豪华旅游船，加上普通客班船的二等舱，每年可接待外国和港澳游客 4 万余人次。1979 年 3 月成立的中国国际旅行社长江分社，已同世界上 170 多家旅行社建立了代理关系。“昆仑”号是长江轮船总公司的第一艘被赞为“五星级”旅游船，它不仅以其精良的设备和典雅的舱室布置使游人如身居别墅之中，而且还以其服务人员的优质工作和高尚品德赢得了游客的普遍赞誉。一位外国女作家在告别宴会上说：“中国的壮丽山河，我可能有淡忘的时候，但中国人民的淳朴和善良，我将终生铭记。”

二、长江干线的主要港口

（一）重庆港。

重庆港位于嘉陵江与长江汇合处，是长江上游的水运物资集散中枢。新中国成立 36 年来，重庆港先后新建和扩建了朝天门、千厮门、九龙坡、兰家沱、猫儿沱等作业区。九龙坡作业区是水陆联运枢纽，设有铁路专用线 26.2 公里，岸边装有起重能力 180 吨的大型起重机，并配有煤炭输送机，可以同时进行火车、汽车和轮驳船的装卸作业。

50 年代的主要货种是外运的粮食和内运的钢材，1957 年港口货物吞吐量高达 483 万吨。1980 年 4 月，重庆港辟为外贸港口。1983 年 2 月 8 日，中共中央和国务院批准在重庆市进行经济体制综合改革试点，同年 7 月成立了重庆港口管理局，由交通部和重庆市人民政府实行双重领导，统一管理港口，统一安排船舶装卸作业。重庆港各主要年份的生产设施和货物吞吐量见表 17。

重庆港各主要年份生产设施和货物吞吐量

表 17

年份	泊位		仓库		堆场		装卸机械（台）	货物吞吐量（万吨）
	数量	长度（米）	面积（万平方米）	容量（万吨）	面积（万平方米）	容量（万吨）		
1957	24	1763	—	—	0.1	0.2	11	483.1
1965	25	1034	0.7	0.6	0.9	1.2	147	201.0
1970	36	1282	2.8	2.4	3.0	4.5	275	222.8
1975	42	2263	4.4	2.0	4.1	5.1	380	177.0
1980	43	1937	4.2	1.6	6.3	15.1	361	262.0
1985	43	2068	3.1	1.1	7.3	18.3	218	413.0

注：表列数字均为港辖区内数字。

（二）宜昌港。

宜昌是长江上、中游的分界点。50 年代初期，川江航道尚未整治，大吨位船舶上行必须在宜昌港进行转载。成渝铁路修建后，“川粮”以及西南各省工农业生产原材料运量剧增，宜昌港异常繁忙，昼夜不间断地装卸货物，成为长江上有名的“不夜城”。1952 年，货物吞吐量高达 340 万吨。随着国民经济的发展，川江航道经过一系列整治和增设航标，通航能力逐步扩大，加上船型改进，适合川江航行的船舶大量增加，货物可以直达运输。宜昌港遂由中转换装为主、进出为辅，发展成为进出为主、中转换装为辅的港口。70 年代伊始，在宜昌港的上游动工兴建葛洲坝水利枢纽。为适应船舶安全过闸的要求，在大坝上游的平善坝和下游的艾家河均设有船舶锚泊区。80 年代，随着地区经济的繁荣和旅游事业的发展，宜昌港的作用又向广度和深度扩展。宜昌港各主要年份生产设施和货物吞吐量见表 18。

（三）武汉港。

武汉是中国中部的交通枢纽。50 年代初期，港口生产工具落后，货物吞吐量只维持在 300 万吨左右。后来开展技术革新，创造出滑板、木制链条机、手推车等工具，又添制了一些装卸机械，生产效率显著提高。

宜昌港各主要年份生产设施和货物吞吐量

表18

年　份	泊　位		仓　库		堆　场		装卸机械（台）	货　物吞吐量（万吨）
	数量	长度（米）	面积（万平方米）	容量（万吨）	面积（万平方米）	容量（万吨）		
1957	9	544	1.4	2.4	0.7	2.0	6	237.5
1965	8	387	1.5	2.5	0.1	0.4	73	91.6
1970	11	586	1.1	1.1	2.2	1.7	104	138.5
1975	16	1034	1.0	0.7	3.3	3.0	137	155.0
1980	18	1087	0.9	0.5	4.4	5.1	136	197.0
1985	20	1227	1.1	0.6	5.6	7.6	87	129.0

经过36年的建设，武汉港的面貌焕然一新，成为长江中游最大的内外贸港口。港内拥有3个作业区，锚地3处，可同时容纳运输船舶18万载重吨；设有铁路专用线24公里，机械化装卸比重达80%以上，并正向机械化、自动化发展。1980年4月，武汉港辟为外贸运输港口。1984年，长江航运管理体制改革，港口开放，国内各地船舶云集，生产繁忙，客货运量猛增，武汉港成为名副其实的“九省通衢”之港。1985年完成旅客吞吐量540万人，货物吞吐量1460万吨。武汉港各主要年份生产设施和货物吞吐量见表19。

武汉港各主要年份生产设施和货物吞吐量

表19

年　份	泊　位		仓　库		堆　场		装卸机械（台）	货　物吞吐量（万吨）
	数量	长度（米）	面　积（万平方米）	容　量（万吨）	面　积（万平方米）	容　量（万吨）		
1957	28	1453	8.2	3.0	12.1	14.3	234	894.6
1965	40	2325	7.4	2.0	16.5	18.2	499	728.3
1970	33	2348	7.4	1.4	19.7	25.6	629	631.1
1975	29	1877	4.0	1.8	23.8	30.3	751	640
1980	28	2942	4.3	2.0	33.1	41.0	679	1360
1985	32	1930	5.7	2.8	29.5	46.7	452	1460

（四）九江港。

九江港素有“江西北大门”之称，水路交通便利，不仅可沿长江沟通东西，经鄱阳湖通达赣江两岸，而且有南浔铁路与浙赣、沪广铁路相连。

新中国成立后，九江港生产稳步上升，成为长江干线客、货运输的重要口岸。1980年以前，九江港的钢材吞吐量每年只有1万吨左右，南昌钢厂所需大批钢坯因铁路运输紧张而积压在武汉火车站，影响生产，连年亏损。九江港务局闻讯后，主动与南昌钢厂、武汉港务局等单位协商，降低运价，扩大运量，提高货运质量，保证了钢厂的正常生产，1980年即扭亏为盈。此后，江西省各钢厂所需钢坯纷纷改用水运，九江港的钢材吞吐量达10余万吨，各种货物源源而来。黄砂是九江港的大宗货源之一，产地多、收货单位多、批量大，历来占港口总吞吐量的60%左右。但是，黄砂市场竞争激烈，质量、运价和时间是关键。为此，港务局主动为产地提供信息，当参谋，从发货的质量检查、装卸一直管到提货，为货主增强市场竞争能力创造条件，赢得了信誉。1980年4月，九江港辟为外贸运输港口，生产面貌为之一新。“六五”期间，港口客、货吞吐量大幅度增长，关键是确立了主动、优质服务的指导思想，改善经营管理。九江港各主要年份生产设施和货物吞吐量见表20。

九江港各主要年份生产设施和货物吞吐量

表20

年份	泊位		仓库		堆场		装卸机械（台）	货物吞吐量（万吨）
	数量	长度（米）	面积（万平方米）	容量（万吨）	面积（万平方米）	容量（万吨）		
1957	3	197	0.3	0.1	0.2	0.1		41.5
1965	6	376	0.4	0.2	1.2	1.4	96	94.7
1970	8	538	0.9	0.8	2.7	2.5	181	148.9
1975	14	667	1.1	0.8	4.6	4.7	177	197.0
1980	16	806	0.8	0.7	3.7	3.6	154	264.0
1985	11	707	0.8	0.6	5.6	9.9	143	525.0

（五）芜湖港。

芜湖港位于长江、青弋江和运漕河的交汇处，是安徽省东部沿江地区的物资集散中心，也是长江主要港口之一。为了加强北煤南运，1955年12月至1958年12月，兴建了机械化的裕溪口煤炭转运港和多用途码头一座。从此，两淮煤炭经芜湖港源源运往各地，初步缓解了津沪铁路煤运的紧张状态。1959 年又建设了矿石码头。1979 年 5 月至 1984 年年底完成了朱家桥新港区的第一期建设工程。全港分为芜湖、裕溪口作业区和朱家桥新港口，另有船舶锚地 6 处，可同时系泊驳船 11.2 万载重吨。1980 年 4 月，芜湖港辟为外贸运输港口，外贸货运量稳步增长，并成为安徽省远洋运输船队的基地。芜湖港各主要年份生产设施和货物吞吐量见表 21。

芜湖港各主要年份生产设施和货物吞吐量

表 21

年 份	泊 位		仓 库		堆 场		装卸机械（台）	货 物吞吐量（万吨）
	数量	长度（米）	面 积（万平方米）	容 量（万吨）	面 积（万平方米）	容 量（万吨）		
1957	12	533	1.5	1.2	1.9	3.1	13	169.8
1965	26	1070	1.6	1.4	5.1	9.7	129	600.5
1970	21	1124	2.2	1.3	5.9	12.3	167	539.3
1975	24	1087	2.0	1.4	4.5	8.9	158	387.0
1980	38	1453	2.1	1.4	4.0	8.5	123	408.0
1985	41	1552	1.9	1.1	8.7	14.5	121	560.0

（六）南京港。

南京港位于南京市的长江两岸，东距吴淞口 347 公里，是津浦、沪宁、宁铜 3 条铁路交会处，又是鲁宁输油管终点，交通方便，运输繁忙。“二五”期间兴建了机械化煤炭码头，每年中转煤炭 600 万吨。“五五”期间兴建仪征中转油港，每年中转胜利、任丘、中原三大油田原油 1500 万吨。1976 年 4 月，南京港辟为外贸运输港口，中国远洋运输船舶可以直达。江苏省远洋运输公司成立后，船舶基地也设于此。1986 年 3 月正式对外国籍船舶开放。

南京港不仅是长江最大的港口，而且是江海直达运输和远洋运输的重要口岸，对沿江城乡的经济发展起着重要作用，现正朝着大型国际港口方向发展。1985 年，全港拥有泊位 30 个，其中 1 万吨级以上的泊位 5 个、厂矿专用泊位 25 个、地方航运企业和物资部门的泊位 50 多个。全年货物吞吐量 3663 万吨，其中煤炭 817 万吨，石油 2274 万吨。南京港各主要年份生产设施和货物吞吐量见表 22。

南京港各主要年份生产设施和货物吞吐量

表 22

年　份	泊　位		仓　库		堆　场		装卸机械（台）	货　物吞吐量（万吨）
	数量	长度（米）	面　积（万平方米）	容　量（万吨）	面　积（万平方米）	容　量（万吨）		
1957	14	835	0.6	0.6	5.7	6.3	16	311.1
1965	28	1268	0.8	0.4	7.6	12.9	296	565.9
1970	22	884	0.8	0.4	7.8	13.0	376	764.6
1975	28	1348	1.1	0.5	2.4	9.0	331	1547.0
1980	39	2435	1.1	0.5	6.5	16.4	308	3292.0
1985	30	2274	2.9	1.3	12.1	38.6	353	3663.0

（七）镇江港。

镇江港位于长江、京杭运河和京沪铁路的交汇处，东距上海 305 公里，西与南京相隔 87 公里。镇江老港区因淤积严重，发展不快。80 年代，随着地区经济的繁荣，镇江港成为颇具潜力的江海联运、水陆联运的中转港。它自 1980 年辟为外贸运输港口后，立即对兴建大港区进行了全面规划。1985 年，全港货物装卸量达 588 万吨。大港区建设工程完成后，镇江港将成为长江下游和上海经济区的又一个重要货物集散和客运中心。镇江港各主要年份生产设施和货物吞吐量见表 23。

镇江港各主要年份生产设施和货物吞吐量

表 23

年　份	泊　位		仓　库		堆　场		装卸机械（台）	货　物吞吐量（万吨）
	数量	长度（米）	面　积（万平方米）	容　量（万吨）	面　积（万平方米）	容　量（万吨）		
1957	6	249	0.3	0.2	0.2	0.1	—	108.0
1965	4	199	0.1	0.1	1.3	1.5	49	87.3
1970	14	312	0.1	0.1	1.0	1.2	66	156.1
1975	8	342	0.1	0.1	1.0	1.5	80	282.0
1980	9	522	0.2	0.1	1.7	2.6	85	342.0
1985	20	1702	1.1	0.1	6.9	12.4	372	588.0

（八）张家港港。

张家港港始建于1968年2月，东距上海172公里，西与南京相隔220公里，北有福姜沙为天然屏障，背靠沪宁铁路，并与苏、锡、常三市形成群体。港口生产泊位4个，最大可同时靠泊0.5万、1.0万载重吨级船舶各一艘。航道稳定，水深12至15米，常年风平浪静，张家港港于1970年11月10日正式开港，为上海港分流货物。1980年3月开始办理外贸运输业务，1982年12月正式对外国籍船舶开放，已与27个国家和地区的29个港口建立了运输业务关系。张家港港于1983年3月利用浮码头装卸国际集装箱获得成功后，相继开辟了香港、神户等6条定期集装箱运输航线。1985年，港内拥有4个泊位和10只浮筒，仓库19965平方米，堆场101517平方米，各种装卸机械227台；完成货物吞吐量341万吨，其中外贸货物106万吨。当年完成国际标准集装箱吞吐量26398箱，货运量达22.68万吨，占长江港口集装箱总货运量25.81万吨的88%。张家港港将成为长江和上海经济区的一个重要的内外贸易港。

（九）南通港。

南通港是长江下游离海最近（距吴淞口96公里）的河口港。50年代末，在任港（今南通装卸区）河口的荒滩上新建了码头、仓库、候船室，可靠泊5000载重吨级船舶。1976年11月，中国远洋运输船舶首次抵港装运棉花出口。南通港于1980年3月辟为对外贸易港口，1982年11月正式批准为对外开放港口，1983年5月24日首次接待外轮，已与40多个国家和地区的70多个港口建立了业务关系。港区沿江共有各类泊位13个，其中1万吨级以上的3个，1000—3000吨级的7个，5000吨级的3个。江中锚地设有一座过驳平台和13个大型浮筒。其中平台可供3万载重吨级海船进行江海中转换装，年吞吐量300万吨；13个浮筒可同时锚泊11艘大型海船；还设有驳船锚泊基地3处，可同时停靠2000吨级驳船18艘。此外，在长江沿岸还有一批货主专用码头。南通港已成为苏北地区重要交通枢纽和上海港的结伴港口。1985年，南通港完成货物吞吐量1019万吨，其中外贸货物171万吨，集装箱货物吞吐量13024吨（国际标准箱2566箱，5吨的1522箱）。南通港各主要年份生产设施和货物吞吐量见表 24。

南通港各主要年份生产设施和货物吞吐量

表 24

年　份	泊　位		仓　库		堆　场		装卸机械（台）	货　物吞吐量（万吨）
	数量	长度（米）	面　积（万平方米）	容　量（万吨）	面　积（万平方米）	容　量（万吨）		
1957	2	62	0.3	0.2	0.4	0.4	—	43.7
1967	6	319	0.5	0.3	1.1	1.3	17	155.4
1970	7	684	0.8	0.5	2.7	2.3	77	184.9
1975	7	684	0.9	0.5	3.1	3.7	168	267.7
1980	11	1159	2.5	1.9	6.7	8.0	329	295.9
1985	13	1268	2.5	1.6	13.2	15.5	506	1019.1

三、云南省内河运输

云南省河流有金沙江、澜沧江、怒江、南盘江、元江 5 条干流，总长 4700 公里；主要支流 63 条，总长 9500 公里。此外，还有大小湖泊 30 多个。河流大都经过深山峡谷，滩多流急，河床坡陡，水位差大，发展航运条件较差。

1949 年，全省仅在昆明滇池有一艘 18 千瓦的蒸汽机客船，往返于昆明与昆阳之间，通航里程 54 公里。其他河流和湖泊均系利用天然河道，短途通行木帆船。1956 年，省人民政府成立交通厅航务处，统管全省内河运输，开发了金沙江和澜沧江航运。

70 年代，金沙江畔的水富县兴建天然气化工厂，在陆运未通之前，交通厅航务处曾设立一个船队承担两岸渡运和宜宾、马门溪至水富间的运输。1977 年，金沙江航运公司成立，投资新造船舶，主要承担新市镇至泸州间的化肥和建筑材料等短途运输。1980 年，该公司在原有船队的基础上，购置功率为 353 千瓦（480 马力）的拖船一艘，新造 350 吨驳船 3 艘，组成了一支长途货运船队。几年来，这支船队从水富港起航，穿金沙江，过长江，安全驶达上海，全程 2900 公里，开辟了全国最长的一条内河航线。

澜沧江从滇西北高原直泻而下，穿过千重山峡，至思茅县小橄榄坝后进入美丽富饶的西双版纳傣族自治州，流过自治州首府景洪。澜沧江出国境后称湄公河，蜿蜒于缅甸、老挝、泰国、柬埔寨、越南 5 国，注入南海。1954

年，景洪县航运管理站成立，水运职工在极其困难的条件下，使用5块木板和当地采集的一种树皮作捻缝材料，拼制成“五板勺形船”，利用天然河道，常年开展景洪至大橄榄坝30公里的水上运输。1961年，景洪航运管理站新造117千瓦机动船一艘，开始了客货运输。1966年至1967年，省航务处又对景洪以上至小橄榄坝段航道进行整治，新开辟出机动船舶航道85公里，主机功率为176.5千瓦的客货船，可同时载货30吨、载客150人往返航行。1971年冬至1973年，又开辟了官木至中缅边界62号界桩段20公里航道，实现了通航机动船的目的。1974年以来又完成了治理景洪大沙坝等重点工程。通过整治，澜沧江下游多数滩险已基本达到或接近6级航道标准和通航保证率85%的要求。澜沧江下游已成为西双版纳傣族自治州的水上运输动脉，也是云南省境内航线最长、条件较好的一条航道。西双版纳傣族自治州是祖国边疆美丽的花园，鸟语花香，四季常绿，早已成为人们向往的旅游胜地。一江通航两岸欢，青山如画送舟行。

1985年，云南内河航运部门共有轮驳船99艘、11255载重吨，帆船362艘、5341载重吨；全年完成货运量55万吨、货物周转量5334万吨公里，客运量151万人、旅客周转量3718万人公里。

云南省有6个简易港口，除金沙江的绥江和水富港外，其他港口均承担省内区间短途客、货运输，滇池的昆明港和洱海的下关港则以旅游客运为主。1985年，6个港口共完成货物吞吐量67.1万吨，旅客吞吐量179.5万人。

四、贵州省内河运输

贵州省的河流以苗岭为界，分属长江、珠江两大水系，共有170余条，总长12500公里。贵州省航运在陆路交通闭塞的情况下，对促进腹地内的经济和文化发展，起着特殊重要的作用。但因河床坡陡，多暗礁、险滩，水流湍急，发展水运困难较大。

1949年，全省仅有2000余艘小木船，通航里程2854公里，年货运量3万余吨，货物周转量568.6万吨公里。50年代初期，省航运部门在实行社会主义改造的同时，一面大力整治航道，一面认真开展船舶技术改造，通过选型定级，淘汰了歪尾船等古旧船型，代之以舵笼子等新船型。这一时期，还为相当一部分木船配备了风帆，有的河段在急流滩上或在船头上装设了助航绞关，以减轻船舶逆流上滩的困难。但是，由于繁重的体力劳动并未从根本上得到改变，而木帆船运效低，周转慢，事故多，致使水运的优越性未能得到发挥。因此，从20世纪50年代中期开始，机动船舶技术的研究和发展就成了亟待解决的任务。

1957年，喷水式浅水拖船“交通”号首先驶进赤水港，接踵而至的有“人民”和“遵义”号拖船。同年冬，乌江中游建成“乌江”型船舶4艘。1958年，清水江和都柳江亦有机动船舶相继出现，但是船型、机型以及运行方式都难以适应山区河流的自然条件。1966年，由于贵州船舶工作者的创造性劳动，基本适应赤水河和乌江航道条件的浅水急流型机动船舶相继建成，开始了两河机动船舶的更新换代。浅水急流船型研究曾获1978年全省和交通部科技大会表彰和奖励。1974年至1977年，随着赤水天然气化肥厂的兴建，赤水河轮驳运输相应发展，先后建成功率221—353千瓦的拖船21艘，400吨级专用驳船4艘，165吨级运输驳船90艘。1978年，贵州水运事业进入了新的发展时期。乌江货船由60吨发展为100吨级，1984年跃升至180吨级。1983年，机动船完成的货运量和货物周转量占全省水运量的比重分别为75%和91%，客运量则占99%。1985年，全省水运企业拥有运输轮驳船255艘、28887载重吨、3191客位、6838千瓦拖船功率，帆船26艘、104载重吨；完成货运量69万吨，货物周转量1.7亿吨公里；客运量213万人，旅客周转量2572万人公里。近年来，贵州省运输船队直达长江下游各地，不但减少了中转环节，分担了长江干线运输负荷，而且促进了贵州山区的资源开发和水运副业的发展。

贵州省的内河港口分布在赤水河、乌江、清水江、锦江、都柳江、沅阳河和红水河等河流沿岸。全省拥有44处港口，泊位305个，其中简易泊位占65%，斜坡式的占26%，其余为浮码头和直立式码头。1985年完成货物吞吐量104.1万吨、旅客吞吐量276.2万人，其中赤水港完成货物吞吐量54.9万吨，居全省首位；锦屏港次之，完成12.8万吨；其余各港不足10万吨。同年，思南港完成旅客吞吐量28.8万人，居于首位。另有5个港口，旅客吞吐量均在10万人以上。

五、四川省内河运输

四川省共有河流1300多条，通航的98条，以长江为主干，嘉陵江、岷江、沱江、乌江、涪江、渠江等为分支，沟通94个县市（占全省县市的46%）和1400多个乡镇，发展水运的条件十分优越。1985年，通航里程达7998公里。

新中国成立后，在人民政府领导下，四川航运职工，战险滩，斗恶水，大力整治江河，疏浚航道，开展木船技术改造，发展造船工业和轮船运输，使内河面貌迅速改观。虽然铁路、公路有了飞跃的发展，但内河运输仍占着重要的地位。1983年，内河运输货物周转量占地方专业运输部门总货物周转量的53.7%。80年代以前，四川省在综合利用水资源、建设投资和管理体制等方面曾有失误，使一些航道废弃，物资改走陆路，内河运输一度衰退。1980年以来，经过认真总结经验、调整政策和实行改革，内河航运又沿着正确轨道前进。航道经过整治、渠化和维护，水深增加，通航条件改善。突出的是通行轮船的航道已由50年代初期的1198公里增至5621公里，增长3.7倍；渠化航道1154公里，增长4倍多。

千里嘉陵江是沟通盆地南北水陆联运的主要运输线，1949年前只有合川以下的89公里通行轮船，其余航段只通木船。1985年，上起广元、下至重庆全线终年通行轮船，木船实现了机动化，运量逐年增加，完成货运量430万吨，客运量586万人。

乌江素以滩多水急著称，先前只能勉强行驶20—30吨的“歪屁股”木船。涪陵至龚滩航程不到200公里，常常是“半年走一转，十船九打烂”，千百年来不知吞没了多少船工的生命。新中国成立后，通过一淘（深）、二炸、三堵、四信号、五航标、六绞滩等有效措施，“天险”终于变通途，乌江终年可通行200载重吨级客货船和拖驳船队，运输全部实现了机动化。为了方便客货运输和活跃山区经济，涪陵轮船公司于1981年开辟了彭水和龚滩至重庆的干支直达客货运输航线。山区人民去重庆，一票即可到达，再没有“转江必转船，行住都困难”的苦衷和“出门卖鸡蛋，一半都烂完”的严重货损情况了。

水量充沛、通航最早的古老岷江也旧貌换新颜，年货运量达100万吨以上，特别是对四川化工厂所需要的大件、重件物资运输做出了突出的贡献。在闻名中外的乐山，专辟了乐山港至大佛寺的旅游航线，备有400多座位的仿古豪华游船，成为旅游者饱览大佛全景和乐山秀丽风光的“游仙舟”。航运部门还在乐山港至重庆港的534公里航程上开辟了气垫船航班，一天半即可到达重庆。

号称“航运禁区”的金沙江已打通300余公里。山区小溪大宁河，千百年来一直“养在深闺人未识”。沿途有千姿百态的峻峰奇峡，幽深秀洁的飞瀑清泉，神秘莫测的悬崖古洞，也有变幻无穷的急流险滩，“一里三弯，弯弯见滩”，迂回曲折。过去河中只能行驶一种称之为“神驳子”的特制小木船，全靠人力撑篙拉纤，运输十分困难，更谈不上旅游。70年代，设计制造出吃水浅、推力强、适合航道特点的机动运输船和旅游船，实现了运输机动化。近几年又在下游“小三峡”（龙门峡、巴雾峡、滴翠峡）开辟了旅游航线，曾有游客赋诗赞颂：“自古桂林甲天下，尔今应让小三峡。”美丽的大宁河正张开双臂笑迎四方来客。

1979年以来，四川省航运部门认真贯彻搞活经济、振兴航运的方针，发挥水路运输运量大、耗能少、成本低和适于长途运输的优势，打破地区分割界线，积极组织货物干（线）支（线）直达、水陆联运和江海联运，与沿江、沿海省市开展物资交流。1985年，全省货运船舶达8.5万载重吨，除承担沿江货、客运输外，还开展江、海和远洋货运业务。四川省主要年份内河运输船舶和运输量见表25。

50年代，四川省的内河港口货物总吞吐量只有390万吨左右。“二五”期间，配合嘉陵江的南充—重庆航道整治，对沿江的武胜、南充和合川等港口进行了重点改造。1964年改建了资中银山镇甘蔗专用码头，1965年动工兴建宜宾港湰关中水位平台货物码头。从1966年至1974年，对嘉陵江的

四川省主要年份内河运输船舶和运输量

表 25

项目 年度	运输船舶						运输量			
	轮驳船				帆船		货运		客运	
	艘数	载重量（吨）	载客量（客位）	拖船功率（千瓦）	艘数	载重量（吨）	货运量（万吨）	货物周转量（万吨公里）	客运量（万人）	旅客周转量（万人公里）
1952	8	113	814	132	36637	443491	445.0	46727	289.8	2851
1957	437	25951	777	1668	29043	386354	1552.6	138576	939.3	6344
1965	998	71087	12480	15401	13782	236965	1450.5	104991	1085.7	13824
1970	2583	177769	23028	43399	11404	177053	1483.2	129582	1550.0	21717
1975	3974	277969	35040	71718	20081	271302	1856.3	157094	1888.7	30943
1980	4922	357725	52599	89549	14702	160120	1955.1	184242	3024.1	44389
1985	4232	484623	75199	106912	10147	115702	1869.8	361799	4455.2	85669

注：本表系四川省航运管理局提供。

南充—广元段航道进行了整治，新建了年吞吐量20—30万吨的蓬安、苍溪、阆中、南部、武胜5座轮船码头，并改建广元港下西坝头。“四五”期间，结合大型化工厂的建设，主要兴建了乐山王浩儿重件码头、泸州天然气化工厂尿素码头、东河嘉川煤炭码头、广元塔山湾码头、北碚黄桷树码头、四川维尼纶厂的黄磏转运站码头和泸天溪四〇四硝酸码头。1980年，涪陵港龙王沱件杂货码头和嘉陵江新政码头完工投产，年吞吐量均为10万吨。1985年，全省港口共有159个，分布在长江、嘉陵江、沱江、乌江、岷江等江河沿岸，其中年货物吞吐量在20万吨以下的118个，21万—50万吨的25个，51万—100万吨的10个，500万吨以上的1个；全年完成货物吞吐量3618.3万吨，旅客吞吐量4107.2万人。

港口生产中存在的主要问题是机械装卸比重小，全省平均仅占10%，即90%左右的吞吐量要靠人力肩挑背扛来完成。其次是设施简陋，在1963个泊位中，简易式和自然岸坡占40%；大部分港口无前方仓库和堆场，装卸、运输、存储不配套。

六、湖北省内河运输

湖北省共有河流1193条，总长约3.5万公里，其中通航河流215条；百亩以上湖泊326个，可通航的17个。1985年，内河通航里程达7899公里。长江自四川省巫山入境，流经1053公里至小池口入江西省，为省内水运最大动脉。长江最大的支流汉江，自陕西省白河入境向东南流858公里至武汉与长江汇合，为第二水运干线。江汉平原河渠多可短程通航。全省河湖纵横相连，构成四通八达的水运网。

1949年9月，湖北省成立了航政局，1950年2月又设立省营轮船公司。1952年7月，省营轮船公司与省航政局合并，改名为省交通厅内河航运管理局。1957年私营轮船公司社会主义改造完成后，轮驳船纳入国营企业统一经营。从20世纪50年代到60年代初期，全省以国营为主导力量的轮驳船运输蓬勃发展。

内河运力和运量的迅速增长，与管理科学水平的提高密不可分。1954年，为改善经营管理，除建立和健全各项规章制度外，还大力组织职工学习先进经验，运输方式不断革新，推行拖带法，试行一列式顶推运输，提高了运输效率。1955 年，国营运输船舶平均每吨位的运载量比 1952 年提高 70%，单位功率拖带量提高 181%，每千换算吨公里运输成本为 1436 元，比 1952 年降低 11.7%。从 1953 年到 1962 年，省内河航运局共向国家上缴利润 4236.4 万元，比同期国家的投资额还多 2119.3 万元。

1962 年至 1965 年，客、货运量有所下降，不久又逢十年动乱。但是水运职工排除干扰，坚持运输生产，在“挖潜、革新、改造”的推动下，运输生产总趋势是上升的。

1979 年以来，深入贯彻“调整、改革、整顿、提高”的方针和一系列政策，全省内河运输进入了振兴阶段。1980 年 3 月，湖北省内河航运管理局改为省航运公司，原民间运输管理局改称省航运管理局，“政企分设”。1984 年，湖北省航运公司与江夏轮船公司、宜都县水陆联运公司、兴山县矿产公司和武汉市金融信托公司合资成立武汉惠通实业股份有限公司，经营产、运、销一揽子航运业务，拥有 4 组分节驳顶推船队，承运长江、汉江的磷矿、煤炭等。农村水运专业户（包括联户和承包）发展到 4000 多户，发证船舶 10.8 万载重吨，年货运量占全省水运量的 14.7%，成为国营、集体水运企业的一支重要的补充力量。湖北省主要年份内河运输船舶和运输量见表 26。

湖北省的内河港口在 50 年代初期仍处于自然状态，货物搬运全靠人力。随着国民经济的迅速恢复，到 1952 年，全省货物吞吐量在 1 万吨以上的港口即达 85 个，总吞吐量 613 万吨。此后，港口职工在技术革新中试制了胶轮板车、牵引机、电瓶平板车等简易设备，逐步减轻了装卸工人的体力劳动，货物装卸效率和质量也有提高。汉江上的汉川港曾是先进单位。

60 年代以后，湖北省的港口装卸机械化程度普遍提高，1972 年货物吞吐量达 3429.3 万吨。1973 年，全国掀起港口建设高潮，湖北省也大力开展港口建设。从 1975 年到 1979 年，在 22 个重点港口中开展了装卸机械化会战，使机械化装卸比重进一步增大，汉川、兰溪、黄石、襄樊、舵落口等港达到 65% 以上。1985 年，湖北省内河港口共有 197 个，完成货物吞吐量 8259.4 万

湖北省主要年份内河运输船舶和运输量

表 26

项目 年度	运输船舶						运输量			
	轮驳船				帆船		货运		客运	
	艘数	载重量（吨）	载客量（客位）	拖船功率（千瓦）	艘数	载重量（吨）	货运量（万吨）	货物周转量（万吨公里）	客运量（万人）	旅客周转量（万人公里）
1949	34	1246	1847	254	35330	285822	40. 7	8938	26. 6	798
1952	140	9722	11077	2500	33322	280653	478. 3	42119	231. 0	14531
1957	193	18087	18375	3962	25567	245675	1232. 1	133957	562. 2	28721
1965	1042	69414	16159	19975	14321	181098	1356. 8	119402	371. 7	16029
1970	3460	175534	23123	42682	9412	108884	1754. 4	145265	791. 7	28429
1975	5859	253676	25048	58383	4948	49207	2188. 7	215721	938. 1	21548
1980	6154	349561	27158	71395	1653	18456	2258. 7	347650	1216. 9	25104
1985	4618	672700	26234	109086	64	642	2187. 4	803335	1340. 4	21266

注：本表系湖北省航运管理局提供。

吨、旅客吞吐量3992万人。

80年代，汉江两岸的新型港口崛起。距武汉市仅10公里的舵落口港，是为适应晋、陕、豫煤炭分流的需求兴建的。港口建有煤炭、磷矿、重件等码头11座，最大可靠泊1500载重吨级船舶，常年可停靠500载重吨级甲板驳；拥有堆煤机、卸煤机、门座起重机、皮带运输机、搬运车等50余台（套），煤炭从卸车、堆垛、供料到装船已全部实现机械化；货物库场总面积达51210平方米，铁路直通港口，是一处年货物吞吐能力在150万吨以上的水陆联运港口。港区岸线顺直，水深在2.1米以上，具有良好的发展前景。利河口港在1958年以前还是过往帆船的避风港，但自发现丰富的磷矿之后，港口面貌日新月异。全港分3个作业区，拥有简易码头21座，泊位65个，最大可停靠500载重吨级船舶。1985年，全港货物吞吐量为88.9万吨（1984年曾达116万吨）。

七、湖南省内河运输

湖南省河网密布，有大小河流4700多条，几乎全属洞庭湖水系，而以湘、沅、资、澧4条河流为最大。

湖南省和平解放初期，流窜各地的国民党军队残部大肆封江断路，给经济恢复和人民生活造成极大困难；海关、航政废弛，码头仍由封建把头挟持，争货斗殴事件迭起。为此，人民政府发动群众开展支援前线、恢复航运和接管航政的斗争。1949年8月7日，在人民解放军护航下，首先恢复了长沙至湘阴、长沙至南县的客货运输。8月8日至10日，长沙至益阳、长沙至常德、长沙至津市3条内河干线相继复航。8月17日，省航务局成立。8月19日，长沙市军管会交通接管部航运处成立，随即在半个月内接管了长沙海关、长沙航政办事处、原国民党联勤总部船舶大队第一中队第三小队、招商局长沙分公司等，共计接管轮船39艘、趸船3艘、驳船1艘，为社会主义航运业的诞生奠定了基础。同年9月，省、市总工会派员进驻“箩业公会”，发动工人选举业务代表，管理码头日常生产调度工作，并废止封建把头制度；同时组织22家公、私营航运企业的轮驳船和1100余艘民间运输木帆船，开展长途运输，支援解放战争。1950年6月底，经核定，长沙港的私营航运企业为19家，共有轮船100艘、4241总吨位，驳船38艘、2572载重吨；以经营木帆船运输为主的港口运输商行9家。此外，有外省航运企业的营业机构13家。1952年，省境内各干线均已复航，内河水运部门轮驳船完成货运量50万吨，货物周转量1.51亿吨公里。

“一五”期间，经过对私营航业的社会主义改造和主要航运基础设施的建设，以及管理制度的初步完善，湖南省的内河运输稳步发展。1957年，内河通航里程达到11299公里，其中可通行机动船的航道2830公里，分别比1952年延伸347公里和484公里；水运部门完成货运量219万吨，货物周转量7.13亿吨公里，分别为1952年的4.38倍和4.72倍。

60年代以后，水运与陆运相比落后了。70年代末，水路运输中的粮食、煤炭、金属矿石、钢铁和矿建材料、木材等大宗货物运量，由原来占全省铁路、公路和水路总货运量的61%降到了26%，大约每年在主要通航河流上有450多万吨货物“弃水走陆”；通航里程由1962年的1.71万公里缩短到1万公里，其中因闸坝、堵口断航缩短了4500公里。据统计，马家吉和陵家滩的堵口使沟通沅水、澧水的捷径线断航，每年增加货物绕道费和翻堤过驳费分别达200万元和98万元。又据益阳、常德、怀化、零陵、湘潭和湘西等15个地区统计，由于207座闸坝无通航设施，每年有47万立方米木材和350万根楠竹无法水运而改走陆运，运输成本增加1—8倍，燃油消耗增加1万多吨，使一些地区的经济发展受到严重影响。

80年代以来，湖南省内河运输努力贯彻“调整、改革、整顿、提高”的方针和一系列政策，政企分开，港航分立，扩大企业经营权限，推行各种形式的责任制，客、货运输量逐年增长。1985年，主要航线有长（沙）益（阳）、长（沙）常（德）、长（沙）津（市）、长（沙）湘（潭）和长（沙）沪（上海）。湖南省主要年份内河运输船舶和运输量见表27。

湖南省的内河港口，50年代曾随内河航运的开发而发展，60年代则因内河航运面临困境而生产萎缩。80年代，随着经济的日益繁荣，港口生产得到重视。长沙、湘潭、常德、岳阳、益阳、津市等港口相继建成了机械化水平

湖南省主要年份内河运输船舶和运输量

表 27

项目 / 年度	运输船舶						运输量			
	轮驳船				帆船		货运		客运	
	艘数	载重量（吨）	载客量（客位）	拖船功率（千瓦）	艘数	载重量（吨）	货运量（万吨）	货物周转量（万吨公里）	客运量（万人）	旅客周转量（万人公里）
1949										
1952	337	11434	8077				75	21563	153	8762
1957	1326	74991	9014		37260	349546	1153	166420	324	15686
1965	1452	88089	19051		25965	292581	1554	135882	549	22972
1970	3011	122965	22389		22288	247294	1759	144994	1000	37714
1975	8647	246947	41853	32050	14560	141356	2367	195030	1427	43371
1980	14111	329117	37996	34488	3214	28241	2424	215908	1681	50502
1985	12210	422526	37904	28971	102	1132	2286	420546	1753	53606

注：本表系湖南省航运管理局提供。

较高的码头，迅速提高了货物和旅客吞吐能力。

1985年，湖南省内河港口216处，其中年货物吞吐量在100万吨以上的12处，51万—100万吨的9处，21万—50万吨的40处，1万—20万吨的155处；拥有泊位1956个，完成货物吞吐量4754万吨，旅客吞吐量2433万人。湖南省的内河航运逐年好转，特别是在长江航运改革后，干支直达货运和江海直达货运振兴，使港口生产出现了新气象。

长沙港是全省水运中心。1982年年初，港口进行全面整顿，组成了新的领导班子，加强各级基层组织建设，试行“以责为核心，责、权、利相结合”的经济责任制，贯彻“安全第一，质量第一”的生产方针，改进管理，在特大洪水险情下，取得各项生产指标全面增长的好成绩，与1981年相比，企业利润增长4.5倍，全员劳动生产率提高22.7%。1983年，长沙港实行船货、装卸、陆地转运统一调度指挥，把10项考核指标分解成165个小指标，按年、季、月分别下达各作业区和有关部门，对各级负责人实行“反射管理法”，推行全面质量管理。第二作业区质量管理小组的“湘沪干支直达船队装卸质量管理”曾获交通部1983年优秀质量管理称号。长沙港还与省内外22家物资单位签订了外江货运合同，与36家物资单位签订了代办中转合同，实施有计划的合理货运。省内货物发送量较上年增长4.9%，省外货物发送量增长93.4%，装卸成本下降，货船在港停泊时间也缩短10.7%。1985年，长沙港务局改为湖南省航运公司长沙港埠公司，港区分为湘江东、西岸和浏阳河东岸3个作业区，共有客货码头74座，泊位100个，岸线4104米，各类机械298台，仓库23栋、21797平方米，堆场31处、11.47万平方米；完成货物吞吐量417.9万吨，旅客吞吐量293.2万人（其中发送量199.6万人），是全国地方内河客运量最大的港口之一。

八、江西省内河运输

江西省共有河流527条，总长18400公里，流域面积16.2万平方公里，但因大多流经丘陵和山区，河床坡降大，滩多水浅，深水航道不多。

赣江全长801公里，是从南向北纵贯全省的水运大动脉。中国最大的淡水湖鄱阳湖把赣江、抚河、信江、鄱江、修水5条水系与长江干流联结沟通起来，使之成为长江水系的重要组成部分。

50年代是江西省内河航运的兴盛时期，通航条件和运输能力都有很大改善。在铁路和公路较少的情况下，航运成了传统的重要运输方式。国营航运企业经营机动船舶，担负赣江—鄱阳湖主干航线的重点、大宗物资运输；运输合作社的大量机帆船分散在其他航线上从事物资集散运输，小型帆船则深入支流航线上游。全省只有两个县不通航运。根据1957年普查，通航河流共有259条，通航里程9652公里，其中机动船通航里程1946公里，水深在1米以上的968公里，航标里程960公里。1954年至1956年，专业船舶完成的货运量占全省总货运量的50%—52%。1960年，全省专业船舶达13811艘、21.8万载重吨、3634客位，分别为1950年的24倍、22.5倍和22.7倍。全年完成货运量1543万吨，货物周转量15.42亿吨公里，为1950年的61倍和33倍。这是江西省充分利用水运的最好年景。此后，因经济衰退和航道失修失养，内河运输趋于衰落。1980年专业船舶的艘数和吨位分别比1960年减少51.78%和11.43%，尤其是水运货运量在全省总货运量中所占比重的下降更为明显，1957年占48.1%，1983年仅占16.1%。1985年，全省内河通航里程降至4937公里。主要原因是对航运的特点及其在国民经济中的重要地位和作用认识不足，河流上游植被遭到破坏，水土流失严重，造成大量泥沙淤积，河床升高，航行条件不断恶化；在大办“小水电”中忽视了水资源的综合利用，拦河筑坝，封闭通航河流4747公里，缩短航道里程3111公里；在工业布局和商业、粮食仓储布局中，没有注意充分利用水运。

1979年以来，江西水路运输业由过去的封闭型向开放型转化，涌现了一批联户和个体运输力量，在营运组织方面推行了分节驳顶推运输。江西省主要年份内河运输船舶和运输量见表28。

江西省的内河港口分布于鄱阳湖和赣、抚、信、鄱、修5个水系的沿岸，著名的有九江、南昌、赣州、樟树等，省内主要工业中心城市的进出物资均可利用水运。1985年，全省港口97处，其中年货物吞吐量在10万—20万吨的12处，21万—100万吨的16处，100万吨以上的4处，完成货物吞

江西省主要年份内河运输船舶和运输量

表 28

项目 年度	运输船舶						运输量			
	轮驳船				帆船		货运		客运	
	艘数	载重量（吨）	载客量（客位）	拖船功率（千瓦）	艘数	载重量（吨）	货运量（万吨）	货物周转量（万吨公里）	客运量（万人）	旅客周转量（万人公里）
1949	13	508	—	145	425	3981	51.6	12.38	—	—
1952	271	5019	826	3149	552	5384	57.3	10826	4.5	503
1957	2135	32791	3167	7063	6822	85999	532.9	78025	33.0	2691
1965	2316	78164	5027	9009	8092	103216	743.2	99898	131.5	5823
1970	2401	87721	5679	10520	2711	44427	710.6	91847	198.6	8026
1975	3406	115960	7293	13398	4328	63514	957.3	152826	283.1	9988
1980	3787	153127	8844	15028	2873	39809	741.0	162559	259.0	13432
1985	4562	209553	8931	11474	463	6008	492.0	204753	327.0	13032

注：本表系江西省航运管理局提供。

吐量 2240 万吨、旅客吞吐量 950 万人，主要货种有煤炭、石油、木材、粮食、矿石、钢材、化肥、农药以及日用工业品。此外，还有大量矿建材料（河沙）被运往湖北、江苏、上海等地。

机械化程度低、库场不足和吞吐能力小，是港口发展中的主要困难。随着工农业生产的发展，赣江、昌江、信江和袁河的治理工程正在或即将开展，南昌、赣州等港口的改造和扩建工程已被列为重点项目，港口经济腹地随之扩大，货种和货源相应增多。

南昌港是全省最大港口，在 50 年代中期兴建了 300 平方米的候船室和阶梯式客运码头，60 至 70 年代以江边站和抚河桥两个作业区为重点进行扩建，1969 年至 1981 年新建了昌北作业区。1985 年，南昌港岸线长达 20 公里（包括里、外河），拥有 4 个作业区，码头 17 座，泊位 51 个，仓库 4366 平方米，堆场 57631 平方米，各式装卸机械 66 台；另有锚泊地 10 处，最大可靠泊 500 载重吨级船舶；装卸机械化程度达 43.1%；江边和昌北作业区有铁路相衔接，是水、铁联运枢纽；完成货物吞吐量 440 万吨，客运量 64 万人。

九、安徽省内河运输

安徽省位于长江下游，淮河中游。以长江、淮河为主干，将省区分为淮北、江淮、江南三个部分。500 多条大小支流遍布南北。

新中国成立后，安徽省航运经历了医治创伤、艰苦创业的曲折过程，有了很大发展，航道、港口以及船舶运输和水运工业等都发生了深刻的变化。在航道建设方面，进行了疏浚整治、清航打捞、渠化建设和设置助航标志等一系列工程，使通航条件显著改善，昔日季节通航的河流，现在基本上能够常年通航。船舶经淮河、洪泽湖、京杭运河南下入长江直抵上海；从合肥穿越巢湖南下长江而达南京、上海。1985 年，通航里程达 5515 公里，水深 1 米以上的航道 3029 公里。全省内河水运企业主要有皖江轮船运输公司和淮河轮船运输公司。此外，还有 2 万多个水运专业户和联户。

淮河发源于河南省桐柏山区，流经河南、安徽、江苏三省，于龟山入洪泽湖，全长 1050 公里。淮河流域农作物丰富，矿藏量大。素有煤都之称的淮南煤矿是重要能源基地。淮河已被列为重点开发的跨省河流。1985 年，淮河通航里程 515 公里，完成货运量 599 万吨，其中江苏省完成 268 万吨，安徽省完成 266 万吨，河南省完成 65 万吨；货物周转量 27.9 亿吨公里，主要货物是煤炭、粮食和矿建材料。

安徽省内河航运虽然有了显著进步，但仍面临着艰巨的任务，主要是水运优势未能得到充分发挥。新安江、长江、淮河三个不同水系互不联通，同一水系又被闸坝切断，没有形成四通八达的水运网；由淮河驶往长江上游的船舶，要绕道 300 多公里；到新安江上游要绕到东海经过钱塘江；全省共有碍航闸坝 56 处，分段通航的航道达 1801 公里，占全省通航里程的 37.7%，致使货运弃水就陆；地方水运在全省货运中所占比重由 1952 年的 30.2% 下降至 1985 年的 12.5%；疏浚整治设备能力不足；港口建设速度缓慢，码头泊位少，机械装卸能力薄弱。安徽省主要年份内河运输船舶和运输量见表 29。

安徽省的内河港口通过新建、改建和扩建，载至 1985 年年底，全省共有 160 处，其中年货物吞吐量在 100 万吨以上的 9 处，51 万—100 万吨的 5 处，10—50 万吨的 39 处。若按流域划分，则长江水系 102 处（其中干流 39 处），淮河水系 57 处（干流 18 处），新安江水系 1 处。全省港口拥有生产泊位 814 个、28190 米，仓库 62312 平方米，货棚 7540 平方米，堆场 121.5 万平方米；装卸机械 727 台。淮南、蚌埠等主要港口的装卸作业大部分实现了机械化或半机械化。1975 年 6 月，安庆大件码头建成，从而使安庆石油化工总厂从国外引进年产 30 万吨合成氨的成套设备从水路运达，顺利安装。1985 年，全省港口完成旅客吞吐量 2300 万人，货物吞吐量 4315 万吨。

合肥港位于南淝河上游，水路可穿巢湖沿裕溪河入长江，铁路有淮南线连通全国，是安徽省的水陆交通枢纽。1950 年 11 月，合肥市设立航运管理站，1953 年建港。皖中地区所产的稻米、油料、茶、麻、水产和大别山区的土特产品大多在合肥港集散。1985 年，港口拥有两个作业区，码头 3100 米，库场 18811 平方米，装卸机械 17 台（最大起重能力 10 吨）；铁路专用线 3 条、1628 米。完成货物吞吐量 113 万吨，其中进口货物 90 万吨，以矿建材料、钢材、木材、化肥、日用工业品为大宗；出口货物 23 万吨，以煤炭、

安徽省主要年份内河运输船舶和运输量

表 29

项目 年度	运输船舶						运输量			
	轮驳船				帆船		货运		客运	
	艘数	载重量（吨）	载客量（客位）	拖船功率（千瓦）	艘数	载重量（吨）	货运量（万吨）	货物周转量（万吨公里）	客运量（万人）	旅客周转量（万人公里）
1949	152	1230	7565	2173	30480	391019	6	705	67	2933
1952	224	7849	6364	1912	38700	257723	25	3674	182	6690
1957	199	6500	90041	4368	20712	230222	200	29232	521	15572
1965	823	39781	9263	7192	14836	178251	222	37240	219	7793
1970	1423	60867	11746	14272	12796	152228	348	40252	343	10901
1975	3597	120853	16706	27695	10173	110898	772	101492	538	14245
1980	7022	224240	18183	40129	5032	51725	958	157636	709	16085
1985	11077	533767	18284	61163	316	3562	1519	437126	651	15387

注：本表系安徽省交通厅提供。

粮、麻、茶和土特产品为大宗。

十、江苏省内河运输

江苏省濒临壮阔的黄海，扼守长江入海要冲，地势低平辽阔。鸟瞰全省，长江横贯东西，京杭运河纵行南北，湖泊星罗棋布，河渠蛛网交织，往来船舶如梭。内河航运向居全国地方水运之首。

36 年来，江苏省交通运输部门贯彻了“以水为主，水陆并重”的方针，在水利部门的密切合作下，对全省河道进行了大规模整治，提倡综合利用水资源，使 2200 余条河渠通航，通航里程达 23525 公里，全省 90% 的县市和 75% 的乡镇都享有航运之便。在宏伟的治淮工程中，全面治理了里下河地区，导沂（河）整沭（河），增辟入海河渠，扩大入江水道，整修堤防，开挖新运河，疏浚老河道。如今，苏北运河、通扬运河、新通扬运河、串扬河、通榆运河、苏北灌溉总渠等水道经纬交织，构成了完整的航道系统和输水系统。江都水利枢纽等南水北调工程，控制调节着水位，既有利于防洪排涝，又为航运提供便利。太湖区域的旧河网，经过分级规划、重新布局，或裁弯取直，或拓浚疏通，网目分明，主干河道与江南运河衔接，与大小湖荡串联。

运河流千载，今日扬新波。在“统一规划，综合利用，分期建设”方针指导下，江苏省对京杭运河苏北段、苏南段进行了一系列治理工程，部分地段还经过了改线。沿线水利枢纽和船闸，既保证农田灌溉和城市工业用水，又使运输畅通，综合效益明显提高。

江苏省作为水运生产工具的船舶，数量不断增长，质量日益提高，组成船队更为适宜。50 年代初期，个体木帆船曾是运输的主要力量，拥有 35 万吨木帆船，占总运力的 95%，完成运量占总运量的 75%。1985 年，全省专业船舶基本实现了机动化和拖带化，并推行先进的顶推运输技术。

江苏省是制造水泥船最早的省份。1959 年，第一艘钢丝网水泥船在无锡研制成功，经过革新改造，替代了一部分破旧木质船，为发展内河航运事业、实现木帆船技术改造，开创了新路。1978 年后，船舶更新加快，钢质船舶比例已达 47%，船舶技术状况得到进一步改善。

江苏省水运生产呈现出一派繁忙景象。苏北运河是煤炭运输的重要渠道，一列列船队鱼贯南下，每年运送1500万吨以上的煤炭。苏南运河千船竞发，舳舻相继，去上海和杭嘉湖的船队全部由此通过。在长江，西上的千吨船队，劈波斩浪，把轻工、纺织产品送抵川、鄂、湘、赣、皖诸省。在与长江、京杭运河串通的河、湖支流航线上，省、市、县属的客、货船队，穿梭往来，将人民生活用品和工农业生产物资，源源不断地送往工厂、乡村。

1985年，省、市属国营内河航运企业22家，市、县属集体企业129家。集体水运企业完成的货运量占全省内河货运量的70%。此外，还有乡镇一级经营水运的运输社570余个，从业人员4万多人，每年承担17亿吨公里的货物周转量。1979年以来，经营水运的联合体以及个体户发展迅猛，已拥有众多灵活的运输工具。它们与省、市、县属国营和集体水运企业一起，组成了一个多层次的水运体系，国营、集体为主导，多种经济成分并存，互为补充，活跃了流通渠道。

水运管理部门努力探求运输生产活动的规律，以宏观的经济计划指导为主，使水运生产与国家经济计划和社会需求相适应。按照“统筹兼顾”的原则，省、市、县属水运企业合理分工，各得其所；同时，统一计划，统一运价，统一票据；运输计划由省、市两级平衡，省、市、县三级安排；重要运输集中调度管理，保证军事急需、防汛救灾、港口疏运等重要任务以及煤炭、化肥、粮食等重点物资运输的完成。对集体水运企业实行保护、整顿、发展的方针，先后制定了巩固和发展集体水运企业的若干政策，禁止平调他们的财物、工具和人员，给予减征部分所得税的照顾，并适当调整了短途运价。同时加强收益分配的研究和调查，推广先进经验。实行联产计酬承包责任制后，更调动了集体水运企业的积极性，普遍增收盈利。50年代创立的国营内河定期航线至今不衰，在“定期发班、班班准点、次次拖足、相向平衡”的准则下，有节奏地担负全省主要城市之间的百杂货运输。一些县社航运企业面向乡镇所创立的“乡邮”化运输，信誉良好。江苏省主要年份内河运输船舶和运输量见表30。

江苏省的内河港口，在新中国成立后及时成立了搬运工会和装卸公司，

江苏省主要年份内河运输船舶和运输量

表 30

项目 年度	运输船舶						运输量			
	轮驳船				帆船		货运		客运	
	艘数	载重量（吨）	载客量（客位）	拖船功率（千瓦）	艘数	载重量（吨）	货运量（万吨）	货物周转量（万吨公里）	客运量（万人）	旅客周转量（万人公里）
1949	767	12628	9960	10272	37245	391073	284	19541	727	19688
1952	867	14802	25062	8410	40149	400775	675	64148	821	29089
1957	1725	57504	39051	9310	25371	351131	1709	160405	1779	53536
1965	5431	200454	49428	30746	26061	306165	3587	328538	2278	17663
1970	10091	315654	71026	53872	20178	231581	3872	408535	2973	72292
1975	20771	615816	71214	102043	10862	114742	5382	667133	4063	89770
1980	23685	856306	173379	139679	4534	46927	6032	935595	4173	103006
1985	24055	124031	55480	170104	1330	17444	7626	1516676	2640	90546

注：本表系江苏省交通厅提供。

废除封建把头，整顿旧业，使生产迅速走上轨道。1965 年，省交通厅成立港务管理处，统一管理港口，统筹规划，实行“以港养港、以港建港”的方针，港口建设迅速发展。1985 年，全省内河港口 340 处，其中年货物吞吐量在 200 万吨以上的 22 处。苏州、无锡和常州三个港口，年货物吞吐能力都在 500 万吨以上，装卸机械化程度达 70%。邳县港、徐州港、双楼港则是在京杭运河整治中拓建的专业化煤港，每年各发送煤炭 400 万吨以上，在“北煤南运”中发挥着重要作用。1985 年，全省内河港口（包括长江干线港口）共完成货物吞吐量 2.44 亿吨，居各省内河港口首位。

无锡港是江苏省中转物资的主要港口之一。1950 年 12 月，无锡市搬运公司成立，统一承揽业务，统一调度，统一运价。1979 年以来，港口生产建设日新月异。新建、改建码头 15 座，配置 5 吨、16 吨门座起重机，30 吨、75 吨龙门起重机，以及 35 吨大型平板车等各类汽车，承运超大件物资，确保重点建设物资运输。由于坚持按劳分配原则，充分调动职工积极性，1982 年的工班效率比 1978 年提高 1.36 倍，加快了车船周转。港口重视文明建设，提高装卸质量，被评为 1982 年度全国交通系统企业安全质量先进单位。1985 年，全港拥有 8 个装卸作业区，2 个货场，1 个木材水库，1 个起重队，1 个港机厂；码头 17355 米，泊位 661 个（包括工厂企业泊位 103 个）；仓库 9130 平方米，货场 64334 平方米；各类装卸机械 480 台，装卸机械化比重达 73.81% 左右；最大可靠泊 200 载重吨级船舶；全年完成货物吞吐量 607.2 万吨，比 1981 年增长 10.6%。

苏州港是江苏省最为繁忙的水陆物资联运港口。1952 年，苏州市搬运公司成立，统一接管搬运装卸事业。60 年代初期，苏州港拥有码头 148 座，其中绝大部分属厂矿企业专用码头。1970 年，本着“以港养港，建港就厂”的方针，从搬运公司中把港口装卸业务划分出来，正式成立苏州市港务管理处，统一经营港口装卸业务的行政管理。苏州港除遍布全市分散作业的零星码头外，共有 5 个作业区。葑门港区可供 200 载重吨级船舶靠泊，以散货、木材为主，一次堆存能力 4 万吨，年吞吐能力 40 万—50 万吨。娄门港区有 10 个泊位，可供 100 吨级船舶靠泊，以散货为主，堆存能力 1.2 万吨，年吞吐能力30万吨。双桥港区有7个泊位，可供200吨级船舶靠泊，年吞吐能力20万吨。枫桥港区有10个泊位，可供500吨级船舶靠泊，以散货、木材为主，年吞吐能力15万吨。齐门港区年吞吐能力47万吨。1985年，全港完成货物吞吐量853.5万吨，旅客吞吐量188.3万人。

邳县港是1958年在整治京杭运河工程中兴建的煤炭中转港，位于陇海铁路与京杭运河交汇处，是苏北地区的一个重要煤炭输出港。港口设计年出口煤炭能力为350万—400万吨。1960年11月，港口简易投产，当年吞吐量达49.5万吨。此后，江苏省自行筹资并进行小规模续建，使生产能力逐年增强。随着陕南、晋南、豫西和苏北煤矿的开发以及工农业的发展，邳县港的货运枢纽作用日趋明显。1981年货物吞吐量达231.4万吨，1984年略有下降，仍达186.8万吨，实际具备250万吨的吞吐能力。货种以出口煤炭为主，约占货物总吞吐量的80%以上；其他则为粮食、木材、矿石、钢材和日用杂货。全港拥有泊位18个，总长422米，可靠泊500吨级驳船的装船泊位4个。其中4号泊位设有宽800毫米的皮带输煤机，其他3个泊位均有宽1000毫米的皮带输煤机，辅以链斗式卸煤（车）机和螺旋式卸煤（车）机各2台；简易输煤坑道总长2200米，堆煤场6.9万平方米，铁路卸车专用线2条、长2.4公里。

十一、浙江省内河运输

浙江省河流属东南沿海诸河流域，流向平行山脉或切割山岭，穿行于大小盆地之间。在钱塘江、瓯江、曹娥江、灵江、苕溪、飞云江、甬江、鳌江等八大水系中，除苕溪流入太湖外，其余均流入东海。河流多具山溪型河流特征，季节变化明显，上游坡陡水急，下游受潮汐影响显著。各大水系之间夹着诸如杭（州）嘉（州）湖（州）、肖（山）绍（兴）、宁绍、三北、温瑞等10多个内河水网地区。省境北部有京杭运河流经杭嘉湖网区。

浙江省重视综合利用水资源发展内河运输，建设港埠码头，新建和改造船舶。1985年，内河通航里程达10620公里，其中水深在1米以上的

4000余公里，主要干线有杭申甲线、杭申乙线和杭湖、杭苏、杭锡、长湖申、杭甬、杭兰以及钱塘江、新安江、灵江（椒江）和瓯江线等，水位比较稳定。各大中型港口都有起重、搬运机械等装备，改善了装卸工人的生产条件，提高了港口通过能力。

从“一五”时期开始，为了提高运输效率，推广内河运输拖驳化，船队的拖带量高达1200吨。1985年，全省56个县市已有水运，基本上实现了机动化。此外，还涌现出大量水运个体专业户。交通运输部门在努力做好水上货运工作的同时，大力发展了水上客运，主要航线有杭州至苏州、杭州至无锡、杭州至兰溪、湖州至上海、平湖至上海等。同时，还利用本省优越的地理环境和气候条件，努力发展旅游事业，开辟旅游航线，不断改善服务设施。

1978年以来，浙江省制定了“以水为主，水陆并举，先求大通”的交通发展方针和发展水运的总体规划。在搞活运输市场的同时，积极开辟和延伸新航线，开展直达运输、联合运输和远洋运输。航道建设取得了较好的成绩，京杭运河沟通钱塘江工程、京杭运河和长湖申线改造工程以及瓯江下游和灵江下游的航道疏浚整治工程正在进行之中。在航政管理方面，加强了航政、港监、船检工作，安全情况有了好转，运输质量有了提高。在“放宽搞活，加强管理”的前提下，大力发展国营运输企业，积极扶植和支持集体企业和个体运输业，发展支流小客货船运输。浙江省主要年份内河运输船舶和运输量见表31。

浙江省的内河港口随着内河运输量的增长而不断发展。“二五”时期，煤炭、钢材、砂石、木材、水泥等货物运量骤增，涌现出一批为工业和城镇建设输送材料的专业港口，如杭州地区的獐山，湖州地区的李家巷、梅溪，嘉兴地区的六里山，绍兴地区的曹娥等，都已成为年砂石输出量在100万吨以上的港口。60年代，化肥、钢铁、水泥等工业迅速发展。80年代，各行各业振兴，乡镇企业大发展，港口生产十分活跃，于是扩建码头，配备装卸机械，大幅度地提高了吞吐能力。1985年，全省内河港口140处，其中年货物吞吐量在1000万吨以上的1处，501万—1000万吨的1处，201万—

浙江省主要年份内河运输船舶和运输量

表 31

项目 / 年度	运输船舶						运输量			
	轮驳船				帆船		货运		客运	
	艘数	载重量（吨）	载客量（客位）	拖船功率（千瓦）	艘数	载重量（吨）	货运量（万吨）	货物周转量（万吨公里）	客运量（万人）	旅客周转量（万人公里）
1949	272	1118	12075	2670	27370	211365	207	16065	236	5268
1952	367	2637	14814	3070	27370	211365	466	35022	584	12837
1957	1118	37246	16792	4950	22429	165723	1040	87251	1236	24196
1965	2482	71609	38278	17350	14843	161108	1962	140135	2557	39051
1970	6304	134230	44979	25622	9621	84116	2306	162276	3614	50740
1975	15121	159873	76937	29412	6708	52404	2712	171748	5059	69486
1980	9626	223573	89044	38618	3915	30177	4390	339343	6328	86772
1985	10269	336230	86784	54560	777	5339	5490	562765	5787	96804

注：本表系浙江省交通厅提供。

500 万吨的 5 处，101 万—200 万吨的 11 处，11 万—100 万吨的 56 处；完成货物吞吐量 6986 万吨，旅客吞吐量 6452 万人。

杭州港位于钱塘江下游北岸，大运河南端，是沟通浙江省河、湖、海的枢纽。杭州港的生产建设有较大发展，已成为全省内河的重要港口之一。1985 年，全港拥有码头 132 座，总长 6889 米，泊位 156 个；完成货物吞吐量 1198. 6 万吨，旅客吞吐量 230 万人。

十二、上海市内河运输

上海市的内河运输，在上海港的客货集疏运、相邻省市客货运输和市区交通等方面，都占有重要的地位。1950 年，上海市仅有苏州河和几个市区小港，航道长 54. 8 公里。1958 年江苏省的松江专区划归上海市后，内河航道增多。60 年代初，10 个市郊县先后成立了航运管理所，兼管航道修整养护。1963 年，内河航道增至 147 条，通航里程达 1951 公里。1976 年以后，全市对主干航道施行综合整治，逐年开挖了淀浦河、大治河、金汇港、蕴藻浜等河道，并进行了裁弯取直、修筑护岸、敷设航标等工程，扩大了航道的通过能力。1978 年 5 月，上海市内河航运局成立。1979 年，内河货运量占全市总货运量 16462 万吨的 36. 8%。

1985 年，全市共有 242 条航道，通航里程 2474 公里，主要航道有黄浦江、申苏外港线、苏州河、淀浦河、蕴藻浜等。黄浦江贯穿全市中部，北入长江，西接申苏外港线连通江苏、浙江，其支流密布成网。吴淞口至闵行段 67. 4 公里是年吞吐量 1 亿吨的上海港区。申苏外港线是黄浦江的上游航道，在苏州与京杭运河连通，成为京杭运河的延伸线，江苏、浙江、安徽等省与本市的物资交流和外贸物资进出，大都通过这条航线，年通过量达 1700 万吨。苏州河长 53. 6 公里，横贯上海市境，上游与吴淞江合称苏州内港线，总长 115 公里。由黄浦江的外白渡桥至中搓浦长 20. 76 公里的苏州河两岸，工厂、仓库密集，是上海市内河的主要装卸作业区，年吞吐量达 1700 余万吨。

上海市内河运输船舶基本上实现了机动化和拖带化，其中 60—1000 载重吨级的船舶全部改为钢质驳船，40—60 载重吨的多为钢丝网水泥船，20 载重吨以下的木驳船已基本淘汰，拖船全部更新为功率140—662千瓦的钢质拖船。运输轮驳船平均拖力和载重吨位均有大幅度增长，技术性能也有明显改善。

繁忙的上海市内河客运分为3种类型。一是黄浦江的对江轮渡，二是市区至崇明、长兴、横沙3个岛的客运，三是与外省市和本市郊区县间的客运。近年来，汽车客运虽有发展，但内河客运仍然兴旺，特别是前两种有增无减。1984年，黄浦江对江客运轮渡航线19条，车辆轮渡航线5条，交通艇航线7条，苏州河轮渡航线6条，投入营运船舶93艘和工作船5艘，总容量为46754客位和171车位；全年客运量3.1亿人次，汽车运量472.3万辆次，平均每天运送旅客84万多人次，车辆1.3万辆次。

上海市内河运输在蓬勃发展之中产生了一些亟待解决的问题：专业码头通过能力饱和，港区配套库场少，不时发生港口堵塞；航道狭窄，苏申内港线平均每分钟通过2.1艘船，苏申外港线则为1.4艘船，船队首尾相接、舷侧相搓现象时有发生；苏州河污染严重。上海市主要年份内河运输船舶和运输量见表32。

上海市的内河港口分布于黄浦江和苏州河及其支流沿岸，共有39处。其中年货物吞吐量在100万吨以上的20处，51—100万吨的13处，21—50万吨的5处，最小的大团港为18.6万吨。共拥有生产泊位2892个、81311米，1985年完成货物吞吐量6829万吨，旅客吞吐量728万人。

上海市内河港口的生产特点有二：一是点多面广，面向城乡工农业生产。1985年，郊区县的内河货物吞吐量达4000万吨，约占总吞吐量的60%；在建设宝山钢铁厂和金山石油化工总厂两项重点工程中，内河港口完成的货运量达3500万吨。二是为上海港的集疏运服务，年货运量达2700万吨。在经营方面，货主泊位多达2669个，占总泊位数的92.3%，而交通部门仅有223个泊位，占7.7%。前者货物吞吐量占总吞吐量的72%，后者泊位平均吞吐量高于前者。

苏州河港是随着上海港的兴起而发展起来的，1957年划归上海市内河港务管理处管理，成为全民所有制企业，1966年定名为上海市内河装卸公司。1985年，港口拥有3个装卸作业区，100吨级以上泊位69个，

上海市主要年份内河运输船舶和运输量

表 32

项目 年度	运输船舶						运输量			
	轮驳船				帆船		货运		客运	
	艘数	载重量（吨）	载客量（客位）	拖船功率（千瓦）	艘数	载重量（吨）	货运量（万吨）	货物周转量（万吨公里）	客运量（万人）	旅客周转量（万人公里）
1949	320	4192	10591	5076	2247	39378	155	8579	174	6103
1952	205	2417	7162	2993	3382	49499	201	12833	180	5590
1957	143	1850	5916	2029	3044	49838	289	21006	198	5358
1965	842	44968	6644	8423	4083	55403	1101	49076	302	8300
1970	1852	72835	9380	13854	3215	42055	1219	57547	338	12111
1975	4547	165924	9702	27586	778	9987	1680	109728	533	27819
1980	4394	181676	8973	38389	163	1835	1954	157524	561	24365
1985	3473	230515	6976	38853	9	125	2522	224950	660	30519

注：本表系上海市内河航运局提供，客运量中不包括轮渡客运量，1958 年以前包括上海至青龙港、三和港等小长江航线。

库场20864平方米，各类装卸机械354台；另有100吨级以上的货主泊位232个，岸线7665米；当年完成货物吞吐量1666.9万吨，其中进口货物788.3万吨。

第三节 珠江水系内河运输

珠江水系分布在广西和广东境内，主要由西江、北江、东江和珠江正干道组成，共有通航河流988条，总长36000余公里，通航里程12830公里。

西江是珠江水系的主干，源出云南省沾益县的南盘江，至广西梧州纳桂江始称西江，后经磨刀门入海，全长2167公里，自贵县以下可通行500载重吨级船舶。北江由浈水、武水二源在韶关汇合而成，干流全长468公里，可区段通行50载重吨级船舶。东江源出江西省安远县，在虎门入海，全长523公里，可区段通行50载重吨级船舶。珠江正干道自广州珠江东大桥经东河道至虎门的沙角，全长72公里，可通行2万载重吨级以下的海船。

珠江流域的自然资源丰富，经济发展潜力大。1980年的普查结果表明：煤炭储量64.18亿吨，磷矿储量近19亿吨，铁矿储量11亿吨，木材储量约5亿立方米，锰、铝、重晶石的储量也很丰富；工农业总产值达472.24亿元，煤炭产量2248万吨，木材产量412万立方米，粮食产量2492万吨。新中国成立后，为了开发珠江水系，先后对右江、柳江、西江、北江、东江以及珠江三角洲的陈村、东平等水道进行了整治和渠化。1985年运量居全国第二位，仅次于长江水系。80年代以来，广西、广东经济发展迅速；深圳、珠海、海南岛等地建立了经济特区，内外贸易十分活跃，更促进了航运的发展。“六五”期间，为了发展云南、贵州两省的经济，西江的综合整治工程已经开始。

珠江水系的内河港口，年货物吞吐量在1万吨以上的有189处，而以分布于珠江和西江两岸者居多。1985年合计完成货物吞吐量4429.4万吨，旅客吞吐量2039.5万人。

一、广西壮族自治区内河运输

广西壮族自治区境内共有河流476条，总长22664公里。其中85%属珠江水系，仅东北角属长江水系，沿海有些小河独流入海。珠江干流为本省最重要河流，各段名称不同。正源称南盘江，在黔桂边境纳北盘江后称红水河，至石成附近纳柳江后称黔江，至桂平纳郁江后称浔江，至梧州纳桂江始称西江。全区 86 个县、市中，有 63 个位于通航河段，内河运输是主要运输方式之一。

50 年代初，广西内河运输稳步发展。1949 年 10 月 27 日，梧州轮船运输公司成立，翌年 10 月易名为广西国营轮船运输公司，并增设南宁分公司，12 月又在广州设立办事处。1952 年，全区已有梧州、南宁、柳州、桂林、北海和广州 6 处国营轮船运输机构，共有轮驳船 79 艘、18200 载重吨，为内河运输的主导力量。

1954 年 6 月 1 日，根据国务院决定，成立了珠江航运管理局，隶属交通部领导，翌年元旦设立广西分局。根据 1957 年 2 月 6 日国务院指示，珠江航运管理局广西分局于同年 7 月撤销，成立了广西壮族自治区航运管理局。为了促进城乡物资交流和加强航运市场管理，曾几次降低水运价格，实行“统一计划、统一调度、统一运价”。同时，学习苏联经验，推广“一列式拖带法”等先进技术，提高了轮驳船的营运效率。“一五”期间，货运量几乎是逐年成倍增长，货物周转量平均每年递增 45%。主要内河港口货物吞吐量增长速度相对较慢，梧州、贵县和柳州港货物吞吐量平均每年分别递增 20.4%、39.5% 和 55.3%，货物装卸仍以人力为主，不能适应船舶运力的迅速增长。

1958 年下半年，广西航运管理局改为交通厅航运处，所属企业下放县、市政府，港口与航运合并成立航运局，航道工程部门和修造船厂改由所在地政府领导。1960 年年初又恢复交通厅航运管理局，并将梧州、柳州、南宁航运局收归区交通厅直接领导。“二五”期间，全区内河运输有了明显的发展。主要原因是贯彻了“调整、巩固、充实、提高”的方针，开展“一条龙”运输，在铁路运输和装卸、搬运、生产、物资等部门以及销售部门之间组织协作，产、运、销各环节建立各种有效的连接措施，实行定线、定点、定量、定时间、定安全、定质量的“六定”运输原则。从 1963 年至 1965 年，全区国营水运部门上缴利润 1185 万元，比“二五”期间增长 72.54%。此间，广西内外贸货物运输也有较大发展。

“文化大革命”给广西内河运输造成了极大危害，主要表现在港口生产建设停滞不前，货物积压，绝大部分货物装卸要靠社会劳动力完成，一些船舶被焚烧，梧州、南宁等地区航运部门连年亏损。但自1970年以后，身处援越抗美斗争前沿的广西水运职工响应周恩来总理的号召，克服重重困难，使水运生产建设仍有显著进展，国营水运企业扭亏为盈。

1972年3月，区交通厅设立航运公司，统辖梧州、柳州、南宁、北海4个分公司；1979年，恢复在香港的桂江船务有限公司，开展广西与香港间的外贸水路运输。同时，区人民政府决定将1971年在广州设置的航运业务组扩大为驻穗办事处，以扩大西江直达运输。1983年7月18日，梧州港的豪华客船“漓江”号首航香港，至同年10月26日止共航行92航次，运送旅客3507人。

漓江从桂林至阳朔一段，蜿蜒于岩溶峰林之间，江水清澈，风景如画，是著名的桂林山水所在地。近几年来，广西水路旅游业迅猛发展，漓江航运公司仅1982年就接待旅游者32万余人，上缴利润62万余元。

1977年至1982年间的整顿和提高，收到了明显效果。广西水运部门的客、货运输迅速增长，8项技术经济指标均超过历史最高水平，职工生活水平也有明显提高。

1950年，广西国营轮船运输公司成立，下设港务局、所、站，投资建设主要港口，增添装卸机械。1985年，全自治区拥有港口77处，其中年货物吞吐量1万—10万吨的61处，11万—20万吨的7处，21万—50万吨的5处，51万—100万吨的2处，101万—500万吨的2处；完成货物吞吐量1126万吨，旅客吞吐量851万人。在货物分类组成中，煤炭占21.8%，木材占8.0%，水泥占5.8%，矿建材料占8.8%。

自治区内河港口存在的主要问题是设备简陋和装卸机械化水平低。简易库场占库场总面积的55.9%。年货物吞吐量在10万吨以下的港口，有40%仍以自然岸坡和河滩作为作业场地。全区平均每10万吨货物吞吐量仅有装卸机械2.4台，机械化比重只有40%。

梧州港是广西的内河外贸港口，1985 年拥有泊位 161 个、6467 米，仓库 24760 平方米，堆场 41339 平方米，各类装卸机械 133 台；最大可靠泊 500 载重吨级船舶，全年完成货物吞吐量 286 万吨（含集装箱 371 标准箱），旅客吞吐量 223 万人。在货物吞吐量中，出口外贸物资为 54.5 万吨，约占广西外贸出口量的 80%，主要货种为石灰石、水泥、粮食和土特畜产品，运销香港、东南亚和欧美等地。内贸货物以进口 48 万吨煤炭为大宗，其余为钢材、水泥、木材、化肥等。

二、广东省内河运输

广东省河流众多且具有流量大、汛期长、含沙量小等特点，连接着全省 90% 以上的县市，主要有珠江、韩江、南渡江、漠阳江和鉴江，河海相连，形成四通八达的水运网。其中珠江水系的西江、珠江正干道和珠江三角洲航运十分发达。

1950 年，广东省绝大部分运输船舶为私营航商和个体运输户所有，内河运输的主要任务是恢复生产和整顿、调整航线。1951 年 2 月，广东省交通厅成立内河航运管理局。1954 年 6 月 1 日，交通部成立珠江航运管理局，统管珠江水系干线航运（1957 年 2 月 6 日交由广东、广西分管）。1955 年 10 月，联华、建华、新华 3 个合营公司合并组成公私合营珠江轮船公司；1957 年 4 月，公私合营的江华、广海二公司并入国营公司，逐步确立了国营运输业的主导地位。同时，对木帆船运输实行“四定”（定港、定籍、定船、定线）和“三统一”（统一运价、统一货源、统一计划调度），有效地制止了私营水运企业互相倾吞和航运市场混乱现象，并把个体经营的木帆船组成合作社。从此全省内河运输业形成为国营和集体两大类，运输生产全面纳入国民经济计划轨道。船舶运输由人力驾船改为拖船拖带或顶推方式，并实行“五定”（定货种、定船舶、定载量、定时间、定泊位）。50 年代开展了广州—江门—湛江—海口的水陆联运，60 年代又扩展到铁路和服务行业，进一步把产、供、运、销各方面联合起来。1979 年 6 月开始实施广州经龙川至兴梅地区的“百杂货一条龙”运输，货运期由 25 至 30 天缩短到 10 至 15 天，货差、货损率只有 1/100000，远低于交通部颁发的损差标准，船舶平均每吨天运量指标提高40%。

1951年开始整治陈村水道，使其成为沟通广州与西江和珠江三角洲的水路大动脉。1959年又整治和渠化连江（小北江），使经济落后的山区随之繁荣，人民生活水平明显提高，这是以航运为主、综合开发、渠化山区河流的成功典型。大多数航道都设置有电气航标，船舶可以夜航。

运输船舶经过更新改造，运量逐年上升。1950年，木帆船曾占船舶总数的97.5%，平均每艘只有10吨，而占2.5%的机动船则多数采用技术落后的蒸汽机、火胆机（又称烧球机）、木炭机。50年代开始实行木帆船机动化和钢质化，并以新式定型船舶替代老旧的小型机动船。自载110吨并可同时顶推300（或400）吨货驳船的“前进”“粤江”型机动货驳船和自载5吨并可同时顶推65吨货驳船的“团结”“胜利”型机动货驳船，已成为珠江水系的主要船型。1979年，全省第一组分节驳顶推船队投入营运，效果良好。随着对外经济活动的开展，近年来又增加了一批集装箱运输船舶，首先开展广州—香港航线集装箱货运。1985年，集装箱运输量达44644箱、398965吨。内河客运也有较大发展，以广州为中心的客运航线已有32条，1980年1月开辟了广州—香港客运航线，豪华客船“星湖”和“天湖”号以及高速双体客船“流花湖”号相继投入营运。随后又增开了中山、江门、三埠、肇庆至香港的客运航线，稳性好、速度快的新型双体客船已加入运输行列。

1983年10月，组成省航运总公司，下设珠江航运公司和港澳航运公司等，并代管广东驳运公司和广东南海石油船舶服务公司。同时，将海南、汕头、肇庆、湛江、梅县、惠阳、佛山、北江航运局改为航运公司，并随着生产业务发展的需要，增设了江门、中山、珠海航运公司。客、货运输稳步增长，广州至澳门，广州至香港，江门、肇庆、三埠、东莞、太平、汕头、海口、湛江、中山至香港等均有客运班船。1983年广东省珠江航运公司实行《单船经济责任制试行办法》，并开展质量管理，营运收入增加，货差率为0.06/10000，货损率为零。广州市航运公司已成为一支重要的水路运输力量，1982年以来货运量占全市水陆总货运量的60%以上，担负着广州、黄埔港口的货物驳运和铁路货运的衔接、市内物资调拨、码头仓库的货物转运，以及郊区县间以至省内各地的货运。

1985 年，广东省内河水运部门完成货运量 5309 万吨，居全国第二位；客运量 2153 万人，居全国第 5 位，而容运周转量 13 亿人公里，居全国首位。

在广东省的 109 个市、县中，90% 以上设有港口。这体现出广东省“不能一日而废舟楫”的特点。1985 年，全省内河港口共有 112 处，其中年货物吞吐量为 1 万—10 万吨的 48 处，11 万—20 万吨的 19 处，21 万—50 万吨的 22 处，51 万—100 万吨的 19 处，100 万吨以上的 4 处；完成货物吞吐量 3303 万吨，旅客吞吐量 1189 万人。

中山港位于孙中山先生的家乡中山市，是珠江三角洲出海的重要港口之一。港口始建于 1953 年，当时有 7 座简易木质码头，称石歧管理站。1955 年 10 月改称石歧港务局，1983 年改称中山港。老港区称内港，新港区称外港。内港码头分布在歧江东岸，东进航道可通行 300 吨级机动船，西进航道可通行 200 吨级机动船。港属码头全长 664. 5 米，有 23 个泊位，其中货运泊位 17 个，客运泊位 6 个；另有集体企业泊位 2 个，物资部门仓库 45 座，面积 34795. 5 平方米，货物容量 5. 3 万吨。港属堆场 4 处，3117 平方米，货物容量 2190 吨；物资部门堆场 5 处，1. 39 万平方米，货物容量 1. 6 万吨。港区有装卸运输机械 74 台。为适应外贸运输增长的形势，1981 年 8 月开始动工兴建横门作业区，即新港区。1984 年年底建成 5000 吨级码头 1 座，驳船码头 3 座（含 1000 吨级泊位 4 个，300 吨级泊位 1 个），年货物吞吐能力达 60 万吨。

1979 年以来，中山港在地区经济繁荣和对外交往中发挥了重要作用。1985 年，全港货物吞吐量达 88. 9 万吨。出口货物以流向广州、香港、澳门等地的大米、矿建材料和土特产品为主，进口货物则以广州、黄埔等港转运的煤炭、化肥、水泥等为主。主要客货运航线有中山至广州、香港、澳门、梧州、肇庆、佛山、河口、井岸、蛇口、韶关、前山。

肇庆港位于西江下游，是沟通广东省和广西壮族自治区的重要内河港口。1950 年，港务管理机构成立并着手港口建设。1978 年改为肇庆港务局，1984 年开辟了肇庆至香港的直达航线，每日均有客、货班船进出。1985 年，全港拥有泊位 53 个、1870 米；仓库 3 座、3250 平方米，堆场 6 处、1. 04 万平方米，各种装卸机械 21 台；最大可靠泊 1000 载重吨级船舶；完成货物吞吐量 147. 1 万吨，旅客发送量 140. 3 万人。

第四节　黑龙江水系内河运输

黑龙江水系由黑龙江本流和流长 10 公里以上的 484 条河流组成，总长 28680 公里。水系主要通航河流有松花江、黑龙江、乌苏里江、嫩江和牡丹江、呼兰河、挠力河、穆棱河、松阿察河、通江子以及兴凯湖和镜泊湖，通航里程 6810 公里。

黑龙江是中苏界河，由南北源于恩和哈达汇合而成，东流至伯力纳乌苏里江后进入苏联境内。南源至河口全长 4478 公里，仅次于长江和黄河，居全国第 3 位，干流长 2820 公里。黑龙江冰期长达 6 个月。

松花江源出吉林长白山天池，于同江附近流入黑龙江，全长 1752 公里，通航里程 1447 公里，是东北地区内河运输主干河流。松花江支流众多，但能通航的很少，水上运输主要集中在干流中、下游。松花江为季节性通航河流，封冻期达 5 个多月。

乌苏里江是黑龙江右岸的第二大支流，源于苏联境内，与松阿察河汇合后始称乌苏里江，全长 897 公里，汇流点至伯力段长 490 公里，年平均通航期为 208 天。

嫩江是松花江的最大支流，发源于大兴安岭伊勒呼里山南麓，于三岔河汇入松花江，全长 1369 公里，通航里程 950 公里，年平均封冻期 5 个半月。历史上嫩江航运比较兴旺，但随着铁路、公路的发展，加之航道失养，水运量逐年下降，1979 年货运量只有 2000 吨，周转量 16 万吨公里。1983 年组建了嫩江开发试运指挥部，开始有计划地开发嫩江水运。

黑龙江水系的内河港口，年货物吞吐量在 1 万吨以上的有 40 处，其中 36 处分布在黑龙江省境内，4 处分布在吉林省境内，1985 年共完成货物吞吐量 684 万吨，旅客吞吐量 87. 9 万人。

一、黑龙江省内河运输

黑龙江省的内河大多属于黑龙江水系。1946 年 5 月 7 日，松江省人民政府设立航务局，开始打捞沉船，修复港口，整治航道。1949 年，黑龙江省成立了内河航务局，统一管理内河和界江的航运。1951 年，在苏联专家帮助下，改进运输组织，执行船舶运行图表和作业计划，推行一列式拖带法。1954 年，推广应用船舶顶推法，开展下航顶推。“一五”期间，客、货运量以 15.4% 和 21.7% 的速度逐年递增。

根据中苏两国于 1951 年 1 月 2 日签订的《黑龙江流域的边境地带共同航行协定》，中苏国境河流航行联合委员会于同年 10 月 20 日在哈尔滨市举行了第一次例会。尔后每年轮流在两国境内召开例会，共同协商航行、航道整治和航标设置、管理等事宜，以保证边境河流船舶的航行安全和航运的发展。

1961 年，开展技术革新和技术革命运动，巩固水陆联运和客运服务一条龙，开辟新航线和旅游专线，组织集点运输，千方百计提高经济效益。同年，交通部还批转了黑龙江航运管理局开展定船、定线、定时、定任务的“四定运输”经验。1962 年，又开展了货物无事故安全竞赛和支援农业的“五比”竞赛。“二五”期间完成的客、货运量分别为“一五”时期的 163% 和 173%。

“文化大革命”期间，黑龙江航运连年减产，持续亏损。1974 年，省直属水运企业货运量竟降到了 1954 年的水平，仅完成 96 万吨。从 1967 年至 1976 年，亏损额高达 2584 万元。

1977 年，随着整顿工作的开展，航运生产建设复苏。当年，水运系统万余名职工胜利实现了“三突破（货运量 200 万吨、周转量 5 亿吨公里、收入 1000 万元）和一扭转（亏损）”，8 项技术经济指标全面完成国家计划。1979 年以来，黑龙江航运局逐步把工作重点转移到以提高经济效益为中心的轨道上来，结合扩大企业自主权的试点，推行指标、核算、结算、分析和组织保证“五个体系”，实行四级管理（局，企事业单位，船、站、段、队、单机、班组），同时立足改革，加强企业整顿和经营管理，落实岗位责任制，使生产创造了历史最好水平。1983 年完成货运量 346.9 万吨，货物周转量 10.4 亿吨公里。

1985年，黑龙江航运管理局下设企事业单位11个，并领导22个地方航运公司，拥有客货船29艘、6328载重吨、3628客位，拖船44艘、14091.4千瓦功率，驳船201艘、14.1万载重吨；完成货运量302.3万吨、货物周转量10亿吨公里，客运量76.7万人、旅客周转量8300万人公里。此外，还有省交通厅管辖的地方区间运输客货船17艘、2500载重吨、1122客位，拖船90艘、18236.7千瓦功率，驳船134艘、43165载重吨；完成货运量98万吨、货物周转量3.6亿吨公里，客运量76万人、旅客周转量586万人公里。

黑龙江省的内河港口分布在黑龙江、松花江、乌苏里江和嫩江等河流沿岸。1949年至1956年，新建和开辟了肇源、同江、逊克、呼玛、漠河等20个港站，并在富锦、莲江口、佳木斯、哈尔滨等港设立专管外轮业务的机构。1957年至1966年，港口建设实行“突出重点，提高一般”的方针，扩建新港口20处，增设中小航运站35个，增加千吨级泊位24个。1985年，全省内河港口共有36个，完成旅客吞吐量57.3万人，货物吞吐量663.6万吨。其中完成货物吞吐量在100万吨以上的港口3处，21万—50万吨的3处，20万吨以下的30处。在货物分类组成中，煤炭占39.2%，运往省内各港和吉林省沿江和港口；木材占13.3%，运销全国；矿建材料占17.3%，粮食占1.8%；石油占0.8%，运往沿江各地。

哈尔滨港是东北地区最大的内河水陆枢纽港，拥有泊位9个，各类装卸机械64台，仓库960平方米，货场14.2万平方米，机械化比重达90%。港区铺有6条铁路专用线，总长5870米。货运码头设在三棵树，木材年中转量达35—40立方米，占全港货物吞吐量的1/3。1985年，全港完成货物吞吐量192万吨，其中木材占28%，粮食占3%，煤炭占30%，矿建材料占38%。为了适应生产发展的需要，哈尔滨港将兴建岸长500米、具有2个千吨级泊位、年吞吐能力为150万吨的阿什河码头。

二、吉林省内河运输

吉林省河流，50公里以上的有92条，分属松花江、嫩江、辽河、鸭绿江、图们江水系，以松花江水系最为重要。

松花江的三岔河至拉林河口段127公里和嫩江的五家坎子至三岔河段197公里，是黑龙江和吉林两省界河，航道条件较好，可通行100—600载重吨级船舶。

图们江和鸭绿江为中朝界河，均发源于长白山。图们江全长520公里，流入日本海，通航里程100余公里，防川以下2公里至江口20公里为朝鲜与苏联国界。鸭绿江全长859公里，至辽宁省丹东大东沟流入黄海。吉林省境至浑江口596公里，通航里程400余公里。图们江和鸭绿江是中朝两国友好交往之江。为了加强两国人民的传统友谊，促进两国经济和贸易的发展，两国政府在国境河流段本着共有、共管、共用的原则，发挥水上运输能力，建立共同遵守的航行秩序，于1960年5月23日在北京签订了《国境河流航运合作的协定》，并组成航运合作委员会，负责处理国境河流段的航道整治和维护、航标建设和管理、航行规则的修改以及其他航运合作事宜。委员会每年在两国轮流召开一次定期会议。

吉林省铁路、公路四通八达，而水运则是十分薄弱的环节。1985年，全省水运企业拥有客船13艘、189客位，拖船16艘、2806千瓦功率，驳船29艘、8030载重吨；完成货运量16万吨、货物周转量7388万吨公里，客运量42万人、旅客周转量228万人公里。

吉林省的内河港口数量少，吞吐能力低。1985年，嫩江上的大安、第二松花江上的扶余和丰满以及松花江上的长春岭四港，分别完成货物吞吐量11.1、4.8、3和1.7万吨。前二港主要经营由黑龙江省运进的煤炭和木材，运出粮食和矿建材料。长春岭港为粮食港口。丰满港位于松花湖区，当年完成旅客吞吐量28万人，吞吐的货物主要是矿建材料。

第五节　京杭运河等其他水系内河运输

长江、珠江、黑龙江水系以外的其他水系，可归纳为黄河、闽江、海河和辽河水系，还有重点开发的京杭运河。这些水系的内河运输，除京杭运河和闽江水系的福建省较为发达外，运输量都不大，尚待开发。

一、京杭运河运输

京杭运河是中国古代伟大的水利工程和水运交通干线。它是历经春秋末期至元各代逐步开凿、不断演变、最后形成的北起北京、南至杭州，纵贯浙江、江苏、山东、河北、天津、北京四省两市，总长1794公里举世闻名的大运河。

1958年至1961年，交通部会同运河沿线各省市政府开展了整治工程，重点是苏北段。1961年以后，整治工程虽因国家财力不足而一度停止，但初步改变了航运阻塞局面，年货物通过能力可达2000万吨。1981年，国家开始了京航运河续建工程，重点仍在苏北段。梁山至济宁段可通行50—100载重吨级船舶，济宁至微山闸和微山闸至蔺家坝段可通行100载重吨级船舶，蔺家坝至邳县段可通行200—500载重吨级船舶组成的拖驳船队，邳县至六圩段可通行500—700载重吨级船舶组成的拖驳船队，谏壁至杭州段一般可通行40—100载重吨级船舶组成的拖驳船队。

80年代苏北、鲁西南大型煤矿的开发和沿岸乡镇经济的活跃，为京杭运河运输提供了充足的货源。1985年，运河干线完成货运量6002万吨，其中江苏省运输船舶完成2806万吨，浙江省运输船舶完成2975万吨，山东省运输船舶完成221万吨，货物周转量共计66.4亿吨公里。京杭运河完成的货运量与珠江水系基本相等，略低于长江干线。

二、黄河水系内河运输

黄河发源于青海省巴颜喀拉山北麓，流经青海、四川、甘肃、宁夏、内蒙古、陕西、山西、河南、山东九省、区，于山东省垦利县入渤海，全长5464公里。黄河流域资源丰富，气候适宜，是中华民族的摇篮。

新中国成立以来，航道初步得到整治，通航里程达1646公里，但均为分段通航，可通行500载重吨级船舶的只有山东省境内位山至西河口段351公里。

（一）甘肃省内河运输。

甘肃省境内有黄河、桃河和白龙江三条主要河流，分属黄河和长江水系。这些河流因地处山区，坡陡流急。自古以来，沿河人民利用河流运放木材，以牛羊皮筏运输物资。

1950年，兰州市成立搬运工会，直接领导木筏大队和皮筏大队，将木材、水烟、药材、羊毛、水草等大宗物资，运至银川、包头等地。其中水烟、羊毛等再经京包铁路线运往天津出口。1974年，省交通厅成立水运处，组织有关单位联合勘查了兰州至中卫段410公里航道和刘家峡库区，并用两艘登陆艇完成兰州至什川段约40公里往返试航，证明黄河上游通行机动船是可能的。1976年以来，兰州市利用冬季枯水季节对桑园子等处险滩进行炸礁整治工程，为通航什川创造了条件。1979年，为了适应旅游事业发展的需要，改装了客船“兰州”号，接待游客游览市区黄河；同时建造和购置旅游船，开展兰州通过刘家峡库区至临夏市的水陆联运，接待中外游客游览市区和距今已有1500年之久的甘肃三大石窟之一的炳灵寺石窟。1985年，黄河兰州市区、刘家峡库区以及白龙江碧口库区，均已分段通航，共有机动船9艘、79载重吨、704客位，完成客运量13万人，旅客周转量191万人公里。

（二）宁夏回族自治区内河运输。

宁夏位于黄河河套西部，区内河流均属黄河水系，主要有黄河及其支流清水河和苦水河等。黄河在境内流长395公里，只能通行30吨以下木帆船和皮、木筏。1958年包兰铁路通车以前，水路货运量占进出境物资的70%。但60年代后，由于修建了青铜峡大坝和三盛公水电枢纽而未建通航设施，航运中断。1979年以来，沿河个体船户发展，特别是随着大型煤矿的开发，内河航运开始受到重视。

（三）内蒙古自治区内河运输。

黄河在内蒙古自治区境内流长805公里，通航里程205公里，只能季节性通航。嫩江为本区与黑龙江省的界河，主要河段为七站至莫力达瓦，长397公里。内蒙古自治区因处嫩江上游，山多河窄，滩多流急，通航不正常。

（四）山西省内河运输。

山西省的河流主要有黄河、汾河、沁河、滹沱河和桑干河，分属黄河和海河水系。黄河流经山西省西南边境，长950余公里，是山西、陕西、河南三省的天然分界线，也是山西发展内河航运的唯一河流，分段通航里程31公里。

1955 年，山西省交通厅设内河航运处，筹办开发航运事业，后因国民经济困难航运萧条而撤销。1978 年以后，山西内河航运重新受到重视。1985 年，全省拥有客、货船 8 艘、337 载重吨、225 客位，完成货运量 61 万吨、货物周转量 247 万吨公里，客运量 45 万人、旅客周转量 228 万人公里。

（五）陕西省内河运输。

陕西省河流以秦岭为界，以南为长江水系，以北为黄河水系。省内主要河流有汉水、黄河和渭河。汉水发源于宁强县，省内流长 650 余公里。黄河流经陕、晋边境。渭河横贯关中平原。

新中国成立后，省人民政府重视发展航运事业，及时建立了各级管理机构，加强统一领导。1952 年，通过民主改革，把分散在 1000 多公里航道上的 900 多艘民间木帆船组织起来，并于 1956 年完成社会主义改造。随着生产的发展和技术的进步，先后于 1958、1959 年和 1978 年筹建了陕南安康、关中渭南和陕北府谷三个修造船厂，发展机动船、钢质船，逐步实现航运机械化。1960 年货运量高达 75. 3 万吨。

然而，陕西省航运事业在“大跃进”和“文化大革命”期间两次受到干扰破坏，以及政策失误，影响了发展速度，给航运事业造成很大的损失。1981 年仅完成货运量 10 万吨，客运量 7. 2 万人。80 年代，仅汉水、牧马河、子午河和黄河 4 条河流通航，通航里程 688 公里。1985 年，全省水运部门完成货运量 12 万吨、货物周转量 1711 万吨公里，客运量 28 万人、旅客周转量 404 万人公里，仍与历史最好水平相距甚远。究其原因，主要有：（1）三门峡水库的建成，不仅未能改善关中地区航运，反而加速了航道的泥沙淤积，致使有逾千年航运史的渭河基本停航，潼关至禹门口黄河段 200 多公里航运受阻，关中航运从此萧条，相应的设施和机构先后关、停、并、转。（2）不注重水资源的综合利用，黄河天桥电站和汉水石泉电站水坝，均未设置过船设施，坝成航断。

（六）河南省内河运输。

河南省有大小河流 96 条，分属黄河、淮河、海河和汉水四个水系，总长 11463 公里。可以通航的河流有 27 条，主要有黄河、沙河、颍河、淮河、洪河、卫河、唐河、白河和丹江。

新中国成立后，河南省及时建立航运机构，组织、改造民船，发展国营船舶，积极发展水上运输。随着治黄（河）治淮（河）以及引黄（河）济卫（水）、济惠（水）等工程的实施，进行了航道勘察，拔桩清障，导治浅滩，设置航标，使主要河流的航道条件得到明显改善。同时，开辟了惠济河、安阳河、南汝河以及淮河上游的一些支流，解决了山区和偏僻农村的物资外运问题。随着一系列治淮工程的完成，淮河、南汝河和洪河等河流，较大的木帆船可满载货物上溯通行。南湾水库的落成，改善了师河上游水位，客船可常年行驶。经过疏浚整治，颍河、沙河以商水为中心相互沟通。

60 年代后，由于对河流缺乏综合利用，兴建水库，拦河筑坝断航，十年动乱又带来严重破坏，致使通航里程大幅度缩短，航运由盈转亏。近几年来，通航里程一直保持在 1110 公里，其中常年通行轮船的航道 997 公里，有 750 公里可通行 50—100 载重吨级船舶，360 公里只能通行 20—50 载重吨船舶。80 年代以来，在国营和集体航运企业深化经济承包责任制，水上运输日趋活跃。1985 年，全省水运部门内河航运企业共存机动船 2298 艘、96568 载重吨、2835 客位，驳船 304 艘、29220 载重吨，帆船 419 艘、10235 载重吨；完成货运量 199 万吨、货物周转量 39. 13 万吨公里，客运量 121 万人、旅客周转量 3676 万人公里。国营航运企业已经改变了连续 23 年亏损的落后面貌。

（七）山东省内河运输。

山东省位于黄河下游，半岛部分西北临渤海，东北和南部邻黄海。

1949 年，全省内河通航里程 793 公里，通航河流有黄河、小清河、沂河和徒骇河。1957 年，卫运河划归山东省，通航里程曾增至 1968 公里。

黄河是山东省的主要通航河流之一，属游荡性河道，自古就有“三十年河东，三十年河西”的谚语。新中国成立后，在中游地区进行水土保持，加固堤坝，将奔腾咆哮的河水牢牢约束在千里河堤以内，确保了沿岸人民生命财产的安全。为了发展水运，逐步把分散的民间船舶组织起来。1952 年 9 月，山东省交通厅成立黄河办事处，后改为黄河航运局。近年来出现了货运量下降的趋势，主要原因是：河床逐年增高，通航期越来越短；码头淤积严重，水深不足，不仅运输时间不能保证，且成本加大；黄河水的综合利用以防汛、农灌为主，造成枯水期长。

小清河是以涌泉为主要补给水源的河流，也是省内唯一可以出海的内河航道，源于济南清泉水，全长218公里。经过历时19年的建闸渠化，实现了人工控制，基本达到六级航道标准。小清河航运货源充沛，运行组织合理，运输业务稳步上升，取得了良好的经济效益。近年来由于航道水线，货运量明显减少。

济宁运河是山东内河运输条件较好的河流，是沟通南北交通的重要航道。国营、集体、个体户的船舶多如过江之鲫，湖里岛上，湖畔河边，几乎家家有船，为菏泽、济宁、枣庄三地、市工农业的迅速发展做出了贡献。济宁运河从梁山至黄道桥干线长244.7公里，两岸货源足，品种多，主要为省内运输，也有部分外运。1960年，在韩庄、蔺家坝建起水利拦河节制闸而未建船闸，致使济宁运河通往江苏的航道被切断。针对这种情况，从1968年至1972年，先后完成了韩庄、刘家庄、台儿庄3座船闸、2座节制闸和3座闸带桥工程，终于结束了苏、鲁断航12年的历史，使古老的运河水上运输又恢复了生机。1983年山东省向江苏、安徽、上海、浙江运煤达120余万吨。随着客、货运量的增长，经济效益也逐步提高。

卫运河在解放战争中曾是冀鲁豫边界地区的一条重要水上运输线，年货运量高达85万吨，对地区经济的发展起了重要作用。但1964年，上游相继建成水库多座，而以岳城水库为最大，造成水源减少，航道水浅。从1965年起，卫运河遂由常年通航变为季节性通航，继而成为半停航状态，直至1980年终于断流停航。

随着山东省修造船工业的发展，运输船舶实现了船型、机型标准化，小木帆船已被吨位较大的驳船所替代。小清河运输全部实现拖带化，驳船以载重100吨和70吨的为主。济宁运河拖带以100吨驳船为主。1985年，全省河运企业拥有轮驳船702艘、48544载重吨，完成货运量105万吨，货物周转量33144万吨公里。

1952年，山东省只有洛口、黄台、平口等少数内河港口，货物吞吐量仅

54.6 万吨。1957 年增加了清河、董庄等 10 余处港口，但多为简易码头和木栈桥码头，货物吞吐量增至 245.2 万吨。1975 年又增建一号坝、东辛桥等 8 处港口，一些港口兴建了岸壁式码头，货物吞吐量达 289.3 万吨。1980 年卫运河停航后，德州、临清、南馆陶、武城等港相继撤销；黄河的郭口、旧城等港亦因航道水浅不能行船，虽在南四湖增加了太平、留庄等港，但全省内河港口的货物吞吐量仍然降至 228.4 万吨。1985 年，全省 35 处内河港口拥有泊位 370 个，完成货物吞吐量 430.7 万吨。

台儿庄港是京杭运河上的古老港口，1604 年开港，它是枣庄煤炭的转运港，也是山东省最大的内河港口。1985 年，全港拥有泊位 62 个、427 米，仓库 120 平方米，堆场 270766 平方米，装卸机械 3 台；完成货物吞吐量 119.5 万吨，其中煤炭 102.2 万吨，非金属矿石 7.6 万吨，水泥 7.5 万吨。

三、辽河水系和辽宁省内河运输

辽河是辽宁省的最大河流，它以西辽河上源老哈河为正源，发源于河北、内蒙古交界的七老图山，在省境北端福德店汇东辽河后称辽河，全长 1430 公里。辽河流至台安县的六间房后分为两支：一支流向东南，与浑河和太子河汇合，称大辽河，经营口入渤海；另一支流向西南，称双台子河，经盘山入渤海。六间房拦河坝建成后，辽河水全部经由双台子河入海。

鸭绿江为辽宁省第二大河，是中朝界河，省内流长 263 公里。拉古哨碍航大坝建成后，浑江口至拉古哨 146 公里为水库区，水深在 3 米以上，但因地处山区，货源不足，航行船只甚少。拉古哨至丹东大桥 78 公里，水深 1.2 米以上。丹东至江口 39 公里，水深 1.6 米以上，1200 载重吨级海船可乘潮驶入丹东港。

除上述两大河流外，浑河、太子河、浑江、永甸河和大洋河的下游部分河段可季节性通航。1985 年，全省内河通航里程共计 508 公里，内河运输企业 2 家，拥有客船 3 艘、250 客位，拖船 3 艘、253.7 千瓦功率，驳船 3 艘、300 载重吨；还有帆船 10 艘、475 载重吨；完成货运量 22 万吨，货物周转量 299 万吨公里，旅客周转量 14 万人公里。

四、海河水系和河北省、天津市内河运输

海河是永定河、子牙河、南运河、大清河和北运河的尾闾，干流自天津市金钢桥起纵贯市区，至塘沽与新港相通，全长70.9公里。海河干流河道比较顺直，但因受市区桥梁净空限制，分段航行标准不一。解放桥以上至金钢桥3.1公里只通行100载重吨船舶，解放桥以下至新港原可通行3000载重吨级沿海客货船。1976年四新浮桥改为固定式后，解放桥至四新桥5.2公里只能通行100—300载重吨船舶，四新桥至塘沽船闸62.6公里仍可通行3000载重吨级沿海客货船。1960年，海河货运量每年达500万吨，但从1965年起，上游来水量不断减少，特别是1972年后，由于水源不足，曾先后3次建临时坝，运输量逐年减少。

（一）河北省内河运输。

河北省共有大小河流300多条，总长13000余公里，主要通航河流有南运河、子牙河、大清河和蓟运河等。

河北省解放后，人民政府重视发展水运事业，及时建立并不断调整航运机构，加强计划管理，推广一列式拖驳运输等先进经验，使河北省内河运输走上了稳步发展的道路。1958年，内河运输实现了拖带化，通航里程增至3095公里。其后，因多年干旱少雨，拦河筑坝控制水源，通航里程逐年缩短，1965年锐减到不足200公里。1985年，河北省航运管理局拥有内河客货船9艘、304载重吨、291客位，拖船16艘、149.3千瓦功率，驳船15艘、1850载重吨；完成内河货运量3万吨，货物周转量32万吨公里。

（二）天津市内河运输。

天津市位于海河水系汇流入海处，内河航道由海河、蓟运河水系组成。天津市解放后，内河运输先后由华北人民政府内河航运局和河北省内河航运局管理。1961年，市内河局成立，内河通航里程延伸到550公里，完成货运量716.8万吨。此后，各河水源减少，闸坝和桥梁林立，通航里程缩短。1975年货运量回升到151万吨，1985年又下降到103万吨。通航河流只有海河、蓟运河、洪泥河、大清河、子牙河、新开金钟河和南、北运河8条，通

航里程总计458公里，其中可全年通航的只有海河、蓟运河和洪泥河，通航里程不足200公里。市航运公司拥有拖船17艘、1737.2千瓦功率，驳船122艘、10135载重吨。

五、闽江水系和福建省内河运输

福建省共有通航河流50余条，总长6500公里。闽江为省内最大河流，上游有建溪、富屯溪、沙溪三源，中、下游较大支流有尤溪、大樟溪。九龙江为南部大河。省航运管理局于1949年成立之后，及时组织建立木帆船联合运输社，取缔封建把头势力，利用银行贷款帮助船工修造船舶。在此基础上，认真执行统一货源、统一调度、统一运价的政策，使大量木帆船在完成各项重要运输任务中发挥了作用。50年代，先后对闽江、沙溪、九龙溪和其他水系航道进行了全面整治，设置了不同等级的航标近400公里，彻底改变了以往那种“三里一抛锚、五里一搁线”的落后状态，使闽江干流从只能行驶30载重吨的轮船变为60年代可行驶100载重吨轮船，并为实现干流分段夜航和轮驳船拖带、顶推创造了条件。新建机动船舶载重量均在50吨以上；船体改用钢板建造，坚固安全；客船宽敞舒适，每位乘客都有整洁的铺位。与机动船舶相比，1960年木帆船所完成的货运量已由1950年的8.8倍降至1.3倍，货物周转量则由5.2倍降至1.5倍。1961年，通航里程达到最好水平的5141公里，其中轮船通航里程为1000公里。

“文化大革命”使福建内河运输遭到严重破坏。18座碍航闸坝分割了主要通航河流，通航里程缩短，船舶航行受阻，货物需多次倒载。1979年以来，在改革、开放、搞活的总方针指引下，经济迅速发展，水运开始振兴。1985年，全省河运企业拥有机动船舶1537艘、17571载重吨、14919客位。其中拖船57艘、4464.5千瓦功率，驳船212艘、12728载重吨；另有帆船697艘、6487载重吨。完成货运量488万吨，货物周转量24609万吨公里；客运量327万人，旅客周转量13032万人公里。

1985年，全省有内河港口61处，其中年货物吞吐量在50万吨以上的2处，20万—50万吨的4处，20万吨以下的55处；完成货物吞吐量363万吨，旅客发送量415万人。

南平港位于闽江上游建溪与富屯溪的交汇处，是闽北地区的主要物资集散地。1951年，福建省航运管理局设立南平管理站，1962年改为南平港务监督站，1985年改为福建省港航管理局南平港航监督站，负责航政、航道和港口管理工作。经过4次修建，截至1985年年底，南平港拥有泊位41个、1589米，仓库4座、1783平方米，堆场6处、2110平方米，各类装卸机械9台，客运站3座；当年完成货物吞吐量51.8万吨，旅客发送量22.2万人。港口进口货物以食盐、糖、化肥、日用工业品为主，出口则以水泥、粮食、木材、毛竹和建筑材料为大宗货物。

第三章
沿海运输

第一节 概 述

沿海运输主要由交通部直属企业和地方交通部门所属企业经营管理，并按航区划分为北方沿海运输和南方沿海运输。北方沿海航区，北起鸭绿江口，南至福建省厦门港。南方沿海航区，东起福建厦门港，西至广西东兴港，包括海南岛、台湾和南海诸岛的港口和海域。交通部上海海运管理局和大连轮船公司经营北方沿海干线运输，广州海运管理局经营南方沿海干线运输，地方交通部门的水运企业则经营地区间的支线运输，有些地方水运企业也开展了干线运输业务。1979 年 6 月，台湾海峡航运正式恢复，上海、广州海运管理局重开南北航线的重要物资和旅客运输。1980 年以来，集体和私营航运企业进一步发展。

新中国成立时，交通部门拥有沿海运输轮船 55 艘、10 万总吨位（约合 16 万载重吨），其中可营运的有 33 艘、5.6 万总吨位（属东北航务总局的 24 艘、4 万总吨，属招商局轮船总公司的 9 艘、1.6 万总吨）。约 100 万总吨的沿海轮船被国民党军队胁迫海外，飘落在异国他乡的航运员工渴望祖国统一昌盛，航运振兴。1949 年 10 月 24 日，毛泽东主席电贺“海辽”货船全体起义船员，号召在外的船员驾船回归祖国。1950 年 1 月 15 日，招商局轮船总公司香港分公司（简称香港招商局）汤传篪、陈天骏两位经理率全体起义职工和在香港的 13 艘船舶,[①] 响应周恩来总理的号召，郑重声明回归祖国，投身

---

① 13 艘起义船是“海厦”、“登禹”、“海康”、“海汉”、“林森”、“鸿章”、“教仁”、“成功”、“邓铿”、“蔡锷”、“民 302”、“民 312”、“中 106”，合计 49574 总吨位。

于新中国的航运事业。1 月 24 日，“海玄”货船在新加坡宣布起义。4 月 1 日，在香港黄浦船厂修理的“永灏”油船也宣布起义。航泊他乡的私营轮船公司船舶，也响应人民政府号召，纷纷回国参加社会主义建设。1950 年即有 21 艘、86941 总吨位（约 13 万载重吨）的私营轮船航归祖国，投入北方沿海运输。民生实业公司总经理卢作孚先生于1949 年4 月亲赴香港，处理18 艘轮船回归祖国事宜。其爱国之举，受到毛泽东主席和周恩来总理的赞扬。经过一年多的周折，在国家大力支援下，继“石门”货船之后，18 艘营运船舶陆续回国，投入南方沿海运输。

打捞和修理沉船，是扩大沿海运输船队的另一重要措施。仅在上海地区就打捞并修复了“伯先”、“永汉”等沿海客、货船 10 余艘。

1950 年，全国沿海运输轮驳船计有 351 艘、17. 62 万载重吨、7152 客位。1952 年，全国交通系统沿海运输轮驳船增至 389 艘、21. 08 万载重吨、11101 客位，完成货运量 635 万吨，货物周转量 69. 9 亿吨海里。

从 1953 年至 1970 年，中国沿海运输船舶不断进行技术改造，增加了自行设计和建造的 1 万载重吨级以下的客、货船舶。1970 年，全国沿海运输轮驳船达 1395 艘、113. 32 万载重吨、23581 客位、拖船功率 13873 千瓦（18862 马力），其中交通部直属企业有 184 艘、92. 17 万载重吨、13725 客位。在此期间，运输船舶以载重吨计，平均年递增率为 9. 8% 。

70 年代，中国船舶工业为沿海运输企业提供了一批 3000—25000 载重吨级的新型客、货船，又有大批远洋运输船舶改作沿海运输船，沿海运输船队因而迅速壮大。1979 年，全国交通系统拥有沿海运输轮驳船 2542 艘、293 万载重吨、38854 客位、拖船功率 35122 千瓦（47753 马力），其中交通部直属企业有 257 艘、250 万载重吨、22023 客位。台湾海峡恢复正常通航后，南北沿海航运畅通。交通部广州海运局开展了南北石油海运，一批 5 万载重吨级以上的大型油船充实了运输船队。1983 年，上海和广州海运局又正式增开南北沿海客运班船航线。

80 年代，贯彻“调整、改革、整顿、提高”方针，基本形成了以交通部直属企业为主导力量，地方交通部门企业和集体、私营企业相辅助的沿海运输网。1985年，全国交通系统沿海运输轮驳船计有3095艘、419.31万载重吨、67665客位，完成货运量9175万吨、货物周转量767.08亿吨海里，客运量1874万人、旅客周转量20.51亿人海里。其中，交通部直属水运部门船舶保有量和运输量见表33，地方水运部门船舶保有量和运输量见表34。与50年代初期相比，沿海船舶的运力和运量增长了几十倍或近百倍，运量比运力增长还要快。但是，发展并不是均衡和协调的，客运常年紧张，部分地区的运力仍不适应运输量增长的需要，特别是支线运输仍然十分薄弱。

1985年交通部直属水运部门沿海船舶保有量和运输量

表33

项目			单位	合计	大连轮船公司	上海海运局	广州海运局
轮驳船	合计	艘数	艘	336	27	180	129
		载重量	吨	3628980	57870	1944440	1626670
		载客量	客位	44998	13636	22463	8899
		拖船功率	千瓦	3324	—	3324	—
	客货船	艘数	艘	56	14	26	16
		载重量	吨	51330	5920	32440	12970
		载客量	客位	44998	13636	22463	8899
	货船	艘数	艘	195	10	104	81
		载重量	吨	2284950	42650	1399700	842600
	油船	艘数	艘	82	3	47	32
		载重量	吨				
	拖船	艘数	艘	2	—	2	—
		功率	千瓦	3324	—	3324	—
	驳船	艘数	艘	1	—	1	—
		载重量	吨	5000	—	5000	—
帆船		艘数	艘	—	—	—	—
		载重量	吨	—	—	—	—
客运		客运量	万人	714	252	369	93
		旅客周转量	亿人海里	17.00	2.96	11.89	2.15
货运		货运量	万吨	6982	222	4769	1991
		货物周转量	亿吨海里	707.38	7.39	407.75	292.24

1985 年地方水运部门沿海船舶保有量和运输量

表 34

项目			单位	合计	辽宁	河北	天津	山东	江苏	浙江	福建	广东	广西
轮驳船	合计	艘数	艘	2759	54	39	4	159	16	733	782	865	107
		载重量	吨	564121	22970	83320	11880	65809	5000	211890	80774	73485	8993
		载客量	客位	22657	1273	—	—	1275	—	13380	2403	4226	100
		拖船功率	千瓦	38388	808	4869	—	10335	1971	2754	6770	8410	2471
	客货船	艘数	艘	114	4	—	—	5	—	66	19	19	1
		载重量	吨	2912	—	—	—	55	—	2458	361	33	5
		载客量	客位	22657	1273	—	—	1275	—	13380	2403	4226	100
	货船	艘数	艘	2073	41	4	4	70	2	640	658	628	26
		载重量	吨	457617	21512	59100	11880	42066	1000	205115	74127	40551	2266
	油船	艘数	艘	17	—	—	—	1	—	4	4	6	2
		载重量	吨	8703	—	—	—	600	—	310	193	7500	100
	拖船	艘数	艘	166	3	7	—	34	7	12	35	46	22
		功率	千瓦	38388	808	4869	—	10335	1971	2754	6770	8410	2471
	驳船	艘数	艘	389	6	28	—	49	7	11	66	166	56
		载重量	吨	94889	1458	24220	—	23088	4000	4007	6093	25401	6622
帆船		艘数	艘	1031	—	—	—	—	—	12	525	323	171
		载重量	吨	37792	—	—	—	—	—	417	17857	14102	5416
客运		客运量	万人	1160	21	—	—	134	—	616	84	302	3
		旅客周转量	亿人海里	3.51	0.09	—	—	0.13	—	2.77	0.06	0.45	0.01
货运		货运量	万吨	2193	75	248	20	377	19	769	323	321	41
		货物周转量	亿吨海里	59.70	3.02	12.47	1.64	5.74	0.25	21.48	9.22	4.91	0.97

中国的沿海港口不但是水陆交通枢纽，也是沟通海外的纽带，它的消长是国家兴衰的佐证。中华人民共和国成立后，沿海港口焕发了青春，数量逐步增多，规模不断扩大，功能日益齐备，效益逐年提高。特别是 80 年代，随着“改革、开放、搞活”方针的实行，沿海港口内联经济腹地，外延世界各大港口，往来的船舶织成了友谊、合作、发展的彩带。1985 年，年货物吞吐量在 1 万吨以上或旅客吞吐量在 1 万人以上的沿海港口（暂缺台湾省港口）195 处。按其分布，辽宁省 5 处，河北省 3 处，天津市 2 处，山东省 24 处，江苏省 6 处，上海市 1 处，浙江省 54 处，福建省 54 处，广东省 37 处，广西壮族自治区 9 处；拥有生产用码头总长 179 公里，泊位 3234 个，完成货物吞吐量 4 亿吨，其中外贸货物吞吐量 1.4 亿吨，占 35%；旅客吞吐量 5757

万人。

然而，沿海港口的生产能力仍不能适应国民经济的发展。1985 年，多数沿海主要港口超负荷运转，压船、压港、压货现象时有发生，全国主要港口的平均船舶在港停泊时间高于 1984 年。这固然与物资调运和仓储等方面有着重要关系，但也表明港口生产管理和配套设施能力落后于形势发展的要求。

第二节 北方沿海运输

一、上海海运管理局经营的沿海运输

上海海运管理局（简称上海海运局）是交通部的直属企业，1953 年 5 月由原北洋区和华东区两个海运管理局合并组成，此后即主管北方沿海干线客、货运输。1985 年 1 月，上海海运局大连分局改组为大连轮船公司，成为经营渤海客、货运输的交通部直属企业。

50 年代初期，客运船舶都是小旧客货船，航速在 10 节以内，设备简陋，适航性差，航程短。1955 年至 1959 年，国产的“民主 10”、“民主 11”号和沿海乙型客货船“民主 14”至“民主 17”号及丙型客货船投入营运，60 年代又有适航性良好的客货船“民主 18”和“民主 19”等参加客运。70 年代，一批技术更为先进、乘坐舒适的“长字”型和“天字”型沿海客货船投入营运。1985 年，上海海运局和大连轮船公司拥有客货船 40 艘、38360 载重吨、36099 客位，完成客运量 621 万人、旅客周转量 14.85 亿人海里。

沿海货运也有明显的增长。80 年代以前，上海海运局专营北方沿海航线，此后海船进江直达南京、汉口，沿海航线扩展到广州、湛江和海南岛。36 年来货运量的总趋势是：煤炭、石油、建筑材料大幅度上升，粮食和矿石等散货下降，钢铁、木材、原盐和其他物资虽有增长，但在总运量中的比重却有下降。各类货运量的消长是与国民经济布局、物资分配原则和其他运输方式的能力变化密切相关的，特别是与上海市工业生产紧密相联。统计资料表明，上海市平均每 1 亿元工业产值，上海海运局就要承担约 7.5 万

吨的货运量。

煤炭运输主要是在秦皇岛—上海、青岛—上海和连云港—上海航线，其中运至江苏、浙江、福建等省的煤炭，有约10%在上海中转。50年代的运煤船多是40年代建造的1万载重吨级“自由”型简易杂货船，技术性能差。“二五”时期，增加了一批国产5000载重吨级货船。70年代，国产2.5万载重吨级散货船和1.5万载重吨级大舱口货船营运效果良好，遂确定了煤运班线，以保证北煤南运计划的实现。1985年上海海运局完成的煤运量占其货运总量的48.2%。

石油运输在1960年以前主要是玉门原油经连云港供应给大连和上海的炼油厂，并将这两个炼油厂的部分成品油运出。继大庆油田开发成功之后，中国油田和石油加工工业崛起，原油及其成品运量猛增并形成沿海“北油南运”干线。在秦皇岛、大连、青岛新建了石油出口码头，大庆、胜利和华北油田又陆续敷设了通往大连、秦皇岛、青岛和仪征的输油管，再经水路运往各地。1976年上海海运局完成的油运量约为1953年的80倍，占其货运总量的47.3%，1978年又提高到48.1%。此后由于中国能源政策调整，严格控制国内石油消耗量，以及石油外贸运输量的增加，上海海运局石油运输所占比重逐步下降，1985年占27.9%。

粮食运输的流量、流向也有变化。“一五”期间总计56万吨，主要是调剂食用粮。1985年完成运量63.3万吨，主要是工业用粮。以食用粮为主的“南粮北调”已随着东北地区商品粮基地的发展和地区进出口的调剂而逐年减少。

钢铁、木材和原盐运量逐年增长，其中以钢铁运量增长为最多。“一五”期间平均每年36.8万吨，流向是自北而南，主要为上海钢铁厂提供生铁。随着70年代南京梅山炼铁基地特别是80年代上海宝山钢铁厂的建成以及上海钢铁自给率的提高，钢铁运量虽然逐年增加（1985年达180万吨），但占货运总量的比重下降，品种及其流向也在发生变化。

1978年以来，上海海运局还以“郑州”号等5艘2.5万载重吨级散货船兼营粮食、矿砂等远洋运输，1984年成立海兴轮船有限公司专营远洋运输。

1985 年，上海海运局和大连轮船公司共完成货运量 4991 万吨、货物周转量 415 亿吨海里。

为了提高运输船舶的完好率和运输效率，上海海运局还发展了修船能力，组建局属修船厂（站），同时加强科学技术工作，组织合理运输，开展江海联运，降低能耗，使经营不断改善，经济效果逐年提高。1956 年，在调查沿海气象和海域情况的基础上，结合运输船舶的营运实际，调整船舶干舷，提高船舶载货能力 5.7%，净增 8500 吨运力。1958 年“中兴 3”货船改装的木质爬坡式舱口盖，60 年代研制的“和平 16”货船串联式舱口盖、“和平 4”货船单块铰链式舱口盖、“和平 36”货船铰链折叠式舱口盖等，都是花钱少、收效大的技术革新成果。此外，为了节省能源消耗，降低营运成本，对柴油机采用“以重油代轻油”和“渣、重油混合”的方法，对锅炉燃油掺水，还采取了余热利用、经济航速、经济航线和利用海流等技术措施。上海海运局（含大连轮船公司）主要年份运力、运量见表 35。

上海海运局（含大连轮船公司）主要年份运输船舶保有量和客、货运输量

表 35

年份	运输船舶保有量			货运		客运	
	艘数	载货量（万吨）	载客量（万客位）	货运量（万吨）	货物周转量（亿吨海里）	客运量（万人）	旅客周转量（亿人海里）
1950	54	11.96	0.24	66	3.65	13	0.17
1952	66	14.09	0.46	362	18.96	68	0.93
1957	111	21.73	0.62	1014	52.90	139	2.06
1960	97	45.66	0.47	2432	142.16	79	1.66
1965	104	47.08	0.92	1363	65.67	123	2.32
1970	129	72.68	1.05	1937	99.18	187	3.54
1975	144	109.56	1.52	3095	165.92	268	5.59
1980	178	147.10	2.14	3919	290.23	382	8.90
1985	207	220.23	3.61	4991	415.14	621	14.85

二、辽宁省的沿海运输

辽宁省海岸线东起鸭绿江口，西至山海关老龙头，全长 2100 余公里。在人民解放战争中，辽宁省的沿海运输曾发挥了重要作用。1948 年东北地区解放后，人民政府即成立东北航务总局，开展沿海运输。60 年代初期，辽宁省已形成以大连、营口和丹东为基地的地方沿海运输，1966 年轮驳船合计 49 艘、6847 载重吨、347 客位、拖船功率 1077. 5 千瓦。80 年代，辽宁省沿海运输开始蓬勃发展，形成了以大连为中心，连接丹东、营口、庄河等港口的航运体系。大连至长海县各岛，大长山至石城岛、王家岛、庄河、皮口等均有定期客船往来。此外，还开辟了到江苏、浙江、福建、广东等地航线。1981 年大连海运公司营运利润比 1976 年增长 7 倍。营口航运局在 1980 年还是亏损企业，1981 年就上缴利润 12 万元。1983 年，辽宁省沿海运输轮驳船平均每千吨公里运输成本比 1982 年下降 7. 7%，利润总额增长 93. 4%。效益提高的关键是发挥了水运优势和提高了服务质量。“辽海 5”货船以服务至上为宗旨，严守货物装卸规章，1983 年运输 13 万多件货物，仅发生货差一件。1985 年，辽宁省交通系统拥有沿海轮驳船 54 艘、22970 载重吨、1273 客位，完成货运量 75 万吨、货物周转量 3. 02 亿吨海里，客运量 21 万人、旅客周转量 0. 09 亿人海里。

三、河北省的沿海运输

河北省海岸线北起山海关，南至漳卫新河，长约 500 公里。1952 年 9 月，筹备成立了北洋区民船运输公司，组织私营木帆船进行沿海运输。1953 年，有木质机动船 5 艘、422 载重吨，木帆船 20 艘、900 余载重吨，首次开辟了塘沽至乐亭县大清河口的运盐航线，全年完成货运量 8. 84 万吨。因船舶技术状态差，翌年运量直落到 1. 3 万吨。1954 年 8 月 6 日，在北洋区民船运输公司的基础上，建立了河北省交通厅海港航运管理处。其主要任务是组织本省私营运输船舶和代理外省 500 总吨以下的运输船舶，按照统一运力、统一货源、统一运价的原则，开展地区港口间的货运。当年还购买了 2 艘木质机帆船，定名为“冀航 101”、“冀航 102”，投入沿海运输。

1960 年 5 月 15 日，海港航运管理处改为河北省交通厅航运管理局海运处。管理体制的改革和对木帆船的技术改造，为海运的发展奠定了基础。70 年代初又购入 1 万吨级旧钢船，经整修投入营运。此后沿海货运量逐年增长。

1975 年货运量首次突破 100 万吨，达 133 万吨，货物周转量 9.3 亿吨公里，实现利润 128 余万元。与 1965 年相比，货运量增长近 5 倍，货物周转量增长 21 倍。主要货种为煤炭、原盐、矿建材料以及日用杂货，航线已由省区各小港扩展到北方沿海。1984 年，为了保证每年都有 3 艘万吨级船舶投入运输，先后购入 10 艘旧钢船，依次修理，轮换营运。1985 年，河北省沿海轮驳船达 39 艘、83320 载重吨；完成货运量 248 万吨，货物周转量 12.47 亿吨海里。

四、天津市的沿海运输

1970 年，天津市航运局（现航运公司）开发沿海运输，组成“油驳船队”承运渤海原油，并开辟北塘镇至大港油田的砂石材料运输。随后购买 5 艘旧钢船，经整修陆续投入营运。其主要任务是把长芦盐运往上海，把煤炭从塘沽运往山东沿海各港，再把砂石运回天津。70 年代中期，又专辟塘沽至山东省埕口海运专线。1971 年至 1979 年，一般保持 2—3 艘船承运食盐、矿建材料、钢材、水泥、粮食和工业品。但因船旧，营运不稳定，企业收入不显著，遂中辍营运。1983 年，为缓解南北铁路运输紧张，重新开始经营沿海运输。1985 年，天津市航运公司拥有沿海运输机动船 4 艘、11880 载重吨，完成货运量 20 万吨、货物周转量 1.64 亿吨海里。

五、山东省的沿海运输

山东省海岸线长 3000 余公里，有近 100 个岛屿，形成许多良港岬角。早在解放战争时期，海运职工就以小型木帆船越过敌人封锁线，运送解放军战士和辎重，支援前线。1945 年，从龙口和烟台曾向东北解放区输送了大批革命干部。

新中国成立后，山东省不断调整海运管理机构，加强货源和船舶运行的组织管理，开展船舶技术改造，使运输效益和各项技术指标稳步上升。70 年代末，为了发挥海上运输优势，沿海运输从省内发展到省际之间，先后开辟了广东、福建、浙江、江苏、辽宁等省的航线，促进了邻省间的物资交流。

80 年代初期，又增开了中国香港、日本，东南亚航线，与 26 个港口有货运往来。

山东省的沿海民间运输也十分活跃，它是国营运输业的一支重要辅助力量，1982 年已全部更新改造为机动船。全省有 11 个航运公司，担负着省内各小型港口间的支线运输。

1985 年，全省交通系统海运企业有运输船舶 159 艘、65809 载重吨、1275 万客位，完成货运量 377 万吨、货物周转量 5.74 亿吨海里，客运量 134 万人、旅客周转量 0.13 亿人海里。

六、江苏省的沿海运输

江苏省海岸线长约 1000 公里。在抗日战争和解放战争期间，苏北沿海地区曾是革命根据地，木帆船运输为支援武装斗争做出了重要贡献。弶港至上海曾是主要海上运输航线，仅从 1942 年到 1948 年年底即用船运送物资 130 余艘次，计 4000 多吨。

江苏省沿海运输因自然条件的限制，发展缓慢。1985 年，全省仅连云港海运公司有 5000 吨驳运能力，其中大部分是小型拖驳船，只有 2 艘 500 吨货船；完成货运量 19 万吨，货物周转量 0.25 万吨海里。

江苏省人民政府在 80 年代初提出“加快开发苏北”的设想。“七五”期间除大力建设以连云港为中心的经济区外（即徐海地区），还将开发射阳港，同时形成江海连通的水运网，使苏北地区经济有较快的发展。

七、浙江省的沿海运输

浙江省海岸线长 2200 余公里，岸线曲折、多港湾；沿海岛屿 2000 个，著名的有舟山群岛。1956 年以前，浙江沿海运输因一江山、披山和大陈岛尚未解放而受阻，不得不采取武装护航。1952 年 1 月，国营利民运输公司成立（后并入兴华轮船运输公司），组织公私营船舶，在武装护航下，结队穿航于沪椒、沪温、沪甬各航线。此外，还租用外籍船舶开展国内外海上货运。

1956 年 7 月，温州港务局船员学习苏联雪笳型大木排运输经验，将 2006

立方米木材安全拖运上海成功。1957 年 3 月又将长 100 米、宽 14.53 米、捆扎 7 万余根的雪筛型竹排安全拖送上海，成为国内沿海运输的创举。1958 年 4 月 17 日，“民主 4”客货船自上海驶抵温州，从此恢复了温沪客运航线。同年 7 月，交通部决定将上海海运局经营的“南洋航线”和“和平 13”等 13 艘轮船以及宁波、温州等港口移交浙江省。省交通厅轮船运输公司扩大了运输业务，1966 年 1 月 1 日改称省航运公司。

1979 年以来，调整和改革的方针以及对内搞活经济和对外实行开放的政策，给浙江省沿海运输增添了新的活力，使之与地区经济的繁荣相辅相成，运量激增。沿海轮驳船往来于省内外各港之间，成为全国沿海运输最为发达的省份。1985 年，全省交通系统有沿海运输轮驳船 733 艘、211890 载重吨、13380 客位，帆船 12 艘、417 载重吨；完成货运量 769 万吨、货物周转量 21.48 亿吨海里，客运量 616 万人、旅客周转量 2.77 亿人海里。

八、福建省的沿海运输

福建省海岸线长 3300 公里，岛屿 1400 余个，港湾 125 处。优越的自然环境，使福建省自古以来就成为沟通台湾省和东南亚各国的海上要冲。但是在五六十年代，由于台湾海峡军事形势紧张，福建省沿海运输长期未能发挥优势，国营航运企业船舶和民间运输木帆船在武装护航下运送军事物资以及木材、土特产品、日用百杂货和粮食等。

1952 年 5 月，福州港务局接管本省各机关、部队所属的海运生产单位，成立国营（时称公营）福州利民运输公司，投入新船增加运力，并把私营轮船编入运输计划之内，统一调配货源和船舶，缜密核算成本，制定运价。1956 年完成了对私营轮船业的社会主义改造。1957 年以后，为了提高运输能力，采取自建、集资购置和接受国家调拨等三种方式，扩充轮驳船队。1957 年至 1958 年新建货船 7 艘、1925 总吨，1959 年购置一艘 5500 总吨的货船，1960 年又购置 2 艘货船、1.1 万总吨，使沿海货船增加到 68 艘、2.2662 万总吨和驳船 16 艘、1719 载重吨。10 年间，沿海货运轮驳船总吨位增加近 8 倍。主要航线有以福州港为起点的北线，北可达三都、赛岐、沙埕、温州、宁波、上海、连云港、青岛、烟台、天津、秦皇岛、大连等港，南可达湄州、崇武和泉州等港；以厦门港为起点的南线，南可达东山、宫口、汕头、海门、黄埔、广州和香港以及东南亚各国。

“文化大革命”的动乱严重破坏了福建省的沿海运输。1968 年的货运量和货物周转量仅为 1960 年的 45% 和 53%，而运输成本增高。

1979 年以来，随着国民经济改革和开放的深入发展以及台湾海峡形势好转，不仅省内沿海航线连通，台湾省的船舶亦常避险泊岸。1979 年 10 月，“鼓山”货船从福州马尾港直航香港。此外，与国内沿海和长江各主要港口之间也直接通航。

80 年代初期，国家批准福建省在对外经济活动中实行特殊政策和灵活措施。省轮船公司利用外资购置货船 13 艘、5.61 万载重吨和客船 2 艘、1361 客位，使船舶运力达 10 万载重吨，接着又增开东南亚各国航线，方便对外贸易运输以及海外侨胞和外商往来。1982 年，省轮船公司率先引进电子计算机技术，使管理水平大幅度提高。福州海运公司的单船财务收支和成本分析、船舶配载营运方案、经济效益计算、材料管理、工程预决算审核、工资计算等均采用微电脑。

1985 年，全省交通系统海运企业有轮驳船 782 艘、80774 载重吨、2403 客位，帆船 525 艘、17857 载重吨，完成货运量 323 万吨、货物周转量 9.22 万吨海里，客运量 84 万人、旅客周转量 0.06 亿人海里。

第三节　南方沿海运输

一、广州海运管理局经营的沿海运输

广州海运管理局（简称广州海运局）是交通部的直属企业，经营南方沿海干线运输，1978 年以来又兼营远洋运输，1979 年正式开通途经台湾海峡的南北航线。

新中国成立后，南方沿海客货运输具有重要的政治、经济和军事意义，国家十分重视其恢复和发展。它虽曾因管理体制的频繁变更而受到影响，特

别是“文化大革命”造成了严重破坏，但是仍然有了显著发展，广大海运职工用艰辛的劳动以至宝贵的生命，谱写了感人的历史篇章。

广州海运局的运输船队是在战火中成长起来的红旗船队。

1949 年 11 月至 1956 年，南方沿海不时受到美、蒋军事骚扰，运输船舶遭到敌机轰炸和舰艇拦击，被迫实行武装护航。1955 年 1 月 19 日，“南海 163”货船在汕头港卸货期间，遭到蒋军飞机 4 批 30 架次的轰炸扫射，在港的“正伟健”号货船被炸沉（修复后易名“剑兰”号）；“南海 163”货船甲板中弹 8 枚，船员英勇抗击，打伤敌机 1 架，保全了船舶，但护航班长练双和战士曾宪煌却光荣牺牲。为此，交通部等部门联合授予该船以“英雄船”称号，授予谷源松船长“一等对敌斗争护产模范船长”称号，并授予 21 名船员“对敌斗争护产模范”奖状。谷船长在香港招商局起义时曾任护产纠察大队长并率先驾“民 302”货船冲破敌人封锁返回广州。1953 年 11 月 1 日，他在海口港周密而果敢地指挥“南海 163”货船的船员战胜台风，荣获广州海运局授予的“战胜台风模范”称号。1956 年，他被选为第一届全国人民代表大会代表，连任三届。

1964 年 8 月 5 日，美国入侵越南，北部湾战火弥漫。广州海运局承担了援越抗美物资运输任务。船员们以国际主义精神，在 8 年多的战争岁月里，共承运 177 万吨物资。仅 1965 年，就有 23 艘船舶投入援越物资运输，往返 328 航次，在武装自卫的情况下，做到了“装得上，卸得下，打不断，走得通”。1966 年，中国援助越南一批“149”型快速小型货船。8 月 28 日，“1018”和“1019”两船编队由北海港启航，午夜途经姑苏岛和下梅岛外海时遭遇美机轰炸袭击，“1018”货船中火箭 3 枚，不幸沉没，政委陈永尚，轮机长李嗣廉，大管轮伍钦，三管轮黎达才，船员曹志荣、蔡锦堂、熊耀章和越南引水员 8 人牺牲，其余 11 名船员负伤漂游到荒岛坚持生存三天三夜，最后脱险回国。“1019”货船也遭到美机袭击，船体被打穿 200 多个洞口，经贴山避炸堵漏护船，终于将船队护送到目的港。为此，12 月 22 日，交通部和广东省人民政府追授“1018”货船以“南海英雄船”的光荣称号，并保留建制，由另一艘新船接替，继续活跃在战火纷飞的中越航线上，使烈士用鲜血染红的船旗代代相传。越南政府为了表彰“1018”货船全体船员的国际主义精神，于1967年5月授予该船烈士和船员以勋章和奖章。1969年1月，“红旗153”货船满载大米经由海防港南下，不顾美舰和飞机跟踪阻拦，于5日抵达义安省宇岛海面抛锚卸货成功。到1972年5月9日美军在越南水域布雷封锁前，广州海运局共运送17万余吨援越物资。此后，驶抵越南的货船“红旗160”和“红旗152”船员英勇无畏坚守岗位，荣获越南政府颁发的一级劳动勋章。被封锁在海防港的“红旗149”、“红旗158”、“红旗159”等货船一直与越南人民并肩战斗，直到“巴黎停战协议”生效后，于1973年2月11日胜利回国，荣获越南政府颁发的友谊纪念章。在援越抗美期间，广州海运局有12名船员牺牲，36名船员负伤；被炸沉货船和救生艇各一艘，炸伤14艘次。在收复西沙群岛的战斗中，广州海运局的船员也贡献了巨大的力量。广州海运局的运输船队不愧为中国海运的一面红旗。

广州海运局经营的海上客货运输逐年繁荣。

50年代初期，广州海运局仅有拖船6艘、驳船6艘，3200载重吨。随后，香港起义回国的船舶11艘（另有2艘编入海军服役）和民生实业公司的“虎门”号客货船以及私营轮驳船相继投入营运，南方沿海客货运输逐步发展起来。

南方沿海客运于1951年年底恢复，由私营民生实业公司和大达轮船公司的客货船承担，1957年以前主要经营广（州）湛（江）和广（州）琼（海口）两条客运航线，到1957年年底共完成客运量35.2万人，有力地支援了海南岛的开发和国防建设。1958年开辟了湛（江）琼（海口）客运航班，1960年又将修复的“剑兰”号客货船投入广（州）汕（头）客运航线（1963年曾一度中断）。1975年至1979年，有9艘国产客货船（“红卫9”—“红卫17”）相继投产，南方沿海客运面貌为之一新，客运量逐年上升。1977年11月广琼线实行“五定”（定船、定线、定班期、定时间、定码头）制度后，1978年的客运量比1976年增长16%。1979年7月1日，“红卫9”和“红卫15”两艘客货船对开广汕客运线，正式恢复了客运定期航班。1981年完成的客运总量又比 1978 年增长 48.3%。其间，为了适应北方各省区到海南岛繁衍农作物的育种需要，1977 年开始了“育种客运”，按季调派专船，增开三亚（崖县）—广州、三亚—湛江等航线。1978 年，越南当局反华排华，广州海运局派船共接运难侨 2 万余人。1983 年 11 月 30 日，广州—上海客货定期航线开通，广州海运局的“紫罗兰”客货船和上海海运局的“长柳”号客货船投入营运，从此南北沿海客运航线沟通。1985 年又增开广州—青岛—大连客班航线。从 1952 年到 1985 年，广州海运局的客运量由 2 万人增加到 93.7 万人，年均递增率 12.4%；船舶载客总容量由 3000 客位增至 8899 客位，年均递增率 3.3%。但运力的增长仍不能满足运量的需求。

南方沿海货运始于 1950 年 1 月 28 日，“新德利”货船率先恢复广州—汕头航运，至 1957 年共完成各类货物运量 660 多万吨。其中“一五”期间为 598 万吨，主要货种为煤炭、建材、粮食、原盐和木材，主要航线是广东沿海、广州—香港、中越航线。1957 年，外贸货运量占总货运量的 24.97%。

从 1958 年到 1971 年，累计完成运量 4793.7 万吨，其中 1965 年至 1970 年间租用外轮完成南北沿海直达运输 974.8 万吨。主要货种是煤和金属矿石（约占 55.3%）。1971 年，铁矿石（主要是海南岛石碌铁矿石）运量达 210 万吨，比 1957 年增长 10 倍多。其次是越南煤炭和中国北方煤炭的运输，再次是北盐南运和中越粮运。为适应货运增长，新增加各类货船 38 艘。1971 年，广州海运局拥有运输船舶 66 艘、272445 载重吨，比 1957 年分别增长 1.28 倍和 4.37 倍，其中客货船因无补充来源略有减少，货船却成倍增长并开始有了散装油船。但是老旧船舶所占比重增大，技术状态落后，营运效率低。

1972 年，中美签署《上海联合公报》，台湾海峡形势开始好转。交通部决定在 1968 年 6 月远洋货船“黎明”号试航南北航线的基础上，由广州海运局承担南北海上货运。1972 年 10 月 11 日，“五指山”货船从八所港出发，于 11 月 7 日安抵大连港，航期 12 天，航程 3185 海里，为正式恢复断航 20 余年的南北航线立了新功。到 1973 年年底共有 3 艘 1.5 万吨级货船投入营运，主要货种为铁矿、锰矿、磷矿、橡胶、食糖和百杂货，平均每艘船一个航次即可为国家节省外汇17373英镑。但因航线绕距长，1973年共损失货物周转量3.44亿吨海里；又因船舶货物装卸效率低，船舶技术陈旧，营运率减半。为此，中国远洋运输公司货船“祁门”号再探新航线，并于1973年11月试航成功。新的南北航线，航距比原来的缩短1/3，受台风威胁较小。1974年7月2日，广州海运局货船“阳明山”号在湛江港载磷矿9200吨，沿“祁门”号的航路，经7天航行，顺利抵达青岛港。从1972年至1978年，南北航线平均每年货运量增长113万吨，占广州海运局总运量的比重由40.6%上升到59.6%，货源以石油、磷矿、纯碱、食糖、生盐等大宗对流货为主，经济效益显著。

1979年1月1日，全国人民代表大会常委会发表《告台湾同胞书》，建议台湾与大陆之间尽快实现通航、通邮。6月10日，“红旗121”货船满载1.8万吨铁矿由珠江口出发，12日抵长江口。同年6月22日，交通部召开恢复台湾海峡正常通航会议，并颁布《交通部关于我国商船通行台湾海峡的暂行规定》，途经台湾海峡的南北航线正式开通。

为了充实中国远洋运输力量，1978年交通部决定广州海运局和上海海运局派船参加远洋航运。4月下旬，“五指山”和“红旗112”两艘货船先后驶抵澳大利亚的丹皮尔港和科卡托港，当年共运澳铁矿等18万余吨。此后，远洋航线增多，货种包括油、煤、粮食，1981年投入运力11.9万载重吨船舶，年货运量59万吨。

在80年代的改革中，广州海运局运输生产充满活力，1985年完成货运量1991万吨、货物周转量292.24亿吨海里，客运量93万人、旅客周转量2.15亿人海里。广州海运局主要年份船舶运力和运量见表36。

二、广东省的沿海运输

广东省海岸线长4300余公里，是全国海岸线最长的一个省份。广东省区间支线运输逐年发展，与广州海运局经营的干线运输相辅相成，为满足工农业生产和人民生活的需求做出了贡献。广东省沿海运输的管理机构多次变革。

广州海运局主要年份运输船舶保有量和
客、货运输量

表36

年 份	运输船舶保有量			货 运		客 运	
	艘数	载货量（万吨）	载客量（万客位）	货运量（万吨）	货物周转量（亿吨海里）	客运量（万人）	旅客周转量（亿人海里）
1950	32	3.23	0.05	3	0.06	—	—
1952	54	4.16	0.30	41	1.65	2	0.06
1957	42	5.86	0.26	149	4.48	6	0.20
1965	34	10.43	0.41	289	14.59	8	0.25
1970	55	19.48	0.33	381	13.50	21	0.77
1975	74	42.72	0.39	626	44.31	30	1.04
1980	104	114.56	0.60	1395	184.37	63	2.12
1985	129	162.67	0.89	1991	292.24	94	2.15

1983年10月省航运厅改组为广东省航运总公司，下设珠江、汕头、惠阳、肇庆、湛江、中山、江门、深粤等10余个地区航运公司，经营全省区间海上客、货运输。1985年拥有轮驳船865艘、73485载重吨、4226客位，其中拖船46艘、8410千瓦功率，驳船166艘、25401载重吨，帆船323艘、14102载重吨；完成货运量321万吨、货物周转量4.91亿吨海里，客运量302万人、旅客周转量0.45亿人海里。其中客运量仅次于浙江省，占全国地方沿海客运总量的26%，但旅客周转量仅占13%。广东省沿海运输企业针对地区海岸线长、岛屿多、城镇经济和海洋干线运输发达的特点，小港间的支线运输和大港的货物水上转驳业务得到重视，轮驳船运输发达。

三、广西壮族自治区的沿海运输

广西壮族自治区海岸线长约1500公里。1950年，交通部广州港务局北海办事处组织运输工具恢复海上交通，支援前线，配合人民解放军解放硇洲岛、海南岛等沿海岛屿。

北海轮船公司于1953年6月20日成立时，只有破烂不堪的木质机帆船和木帆船20艘、739载重吨，当年完成货运量5050吨、货物周转量51.8万吨海里，客运量1105人、旅客周转量10.7万人海里。1956年，北海港务局与民船社和轮船公司合并成立北海航运管理处，统一了管理机构，改变了旧的生产方式，港、航分立，北海港务处只分管船舶装卸业务。1958 年，管理体制变革，港航再次合并，运输生产出现了飞跃局面。当年完成货运量 5.57 万吨，为 1957 年的 3 倍。1962 年，恢复了港航分立体制。1965 年，正式成立了北海航运分局，有运输船舶 25 艘、2983 载重吨。

以北海为中心的广西沿海运输，为援越抗美斗争做出了贡献。援越运输是从 1970 年开始的。1972 年 7 月 20 日，由两广组建的隐蔽航线运输船队克服种种困难，胜利地完成了援越物资的运输任务。此后，隐蔽航线运输由原来月行三四个航次增加到六七个航次，最高达八次，共运输货物 11818 吨。

1979 年以来，经济体制改革和对外开放政策促使广西沿海运输运力不断增加，运量逐年提高，航线日渐扩大，并开辟了外贸航线。1985 年，计有轮驳船 107 艘、8993 载重吨、100 客位，帆船 171 艘、5416 载重吨，完成货运量 41 万吨、货物周转量 0.97 万吨海里，客运量 3 万人、旅客周转量 0.01 万人海里。

第四节　沿海主要港口

一、丹东港

丹东港 1907 年正式开港，位于鸭绿江口，是水陆联运港，与朝鲜新义州隔江相望，腹地资源丰富，有着良好的发展前景。

1947 年，丹东航政局成立并接管港口，港内现有三个作业区。丹东作业区（鸭绿江大桥以下）岸线长 1400 米，可靠泊 1000 载重吨级船舶；浪头作业区岸线长 825 米，可靠泊 3000 载重吨级船舶；大东港作业区正在建设之中。1985 年，全港共有 7 个泊位，堆场 11.1 万平方米，仓库 8906 平方米，铁路专用线 6986 米，各种装卸机械 68 台；完成货物吞吐量 54.2 万吨。

二、大连港

大连港位于辽东半岛南端，与山东半岛隔海相望，是中国东北地区和内蒙古东部的最大海上门户。19 世纪末，俄、日侵略者相继霸占大连地区近半个世纪，兴建了这座近代港口。1937 年形成货物吞吐能力 1200 万吨。1945 年日本投降后，大连港暂由苏联红军代管。1951 年中国政府完成接管时，大连港有生产泊位 65 个，其中 1 万吨级以上泊位 20 个。

大连港于 1957 年修复了黑咀子杂货码头，1959 年扩建了香炉礁木材码头，1960 年 6 月 1 日重新对外开放，成为重要对外贸易口岸之一。为了扩大成品油和原油的出口能力，1961 年至 1973 年 3 次扩建和改造寺儿沟油区，1974 年又动工兴建了拥有 10 万吨级原油码头的鲇鱼湾油港，每年可输出 600 万吨成品油和 1500 万吨大庆原油。此后，兴建了国际客运站，改建了集装箱码头和散粮码头，港口面貌焕然一新。1982 年 1 月，经国务院批准，将大连港务管理局的行政管理和企业经营分开：大连港口管理局作为国家行政管理机构；大连港装卸联合公司作为企业联合组织，各装卸作业区实行经济责任制，独立核算，自负盈亏。

大连港十分注意管理科学水平的提高和装卸技术改造，职工教育和科学技术活动活跃。1979 年，科研人员与工人相结合，研制原木成组吊装扣环成功，为开展东北地区木材水陆联运成组装运作了有益的尝试。同年 8 月，大连港建立科学技术研究所，研制成功 CCA－I 型船、岸间自动拨号无线电话，便利了生产指挥和调度。1980 年又应用工业生产管理电视和电子计算机技术，建成第一个中国沿海港口管理指挥信息系统。大连港实施全面质量管理，装卸质量和生产安全成效卓著。

1985 年，大连港有 7 个装卸作业区，67 个泊位，其中 1 万吨级以上泊位 23 个。港区水域 310 余平方公里，陆域面积 4.7 平方公里，仓库 47 座、28 万平方米，堆场 80 万平方米。大港区分设东、西作业区，主要有钢铁、矿砂、小麦、大豆和杂货、集装箱等万吨级泊位以及客运泊位。香炉礁作业区承担东北木材出口；黑咀子作业区承担沿海中小型船舶货物装卸。在鲇鱼湾原油出口区有大型栈桥式码头、工作船码头和 13 座贮油罐，还有污水处理池等设施。寺儿沟成品油作业区有栈桥式码头、船舶供油码头和污水处理设施。大连港从 1976 年开始接待外国旅游客船，国际贸易业务逐步增加，已与 140 多个国家和地区的港口建立了良好而稳定的业务关系。1985 年年底，全港共有各类装卸机械553台，货物装卸广泛采用货盘、网络等成组装卸或集装箱运输方式，装卸货物的时效和完好率大幅度提高，受到客户的好评。当年完成货物吞吐量4381万吨，其中外贸货物3355万吨，居全国首位；旅客吞吐量270万人，居全国第二位。大连港各主要年份生产设施和生产量见表37。

大连港各主要年份生产设施和生产量

表37

年度＼项目	泊位 数量	泊位 长度（米）	仓库面积（万平方米）	堆场面积（万平方米）	装卸机械（台）	年吞吐量 货运（万吨）	年吞吐量 客运（万人）
1949	—	—	—	—	—	106.0	—
1952	—	—	—	—	86	154.9	30.3
1957	56	8102	26.7	57.7	169	594.8	73.4
1965	63	11086	17.0	47.6	372	1067.0	65.0
1970	66	12010	16.2	47.1	361	1513.7	105.2
1975	65	9090	28.5	88.3	527	2288.1	136.1
1980	63	9346	27.7	84.9	521	3263.5	217.2
1985	67	10856	27.8	79.6	553	4381.0	334.3

三、营口港

营口港位于辽河口，于1864年正式开港。1950年，营口港曾一度恢复对外开放，后因辽河淤积和外贸货物转由大连港进出而终止，生产建设发展缓慢。

为缓解大连港生产严重紧张状态，1977年10月营口港改由交通部直接领导，以加速港口建设和促进生产发展。老港区通过技术改造和加强管理，生产得到恢复，地方沿海运输随之有了新的发展。1984年9月26日，国务院批准营口港重新对外开放。10月28日，3000载重吨级的日籍“鹤荣丸”货船首先到港装运镁矿石。1983年7月1日，鲅鱼圈新港区开始全面施工。1986年，1个3万吨级自卸煤船泊位建成，有6个0.5万、1.0万吨级杂货泊位正在施工中。1985年，营口港完成货物吞吐量98万吨，其中外贸货物63万吨。随着地区经济的繁荣，营口港将成为一座大型综合性港口。

四、秦皇岛港

秦皇岛港于1898年3月26日开港，港阔水深，终年不冻。1948年11月28日，秦皇岛港迎来了解放。华北区人民政府和中国人民解放军决定派驻军代表，恢复生产和保障职工生活。但是，开滦总局英方总经理却采取“减产、移资”的策略，从中作梗，制造困难。1949年，港口完成货物吞吐量22.7万吨，还不足核定能力的6.4%。

1951年，开滦煤矿秦皇岛经理处开始翻修6、7号泊位和修建库场等6项工程，使秦皇岛港成为以运煤为主，兼运矿石、杂货的综合性港口。秦皇岛港1952年5月17日由燃料工业部代管，1953年1月1日划归交通部领导。同年8月，港务局设立调度室，密切了港口与铁路、外贸、矿业、海关等有关单位的联系，建立了较为完整的生产调度指挥系统。同时开展小型机械化改造，延展铁路专用线，修建库场。“一五”期间，货物吞吐量平均每年递增17.75%。1958年，为了提高货运效率，秦皇岛港口与铁路开展煤炭“一条龙”运输协作，实行联合办公、统一计划、统一班次、统一指挥、统一指标、统一竞赛，从而形成新的协作关系，双方受益。1959年4月，在各方面的配合下，又实行“红旗直达列车”和“船舶定班定线”，使港口与铁路协作扩大到厂矿、货主、铁路、港口、船舶、外贸等各方面的全面大协作，形成了首尾相连的水陆协调运输体系。1959年，港口货物吞吐量增至510.6万吨，比上年净增165万吨，装卸成本降低，经济效益提高。9月中旬，交通部、铁道部和河北省人民政府联合召开“全国路、港协作秦皇岛现场会议”，推广水路和铁路联合运输的经验。铁道部和交通部于1961年10月15日联合颁发了《铁路和水路货物联运规则》。

“二五”期间，秦皇岛港进行了以扩建7号泊位为主的技术改造，实现了“六机”联合作业装船机械化，由刮板卸车机卸下的煤炭经皮带输送机装船，再由平射式皮带平舱机铺满船舱。1959年5月28日，“和平26”号货船装煤9380吨，纯装煤时间仅9小时48分钟，比改造前快一倍，工班效率达81.47吨，比改造前提高1.5倍。1960年，港口完成煤炭吞吐量468万吨，7号泊位即占200万吨。

1972年7月，为扩大大庆油田原油出口能力，在秦皇岛港兴建原油出口码头，年出口能力1000万吨。1975年建成2个1万吨级以上杂货泊位，1976年至1983年6月完成了9号泊位的技术改造和煤码头第一期建设工程，疏浚航道11.38公里，铺设铁路24.8公里，建成2万吨级和5万吨级出口煤炭泊位各一个，堆场13.2万平方米。煤炭经翻车机、堆取料机、皮带输送机、装船机入船舱，年装船能力达1000万吨。1982年，对8号煤炭泊位进行技术改造，扩大堆场，安装堆料机，铺设卸车线，又增加煤炭出口能力200万吨。"六五"期间，秦皇岛港煤炭码头第二期工程动工，通过能力为2000万吨，主体工程包括5万吨级泊位、100万吨煤堆场和翻车机、堆取料机、输送机、装船机以及洒水设备等环境保护系统。为了适应大庆、辽河两油田原油外运量的增长，还恢复了原油第二期建设工程，主体工程为5万吨级泊位，年输油能力500万吨。

秦皇岛港已成为中国最大的现代化能源输出港，并向综合性的大型国际贸易港口发展。1985年，完成货物吞吐量4419万吨，占全国第二位，其中煤炭2577万吨，原油1298万吨，粮食186万吨，木材112万吨。秦皇岛港各主要年份生产设施和生产量见表38。

秦皇岛各主要年份生产设施和生产量

表38

项目 年度	泊位		仓库面积（万平方米）	堆场面积（万平方米）	装卸机械（台）	货物吞吐量（万吨）
	数量	长度（米）				
1949	6	809	—	—	5	23
1952	6	809	—	—	5	181
1957	6	809	1.5	47.7	99	283
1965	8	1209	2.8	52.5	218	478
1970	8	1209	5.0	79.9	238	578
1975	11	2107	4.7	64.4	243	1557
1980	10	1983	5.4	65.6	247	2641
1985	16	3552	4.7	100.5	245	4419

五、天津港

天津港位于渤海湾西岸，海河入海口处，是华北地区和首都北京的海上门户。1860 年 10 月根据清政府与英、法、俄签订的不平等的《北京条约》辟为通商港口，遂在天津市区海河两岸兴建 3000 吨级以下的码头和仓库，形成老港区。1937 年，日本侵略者又在距市区 50 公里的塘沽区修建 1 万吨级以下的码头仓库和铁路，形成新港区。

1949 年天津市解放后，立即对新港码头以及航道和防波堤进行了修复。1950 年 9 月 15 日，交通部天津区港务局成立。1951 年 8 月 25 日，政务院批准了天津港的第一期建设工程。1952 年 10 月 18 日举行隆重的天津新港开港典礼，周恩来总理发来贺电，毛泽东主席随后视察港口。一年后，天津港即成为中国北方沿海的外贸货运中心，全国近半数进出口货物在此集散。1957 年，港口外贸货物吞吐量达 131 万吨，较 1952 年增加近 4 倍；货物总吞吐量居全国第 3 位，仅次于上海港和大连港。

1957 年开始天津港第二期建设工程。1962 年年底，全港货物吞吐能力近 400 万吨。随着管理水平的提高，1966 年完成货物吞吐量 602 万吨。此后，因海河航道不畅和“文化大革命”动乱的影响，港口生产基本移到新港。第三期建设工程始于 1973 年，1984 年年底基本建成了现代化的综合性海港。1984 年 6 月 1 日，按照“先扩权，后下放”的原则，对天津港的管理实行“部市双重领导，以市为主”，港务局行使行政管理职责，各装卸作业区实行独立经济核算。塘沽区有 5 个 1 万吨级以下的中级杂货泊位，新港区有 26 个 1 万吨级以上的泊位，另有铁路、公路专用线与京山铁路和京塘、津唐公路相通。1985 年，货物吞吐量达 1856 万吨，比上年增长 15.2%，其中件杂货、外贸货物和集装箱吞吐量分别比上年增长 31.3%、20.5% 和 68.7%。天津港各主要年份生产设施和生产量见表 39。

六、烟台港

烟台港位于山东半岛北侧的芝罘湾内，港阔水深，常年不冻。1861年

天津港各主要年份生产设施和生产量

表 39

项目 年度	泊位		仓库面积（万平方米）	堆场面积（万平方米）	装卸机械（台）	年吞吐量	
	数量	长度（米）				货运（万吨）	客运（万人）
1949	22	2946	—	—	—	31	—
1952	22	2762	4.6	13.8	9	74	2.0
1957	28	3137	5.2	24.7	119	284	5.0
1965	27	4113	6.2	15.2	392	549	4.0
1970	18	2680	8.1	17.7	377	817	6.0
1975	20	3035	7.9	25.3	452	826	6.3
1980	32	5312	14.5	45.5	646	1192	6.6
1985	34	6699	18.9	84.1	782	1856	34.0

8 月 20 日，清政府将 1858 年被迫与英法两国签订的《天津条约》中开埠的登州通商口岸改至烟台，1866 年建成第一座码头，翌年建成崆峒岛灯塔，至 1949 年拥有泊位 3 个，总长 1484.8 米，货物吞吐量 4.7 万吨。1958 年建成铁路专用线和客运站，港口能力提高。1959 年完成货物吞吐量 119 万吨，旅客发送量 32 万人，分别为 1957 年的 2.5 倍和 1.3 倍。1976 年，烟台港建设成效显著，港口能力成倍增长。1977 年货物吞吐量 344 万吨，旅客发送量 47.7 万人。1978 年开展进口散装化肥和氧化铝灌包加工业务，得益约 2000 万美元。在 80 年代的深化企业改革和整顿中，形成了以党委书记曲海亭为核心的才思敏捷、作风正派、联系群众和关心职工的领导班子，以及奋发图强、品质优秀的职工队伍。烟台港的生产建设年年大幅度增长，多次荣获国家和交通部、山东省人民政府的表彰。

1985 年，全港码头长 1926 米，有 16 个泊位，其中，1 万吨级以上泊位 3 个，库场总容量 13.5 万吨，各种装卸机械 224 台；完成货物吞吐量 689 万吨，旅客吞吐量 179 万吨人，分别为改革前 1978 年的 1 倍和 3.8 倍。

七、威海港

威海港位于山东半岛东北部，东面有刘公岛作屏障，是一个天然良港。

1918 年修建栈桥式“德胜”码头，长 153 米。1930 年，和记洋行在此建“和记”码头，长 68 米。

新中国成立后，威海港成为胶东地区海上门户。60 年代以来，港口进行了改造和扩建，密切了与烟台、青岛、大连、天津、上海等港口的往来。1985 年，全港有泊位 5 个、418.5 米，最大可靠泊 5000 载重吨级船舶；仓库 2 座、914 平方米；堆场 5 万平方米；各种装卸机械 37 台，最大起重能力 25 吨；当年完成货物吞吐量 106 万吨，客运量 13 万人。

八、青岛港

青岛港位于山东半岛南端的胶州湾内，港阔水深，不淤不冻。清乾隆年间设海关。德国于 1897 年侵占青岛，翌年 9 月 2 日将青岛港作为自由港向各国开放。

青岛市于 1949 年 6 月 2 日解放，15 日即宣布港口对外开放，使之成为北方沿海重要港口之一。1953 年 1 月，青岛港务局由交通部直接领导。“一五”期间，港口平均每年完成货物吞吐量 200 万吨以上。1966 年 5 月，青岛港职工奋发图强，自行设计和扩建了机械化煤炭出口码头，年装船能力达 450 万吨。1973 年，青岛港完成货物吞吐量 1000 万吨。外贸货运的增长和山东地区能源（石油、煤炭）的开发，使青岛港的现代化建设前景广阔。“六五”期间，青岛港一边提高生产管理水平和挖掘生产潜力，一边加快码头建设和制订新港区的发展规划。

1985 年，青岛港有码头 9 座，生产泊位 29 个，内有集装箱泊位 1 个，1 万吨级以上泊位 16 个；仓库和堆场货物总容量 23.9 万吨；装卸机械 308 台，其中各种起重机 74 台（含 250 吨起重船 1 艘），装卸搬运机 200 台和大型专用机械 39 台；完成货物总吞吐量 2611 万吨，旅客吞吐量 66 万人；在与 111 多个国家和地区的 400 多个港口的业务往来中，完成外贸货物吞吐量 1558 万吨，主要出口货物为原油，进口货物有金属矿石、粮食和木材。青岛港各主要年份生产设施和生产量见表 40。

青岛港各主要年份生产设施和生产量

表 40

年度＼项目	泊位 数量	泊位 长度（米）	仓库面积（万平方米）	堆场面积（万平方米）	装卸机械（台）	年吞吐量 货运（万吨）	年吞吐量 发送旅客（万人）
1949	34	5376	3. 6	8. 9	1	72	—
1952	27	4222	3. 4	19. 9	2	132	1. 8
1957	27	4830	4. 2	19. 9	108	223	4. 1
1965	26	4937	3. 9	21. 4	344	448	4. 9
1970	27	5039	5. 4	25. 7	306	651	7. 5
1975	27	4928	3. 8	13. 5	426	1542	11. 0
1980	36	6501	4. 0	17. 9	382	1708	20. 3
1985	42	8216	4. 7	22. 4	308	2611	34. 0

注：包括非生产设施。

九、连云港港

1932 年始建的连云港港位于江苏省东北部的黄海之滨，背倚云台山，有东西连岛为天然屏障，水域广阔，风平浪静。横贯内陆东西的陇海和兰新铁路，使其经济腹地延伸到新疆地区，发展前景广阔。

连云港市于 1948 年 11 月 7 日解放，港口经过抢修，港内 2 号码头的 4、5 区栈桥首先恢复生产，1949 年完成货物吞吐量 5. 6 万吨。经过改造和扩建，1957 年成为上海港的辅助港口，有 5000 吨级以下生产泊位 7 个，货物吞吐量 105 万吨。

70 年代初期，连云港港开始了大规模建设，1980 年基本完成老港区的改造工程，遂成为中国沿海中部的大型综合性港口。1975 年以来，通过对港口海域进行大规模的水文观测、模型试验及其经济腹地资源勘察，证明连云港港可以发展成为拥有 3 万吨级以上泊位的港口。1982 年开工的有 3 万、1. 5 万吨级泊位的庙岑煤炭码头主体工程和防波堤工程已经完成，净增煤炭出口量 900 万吨。1985 年，连云港港有生产泊位 9 个，其中 1 万吨级以上泊位 5 个；仓库和堆场货物总容量 23 万吨；装卸机械 444 台，完成货物吞吐量 929 万吨，其中外贸货物 523 万吨，主要货种为煤炭。

十、上海港

上海港在宋朝以后即成为贸易港口，1685 年设江海关。鸦片战争后，入侵的帝国主义列强垂涎于中国的丰富资源和上海的便利交通条件，纷纷在黄浦江两岸修建码头和堆栈，作为军舰和商船基地，使上海港成为中国最大的轮船港埠。

上海市解放后，全港职工在军管会航运处领导下，抢修被战争毁坏的港口设施，粉碎了国民党的军事封锁，保证了上海市煤、粮、棉等物资供应。上海港务局于 1950 年 10 月成立后，实行民主改革，废除欺压码头工人的封建把持制度，建立了统一的搬运工会。1951 年又接管了长期由外国人控制的“铜沙引水公会”，收回了上海港的引水权。1953 年，上海港务局开展生产管理改革，货物装卸实行固定工人、定额计件、超额奖励和昼夜作业计划，采用码头专业分工与综合利用相结合的管理办法。1954 年 4 月，港口执行交通部颁发的《江海联运试行办法》，与沿海、长江主要港口和江苏、浙江等省内河港口开展江、海货物联运。1955 年又扩展到水陆货物联运，进而推行有计划的合理运输，依据货物运输条件和要求，选择最佳运输方案。1957 年，全港生产基础设施尚无重大扩展，但机械化装卸比重已达 34.61%，完成货物吞吐量 1649 万吨，突破了历史最高年份 1936 年 1400 万吨的记录。“一五”期间，货物吞吐量平均每年递增 24.1%，超过全国沿海主要港口平均年递增率 22.6% 的水平，中转货物的比重也由 20% 左右增长到 40% 以上，港口经济腹地扩大，货流量增多。

在 1958 年的技术革新和技术革命运动中，针对散货占货物总吞吐量 1/3 的特点，开展了“散货作业抓斗化”。1959 年，煤炭作业区职工研制成功“莲花大抓斗”，利用船上起重设备抓卸煤炭，使工班效率提高 6 倍。它与皮带输送机相配合，形成了散货装卸输送一条龙作业流水线。1963 年，上海港务局总结经验，在生产组织管理方面推行“三化”（堆垛标准化、操作工艺化、管理制度化）、“六线”（煤炭、粮食、木材、袋货、钢材、杂货 6 条机械化系列化装卸线和成组装卸线），使港口生产效率提高，货损率下降到历史最低水平。60 年代初期，还开展了货物产、供、运、销运输一条龙和船、港、站、车客运服务一条龙活动。“文化大革命”严重地冲击了港口生产管理，10 年间货物吞吐量的平均年递增率仅 4%，利润总额平均每年递增 2.9%，货物装卸质量下降，事故增多，港口信誉下降。1978 年，经过企业整顿，上海港秩序井然，生产振兴，获得上海市人民政府和交通部联合授予的“大庆式局”称号。1984 年货物吞吐量突破 1 亿吨，不仅名列全国港口榜首，而且跻身于世界十大港口之列，与 160 多个国家和地区的港口有业务往来。

1985 年，上海港有 12 个货物装卸区和一个客运总站，分布在黄浦江两岸，生产泊位 98 个（含 1 万吨级以上的泊位 46 个），港务船泊位 20 个，总长 16770 米（其中生产泊位长度合计 13852 米），另有江心浮筒 96 个。顺岸排列的泊位总长占港辖黄浦江段（吴淞口至闵行）长度的 25%，平均每年约有 3000 余艘次远洋运输船舶和近 17000 艘次沿海、长江运输船舶靠离码头装卸货物或接送旅客。1985 年，上海港货物吞吐量为 11290 万吨，旅客接送量为 1258 万人。上海港各主要年份生产设施和生产量见表 41。

上海港各主要年份生产设施和生产量

表 41

项目 年度	泊位		仓库面积（万平方米）	堆场面积（万平方米）	装卸机械（台）	年吞吐量	
	数量	长度（米）				货运（万吨）	客运（万人）
1949	63	3092	—	—	44	194	—
1952	69	8390	38.5	66.7	50	560	
1957	69	8390	38.5	66.7	487	1649	375
1965	80	10145	53.2	81.6	2250	3194	303
1970	94	11392	—	—	2192	3982	452
1975	93	12276	33.4	72.8	3286	5479	576
1980	92	12778	37.9	84.1	3689	8305	890
1985	98	13852	38.4	99.3	3371	11290	1258

注：1949 年泊位数中未计浮码头 121 座，总长 4423 米。

十一、宁波港

宁波港位于浙江省东北部，唐宋时称明州港，元朝称庆元港，明清时改称宁波港，1842 年辟为通商口岸。

1950 年 3 月 12 日，交通部决定设立上海区航务局宁波分局，恢复港口生产。1953 年改为上海港务局宁波分局。1957 年，在改造原有码头设施之后，又兴建了白沙水陆联运码头，客、货吞吐量均有大幅度增长。1978 年 3 月，为上海宝山钢铁厂生产配套的北仑港区动工兴建，设计每年中转矿石 2000 万吨。满载 10 万吨优质铁矿石的远洋船舶在此卸下部分货物后，再转驶宝山钢铁厂原料码头卸货，堆放在此的铁矿石则由 2.5 万载重吨级货船运往宝山钢铁厂。此外，在算山建成年吞吐原油 250 万吨的油码头。宁波港已初具国际大型中转港的规模，引起国内外经济界和航运界的重视。1979 年宁波港对外开放以来，地区经济和对外交往活跃，海外赤子投资兴建企业，国家更为关心宁波港的建设。80 年代的宁波港，充分发挥天时、地利、人和的优越条件而腾飞。1985 年，3 个港区共有 1 万吨级以上泊位 5 个；完成货物吞吐量 1040 万吨，其中外贸物资 317 万吨，主要货种为矿石、煤炭、原油和化肥；旅客吞吐量 283 万人，仅次于上海港和大连港。宁波港各主要年份生产设施和生产量见表 42。

宁波港各主要年份生产设施和生产量

表 42

项目 / 年度	泊位		仓库面积（万平方米）	堆场面积（万平方米）	装卸机械（台）	年吞吐量	
	数量	长度（米）				货运（万吨）	客运（万人）
1949	4	151	0.07	0.20	—	4	27
1952	4	151	0.07	0.20	—	30	54
1957	5	175	0.28	3.00	80	60	83
1965	12	403	0.49	3.60	132	87	67
1970	16	560	0.60	2.57	182	100	85
1975	17	591	0.71	2.25	275	131	110
1980	14	874	0.97	3.20	214	340	136
1985	23	2503	3.80	19.50	407	1040	283

十二、温州港

温州港位于瓯江下游，1876 年 9 月辟为对外通商口岸，次年 4 月 1 日设立海关，是浙江省南部最大的河口港。

50 年代前半期，因国民党海军封锁，港口基本处于瘫痪状态。1955 年 2

月沿海岛屿解放后，海运恢复，港口生产建设逐年发展。1957年2月，根据国务院决定，温州港对外开放，成为地区重要交通枢纽。80年代，温州地区经济繁荣，货物运输和旅客运量骤增。1985年，温州港拥有码头13座、2723米，最大可靠泊1万吨级船舶；仓库1.88万平方米，堆场8.5平方米；各种装卸机械184台；此外还有1万—2万吨级水上浮筒泊位2个；完成货物吞吐量324万吨，旅客吞吐量212万人。

十三、福州港

福州港位于闽江下游的河口段，1842年8月辟为通商口岸。港区分为台江和马江两个作业区。

由于国民党军队占据马祖岛等处并从海上进行骚扰，福州港生产长期处于不正常状态。1955年，3000载重吨级轮船开始进港。1956年至1959年，打捞并修复马江作业区罗星塔畔的两座浮码头，3000载重吨级以上的海船可以进出港口，但往来船舶少，货运量低。70年代初期，台湾海峡形势好转，福州港生产日新月异，建设速度加快。在马江码头建成4个高桩台泊位，其中万吨级以上泊位2个，5000吨级泊位2个，并装设了门座起重机。1973年，从福州至马尾铺设港区铁路专用线，从此马江装卸区成为水陆联运码头。台江作业区设有3个作业点（台江、鳌峰洲、魁歧），岸线总长4.5公里，建有配备各式装卸机械的50、200、500吨级泊位12个，驳岸333米；另有物资部门专用泊位20个。

“六五”时期，福州港的面貌发生了巨变。马江作业区已有5000和1万吨级码头各2座，高桩板梁式码头岸线592米，仓库约2.4万平方米，堆场8万平方米以上。此外，港外有1万吨级船舶锚地4处，5000吨级船舶锚地12处和8个浮筒，可供船舶水上装卸货物。1985年，福州港完成货物吞吐量382万吨，主要货种有水泥、木材、粮食、糖、食品、煤炭、磷矿、钢铁、石油、化工原料、化肥等。除国内沿海航线外，还有与日本、中国香港、英国、联邦德国和东南亚等30个国家和地区港口间的国际航线。

十四、厦门港

厦门港位于福建省南部的金门湾内，1842 年辟为通商口岸，翌年 12 月 2 日正式开埠。

厦门港是闽南海上门户，1950 年开始办理外贸运输业务，同年 10 月对外开放。但由于台湾海峡军事形势的影响，长期未能得到发展。1964 年，在高崎建成石砌驳岸码头。1974 年，为适应闽南地区经济振兴，省人民政府划定厦门半岛西隅的东渡至西湖山 5 公里岸线为近期港口发展区。东渡港区的建设，改变了大型散货船不能直接靠岸作业的局面。厦门港已成为发展前景广阔的现代化海上交通枢纽。在此基础上，1982 年省人民政府经国务院批准又兴建了厦门经济特区。

厦门港除了国内沿海港口间的货运航线外，还开辟了通往日本、澳大利亚、加拿大、美国和欧洲、东南亚 30 多个国家和地区 50 余港口的航线。主要货种有粮食、煤炭、化肥、水泥、钢材、糖、土特产、石料和水产品等。厦门港的旅客运输也有迅速发展，特别是为了满足华侨和旅游者的需要，1980 年 1 月恢复了厦门—香港航线，并新辟了厦门—新加坡航线，超级旅游船年年来港访问。

1985 年，厦门港有 3 个作业区，拥有泊位 37 个，海上作业锚地 10 处，完成货物吞吐量 335 万吨，发送旅客 119.4 万人次。

十五、汕头港

汕头港位于榕江、韩江和练江汇合入海处，清乾隆、嘉庆年间就是商船云集之地。1858 年 6 月，潮州辟为通商口岸，后改为汕头。1866 年，汕头港兴建码头和仓库，设立海关。

50 年代初期，汕头港仅留有 4 个浮筒和几十间破旧仓库，3000 载重吨级以上的船舶只能停泊江中锚地，用驳船装运货物。1956 年以前，汕头港常遭国民党飞机的空袭和海上骚扰。此后，形势好转，港口生产开始回升。1964 年，广州海运局首先在广州—汕头货运航线试行“十定”，即定航线、定船舶、定班期、定航行时间、定后备船、定货载量、定作业区、定库场、定总停时、定保证措施。1966 年又组织船舶实行“四定”，即定船名、定航线、定货种、定装卸和航行时间，既提高了营运效率，又促进了港口生产管理水平的提高。1972 年，汕头港开始建设 3000 吨级码头，翌年完工投产。1975 年至 1976 年，又相继建成 5000 吨级码头，长 250 米，含 2 个泊位；另有锚地泊位 13 个和 4 个浮筒，港口生产能力倍增。

1980 年 1 月 24 日，汕头—香港客运航线正式通航。汕头地区对外开放，经济十分活跃，港口又有了显著的发展，1984 年 5 月 28 日开辟了汕头—香港集装箱运输航线。汕头港已成为粤东、闽西南和赣南地区的货客运输枢纽和对外开放港口，1985 年完成货物吞吐量 201 万吨，其中外贸货物 36 万吨。主要进出口货物是煤炭、化肥、粮食、建筑材料和日用百杂货。除国内沿海和省区内河航线外，汕头港还与亚、非、欧 3 大洲的 50 多个国家和地区有贸易往来。

汕头港地处侨乡，海外侨胞和港澳同胞以及外商过往频繁，除原有的汕头—新加坡—槟城国际客运航线外，又开辟有汕头—香港、广州客运班船航线和汕头—广州—海口旅客联运航线，旅客吞吐量达 21 万人，其中国际旅客发送量达 2. 5 万人。

十六、蛇口港

蛇口港是香港招商局独资兴建和经营的港口，1979 年动工兴建，1981 年对外开放。港口位于深圳西部南头半岛南端，与香港新界隔海相望，是蛇口工业区的海上门户。港内建有 600 米顺岸码头和 500 米突堤式码头，可同时停靠万吨级船舶一艘和 5000 吨级船舶，后方有宽阔的堆场和仓库多座，3. 5 万和 1. 5 万吨级的泊位正在建设之中。蛇口港先后开辟了至香港、广州、珠海、汕头、中山、江门等客运航线和蛇口至珠海的汽车轮渡。1985 年，蛇口港完成货物吞吐量 130 万吨，客运量 80 万人。

蛇口港又是南海石油开发的后勤基地，设有工作船专用深水泊位，并有为石油探采船舶服务的供电、供水、供油设备和吹灰装置。每年受理石油工作船百艘次，运输石油探采专用物资 10 万吨。

十七、黄埔港

黄埔港位于珠江口内，距广州市区 25 公里。1925 年 6 月 19 日这里爆发的省港大罢工，高举反帝爱国旗帜，提出“联合各界请求政府建筑中山马路，开辟黄埔商埠，以期继承孙中山先生生前之素志”。经过罢工工人的义务劳动，广州至黄埔的中山公路于 1927 年年初筑成并简易通车；李文邦设计的《黄埔港计划》则辗转 5 年方被政府于 1934 年通过备案。1937 年，黄埔开埠督办公署重新研究《黄埔港计划》，制订了《黄埔开埠计划书》作为实施方案。1938 年 6 月建成 400 米顺岸码头和 4 座仓库，并疏浚了航道，1939 年夏敷设了自广九铁路吉山站至黄埔港区的 5 公里铁路支线。

广州市解放后，立即组织力量修复码头、仓库、道路和铁路，疏浚航道。1950 年 10 月 15 日，黄埔港正式开港，随即组织了广州—海口、广州—湛江以及广州湾各小港之间的航运，显示了它在华南沿海和远洋运输中的重要地位。1962 年，黄埔港码头岸线长 1212 米，有 1 万吨级泊位 5 个。1966 年，码头岸线延至 1439 米，货物吞吐量增至 563 万吨，其中外贸货物 316 万吨。此时，黄埔港已成为华南海运中心，广州海运局和广州远洋运输公司的船舶均以它为基地。70 年代初期，由于“文化大革命”的影响，港口生产混乱，货物吞吐量长期徘徊不前，出现了严重的压船压货情况。1973 年，开始了以东墩头基新港区为重点的港口建设。同时，在周恩来总理关怀下，根据装卸作业的特点，实行奖勤罚懒的原则，于 1974 年恢复了计件工资制度。港口生产设施基本未变，而货物吞吐量却年年上升，国家、企业和装卸工人的实际收入也相应增加。黄埔港装卸作业工资制度的改革为交通系统其他部门的工资改革提供了有益的经验。1979 年东墩头基新港区第一期工程完工后，不但扩大了港口作业区，也满足了 2. 5 万载重吨级船舶进出港的需要。当年完成货物吞吐量 1211 万吨，客运量 7 万人，同时开展了集装箱试运。1985 年，黄埔港拥有 1 万吨级以上泊位 19 个，浮筒泊位 8 个，可供船舶过驳装卸货物；集装箱堆场能力 7639 标准箱；货物吞吐量达 1772 万吨，其中外贸货物 788 万吨，主要进口货物是钢铁、化肥、粮食、木材和煤炭，出口货物则以石油和粮食为大宗。

自1960年以来，黄埔港的客运量逐年增长，除黄埔—新加坡客运班船航线和黄埔—香港客运业务外，还接纳了国际旅游船舶来港。1983年11月30日开辟了黄埔—上海客运班船航线，1985年旅客吞吐量达17万人，其中发送量7万人。

黄埔港已是华南沿海客货运输繁忙的大型港口，内联沿海主要港口，外与100多个国家和地区的港口有运输业务往来。黄埔港[①]各主要年份生产设施和生产量见表43。

黄埔港各主要年份生产设施和生产量

表43

项目 / 年度	泊位		仓库面积（万平方米）	堆场面积（万平方米）	装卸机械（台）	年吞吐量	
	数量	长度（米）				货运（万吨）	客运（万人）
1949	2	400	0.9	3.6	7	4	—
1952	3	418	0.9	6.3	14	47	—
1957	9	624	2.8	4.4	50	186	—
1965	9	1089	3.4	13.6	116	470	—
1970	11	1519	5.1	18.5	164	664	—
1975	11	1575	5.9	14.2	311	718	—
1980	14	3208	11.3	21.8	504	1210	2
1985	28	4093	16.3	32.6	616	1772	17

十八、广州港

广州港位于珠江三角洲北部，西江、北江和东江汇流处。新中国成立后，接管了外资和官僚资本经营的码头和仓库，成立了广州市码头管理处和黄埔港内港作业区，并着手兴建黄沙码头。“一五”期间，改造了东河道长堤一带4座小码头。1958年至1961年，新建了新风和东风两个作业区，从而改变了“三步一堆场、五步一码头”的客、货拥挤和零乱局面。1971年，沿江532米码头岸线全部建成混凝土重力式码头，增建仓库9713平方米。

广州港分设4个装卸作业区、一个内河客运站和一个沿海客运站。芳村

① 1987年12月，交通部将港口管理权移交给广东省人民政府，黄埔港与广州港合并组成广州港务管理局。

作业区位于南河道西岸，拥有泊位 12 个，其中 5000 吨级 2 个，3000 吨级 1 个，1000 吨级 5 个，500 吨级 4 个。河南作业区位于南河道东岸，拥有泊位 29 个，其中 3000 吨级 3 个，1000 吨级 2 个，500 吨级以下的 24 个。新风作业区位于西河道北岸，拥有泊位 21 个，其中 3000 吨级 1 个，1000 吨级 13 个，500 吨级 6 个和 100 吨级 1 个。东风作业区位于东河道北岸，拥有 1000 吨级泊位 8 个，500 吨级以下的泊位 9 个。大沙头客运站位于东河道北岸，拥有 500 吨级泊位 9 个，候船室面积 2886 平方米，可容纳 2000 名旅客；经营客运航线 32 条，其中长途 24 条，短途 8 条，每日发出“红星”型客运班船 45 艘次。洲头咀客运站位于南河道与东河道会合处的东南端，为沿海客运中心，拥有 3000 吨级泊位 3 个，候船室面积 2000 平方米，可容纳 5000 名旅客；主要航线有香港、澳门、汕头、海口和三亚定期客运和广州—香港气垫船快速航班客运。

广州港已发展成为华南重要的沿海和内河运输枢纽。1985 年，全港拥有泊位 605 个，仓库 16 万平方米，堆场 17 万平方米，集装箱场地 2 万平方米，各类装卸机械 573 台；完成货物吞吐量 1608.9 万吨，旅客吞吐量 340.6 万人。

十九、湛江港

湛江港位于雷州半岛东北部。法帝国主义于 1899 年 10 月强迫清政府签订《租借广州湾条约》后，湛江港逐渐成为可进出轮船的近代港口。1945 年 8 月 18 日，中法两国政府签订《中法交收广州湾租地专约》，中国收回湛江市，并决定建设军港和商港。但后来因建设款项困难，“铁路材料未能依时由美国运来接济”，建港工程被迫停止。

新中国成立后，台湾海峡形势紧张，沿海南北航运中断，远洋运输也受美蒋军事阻挠。1953 年 7 月，为了适应对外贸易、国内物资交流和巩固国防的需要，国家将湛江港列为“一五”计划中自行设计和施工的重点建设项目。1955 年 7 月 4 日，国务院通过《关于建设湛江港的决定》，第一期建设工程随即开始。1955 年至 1957 年，建成第一作业区。1958 年 10 月又建成第二作业区。它的建成显示了中国人民艰苦创业和勤劳智慧的品格，是中央和地方、党政军民团结奋斗的结果。1960 年，湛江港完成货物吞吐量 221.5 万吨。

1965 年 5 月 31 日，国家决定新建 1 万吨级援外物资出口码头和矿石专用码头各 1 座。1970 年 5 月，第三作业区（调顺码头）建设基本完工投产，年货物吞吐量 326.7 万吨。从此，湛江港成为华南地区第二大港。

“四五”期间，外贸经济活跃，国家把远洋运输船队和沿海港口建设列为重点。到 1978 年，湛江港共建成 5 万吨级原油码头 1 座、1.5 万吨级矿砂码头 2 座、5000 吨级供油码头 2 座，同时在已有港区增开 8 条装卸作业线和其他配套设施，5 万载重吨级船舶可满载乘潮进出港口，全港货物通过能力净增 520 万吨。80 年代前期，湛江港开展了技术改造。首先将第三作业区的 3.5 万吨级磷矿石码头改为煤炭出口码头。煤炭经翻车机、皮带输送机、堆取料机、装船机装船，年装船量可达 200 万吨。同期续建一区南一期工程，形成第四作业区。1985 年，湛江港拥有 1 万吨级以上泊位 15 个，铁路专用线 60.9 公里，油罐 14.2 万立方米；115 公里的输油管道与茂名炼油厂相通。当年完成货物吞吐量 1231 万吨，其中外贸货物占 39.4%。进口货物以国内原油和矿石为主，出口货物则以非金属矿石、石油和煤炭为主。湛江港各主要年份生产设施和生产量见表 44。

湛江港各主要年份生产设施和生产量

表 44

项目 / 年度	泊位		仓库面积（万平方米）	堆场面积（万平方米）	装卸机械（台）	年吞吐量	
	数量	长度（米）				货运（万吨）	客运（万人）
1949	—	327.6	—	—	—	7.0	—
1952	—	327.6	0.02	—	—	12.2	—
1957	2	363.0	2.30	4.7	42	79.0	0.8
1965	10	1140.5	3.30	12.6	93	220.1	—
1970	12	1533.9	5.20	17.7	158	326.7	—
1975	13	1621.9	6.90	16.6	360	717.3	1.1
1980	14	2006.9	6.90	21.0	377	1075.4	3.7
1985	21	3561.2	11.50	32.9	465	1230.8	1.7

二十、海口港

海口港位于海南岛北端，1858 年根据清政府与英、法、俄签订的不平等条约《天津条约》辟为通商口岸，是海南岛客货运输和对外贸易的主要口岸。

为了恢复生产，巩固国防，1952 年国家投资修复和兴建海口港，1954 年建成第一座 1000 吨级码头，1975 年 7 月 1 日建成 3000 吨级客运码头，相继增添了各种装卸机械。1962 年，海口港宣布对外开放，先后与 20 多个国家和地区通航贸易。1983 年 11 月和 1984 年 10 月，先后开辟了香港—海口和香港—海口—三亚定期客运航线，方便了华侨、台湾同胞、港澳同胞和外国友人来海南岛探亲、旅游和进行贸易商谈。1984 年年初又兴办了香港—海口和海口—日本国际集装箱运输。海口港已发展成为一个综合性客货运输港口，出口货物以橡胶、食糖、茶叶等土特产为主，进口货物有化肥、煤炭、粮食、石油、建筑材料和百杂货等，客运业务也十分繁重。1985 年，全港拥有泊位 9 个，装卸机械 79 台，港作拖船 9 艘；完成货物吞吐量 170 万吨，集装箱吞吐量 1.06 万箱、2.6 万吨货，旅客吞吐量 34 万人，其中旅客发送量 15 万人。

二十一、八所港

八所港位于海南岛西部。1939 年，日本侵略者为掠夺石碌铁矿在此建港。

1956 年，国家拨款修复八所港，翌年 10 月恢复生产。此后，港口不断完善，逐步成为海南岛最大的机械化深水港，2 万载重吨级船舶可以靠泊。1958 年，八所港正式对外开放，先后与 14 个国家通航，出口货物以矿石为主，还有食糖、海盐和木材；进口货物则以煤炭为大宗。1985 年，全港码头岸线长 631 米，拥有泊位 4 个（1 万吨级以上泊位 2 个），各类机械 42 台，仓库 5000 平方米，堆场 3.8 万平方米，完成货物吞吐量 388 万吨，其中矿石占 90%。随着海南岛的开发建设，八所港正在进行大规模的扩建工程，将成为一座综合性客货运输港口。

二十二、三亚港

三亚港位于海南岛南部三亚湾，是中国通往东南亚、南太平洋和欧、非各国航程最短的港口。新中国成立后，港口陆续进行了修复和扩建，于1984年对外开放。出口货物以海盐为大宗，另有橡胶、食糖和木材；进口货物有粮食、煤炭、化肥和日用百货。1985年，全港码头岸线长716米，拥有泊位7个，各类装卸机械52台，港作拖船3艘，仓库1万平方米，堆场6.6万平方米，完成货物吞吐量78万吨。到1985年，三亚港已同20多个国家和地区通航。

二十三、北海港

北海港位于北部湾北岸，是古老口岸之一。新中国成立后逐步扩建发展，港内设有两个作业区和一个装卸锚地。西港口作业区码头岸线长463米，可靠泊2000载重吨级货船。石步岭新港区拥有深水岸线4000米，可建突堤式码头和深水泊位10个，1987年年初建成投产2个1万吨级泊位。

北海港是全国对外开放港口之一，已与87个国家和地区的173个港口有贸易往来；出口货物以大米、糖木薯、锰矿、水产品和土特产品为大宗，主要进口货物为木材、煤炭、非金属矿石和化肥等。1985年，全港岸线长2.31万米，拥有码头27座，各类装卸机械44台，完成货物吞吐量77万吨。

二十四、防城港

防城港位于北部湾北岸，是中国沿海最西部的一个天然良港，水深、隐蔽、泥砂回淤少。防城港是为开辟中越海上隐蔽运输线而于1968年兴建的，1970年简易建成。1983年10月1日，防城港正式对外开放，现已同27个国家和地区有贸易往来。1984年4月，经国务院批准建立了北海—防城经济开发区，从而为港口的发展展示了良好前景。1985年，全港码头岸线长1676米，拥有1万吨级以上泊位7个，仓库4.5万平方米，堆场20万平方米，完成货物吞吐量39.4万吨。

第四章 远洋运输

第一节 概 述

新中国的远洋运输业，是在国民党的军事封锁和帝国主义的对华禁运以及国内经济极度困难的条件下创建的。为了尽快恢复经济和开展对外贸易，1950年9月，交通部、贸易部联合在天津建立中国国外运输公司，租用外籍商船开展对外贸易运输。1952年8月，公司迁至北京，翌年更名为中国海外运输公司，不久改称中国外贸运输公司（又称中国租船公司），隶属对外贸易部（今对外经济贸易部）领导。同期，国家采取“争取、团结、扶助”的方针和一系列优惠政策，鼓励海外侨商投身祖国的海运事业。1950年有21艘、13.04万载重吨的商船参加外贸物资运输。1955年，“大南”“义益行”“振盛行”“海洋航业”“三一”“五福”“顺昌”“南洋”和“捷顺”9家船公司的商船约263艘次，完成外贸货运量37.09万吨。1957年，广东省华侨委员会、广州外轮代理公司和“五福”“顺昌”“捷顺”等船公司组成“华侨航商驻穗联络处”，以加强彼此间的联系和团结，互通情报并提供有关运价、费率、舱位等方面的资料，统一分配航线和货源。自1955年到1958年，“顺昌”“捷顺”“南洋”“大南”“万国”“永宁”“祺福”“五福”等船公司共承运华南各港进出口物资724036吨（见表45）。

1951年6月15日，中国和波兰两国政府本着互利合作的原则，组建了中波轮船股份有限公司（时称中波海运公司）。公司股金双方各半，共拥有10艘、10万载重吨远洋运输船舶（见表46）。在长达1.25万海里的航线上，中、

组织侨商船舶承运量

表 45

年　度	艘　次	进口运量（吨）	出口运量（吨）	合计（吨）
1955	214	48127	85926	134053
1956	272	71498	116476	187974
1957	382	8800	177950	186750
1958	291	17209	198050	215259
合　计	1159	145634	578402	724036

1952 年中波轮船股份有限公司轮船一览表

表 46

船　名	隶属国	建造日期	载重量（吨）	航速（节）
兄　弟	中国	1917	11540	
和　平	中国	1941	8920	12.5
普拉斯基	中国	1928	10220	13.5
团　结	中国	1943	10310	9.5
希　望	中国	1942	10400	10.0
国际友谊	中国	1937	10180	13.5
哥德瓦尔特	波兰	1938	8380	10.7
米克拉瑞	波兰	1920	9500	11.0
华　沙	波兰	1939	10265	13.5
克休斯克	波兰	1939	10375	11.5
合　计			100090	

波两国船员，冲破美蒋集团的军事骚扰和劫持，坚持外贸物资运输，为发展两国远洋运输事业和增进友好合作，做出了贡献。1978 年，公司股东会议决定，如一方不主动提出解散，公司将长期存在下去。

1953 年 6 月 11 日，中国和捷克斯洛伐克签订了《中捷发展航运议定书》，并决定将中国所有的货船“尤利乌斯·伏契克”号、“利吉柴”号委托捷方代营。1959 年，两国政府决定成立“捷克斯洛伐克国际海运股份公司”，船舶所有权仍归投船方，实行分船核算、自负盈亏。此时，中方已投船 7 艘、8 万载重吨（见表 47）。1967 年，根据捷方的要求，公司解散。

1961 年，中国远洋运输业已经有了 10 年的经营经验，培养了一批高、中级船员和企业管理人才，同时与许多国家和地区建立了贸易关系，特别

中国投入国际海运公司轮船一览表

表 47

船　名	类　别	投入营运时间	载重（吨）
尤利乌斯·伏契克	货船	1954	7108.59
利　吉　柴	货船	1954	8550.00
杜　克　拉	货船	1958	10070.00
和　　平	货船	1958	12761.00
奥斯特拉斯瓦	油船	1959	20518.11
奥　拉　瓦	货船	1959	10070.00
奥　利　克	货船	1960	10350.00
合　　计			79428.20

是与第三世界国家的关系更为密切，国际威望与日俱增。此时，创建远洋运输企业和自营运输船队，不但迫切需要，而且已有可能。当年 4 月 27 日，中国远洋运输总公司及其广州分公司同时成立。它首先把年初购进的 2 艘客货船加以整修，易名为“光华”和“新华”，又改造了“中华”“和平”“友谊”3 艘货船，共有 5 艘远洋客、货船。

60 年代，国际航运合作进一步发展。应阿尔巴尼亚政府的要求，中、阿两国政府签订了合建中阿轮船股份公司的协定。1962 年 4 月 2 日，公司正式宣告成立，双方投资各半（阿方投资额由中方贷款），有远洋运输船 3 艘，至 1977 年年底共完成货运量 170 万吨。1978 年 12 月，公司解散。

1967 年 6 月 22 日，中国和坦桑尼亚为加强两国经济友好合作，成立了中坦联合海运公司，双方投资各半（坦方金额由中方的无息贷款支付），有船 5 艘、7.34 万载重吨，主要经营中国至东非、红海、地中海各条航线，多是承运两国间的贸易物资。

中国远洋运输总公司的成立，标志着远洋运输事业进入了以自主经营为主、合资经营为辅的时期。但是，由于基础薄弱、经验不足、资金短缺和国际形势错综复杂，远洋运输船舶数量的增长仍然十分缓慢。

60 年代，世界政治和经济形势动荡起伏，矿砂、粮食等散货和石油、天然气等液货运输量剧增。为了壮大远洋运输船队，扭转长期大量租用外轮的被动局面，在周恩来总理的正确决策和李先念副总理、彭真副委员长等中央领导人的具体指导下，外贸部、中国银行、国家计委积极支持交通部利用中国银行的海外集资，以贷款的方式购入大量的适合需要、船价也较适中的“第二手船”。同时还以外贸的顺差继续在国外订造新船。从1972年到1980年，累计购入运输船舶529艘、992万载重吨，其中有10万载重吨级油船、新型大（重）件货运输船和集装箱运输船。除退役转入沿海运输和报废者外，中国远洋运输公司净增432艘、846万载重吨的技术较为先进的远洋运输船队。1975年即实现了周恩来总理的夙愿：中国船舶承运的外贸货物量已占应承运份额的70%以上，取得了应有的自主权。交通部也以远洋运输所得盈利按期偿还了中国银行贷款本息。

随着远洋船队的壮大，1964年成立了上海远洋运输分公司，1970年至1978年先后成立了天津、青岛和大连远洋运输分公司。1979年，各分公司独立建制并开展各有侧重的远洋运输业务，中国远洋运输总公司还相继与其他航运国家和地区成立合营航务、航运公司。

80年代，中国实行改革和开放，而国际航运市场萧条，船舶过剩，竞争激烈。为此，中国远洋运输总公司决定在“六五”期间订购426万载重吨各类新型船舶，使船队更好地适应货运需要。随着经济改革和地区外贸运输的发展，一些省、自治区、直辖市也纷纷成立各种形式的远洋运输企业。1985年，全国获准从事国际海运的公司（含中外合营公司）达66家，其中与中国远洋运输总公司合营的就有江苏、浙江、河北、安徽和江西等省远洋运输公司，基本形成了以中国远洋运输总公司系统为主导，有中国对外贸易运输公司和各地区国营、集体合营公司相协调的外贸海洋运输体系。这些企业在国家计划的指导下，既协作又开展有益的竞争，求得共同发展。同时，中国远洋运输总公司积极而稳妥地开拓国际航运市场，承揽第三国的货运业务。1985年，全国交通系统拥有各类远洋运输船舶1063艘、1379.5万载重吨，完成货运量6627万吨，货物周转量2877.3亿吨海里（含与香港、澳门间的拖驳运输），见表48。

1985年全国交通系统远洋运输船队组成和货物运输量

表48

项　目	合计		杂货船		散货船		集装箱船		滚装船		载驳船	
	艘数	载重量（万吨）	艘数	载重量（万吨）	艘数	载重量（万吨）	艘数	载重量（万吨）	艘数	载重量（万吨）	艘数	载重量（万吨）
总　计	1063.0	1379.5	541.5	494.3	201	742.1	40.0	64.0	15	16.0	2	2.6
中国远洋运输总公司	614.5	1332.6	362.5	460.7	182	740.6	36.5	62.5	15	16.0	2	2.6
河北省	4.0	4.3	4.0	4.3								
辽宁省	7.0	6.7	7.0	6.7								
江苏省	6.0	4.3	6.0	4.3								
安徽省	1.0	0.6	1.0	0.6								
浙江省	3.5	1.8	3.0	1.5			0.5	0.3				
福建省	68.0	10.9	44.0	7.8	19	1.5	3.0	1.2				
江西省	1.0	0.5	1.0	0.5								
山东省	6.0	5.4	6.0	5.4								
广东省	272.0	9.3	89.0	1.8								
广西壮族自治区	80.0	3.1	18.0	0.7								

续表

项目	油船		客船			驳船		拖船		货运量（万吨）	货物周转量（亿吨海里）
	艘数	载重量（万吨）	艘数	载重量（万吨）	客位	艘数	载重量（万吨）	艘数	拖轮功率（千瓦）		
总计	15	49.7	13.5	1.8	5383	184	9.0	51	16020	6627	2877.3
中国远洋运输总公司	15	49.7	1.5	0.5	1048					5895	2841.1
河北省										24	2.8
辽宁省										51	5.2
江苏省										48	5.7
安徽省										7	0.5
浙江省										20	1.5
福建省			2.0	0.4	1278					69	4.9
江西省										4	0.5
山东省										50	5.5
广东省			10.0	0.9	3057	134	6.6	39	11423	396	8.0
广西壮族自治区						50	2.4	12	4597	63	1.6

第二节 中国远洋运输总公司及其直属公司

一、中国远洋运输总公司

中国远洋运输总公司正式成立于1961年4月27日，设于北京，是交通部的直属企业，中国远洋运输的主要力量。总公司下设5个直属公司以及与地方交通部门合营的5个省的远洋运输公司。它在德、日、英、美等16个国家和香港设有航运代表处或代表。它与国外合营的企业已有中远北美有限公司、中日国际轮渡公司、中挪考斯克拉夫航运租船公司、香港远利船务有限公司、联邦德国考斯瑞克航运代理有限公司、斯诺塔考（肯尼亚）有限公司、荷兰海洋乐园，还有6家正在筹办。

1980年以前，中国远洋运输总公司及其所属公司，主要根据国家计划承担外贸物资和援助发展中国家的物资运输，1980年经营运输船舶527艘、963.1万载重吨，完成货运量4281万吨、货物周转量1906亿吨海里。1981年至1985年，中国远洋运输总公司奋力改革和技术革新，以适应外贸物资运输的迅猛增长和开发国际航运市场的需要。5年间订购各类现代化运输船舶426万载重吨，淘汰老旧船舶49艘。1985年，总公司共经营运输船舶（含期租船）614艘、1333万载重吨，其中有集装箱运输船、散货船、滚装船、载驳船、冷藏船、多用途船、油船、木材运输船、杂货船和客货船（见表49）。船舶总吨位比1961年增加40余倍。船队构成更为合理，集装箱运输船（含半集装箱运输船）和滚装船已占船队总吨位的11.5%。船舶技术状态达到80年代的世界水平，自动化机舱的船舶已占总艘数的28%，各公司以电子通信和计算机系统与航行船舶和有关企业取得及时而准确的联系，极大地提高了工作效率和竞争能力。1985年完成货运量5895万吨，主要货种为矿石、粮食、钢铁和石油。中国远洋运输总公司已成为世界十大船公司之一，其船队航行于150多个国家和地区的600多个港口，主要班船航线有94条。其中，国际集装箱班船航线20余条，每月有49个航班；杂货班船航线37条，每月有44个航班；上海与日本大阪、神户港之间的客货轮渡，每月有4个航班。

1985年中国远洋运输总公司业务系统

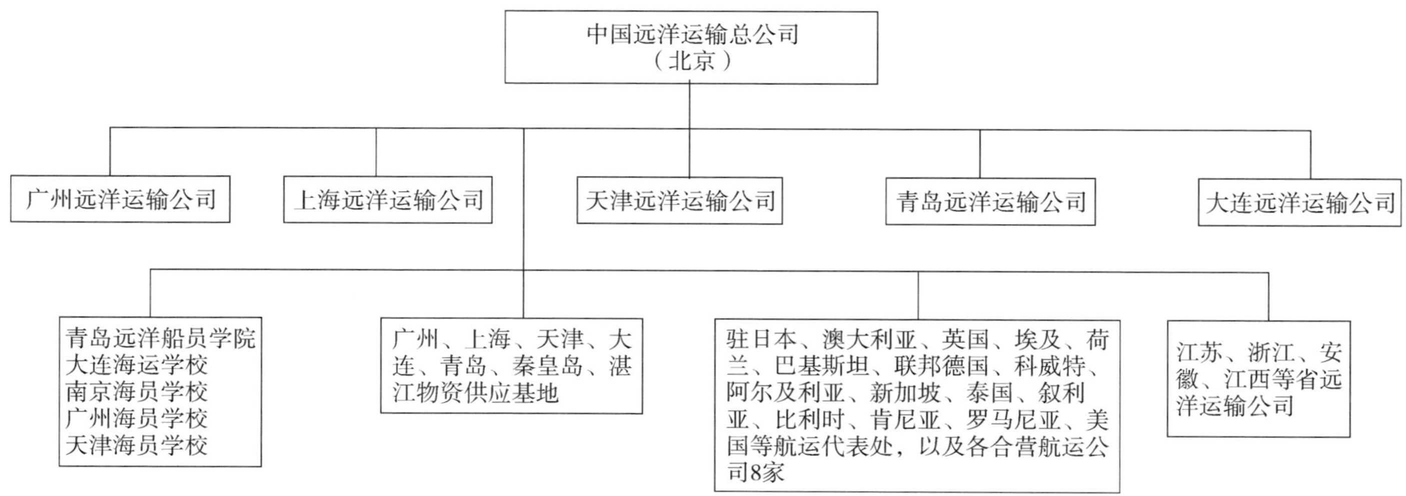

1985 年中国远洋运输总公司船舶组成和货物运输量

表 49

项　目	合　计		杂货船		散货船		集装箱船		滚装船	
	艘数	载重量（万吨）	艘数	载重量（万吨）	艘数	载重量（万吨）	艘数	载重量（万吨）	艘数	载重量（万吨）
总　计	614.5	1332.6	362.5	460.7	182	740.6	36.5	62.5	15	16.0
广州公司	151.0	239.7	119.0	154.4	14	62.3	10.0	14.4	5	5.7
上海公司	143.0	262.0	87.0	108.6	23	97.3	23.0	45.6	10	10.3
天津公司	109.0	184.3	92.0	117.9	14	64.3	3.0	2.1		
青岛公司	52.0	202.9			52	202.9				
大连公司	26.0	47.3	14.0	11.3						
国内合营公司	9.5	5.7	9.0	5.5			0.5	0.2		
中外合营公司	14.0	20.7	13.5	20.5						
其他经营公司	110.0	370.0	28.0	42.5	79	313.8				

续表

项目	载驳船		油船		客船			货物运输量	
	艘数	载重量（万吨）	艘数	载重量（万吨）	艘数	载重量（万吨）	客位	货运量（万吨）	货物周转量（亿吨海里）
总计	2	2.6	15	49.7	1.5	0.5	1048	5895.4	2841.1
广州公司	2	2.6			1.0	0.3	800	934.5	481.6
上海公司								1321.8	464.0
天津公司								677.2	286.6
青岛公司								727.2	446.3
大连公司			12	36.0				611.9	128.4
国内合营公司								52.9	4.6
中外合营公司					0.5	0.2	248	61.5	65.1
其他经营公司			3	13.7				1508.4	964.5

注：在合营公司中仅列入属中国远洋运输总公司的船舶。

班船航线见表 50 和表 51。

主要集装箱班船航线

表 50

航　线	月班次	港　口
中国—日本	21	大连、天津、青岛、上海、厦门、黄埔、海口至横滨、东京、神户、名古屋、大阪、门司
中国—香港	14	大连、天津、青岛、上海、张家港、厦门至香港
中国—东南亚	2	天津、上海至香港、曼谷、新加坡、槟城、巴生
中国—澳大利亚	2	上海至香港、墨尔本、悉尼
中国—欧洲	4	大连、天津、青岛、上海、张家港、黄埔至香港、新加坡、马来西亚、伦敦、利物浦、汉堡、不来梅、鹿特丹、安特卫普、利哈弗
中国—美国	4	天津、上海至长滩、纽约、查尔斯敦、休斯敦
中国—波斯湾	2	天津、上海至香港、达曼、曼谷、新加坡、卡拉奇、沙加、科威特

主要杂货、客货班船航线

表 51

航　线	月　次	港　口
中国—日本	18	大连、天津、上海、福州、湛江至横滨、神户、大阪、名古屋、门司
中国—东南亚	3	大连、天津、青岛、上海至新加坡、槟城、巴生、仰光、加尔各答、吉大
中国—新加坡	1	上海至新加坡
中国—欧洲	6	大连、天津、青岛、黄埔至香港、新加坡、马来西亚、鹿特丹、安特卫普、伦敦、汉堡、利哈弗、不来梅、哈芬
中国—罗马尼亚	2	秦皇岛、上海、湛江至康斯坦萨
中国—地中海	5	天津、青岛、上海至香港、亚历山大、贝鲁特、热那亚、的黎波里、马赛、里耶卡、巴里、拉塔基亚、巴塞罗那
中国—非洲红海	2	上海至香港、达累斯萨拉姆、摩加迪沙、新加坡、荷台达、苏丹、杜阿拉、阿比让
中国—波斯湾	2	天津、上海至卡拉奇、迪拜、科威特、达曼
中国—香港	5	天津、上海至香港
客货轮渡		
中国—日本	4	上海至大阪、神户

25 年来，远洋运输船舶平均年吨位递增率 17. 6% ，货运量递增率 18. 5%（见表 52）。与此同时，中国远洋运输总公司及其分公司，努力提高服务质量，改善经营管理。第一，树立了为货主服务的思想，彻底改变官商作风，采取各种方式做好货运工作。第二，调整组织机构，设立各级货运部门，负责货源信息和组织工作。第三，提高各航线的经济性和合理性，增强运输能力，提高经济效益。第四，在船舶管理方面试行经济责任制，实行单船成本承包办法。80 年代以来，它在国内外航运市场上生机勃勃，以“安全、价廉、迅速、方便”的服务，赢得客户的信赖和好评，经济效益逐年提高。

中国远洋运输总公司主要年份
船舶数量和货运量（含期租船）

表 52

年　份	船数（艘）	载重吨（万吨）	货运量（万吨）
1961	25	22. 99	85
1965	63	60. 18	246
1970	107	112. 28	499
1975	330	538. 05	2424. 8
1980	527	963. 10	4280. 9
1985	614	1332. 55	5895. 4

二、广州远洋运输公司

广州远洋运输公司正式成立于 1961 年 4 月 27 日，其前身是 1958 年成立的交通部远洋运输局广州办事处。它是交通系统第一家国营远洋运输企业，为中国远洋运输的恢复和发展，为促进国际贸易和航运的友好合作，做出了有益的贡献。

1958 年广州办事处的主要任务是：积极研究和组织开辟东南亚和中东地区的航线，团结和组织海外侨商参加海上运输，领导广州、黄埔、汕头、湛江、八所等港的外轮代理公司，督导中波轮船股份公司驻黄埔办事处和调配中国与友好合作国家合营船舶的船员。1961 年 4 月 28 日，“光华”客货船首航印度尼西亚的雅加达港接运归国难侨。同年 5 月和 6 月，“和平”、“友谊”货船首航东南亚航线载运出口物资驶往新加坡、仰光、科伦坡和雅加达各港并挂靠香港、海防港。1962 年，“和平”货船开辟西非航线，满载中国援助几内亚建设的物资抵达科纳克里港；“光华”客货船等运送中国援建也门公路的工程技术人员和物资抵达荷台达港。1963 年，“星火”、“新华”客货船相继驶抵阿尔巴尼亚的都拉斯港接送人员和物资，“光华”客货船又承担了接运印度难侨归国和运送中国、朝鲜、越南运动员参加首届“新兴力量运动会”的任务。1963 年 1 月，陈毅副总理在参观“光华”客货船时对远洋运输取得的成绩给予了高度评价，热情赋词一首：

满江红

中国海轮，第一次，乘风破浪。守纪律，好榜样；走私绝，负时望。
所到处，人民喜欢，吾邦新创。真英雄风格，人间天上。
海运百年无我份，而今奋起多兴旺。载运友谊驰四海，亚非欧美波涛壮。
待明朝舰艇万千艘，更雄放。看东方日出满天红，高万丈。

广州远洋运输公司成立时仅有运输船舶 4 艘、2.26 万载重吨，1976 年增加到 115 艘、227 万载重吨，但多为旧船，技术状态差。80 年代，公司致力于改革和船舶更新，1985 年拥有集装箱运输船、滚装船、散货船、杂货船、载驳船和客船计 151 艘、239 万载重吨、800 客位，主要经营天津、上海、大连、青岛、黄埔等港口至欧洲各主要港口的集装箱和各类件杂货物运输；华南地区至日本的集装箱和杂货班船运输，以及中国至波斯湾地区的集装箱和杂货运输。1985 年完成货运量 935 万吨，为 1961 年的 11 倍。

广州远洋运输公司根据管理经验，制订了各种规章和责任制度。1982 年，对 44 艘船试行“定船包干”办法，修理费、航修费、备件费、修理期、物料费、电信设备修理费等项目以平均先进定额为基准，明确责任范围和质量标准，奖优罚劣，奖勤罚懒。结果，抽调 352 人作外派船员，净增收入 238.4 万元；修船费用节省 280 万元，修期缩短 50% 以上，营运率达到 95% 以上；实现“责、权、利”与“国家、企业、个人利益”相结合，船员普遍关心经济责任和安全、优质运输。当年完成货运量 712.4 万吨，增加了收入，节省了修船费用。

25 年来，广州远洋运输公司的船员以英勇顽强的精神和娴熟的航海技术，乘风破浪航行于五洲四海，受到各国人民、政府和企业的称赞。1964 年 4 月，“曙光”货船首次航抵荷兰鹿特丹港，有近百名华侨于 6 月 19 日前来参加招待会，赠送了一块镶有“曙光四照，万国欢腾”的金牌，表达了海外赤子对祖国强烈的爱和由衷的祝愿。从 1964 年到 1979 年，广大船员及时而有效地完成了中国人民支援亚、非民族解放斗争和发展经济的光荣使命。1979 年 12 月 21 日，“广水”货船在马尔马拉海雾中航行时，被西班牙籍船撞破 3、4 号货舱，船身很快下沉，900 余吨电石遇海水产生大量乙炔气。在这危险关头，全体船员英勇无畏，奋战十昼夜，终于排除险情，自救成功，博得土耳其、希腊、英国等国政府和航运界的好评，交通部、中国海员工会和广州远洋运输公司分别通令嘉奖。1982 年初春的一天，“银山海”货船返航驶达南沙群岛海域时接到香港美成航业公司“成功 2”货船的呼救信号，时值 7 级大风，船摇 20 多度，船员们不畏艰险，奋力营救，使遇险的 12 名船员获生。“明华”客船于 1979 年投入国际旅游营运，其安全、正点和良好的服务，以及拾金不昧的风尚，在旅游者中传为美谈。1982 年 4 月该船驶抵天津港后，派服务员照料澳大利亚的一位 96 岁旅客哥德乐和一位双脚截肢靠轮椅移动的老妪畅游长城。歌德乐是位皮革匠，20 岁时就盼望来中国登长城，这次终于实现了夙愿。他说：“中国的长城太宏伟了，我能看到她，要感谢‘明华’号的船员。这次旅游毕生难忘。”“明华”客船的美誉早在 1981 年即传遍澳大利亚全国。那是 9 月中旬的一天，正当船舶航行于东部的大堡礁一带时，旅客哈扎德女士突然心肌梗死，病情危急。船上医护人员立即全力抢救，使她病情稳定。然后通过卫星通信与堪培垃有关当局联系，得到海上救护中心的援助，哈扎德女士被顺利接送上岸，转危为安。当日下午，悉尼广播电台播送消息：“中国的旅游船‘明华’号出色地抢救了一位患心肌梗死、心力衰竭的垂危旅客，这实在是一个奇迹，澳大利亚政府和人民向‘明华’号船员和中国医生致以诚挚的谢意！”

三、上海远洋运输公司

上海远洋运输公司是为了开展中国—朝鲜、中国—日本海上贸易运输，于 1964 年 4 月 1 日正式成立。同年 6 月 12 日，“和平 60”货船由上海港启航驶往朝鲜南浦港，抵达后受到朝鲜贸易省副相和对外运输会社社长等 300 余人的热烈欢迎。翌日，朝鲜内阁副首相在平壤市接见了正在朝鲜访问的中国海运代表团和船长、政委、轮机长。6 月 18 日，“燎原”货船由青岛港启航驶往日本门司、东京和神户 3 港口，7 月 9 日返回上海港。当时，中国和日本尚未建立正式外交关系，只有民间贸易和友好往来。日本进步团体、政党和友好人士以及旅日华侨总会等开展积极活动，为迎接“燎原”号做了大量的工作。“燎原”号在日本期间不仅受到 800 余人的集会欢迎，日中贸易促进委员会还指派工作组协助工作，日本社会党和平同志会访华代表团还随船来到中国。当年年底，上海远洋运输公司的 4 艘远洋货船已完成 14 个航次，往返于上海、青岛、天津、大连各港与朝鲜的南浦、日本的东京等 7 个港口之间。此外，“团结”、“红旗”、“建设”、“真理” 4 艘远洋货船也在当年内编入上海远洋运输公司船队。

1970 年，上海远洋运输公司开辟了非洲、欧洲和北美洲航线。但因“文化大革命”干扰和企业管理不善、船员技术水平低，货运质量差。1975 年，公司进行企业整顿，初显成效。当年已有船舶 69 艘、92.6 万载重吨，完成货运量 410 万吨，实现利润 8826 万元。

1977 年，上海远洋运输公司增加了 12 艘船舶，其中有 4 艘多用途船、1 艘集装箱运输船，正式开展集装箱运输和试开上海至欧洲、上海至日本的货运班船航线。1978 年，开始现代化改造，一批专业化、自动化的船舶编入船队，蒸汽机船于年底全部淘汰。9 月，“平乡城”集装箱船首航中国—澳大利亚集装箱航线；10 月，正式开辟上海至日本的货运班船业务。当年，上海远洋运输公司的船舶已航行于 82 个国家和地区的 265 个港口，完成货运量 662.8 万吨。1979 年 3 月 25 日，“柳林海”货船从上海港出发，经日本神户港，于 4 月 18 日晨抵达西雅图港，悬挂五星红旗的中华人民共和国远洋货船首次驶入美国港口。以交通部副部长彭德清为首的中国海运代表团出席了有美国运输部部长、国家海运总署署长莅场的各界知名人士和华侨代表等 300 余人的欢迎大会，共祝两国友好交往不断发展。

1979 年，公司还开展多种方式的经营活动，跻身于国际航运市场，积极揽运第三国家货物，年底累计达 30 余万吨。当年 10 月，又将 10 万载重吨级的散货船“金田海”号出租。上海远洋运输公司由于经营有方和以全国交通系统劳动模范贝汉廷船长为代表的广大职工的辛勤努力，面目一新，成为中国远洋运输总公司的后起之秀。

80 年代，公司锐意改革，在扩大航区的同时，注意调整和增开班船航线，并添置新的集装箱运输船和滚装船以及电子自动化设备，完善管理，以适应航运市场的需要，提高经济效益。1985 年，公司拥有船舶 143 艘、262 万载重吨，营运规模不断扩大，定期班船航线已开辟 18 条，其中集装箱定期班船航线 12 条，杂货定期班船航线 6 条。航线所及，包括美国东、西海岸，欧洲的伦敦、安特卫普、鹿特丹、汉堡，大洋洲的悉尼，日本的横滨、神户、大阪，以及香港地区和东南亚各国；不定期航线则遍布 100 多个国家和地区的 600 多个港口。同年完成货运量 1321 万吨，货物周转量 464 亿吨海里。

四、天津远洋运输公司

天津远洋运输公司成立于 1970 年 10 月 1 日，由广州远洋运输公司调拨成建制的船员和 10 艘杂货船，边筹建边开展运输业务，以适应中国外贸的迅猛发展。1973 年，公司购置 1 艘 5 万载重吨级油船，开始了中、日航线的原油出口运输。此后，随着石油、散粮、钢铁制品运量的不断增多，组建了油船队、散货船队和重型钢铁制品运输船队，1976 年又开始组建以多用途船为主的集装箱运输船队。1979 年，公司拥有船舶 83 艘、145. 6 万载重吨，其中杂货船 71 艘、87. 5 万载重吨，油船 6 艘、29. 8 万载重吨，散货船 6 艘、28. 3 万载重吨；完成货运量 638. 39 万吨、货物周转量 263. 75 亿吨海里。80 年代，经过调整和改革，天津远洋运输公司主要经营以天津港为主的北方沿海港口至地中海、西非沿岸港口货运航线，以及天津至日本的集装箱和杂货班船航线。1985 年，公司拥有船舶 109 艘、184 万载重吨，完成货运量 677 万吨、货物周转量 287 亿吨海里。

五、青岛远洋运输公司

青岛远洋运输公司正式成立于1976年7月1日，主要经营中国至加拿大、美国、澳大利亚和欧洲各国的海上散货运输。公司一方面注意提高企业管理和船员驾驶技术水平，一方面加速船舶的更新和改造。从1977年至1985年，船队运载能力平均每年增长17%以上，平均船龄已降至13年以下，每艘船舶均安装有卫星定位仪和雷达，部分船舶还装备了自动雷达标绘装置或M3000型收报机，不仅保证了船舶航行安全，营运率也由1977年的84%上升到94%以上，经济效益明显提高。如中国至北美洲航线采用卫星气象导航后，一般可缩短航期4—7天；实行航贴包干办法，商务、船舶保险、理货等方面均有改善，船舶自修保养率提高，备件消耗金额逐年减少，航运成本下降。船舶营运服务受到各方面的赞扬。

1980年5月13日，货船“明海”号驶抵美国加尔沃斯顿港，受到美方热情接待。5月17日，一位曾经访问过中国的老年妇女为答谢中国对她的盛情接待，特在加尔沃斯顿市最豪华的饭店设宴款待船员代表。5月19日上午，市长、港长秘书等官员和新闻记者，还有那位热情的老年妇女登船访问。市长赠送给沙明宗船长一把金钥匙和荣誉市民证书，授予全体船员以荣誉市民称号；港长秘书代表市长和港长任命沙明宗船长为该港荣誉港长，并把任命状、港口布置图交给船长，宣布“以后每到加尔沃斯顿港，可不用引水，直接开船进港”。“明海”货船抵美，顿时成为重大新闻，报纸、电视、广播均以显要地位予以报道。中国船员也以极大的热情款待了美国友好人士137人次。6月1日，“明海”货船满载美国人民的情谊胜利返航。

1985年，青岛远洋运输公司拥有船舶52艘、203万载重吨，完成货运量727万吨，货物周转量446亿吨海里。

六、大连远洋运输公司

大连远洋运输公司于1978年1月1日正式成立，主要经营中国至日本和罗马尼亚的石油运输，以及中国至美国东、西海岸和泰国、新加坡、菲律宾等国港口的成品油运输，兼营杂货运输。80年代，世界石油运量减少，船舶过剩，运输成本增加，船公司削价竞争激烈。大连远洋运输公司为适应航运市场的变化，及时制定经营策略，使经济效益逐年提高，特别是利用本身优越的地理位置，以大庆、辽河和渤海油田为依托，货源丰足。渤海和黄海沿岸的2.4万、5万、10万吨级油码头也为运输提供了良好的设施。1985年，公司拥有船舶26艘、47万载重吨，完成货运量612万吨、货物周转量128亿吨海里。

第三节　其他远洋运输企业

1979年中国实行“对内搞活经济，对外实行开放”的方针后，各省、自治区和直辖市以及部门和企业纷纷开展直接对外贸易。国家为了加强对外贸易管理，协调各地、各部门的商品对外成交和出口，于1980年6月3日公布实施《出口许可制度的暂行办法》。交通部也采取积极有效的办法，扶植其他远洋运输企业成长。

一、交通部与地方交通部门合营远洋运输企业

1980年以来，中国远洋运输总公司相继与江苏、浙江、安徽、江西和河北等省交通部门合营组建了各省的远洋运输公司。为了迅速打开局面和提高经济效益，中国远洋运输总公司尊重其意愿，在经营管理、物资供应、船务代理、招揽货源和调剂航线等方面都给予照顾；对实力较弱的公司，则联合经营，统一调度，年终分红。近年来，各公司经营效果不一，各有消长，外贸货源较为雄厚和经营管理有方的，发展较为迅速。

江苏省远洋运输公司成立于1980年2月。当月17日，“雨花”货船满载水泥首航香港仪式在南京港举行，揭开了江苏省外贸运输的新篇章。6年来，公司建立了较为健全的管理机构和技术素质良好的职工队伍，运力和运量稳步增长，经营范围包括外贸货物海上直达和中转运输，以及租船和国际航运业务。主要航线是通往日本、朝鲜、东南亚和西欧各国不定期航线，以及张家港—香港、南京—香港、南通—香港和张家港—日本的定期班船航线。此

外，为了积累发展基金，公司还与国内外同行业合作，合资经办其他业务。如与香港友联船厂合资经营友联大厦有限公司，与有关航运企业联合经营班船运输以及船员劳务输出等。在完成外贸货物运输任务的前提下，利用暂时空闲的船舶承担国内沿海货运和第三国的货运。1985 年，公司拥有船舶 6 艘、3.8 万载重吨，完成货运量 48 万吨、货物周转量 5.7 亿吨海里。

河北省远洋运输公司是以自筹资金和银行贷款买船并与中国远洋运输总公司合营，于 1980 年 6 月在秦皇岛市成立的。8 月 31 日，“兴隆”货船首航香港，同年底又有“丰宁”、“新乐”2 艘货船投入秦皇岛—香港航线。1982 年和 1983 年，国际航运市场竞争激烈，港口费用提高，运价下跌而燃油提价，公司经营连续亏损。面对困难形势，公司在省人民政府和中国远洋运输总公司的支持下，着力改善经营管理和扩大经营范围，四方揽货，增加货源，减少船舶空放次数，同时节省开支，扩大船舶自修、自卸范围，扩展了航线，超额完成货运指标，扭亏为盈。1984 年，公司制定了“振作精神，解放思想，以提高经济效益为中心，安全生产、优质服务为重点，加快整顿企业步伐，改善经营管理，减少亏损，力争扭亏为盈”的方针和措施。当年 8 月，增开中国—朝鲜航线，参加秦皇岛—香港集装箱运输。1985 年，公司业绩更上一层楼，拥有船舶 4 艘、3.7 万载重吨，完成货运量 24 万吨、货物周转量 2.8 亿吨海里。

二、原有航运企业扩展远洋运输业务

交通部上海海运局和广州海运局早在 1979 年就分别组建了远洋运输船队，分担外贸的粮食、矿石和石油的海上运输。上海海运局还在 1980 年、1983 年分别与有关单位合作，成立了上海海兴轮船有限公司和上海市锦江航运有限公司，开展长江下游主要开放港口至香港、东南亚地区的近洋航线，承担客、货运输。

1982 年，长江轮船总公司组建了中国扬子江轮船股份有限公司，经营长江中、下游至日本、中国香港和东南亚的江海、近洋运输航线。

大连海运公司成立于 1980 年，主要承担辽宁省外贸物资海上运输。公司相继用银行贷款购买了“黄金山”、“白银山”、“荣华山”等 7 艘、5.8 万载重吨远洋运输船舶，主要经营大连—香港—日本航线。1985 年，完成货运量 51 万吨、货物周转量 5.2 亿吨海里。

山东省海运公司是 1980 年 2 月 7 日在原青岛海运公司的基础上成立的。它以“鲁海 65”货船首开香港航线，1982 年 2 月又增开日本和东南亚各国航线，计 26 个港口。1985 年，公司拥有船舶 6 艘、4.5 万载重吨，完成货运量 50 万吨、货物周转量 5.5 亿吨海里。

福建省、广东省和广西壮族自治区是华侨的主要故乡，历史上曾是远洋船舶汇集之处。1979 年对外开放政策的实施和台湾海峡的正常通航，为开展地区近洋外贸物资交流和旅客运输创造了良好的环境。当年，福建省轮船公司利用侨资和国外贷款购买货船 13 艘、5.61 万载重吨、1361 客位，其中有集装箱运输船 2 艘，相继开辟了通往新加坡、曼谷、宋卡、槟城、马尼拉、宿务、广岛和香港等货运航线，并以“集美”“鼓浪屿”两艘客船开辟了厦门至香港的客运班船航线。此外，公司还与香港 3 家航运公司签订船员出租合同，派遣了 300 余名船员服务于外籍船舶，在经济和技术方面获益甚多。1985 年，公司拥有船舶 68 艘、8.6 万载重吨、1278 客位，完成货运量 69 万吨、货物周转量 4.9 亿吨海里，客运量 10 万人、旅客周转量 0.3 亿人海里。广东省以省航运总公司为主导力量，联合各地航运企业开展以香港、澳门为主要对象的外贸物资运输和旅客运输。广西壮族自治区则以在香港成立的桂江船务有限公司为外派机构，组织各航运公司开展香港、澳门的外贸物资运输和旅客运输。

三、其他经济成分的远洋运输企业

其他经济成分的远洋运输企业相继建立，是 80 年代中国远洋运输业发展的又一特点，迄今已有 40 余家。其中较为著名的有 1984 年重建的重庆民生轮船公司、南京大达轮船公司。重庆民生轮船公司是原民生实业公司总经理卢作孚先生之子卢国纪在有关单位赞助下，以改革和创新的精神，会同原民生实业公司的同仁成立的。公司以江、海、近洋货运为主，兼营旅游业和外贸进出口业务。大达轮船公司是南通市工商业联合会筹办和主管的，是原民族实业家张謇创办的大达轮船公司在新形势下的重建。公司凭借南通市滨江临海、内河水网密布和对外经济开放的有利形势和历史上的航业传统，开展长江、沿海和近洋航运业务。随着改革的深入和对外开放的发展，这些具有优良经营传统的轮船公司和新成立的航运企业，从小到大，日臻完善，形成特色并成为水运事业中一支活跃的力量。

第四节　大型涉外企业

一、香港招商局集团有限公司

香港招商局是 1873 年 1 月 17 日正式成立的轮船招商局（设于上海南永安街）设在香港的分支机构，全称轮船招商局香港分局。轮船招商局于 1932 年定名为国营轮船招商局，1948 年 9 月又改组成为招商局轮船股份有限公司，香港招商局也同时改为分公司，习称香港招商局。1949 年 5 月上海市解放后，招商局轮船股份有限公司即被人民政府接管并改组为国营企业，其分布在各地的分支机构和财产也归属中华人民共和国所有。

1950 年 1 月 15 日，香港招商局经理汤传篪、陈天骏响应中央人民政府的号召，率全体职工和在港的 13 艘船舶宣布起义。从此，香港招商局成为交通部驻香港的代表机构和航运企业。50 年代初期，美国政府和国民党集团对中国沿海实行军事封锁和贸易禁运政策，香港招商局的处境困难，依靠国家拨款维持。1957 年以后，中国经济建设发展，对香港的直接贸易和转口贸易物资逐渐增多，香港招商局除承担中国轮船进出香港的代理业务外，还与外资航运公司广泛合作，开展中转业务。同时将原有木结构码头改建成香港第一座钢筋混凝土结构码头，原有旧仓库也被改建成为当地最大的、拥有 4 层普通干货仓和 4 层冷冻仓的新型仓库，还建造和购置了一些钢质驳船和拖船，提高了货物仓储和运输能力。此外，配合远洋运输业的发展，为中国远洋运输总公司代购和租用船舶。1965 年创建香港友联机器修理厂（今友联船厂的前身），1972 年开办香港海通有限公司，经营船舶机械物料。

1978年，香港招商局执行“以航运为中心，立足港澳、背靠内地、面向海外，多种经营，工商结合，买卖结合”的方针，扩大了经营自主权。1979年1月，香港招商局经国务院批准并在有关方面的大力支持下，开新中国经济特区的先河，由袁庚主持兴办了蛇口工业区，在经济体制和政治体制改革中多有建树。6年来，蛇口工业区坚持“产业结构以工业为主，资金来源以引进外资为主，产品销售以外销为主”的发展方针，把昔日的荒滩野岭建成初具规模的对外开放港埠。1984年7月，广东省人民政府批准扩大蛇口工业区为14平方公里，并成立管理局行使地方政权组织的职能。

随着经济、政治体制改革的深入和发展，蛇口工业区采取一系列有利于引进外资、先进技术设备和保护外资企业合法权益等措施。1985年，设有各类工商企业200余家，总资产超过80亿港元；蛇口港货物吞吐总量达130万吨，往来于香港、广州、珠海和石歧等地的旅客运量达80万人。蛇口工业区的基本经验是：推行社会主义民主法制，提倡珍惜时间、讲求效益、平等竞争、严守职业道德，建立健全一整套具体管理制度。

此外，香港招商局还在其他经济领域锐意开拓，积极参与南海石油开发的各项后勤服务，先后独资创办和投资控股国内外两家银行、11家酒店，涉足国际贸易、旅游和建筑业，具备了经营多元化的集团企业法人资格。1986年，经国家工商管理局批准，正式成为香港招商局集团有限公司。它在香港和蛇口工业区以及国内外拥有全资附属企业、合资企业等共计309家。其中主要直属企业有：

招商局船务企业有限公司1984年9月注册成立，前身为招商局轮船股份有限公司业务部，主要经营船舶代理、货运代理和客运代理，兼营揽货、订舱、海陆空联运、货物转口和集装箱租赁、托运、存储、拆装货物，代聘中国海员，代申请中国海员证书，代办船、货保险和海事处理，代洽船舶买卖、租赁、建造和修理，代售中国和国际海运客票，以及其他有关航运业务。

招商局国际船舶贸易有限公司1984年10月注册成立，前身为招商局轮船股份有限公司船舶经纪部，曾为中国远洋船队的建设做出了有益的贡献。其主要业务是为客商买卖船舶和订造新船，开展商务和技术谈判，签署买卖合同，代客商编制技术文件、审查船舶设计图纸、实船检验、工程验收和交接，提供国际船舶市场、金融市场、造船技术、船用设备和其他有关船舶技术和商务的咨询服务。

香港明华船务有限公司1980年1月成立，主要经营船东、船舶代理、船舶买卖、船舶租赁、船舶管理、货物运输、集装箱运输和油田后勤服务等业务。公司拥有半集装箱运输船、散货船和杂货船，开辟了香港至黄埔、汕头、海口、厦门、湛江和北方沿海港口的集装箱支线班船航线和不定期货运航线。

招商局仓码运输有限公司1984年7月注册成立，主要经营码头、仓库和水运货物装卸、驳运等业务。在香港坚尼地城拥有1984年9月落成的码头和仓库。码头为突堤式，两侧可靠泊7000和1万载重吨级船舶各一艘，同时可进行货物水上过驳作业，是香港地区唯一的一座散杂货码头。仓库楼13层，总建筑面积达2万平方米，堆储货物能力达2万吨。一座16层的仓库楼正在建设之中。公司所属驳船运输有限公司的经营也十分活跃，并开展至广州、蛇口工业区和澳门等航线货运业务。

香港海通有限公司成立于1972年，主要业务是为轮船公司、港口、船厂和进出口公司提供船舶机械设备、生产和生活物料等。其下属的全资公司有海虹船舶油漆有限公司、海信电子有限公司等，合营的企业则有贵海公司、申海公司、江通公司、海联公司等。

友联船厂有限公司1965年注册成立，1981年年底在青衣岛建成占地13万平方米的新厂，成为香港地区的大规模新型船厂，具有承修4万载重吨级以下船舶和大型海上钻井平台的生产能力。

招商局发展有限公司前身是招商局发展部，1984年10月扩组为发展公司，在香港注册。蛇口工业区建设的成功，证明发展公司具有雄厚的实力和丰富的经验。

招商工程有限公司成立于1982年，主要业务是承建各类工业厂房、住宅楼宇、码头、仓库、机场、道路、桥梁等工程，承接室内装饰和水、电、冷气设备的材料与安装工程，经营各种建筑材料、设备和工程机械的贸易，并与中国路桥工程公司合作，开展海外工程业务。

香港招商局集团还代管香港远东船舶检验社，代理中国船舶检验局的船舶检验工作，代管华德海洋工程公司，代理中国海洋工程服务公司、海难救助打捞公司和拖船公司的海洋工程、海难救助、沉船打捞和海上拖航业务，代管振华工程公司，代理中国港湾工程公司的海港工程业务。

1985 年 5 月，招商局召开董事会议根据新的形势和任务，制定了“围绕航运，增强实力，扩大阵地，形成体系，发展多种经营，办好蛇口工业区，充分发挥航运支柱和内外交流的窗口作用”的方针。全体同仁决心加强团结，振奋精神，做好各方面的工作，为中国的社会主义建设，为发展香港和国内的经济合作以及香港地区的稳定繁荣做出更大的贡献。

二、中国外轮代理总公司

中国外轮代理总公司是统一经营国际海洋运输代理业务的全国性企业，业务范围包括船舶代理、货运代理、揽货订舱、客运代理、集装箱运输代理、国际联运以及其他有关业务。

新中国诞生后，在中国外轮代理总公司成立之前，国际海洋运输代理业务经历了一个由分散到集中的过程。50 年代初期，在天津、上海和广州等对外开放的港口都有规模不等、名称不一的外轮代理机构，以及私营的船舶代理行。此外，还有外国商人经营的船务公司或代理行。其中较大的有英商怡和洋行、太古洋行、保和洋行，丹麦的宝隆洋行、捷成洋行，挪威的挪威公司、顺亨洋行，瑞士的百利洋行，瑞典的维昌洋行，法商邮船公司，苏联在旅大市设立的“外商部”和苏联远东轮船公司大连办事处（1950 年后改为苏联驻华商务处大连分处）。

1950 年，参加中国沿海运输的侨商船舶逐渐增多，在大连则由大连轮船公司营业部兼办代理业务。当年 10 月 1 日成立海运服务部，专门受理外轮代理业务。此后，海运服务部先后归大连航务局和交通部北洋区海运管理局领导。

1953 年 1 月 1 日，交通部根据中央人民政府财政经济委员会的指示，首先将各对外开放港口中独立经营的外轮代理机构归并统一，并在此基础上成立各港务局领导的外轮代理分公司，而在交通部海运管理总局内设立远洋运输科（对外称中国外轮代理总公司）。1956 年，中国外轮代理总公司完善建制，成为主管海洋运输代理业务的全国性机构。

“一五”期间，各私营船舶代理行经改造归并到各地的外轮代理机构，各资本主义国家开设的洋行或船务公司因业务萧条纷纷歇业或由中国折价购买。1957 年 5 月 1 日，大连外轮代理分公司接管了苏联来华船舶的代理业务。

随着机构的调整，外轮代理业务规章和管理办法也不断完善。1951 年，交通部海运管理总局颁发《代理海轮费收办法》，使之成为各地外轮代理公司制订代理费率和标准的基础。1952 年又颁发《代理外轮业务暂行办法》和《中国外轮代理公司暂行财务会计事务处理细则草案》，形成外轮代理公司业务章程的雏形。翌年，为统一业务，中国外轮代理总公司颁发《中国外轮代理公司业务暂行办法》，统一了业务单证格式，使公司业务与各港口、船舶运输单位生产业务密切联系起来，进而保证运输生产有计划地进行。1955 年，中国外轮代理总公司正式颁发了《中国外轮代理公司业务章程》。自 1957 年下半年至 1966 年，在全国主要港口，以外贸局和外轮代理公司为主，外贸运输公司、进出口公司和人民银行等参加，组成运价小组，曾为废除远东水脚公会的不合理运价开展了斗争，取得了胜利。

随着经济建设和远洋运输事业的发展，中国外轮代理总公司已经成为世界最大的航运代理企业之一，下设 43 家分公司和 14 个办事处，形成了以北京为中心的广泛的代理业务网。中国外轮代理总公司同 150 多个国家和地区的 1000 余家轮船公司以及为数众多的联运、贸易、工商、金融、保险等企业建立了密切的联系。公司成立 30 年来共代理船舶 328461 艘次，货运量 119344 万吨。1985 年代理船舶 31288 艘次，货运量 13671 万吨，与成立初期相比，分别增长了 18 倍和 451 倍。此外，每年还代理国际旅游船 200 余艘次，接待国外游客 5 万多人，承办国际联运货物近 100 万吨，开展散货包装 10 余万吨。中国外轮代理总公司主要年份代理业务量见表 53。

中国外轮代理总公司主要年份代理业务

表53

年　份	代理船舶（艘次）	代理货运量（万吨）
1953	1702	301. 5532
1963	5441	1387. 6929
1973	9982	3899. 4291
1983	22442	9188. 2004
1984	26565	11124. 8390
1985	31288	13670. 9138

中国外轮代理总公司以“为对外贸易运输服务，促进中国与世界各国的海运交往”为经营宗旨，坚持“客户至上，服务第一”的方针，不断改进工作，努力提供优质服务。

三、中国外轮理货总公司

外轮理货是外贸运输中不可缺少的一个环节，它对承托运双方履行运输契约、买卖双方履行贸易合同和船方保质保量地完成运输任务，都起着重要的作用。理货的兴起距今已有百余年的历史。

1920年上海港就有上海帮的泡力笙代维公司和广东帮的协记太利公司，代表船方进行点数、计量、交接货物。到1935年，上海曾有6家、青岛曾有3家理货公司，其他各港也有一些理货公司，均依附于外商轮船公司，由封建把头把持。此外，各码头也设有理货部门，与船方理货人员交接货物。抗日战争期间，大部分理货公司都被日本侵略者霸占，1945年抗日战争胜利后方有所恢复。

新中国成立后，在中国海员工会领导下，成立了“上海外轮理货委员会”和“青岛理货服务处”等不同形式的理货机构。1953年，进行民主改革，清除了封建把持制度，各港将理货业务设于装卸作业区。1957年，根据形势发展的需要，将外轮理货业务独立，在外轮代理公司设立理货科，对外使用外轮理货公司名义。1961年，交通部召开第一次全国外轮理货工作会议，决定成立中国外轮理货总公司，各对外开放港口均成立外轮理货公司，成为具有公证性质的独立的理货业务单位。“文化大革命”动乱中，理货事业遭到严重破坏，曾实行“工组理货”，实际为无人理货，对外信誉受到极大损害。1971年恢复了外轮理货公司。1980年重新调整了各港的外轮理货公司体制，促进了理货业务的蓬勃发展，理货信誉迅速提高，受到外籍航商的好评。中国外轮理货总公司已与罗马尼亚、日本等国家的理货机构签订了理货协议，与更多国家的理货机构建立了业务关系和友好往来。

1985年，全国共有38个港口设有理货分公司和办事处，另在北京设立了集装箱拆装箱业务理货部，办理船舶理货2333艘次，理货量达8087万吨、62055万件，其中集装箱55.7万箱（国际标准箱）。中国外轮理货总公司历年完成理货任务情况见表54。

中国外轮理货总公司历年理货任务统计

表54

年份	分公司数量	船舶艘次	货物（万吨）	货物（万件）	理货费收入（万元）
1973	10	4780	2092	24528	505
1974	10	4121	1872	21255	457
1975	10	4635	1865	21142	448
1976	14	4669	2237	20994	543
1977	14	5587	2337	23192	918
1978	14	6550	3003	27921	1152
1979	18	8908	3729	34742	1477
1980	20	11654	3790	39803	2211
1981	20	12913	4064	42246	2638
1982	25	13353	4364	46752	2954
1983	29	16061	5547	52798	3838
1984	31	17671	6685	58728	4429
1985	38	23033	8087	62055	6666

四、中国船舶燃料供应总公司

1960年以前，中国石油工业落后，各类动力燃油供应十分紧张，各个港口都没有船舶燃油供应机构，既影响了船期，又增加了运输成本，对外影响也很不好。

60年代，中国石油工业生产大发展，外贸运输船舶进出港数量逐年增加。商业部在各港口的石油供应站负责船舶燃油供应工作，但是设施缺少，供应不及时。1971年11月，遵照国务院指示，商业部、燃料化学工业部、对外贸易部和交通部联合召开所属有关部门的会议，专门研究外轮燃油供应问题。后经国务院批准，1972 年 4 月 1 日交通部成立中国船舶燃料供应总公司，并在各主要港务管理局和上海海运局领导下，设立大连、秦皇岛、天津、青岛、上海、黄埔、湛江分公司，统一管理海洋运输船舶的燃油、润滑油和淡水供应工作。1973 年年初又在连云港增设分公司。

中国船舶燃料供应总公司成立以来，船舶燃油和淡水供应工作全面展开，发展迅速。1971 年供应来港外贸运输船舶的燃油仅 28 万吨，1985 年则增至 132. 2 万吨，14 年累计供油 2320. 6 万吨，其中外贸运输船占 474. 4 万吨；供淡水 3253. 2 万吨，其中外贸运输船占 1250. 9 万吨。同期，累计营业金额近 52 亿元，利润总额达 14 亿元，并扭转了船舶燃料供应的被动局面。在 1973 年和 1979 年两次世界石油危机中，中国各港口供油正常，赢得了信誉。历年为船舶供油、供淡水量见表 55。

中国船舶燃料供应总公司历年供油、供水量（万吨）

表 55

项目 年度	供油		供水	
	总量	其中：外贸	总量	其中：外贸
1972 年 4—12 月	64. 9	31. 4	178. 9	50. 2
1973 年	124. 0	68. 0	219. 4	68. 0
1974 年	149. 9	94. 3	234. 8	101. 8
1975 年	142. 3	82. 4	232. 0	79. 6
1976 年	136. 6	77. 3	240. 6	86. 8
1977 年	153. 5	88. 0	246. 1	89. 4
1978 年	182. 9	113. 6	257. 9	106. 0
1979 年	200. 0	134. 3	255. 8	97. 7
1980 年	193. 2	128. 2	223. 8	89. 7
1981 年	194. 3	132. 1	234. 8	104. 8
1982 年	197. 3	132. 4	217. 5	94. 3
1983 年	192. 0	128. 5	221. 2	96. 7
1984 年	193. 5	131. 7	229. 0	87. 0
1985 年	196. 2	132. 2	251. 7	98. 9
合计	2320. 6	1474. 4	3253. 5	1250. 9

自 1978 年到 1985 年，中国船舶燃料供应总公司先后与日本、英国、美国、意大利、新加坡等国和香港地区的 18 家公司签订了供油协议。1979 年以来，还陆续与英国、法国、意大利等国和香港地区的石油公司签订了代供船

用润滑油的协议，并经国家批准经营进口船用燃料油的业务。此外，与香港东方石油公司和壳牌石油公司签订了船用润滑油的来料加工业务，1983 年又与香港招商局和壳牌石油公司联营蛇口工业区的华英石油股份有限公司。

中国船舶燃料供应总公司及其各分公司的生产设施不断充实和发展。供油船是主要工具，总公司成立初期只有商业部移交的 4 艘油驳船、2 艘拖船以及上海海运局燃料站的 38 艘供油船，合计 44 艘。1985 年，保有各类工作船 95 艘，除完成年供油量 196 万吨、供淡水量 251 万吨外，尚有很大潜力。在贮油设施方面，公司成立初期只有上海何家湾 2 个贮油罐，总容量达 5000 立方米。国家先后投资 1. 38 亿元，在各港口建成总容量为 31. 5 万立方米的贮油罐和 8 座供油码头，总设计能力为年周转量 240 万吨燃油。

五、中国交通进出口服务公司

中国交通进出口服务公司于 1981 年 4 月成立，同年 8 月开业。它是交通行业的对外贸易公司，主要业务是为交通企事业单位办理技术、设备的引进和中外合作项目。公司成立以来，先后承办了 1000 余引进项目，其中主要有港口专用装卸和运输设备，航标器材和打捞救助、水下施工设备，通信导航和船舶交通服务设备，公路工程和养护机械，公路勘测、检测设备，汽车检测设备，科学研究和教学器材，电子计算机等等，为交通运输的技术改造发挥了较好的作用。

1985 年，中国交通进出口服务公司开始经营“第二手”船舶的进口业务，为广州海运局、上海海运局和各救助打捞局等部门购进了相当数量的货船、油船和工程船舶。同时努力开拓技术和设备出口，办理来料加工、合资经营、合作生产、技术合作、维修代理等，并为对外经济技术合作提供咨询服务。同年年底，中国交通进出口服务公司成为独立核算、自负盈亏、自主经营的经济实体。公司配备有经验丰富的业务和技术人员，同各国航商和企业建立了广泛的业务联系。

六、中国海员对外技术服务公司

中国海员对外技术服务公司于 1984 年成立，受交通部领导并受对外经济贸易部归口管理，是独立经营的全国性的国营企业。公司的宗旨是遵照国家的对外经济贸易的方针、政策及有关法律和规定，努力发展同国外客商的友好合作关系，为中国的社会主义现代化和世界航运事业服务。

公司通过各种方式向国外提供各类海员和海运技术、经济工程人员，海事咨询，海员培训考证及其他技术劳务服务，与国外客商发展广泛的各种经济技术合作。

公司还是中国国际贸易促进委员会的会员并与各地水运企业、港口管理部门、船厂、海运院校等有密切的联系，拥有雄厚的人力资源、技术力量和培训设施，并与上海、广州海运局，大连轮船公司，大连、天津、上海、宁波、湛江港务局以及上海航道局、长江航务管理局、长江轮船总公司建立了海员对外技术服务公司。在大连、天津、青岛、上海、厦门、广州、珠海、蛇口等沿海城市设立代表处或分公司，并在希腊、香港和泰国等地派驻有代表处，还与一些航运发达的国家和地区建立了代理机构。

第二编

水 运 工 程

第五章
港口建设

第一节　概　述

中国是一个开发港口历史悠久的国家。19 世纪末开始建设近代港口，至 1949 年建成海港和河港各 20 处左右，有大小泊位 400 多个，其中海港泊位约 300 个（含 1 万吨级以上泊位 60 个），但布局杂乱，设施简陋，多数没有装卸机械。

新中国成立后，在修复、改建和扩建原有港口的同时，又兴建了一批新的商港、军港、渔港和工矿企业、事业单位的专用码头，以及防波堤、仓库、堆场、专用铁路、公路、进港航道和生产、生活辅助设施等。1985 年年底，全国商港营运泊位增加到 1500 多个，其中 1 万吨级以上泊位 199 个。36 年来，沿海大型港口码头建设取得了显著的成绩（见表 56）。

国民经济恢复和“一五”时期，我国在医治战争创伤的同时，分别对各港口的布局进行了规划和调整，并开始添设部分小型装卸机械，以取代繁重的体力劳动。在修复天津新港之后，重点兴建了湛江商港和裕溪口煤码头，迈出了依靠自己力量建设大型港口的第一步。此后，在上海、天津、秦皇岛、黄浦和湛江等港兴建了一批 1 万吨级泊位；在武汉、南京、芜湖和马鞍山等港建设了一批机械化的煤炭和矿货码头，形成了第一次港口建设高潮。

60 年代初期，投资紧缺，没有新开项目，主要是完善了前期所建的工程。此后贯彻战备方针，建设重点转移到长江中上游的港口、航道和厂矿的专用码头方面，而在沿海地区只兴建了防城、张家港和部分急需的煤炭码头。

沿海大型港口码头建设成果

表 56

港名 \ 泊位数 \ 年度	1949—1957		1958—1962		1963—1972		1973—1978		1979—1985		1949—1985 累计	
大　连	—		—		—		4	(2)	4	(2)	8	(4)
秦皇岛	2	(2)	2	(2)	—		5	(5)	4	(4)	13	(13)
天　津	5		6	(5)	2		9	(7)	16	(12)	38	(24)
烟　台	2				2		6	(3)	2		12	(3)
青　岛	20	(10)	5	(2)	1	(1)	5	(3)	7	(7)	38	(23)
石　臼	—		—		—		—		2	(2)	2	(2)
岚　山	—		—		—		—		3	(1)	3	(1)
连云港	3		2		—		6	(5)	2		13	(5)
上　海	7		9	(6)	6	(4)	28	(18)	26	(8)	76	(36)
宁　波	—		2		1		7	(1)	8	(4)	18	(5)
福　州	—		1		1		4	(2)	—		6	(2)
厦　门	2		—		—		—		5	(4)	7	(4)
蛇　口	—		—		—		—		13	(2)	13	(2)
赤　湾	—		—		—		—		6	(2)	6	(2)
黄　埔	1		3	(3)	2	(2)	5	(5)	5	(5)	16	(15)
湛　江	5	(2)	1	(1)	4	(2)	3	(3)	7	(7)	20	(15)
八　所	1	(1)	3	(1)	—		—		—		4	(2)
防　城	—		—		2		2	(2)	6	(5)	10	(7)
合　计	48	(15)	34	(20)	21	(9)	84	(56)	116	(65)	303	(165)

注：括号内数字是 1 万吨级以上的泊位数。

1973 年 2 月，周恩来总理针对沿海主要港口出现的严重压船、压港、压货局面，高瞻远瞩、言简意赅地指出：全国只有 92 个 1 万吨级以上的泊位，太少了。这是基础，不搞上去怎么行？并发出了要“三年改变港口面貌”的号召。同年 3 月 2 日，国务院组建了以粟裕、谷牧为首的港口建设领导小组。随后，沿海各省、自治区和直辖市纷纷成立建港指挥部，国家增拨专款，优先供应物资，特批进口设备，扩充建设队伍，掀起了全国性的港口建设新高潮。这期间相继在大连鲇鱼湾、秦皇岛东区、青岛黄岛、江苏仪征兴建了大型原油外运码头，在上海、南京、安庆、金山、浙江和广州等石油化工厂建成了 1 万吨级以上的卸油泊位，满足了大庆、盘锦和胜利等油田原油运输需要，在秦皇岛港甲码头、天津港 1 号港池、烟台港、连云港港、上海港军工路和华栈、宁波港白沙和镇海、福州港马尾、黄浦港墩头基、湛江港三区以及防城港建成了新港区，缓解了散、杂货运输的燃眉之急。至 1978 年年底，共建成商用运输泊位 78 个，内含 1 万吨级以上泊位 55 个。这次港口建设新高潮，冲破了“文化大革命”的禁锢，对国民经济，特别是对水运事业的发展，产生了巨大的推动作用和深远的影响。

1979 年后，国家进入社会主义建设新时期，交通运输被列为经济发展的战略重点，港口建设形成了第三次高潮。这期间开辟了秦皇岛港东区、天津港 3 号和 4 号港池、宁波港北仑港区，在长江下游兴建了南通港狼山、镇江港大港、南京港新生圩等江海联运深水港区和宝山钢铁厂工业港，以及石臼、岚山、蛇口、赤湾等新港。至 1985 年年底，沿海和长江下游的主要港口共建成商用营运泊位 116 个，内含 1 万吨级以上泊位 65 个。其中有大型全集装箱泊位 8 个，高效率煤炭装船泊位 6 个，高效率的矿石泊位 4 个。

在此期间，国家对工程加强了管理，严格了基本建设程序。工程立项前均进行了可行性研究和设计方案比选，施工中采用了各种形式的投资包干和招标，尝试了设计单位总承包的“交钥匙”方式。工程投资由单一的国家拨款改成使用银行贷款、国外低息贷款、外商投资、合资和多方集资等各种渠道，并开始成套引进国外的高效率装卸设备，提高了装卸机械化、自动化程度。

36 年来，水运工程的设计、施工部门还承担了许多军港、渔港、地方中型港口和工矿企业、事业单位专用码头的建设任务。

第二节 渤海、黄海海区的大型港口建设

至 1985 年，渤海和黄海海区年吞吐能力在 100 万吨以上、拥有 1 万吨级以上泊位的大型港口有大连、秦皇岛、天津、烟台、青岛、石臼、岚山和连云港 8 处。36 年来，共建成商用运输泊位 103 个，其中 1 万吨级以上的泊位 63 个。

一、大连港建设

大连港始建于 1899 年，1951 年以前共建成泊位 65 个，其中 1 万吨级以

上的20个。1958年至1959年改造了香炉礁木材码头，1961、1964和1974年先后三次扩建了寺儿沟油区；1974年11月至1976年年底兴建了鲇鱼湾油码头；80年代兴建了香炉礁杂货码头，开辟了和尚岛新港区，在大港区改建成了集装箱和散粮泊位。

鲇鱼湾油码头是为输出大庆油田的原油而兴建的，是中国的第一座10万吨级码头。经过多方案论证，码头建设选取了全开敞式，并采用了钢筋混凝土沉箱墩式栈桥结构。双侧靠船的码头长420米，前沿水深东侧为17.5米，西侧为15.0米，分别为10万和5万吨级泊位，由长954米的引桥和长112米的引堤与岸相接，设计年吞吐能力1500万吨。总容积35万立方米的13座贮油罐建在码头后方的山麓。同期还建设了长228米的工作码头和日处理污水2万吨的污水处理池。码头基墩采用直径9.0米、高19.7米的沉箱，引桥上部采用跨径100米、重260吨的空腹桁架式全焊钢梁，吊装时使用了500吨的起重船。工程于1974年11月开工，1976年5月1日简易投产，至1980年年底即收回全部投资。这项工程在1978年荣获全国优秀科技成果奖，1981年被评为国家级优秀设计。

香炉礁杂货码头是一座宽突堤码头，码头线总长1222米，内含1万吨级泊位2个、7000吨级泊位2个，设计年吞吐能力96万吨。由于施工单位的沉箱预制能力有限，有696米码头采用沉箱重力式结构，其余526米使用混凝土方块。在建设中，对总面积7万多平方米的堤心回填土采用了强夯加固。工程因试行多种形式的经济承包责任制，控制了规模，提高了质量，加快了进度，节约水泥8000吨、木材3000立方米、资金约2000万元。工程于1982年10月正式开工，1985年10月竣工交付使用。工程设计被评为1985年交通部表扬项目，方块预制和现浇胸墙获得交通部1984年度优质混凝土奖杯。

内含卸煤和危险品等3个1万吨级以上泊位的和尚岛港区建设始于1985年，1988年完成，设计年吞吐能力为540万吨。

二、秦皇岛港建设

1948年以前，秦皇岛港共建成泊位7个。从1951年改建6、7号泊位至

1985 年年底，共新建和改建大型营运泊位 13 个，燃料油泊位 3 个。工程规模和数量见表 57。

在 7 号泊位的扩建段首次采用了卸荷板式方块结构，并在其背后的护岸中使用了四角锥作护面块体。乙码头是新中国兴建的第一座沉箱重力式码头。

油码头是与大庆—秦皇岛输油管道配套建设的。一期工程含 2 个 2 万吨级泊位，采用双侧靠船的沉箱墩式结构，并首次使用了高强钢丝后张法预应力钢筋混凝土鱼腹梁。二期工程建在前者的外侧，是一个 5 万吨级泊位，采用沉箱重力式结构，自身掩护，单侧靠船。为了减少码头前的波浪反射，首次使用了开孔沉箱。主体工程于 1978 年基本建成，后因国家实行经济调整而缓建，1984 年 5 月恢复建设，年底正式竣工投产。输油臂单机装船效率为 2000 立方米/时。

煤码头是为了运输山西、内蒙古等省区的煤炭而兴建的。1976 年开始的第一期工程置于油码头西侧，为顺岸式码头，含 2 万和 5 万吨级泊位各一个。移动式装船机采用高架皮带机喂料，单机效率为 2500 吨/时。主要装卸设备都是中国设计、制造和安装的。1980 年开始的第二期工程是建一座突堤码头，垂直布置在一期工程的西端，内含 5 万吨级泊位 2 个，是新中国首批使用日本国贷款建设的码头之一。装卸设备是由日本成套引进的，尾车供料的移动式装船机效率为 6000 吨/时，双翻式翻车机的单机效率为 3600 吨/时，全部作业均可由计算机集中控制。所用的沉箱最大尺度为 15×10×18.5 米，均为开孔消能式。由于滑道下水能力不足，施工中先在陆上预制到高 10 米，余者溜放后再在水中台座上一次浇完。二期工程被评为 1984 年度交通部级和 1985 年度国家级优质工程。1984 年开始的第三期工程建在油码头的东侧，内含 10 万吨级泊位 1 个、3.5 万吨级泊位 2 个。装船和卸车设备与单元重载列车相配套，翻车机房采用了地下连续墙拦阻地下水，各期煤堆场堆取料机基础均采用强夯加固。全部工程将于 1989 年完工，与大秦电气化铁路相匹配，年出口煤炭可达 3000 万吨。

此外，还先后开挖了 5 条深水航道，总长 20.8 公里。天津航道局 1980 年开始扩建的煤码头主航道、1984 年疏浚的二期油码头港池和航道，

秦皇岛港主要建设成就

表 57

工程名称	主体结构型式	主要工程规模	泊位数	设计吞吐能力（万吨/年）	开、竣工年月
7 号泊位扩建	卸荷板式方块	接长 82 米，其中 16 米是桩基栈桥	1		1958. 6—1959. 6
乙码头建设	沉箱重力式	码头 400 米，防波堤 390 米，护岸 1275 米	2	1000	1959. 4—1962. 4
原油码头一期工程	沉箱墩	码头 278. 5 米、水深 11. 0 米，引桥 435 米，引堤 747 米，油罐 3 万立方米	2	1000	1972. 7—1973. 10
燃料油码头建设	沉箱重力式	码头长 270 米、水深 5. 5 米，油罐 4 万立方米	3	30	1973. 6—1976. 10
甲码头建设	沉箱重力式	码头长 463 米、水深 12. 5 米，仓库 1 万平方米	2	100	1973. 11—1975. 12
原油码头二期工程	沉箱重力式	码头长 322 米、水深 14. 0 米，防波堤 1015 米，3000 立方米污水处理池 2 座	1	500	1975. 3—1984. 12
铁路西进线建设		铺轨 15. 78 公里			1975. 2—1980. 11
煤码头一期工程	沉箱重力式	码头长 547 米、水深 14. 0 米，堆场 13. 2 万平方米，翻车机房两座，翻车机 3 台，装船机 3 台	2	1000	1976. 6—1983. 12
煤码头二期工程	沉箱重力式	码头长 615 米、水深 14. 0 米，堆场 19. 8 万平方米，翻车机房一座，翻车机 2 台，装船机 2 台	2	2000	1980. 4—1985. 3
丙、丁码头建设	沉箱重力式	码头线长约 1400 米、水深 11. 5—12. 5 米，防波堤长 1326 米	6	350	1982
煤码头三期工程	沉箱重力式	码头线长 840 米，引堤 847 米，堆场 22 万平方米，2 台翻车机，3 台装船机	3	3000	1984. 8

相继被评为交通部级优质工程。

三、天津港建设

1949 年 5 月 15 日，华北区人民政府即拨款清理航道，续建新港工程。从 1951 年开始，港口先后进行了三期大规模的建设，至 1985 年年底共建成商用营运泊位 38 个。其中，新建 1 万吨级以上货运泊位 23 个，5000 吨级客运泊位 4 个，改建和扩建货运泊位 11 个（内含 1 万吨级以上泊位 1 个）。同时，还建设了一批仓库、堆场、铁路和公路专线、供水和供油码头（内含 1 万吨级以上泊位 1 个），扩建和加固了防波堤，浚深了航道，建成了一座海上大型灯塔。工程规模和数量见表 58。

第一期工程始于 1951 年 8 月，翌年 10 月完成。主要内容是疏浚航道，改建 1 号码头，修复防波堤、装煤机和船闸。在建港过程中，广大职工表现了忘我的劳动热情，创造了许多先进经验，被采纳的合理化建议达 1674 项。如“穿针引线法”的提出，解决了经仓库底下穿拉杆的难题。

新港 5 号泊位是一座预制装配式宽承台高桩板梁码头，使用了 40×40 厘米的预应力钢筋混凝土桩和钢筋混凝土叠合板，预制装配化程度达 68%。码头下的软土岸坡采用砂井加固，是砂井法第一次被引进海港建设。

1959 年开始的第二期工程，主要是建设了 14—18 号 5 个 1 万吨级泊位。原设计采用高桩无梁板结构，预制装配化程度为 86%。但是先期建设的实践表明，对于活荷载较大的深水杂货码头前平台，与板梁式结构相比，混凝土用量多，造价高，钢轨锚固也不牢。因此，后开工的 14、15 号泊位的前平台改用了桩基板梁式结构。

1973 年动工的第三期工程，相继新建 1 万吨级以上货运泊位 18 个、5000 吨级客运泊位 4 个、3 万吨级供油泊位 1 个，改建货运泊位 3 个（含 1 万吨级泊位 1 个），其规模在同期的港口建设中仅次于上海港。21 号泊位建在三港池的顺岸处，是中国设计和建造的第一个全集装箱泊位，先后被评为交通部和国家级优秀设计。27—29 号泊位建在四港池的顺岸处，是利用世界银行贷款建设的 3 个相连的全集装箱泊位。主要装卸设备均由国外成套引进，具有80年代的世界先进水平。其堆场地基采用袋装砂井与真空预压相结合的

天津港主要建设成就

表 58

工程名称	主体结构型式	主要工程规模	泊位数	设计吞吐能力（万吨/年）	开、竣工年月
新港 1—4 号泊位扩建	钢板桩	码头线长 650 米、水深 7.5 米	4	140	1951.6—1952.10
新港 6 号泊位修复	墩式	水深 8.0 米	1	100	
浚深航道、加固外堤		航道底宽 60 米、水深 5.5 米			1951.9—1953.6
新港 5 号泊位建设	钢筋混凝土高桩板梁	码头长 176 米、宽 44 米、水深 8.0 米	1	35	1958.8—1958.12
新港 16—18 号泊位建设	钢筋混凝土高桩无梁板	码头长 550 米、宽 42 米、水深 9.0 米	3	199	1959.8—1959.12
塘沽 8 号码头改建	钢筋混凝土高桩板梁	码头长 230 米、水深 4.5 米	2	44	1965.7—1965.12
塘沽 10 号码头改建	钢筋混凝土高桩板梁	码头长 355 米、水深 5.0 米，仓库 5210 平方米	2	60	1972—1975.12
新港 7—13 号泊位建设	钢筋混凝土高桩板梁	码头线长 1673 米，仓库 41485 平方米，堆场 10.4 万平方米	7	441	1973.4—1977.12
供油供水设施建设	钢筋混凝土高桩板梁	3 万吨级泊位 1 个，千吨级泊位 5 人，贮油罐容积 5 万立方米	6	36	1973.7—1977.7
大沽灯塔建设	桩基墩台	塔高 35.6 米，灯光射程 17 海里			1974.6—1978.5
三港池杂货泊位建设	钢筋混凝土高桩板梁	码头线长 1138 米，仓库 24761 平方米，堆场 10.6 万平方米	5	195	1975.5—1980.12
集装箱（21 号）泊位建设	钢筋混凝土高桩板梁	码头长 398 米，拆装箱库 11469 平方米，堆场 12.7 万平方米	1	100	1975.5—1981.12

续表

工程名称	主体结构型式	主要工程规模	泊位数	设计吞吐能力（万吨/年）	开、竣工年月
塘沽客运码头建设	钢筋混凝土高桩板梁	码头长250米、水深5.5米	2		1976.7—1979.12
新港客运码头建设	钢筋混凝土高桩板梁	码头长311米、水深8.1米	2		
四港池杂货泊位建设	钢筋混凝土高桩板梁	码头长458米，仓库8252平方米，堆场3.6万平方米	2	67	1976.6—1981.12
四港池集装箱泊位建设	钢筋混凝土高桩板梁	码头长895米，交接库17466平方米，堆场15.6万平方米	3	300	1976—1985
盐码头改建	钢筋混凝土高桩板梁	码头长175米、水深10.0米	1	320	1981.5—1983
散粮码头改造		换装夹皮带式卸粮机，建设14个咬口板粮仓		增加128	1984—1986
航道扩建一期工程		底宽120米，浚深至－8.0米，挖泥1623万立方米			1977.7—1981.12
航道扩建二期工程		底宽150米，浚深至－10.0米，挖泥2114万立方米			1982.3—1984.12

方法进行了加固，为一航局科研所首创。

天津新港的港池和航道都是在淤泥质浅滩上开挖出来的。通过修建海河口挡潮闸、加固防波堤、封堵北防波堤缺口、缩小港内水域面积等工程措施，淤强大为减弱，在泊位增多和航道浚深、拓宽的情况下，每年的维护挖泥量仍保持为约800万立方米。1985年，23公里长的主航道水深已达11.0米，底宽为150米，5万载重吨级船舶可乘潮进出港口。

四、烟台港建设

烟台港近代设施始建于1915年，至1948年共建成1座长183米、水深6.4米的重力式码头，一部分驳岸和2座防波堤。但因年久失修，1949年又遭台风袭击，航道淤塞，建筑物破损严重。

1948年9月烟台解放，人民政府即组织力量浚挖航道，修复码头、防波堤和灯塔等，随后又进行了大规模的建设。至1985年年底，共建成营运泊位12个（含1万吨级泊位3个）和客运站、仓库、堆场等配套设施，加固和改建了防波堤，形成了年吞吐货物286万吨、发送旅客75万人次的设计能力。工程规模和数量见表59。

4号泊位为5000吨级客货码头，它的建成结束了烟台港百余年来沿用过驳运送旅客的历史。1956年，又建成了1号泊位、客运站、码头前方候船厅和架空廊道，使客运设施逐步完善。1965年，一航局二处在2、3号泊位施工中采取了一系列提高质量的措施，预制的混凝土方块被评为“名牌产品”，受到交通部的表彰。70年代大规模港口建设期间，烟台建港指挥部自行组织力量设计，并配合铁道部大桥工程局将报废的打桩船改装成起重船，使5—10号泊位和长866米的方块重力式码头如期建成，受到国务院港口建设领导小组的表彰。位于老港西侧的西港池一期工程，是经过技术经济论证后开辟的一个新港区，内含6个1万吨级泊位，已于1985年动工兴建。

五、青岛港建设

青岛港始建于1892年。1949年解放时，在营运的33个泊位中，

烟台港主要建设成就

表 59

工程名称	主体结构型式	主要工程规模	泊位数	设计吞吐能力（万吨/年）	开、竣工年月
4 号泊位建设	方块古典重力式	码头长 126 米、水深 7.6 米	1	25	1954.3—1954.12
1 号泊位建设	浮式	码头长 107 米	1	3/15 万人	1956.4—1956.12
客运站建设		3100 平方米			1958.6—1959.10
2、3 号泊位建设	卸荷板式方块	码头长 221 米、水深 6.9 米	2	30/25 万人	1963.4—1965.6
客运站扩建	二层框架式	候船厅和仓库合计 6011 平方米，架空廊道 218 米			1967.3—1970.2
5—7 号泊位建设	卸荷板空心方块	码头长 540 米、水深 9.2 米，仓库 1 万平方米	3	105	1974—1976.9
8—10 号泊位建设	卸荷板空心方块	码头长 326 米、水深 6.70 米，仓库 5000 平方米	3	110	1976—1978
进港航道扩建		全长 2500 米，底宽 80 米，水深 9.2 米			1976—1976.9
东防波堤加固	浆砌石块直立堤	堤长 795 米，外侧加扭工字块和抛石			1979.5—1981.6
1 号泊位改建	卸荷板式方块	码头长 140 米、水深 6.9 米	1	8/25 万人	1981—1982.5
13 号泊位建设	卸荷板式方块	码头长 140 米、水深 6.9 米	1	8/25 万人	1983—1984.5
14 号泊位建设	卸荷板式方块	码头长 126 米、水深 6.2 米	1	工作船	1983—1984.5
15 号泊位建设	卸荷板式方块	码头长 180 米、水深 5.7 米	1	工作船	1983—1984.12
西港池一期工程	卸荷板式方块	码头长约 1236 米、防波堤 570 米，护岸 910 米	6	390	1985

青岛港主要建设成就

表 60

工程名称	主体结构型式	主要工程规模	泊位数	设计吞吐能力（万吨/年）	开、竣工年月
5 号码头续建	钢板桩	32—34 号泊位长 388 米，墙后填沙 39073 立方米	3		1950. 7—
		37—39 号泊位	3		1952. 8—1953. 12
高桩码头修复	桩基承台	4、5、8、16 号泊位	4	72	1953. 4—1954. 12
	桩基承台	6、7、25 号泊位	3	54	1953. 4—1954. 12
	桩基承台	9—15 号、26—29 号泊位	11	110/10 万人	1956. 3—1958. 12
40 号泊位建设	卸荷板式方块	码头长 160 米、水深 7. 5 米	1	24	1959. 11—1960. 8
煤码头建设	卸荷板式方块	码头长 165 米、水深 9. 0 米	1	520	1966. 6—1968. 5
1 号码头南侧改造		沥青混凝土堆场 25000 平方米，铁路专线 1000 米，门座起重机 5 台			1968. 7—1970. 7
客运码头建设	卸荷板式方块	客运码头长 300 米、水深 7. 5 米。客运站 7436 平方米，堆场 3. 5 万平方米，仓库 1. 5 万平方米，铁路、起重机轨道等	2	40/25 万人	1973. 5—1978. 6
临时油码头建设	多点系泊	4 万吨级旧船 1 艘，直径 426 毫米海底油管 500 米	1	500	1973. 6—1974. 9
黄岛油码头建设	桩基墩式栈桥	码头线长 314 米，引堤、引桥合计 946 米	2	1000	1974. 1—1976. 7
8 号码头建设	卸荷板空心方块	北顺岸长 261 米，突堤长约 650 米，码头线长 1777 米	7		1973. 6—1965. 12

18 个桩基承台式的都已破损严重，不复正常使用。

1950 年至 1985 年年底，青岛港共续建和修复泊位 24 个，新建营运泊位 14 个（含 11 个 1 万吨级以上的泊位），增加年货物吞吐能力 2550 万吨、旅客发送能力 35 万人次，工程规模和数量见表 60。

在 1954 年开始的桩基码头修复过程中，施工人员群策群力，研究成功水下抽砂灌浆和斜管灌注水下混凝土等工艺，使 18 个泊位的修复工程于 1958 年胜利完成。60 年代后半期兴建的煤码头是港务局自行设计、施工的，前沿设有 5 台固定式装船机。黄岛油码头是为外运胜利油田的原油而兴建的。在无掩护水域建设的开敞式永久性码头内含 5 万和 2 万吨级原油泊位各一个。原油码头的基墩采用钢管桩基础，上部结构则是由钢管焊成的三角形桁架。拥有 7 个 1 万吨级以上泊位的 8 号码头和与之配套的立交桥，是在 70 年代中期开始兴建的。由于拆迁困难和施工力量不足，1985 年才竣工投产。

六、石臼港建设

石臼港地处黄海海岸线的中部，水深、少淤、地基承载力高，是中国 80 年代开发的一个深水良港。

石臼港一期工程是为输出兖州和晋东南地区煤炭而兴建的，是“六五”期间利用日本贷款建设的重点项目之一，设计年吞吐能力 1500 万吨。码头为离岸全开敞式，长 452 米、宽 18.5 米，前沿水深 17.0 米，双侧靠船，各为一个 10 万吨级泊位。引桥长 1144 米，引堤长 278 米，堆场总面积 22.5 万平方米。另外还建设了翻车机房、中央控制室、环境保护设施和铁路专线等。码头前沿设有 2 台时效 6000 吨的移动回转式装船机，后方设 2 台时效 3600 吨的双翻式翻车机，堆场上采用时效 3600 吨的堆料机和时效 3000 吨的取料机各 2 台，全部装卸作业均可由电子计算机实现集中控制。码头和引桥均采用沉箱墩式钢桥结构。最大的沉箱直径 18 米、高 20.2 米、重 2927 吨，施工中采用了坐底式浮坞接运下水的新技术。工程于 1982 年 2 月正式动工，1985 年年底建成投产，被评为交通部 1985 年度优质工程。

石臼港利用煤码头节余投资兴建的 1 万吨级杂货码头，设计年吞吐能力为 20 万吨，于 1985 年开工，1986 年建成投产。

七、岚山港建设

岚山港位于山东省南部，濒临海州湾北缘，始建于 1959 年。1977 年开始建设新港区，至 1985 年年底共建成码头线 566 米，内含 1000、5000 和 2 万吨级散杂货泊位各一个，设计年货运能力 115 万吨。码头均为重力式方块结构，防波堤为斜坡式抛石堤。2 万吨级泊位是采取中央、地方和企业集资方式兴建的。1983 年开工，主体工程于 1984 年建成，设计年吞吐能力为 50 万吨。

八、连云港港建设

连云港港始建于 1933 年。由于战争和自然损坏，航道淤塞，至 1948 年 10 月仅有长 192 米的 2 号码头尚可停靠 2 艘 3000 载重吨级船舶。

1949 年 6 月重新开港后，进行了三次较大规模的建设。至 1985 年年底，共新建、改建泊位 13 个（含 1 万吨级以上泊位 5 个），新增年设计吞吐能力 585 万吨。主要工程规模和数量见表 61。

油码头是 50 年代为了出运甘肃、新疆地区的原油而兴建的，可同时停靠 2 艘 1250 吨的油船。因油源变化，贮油和装卸设施于 1961 年迁往大连寺儿沟。1958 年至 1961 年，第一次改建成的 1 号码头南段长 225 米，拥有 3000 和 5000 吨级泊位各一个。70 年代，将 2 号突堤东侧的老框架式码头改建成钢筋混凝土高桩板梁式结构，内含 5000 和 1 万吨级杂货泊位各一个。随后又在 2 号突堤西侧和 1 号突堤北段新建了 3 个 1 万吨级以上泊位。在 2 号突堤西侧钢板桩码头建设的初期，由于墙后填筑方式不当，在 3 个月内发生了 8 次滑坡。后来将堤根部岸线西移 13. 5 米，又采取了加强清淤、增打阻滑板桩和砂桩加固等措施，防止了事故的再次发生。拥有 4 个 1 万吨级以上泊位的 3 号突堤，采用全桩基方案，这是宽突堤式码头建设中的一个新的尝试。突堤两侧的顺岸部分均为钢筋混凝土板桩结构的工作船码头，1980 年建成投产。突堤东侧 2 个泊位的主体于 1984 年建成，西侧 2 个泊位的主体和整个码头的配套工程正在加紧建设之中。

连云港主要建设成就

表 61

工程名称	主体结构型式	主要工程规模	泊位数	设计吞吐能力（万吨/年）	开、竣工年月
陈家港盐码头建设	钢筋混凝土桩基框架	码头长 50 米、水深 7.2 米，长 48 米的引桥 2 座	1	15	1954.7—1954.11
油码头建设	桩基栈桥式	码头长 120 米，水深 4.5 米，引桥长 157 米，油罐 5 个	2	停用	1954.12—1955.12
1 号码头建设	钢筋混凝土桩基框架	码头长 225 米、宽 13 米、水深 6.0 米，铁路装卸线	2	拆除	1958.8—1961.10
煤码头建设	钢筋混凝土桩基板梁	码头长 162 米、宽 18 米、水深 9.0 米，引桥长 158 米	1	275	1968.10—1973.12
2 号码头东侧建设	钢筋混凝土桩基板梁	码头长 325 米、水深 7.0—9.0 米，引桥长 122 米	2	70	1972.2—1977.12
2 号码头西侧建设	单锚钢板桩	码头长 378 米、水深 9.0 米，仓库 3 座、总面积 12548 平方米	2	80	1974—1977.12
1 号码头北泊位建设	钢筋混凝土桩基板梁	码头长 153 米，水深 9.0 米，仓库 13332 平方米	1	40	1974—1975.9
1 号码头南泊位改建	钢筋混凝土桩基板梁	码头长 158 米、水深 7.0 米，堆场 24075 平方米	1	30	1978.10—1979.9
外轮航修站建设		码头长 51 米，船台长 177 米，厂房 12011 平方米			1977—1979.10
燕尾港盐码头建设	钢筋混凝土桩基框架	码头长 130 米、宽 15 米，引桥 2 座各，各长 90 米、宽 10 米	1	30	1980.12—1982.1
3 号突堤建设	钢筋混凝土桩基框架	突堤长 370 米、宽 200 米，东、西顺岸码头长 357 米	4	140	1981—1987.12
庙岭煤码头建设	钢筋混凝土桩基栈桥	码头线长 479 米，取样平台和引桥 198 米，引堤 120 米	2	900	1982—1986.6

庙岭煤码头建在老港区的西侧，是一座单侧靠船的桩基栈桥，内含3万和1.5万吨级泊位各一个。码头上设有台时效率4000吨的移动式装船机2台，后方配有螺旋式卸车机10台，总面积约20万平方米的堆场上有4条堆取料机轨道和长近7000米的皮带机。码头上的主要装卸设备都是国产的。主体工程已于1985年完成，1986年6月正式投产。

第三节　东海、南海海区的大型港口建设

至1985年年底，东海和南海海区年吞吐能力超过100万吨、拥有1万吨级以上泊位的大型海港有上海、宁波、福州、厦门、黄埔、蛇口、赤湾、湛江、八所和防城10处。36年来，共建成商用运输泊位164个，其中1万吨级以上的泊位84个。

一、上海港建设

上海港始建于19世纪后期。1949年有固定式码头113座，总长6961米；浮式码头155座，总长5786米，其中近半数的码头设施不能使用，且布局杂乱，绝大部分货物装卸作业依靠人抬肩扛。

新中国成立后，港口相继进行了一系列改建和扩建。至1985年年底，共新建、改建码头9860米（其中1万吨级以上泊位30个），增建了仓库、堆场、道路、供水、供电、通信设施和装卸机械等，年货物吞吐量已超过1亿吨，跨进了世界十大港口的行列。主要工程规模和数量见表62。

50年代初期，上海港首先清理了黄浦江和长江口航道，修复了灯塔、浮标，印发了航道图，完成了长江口扫海。随后完成了董家渡卸煤泊位、汇山3号泊位、开平水陆联运港区等首批改建和新建工程。50年代末，经过全面规划，兴建了一座水陆联运的深水新港区——张华浜装卸区，建成了北票7、8号泊位。码头均为顺岸式宽平台，采用钢筋混凝土高桩板梁式结构，前平台的横向排架间距为7米，最大的预应力钢筋混凝土桩长36米。桩、纵梁和面板都是预制的，装配化程度高，改善了施工条件，缩短了工期。但是由于缺

上海港主要建设成就

表 62

工程名称	主体结构型式	主要工程规模	泊位数	设计吞吐能力（万吨/年）	开、竣工年月
董家渡码头改建	桩基框架	码头长 75 米，木框架改为钢筋混凝土框架	1		1952. 1—1952. 7
汇山 3 号泊位建设	木桩钢筋混凝土框架	码头长 110 米、水深 8. 0 米	1	30	1957——1958. 3
北票 6 号泊位建设	钢筋混凝土桩基框架	接长 57 米、水深 9. 0 米		85	1957. 3—1957. 10
华顺 6 号位改建	钢筋混凝土桩基框架	码头长 246 米、水深 8. 5 米	2	50	1958. 3—1958. 12
张华浜 3、4 号泊位建设	钢筋混凝土桩基板梁	码头长 360 米、水深 10. 0 米	2	100	1959. 2—1959. 10
北票 7 号泊位建设	钢筋混凝土桩基板梁	码头长 210 米、水深 9. 0 米	1	215	1959. 8—1959. 9
张华浜 6 号泊位建设	钢筋混凝土桩基板梁	码头长 180 米、水深 9. 0 米	1	50	1959. 12—1960. 2
张华浜 2 号泊位建设	钢筋混凝土桩基板梁	码头长 180 米、水深 9. 0 米	1	50	1960. 6—1960. 7
汇山 4 号泊位改建	钢筋混凝土桩基板梁	改建成码头，长 142 米	1	30	1961. 5—1962. 6
北票 8 号泊位建设	钢筋混凝土桩基板梁	码头长 128 米、水深 9. 0 米	1	260	1962. 1—1962. 5
国际客运站建设		客运楼 1768 平方米			1964. 9—1965. 4
张华浜 7 号泊位建设	钢筋混凝土桩基板梁	码头长 180 米、水深 9. 0 米	2	80	1966. 4—1967. 12
公平路码头改建	钢筋混凝土桩基板梁	码头长 244 米、水深 9. 0 米	2	80	1967. 12—1970. 3
开平码头改建	钢筋混凝土桩基板梁	码头长 308 米、水深 9. 0 米	2	90	1973. 3—1973. 12
华栈码头建设	钢筋混凝土桩基板梁	码头长 880 米、水深 10. 5 米	5	290	1973. 11—1977. 12

续表

工程名称	主体结构型式	主要工程规模	泊位数	设计吞吐能力（万吨/年）	开、竣工年月
军工路港区建设	钢筋混凝土桩基板梁	码头长 1600 米、水深 9.0—10.5 米，库场等	9	320	1973.12—1980.12
中华南栈煤码头建设	钢筋混凝土桩基板梁	码头长 220 米	3	480	1974.12—1980.12
张华浜 5 号泊位改建	钢筋混凝土桩基板梁	码头长 180 米、水深 9.0 米	1	40	1974.10—1977
南市 8—15 号泊位建设	钢筋混凝土桩基板梁	驳船码头长 657 米	6	125	1974—1977
白莲泾 3、4 号泊位建设	钢筋混凝土桩基板梁	码头长 332 米、水深 9.0 米，堆场	2	100	1975.4—1975.9
共青苗圃码头一期工程	钢筋混凝土桩基板梁	小船码头线长 225 米	2	25	1978.10—1979.12
共青苗圃码头二期工程	钢筋混凝土桩基板梁	小船码头长 675 米	7	95	1980.2—1984.12
十六铺客运站建设		客运大楼 1470 平方米		435 万人次	1980.7—1982.12
张华浜集装箱码头	钢筋混凝土桩基板梁	码头线长 424 米、水深 10 米，拆装箱库、堆场	2	200	1981.2—1985.12
北票 6 号泊位改建	钢筋混凝土桩基板梁	码头长 163 米、水深 9.0 米，综合楼，桥式卸煤机	1	155	1981.5—1982.8
金陵路售票大楼建设		16 层综合楼，面积 14100 平方米			1981.6—1984.12
新华码头改建	钢筋混凝土桩基板梁	码头长 324 米、水深 10.5 米，仓库、堆场等	2	70	1982.11—1984.9
老白渡张家浜码头改建	钢筋混凝土桩基板梁	水深 9.5 米的码头长 388 米，深 5.0 米的码头长 291 米	4	850	1983.3—
东昌路 3 号泊位改建	钢筋混凝土桩基板梁	码头长 138 米、水深 9.5 米，堆场，道路等	1	35	1984.5—1985.4

乏经验，张华浜码头投产后，出现了基桩断裂和码头面不均匀沉降等现象。60 年代中期，根据张华浜码头科研办公室集中研究的结果，采用在断裂的斜桩处补压直桩并使之伸入硬土层的方案，对 3、4 号泊位进行了加固。稍后兴建的 7 号泊位则吸取了上述教训，基桩全部达到同一硬层，并改排架中的叉桩为单斜叉桩，建成了上海港的第一座水陆联运重件码头。

70 年代建成了军工路新港区，扩建了华栈、白莲泾港区，改造了民生路散粮和中华南栈煤码头。1973 年至 1978 年年底，共新建、改建营运泊位 26 个，码头线总长 3948 米（含 1 万吨级以上的泊位 18 个）。中华南栈煤码头的年吞吐能力由 210 万吨提高到 1012 万吨。1979 年以后，重点建设了张华浜集装箱泊位；对军工路 4、5 号泊位和北票 6 号泊位进行了全面改造，分别建成高效率的集装箱和煤炭接卸泊位；建设了共青苗圃等江船泊位、绿华山过驳减载基地、十六铺客运站和金陵路售票大楼；同时还大力开展了新港区的选址工作。在张华浜集装箱码头建设中，首先拆除了 2 号泊位的全部和 3 号泊位长 44 米的一段，然后兴建了长 424 米的新码头；在港外 2 公里处兴建了占地 11.4 万平方米的集装箱转运站。码头上的主要装卸设备都是使用世界银行贷款并通过国际招标成套引进的。

二、宁波港建设

1949 年新中国成立时，宁波港原有的几座小型浮码头都被破坏殆尽。人民政府接管港口后，即对老码头进行修复和改造，相继建设了白沙、镇海和北仑等新港区，使宁波港成为一个拥有河、海和河口三种港区的综合性港口。至 1985 年年底，共建成商用泊位 18 个，码头线总长 2264 米（含 1 万吨级以上的泊位 5 个）。

白沙作业区始建于 1959 年，位于市区的甬江北岸。初期建设了 2 座长 50 米的 1000 吨级浮码头，称作“联运”1 号、2 号，是两个 1000 吨级泊位。70 年代初建成一座高桩板梁式固定码头，它是个长 81 米的 3000 吨级泊位。70 年代中期对港区进行扩建，改建成一座桩基板梁式码头，长 373 米，为 3 个 3000 吨级泊位，新增年吞吐能力 50 万吨。

从50年代起，对位于三江口附近的老港区进行修复和扩建，形成了设施比较完善的客运港区。至1985年年底，共建成1000吨级客货泊位5个，码头线长597米。1985年建成的长110米的“中马”8号泊位为桩基板梁式，其余是浮码头。

为了改善浙江东部的煤炭运输状况，70年代在甬江口劈山填海，兴建了长310米的镇海煤码头（含1万吨级和3000吨级泊位各一个），设计年吞吐能力270万吨。同期还建成了长3186米的防波挡沙堤。码头为空心方块结构，于1978年年底建成，但因港池、航道淤积严重，未能及时投产。1980年开始对甬江口航道进行综合治理，历时三载，港池和航道水深达到7.0米。1983年5月经国家验收交付使用。

1984年9月，开始在镇海煤码头下游兴建杂货码头。其中，5、6、9号泊位采用高桩板梁式结构，总长540米，是3个1万吨级泊位；7、8号泊位是2座3000吨级浮码头。1985年年底，8、9号泊位先期建成投产。

为解决宝山钢铁厂的矿石运输问题，在金塘水道南岸兴建了北仑矿石中转码头。码头建设采用全开敞式方案，主体工程布置呈F形。前排是10万吨级的卸船泊位，长351米、宽36.5米、设计水深18.2米，为高桩板梁式结构。码头上安设了2台单悬臂抓斗式卸船机，台时效率2100吨。后排是装船码头，长500米、宽16米、前沿水深12米，是2个3万吨级泊位，采用钢筋混凝土桩基板梁式结构，并首次使用了长52米的钢筋混凝土桩。码头上安设了2台单机时效4200吨的移动式装船机。引桥全长998米。矿石堆场建在距卸船泊位1500米、地基承载力较高的林大山脚，总面积76300平方米。码头后方建有中央控制室，装卸作业均可用电子计算机集中控制。装卸设备是从日本成套引进的，设计年吞吐能力为2000万吨。码头于1982年12月27日经国家验收交付使用，工程先后被评为交通部和国家级优秀设计、1985年度国家级优质工程。

三、福州港建设

福州港在30年代曾建了一座3000吨级的浮码头，尚未使用即毁于战火。

1959年和1964年，先后修复了总长117米的马尾浮码头，可供2艘3000载重吨海船靠泊。1970年9月，开始在马尾新建高桩板梁式码头。至1974年年底，长592米的码头（含1万吨和5000吨级泊位各2个）建成，设计年吞吐能力150万吨。由于回淤严重，港池和航道水深无法维持，未能及时投产。1980年10月，开始对港池和航道进行综合治理，使马尾港区获得了生机。1985年，1万载重吨级海船可满载乘潮进港，停靠于1、2号泊位进行作业。

四、厦门港建设

厦门港位于福建省南部的金门湾内，是中国近代的一座著名商港。1945年日本战败时，已建成的几座小型浮码头全遭破坏。

新中国成立后，厦门港先后进行了两次规模较大的建设。

1953年至1955年，由福建省组成的建设指挥部负责修筑了高集海堤，把厦门岛和大陆连成了一体。交通部航总筑港工程局派技术人员参加了这次国家重点工程的设计和施工。同期修复了由两条趸船和引桥组成的和平码头，趸船长64米、前沿水深6.7米，是2个3000吨级客货泊位。

1976年兴建了东渡新港区。卸荷板式方块码头总长953米，含1万吨级以上的泊位4个，长777米，设计年吞吐能力209万吨。其中1号泊位是个1万吨级的多用途泊位，前方安设1台集装箱装卸桥；2号泊位是个5万吨级散粮泊位。工程于1982年基本完成，1984年年底经国家验收正式投产。

五、蛇口港建设

蛇口港是70年代末由香港招商局蛇口工业区出资兴建的。至1985年年底，港内码头线长达1067米，共有13个泊位（含1万吨级的2个），年货运能力140万吨，客运能力110万人次。

70年代末建设的五湾顺岸式码头，水深3—5米。为适应停靠5884千瓦采油工作船的需要，1983年年初开始对上述码头的西段进行浚深，并于当年7月改建成单锚钢板桩结构。1984年4月动工兴建的五湾突堤码头，采用了单锚钢板桩结构，是2个1万吨级和1个5000吨级泊位，设计年吞吐能力

125 万吨，当年建成投产。1985 年，将航道扩建成底宽 80 米、水深 8.0 米，使 1 万载重吨轮船可以满载乘潮进出港。

六、赤湾港建设

赤湾港始建于 1982 年。至 1985 年年底，港内共建成 6 个泊位（1 万吨级以上的泊位 2 个），码头线总长 927 米；防波堤 1 座，长 500 米；形成设计年吞吐能力 160 万吨。

1 号泊位是 1982 年 11 月至 1983 年 6 月建设的，是个 1.5 万吨级杂货泊位，设计年吞吐能力 45 万吨。南海石油基地码头建在 1 号泊位的东侧，是 2 个 5000 吨级泊位，采用了高桩板梁式结构。工程于 1983 年 11 月开始，1984 年 6 月建成交付使用。1984 年 9 月至翌年 7 月建设的 2 号泊位，是 2 万吨级杂货泊位，设计年吞吐能力近 60 万吨。码头为卸荷板式方块结构。同期，还在厚 7.0 米的淤泥层上建成一座长 500 米的斜坡式防波堤，分别采用了抛石挤淤、清淤换砂和敷设尼龙编织布加砂垫层等方法加固。1985 年，赤湾港通过招标兴建了两座钢筋混凝土桩基栈桥式码头，可分别靠泊 5000 和 1500 载重吨油船各一艘，设计年吞吐能力 45 万吨。

七、黄埔港建设

黄埔港位于珠江口内，是广州市的外港，始建于 1936 年。1949 年，港内只有顺岸式钢板桩码头一座，长 400 米，港池和航道水深仅 5.3 米。

1950 年，港口即着手清理航道，浚深港池，兴建码头。至 1985 年年底，共建成营运泊位 16 个（含 1 万吨级以上的泊位 15 个），码头线总长 3000 米，还建成了 820 米长的驳船码头以及仓库、堆场、道路和生产、生活辅助设施等，设计年吞吐能力 700 万吨。主要工程规模和数量见表 63。

黄埔 3 号泊位是新中国成立后建设的首批码头之一。为了便于多艘 1 万载重吨级船舶同时停靠，1972 年将 50 年代末建设的黄埔 6—8 号泊位接长了 56 米，并将 8 号泊位改作客货泊位。黄埔 1、2 号泊位是为了提高煤炭接卸能力而建设的。70 年代还开辟了墩头基新港区，建成了 5 个 1 万吨级以上的泊

黄埔港主要建设成就

表 63

工程名称	主体结构型式	主要工程规模	泊位数	设计吞吐能力（万吨/年）	开、竣工年月
黄埔中级码头建设	钢筋混凝土前板桩承台	码头长 100 米，水深 6.0 米	1	16	1954
黄埔杂货码头建设	方块衡重式	码头长 479 米，水深 9.0 米	2	91	1959—1961
黄埔杂货码头接长	方块衡重式	水深 9.0 米	1		1972—
黄埔驳船码头建设	方块衡重式	码头长 90 米、水深 3.5 米			1959—1960
黄埔散货码头建设	卸荷板式方块	码头长 399 米、水深 9.0 米	2	153	1966—1967
黄埔驳船码头建设	卸荷板式方块	码头长 51 米、水深 5.0 米			1966—1967
墩头基 1 号泊位建设	卸荷板式方块	码头长 220 米、水深 12.5 米	1	65	1973. 10—1978
墩头基 2—5 号泊位建设	卸荷板式方块	码头长 736 米、水深 11.0 米	4	130	1973. 10—1977
墩头基驳船泊位建设	卸荷板式方块	码头长 407 米			1973. 10—1978
墩头基 6 号泊位建设	钢筋混凝土扶壁	码头长 188 米、水深 12.5 米	1	55	1976. 12—1981. 8
墩头基 7—8 号泊位建设	钢筋混凝土扶壁	码头长 471 米、水深 12.5 米	2	110	1976. 12—1985. 10
洪圣沙水转水泊位建设	钢筋混凝土桩基板梁	码头长 52 米、水深 9.0 米	3	80	1981. 12—1985. 10
洪圣沙驳船泊位建设		码头长 272 米、水深 4.0 米			1981. 12—1985. 10
墩头西基煤码头建设	卸荷板式方块	码头长 440 米、水深 12.5 米	2	400	1981. 12—1986
墩头西基驳船码头建设		码头长 400 米			1981. 12—1986
一期航道建设		莲花山西航道裁弯取直，底宽 80 米、水深 6.9 米			1954—1955
二期航道建设		莲花山航道浚深至 7.6 米，炸除大濠洲礁			1968—1972
三期航道建设		莲花山、泥洲头航道拓宽 140 米，浚深至 9.0 米，伶仃航道底宽拓至 160 米，浚深至 8.0 米			1975—1979

位。其中1号泊位为3万吨级的散粮接卸泊位，设有2台吸粮机和1台桥式起重机。其西侧的驳船码头主要是为转运散粮而兴建的。1979年后，在续建墩头基6—8号泊位的同时，兴建了洪圣沙水转水码头和西基煤码头。6—8号泊位采用了高12米的大型钢筋混凝土扶壁。7、8号泊位是2个2.5万吨级的全集装箱泊位，拆装箱库采用的双曲扭壳结构和堆场面层采用的高强混凝土方块，均为中国港口建设中首次使用。洪圣沙码头为2个1万吨级水转水泊位。建设中的西基煤码头内含卸船泊位2个，码头结构按3.5万吨级设计，装卸设备是利用世界银行贷款购置的，是中国机械化程度最高的煤炭接卸码头之一。

八、湛江港建设

湛江港是新中国兴建的第一座大型海港。1955年开始建设，至1985年年底相继开辟了4个港区，码头线长3561米，内含商用泊位20个（1万吨级以上的泊位15个），设计年吞吐能力1520万吨。主要工程的规模和数量见表64。

一区1—5号泊位是为了繁荣华南沿海运输以及开辟南亚和欧洲航线而兴建的。这是新中国自行设计施工的第一项大型海港建设工程，为“一五”期间国家的重点项目之一，其规模和建设原则都是1954年国务院第十四次会议直接确定的。为完成此项任务，交通部组建了航务工程总局第一工程局，原驻渤海之滨的新港工程局大部分主力都奉命赶赴广州湾畔；粤西地区抽调200多名干部，组织万余民工，调集1000多辆牛车，并提供了大量地方材料。根据地质情况和当时的设备能力，码头基桩全部采用钢筋混凝土空心桩，并使用5吨双动汽锤和冲捣孔法完成了沉桩任务。1万吨级的1、2号泊位于1956年5月1日建成，提前交付使用；其余3个中级杂货泊位于1957年陆续建成。二区的2万吨级原油码头于1958年10月投产。

1974年斗龙村航道扩建工程完成后，1.5万载重吨级船舶可畅通无阻，2万载重吨级船舶可满载乘潮进出港口。

三区1、2号泊位建在远离市区的调顺岛上，内含2个1万吨级泊位的重

湛江港主要建设成就

表 64

工程名称	主体结构型式	主要工程规模	泊位数	设计吞吐能力（万吨/年）	开、竣工年月
一区 1、2 号泊位建设	钢筋混凝土桩基框架	码头长 368 米，水深 9.0 米，仓库	2	70	1955.8—1956.4
3 号泊位建设	钢筋混凝土桩基框架	码头长 137 米，水深 9.0 米	1	30	1956—1957
4、5 号泊位建设	钢筋混凝土桩基框架	码头长 227 米，水深 7.0 米	2	40	1956—1957
油区 2 号泊位建设	钢筋混凝土桩基墩式	码头线长 124 米、水深 10.0 米	1	140	1957—1958.7
5 号泊位建设	钢筋混凝土桩基墩式	码头线长 75 米、水深 2.0 米		15	1957—1958.7
斗龙村航道建设		长 5700 米、底宽 150 米、水深 7.0 米			1955.7—1956.6
		长 5700 米、底宽 200 米、水深 8.5 米、挖泥 108 万立方米			1957.4—1958.9
一区 4、5 号泊位浚深	钢筋混凝土桩基框架	码头前沿和港池浚深至 8.5 米			1965.12—1981
一区 6、7 号泊位建设	卸荷板空心方块	码头线长 174 米、水深 5.3 米	2	20	1966.8—1967.6
三区 1、2 号泊位建设	卸荷板空心方块	码头线长 364 米、水深 10.0 米	2	110	1967.3—1970.4
二区 1 号泊位建设	钢筋混凝土桩基	码头长 138 米、水深 12.5 米	1	450	1973.8—1974.9
3、4 号泊位建设	钢筋混凝土桩基	码头长 155 米、水深 5.0 米	2		
斗龙村航道扩建		长 8500 米、底宽 200 米、水深浚至 9.5 米			1973—1974
三区 3、4 号泊位建设	卸荷板式方块	码头长 407 米、水深 12.0 米	2	160	1973.11—1977.10
三区 5 号泊位建设	钢筋混凝土桩基板梁	码头长 200 米、水深 12.0 米	1	300	1976.8—1983.12
四区 1—6 号泊位建设	钢筋混凝土桩基板梁	码头线长 1250 米、水深 11.0 米	6	185	1976.12—1985.12
二区 3、4 号泊位浚深		码头前沿长港池浚深至 7.0 米			1980.9—1980.11
一区 8、9 号泊位建设			2	40	1984.11

力式码头和长2300多米的南北大堤。

70年代兴建的二区1号泊位是一座5万吨级原油码头，总工期不足一年，建设快，投资省，是全国同期工程的先进典型。同期建设的2个1000吨级燃料油泊位，1980年扩建为5000吨级。斗龙村航道于1974年扩建后，5万载重吨级油船即可满载乘潮进港。

稍后建设的三区5号泊位采用“工”形混凝土块体结构，翻车机房的地下部分和廊道都采用了地下连续墙。码头施工期间曾发生了混凝土块体断裂事故，引起了航务工程界的关注，并暂时停止了“工”形混凝土块体在深水码头建设中的应用。5号泊位是按年出口300万吨磷矿石设计的，因货源有变，竣工后临时改作煤炭出口泊位。

80年代建设的第四作业区，是一座宽275米的突堤式码头，内含5个1万吨级杂货泊位和一个3万吨级散粮泊位。散粮泊位布置在突堤码头端部，与其配套建成的有总容积为4.5万立方米的24个圆筒仓。一区8、9号泊位是2个5000吨级杂货泊位，1987年竣工投产。

九、八所港建设

八所港是日本侵略者为掠夺海南岛石碌的优质铁矿石，于1942年开始兴建的。两座防波堤的顶部只修到标高2.0—3.0米；两座码头只建成一个泊位，其余泊位仅打完钢板桩，墙后尚未回填；港池只浚深到7.0米。抗战末期，唯一投产的泊位也被美机炸毁。

1957年，开始清理航道，抢修码头、堆场和装料机，封堵了北防波堤缺口，并将其加高。当年11月，一个矿石泊位、一套装矿机和14400平方米的矿石堆场修复投产，5000吨级的矿石船靠泊作业。1958年年底，长371米的2个1万吨级矿石泊位建成。1958年至1959年，续建了长260米的南码头，可供2艘5000载重吨级杂货船同时靠泊；修复了3套矿石装船系统，又把港池和航道浚深至9.0米，使1万吨级船舶顺利进出港。1984年，八所港再次开始扩建。在矿石码头的北端增建了2个靠船墩和一个系缆墩，以供2艘1.5万载重吨级的矿石船同时停靠；将杂货码头加长 60 米，使之同时靠泊 1 万和 5000 载重吨级货船各一艘。

从 1957 年至 1985 年年底，全港共修复和扩建码头线长 841 米，内含 1.5 万吨级矿石泊位 2 个，1 万和 5000 吨级杂货泊位各 1 个；小船泊位长 150 米；防波堤长 1269 米；设计年吞吐能力 430 万吨。

十、防城港建设

防城港是 1968 年开始兴建的，1970 年简易投产，1972 年正式开港，嗣后又进行了两次规模较大的扩建。至 1985 年年底，共建成 10 个泊位，内含 1 万吨级泊位 7 个（投产使用的泊位 6 个，其中含 1 万吨级泊位 3 个），码头线总长 1676 米，设计年吞吐能力 413 万吨。

1968 年至 1970 年，建造了 2000 吨级杂货、成品油泊位各 1 个，铺设海底油管约 500 米；形成设计年吞吐能力 50 万吨。1973 年秋，广西壮族自治区交通厅自行设计和施工对港口进行了第一次扩建，建成 2 个 1 万吨级杂货泊位，设计年吞吐能力 76 万吨。码头为沉井墩基础双曲拱式结构。1976 年 7 月，作为国家重点建设的大中型项目，开始对港口进行第二次扩建。在前一期工程的南侧兴建了长 932 米的重力式码头和 142 米的过渡段。新码头的 3—5 号泊位是 3 个 1.5 万吨级杂货泊位，6、7 号泊位是 2 个 3 万吨级散货泊位，总设计年吞吐能力为 287 万吨。码头主体均为卸荷板式空心方块结构。主体工程于 1978 年基本完工后，因与其配套的南（宁）—防（城）铁路没有及时开工，在国民经济调整中被定为缓建项目。1983 年 6 月恢复建设，至 1985 年年底，进港航道已浚深到底宽 80 米、水深 7.5 米，2 万载重吨级船舶可满载乘潮进港，码头工程也全部竣工。

第四节　沿海中小型港口建设

新中国成立后，交通部和各省、市相继拨款建设中小港口。由于投资少、见效快，且便于发挥地方的潜力，在 80 年代出现了沿海中小港口建设高潮。至 1985 年年底，全国已建成沿海中小港（只计入年吞吐能力在 10 万吨以上者，下同）49 个，各种泊位（只计入 1000 吨级以上者，下同）106 个（含 5000 吨级以上泊位 17 个），码头线总长 18948 米，设计年货物吞吐能力 2750 万吨，旅客发送能力 1075 万人次（见表 65）。

一、辽宁省的沿海中小型港口建设

辽宁省在沿海主要修复和扩建了营口、丹东和庄河等中小型港口。

营口港拥有新、老两个港区。踞于营口市区、辽河口南岸的老港区，始建于 1861 年，1950 年开始修复。1966 和 1972 年先后对 3 号和 2 号码头进行了改建。营口港的鲅鱼圈新港区，是为适应东北地区经济发展的需要并解决老港区冰冻期长的矛盾于 1984 年 6 月开始兴建的。一期工程计划建设 1 万吨级煤炭进口泊位 2 个、1 万吨级杂货泊位 4 个、5000 吨级杂货泊位 2 个、防波堤 1447 米。其中煤码头经过多方案论证，设计改用了 3 万吨级自卸船泊位 1 个，自卸船卸煤效率 3500 吨/时，码头年接卸能力 500 万吨。

二、山东省的沿海中小型港口建设

新中国建立后，山东省新建沿海中小港口 11 处，改建 5 处，建成各种泊位 16 个（内含 5000 吨级的 5 个），年设计货运能力 878 万吨客运能力 135 万人次。其主要建设特点：一是布局合理，二是因地制宜地选用不同的码头和防波堤结构型式，三是规模愈来愈大和装卸机械化程度不断提高。其中，龙口、威海等港口的建设成果最为突出。

（一）龙口港建设。

龙口港在解放前曾建有 2 座小船码头，1958 年以后进行了三次规模较大的扩建。1958 年兴建了 2 个 3000 吨级重力式客货泊位，设计年货运能力 50 万吨，客运能力 20 万人次。1972 年 10 月建成 4 个小船泊位，是 2 个 3000 吨级散货泊位。1976 年 3 月开始修建输砂坑道，后经工艺改造和扩建，年运砂能力达 120 万吨。1976 年建成了重力式突堤码头一座，可停靠 1000 和 5000 载重吨级货船各 2 艘，设计年货运能力 100 万吨。

1949—1985 年沿海中、小型港口建设主要成就

表 65

项目 数量 省区	新建、扩建港口数（处）	码头线总长（米）	1000 吨以上的泊位		库场面积（平方米）		年设计能力	
			泊位数	码头线长（米）	仓库	堆场	货物（万吨）	旅客（万人）
辽宁省	3	949	4	429	5426	9500	104	—
山东省	16	3989	16	1611	12138	227185	878	135
江苏省	2	197	3	117	2500	40000	88	—
浙江省	8	3283	24	1774	22486	85286	524	410
福建省	8	1526	2	188	4057	53120	116	17
广东省	11	8610	56	4986	94269	262071	960	453
广西壮族自治区	1	394	1	114	4355	12045	80	—
总　计	49	18948	106	9219	145231	689207	2750	1015

注：仅计入货物吞吐量 10 万吨（旅客发送量 10 万人）以上的港口。

（二）威海港建设。

威海港在解放前建有一座供小船停靠的木栈桥，新中国成立后进行了2次规模较大的扩建。1965年至1966年先后建成小船泊位和2个1000吨级泊位，均为重力式管柱结构。70年代中期兴建了5000吨级泊位2个，设计年吞吐能力60万吨。码头采用了钢筋混凝土管柱板梁式结构。

三、浙江省的沿海中小型港口建设

新中国建立后，浙江省主要改造和扩建了温州港，兴建了海门、定海、沈家门等港。至1985年年底，共建成8个港口，24个泊位（含5000级1个，年总吞吐能力达524万吨。

温州港在解放前仅有2座浮码头。1956年以来进行了4次规模较大的建设。其中，50年代建造了朔门2—6号浮码头，形成了朔门作业区。60年代初，在龙湾建成一座供施工用的1000吨级浮码头；改造了朔门1号浮码头，使之成为一个3000吨级的泊位。不久又兴建了振华、安栏浮码头和长95米的安栏高桩码头。70年代对瓯江下游航道进行了三次大规模的治理，增加了水深，稳定了河势，使港口摆脱淤死的困境。1984年，在杨府山建成2座煤码头，设计年吞吐能力40万吨。至1985年年底，全港码头线总长1155米，共有11个泊位（含5000吨级的1个），年货物吞吐能力150万吨，旅客发送能力50万人次。

四、广东省的沿海中小型港口建设

广东省沿海中小港口建设的显著特点是，规模大、投资渠道多、建设和管理方式灵活多样。至1985年年底，全省建成沿海中小港口11处，码头线长8610米，客货泊位56个（含7000吨级泊位3个、5000吨级泊位8个），年吞吐量达1201万吨。

（一）汕头港建设。

汕头港始建于19世纪末，原有码头均在抗日战争前后毁于战火。新中国成立后，相继进行了三次规模较大的建设，码头线长735米，共计6个泊位，设计年货物吞吐能力150万吨，旅客发送能力40万人次。

50年代初，首先修复了一座1000吨级钢质浮码头。1973年建成一个3000吨级客货泊位，从此结束了汕头港旅客过驳的历史。1975年动工兴建的杂货码头，是2个5000吨级泊位，设计年吞吐能力40万吨。1983年6月至1985年11月建成了客运码头，长140米，宽12米，前沿水深6.9米。面积8929平方米的客运大楼建在水中的钢筋混凝土桩基平台上，主体建筑按八度地震设防，设计年客运能力40万人次。

为解决汕头市和粤东地区的燃煤之急，1984年开始在达濠岛兴建了5000吨级煤码头，设计年吞吐能力100万吨。码头和引桥均为钢筋混凝土桩基板梁式结构，主体工程于1985年9月完成。1985年开始兴建5000吨级的粮食和杂货码头，设计年吞吐能力70万吨。码头和引桥均为桩基板梁式结构。

（二）广州港建设。

19世纪中叶，入侵的殖民主义者开始在广州建设码头和货栈，但设施简陋，布局混乱，至1949年解放时已破旧不堪。新中国成立后，相继进行了三次规模较大的建设，开辟了10个新港区，新建、改建码头线3670米（含1000吨级以上泊位30个），并安设装卸机械，疏浚了航道。至1985年年底，设计年货物吞吐能力达345万吨，旅客发送能力60万人次。

1953年1月建成的黄沙码头一期工程含1000吨级泊位2个，随后的扩建工程含3000吨级泊位1个。50年代后期又开辟了2个新港区，兴建了大沙头客货码头，完成了如意坊一期工程。前者首次采用钢筋混凝土扶壁式结构，后者则是中国的第一座无抛石棱体、有隔砂板、底板尾部上翘的双肋扶壁式码头，技术和经济指标都更上一层楼。同期，航道部门炸除了一系列严重碍航的礁石，使3000载重吨级海船可满载乘潮进港。60年代后期兴建了东洛围码头和如意坊二期工程，后者包括4个1000吨级泊位。70年代，广州港主要兴建了沿江码头、大干围码头和洲头咀客运站，扩建了芳村港区和进港航道。80年代前期兴建了沥窖海心沙和员村两个新港区，改造了河南1号码头，开辟了店艚洲万吨级浮筒泊位，并再次扩建了航道。新建成的沥窖码头内含7000吨级泊位3个。

（三）海口港建设。

海口港于30年代后期建设了一座栈桥式码头和一座防波堤，抗日战争后期全被炸毁。

1952年，人民政府正式决定修复港口。于1953年建成了长844米的东防波堤，1954年5月建成可同时停靠2艘1500载重吨客货船的码头。60年代前期相继建成了东、西驳运码头。70年代中期在东防波堤内侧建成3个3000吨级杂货泊位，设计年吞吐能力50万吨；在4号泊位西侧建成海峡轮渡码头（至1983年年底又相继接长80米，遂扩建成1000吨级杂货泊位）。1984年至1985年，在5号泊位的东侧建了一个3000吨级客货泊位，设计年客运能力5万人次，配载货物6万吨。同期，将4、5号泊位接长60米，并修复和扩建了东、西驳岸。1985年封堵了原东、北防波堤之间的口门，并在北堤内侧修建5000吨级钢板桩码头。至1985年年底，海口港共建成码头970米（内含1000吨级以上泊位7个），年货运能力115万吨，客运能力15万人次。

（四）三亚港建设。

三亚港始建于1942年，解放前建成设计水深2.5米的钢板桩码头113米。60年代中期，为了开发莺歌海盐田，在老码头的西侧建成一个1500吨级泊位，设计年吞吐能力11万吨。70年代中期，在3号泊位的西侧兴建了2个5000吨级散杂货泊位，设计年吞吐能力48万吨。码头使用了国产鞍IV型钢板桩，且采用了外加电流阴极保护。

五、广西壮族自治区的沿海中小型港口建设

新中国成立后，广西沿海除建设防城港外，主要是扩建了北海港。

50年代中期疏浚了北海外沙内港，稍后又进行了两次扩建，使内港港池达到长3400米、宽36—140米，并兴建了驳岸、仓库和办公楼。1969年8月至1975年，先后在外沙西港池兴建了小船码头、中级码头和

化肥码头。同期，货主和海运公司还投资建设了1000吨级的成品油、客货运和外贸泊位各1个，码头线总长307米。1985年4月，在石步岭新港区兴建了1万吨级杂货泊位2个，码头线长340米，设计年吞吐能力74万吨。码头采用了沉箱重力式结构。在广东省容奇预制厂预制的49个大型沉箱，由广州打捞局的大型驳船驳运至现场，用500吨起重船安装，不到一年半即完成了全部工程。

第五节 内河主要港口建设

新中国成立之初即着手对内河港口进行修复和改造，使之在恢复和发展生产、保障城乡人民生活等方面做出重大贡献。

1955年，国家重点工程裕溪口煤码头的兴建，揭开了内河港口建设的新篇章。至1985年年底，全国新建和改建内河港口1752处，码头线总长896361米，大小泊位29341个。其中，交通系统的营运泊位[①]13300个、码头线长416830米，非营运泊位750个、码头线长31039米。在这些港口中，年吞吐能力在20万吨以上的530处，内含100万吨以上的134处，500万吨以上的17处；有1000吨级以上泊位1442个，内含1万吨级以上泊位25个。各省、自治区、直辖市的河港建设成就见表66。在长江干线上先后建成了巴东、城陵矶、池州和张家港等新港口，建成了九龙坡、猫儿沱、兰家沱、石鼓、杨泗庙、三角线、五里庙、裕溪口、朱家桥、仪征油港、新生圩、镇江大港、狼山等机械化新港区，建成了涪陵港荔枝园重件码头、宜昌港杂货码头、马鞍山矿货码头和江阴港综合码头等一大批机械化装卸泊位并对大部分老旧码头进行了彻底改造。36年来，国家用于长江港口中内河泊位建设的投资近5.3亿元，用于南京、镇江、张家港、南通等港海船泊位建设的投资近3.8亿元，使长江干线港口的年吞吐能力达11441万吨。

① 其中包括货主专用码头，下同。

内河主要港口建设成就

表 66

项目 / 数量 / 地区	港口数（个）按吞吐能力分（万吨/年）			泊位数（个）按靠泊船型分			码头线长（米）
	20—100	100—500	500 以上	百吨级以上	千吨级以上	万吨级以上	
全国合计	396	117	17	11944	1417	25	644975
黑龙江	3	3	—	52	177	—	8850
山　东	4	1	—	300	—	—	7824
江　苏	99	34	7	3852	174	23	258174
上　海	18	18	2	917	7	—	73007
浙　江	37	16	2	738	—	—	47205
福　建	6	—	—	10	—	—	4863
安　徽	20	7	2	530	95	2	24641
江　西	16	3	1	278	50	—	13452
河　南	1	—	—	8	—	—	300
湖　北	59	12	2	1349	689	—	75854
湖　南	49	12	—	1098	19	—	33350
广　东	41	4	—	1011	45	—	29358
广　西	7	2	—	547	—	—	14794
四　川	35	5	1	1172	161	—	50378
贵　州	1	—	—	82	—	—	2925

注：1. 表中各项数据均包括沿河企事业单位的专用码头。
2. 泊位数包括年吞吐能力在 20 万吨以下港口的相应数据。
3. 码头线长度中包括本表以外的小港和小泊位的相应码头线长。

在全国地方内河港口建设中，江苏省的建设规模和数量为全国各地区之冠，湖北省、四川省和上海市的内河港口建设也颇可观。

1965 年以来，江苏省人民政府根据经济发展和河流纵横密布的特点，实行“集中领导，统筹规划，以港养港，以港建港”的方针，使内河港口建设迅速发展。至 1985 年年底，共建成各式港口 34 处，泊位 11104 个（其中 1 万吨级以上的 23 个）。

一、南通港建设

南通港于 1904 年建成一座 1000 吨级浮码头。1956 年至 1985 年年底共新建、改建和扩建 1000 吨级以上泊位 14 个（含 1 万吨级以上的 3 个），建成小船港池 2 处，设计年货物吞吐能力 638 万吨，旅客发送能力 230 万人次。

1956 年建成任港简易栈桥式客运码头，结束了半个世纪旅客在露天候船和靠木舢板驳运的历史。1962 年建成高桩板梁结构的 5000 载重吨级货船 4 号泊位，揭开了南通港江海货物联运的历史新篇章。1980 年建成的狼山 1、2 号泊位为钢筋混凝土高桩板梁结构，码头线长 361 米，含 1.5 万吨级散、杂货泊位各 1 个，从此南通港进入了江海货物联运的大型港口行列。为适应较严重的水流冲刷，码头采用断面为八角形（内切圆直径 84 厘米）的钢筋混凝土空心桩，并由 6 座引桥与陆域相连。在其内侧建设的小船港池，有 3810 平方米的风雨货棚，由引河与苏北河网相通，可同时停靠 100 载重吨船舶 14 条。1985 年建成狼山 3 号泊位和“滨海”号过驳平台，新增设计年货物吞吐能力 210 万吨。前者是一个 2.5 万吨级杂货泊位，码头线长 187 米。

二、张家港港建设

张家港港始建于 1968 年 2 月，至 1970 年年底建成了两组浮码头和一座浆砌块石小码头。每组浮码头均由 3 条长 76 米的钢质趸船和 2 个长 14 米的钢质联系桥组成，总长 256 米；后方由 6 座引桥与陆域相连，可同时停靠 1 万和 5000 载重吨级海船各一艘。其中，1、2 号是件杂货泊位，4、5 号是散货泊位，设计年吞吐能力 220 万吨。同期还建设了配套的进港公路、运河、船闸等，成为长江沿岸最早拥有 1 万吨级散、杂货泊位的江海联运港口。1983 年动工兴建的 6、7 号泊位，是一座长 360 米、宽 30 米的高桩板梁式码头，并由 7 座钢筋混凝土引桥与岸相连，可同时靠泊 1 万载重吨级船舶 2 艘，设计年通过能力 70 万吨。为适应煤炭过驳运输的需要，1985 年 3 月动工兴建了长 166 米的专用浮码头一座，设计年吞吐能力 50 万吨，1986 年竣工。

三、镇江港建设

镇江港港区位于长江南岸，拥有新、老两个港区。至 1985 年，全港共新建、改建泊位 13 个，码头线总长 1742 米，年货物吞吐能力达 376 万吨。

50 年代，镇江段长江主流北移，港区、航道淤积严重。为维护老港区的正常营运，1963 年至 1965 年开挖了长 1.2 万米、底宽 60 米、水深 4.5 米的焦南航道，完成土方 290 万立方米，年维护挖泥量约 100 万立方米。1964 年建成一座浆砌块石小码头。1966 年至 1982 年先后对 5 座浮码头进行了全面改造。1977 年建成一个 2000 载重吨级矿石趸船泊位，设计年吞吐能力为 13 万吨。翌年，建成 1000 吨级杂货趸船泊位，设计年吞吐能力为 8 万吨。1985 年又建成 1000 吨级趸船泊位，设计年通过能力为 10 万吨。为增强江海联运能力，1976 年开始建设大港新港区（后曾一度缓建，1982 年 2 月正式复工），于 1985 年年底建成了高桩码头一座，内含 2.5 万吨级散、杂货泊位 4 个，设计年吞吐能力 130 万吨；建成 2000 吨级码头一座，设计年吞吐能力 35 万吨；建成板桩码头一座，长 496 米，可同时停靠 8 条小船。

四、南京港建设

南京港港区分布在长江南北两岸，1882 年开始设置第一座浮码头“功德舫”，至 1945 年共建成浮码头 30 座。但是 1949 年 4 月解放时，大多已腐朽、坍塌或毁于战火，能用者已寥寥无几。

1949 年 5 月，首先抢修了三民码头。至 1950 年夏，共修复各种泊位 11 个，使 1951 年的港口货物吞吐量达到了 127 万吨。1950 年 2 月，国家作为重点项目，调集新港工程局的大批技术骨干和上海浚浦局的 7 艘挖泥船，组成近万人的施工队伍，对浦口段的河道、码头岸坡进行整治、抢修和维护。50 年代中期和 70 年代初又进行了 2 次大规模的抢险、加固，保住了北岸的两个港区。1959 年 11 月兴建了 37 号煤码头。它由靠船钢簇桩、直立式装船机墩等组成。码头上设有 2 台固定回转式装船机，后方设有 2 台翻车机和 4 条贮煤坑道，先后于 1963 年年底和 1965 年 9 月建成，设计能力 500 万吨。同期还建成上元门白云石和浦口木材码头。60 年代后期，相继将损坏严重的一区 6 号和二区 25、28 号浮码头改建成为桩基框架式码头。6 号码头的年通过能力扩大 4 倍多。

60 年代末至 70 年代末，重点建设了石油中转港。1967 年至 1971 年，首先在炼油厂江边建了一座浮式工作船码头和 2 个油罐，在水上开辟了一处 1

万吨级过驳锚地，形成年转运250万吨原油的能力。1972年至1975年，在新生圩建设2座1万吨级的浮码头，后因鲁宁石油管线变更而改为散杂货泊位。1977年1月至1979年年底，又在仪征赵庄沟兴建了10座由钢筋混凝土引桥、钢联系桥和趸船组成的浮码头。其中4个营运泊位（含2个1万吨级以上的泊位）于1978年年底投产，另外2个泊位于1979年投产，共形成年设计吞吐能力1500万吨。

1981年，在新生圩开始建设高桩板梁式码头，内含1万吨级集装箱泊位1个、件杂货泊位2个，设计年吞吐能力110万吨。同期，在老港区新建了29号码头，再次扩建了28号码头，使之变成了5000吨级的江海联运泊位。至1985年年底，南京港务局共新建泊位33个（含1万吨级以上的7个），改建、扩建泊位24座次，共计新增设计年吞吐能力3000余万吨。

五、芜湖港建设

芜湖港解放前共建成4个浮码头和5座小型仓库。新中国成立后，交通部门共新建、改建泊位48个，码头线总长2082米，年吞吐能力600余万吨。

裕溪口煤码头（今32号泊位）是作为国家“一五”期间的重点项目于1955年12月开始兴建的。它是新中国建设的第一座机械化装煤码头，由2个直立式基墩组成。码头上设有2台固定回转式装船机，后方建有V形卸车和贮煤坑道，设计年装船能力250万吨。同期，还建成客、货运浮码头各一座，斜坡式木材泊位一个。裕溪口矿货码头（今29号泊位）是1959年4月至1961年6月建设的，可同时停靠1500载重吨级驳船2艘，设计年吞吐能力48万吨。15、16号泊位位于港区下游的朱家桥，建于1979年5月至1983年年底，是2个1000吨级矿建材料泊位，设计年吞吐能力135万吨。

六、武汉港建设

武汉港港区的码头，36年来泊位净增200多个，年货物吞吐能力比1950年提高11倍。其中长航武汉港务局新建和改建的泊位42个，码头线长2280米，年货物吞吐能力1323万吨，旅客发送量25万人次。

1959年至1962年建设的杨泗庙煤码头（今汉港1号），含3000吨级的装船和空载泊位各一个。其主体结构是两个直立式基墩，上面设有固定回转式装船机，设计年装船能力300万吨。同期建设的4、5号码头是2个3000吨级钢铁重件泊位，采用斜坡缆车，设计年吞吐能力70万吨。70年代中期建设的6号码头为重力式，有2个3000吨级钢铁泊位。杨泗庙9—12号码头是在设计水位差近15米的长江中游地区建设的第一座桩基框架式码头，长409米，含3000吨级杂货泊位5个，设计年吞吐能力100万吨。为适应水位变幅大的特点，码头前沿分设有4层系船设施。1980年破土，1984年正式竣工投产。其设计于1985年获得国家科学技术进步奖三等奖。

此外，70年代初期，湖北省航运公司在汉水之滨兴建了一座含有9个1000吨级泊位的舵落口新港区，设计年吞吐能力200万吨。

七、重庆港建设

重庆港是长江上游最大的港口，解放前曾建有几座简易浮码头。1957年至1985年共新建和改建各式泊位57个，码头线总长2678米，形成设计年吞吐能力632万余吨。

为了接卸泸州天然气化工厂的大件设备，1965年兴建了九龙坡斜坡式重件码头。码头上设有180吨岸边起重机1台，150和8吨缆车各2台。水上配备有180和15吨起重船各1艘。翌年，在朝天门兴建了架空斜坡式红岩库码头，一座三层的钢筋混凝土结构仓库，码头上的缆车可以直接进出仓库。同期还将九龙坡煤码头（今40号泊位）改建成了架空式斜坡道，前沿由移动式槽形皮带车装船，设计年装船能力为87万吨。

为了及时转运贵州的磷矿石和赤水天然气化工厂的化肥，60年代中期在朝天门上游50公里处的猫儿沱兴建了3个1000吨级散杂货泊位，磷矿石泊位（今29号泊位）采用了实体斜坡前沿加趸船的型式。趸船长65米，上面设回转式装船机，由移动式皮带车供料，年装船能力为250万吨。化肥泊位（今30号泊位）采用了实体式缆车斜坡道，设计年吞吐能力为30万吨。同期，在朝天门上游79公里处的兰家沱兴建了3座实体缆车斜坡式码头，为3个1000

吨级杂货泊位（今23、25、26号泊位），设计年吞吐能力为102万吨。80年代中期，将钢铁码头改建为1000吨级斜坡式矿石泊位1个，设计年吞吐能力为53万吨。

八、哈尔滨港建设

哈尔滨港是黑龙江水系的第一大港，分为货运和客运两个港区。

1951年8月恢复了三棵树水陆联运港区。1956年将一段斜坡码头改建成长363米的直立式方块码头。1967年建成长200米的直立式粮食码头。1983年对西港池进行了总体改造，建成长170米的直立墩台式码头。1984年又对东港池进行改造，建成长240米的直立式码头。36年来，全港共建成1000吨级泊位11个，年设计货物吞吐能力283万吨。

在客运港区，1951年兴建了候船室。1985年10月开工兴建客运码头和6000平方米的客运大楼，1987年全面投入营运。

九、佳木斯港建设

佳木斯港自1953年7月以来进行了一系列改建和扩建。1958年建成长80米的钢板桩结构客运码头。1981年兴建了长度为295米的钢板桩码头。嗣后，相继改建成长度分别为80、120和140米的煤炭泊位各一个。1985年改建了长222米的直立墩柱式木材、粮食码头。到当年年底，佳木斯港共建成1000吨级泊位16个，码头线长1890米，形成设计年吞吐能力100多万吨。

第六节　其他专用港区和码头建设

新中国成立以来，航务和航道工程设计、施工部门，相继为沿海、沿江的企、事业单位以及海、陆军部队建设了一大批专用码头和专用港区，其中民用码头线总长530多公里，内含1万吨级以上泊位34个。据1985年统计，在上海的黄浦江中下游、苏州河、温藻浜等中小河流沿岸，专用码头线长达7600余米，内含1000吨级以上泊位41个，总设计年吞吐能力为4000多万吨；在天津市的海河两岸，专用码头线长4500余米，年货物吞吐能力500多万吨；在南京地区，建成专用码头90多座，内含1000吨级以上泊位55个；从1959年至1984年的25年间，在长江中上游的90多家企事业单位建设了专用泊位131个，设计年货物吞吐能力达4000多万吨。

在规模方面，以冶金、石油化工企业的专用港区为大。在数量上，以水产、物资和水运系统的工作船泊位居多。

一、冶金和采矿部门的码头建设

冶金和采矿部门的专用港区和码头建设起步较早，80年代发展较快，且规模较大。部分主要工程的规模和数量见表67。

60年代初，上海第三钢铁厂在黄浦江畔兴建了第一座突堤式码头。70年代初，上海第一钢铁厂建设了斜拉桩式板桩码头。70年代，武汉钢铁公司兴建了江边码头。1980年兴建的武汉第一冶金建筑公司八大家重件码头，在水位差高达15米的长江中游采用了高桩板梁式结构，投资省、建设快，先后被评为1983年交通部级和1984年国家级优秀设计。

80年代前期建设的宝山钢铁总厂专用港区中，主副原料码头由两座码头、前后引桥和堆场组成。码头和引桥均为高桩板梁式结构，全部钢桩都采用了通电阴极保护。施工中，采用“超顶起吊、一次沉放”法，用架高54米的打桩船成功地完成了78米长桩的沉设任务，并采用了悬挂式整体钢模板、混凝土拌合船和泵送混凝土等新设备、新工艺。成品码头是一个独立的港区，是在浅滩上挖成的，挖泥量为400万立方米。斜拉桩板桩式防砂堤长1286米。先期建成重件码头和副原料码头。

武汉钢铁公司8、9号码头是两座直立钢管桩柱式码头，采用了“桥吊下河”工艺。桥式起重机轨道梁为箱形钢梁，外侧另设有柔性钢桩和钢浮梁。水下护坡采用了柔性柴排。码头设计被评为1985年度交通部优秀设计。

二、石油化工企业的码头建设

伴随石油化学工业的发展，水运工程建设者从60年代起相继在沿江、沿

冶金和采矿部门码头建设主要成就

表 67

码头名称＼项目	结构型式	码头线长（米）	靠船吨级	泊位数	货种	吞吐能力（万吨/年）	投产年份
上海第一钢铁厂码头	高桩板架	203	2000	—	钢材	—	1960
上海第三钢铁厂码头	栈桥	—	2000	—	钢材	—	1960
青龙山石灰石码头	浮式	90	3000	2	石灰石	80	1960
上海吴泾焦化厂码头	桩基框架	320	10000	2	煤	100	1960
镇江焦化厂码头	桩基框架	60	1500	1	煤	40	1969
武汉钢铁公司 3、4、5、6、7 号码头	浮式	—	3000	5	煤、矿石	300	1970—1984
武汉钢铁公司 8、9 号码头	桩基悬臂梁	240	1500	2	钢材	120	1985
武汉八大家一冶码头	桩基板梁	58	1500	1	重件	10	1982
宝山钢铁厂副原料码头	桩基板梁	806	30000	2	煤	272	1982
	桩基板梁	—	5000	2	油	82	1982
宝山钢铁厂主原料码头	钢基板梁	640	100000※	2	矿石	690	1983
	桩基板梁	640	50000※	1	矿石	—	1483
宝山钢铁厂成品码头	桩基板梁	520	5000	5	钢材	—	1984
宝山钢铁厂水渣码头	桩基板梁	180	1000	2	钢渣	120	1984
南京梅山钢铁厂码头	桩基板梁	427	2000	5	矿石、生铁	400	1982
船山石灰石矿码头	桩基框架	74	5000	1	矿石	600	1985
幕府山白云石矿码头	桩基框架	72	3000	1	矿石	300	1985

注：※船需减载至吃水 9.0 米。

海地区兴建了一批原油输入和石化产品输出专用码头。码头线总长7000多米，内含1万吨级以上泊位15个，设计年吞吐能力5000多万吨。主要工程的规模和数量见表68。

南京炼油厂码头是60年代中期兴建的，至1985年年底已建成大中型泊位7个（含1万吨级以上泊位3个），设计年吞吐能力达800万吨。码头均为浮式，其中有60年代建设的一座采用直杆悬重式消能设施。上海石化总厂陈山原油码头是一座全开敞式码头，使用国产耐海水钢管桩阴极保护。广州石化厂原油码头，初建时是一个2万吨级泊位，1980年扩建成2个2万吨级泊位。浙江石化总厂的专用港区建在金塘水道西部的算山，码头线总长948米，拥有5个泊位，内含5万和2万吨级的各1个，设计年吞吐能力为550万吨。

三、电厂的码头建设

60年代中期以来，水运工程部门先后为上海的吴泾、闸北、南市电厂，浙江的镇海、定海、台州电厂，长江沿线的谏壁、马鞍山、芜湖、铜官山、九江、沙市电厂和广东省电力局等单位兴建了燃煤、燃油卸船泊位近20个，设计年卸船能力约2000万吨，内含1万吨级以上泊位3个。其中相继为谏壁电厂建造了3座码头，共4个泊位。1958年建成的2个3000吨级桩基框架式煤码头，设计年卸船能力150万吨。1977年建成1座浮码头，设计年卸渣油能力为20万吨。1980年又新建了1座长3万吨级高桩板梁式码头，设计年接卸能力为650万吨。1982年，广东省电力局在墩头基建设了1座1万吨级高桩板梁式煤码头。1983年在浙江椒江中建成的台州电厂煤码头是2个3000吨级泊位，采用桩基框架式结构，设计年卸煤能力为100万吨。1985年又建成1座万吨级桩基煤码头。

四、物资和商业、贸易部门的码头建设

物资和商业、贸易部门兴建的专用码头，数量较多，规模也较大（见表69）。据初步统计，至1985年年底，仅在上海、浙江、福建、广东、广西和

石油化工企业码头建设的主要成就

表68

项　目	结构型式	码头线长（米）	靠船吨级	泊位数	货　种	吞吐能力（万吨/年）	投产年月
南京炼油厂1、3、4、5泊位	浮式	192	3000	4	成品油	300	1964—1980
南京炼油厂2、6、7泊位	浮式	290	20000	3	原油	500	1965—1980
上海炼油厂1、2、4泊位	浮式	152	3000	3	成品油	90	1967
上海炼油厂3、5、7泊位	桩基板梁	318	10000	3	原油	350	1975
长岭炼油厂码头	浮式		3000	3	原油	300	1969
大连石化七厂大码头	重力式	244	10000	1	成品油	150	1970
大连石化七厂小码头	重力式	266	5000	3	成品油	80	1973
上海石化厂陈山码头	桩基墩式	703	20000	2	原油	250	1975
上海石化厂金山码头	桩基墩式		5000	2	化工原料	74	1984
广州石化总厂码头	桩基板梁	287	20000	2	原油	300	1976
安庆化肥厂码头	浮式	136	2000	2	化肥	63	1976
安庆炼油厂码头	浮式	222	10000	2	原油	510	1976
安庆炼油厂码头	浮式	268	3000	4	成品油	250	1976
九江炼油厂码头	浮式	520	5000	5	原油	300	1978
南京化工公司码头	浮式	486	3000	9	油、煤	100	1978
南京仪征化纤厂码头	桩基、浮式	360	2000	5	散、杂	130	1978
浙江石化总厂码头	桩基、浮式	948	1000/50000	5	油	550	1978
杨子乙烯化工厂码头	桩基、浮式	790	1500	10	油、煤、杂	250	1984

长江下游兴建的码头就有40多座，码头线总长3000多米，其中1万吨级以上的泊位5个，设计年吞吐能力1000多万吨。在这些码头中，尤以各石油公司（油库）兴建的成品油码头数量为多，1万吨级以上的泊位有4个。

上海石油公司高桥石油站于1971年建成1座万吨级高桩板梁式油码头，年卸油能力为200万吨。1985年又建成2座5000吨级浮码头。广东省石油公司于1978年在墩头基兴建了1座长208米的沉箱墩式油码头，1984年又接长成为3个2万吨级油泊位。1982年，湖北省外运公司在武汉的白浒山脚下建设了1座5000吨级浮式集装箱码头。1985年，华东物资局一级站在上海兴建了长169米的高桩板梁式万吨级杂货码头，设计年吞吐能力30万吨。

五、采油和海洋物探部门的码头建设

采油和海洋物探等部门自60年代后期相继在天津新港、上海、湛江、广东长洲和湖北江汉等地建设了一系列基地码头。1974年，为国家海洋局在长江口近南岸的开敞水域中建设了一座桩基框架式码头，可停靠1.6万吨单体和8000吨级双体钻探船；南海油田在湛江兴建了长250米的高桩板梁式码头。1976年，为江汉石油管道局建设了沙市制管厂码头，首次采用了“桥吊下河”工艺，起重能力50吨。1984年，为海洋局南海分局在广东长洲兴建了长240米的高桩梁板式基地码头。

六、渔港建设

新中国成立以来，伴随渔业生产的发展，中央和地方的水产部门相继出资兴建了各类渔港350多处（内含水运工程部门设计和施工的20余处），建成码头5000余米、防波堤3000余米以及小型船坞、船台滑道等。主要工程的规模和数量见表70。

物资、商业和贸易部门码头建设的主要成就

表 69

项目	结构型式	码头线长（米）	靠船吨级	泊位数	货种	吞吐能力（万吨/年）	投产年月
南京市石油公司码头	浮式	153	2000	3	成品油	43	1958—1961
宁波市石油公司码头	浮式	36	1000	1	成品油	30	1961
温州市石油公司码头	浮式	93	3000	1	成品油	25	1964
舟山石油公司码头	浮式	33	3000	1	成品油	12	1965
北海石油公司码头	栈桥	151	1000	1	成品油	13	1969
上海高桥石油站码头	高桩板梁	122	10000	1	成品油	200	1971
上海高桥石油站码头	浮式	146	5000	2	成品油	60	1985
镇江谏壁油库码头	高桩板梁	85	5000	1	成品油	40	1972
镇江谏壁油库码头	浮式	90	10000	1	成品油	60	1984
舟山半升洞油库码头	高桩板梁	154	5000	1	成品油	26	1974
象山水封油库码头	浮式	80	5000	1	成品油	30	1976
福州红山油库码头	浮式	64	5000	1	成品油	20	1976
广东省粮油公司码头	空心方块	100	3000	1	粮	20	1976
江苏省长山油库码头	高桩板梁	85	5000	1	成品油	80	1978
广东省石油公司码头	沉箱墩式	268	20000	2	成品油	200	1978
舟山燃料公司码头	高桩框架	120	3000	1	煤	15	1979
汕头石油公司码头	高桩板梁	120	5000	2	成品油	50	1980
武汉白浒山外运码头	浮式	110	5000	1	集装箱	20	1982
浙江台州物资码头	高桩框架	70	3000	1	杂货	10	1983
温州燃料公司码头	高桩框架	110	3000	1	煤	40	1983
泉州石油公司码头	高桩框架	65	3000	1	成品油	15	1983
台州石油公司码头	高桩框架	93	5000	1	成品油	30	1984
华东物资局上海码头	高桩板梁	169	10000	1	杂货	30	1985

渔港主要建设成就

表 70

渔港名称	主要工程规模	工　期
烟台渔港	码头长 300 米	1958—1960
大连湾渔港	码头长 553 米，防波堤长 1263 米	1961—1965
复兴岛渔港	码头线长 1133 米	1962—1964
青岛渔港	码头长 300 米，防波堤长 150 米	1963—1965
舟山渔港	桩基码头 152 米，浮码头 4 座	1963—1965
白马井渔港	桩基码头 200 米	1963—1964
陈塘庄渔港	码头线长 200 米	1964—1965
秦皇岛渔港	栈桥码头 3 座、长 141 米，浮码头 1 座	1970—1973
石岛渔港	重力式码头长 1000 米，防波堤长 150 米	1970—1973
连云港渔港	浮码头 5 座，防波堤长 504 米	1973
厦门渔港	码头长 200 米	1974—1976
马尾渔港	重力式码头 120 米，浮码头 4 座	1977—1980
北海渔港	重力式码头，防波堤 1000 米	1978—1979
汕头渔港	桩基码头长 200 米	1978—1982

60 年代前期建设的大连湾渔港是东北地区最大的渔业基地，已建成码头 4 座、总长 553 米，防波堤 3 座、总长 1263 米。港池面积为 48 万平方米，可同时停泊 300 艘大型渔船。同期，在黄浦江下游的复兴岛上为上海渔业基地建设了渔港和渔轮厂，建成了 1 座长 120 米的桩基板梁式码头、6 座浮码头和 250 吨级的摇架式滑道。1973 年，在石岛湾内为石岛渔港先后建成顺岸式码头 860 米、突堤式码头 160 米、防波堤 150 米和相应的陆域配套设施，港池面积为 23 万平方米。

第六章
内河航道建设

第一节　概　述

中国内河航道建设历史久远。春秋后期（前540年）建成的扬水运河是载入史册的第一条人工开凿的航道。闻名世界的京杭运河迄今仍是重要的南北航道，为促进社会经济发展功垂千古。

为了适应轮船航运发展的需要，天津海河工程局于1897年成立，翌年开始海河“塞支强干”和大沽沙航道疏浚等工程。1905年，上海黄浦河道局开始了黄浦江疏浚工程。这两个航道工程部门的成立，标志着中国航道工程施工机械化的开始。抗日战争时期，国民党政府在长江的重庆至宜昌航段对150余处险滩进行了炸礁，清理了航道；对金沙江、岷江、嘉陵江和乌江等河流进行了整治。其中比较突出的是綦江及其支流蒲河渠化工程，兴建了11座小型船闸，改善了航运条件。纵观20世纪前半叶，中国内河航道建设是在帝国主义者掠夺资源和战争驱使下发展的，因而没有完整的规划，建设范围小，成效低，技术力量也十分薄弱，大量的施工机具和工程船仰仗国外进口。在航运较发达的长江、黑龙江和珠江等内河，因滩险多和缺少发光灯标，船舶不能夜航。

内河航道建设的兴旺始于新中国成立之后。36年来，交通系统不仅建立了各级工程建设主管部门，而且形成了从规划、设计、施工到养护，工种齐全的技术队伍，拥有较先进的工程船舶和施工机具。广大职工为发展航运事业，以忘我的劳动热情渠化河流、排除险滩、清理航道和架设灯标。

1949年11月19日召开的首届全国航务、公路会议，决定将疏浚港湾和内河航道作为重要任务之一。交通部随即调整和扩充航道工程技术力量，设立航道工程总局，各地区也相继设立了航道工程管理机构。1951 年 11 月，交通部航道工程总局设立川江测量委员会，下发六个航道测量队，开始了规模空前的测量工程。测量队员不畏艰险、风餐露宿，于 1953 年 6 月即完成了总面积为 430 余平方公里的地形、水文和险滩的测绘任务，编制了宝贵的资料。在此基础上，开始了川江航标改革。首先在船舶夜航区段进行整治和设立灯标，在昼航区段炸除险滩，使船舶可以昼夜航行。其后又扩大了设立灯标的范围，使船舶航期缩短，周转率大幅度提高，相当于提高运力 24%。至 1959 年 4 月 5 日，重庆与上海间的长江航道共敷设电气灯标 4000 余座，保障了船舶日夜航行的安全。当年，珠江、松花江、汉江和湘江航道也实现了航标电气化。

1958 年至 1961 年，内河航道建设贯彻“全面规划，综合利用，远近结合，洋土并举，逐步提高，先通后畅，由线到网，四通八达”的方针，并以专业队伍与民工组织相结合的方式掀起了以京杭运河扩建工程为重点的内河航道建设高潮。京杭运河第一期扩建工程和其他地区河流的综合治理工程基本完成，使全国内河通航里程延伸了 5 万公里，促进了航运的发展。在蓬勃兴起的建设高潮中，首次独立设计和兴建了 100—2000 吨级内河船闸和小型升船机，在航道整治和疏浚工程中积累了经验并创造了新工艺新技术，技术力量也得到充实。

“文化大革命”时期，不尊重科学技术、忽视水资源合理开发和综合利用、围水造田和筑坝断航、破坏生态平衡等现象严重，极大地干扰了内河航道建设的正常开展，通航里程急速缩短，内河航运逐年萎缩。

1978 年后，为使国民经济恢复和发展，振兴内河航运势在必行，加速航道建设迫在眉睫。1979 年年初，为了查清全国内河航道概况和编制建设规划，交通部组织各级交通主管部门和航道工程单位，开展了首次全国内河航道普查，并于 1981 年印发了图文并茂的《全国内河航道普查资料汇编》。

“六五”期间，随着经济体制改革的深入发展和内河航运振兴，航道建设得到各级政府的重视，以长江、黑龙江、珠江、京杭运河和淮河等水系为重点的航道整治工程相继展开并取得新的成果。长江葛洲坝水利枢纽工程建设进展迅速，1981 年 6 月 2、3 号船闸完工交付营运，1 号船闸也于 1988 年完工。松花江三姓险滩的全面整治工程进展顺利，京杭运河续建工程和西江航道整治工程也全面展开。诸如昌江、汉江等地区性河流的航道整治工程在国家和地方政府共同努力之下，有的胜利完成，有的正在进行。一些碍航闸坝正在交通和水利部门协作之下，一一增建通航设施或进行改造。1985 年，全国内河通航里程 10.91 万公里，比 1979 年增长近 1300 公里；其中 1 米以上水深的通航里程 5.75 万公里，通航条件得到改善，保证了内河客、货运输持续大幅度提高。

第二节　内河航道治理

40 年代后期，东北、华北、华东等解放区人民政府即组织力量清理航道、恢复航标，迅速实现了松花江、海河、黄浦江和长江的复航。1950 年，交通部和江苏省共同组织抢修坍塌了的南京浦口江岸。1953 年，在长江上游进行了治理蚕背梁滩的尝试，在下游疏浚了天星洲和戴家洲。在治理淮河工程中，开挖了苏北灌溉总渠。50 年代后期曾形成了内河航道建设高潮。1962 年全国内河通航里程约为 1950 年的 2 倍。80 年代以来，内河航道建设克服“文化大革命”动乱的干扰和破坏之后，进入了以长江、珠江、黑龙江、京杭运河和淮河水系为重点的全面规划建设时期。

一、长江水系的航道建设

长江是中国最大的通航河流，源远流长，流域广阔，素称“黄金水道”。

金沙江为长江上游，属山区河流，滩多水急。1949 年前，只有新市镇至宜宾 107 公里通航，相当于全河段的 4.6%。60 年代中期进行了大具坝至宜宾 1200 公里航道的勘察和其宗以下河段的整治，使新市镇至宜宾河段枯水期航道水深达 1.8 米，由季节性通航变为全年通航，可行驶 200 载重吨级驳船队和主机功率为 441.3 千瓦的客货船。金江桥至龙街 200 公里河段，枯水期航道水深达1.5米，可行驶主机功率为355千瓦的机动驳船。70年代又对永善到新市镇77公里航道进行了整治，治理大小滩险23处，炸礁19万立方米，使船舶在中水期可以自航过滩。截至1985年，金沙江分段通航里程累计达825.5公里，占全河段的36%。

宜宾至宜昌段俗称川江，为石质河床，石梁、碛坝、礁石密布。重庆至宜昌段，滩险多达247处，在奉节至宜昌段尤为密集。两岸峭壁对峙，江中礁石壅塞，泡漩翻滚，水声呼啸。在旧中国，人称“滩如竹节稠，滩滩鬼见愁”。新中国成立后，于1953年成立了川江航道整治工程处。广大航道职工常年脚踩嶙峋礁石，手攀危崖峭壁，冒着寒风烈日，进行勘察和测量，并采用疏浚和炸礁等综合整治技术，相继治理了被称为“拦路虎”的滟滪堆、“铁门槛”青滩、“鬼门关”崆岭滩和使不少船只船翻桅折的折桅子滩等恶礁险滩99处，完成工程量517万立方米，使枯水期航道水深由40年代的2.1米增加到2.9米，底宽由33米增加到60米，弯曲半径由400米加大到750米。通过治理，重庆至宜昌段实现了昼夜通航，航期由10天缩短到4—5天。

1982年7月，万县港下游的鸡扒子800米岸段发生了大滑坡。约180万立方米的山体碎石滑入长江，把600多米长的深水河槽填高30余米，使枯水期的过水断面由2700平方米缩小到320平方米，最大流速增至7.5米/秒，局部水面比降达到10.4‰，船舶航行十分困难。国家经委、交通部、地质矿产部和四川省人民政府立即组织长江航道局等单位进行抢险。经过5个月奋战，第一期工程共挖除土石21.22万立方米，其中水下炸礁3.6万立方米。1983年11月开始的第二期工程，仍以治理左岸为主，计划工程量为34.5万立方米。至1985年年底，绝大部分浚挖任务已经完成，1986年年初已消除绞滩，恢复正常通航。

长江中、下游多为沙质河床，浅滩丛生且多变，较大的浅滩有32处，每年常有10余处需要疏浚。

40年代后期，南京浦口上游5公里处新生成的白沙洲，逐渐把主流挤向北岸，使浦口的江岸、码头发生严重坍塌。新中国成立后，浦口抢险工程即被列为国家重点项目，交通部和当地政府专门组建了抢修委员会。在1950年完成的第一期工程中，共抛石7.6万多立方米，沉笼4200多个，筑透水坝480米，砌石护岸2500多平方米，挖泥600万立方米。1953年，疏浚了戴家洲和天星洲，并组建了长江沿线的疏浚队伍，确保航运畅通。60年代，对枝城至城陵矶段的中洲子和上车弯两个大弯道进行了裁弯取直工程，挖除土方180多万立方米，缩短航程58公里。1964年，对南京至吴淞口段进行了测量、潜水打捞和定深扫床等工作。仅用2年时间即开辟出一条底宽100米、可供1万载重吨级海船通行的航道。1966年3月，第一艘1万载重吨级海船经吴淞口驶抵南京，揭开了长江航运史上新的一页。

长江口深水航道的建设始于1974年9月，先后开挖和维护了南、北槽航道。至1985年年底共挖泥1.69亿立方米，使铜沙、江亚和鸦窝沙等浅滩航道的最小水深维持在7.0米以上，航槽底宽250米，2万载重吨级海船可满载乘潮进出上海港并可上驶南京港。航道条件的改善和航标电气化的实现，促进船队向大型化发展。80年代初，在长江中、下游出现了由功率为4413千瓦推船和驳船组成的载货3万吨大型顶推船队。

在进行干流航道建设的同时，还开展了支流航道建设。自1954年起，陆续对岷江乐山至宜宾段的162公里航道进行整治。至1972年，整治了乌木桩等9处浅滩；1975年又整治了老木孔等5处浅滩，共完成筑坝工程量15.2万立方米，疏浚工程量4.64万立方米。全线航道达到水深1.5米、底宽40米、弯曲半径300米，可常年行驶功率220.65千瓦的机动驳船和300载重吨级船舶。

1954年，开始对嘉陵江上游和支流涪江航道进行整治。1959年又对支流渠江进行初步渠化，先后建成3座船闸。为了适应川中油田开发，对干流南充至重庆段320公里航道采用筑坝、疏浚和炸礁方法进行了系统的整治，完成总工程量110万立方米，使航道达到水深1.3米、底宽40米、弯曲半径400米，可行驶300载重吨级船舶。其后又对南充至广元240公里航道进行整治，完成总工程量135万立方米，使全段水深达到0.7—1.2米，常年可行驶100载重吨级船舶。同时兴建了吞吐量为20—30万吨的内河港口5处。

乌江是贵州省的主要航道，过去中、下游一直是分段通航。1958年和

1959年，对三大断航险滩进行了整治，使大乌江至涪陵452公里的航道水深达到1米，常年全线可行驶100载重吨级船舶。其中白涛至涪陵26公里航段常年可行驶300载重吨级船舶。

湘江是湖南省洞庭湖水系的重要航道，通过多年人工疏浚、轻便导流、机械挖泥、水下炸礁、修筑石坝等整治措施，主要碍航滩险处的航行条件都有了不同程度的改善。松柏至株洲240公里航段，最小水深达1.1米，常年可行驶150载重吨以下的机动驳船。株洲至湘潭37公里航段，最小水深达1.3米，常年可行驶300载重吨级以下的船舶。湘潭至城陵矶220公里航段，最小水深达1.6米，可行驶500载重吨级以下的船舶。

1954年后，对沅水的洪江至常德480公里航段进行了3次较大规模的整治，有56处滩险达到设计标准，27处滩险得到显著改善。洪江至毛里湾362公里航段，最小水深0.8米，可行驶50载重吨船舶；毛里湾至德山118公里航段，最小水深1.2米，可行驶100载重吨船舶。

汉江是陕西省和湖北省的重要水运干线。陕西省从1955年开始对洋县至白河段进行整治，至1985年年底共完成炸礁6.84万立方米，疏浚38.61万立方米，筑坝16座、总长5020米。湖北省从50年代后期开始对襄樊至汉口段的浅滩进行重点整治，从60年代开始又对白河至襄樊航段的重点滩险进行了整治。其中白河至郧阳段104公里完成炸礁2.69万立方米，筑坝1210米，最小水深达到1米。至1973年，完成了丹江口至襄樊117公里航段的滩险整治，共完成石方8.65万立方米，疏浚工程量7100立方米，筑坝3360米，航道水深普遍增加了0.2米。1977年，开始整治碾盘山至钟祥段的金蛙滩，以改善游荡性河流的通航条件。共修丁坝12座，抛石20.76万立方米，沉排5万平方米，使枯水期最小水深达1.7米，可行驶500载重吨级船舶。自1952年开始，汉江设置不同等级航标总里程达824公里，方便了船舶夜航。

赣江是纵贯江西省的重要水运干线，50年代即着手整治。60年代进行了系统的整治和疏浚，共疏炸和治理浅滩106处，构筑整治建筑物17.06万米，完成工程量9.64万立方米。万安至吉安115公里航段，枯水期水深0.9米，可行驶50吨船舶。吉安至南昌241公里航段，枯水期水深1米，常年可行驶100载重吨级船舶。南昌至吴城 73 公里航段，枯水期水深 1.2 米，可行驶 200 载重吨级船舶。吴城至湖口 80 公里，枯水期水深 1.5 米，可行驶 500 载重吨级船舶。

太湖水系地处长江三角洲，与江苏、浙江、上海等省、市的主要航道相连，形成四通八达的航道网。其中江南运河和湖申线为航运干线，自 50 年代起即进行市、镇河段的航道扩建、改建工程，使航道宽度达到 10—15 米，最小水深达到 1.5—2.0 米。运输船舶由 60 载重吨增大到 100 载重吨。为适应上海港的繁荣和发展，坚持对黄浦江下游进行了疏浚，36 年间共挖泥 1.46 亿立方米。修建的锡澄运河可行驶 300 载重吨级船舶。对无锡市和常州市的河流，均按行驶 500 载重吨级船舶的要求进行了改造。

二、黑龙江水系的航道建设

新中国成立后，黑龙江水系的航道建设，主要是对松花江的部分浅段进行了疏浚和治理。50 年代，对哈尔滨港区及其下游的部分严重碍航浅滩进行了重点疏浚。60 年代，经常疏浚的范围扩大到了哈尔滨至沙河子段的 18 处和佳木斯至同江段的 11 处浅滩，并开始对哈尔滨港区和三姓浅滩等河道进行整治。70 年代，疏浚的范围进一步扩向哈尔滨上游的长春岭、达户等浅滩，整治工程开始在冷营、太平山、通河、捕鸭河、嘎尔当、葡萄架等浅滩和巴彦、绥滨等港区航道上铺开。80 年代，进一步对三姓浅滩进行较大规模的综合治理。至 1985 年年底，全水系共完成丁坝、锁坝和潜坝 4.57 万米，筑坝工程量 70 万立方米，1955 年以来共挖泥和清石 4850 万立方米。

位于通河港下游 15 公里处的三站浅滩，在 50 年代曾是松花江中游的主要滩险，航道水深有时比三姓浅滩还小，常引起行船事故。经交通部批准，1954 年春至 1957 年夏建成新中国的第一座航道整治锁坝。坝长 500 米，迎水面坡度 1∶1.5，背水面坡度 1∶3，坝两头护岸各长 70 米。锁坝封堵右支流后，航道水深明显增加，保障了通航。

50 年代中期，连续几年的洪水引起了哈尔滨港区松江河道的急速变化。1965 年 4 月，港侧分流的流量由常年的 578 立方米降到了 245 立方米，船舶只能改由滨北铁路桥的 2 号桥孔通过，水流与桥轴线交角仅 17 度，异常危险。黑龙江航运管理局航道工程处于 1965 年至 1967 年，在港区的北面江岸修筑了锁坝、导流坝各 1 座，丁坝、潜坝各 2 座，护岸 250 米，港侧航道挖泥 61.08 万立方米，使南侧分流的相对流量由 40% 增加到 60%，航道水面宽度由 120 米增加到 200 米，通航条件显著好转。1971 年至 1974 年又对上述工程进行了加固和扩建，并经常进行维护性挖泥，使河床进一步向有利于港口营运的方向发展。

位于松花江中游、依兰港以上 16 公里处的三姓浅滩，是黑龙江水系最大的石质浅滩，长 35 公里，礁石密布，枯水期水深不足 1 米，致使哈尔滨至佳木斯段的航船经常受阻。50 年代进行的维护性疏浚，收效甚微。60 至 70 年代，相继建设了 6 座丁坝和 4 座锁坝，进行了局部水下炸礁和疏浚，保证了枯水期的通航，但浅滩并未根除，水深难以维持。经交通部和黑龙江省政府批准，黑龙江航道局于 1983 年 4 月组建了工程指挥部，调集了挖泥船队、测量队、爆破队和水工队，采用筑坝和疏浚相结合的整治方案，奋战 3 年，建成丁坝 37 座，锁坝 9 座，总长 2.464 万米；修护岸 12 处，完成石方 20.57 万立方米，河床松动爆破 9.74 万立方米，疏浚砂石 67.99 万立方米，使航道的最小水深由 1.1 米增至 1.5 米，底宽由 50 米增至 60 米，弯曲半径由 500 米增至 800 米，600 载重吨级船舶可全航期满载通航。

此外，70 年代，黑龙江航道局因地制宜，冬季在冰上施工筑坝，不仅可保持工程的连续性，缩短工期，降低造价，而且减少了通航季节集中施工对航运的影响，开创了冰冻地区航道建设的先例。

1985 年，黑龙江水系通航里程由 50 年代初的 3871 公里增加到 4696 公里，航道水深普遍增加了 30—50 厘米。其中水深大于 1.0 米的通航里程达到 3724 公里。

三、珠江水系的航道建设

珠江水系航道建设的重点，是对西江及其支流进行炸滩、浚挖和筑坝整治，对北江的支流连江进行渠化，开挖和扩建了陈村、东平两条通往广州的简捷水道。

梧州以上的各河流航道暗礁险滩密布，峡谷弯道相连，水流紊乱，船舶航行十分困难。从50年代开始，相继对红水河（蔗香至三江口段）的273处、右江（百色至南宁段）的167处、郁江（南宁至梧州段）的99处、黔江（柳州至梧州段）的62处和桂江（桂林至梧州段）的184处滩险进行了治理，共完成炸礁约17.41万立方米、疏浚约65.17万立方米、抛石筑坝约7.12万立方米，初步改善了通航条件，使红水河的通航里程增加了167.2公里。

连江是北江的一条重要支流，是粤北地区通往广州的唯一水道，但因地处山区，坡陡流急，枯水期水浅。50年代前期进行了局部治理，后期兴建了界滩、黄燕、青莲和黄茅峡等4个梯级枢纽，初步实现了渠化。70年代，吸取了前期的经验和教训，兼顾水运和农业的不同要求，改用低水头、多梯级方案，对全河段重新进行了规划和建设。至1976年年底，在连县至连江口的181公里河道上，相继新建和改建了界滩、黄燕、龙船厂、黄茅峡、黄牛滩、花鸡咀、绞剪坡、青莲、青霜滩、蓑衣滩和架桥石11个梯级的船闸、拦河坝、抽水站，并在其中的9个枢纽建成水电站，渠化里程达到133公里。渠化后，连县至连江口的通航船型由5载重吨提高至100载重吨，往返一次的时间由20天缩短为6天，货运能力提高9倍。各枢纽的防洪、灌溉和发电效能促进了地区农业、采矿和加工工业的发展。

珠江三角洲地区，水道七湾八汊，船舶航行多有不便。为了扩大水网的通过能力，加快船舶周转，广东省两次疏通和扩建了陈村水道，使水深由0.3米增加到2.0米，500载重吨级客货船可常年昼夜通行，进出广州的航程缩短63公里。经扩建后的东平水道，水深也达2.0米，是沟通广州与西江、北江的一条捷径，缩短航程约109公里。

36年来，还相继对黄埔港以下的珠江口段进行了三次规模较大的治理。50年代中期，对莲花山西航道进行了浚深、拓宽和裁弯取直，使最小水深由4.3米增加到6.9米，底宽达到80米，1万载重吨级海船在桂山岛处减载后方可乘潮驶进黄埔港。60年代中期，炸除了大濠洲礁石，将莲花山航道浚深到

7.6 米，伶仃航道浚深到 7.2 米，1 万载重吨级海船可满载乘潮进出黄埔港。70 年代中期的建设规模更大，累计挖泥 1797 万立方米，虎门以内的航道达到底宽 140 米、水深 9.0 米，虎门以外的航道达到底宽 160 米、水深 8.6 米，2 万载重吨级海船可满载乘潮进出黄埔港。

四、淮河水系的航道建设

新中国成立后，淮河水系的航道治理是和水利建设结合进行的。1951 年，首先从洪泽湖畔的高良涧向东开挖了苏北灌溉总渠，经淮安、阜宁至扁担河口入黄海。总渠长 162.5 公里，底宽 30 米以上，最小水深 3.0 米，河道顺直，常年可通行 500 载重吨级船舶。渠上建有高良涧、运东和阜宁等船闸，并在淮安与京杭运河相交。1953 年建成三河闸，遂将洪泽湖改建成拦洪蓄水水库，平时提供灌溉用水，并保持淮河中、下游的通航水位。其后又开辟了由蒋坝直通京杭运河的航道，兴建船闸 3 座。从洪泽湖二河头向北新开辟的长 100 公里的淮沭新河，在沭阳与沭河相连，汛期排洪，平时灌溉。它是淮河又一条经连云港入海的河道。

1958 年 9 月，安徽省在淮南地区兴修了大潜山总干渠。干渠西起淠河畔的横排头，东至长丰县的双墩集，全长 143 公里，宽 60—75 米，最小水深 2.0 米，中间设有 2 座节制闸。60 年代末，交通部门相应地增建了 2 座 100 吨船闸，实现了全线通航。1970 年又在横排头建成 1 座 100 吨船闸，使灌渠与淠河沟通，成为安徽中部的一条东西向水运干线。

1961 年蚌埠水利枢纽的建成，使淮河中游水深得到控制，从而改善了正阳关以下干流航道的航行条件。此后，航道建设进入了渠化开发支流航道阶段。由运河通往连云港的盐河，经渠化后可通行 100 载重吨船舶。同时在老通扬运河兴建了 300 吨船闸。在涡河和颍河修建了 100 吨船闸。

60 年代后期，为了引水灌溉，在淮北地区兴修了一条长 128 公里的人工渠道——新汴河。它自七岭闸经宿县、泗县注入洪泽湖。沿河兴建了 3 座船闸，使 100 载重吨船舶可全线通航。1971 年冬，为了截引颍河的洪水，以减轻淮河干流的排洪压力，同时兼顾航运的需要，又在淮北地区开挖一条长135公里的渠道——茨淮新河，于1984年5月建成。航道底宽125—250米，最小水深1.5米。沿河在茨河铺、插花、阚街和上桥等地建设了节制闸和船闸各4座，使航道水深保持稳定，常年可行驶300载重吨轮驳船队。

在淮河水系的通航河流中，经过梯级渠化的人工控制航道里程约占总里程的85.5%。除淮河干流可行驶500—1000载重吨级驳船组成的船队外，其余航道均可行驶100载重吨驳船组成的拖带船队。淮河水系已形成了以长江为主干、干支直通100载重吨船队的航道网，同时形成了以长江为主干、京杭运河与淮河相沟通的1000吨级航道网，为煤炭和其他物资运输发挥出巨大的作用。

五、京杭运河的整治

京杭运河始凿于春秋末期，历经延伸，至1292年形成北起北京、南达杭州、全长1747公里、途经六省市、联接五大水系的南北水运干线。1855年黄河在铜瓦厢决口改道，夺山东省大清河入海，使京杭运河断航。

在50年代的治淮工程中，国家即投资对苏北河段进行局部整修。1956年11月至1957年7月，水利部门曾组织12万民工整治高邮至界首的25.5公里河段，完成土方达2027.5万立方米，并兴建了宿迁等船闸。1958年，国家把京杭运河整治工程列为“二五”期间的重点项目，并制定了“统一规划，综合利用，分期建设，保证重点，依靠地方，依靠群众”的建设方针。当年，河北、山东、江苏等省相继组建了工程指挥部，组织民工队伍立即开工。其中，江苏段的工程尤为宏大。从1958年10月至1961年10月，对徐州至扬州404公里河段进行了拓宽、浚深、裁弯取直和部分改线工程，共开挖土石方14307.5万立方米，砌石护坡24.3公里；建成大型船闸7座、节制闸4座、地下穿运涵洞3座、港口5处、桥梁5座以及附属工程22项，共浇注混凝土27.88万立方米，砌石79.94万立方米。先后参加建设的共计123万人。同期，河北省整治了南运河；山东省扩建了中运河，兴建了微山等船闸，开挖了微山船闸至长沟镇约90公里、底宽50米、水深4.0米的新河道。

60年代末至70年代，江苏省又在运河上新建了3座大型船闸，并对局部河段进行了改建和整治。山东省在梁山至济宁段兴建了郭楼船闸和八里湾引水闸，在济宁以下兴建了韩庄、刘庄、台儿庄等3座船闸和2座节制闸；渠化了伊家河，使其最小水深达2.2米，成为连通苏北运河的纽带，从而结束了苏、鲁运河断航12年的历史。

80年代中期，江苏省进行了江南运河的整治和苏北运河续建工程。苏北运河续建工程的目标，是按二级标准将404公里航道全部拓至底宽60—70米、最小水深4.0米、最小弯曲半径800米；在皂河、宿迁、刘老涧、泗阳、淮阴、淮安、邵伯和施桥等处兴建二线船闸。整治江南运河的重点则是改建常州、无锡等市区河道。无锡市于1976年至1983年开挖了吴桥至梁溪河的底宽50米、最小水深2.5米的新河道。常州市结合市区改造，从1982年开始把河道扩至底宽50米、水深2.5米。

1979年至1983年，浙江省治理了全长252公里的杭甬运河，1983年兴建京杭运河与钱塘江之间的沟通工程并建设三堡船闸。

六、其他水系的航道建设

新中国成立后，还分别对黄河、小清河、甬江、瓯江、闽江和澜沧江等河流进行了治理。

60年代后期，山东省交通厅针对小清河水量日益减少、航行条件不断恶化的情况，对河道进行了渠化。在长238公里的航道上兴建了4个梯级船闸，利用济南市附近工厂的废水并引用部分黄河水，增加了航道水深，保障了4×100吨级拖驳船队的正常通航。

瓯江航道建设的重点是治理河口。瓯江口是个分汊河口。50年代后期，由于距河口近30公里处的鱼旗山咀挑流作用日强，主流逐渐北移，位于南江的温州港区淤积严重。至60年代末，码头前沿水深已由6.0米降至0.5米，港区生产无法正常进行。经过现场观测和水工模型试验验证，采取整治与疏浚相结合的方针和塞支强干的准则，进行了综合治理。1970 年 1 月，在北汊的上口修筑了一条长 3870 米的上村顺坝，同时在南江挖了一条长 4150 米的航槽，用以引流。当年十月竣工时，南江的相对落潮流量由整治前的 15% 增加到 32%，落潮流速由 0.44 米/秒增加到 0.73 米/秒。1972 年 3 月至 1973 年 6 月进行了第二期整治，在港区对岸的龟山脚下修建了 2 座长度分别为 400 米和 600 米的丁坝；在港区下游挖了长 2500 米的航槽，进一步引流。1975 年 10 月复测时，南江的相对落潮流量增加到 67%，落潮流速稳定在 0.71 米/秒左右，码头前沿的最小水深由整治前的 0.5 米增加到 5.0 米，3000 载重吨级的海船可以直接进出，从而使面临淤塞的温州港得到新生。到 80 年代，港区的水深已可自然维持，每年可节省挖泥费 50 多万元，同时还减少了洪水对北岸的冲刷，保护了农田。

甬江自 1959 年在中游建成姚江大闸后，下游淤积日渐严重。1979 年年初镇海港区万吨级码头前沿和航道开挖后，5 个月内即回淤了 80 万立方米，致使新港区无法使用。后经现场观测和模型试验，1980 年在码头对岸修筑了 2 座各长 105 米和 120 米的丁坝，1 座长 1300 米的导流堤；在码头的下游修筑了长度分别为 480 米和 520 米的顺坝、导堤各 1 座，长约 30 米的丁坝 4 座。港池和航道重新开挖后，回淤显著减少。1983 年，码头开始正常营运。

闽江口的综合治理是 30 多年来闽江航道建设的重点。闽江口以上 68 公里的河道被南台岛分为南北两汊，在乌龙江大桥以下又分为炎山和马杭东西两支。70 年代以后，马杭水道日渐萎缩。1974 年，其过水断面所占比例由 1971 年的 37.2% 降到了 9.5%。当年，马尾港简易投产，港区淤积严重。到 1980 年年底，1 号泊位的最小水深只有 0.1 米，虽然经过 3 次疏浚，水深仍无法维持。经过大量模型试验和多方案论证，从 1980 年 10 月开始综合整治，至 1985 年年底先后抛筑丁坝 7 座，潜坝、锁坝、导堤和分流坝各 1 座，挖航槽 4900 米，共抛石 60.6 万立方米，疏浚 215 万立方米。工程竣工后，上、下游滩槽持续稳定。1983 年，马杭水道分流比由整治前的 20% 增加到 43%，马尾港区的水深普遍增加，1 万载重吨级船舶可乘潮进港装卸，而且每年码头前的维护挖泥量只有 10 万立方米，整个港区和航道的总维护量也只有 100 万立方米左右。

第三节　船闸建设

随着水利建设和航运的发展，船闸建设于 50 年代初期开始，末期形成高潮。尤其是在整治京杭运河苏北段和治淮工程中，建设了一批可通行 2000 吨级驳船队的大型船闸。“二五”期间，全国共建成船闸 153 座。60 年代，大型船闸的建设明显减少，但是伴随各地的水利电力建设，小型船闸仍得到了一定的发展。1963 年至 1972 年，共建成船闸 337 座，其中通行 100 吨级以下小船的 315 座，约占总数的 90%，规模最大的是广西的西津船闸。1973 年至 1978 年，又建成船闸 184 座，其中规模比较大的是京杭运河沿线的皂河、刘老涧、谏壁等船闸和葛洲坝枢纽 2 号船闸。80 年代初期建成了谏壁船闸，并开始建设葛洲坝 1 号船闸和苏北运河的 8 座二线船闸。

截至 1985 年年底，全国已建成各类船闸 791 座。其中，单级船闸约占 97%，两级船闸约占 2%，小型三级船闸 1 座；工作水头在 10 米以上的 20 座，15 米以上的 13 座，其中单级船闸的最大工作水头是 27 米，两级船闸的最大工作水头是 43 米。按平面型式分，广厢式占 74%，等宽式占 26%。干线的主要通航船闸均为等宽式，口门宽度大于 15 米、可以通行 1000 吨级驳船的计有 23 座，闸室的最大宽度为 34 米，最大长度为 320 米。规模最大的为葛洲坝 2 号船闸，可通行 4 × 3000 吨级的顶推船队。在材料结构方面，绝大部分闸室都是浆砌石的；闸首有 85% 是浆砌石的，只有 15% 采用了钢筋混凝土结构。各时期建设的船闸数量和分布见表 71、表 72。

一、京杭运河沿线的船闸

50 年代以来，京杭运河沿线共建成船闸 30 余座，其中规模较大的有 14

座，都是平原地区的低水头船闸。

这批船闸是按照统一规划原则，同沿线的水利枢纽相结合而建成的。1959年至1961年，交通部运河工程局虽已撤销，但江苏省的交通和水利部门密切合作，继续集中力量建成邵伯、淮安、泗阳、淮阴、施桥、刘山和解台7座大型船闸。在建设中，因地制宜地采用了新结构和新工艺，材料省，造价低，工期短，而且质量良好，迄今运转正常，堪称全国船闸建设的典范。70年代又相继建成皂河、刘老涧和谏壁等大型船闸，结构和工艺设备都有了进一步改进。80年代又兴建皂河、宿迁、刘老涧、泗阳、淮阴、淮安、邵伯、施桥8座二线船闸，其有效尺度均为长230米、宽23米、门槛水深5米。

各时期兴建的船闸数量和分布情况

表71

年度 / 船闸数 / 地区	1949年至1957年	1958年至1962年	1963年至1972年	1973年至1978年	1979年至1985的	合计
广东	16	59	120	37	—	232
湖南	5	29	45	39	14	132
四川	23	32	39	21	7	122
江苏	8	14	27	24	4	77
上海	—	—	8	19	18	45
广西	—	—	31	2	1	34
浙江	—	7	14	7	1	29
安徽	—	1	10	12	4	27
湖北	—	1	11	4	8	24
山东	—	2	10	5	—	17
福建	—	1	9	2	3	15
江西	—	5	5	1	2	13
河北	1	1	1	6	1	10
天津	—	1	4	1	—	6
河南	—	—	2	3	1	6
云南	—	—	1	—	—	1
贵州	—	—	—	1	—	1
合计	53	153	337	184	64	791

各种规格的船闸及其分布

表 72

规格 \ 数量 \ 地区		广东	湖南	四川	江苏	上海	广西壮族自治区	浙江	安徽	湖北	山东	福建	江西	河北	天津	河南	云南	贵州		合计
船闸总数		232	132	122	77	45	34	29	27	24	17	15	13	10	6	6	1	1		791
最大	小于 5	204	90	68	48	45	28	28	14	17	5	11	6	7	6	4	1	—		582
工作	5—10	27	36	49	29	—	3	—	12	5	12	4	6	3	—	2	—	1		189
水头	10—15	1	3	2	—	—	—	—	1	—	—	—	—	—	—	—	—	—		7
（米）	15 以上	—	3	3	—	—	3	1	—	2	—	—	1	—	—	—	—	—		13
口门	小于 7	167	109	113	5	8	27	26	1	8	—	11	7	1	1	5	1	—		490
宽度	7—12	49	23	9	53	29	4	1	19	14	13	4	5	8	5	1	1	1		238
	12—15	16	—	—	6	8	—	2	4	—	2	—	1	1	—	—	—	—		40
（米）	15—20	—	—	—	3	—	3	—	3	1	1	—	—	—	—	—	—	—		11
	20 以上	—	—	—	10	—	—	—	—	1	1	—	—	—	—	—	—	—		12
闸室	小于 100	203	132	114	10	2	31	22	4	15	—	14	10	1	1	6	—	1		567
长度	100—150	14	—	8	41	14	2	4	19	7	15	1	2	7	5	—	—	—		139
	150—200	13	—	—	12	15	1	3	4	1	—	—	1	1	—	—	—	—		51
（米）	200 以上	2	—	—	14	14	—	—	—	1	2	—	—	1	—	—	—	—		34

二、杨柳青船闸

杨柳青船闸位于天津市郊的子牙河上，建于50年代后期。船闸闸室长210米、宽15米，槛上水深3.2米，设计船型为2×1000吨级船队，船闸坐落在粘土地基上，最大工作水头7米。上、下闸首均采用钢筋混凝土整体式结构。闸室为分离式结构，采用浆砌块石闸墙和钢筋混凝土整块底板，工程质量良好，经受了邢台和唐山两次大地震的考验。在船闸的上、下游均建了长约1000米的引航道，采用了桩基框架式导航架，保障了船舶的安全运行，且减少了闸室的淤积。

三、西津船闸

西津船闸位于广西中部的郁江上，建于60年代。船闸为两级，总工作水头为43米。闸室长度分别为190米和198米，宽度均为15米，槛上水深同是4.5米，可通行2×1000吨级船队，设计年通过能力600万吨。船闸的地基，一部分是石灰岩，另一部分是软基。每级的工作水头为21.5米。闸首为钢筋混凝土整体式结构，闸室为分离式，混合式闸墙的最大高度为26.5米。输水系统为短廊道集中式。上、下游工作闸门均为人字型，阀门是升降式平板门，两者均由电动卷扬机启闭。

四、葛洲坝船闸

葛洲坝水利枢纽设计有3座船闸。一期工程中的2号和3号船闸位于三江两岸，于1981年6月建成投产。

葛洲坝河段水流和泥沙状况复杂，对船舶航行十分不利。通过水工模型试验，在总平面设计中，于2号船闸的上游建了长1750米的防淤导流堤，在2、3号船闸之间建了一座6孔冲沙闸。2号船闸是中国最大的一座船闸，也是世界上屈指可数的大型船闸之一。闸室长280米、宽34米，槛上水深5米；连同上、下闸首，主体长479米，包括上、下游导航墙的总长844米。设计船型为4×3000吨级顶推船队，一次过闸时间51—57

分钟，设计年通过能力5000万吨。船闸坐落在非均质且有强透水带的岩层上，最大工作水头为27米，为单级船闸。下闸首采用整体式钢筋混凝土结构，上闸首和闸室均为分离式，底板为不透水式，各接缝均设有止水带。同时，对地基的软弱夹层采取了挖除或不同形式的加固处理。输水系统为长廊道分散式。进水口设于上游导航墙内侧，主廊道设在闸墙底部，纵、横支廊道设于底扳中，一次最大输水量近29万立方米。上、下闸首均采用人字形工作门。下闸首门高34.5米、宽19.7米、厚2.7米，单扇重约600吨。闸门的启闭采用连杆传动的启闭机。上闸首还设有上提式桁架梁平板事故检修门和活动式公路桥。输水阀门为反向弧形门，由液压式启闭机启动。

3号船闸是为通行客货船、渔船和工程船而修建的。闸室有效尺度为120×18×3.5米，最大工作水头27米。闸首和闸室均为钢筋混凝土分离式结构。闸阀门、启闭机械和输水系统的结构型式均与2号船闸相同。此外，工程规模与2号船闸基本相同的1号船闸，于1988年投入营运。

第四节　升船机建设

中国的升船机建设是从1958年起步的。经过多年试验和探索，全国共建成机械化升船机59座，设计年总运载能力为1901万吨。按型式划分，斜坡式55座，垂直式3座，水坡式1座；按载船方式划分，湿运式3座，干运式56座；按地区分，浙江省建设了29座，居全国之首，湖南省11座，湖北省7座，安徽省4座，江西省3座，贵州省2座，四川、广东、广西各1座。

一、杭州老三坝升船机

1958年，浙江省航运职工在老三坝的土堰上铺设了轨道，建造了电力驱动、无极绳牵引的钢架平车，成为一座斜面升船机。设备虽然简陋，但是与土堰相比，过船能力大为提高，而且减轻了工人的劳动强度，它是中国的第一座机械化升船机。

二、安徽寿县升船机

寿县升船机是作为斜面升船机专题研究的试验工程，由交通部水运规划设计院设计，安徽省港航工程队施工，机电设备由淮南矿山机械厂制造和安装。经过南京水利科学研究所进行的船厢水力学等项模型试验验证，设计选用了湿运式高低轮船厢，采用一台主机以单绳牵引船厢沿坝体两侧斜面运行。为了克服牵引过坝顶的死点，坝顶轨道设有 5 米长的平移段，并设置了辅助推送船厢的可逆转式链条机，以便牵引主机换向运行。升船机的提升高度为 13 米；轨道全长 346 米，坡度 1:10，宽轨轨距 4.0 米，窄轨轨距 2.5 米；船厢有效尺度 18×4.65×1.3 米，载船吨位 300 吨，运行总重 150 吨；一次过坝时间 19 分钟；年通过能力 25 万吨，建成后恢复通航里程 84 公里。

工程于 1964 年开始选点、委托试验和设计，1966 年 7 月竣工。投产 18 年，运行可靠，使用性能良好。它的建成为斜面升船机的建设积累了宝贵的经验，虽有“文化大革命”的影响，各地还是相继建成了同类升船机 43 座。

三、湖北蒲圻县陆水升船机

湖北蒲圻县陆水升船机是一座垂直升船机，于 1970 年 7 月建成投产。它利用钢质网架载船，由桥式起重机提升至坝顶，水平吊运至坝上游，然后下降入水。提升高度 42 米，载船吨位 20 吨，年通过能力 12 万吨。桥式起重机排架长 50.25 米，高 15.22 米，轨距 24.6 米，轨顶高程 72.22 米，提升能力 50 吨，提升速度 10.35 米/秒，水平吊运速度 28.5 米/秒，一次过坝时间 19 分钟。陆水升船机的建成，填补了垂直升船机建设的空白，也为后来垂直升船机的建设提供了经验。

四、丹江口升船机

丹江口升船机是丹江口水利枢纽的一个组成部分，于 1973 年建成。设计部门吸取寿县和蒲圻县升船机的建设经验，选用了两级混合式升船机的方案。即在下游的下半部建设了1座斜面升船机，越过1个驼峰后接长410米、水深1.7—2.5米的水渠；上游侧的上半部建设了1座垂直升船机。载船能力150吨，总提升高度90米，船舶一次过坝时间72分钟。斜面升船机为高低轮式，提升高度45米，轨道长420米，坡度1∶7，宽轨轨距11.2米，窄轨轨距8.5米；船厢为150—300吨级，运行速度0.5米/秒，一次过驼峰时间19分钟。垂直升船机由桥式起重机提升，升程为45米，排架长129.48米，轨距26米，提升速度0.19米/秒，水平吊运速度0.5米/秒。

第七章
水运工业厂、站建设

第一节　概　述

“一五”期间首先改造和扩建了哈尔滨、新港、上海和广州等船厂。1956年动工兴建了青山和金陵等新型船厂，揭开了中国自行建设水运工业厂、站的新篇章。

广州船厂的扩建填补了华南地区交通系统修船能力的空白，是国家“一五”期间的重点建设项目。主要工程包括2座干船坞的扩建，1座舾装码头和船体、轮机车间等的新建。同期，交通部还对上海船厂进行了扩建，建成修船码头和轮机、内燃机、电工等大型车间。

1958年后，水运工业贯彻“修造并举”的方针，在华北地区扩建了新港船厂，新建了5000吨级造船台和轮机、船体等生产车间，使之具备了建造5000载重吨级和修理3000载重吨级海船的能力；在上海地区重点扩建上海船厂，新建了3000吨级造船台、锻工车间、船体车间、铸工车间和舾装码头，购置和研制了大型生产设备、光学放样机等，使其成为造船与修船并举的大型船厂；在华南地区，交通部新建了文冲船舶修造厂（简称“文冲船厂”），广东省改建了新中国船舶修造厂。文冲船厂位于珠江下游，于1965年10月建成了1.5万吨级修船干坞和码头各1座以及船体、轮机、铸锻等车间，形成了年修96艘远洋运输船舶的能力。对长江的民生（今东风）、宜昌、青山、江东、金陵等船厂和各省、自治区、直辖市的中心船厂也进行了规模不等的扩建。

为了弥补港口生产机械的严重不足，在上海建设了上海港口机械制造厂，并在武汉、宜昌、重庆等地新建了产品类型不同的港口装卸机械制造厂。

70年代，水运工业的建设发展较快，新建了山海关船厂、北海船厂、澄西船厂、荻港船厂和川江（长寿）船厂；扩建了新港船厂、上海船厂、文冲船厂、新河船厂、东海船厂以及宜昌、青山等船厂；沿海各主要港口，上海和广州海运局，各航务和航道工程局，也都新建或改建了修造船厂和航修站。

重新选址兴建的北海船厂，位于青岛浮山湾内，于1975年建成投产。厂区陆域面积35.5万平方米，水域面积30万平方米，建设了1万和2万吨级干船坞各1座，修船和舾装码头各2个泊位，防波堤500米，各种厂房、车间约4万平方米以及供水、供电和生活等辅助设施。

山海关船厂位于山海关外的张庄湾，距秦皇岛港约6公里，于1980年建成投产。厂区陆域面积57.6万平方米，水域面积46万平方米，建设了1.5万和5万吨级干船坞各1座，修船码头泊位4个，防波堤2条、总长2250米，船体和轮机等车间厂房7.5万平方米，生产辅助建筑2.4万平方米以及生活辅助建筑和铁路、公路等。

36年来，各航务和航道工程部门还分别承担了海军、船舶工业、石油工业和水产等部门的船厂建设任务，设计和施工了一大批船坞、船台滑道、修船码头、舾装码头和防波堤，为各部门修造船工业的发展做出了贡献。

第二节　船台滑道建设

50和60年代，为了提高修造船能力，各船厂相继建设了一批3000—5000吨级的造船台和1000—3000吨级的修、造船台滑道。70年代，船舶向大型化发展，沿海各大船厂陆续兴建了1万、2万乃至10万吨级的造船台；内河500—2000吨级修、造船台滑道的建设，也有了较快的发展。据初步统计，36年来全国新建、改建的船台滑道约有400座，其中3000吨级以上的造船台18座，3000吨级以下的修、造两用船台和滑道300余座，为修造船工业的发展奠定了基础。

一、造船台建设

1958 年 11 月，第一座万吨级造船台在大连船厂建成。船台有 2 个船位，各长 225 米、宽 27 米。其中船台区长 165 米，坡度 1∶24；滑道长 60 米，坡度 1∶22；陆上部分是以砌石为基础的钢筋混凝土面板，水下部分是以抛石为基础的钢筋混凝土轨道梁。船台两侧和两个船位之间均设一台门座起重机。新中国建造的第一艘 1.5 万载重吨级远洋货船“跃进”号，就是在此船台上总装下水的。1958 年至 1959 年，广州船厂建设了 5000 吨级和 1 万吨级造船台各一座，上海船厂建设了 3000 吨级造船台一座。60 年代，新港和文冲船厂各建设 5000 吨级造船台一座。70 年代，上海、中华、沪东、渤海和芜湖等船厂分别新建了 1 万和 2 万吨级的造船台，文冲、新港、新河和江南等船厂分别改建和扩建了 5000 和 2 万吨级的造船台。80 年代初期，大连造船厂在香炉礁新厂区建造了一座 10 万吨级半坞式造船台。其水下段长约 108 米，采用钢筋混凝土箱形基础。1985 年，大连船厂利用此船台为挪威承造了 11.6 万载重吨穿梭油船。自 1957 年以来，中国建成的各造船台的规格和主体结构型式见表 73。

二、修、造两用船台滑道建设

中国修、造船两用机械化船台滑道，数量大，种类多，且各具特色。

50 年代后期建设的金陵船厂和青山船厂船台滑道，均为横向梳式。它因滑道车轨道与船台横移区轨道数量多，且在交接区的平面布置宛如两把相吻合的梳子而得名。金陵船厂的船台滑道于 1962 年 12 月建成，有 2000 吨级船位 6 个，1000 吨级船位 4 个，并配有横移区和 2000 吨级滑道。船舶由滑道的楔形承载车移至滑道顶端，再由横移区承载车横移至预定的船台区。上下水操作十分方便，既可保证船体无损，又可缩短船台周期。青山船厂的船台滑道是全国目前规模最大的内河船台滑道。滑道长 172 米，宽 152 米，配有承重300吨的斜架车和20吨的双滚筒卷扬机各16 台。船台区有12个船

28 年来兴建的大型造船台一览表

表 73

工程名称		主要工程规模和数量	主体结构型式	工　期
大连船厂 2、3 号	船台建设	万吨级船台 2 座，均为 225×27 米	抛石轨枕	1957 年 7 月—1958 年 11 月
广州船厂 1、2 号	船台建设	5000 吨级、万吨级各一座	抛石轨枕	1958 年—1959 年
上海船厂	船台建设	3000 吨级一座	桩基条形基础	1958 年—1959 年
新港船厂 1 号	船台建设	5000 吨级一座	桩基井字梁	1965 年—1966 年
文冲船厂	船台建设	5000 吨级一座	道碴轨枕	1969 年—1972 年
沪东船厂 1 号	船台建设	长 181 米，宽 25 米	桩基井字梁	1969 年—1970 年 8 月
沪东船厂 2 号	船台建设	长 201 米，宽 25 米	桩基井字梁	1970 年—1971 年 3 月
芜湖船厂	船台建设	长 208，宽 25 米	桩基井字梁	1971 年 5 月—1972 年
中华船厂	船台建设	长 170 米，宽 26 米	桩基井字梁	1971 年—1972 年
上海船厂	船台建设	长 228 米，宽 27 米	桩基井字梁	1971 年—1972 年
文冲船厂	船台建设	长 128 米，宽 22 米	道碴轨枕	1971 年—1972 年
渤海船厂	船台建设		道碴轨枕	1971 年—1972 年
新港船厂	船台建设	长 264 米，宽 28 米	桩基井字梁	1971 年—1973 年
新河船厂	船台建设	长 108 米，宽 22 米	桩基井字梁	1973 年—1974 年
江南船厂 3—5 号	船台改建	长 127 米，宽 16 米		1980 年—1982 年
大连船厂 10 万吨级船台		长 307 米，宽 52 米	混合式	1982 年—1985 年

位，100 吨液压车组成的船台车可将船运至各个船位，最大可载运 2500 载重吨级长江大型客班船。整个滑道区都是道碴轨枕基础，船台区面层为干砌石。施工中，首次应用喷射式深层井点降低地下水，保证了滑道工程“干施工”。

1962 年建成的天津渔轮厂船台滑道，适用于 400 载重吨级渔船上、下水。滑道为纵向变坡双支点型，船舶落在首、尾两部承载车上，经绞车牵引升至滑道与水平船台区的圆弧形过渡段摆平，再由船台车承接横移到船位。滑道上部长 70 米，坡度 1∶8；下部长 54 米，坡度 1∶10；水平过渡段是半径为 220 米的圆弧，弦长 20 米。

上海渔轮厂和闵行船厂分别于 1963 年和 1974 年建成两座纵向摇架式滑道。滑道部分均采用钢筋混凝土桩基轨道梁结构。渔轮厂配备了承重 250 吨的液压式摇架，长 34 米，宽 6 米，高 1.5 米；同时还配备了承重 65 吨的船排车 60 台。闵行船厂配备的是 500 吨摇架，采用钢丝绳传动，长 53 米，宽 9 米，高 1.86 米；80 吨自动船排车每组有 9 台。

为了适应厂区陆域纵深短和航道狭窄的条件，威海船厂于 1964 年建成一座 300 吨级转盘式船台滑道。船位以转盘为中心，呈放射状布置。

为了减少移船过程中的换车和倒载，1970 年首先在杭州船厂建成横移区变坡度的纵向滑道。运载车分设两向走轮，既可纵移，又可横移。上面还设有船台车，载船落墩。1972 年，新河船厂为修造泥驳兴建了一座横移区变坡度船台滑道，同时建成 3000 吨级修船台位 7 个，1 万吨级造船台位 2 个。横移区长 49 米，宽 115 米，设 9 组变坡轨道；横移车承重 1000 吨，自重 200 吨；还配备了载重 60 吨的风动油顶车 30 台。

1972 年至 1973 年，在湖北省船厂和秦皇岛船厂相继建成 2 座高低轨式横向机械船台滑道。前者全长 136 米，前端的 40 米为墩基轨道梁结构，采用了 20 米跨的预应力钢筋混凝土 T 形梁；第一期建成 500 吨级室内船台 2 座；横移车设高低轮各一套，分别与滑道和横移区轨道顶面高程吻合。后者承载力达 3000 吨。

1976 年建成的长江航运公司吴淞修船厂滑道是一座斜架车式横向滑道，长 59 米、宽 58 米、纵向坡度 1∶6，敷设 5 组轨道；建成长 78—80 米、宽 17

米的船台3个；整体式斜架车长62米、宽近12米、自重197吨，设计承重能力900吨；配备有20台自动船台车，设计承重能力80吨。1978年建成的长江航道局阳逻工程船厂船台滑道也是一座大型斜架式横向滑道，长185米，宽85米。设计中选用透空式结构，首次采用了直径3米的嵌岩钢筋混凝土管柱和预应力钢筋混凝土T形梁。为了施工嵌岩管柱，第二航务工程局自行设计和制造了大型牙轮钻机。

此外，60年代后期东海船厂建成2000吨级升船机一座。70年代初，无锡船厂建成40吨和200吨升船机各1座。东海船厂的升船机工程主要包括升船机、船池、前码头、后码头、横移区、露天船台、室内船台和起重机轨道等。船池由前后码头围成，长103米，宽15米。前码头长109米，宽9.5米；后码头长121米，宽12米；横移区面积1.05平方米；露天船台5个，其中最大者长100米，宽14.5米；室内船台2个，长者长60米，宽16米。配备的主要设施有2000吨升船平台、自动和非自动80吨船台车33台，以及15吨绞车和25吨门座起重机等。36年来，中国兴建的部分修造船台滑道见表74。

第三节　船坞建设

“一五”期间，对广州船舶修造厂的船坞进行了改建。60年代又相继改建了江南、上海、中华、求新和大连等船厂的旧船坞，新建了文冲船厂1号坞。这些船坞均为1.5万吨级以下的干船坞。70年代，海洋运输船舶日趋大型化，船舶坞修能力严重不足。为了尽快满足修船的需要，交通部制定了干船坞和浮船坞并举的建设方针，在10年之间为国内外船厂设计和施工了1万—30万吨级修船坞10余座。其中完工投产的有1.5万吨级钢筋混凝土质浮船坞2座，1万—2.5万吨级钢质浮船坞4座，0.3万—5.0万吨级钢筋混凝土质干船坞7座。36年来，交通系统的航务工程部门为国内航运、海军、水产、船舶工业等部门新建和改建的大、中型干船坞工程见表75。

文冲船厂1号坞是新中国自行设计和施工的第一座1.5万吨干船坞。为了加强对工程的领导，交通部成立了以副部长兼总工程师谭真为顾问、第一

部分修造船台滑道一览表

表 74

工程名称	滑道类型	工程规模和数量 滑道区 长×宽（米）	工程规模和数量 横移区 长×宽（米）	工程规模和数量 船台区 长×宽×个（米）	工 期
金陵船厂船台建设	2000 吨 横向梳式滑道			140～160×16×6 ×100×10×4	1958 年—1962 年 12 月
青山船厂船台建设	2500 吨 横向梳式滑道	172×152	206×152	132/128×30/18×12	1958 年 9 月—1963 年 6 月
天津渔轮厂船台建设	200 吨 纵向双支点滑道	159×6.5	80×5	85×70	1961 年—1962 年
上海渔轮厂船台建设	250 吨 纵向摇架式滑道	92×8	摇架坑 35×8 33×83	40/35×10/9×11	1961 年—1963 年
新中国船厂船台建设	500 吨 纵向斜架车滑道 纵向转盘滑道	165×35	154×54 转盘坑直径 38	72×16/4×12	1963 年—1965 年
西江船厂船台建设	350 吨 纵向转盘滑道 纵向斜架车滑道	262，纵坡 1∶15	转盘坑直径 44	60×10	1966 年—1968 年
宜昌船厂船台建设	550 吨 横向梳式滑道	222×62	74×62	72/60×22/19×6	1966 年—1969 年
工农兵船厂船台建设	450 吨 纵向船排滑道	52×4×2	—	56×4×2	1970 年—1971 年
厦门船厂船台建设	300 吨 纵向弧形滑道	171×3	—	42.5×8×2	

续表

工程名称	滑道类型	工程规模和数量			工　期
		滑道区 长×宽（米）	横移区 长×宽（米）	船台区 长×宽×个（米）	
东海船厂升船机建设	2000 吨 垂直升船机	升船池 103×15	10525 平方米	100/30×16/8×7	1970 年—1971 年
杭州船厂船台建设	300 吨 纵向滑道变坡横移	100，纵坡 1:16	38×88	44×10×10	1970 年—1972 年
交通部二航局船厂船台建设	300 吨 纵向滑道变坡横移	240，纵坡 1:13.5	38×51	50/45×15×2	—1972 年
新河船厂船台建设	1000 吨 纵向滑道变坡横移 纵向滑道变坡横移	158，纵坡 1:18 1:20	49×115	78～80×22×2 50～78×15×7	1969 年—1972 年
湖北船厂船台建设	500 吨 高低轨横向滑道	136，纵坡 1:65	76×53	76×18～24×6	1971 年—1972 年
秦皇岛船厂船台建设	500 吨 高低轨横向滑道	70，纵坡 1:8	115×94	120×30×8	1971 年—1973 年
浙江船厂船台建设	3000 吨 纵向斜架车滑道	166×15	67×52	105×18×1 75×15×3	1971 年—1974 年
闵行船厂船台建设	500 吨 纵向摇架式滑道	87×6	摇架坑 53×7	100/90×16/12×2	1972 年—1974 年
吴淞船厂船台建设	900 吨 斜架车横向滑道	59×58，纵坡 1:6	45×58	80×17×2 78×17×1	1974 年—

36 年来兴建的国内大中型干船坞一览表

表 75

工程名称	船坞有效尺度	结构型式			工　期
	长×宽×深（米）	坞　口	坞　室	坞　门	
广州船厂 1 号坞改建		整体式	浆砌石坞墙，格型梁砌石底板	浮箱式	1954 年—1955 年
江南船厂 1 号坞改建	154×16～18×8.8	木板桩墙	装配式板梁坞墙，排水底板	双面板卧倒门	1959 年—1961 年
文冲船厂 1 号坞建设	180×24×9.3	整体重力式	整体重力式	桶型浮箱式	1962 年—1965 年
上海船厂 1 号坞建设	179×22×8.6	桩基整体式	阶梯形坞墙，桩基底板	浮箱式	1964 年—1965 年
中华船厂船坞改建					1965 年—1966 年
求新船厂船坞改建	88×12/18×6.35/10.09	桩基沉井门墩	斜坡式坞墙，桩基底板	浮箱式	1965 年—1966 年
大连船厂坞首改建	165×22×10.5		重力式和衬砌式坞墙，衬砌底板	浮箱式	1965 年—1965 年
江南船厂 2 号坞改建	184×24×9.1	沉井式门墩	阶梯型半斜坡坞墙，桩基底板	浮箱式	1966 年—1969 年
某船厂船坞建设	140×18×9.2	整体重力式	混合式坞墙，衬砌式底板	浮箱式	1966 年—1989 年
新港船厂船坞建设	216×28×10.6	桩基整体式	钢板桩承台式坞墙，桩基底板	双面板卧倒门	1969 年—1973 年
北海船厂 1 号坞建设	180×26×9.8	整体重力式	整体式，底板下设锚杆	双面板卧倒门	1971 年—1975 年
北海船厂 2 号坞建设	196×28×10.8	整体重力式	整体式，底板下设锚杆	双面板卧倒门	1971 年—1975 年
某船厂船坞建设	145×18×12.2	整体重力式	混合式坞墙，衬砌式底板	钢质浮箱式	1972 的—1975 年
文冲船厂 2 号坞建设	206×28×11	整体重力式	“丄”坞墙，排水底板	双面板卧倒门	1973 年—1975 年
山海关船厂 1 号坞建设	176×28×9.8	整体重力式	悬壁式坞墙，排水底板	双面板卧倒门	1974 年—1977 年
山海关船厂 2 号坞建设	246×28×11.4	整体重力式	悬壁式坞墙，排水底板	双面板卧倒门	
草镇船厂船坞建设	90×18×7.7	桩基浮箱式	桩基，整体浮箱式	双面板卧倒门	1975 年—1979 年
“津航”船厂船坞改建	115×19×8.03	桩基整体式	钢板桩坞墙，桩基底板	牵引式卧倒门	1971 的—1980 年
沥窖船厂船坞建设	100×18×7.59	整体浮箱式	砂垫层基础，整体浮箱式	钢质平板门	1978 年—1980 年
某船厂船坞建设	213×32×13	空箱整体式	扶壁式坞墙，排水式底板	浮箱式	1976 年—1980 年
江南船厂 3 号坞改建	232×40×11.3～11.7	沉井式门墩	桩基承台式坞墙，桩基底板	浮箱式	1977 年—1982 年
某船厂 1 号坞建设	150×22×11.6	整体重力式	衬砌式	浮箱式	1977 年—1982 年
某船厂 2 号坞建设	220×32×13	整体重力式	衬砌式	气压式卧倒门	1977 年—1982 年

航务工程局副局长王禹为总指挥的工程指挥部，并从第一、三航务工程局抽调了一批技术骨干参加“会战”。南京水利科学研究所在现场进行了多项试验研究，为保证工程质量和按计划建成起了重要作用。坞体坐落在强风化的砂砾岩层上，坞室和坞口均采用重力式钢筋混凝土结构，泵房设在一侧坞门墩内。坞口段长23米，坞室长162米，纵向分成16.5米长的结构段；底板厚2.4米，横向分为3条，条间使用了闭合块；纵横向结构缝均设沥青紫铜片止水。施工中采用了双排钢板桩拱形围堰。基坑的大部分采用挖泥船水下开挖，少部分边角则在围堰封口和基坑排干后由人工整修。

新港船厂2.5万吨级修船干坞是在淤泥质地基上兴建的一座大型船坞。坞室为分离式结构，坞墙采用钢板桩承台；底板支承在预应力钢筋混凝土桩基上，厚1.05米。坞首段长14.5米，净宽28米，底板下设防渗板桩。为便于施工，排灌水泵房是与坞口分开的独立沉井。在坞门设计中，首次采用了气压式卧倒门，比浮箱式节约钢材，操作方便，劳动强度小且关开门时间短。施工中采用了带粘土心墙的草土围堰，临海面采用了砌石护坡。

北海船厂的1万和2万吨级修船干坞，建于70年代初期。二者并列一处，地基为强风化花岗岩和亚粘土。坞室和坞首均采用钢筋混凝土整体式结构。坞室底板下采用直径26厘米的钢筋混凝土锚杆，以抵抗浮托力，工程因此比重力式结构节约投资110万元。设在两坞之间的公用水泵房，将整体式坞首连成了一体。施工围堰的中间段采用单排钢板桩，背后回填砂井借用混凝土方块支撑，两侧为土石结构。

70年代初期还建成了2.5万吨级的文冲船厂2号坞。其地质条件同于1号坞，但结构轻巧，投资省。坞首段长24米，采用重力式整体结构，底板厚3.0米，直接坐落在风化砂砾岩层上。坞室采用排水减压分离式结构，T形坞墙，墙底采用外截内排设施；底板建在强风化岩上，厚1.2米，相当于1号坞的50%。施工围堰采用单排钢板桩，墙后堆以混凝土方块（为修船码头预制的）。基坑使用大型挖土机干开挖，周围采用一级井点降水。工程于1984年获得国家级优秀设计奖。

70年代中期兴建的山海关船厂两座干坞并列一处，间距17米。其中2号坞为5万吨级，长246米，净宽39米，深11.4米，地基为强风化花岗岩。坞首采用整体式结构，中间由水泵房将两个坞首连在一起，施工时采用了闭合块。坞室底板为排水减压分离式结构，坞墙为后趾抬高的钢筋混凝土悬臂。底板沿横向分成5条，龙骨下的一条厚1.3米；墙后和底板下均设排水沟。施工围堰为土石结构，堤心是用水中倒土法修筑的。

江南船厂3号坞是由一座1万吨级的旧坞扩建成的5万吨级干坞。在改建设计中，保留并继续利用了原坞的木桩和西侧的钢板桩坞壁，坞首采用钢筋混凝土沉井结构的门墩。为了保障相邻建筑物的安全和正常生产，坞墙的扩建部分为轻型结构，采用了先建坞墙后浇底板的施工程序，避免了大开挖。施工中采用了由单排钢板桩止水、新坞门挡水、沉井式坞门墩承受水平力的简易围堰。改建后，坞内增设了曳船小车、油漆和除锈脚手架以及坞底水密照明灯，西侧新安了150吨高架起重机。

1969年12月，交通部下达了研究建造钢筋混凝土浮船坞的任务。三航局、上海船厂和上海船舶设计院共同组成试制组，经过广泛调查和大量试验研究，1973年7月建成了举力6500吨的钢筋混凝土浮船坞“钟山”号。它与同级钢质浮船坞相比，节省钢材约10%，且稳性好，耐腐蚀。1976年又建成同类型的浮船坞“庐山”号。

第四节 修船和舾装码头建设

1957年，在广州船舶修造厂建成了新中国的第一座修船码头。此后，新港、上海和大连船厂又相继建设修船码头。60年代又建成新中国、文冲、黄海、新河和江南等船厂的修船码头。70年代，伴随大型船台和船坞的兴建，在沿海和长江中下游形成了一个修船和舾装码头建设高潮，相继建成上海、沪东、立丰、新港、北海、文冲、荻港、澄西和山海关等船厂的大中型修船、舾装码头20座，其中山海关船厂1号泊位是一个5万吨级的修船泊位。荻港船厂修船码头在施工中，在大约一年时间内相继发生了7次滑坡，在最严重的一次中，已打好的钢筋混凝土基桩竟被推倒70余根。后经分析研究，采取了码头线后移、抛石护坡脚、削坡减载和对大滑坡岸段重点进行砂井加固等技术措施。码头建成后至今使用正常。80 年代初期又建成立丰船厂修船码头和大连船厂舾装码头各 1 座。大连船厂舾装码头是国内规模最大的码头，它拥有 2 个 10 万吨级泊位。36 年来，航务工程部门设计、施工的大型修船和舾装码头见表 76。

36 年来建成的 3000 吨级以上的修船和舾装码头

表 76

工程名称	主要工程规模数量	主体结构形式
广州船舶修造厂修船码头	长 480 米，水深 4.3 米	木笼重力式
上海船厂起重码头	长 203 米，水深 9 米	高桩框架式
新港船厂修船码头	长 150 米，水深 5 米	高桩框架式
新中国船厂修船码头	长 300 米，水深 4 米	扶壁式
文冲船厂一期码头	长 300 米，水深 7.8 米	卸荷板式方块
黄海船厂修船码头	长 75 米，水深 4.5 米	卸荷板式方块
上海船厂舾装码头	长 210 米，水深 10 米	高桩板梁式
新河船厂修船码头	长 174 米，水深 4.3 米	高桩板梁式
沪东船厂舾装码头	长 654 米	高桩板梁式
新港船厂修船码头	长 640 米，水深 7.2 米	高桩板梁式
文冲船厂二期舾装码头	水深 8.8 米长 340 米，水深 5 米长 130 米	空心方块
澄西船厂修船码头	长 1102 米，水深 8.1 米	高桩板梁式
立丰船厂一期码头	长 258 米，水深 8.0	高桩板梁式
上海船厂修船舾装码头	长 259 米，水深 8.0 米	高桩板梁式
荻港船厂修船码头	长 600 米	桩基框架
广州远洋航修站码头	长 200 米，水深 7.0 米	空心方块
北海船厂修船舾装码头	长 806 米，4 个泊位	桩基板梁式
山海关船厂 1、4 号码头	长 492 米	沉箱重力式
山海关船厂 5、6 号码头	长 369 米	沉箱重力式
上海船厂舾装码头	长 200 米，水深 10.0 米	高桩板梁式
广州南海修船厂码头	长 320 米	卸荷板式工字块体
大连造船厂舾装码头	316 米，2 个泊位	沉箱重力式
立丰船厂修船码头	长 160 米，水深 8.0 米	高桩板梁式

第八章
海难救助和打捞工程

第一节　概　述

打捞工程是新中国开展较早的水运工程之一。1949 年初夏华东地区解放，人民政府即在黄浦江和长江组织打捞沉船，清理航道。“一五”期间，北起营口、大连，西到长江三峡，南到海南岛的八所和榆林港，交通系统经常有三四个打捞队在现场作业，共打捞沉船 194 艘、约 16.161 万重排水量吨。至 1959 年年底，长江、珠江和沿海主要港口航道上的沉船、沉物基本清除，既实现了迅速复航，又为运输、海防和工程建设提供了紧缺的船舰。

1957 年 2 月，海军司令部、交通部和水产部联合发布《关于海上救助的决定》。从此，交通部打捞工程系统增加了海难救助任务。“二五”期间，上海打捞工程局和广东打捞公司共计打捞沉船 196 艘、约 33.5 万重排水量吨，救助难船 54 艘、95274 载重吨，营救遇难者 86 人。

60 年代中期，打捞工程开始向深水和技术装备大型化发展。1966 年，在琼州海峡捞起了因爆炸而沉没的越南货船“越波”号。1969 年，在吴淞口捞起了英国货船“南光”号。1970 年，在广东省惠东水域清除了 1.43 万重排水量吨的希腊货船“奇船长”号。1971 年，从水深 47 米处捞起了 9650 重排水量吨的巴拿马货船“顺昌”号。稍后又相继打捞了古巴货船“阿伊”号和“水松”号、美国油船“西比克”号、香港油船“南洋”号、上海远洋公司货船“汉阴”号等 1 万吨级以上船舶。此外，还从 81 米深的泥浆中捞起了 2 个巨型钻头，完成了“渤海 2 号”大型钻井平台的打捞工程。

60 年代以后，海难救助逐渐成为交通部救捞部门的首要任务，救助对象从几十吨的渔船到数万吨的远洋货船。在南海海域，海难救助任务繁重。其中有50年代在榆林港搁浅的英籍货船“查甫林”，60年代搁浅的客船“阿郎达”、被美军潜艇撞破的黎巴嫩货船“罗多斯”、触礁后严重漏水的意大利货船“阿布坦尼”等，70年代搁浅的“科罗海”以及80年代搁浅的“大莫达”和主机失灵的“赫尔斯番特能源”等大型船舶。东海海区的救助工程亦甚频繁。上海救捞局60年代完成救助难船380艘次，70年代完成救助难船36艘次，1981年至1982年完成救助难船43艘次。烟台救捞局在70年代后期完成了在渤海湾搁浅的货船“康凯斯路特”号和在日本名古屋附近海面失火的“团结”号等救助工程。

至1985年年底，交通系统救捞部门共打捞沉船（舰）1177艘（含外轮53艘）、100.87万重排水量吨，救助遇难船舶860艘（含外轮137艘）、391.15万重排水量吨，救助海上遇难者821人（含外籍293人）。

救捞工程人员在频繁的施工和研究中，不断发展了救捞技术。50至60年代，在沉船、难船的重量估算和分析，船体的强度和稳性以及救捞中的受力和拖曳力等方面，都研究出一些方法，推导出计算公式。先后研制成功水底攻泥器、500吨打捞浮筒、氦氧潜水装具等救捞器材，1985年又研制成功小型水下括船器和消防用面罩等。沉船打捞方法由封舱抽水和船舶抬撬发展为浮筒抬浮。70年代又开始采用舱内充气法打捞深水沉船，并研究成功闸门式封舱法、筑假内船底法和油船捞浮出水后抽油法等新工艺，采用了水下激光电视、水下电磁铁和水下聚能爆破等新技术。在潜水技术方面，50年代初采用空气重潜水设备，下潜深度达42米。60年代中期，在探查货船“跃进”号沉没情况时，首次使用了“吸氧水面减压法”，潜水员下潜深度达到56米；在支援南京大桥建设时，下潜的相对深度达到了83米。70年代，开始使用氦氧饱和潜水技术和装备。1975年，使用国产的潜水钟—甲板加压系统进行了36.5米氦氧饱和潜水和64—75米空气模拟巡回潜水试验。80年代，空气潜水混合减压法和302米模拟饱和潜水试验成功。

第二节　典型打捞工程

一、黄浦江沉船打捞会战

1949 年 5 月，国民党军队将 59 艘船舶凿沉或炸毁于黄浦江，致使航道严重阻塞。上海市解放后，各打捞单位在军事管制委员会航运处的统一领导下，冒着国民党空军的轰炸和扫射，夜以继日地开展救捞工作。招商局救捞科采用封舱抽水法和船舶抬撬法，相继捞起了“大生”货船和“永洛”、“永淮”、“永洮”等油船。华兴打捞公司捞起“南京”号火车渡轮，清理了上海港航道，迅速恢复了通航。

二、清除长江航道“阻塞线”

抗日战争初期，国民党军队曾在沿海和内河航道上用沉船构筑了多道阻塞线，有的水域还布下了大量水雷。抗日战争后期和解放战争时期，又有许多舰船被炸沉。

新中国成立后，为了保障航行安全，各地交通部门相继组织力量清理航道。1955 年，采用封舱抽水法扳正起浮了沉于吴淞口检疫锚地的 3220 总吨客货船“济南丸”，修复后易名“民主 13”号。1956 年 11 月，用浮筒和驳船抬浮法捞起了“江亚”号客货船，修复后易名“红专”实习船。“二五”期间，在长江口相继打捞了“香山”“天津丸”“福庆”“龙兴”“辽河丸”“丸子丸”“和平 20”等 22 艘沉船，扩展了航道。

江阴的长江水域内曾有 45 艘沉船，“一五”期间打捞 2 艘，1958 年至 1965 年打捞 31 艘，1968 年又清除了碍航的 2 艘，使江阴航段畅通。

1956 年至 1958 年，在马当附近水域捞起了 12 艘沉船，从而使“马当阻塞线”不再碍航。

营田阻塞线位于湘江入洞庭湖口，是进出湘江的咽喉。抗日战争初期曾沉船 4 艘，并在舱内外放置了巨型水雷 200 余枚，致使大船不能过，小船常触雷，号称“鬼门关”。从 1954 年 6 月开始，经过 3 个月的艰苦施工，沉船和水雷全部被捞除。

三、采用浮筒打捞沉船

1956年5月，交通部航务工程总局打捞局首次使用浮筒在长江口成功地捞起2000载重吨货船“捷喜”号，仅用40个工作日，比封舱压气法缩短工时50%。此后，1964年在秦皇岛海域打捞了“太平丸”，1966年6月在琼州海峡打捞了5000载重吨级“越波”号，1969年5月在吴淞口“断船整捞”了1万载重吨级货船“南光”号。

四、勘测沉船“跃进”号

1963年5月1日，首航日本的中国远洋货船“跃进”号在朝鲜济州岛西南海域沉没。为查清失事原因，海军和交通部联合组建了勘测工程队。5月12日，周恩来总理亲自检查了各项准备工作，接见了有关领导和全体工程队员，看望了正在加压舱内作试验的潜水员。周总理的关怀，激励着即将执行勘测任务的每一个人。

由“和平60”“海设”“救捞1”等船舶组成的第四分队于19日6时抵达现场。20日，海军“263”“264”两舰用声纳找寻到苏岩礁，翌日又测得沉船“跃进”号并在其附近投设小型浮标，“和平60”的汽艇随即用小锚拖扫并抓住沉船，结附了浮标。在大规模扫海后，潜水员严士法首先探摸到“跃进”号，测深仪也初步测出沉船方位和沉深53米。“海设”、“救捞1”和“和平60”上的船员以勇敢顽强的精神，克服了锚多、索长、船舶难靠位的种种困难，提前完成了抛锚施索和定船位工作，保证了潜水作业的正常进行。53岁的老潜水员王吉志一马当先，首创深潜53米的记录，出水减压后自我感觉良好。随后，潜水员周兆祥第一个摸到船体破洞，严品忠、严士法又相继摸到长17米的破洞。

上海打捞局张智魁局长和海军韩钟处长亲自率员乘小艇反复探查苏岩礁，终于在6月1日下午找到了被船体撞毁的岩石，随即进行水下摄影并取回留有紫红色船体底漆的岩石。6月2日，潜水员又对沉船进行复查，取回留在沉船中的航海日志、国旗和航海仪器等物 29 件。历时 8 天的现场勘测，全部完成了国家的重托。潜水员在水深 52—57 米处探摸沉船共 72 人次，累计 42.6 小时；探摸苏岩礁共 18 人次，累计 7 小时。勘测和分析证明，“跃进”号货船纯系触礁沉没。

五、打捞巨型钻头

1973 年 7 月 12 日，江苏省大屯煤矿的两个直径分别为 6.7 米和 7.4 米、重 203 吨的巨型钻头，掉进了 81 米深的泥浆中。上海救捞局承担了打捞任务。按压力计，潜入深度相当于 93 米水深，是当时国内从未有人下潜过的深度。潜水人员在现场只进行了 20 多天的高压潜水演习和锻炼，就在海军 166 部队、上海中山医院和上海救捞局等单位医务人员的监护下，采用“氦氧潜水法”，于当年 8 月 23 日把两个钻头捞出，创造了中国潜水深度的新纪录。

六、快速起浮货船“东安”号

1974 年 12 月 9 日，靠泊在上海港第三作业区的 5000 载重吨级货船“东安”号，因卸货不当倾覆沉没，严重影响港口作业和航道通行。施救的工程船无法在码头与沉船之间停泊，浮筒也不能在沉船底下安放。上海救捞局采用综合救捞法，即在沉船的 3 个舱口各放置一只 500 吨浮筒，用 500 吨起重船施吊驾驶台，以增加扳正力；封补机舱和首楼舱，充气排水，增加船体浮力；在江中抛下 4 组向外拖曳锚索；在码头岸边设置 4 台卷扬机和滑轮组。施工现场指挥有条不紊，于当年 12 月 18 日扳正了沉船至左倾 3 度角，20 日即正浮，胜利完工。

七、快速打捞油船“南洋”号

1976 年 2 月，满载 2 万余吨原油的索马里油船“南洋”号，在广东省汕尾附近与一艘荷兰船相撞，沉没于 42 米深的海域。广州救捞局在有关单位的协助下，克服了水深、浪大等困难，用蒸汽加温卸出舱内部分原油后再充入空气，使 100 多米长的船身主体顺利起浮，又用爆破法清除了尾段，于当年 7

月22日胜利完成任务。伦敦救捞协会的一位救捞专家，在查看捞起的“南洋”号主体时称赞说：“真是奇迹！你们的技术是世界高水平的，你们的工程费比荷兰人至少便宜一半。”

八、整捞断船“汉阴”号

1977年10月，满载1.5万余吨钢材的中国远洋货船“汉阴”号，被巴拿马籍货船“凯歌”号撞沉于大连港附近海域。烟台救捞局首次使用电磁铁从难船中捞起了大量钢板和镀锌铁皮，并在主甲板和两舷已经断裂的情况下，采用18支浮筒（其中500吨的14支）将难船一次抬浮，实现了断船整捞，省去了大量的水下电割，降低了成本，缩短了工期。

九、打捞客货船“阿波丸”

1945年4月1日深夜，日本1万载重吨级客货船“阿波丸”自印度尼西亚、新加坡满载2000余名乘客和货物行至台湾海峡北端，被美国潜艇“皇后鱼”号发射的鱼雷击沉，只有一名厨师幸存。

1977年春，为了清理渔场和航道，以上海救捞局为主，烟台、广州救捞局和海军防救部队协助，开始了“阿波丸”沉船打捞工程。工程水域风急浪高，条件异常艰苦。施工中，采用了“空气潜水混合减压”、“水下聚能爆破”、水下激光电视系统、2500吨起重船和“荷叶抓斗”等新技术和新设备。潜水人员在50—69米深度进行作业达6100多个小时，深潜人次之多，时间之长，工艺之先进，均为当时世界所罕见，也显示出中国潜水医学理论和护理技术的先进水平。1980年秋，“阿波丸”沉船打捞工程完满结束。1979年7月至1981年8月，交通部和中国红十字会三次将沉船中的遗骨约370具、遗物1685件送还日本政府。

十、打捞“渤海2号”钻井平台

1979年11月25日，“渤海2号”钻井平台在深夜拖航中遇大风不幸翻沉在渤海中部水域。1981 年 5 月，烟台救捞局接受了打捞任务。经过多次探测研究，决定采用气腔式水下聚能爆破法先捞浮平台沉垫的方案。施工中，潜水员在 4 个直径 2. 62 米、壁厚 54 毫米的合金钢管支腿内部布设了炸药，一次爆破，用时仅半天多，就使重 1500 多吨的沉垫浮出水面。翌年 5 月，按预定方案，采用水下爆破和水下电割解体法，并使用 2500 吨的起重船吊运，捞起了平台的出泥部分。整个工程于 1983 年年初胜利结束。

第三节　救助难船典型工程

一、"查甫林" 货船施救工程

1955 年 6 月，"查甫林" 货船因受强台风袭击搁浅在榆林港外的珊瑚礁上。英国曾 5 次施救，均未成功。难船在 3 年中受台风和海浪冲击搁浅越来越高，更增加了施救的困难。

1958 年年底，广东省打捞工程队施救时，难船的搁坐力已由初始的 8 兆牛增到 21. 1 兆牛（高潮时）。施工中采用了强力拖曳法，先把难船从礁石上顶起，在船底与礁石间插入夹有牛油的双层钢板和钢轨，用 35 只大型锚组成 20 道拖绞锚索。又在船体左侧设置 8 根巨型推力把杆，以防船体倾倒；炸除近 2000 立方米礁石后，再在沉船双层底充气排水；最后使用拖船、挖泥船、货船一齐拖曳，终于使难船于翌年 4 月出浅。

二、合作援救难船 "宁堡" 号

西沙群岛上的浪花礁未设灯标之前，被称为 "船的坟场"，航船常因台风巨浪或驾驶不慎触礁遇难。1974 年 11 月 20 日，民主德国 1. 5 万载重吨级货船 "宁堡" 号触礁搁浅，"SOS" 呼救信号传向四方。

停泊在海南岛东部海域的广州救捞局工程船队，刚刚完成营救遇难货船 "水松" 号上的古巴和苏联船员的任务，即驾驶工程船 "桂林" 号赶赴浪花礁，途中不断与难船联系，了解遇难情况，设计施救方案。到达现场后，钟兴、姚根福、严钦芝等冒着狂风恶浪，率先登船。难船船长和同期赶来的英国、联邦德国、新加坡和菲律宾等国专家，一致拥戴中国代表为联合施救工程总指挥，按中国的方案施救。在各国专家和船员的密切配合下，经过5个昼夜的艰苦奋战，“宁堡”号终于在11月25日脱险。船长对中国施救方案和各项计算的准确深表敬佩，称赞中国工程人员是“技术高超和勇敢的人”。

三、营救货船“巴巴利奥斯小姐”号

1975年1月2日，满载1.5万余吨百货和珍宝的塞浦路斯货船“巴巴利奥斯小姐”号在西沙群岛浪花礁搁浅。机舱和货舱多处漏水，隔舱板也被浪击严重变形，船长认为“天下已无任何力量能把她救出”，准备弃船逃生。

广州救捞局获悉后，立刻派出工程船“穗救201”先赴现场，随后又派“穗救捞1”“穗救捞6”两艘1.5万吨级工程船参加救助。难船在狂风巨浪的冲击下，激烈颤动，机舱管系变形，有的已经扭断，一台发电机损坏，舱底阀门破裂，舱内海水飞溅。在恶劣的处境中，“穗救201”冒着九级强风巨浪，开出救生艇把难船的14名船员全部救出。工程人员用木塞和电焊封堵漏洞，用型钢支撑船壳和隔舱板，用电焊、螺栓和环氧树脂加固阀门和管系，抢修发电机。用于支撑的型钢被海浪击弯，就改用舱口钢梁和直径300毫米的钢管再撑。经过近50天的艰苦努力，卸去了大量货物，将船头转向深水。2月24日凌晨，“巴巴利奥斯小姐”号终于获救脱险。

四、二救货船“美狮”号

1978年9月24日，利比里亚货船“美狮”号在西沙群岛浪花礁搁浅，广州救捞局“穗救201”闻讯后主动赶至现场，但难船拒绝救助，并于11月7日向港务监督提交了弃船报告。

1979年3月，国际海事座谈会主席给广州救捞局来函，转达了“美狮”号船长关于施救难船的请求。于是，广州救捞局第二次组织队伍开赴现场。通过艰苦的努力，终于在1979年4月21日用拖绞法使“美狮”号顺利脱浅，为祖国赢得了荣誉。

五、连续拖救大型油船

1981 年 3 月 24 日，利比亚 10 万吨级油船“赫尔斯番特能源”号因主机发生故障而失去动力，在西沙群岛海域随波漂移，随时都有触礁的危险。广州救捞局“穗救 201”工程船及时赶到现场，立即将难船拖出险境。

同年 4 月 10 日，利比里亚 8 万载重吨级油船“基米尼”号也在西沙群岛水域发生主机失灵事故。“穗救 201”工程船的船员刚刚回到基地，又不顾疲劳，赶赴现场，连续作业，于 4 月 23 日将难船拖至日本仙台，后又拖抵日本衣浦港，胜利完成了拖航最远的一次救助拖航任务。“穗救 201”工程船被誉为“救助先锋”。

六、救生事例

1975 年 12 月，泰国拖船“东方 3”号在西沙群岛搁浅，船底破裂，舱内进水，后被巨浪推至礁群内。广州救捞局“穗救 201”工程船急速赶到现场。由于水浅无法直接靠近难船，副局长钟兴便亲自带队换乘小艇闯进礁群，夜幕降临时还没有找到难船。他们不顾风急浪高，在礁石林中坚持到天明，利用退潮的短暂时刻，涉水登上难船，把已断淡水 2 天多的 9 名船员全部救出。获救船员回到曼谷后，特将一块刻有泰、中两国国旗和全体获救人员签名的银牌寄给广州救捞局，感谢中国救捞人员给了他们第二次生命。

1979 年 1 月 31 日深夜，希腊货船“阿里奥”号在珠江口触礁。船上数千吨电石浸水后燃烧、爆炸，火光冲天，甲板塌毁，桅杆弯折，烈火引起的气流有如十级风暴。“穗救 201”工程船黑夜赶到现场，施放救生艇将 5 名遇难船员从狂风烈火中救出。

1979 年 10 月，巴拿马货船“摩萨”号在海南岛东部海域触礁。广州救捞局救助船“德顺”号获悉后迅速赶赴现场，在难船即将沉没之时将 26 名船员全部救出。

1981 年 1 月，山东省胶南县的 13 艘渔船，在长江口以东 250 海里的水域遭到风暴袭击。救助船“德大”号刚驶出吴淞口，甲板上直径 200 多毫米的钢管灯柱即被风浪打弯，但救助人员毫无顾忌，冒着零下 20 摄氏度的严寒，经过 120 小时的拼搏，终于将全部渔船引领和护送出险区，安全抵达避风港。

据不完全统计，仅 1977 年至 1982 年，交通部各救捞局就营救了水上遇难人员 494 人（其中外籍 97 人）。

第九章
援助和承包国外水运工程

第一节　概　述

为了加强同各国人民的友好交往和互助合作，支援发展中国家的建设事业，早在50年代中期，中国政府就本着和平共处五项原则，以无偿援助方式承担了国外水运工程建设。第一项工程是1959年援助越南民主共和国建设海防船厂。截至1985年年底，援助和承包的国外水运工程有越南、朝鲜、缅甸、柬埔寨、阿尔巴尼亚、坦桑尼亚、赤道几内亚、刚果、马耳他、毛里塔尼亚、墨西哥、哥伦比亚和巴林等十几个国家的数十余项。

1980年2月15日，经国务院批准，成立了中国港湾工程公司，作为交通部承包国外水运工程和提供劳务合作的直属大型联营企业。交通部直属的航务、航道和设计等工程部门均为其地区性成员公司，设备精良，实力雄厚。第一项承包工程是马耳他共和国大港湾的连接码头。6年来，中国港湾工程公司签订国外工程合同241项，有近4000名工程技术人员在国外施工现场工作。他们信守合同、不畏艰难、精心设计、精心施工和友好合作的崇高风尚，深受所在国家的称赞，几十家国际承包公司纷纷与中国港湾工程公司建立了业务联系或合作关系。

第二节　主要援外水运工程

一、马耳他干船坞公司30万吨级修船干坞和修船码头工程

马耳他共和国位于地中海中部，是大西洋通往地中海东部和印度洋的交通要冲，修造船工业素为主要经济支柱之一。1972年1月31日中、马两国正

式建交后，马耳他政府即提请中国政府援助兴建 30 万吨级修船干坞和修船码头。中国为了满足马耳他共和国的急需，毅然应诺，轰动了世界航务工程界。周恩来总理指示中国工程技术人员和有关部门要全力以赴、团结协作、为国争光，并以此增进两国人民的友谊，扩大与地中海沿岸各国的友好合作。工程于 1973 年完成勘测和设计，1975 年 1 月正式开工，1980 年 10 月建成交付使用，定名为马耳他干船坞公司 6 号船坞。

船坞位于马耳他大港湾内的法兰西湾西岸，与东岸相隔 180 米，距大港湾的东北岸也仅有 480 米，水域狭窄。在总图设计中，将坞轴线的方位角定为北偏西 23 度，与大港湾航道中线间的夹角为 100 度。坞口外线自相邻的试验室码头线后移 70 米，使坞口与对岸的距离增至 550 米，与航道中线的间距达到 1.4 倍船长，30 万载重吨级船舶在拖船的帮带下可顺利进出船坞。此外，还将原修船码头线裁直，保持了法兰西湾水域的原有宽度。

设计中，以 345 艘大型油船的资料为基础，并兼顾某些散杂货船，确定船坞长 360 米，宽 62 米，深 10.7 米。鉴于地基是第三纪沉积的软质石灰岩，承载力低，且裂隙发育，渗水性强，坞首和坞室均采用了分离式结构。坞首段长 21 米，泵房设在西墩内，东、西坞墩均为重力式结构；底板宽 62 米，厚 3.0 米，下设锚杆。坞墙和底板均为衬砌锚杆结构，锚杆长 6.0—7.5 米，坞墙厚 1.35 米，竖向坡度 10:1，底板厚 1.0—1.2 米。坞门为钢质单面板气压式卧倒门，重 970 吨，底部装有 2 个铰链，箱型梁外侧设有 18 个直径 60 厘米、长 100 厘米的缓冲橡胶筒，在承压钢框外缘设有止水橡胶。工程中采用了钢板桩格形围堰，总长 220 米，由 10 个主圈和 11 个副圈组成，使用了 2036 根平板型钢板桩和浮式钢围图。坞坑开挖使用了预裂爆破法，碎石则用开底泥驳抛到外海。在防渗堵漏方面，在坞墙与码头之间挡水石坝下做了帷幕灌浆，基本上实现了坞坑干开挖。施工中曾因灌浆深度不足基坑开挖后，深层水沿着基岩裂隙大量涌出。后经反复试验，针对不同情况分别采用埋管导流压浆、胀管压浆、铁帽压浆和抽水竖管灌浆等方法，有效地堵住了深层水的渗漏。船坞共设置锚杆 4397 根，用钻机钻孔，插杆后用灰浆泵压浆封固。混凝土是用当地的低强度碎石和石粉（代砂）拌制的，通过精心设计配合比、使用高效减水剂并对浇注和养护加强管理与控制，达到了不裂不漏的高水平。

同期建成的修船码头位于船坞东侧，长450米。在长322米的炸岩段采用衬砌锚杆式结构，并在150吨门座起重机轨道梁下设直径49厘米的钻孔灌注桩；在长128米的老码头改建段采用通缝的空心方块结构，空腔内填石，而在方块与旧码头岸壁间灌注混凝土。

整个工程共用钢材9874吨、木材2260立方米、水泥25000吨、炸药270吨，开挖石方79万立方米（其中水下爆破7万多立方米），浇注混凝土近11万立方米。

以组长马宗德、总工程师周振球为首的中国工程技术人员，与马耳他职工友好合作，精心设计，精心施工，高质量地建成了30万吨级修船干坞和修船码头，受到国内外水运工程界的高度赞扬，得到马耳他政府的奖赏。

二、毛里塔尼亚“友谊港”工程

“友谊港”工程是中国和毛里塔尼亚两国政府于1974年9月正式签订的援建项目。港口位于毛里塔尼亚西海岸中部，面向大西洋，北距努瓦克肖特市12公里。当地气候炎热，终年无雨；海域无任何屏障，50年一遇的大波波高6.2米，周期24秒；每年沿岸漂沙量达70万—90万立方米。

1975年5月，交通部第一航务工程局派员到现场进行勘测和收集资料，并委托南京水利科学研究所等单位做了相关的动床水工模型试验。根据勘测和试验结果，用单突堤拦截由北向南的沿岸漂沙，预计可储沙30年。水上建筑由引桥、码头和防波堤等三部分组成。引桥长750米、宽13米，采用直径53厘米的钢管桩基础、钢井字梁和预应力钢筋混凝土空心板。码头长585米、宽45米、水深10.0米，含3个1万吨级杂货泊位，采用了直径70厘米的钢管桩基础钢筋混凝土梁板式结构。码头外侧和两端为斜坡式防波堤。浅水区引桥外侧（即堵口段）是钢管桩直立式防波堤，全长910米，用以防止港内淤积。由于当地没有建筑石料，除了少量垫层以外，斜坡堤全由人工块体构成。堤心使用0.8—1.6吨的混凝土四面体，外层为2层12吨的扭工字块体护面，护脚棱体是5—12吨的扭工字块。施工采用了陆上推进和水上用升降平台砌筑工艺。岸上建有一座灯塔，灯器中心距地面33米，视距18.6海里；还建成了8000平方米的仓库和5.9万平方米的堆场。

工程于1979年4月正式开始。经过两国工程技术人员的艰苦努力，一座拥有3个万吨级泊位、设计年吞吐能力75万吨的崭新海港，于1986年6月在大西洋之滨建成，在新中国的水运工程援外史上写下了新的一页。

第三节　主要承包和合作工程

一、马耳他大港湾连接码头工程

大港湾连接码头是中国港湾工程公司承包的第一项工程。码头位于大港湾南岸、6号船坞坞口西侧，总长263米，设计代表船型为5万载重吨级集装箱船和8万载重吨级散货船。

码头分两段建成。第一段长130米，水深13.7米，于1980年开工，翌年竣工；第二段长133米，外加转角直立段75米，水深15.0米，于1983年至1984年间建成。两段均采用带卸荷板的钢筋混凝土空心方块结构，砌筑方块不错缝。码头基床为现浇水下混凝土，直接坐落在基岩上。在底层方块空腔内水下浇注了厚1.5米的封底混凝土，使之与基床连为一体，其余空腔内填筑块石。在相邻方块之间的空隙中也灌注了混凝土，从而加强了结构的整体性和稳定性。方块墙后侧填充石碴。

二、马尔萨什洛克防波堤工程

马尔萨什洛克防波堤是中国和马耳他两国政府于1977年11月签订的技术合作项目，由中方设计并负责组织和指导施工。中国港湾工程公司广州、天津筑港公司于1980年4月接受任务，1982年6月正式开工。

防波堤位于马耳他东南部的马尔萨什洛克湾湾口，全长1015米，其中斜坡堤长252米，直立堤长763米。堤轴线水深大于15米者约占70%，大于20

米者约占30%，堤头处的最小水深约25米；50年一遇的大波波高9.0米，周期10.7秒，地形、地质复杂。鉴于浅水区海底无软土覆盖层，遂将斜坡堤直接抛筑在基岩上。堤心部分采用当地盛产的珊瑚石灰岩块石，护面层采用20吨重的扭工字块体，护脚为空心方块，安放后空腔内灌注混凝土，使之与地基结为整体。直立堤采用明基床沉箱结构，其内侧兼作8万吨级码头。基床内外坡均用10吨扭工字块护面，肩部用带减压孔的栅栏式混凝土压肩块。由于当地没有沉箱预制厂，直立堤所需30个大型沉箱（最大者为26.7×26.1×21.5米，重5900吨）的主体是在大港湾的6号船坞内预制的。为了缩短占用船坞的时间，使用了大型拼装式钢模板，且在坞内只浇注到15米高，混凝土强度达到标号即浮运出坞，停靠在连接码头再浇筑到设计高度。工程中使用的8886个扭工字块体，共耗用混凝土5.42万立方米。预制时采用了液压式开合钢模板，每套模板均装有4台附着式风动混凝土振捣器，并配备了一台传动箱小车和螺栓松紧器，工效高，操作方便，质量好。堤身抛石采用了660立方米开底驳与自卸卡车由陆向海推进抛填相结合的方法。

由于当地受地中海季风影响，风多浪大，每年平均海上工作日仅153天，所以总工期约需6年。但是经过双方共同努力，在施工中克服了重重困难，至1985年年底，长252米的斜坡已经建成，直立堤已初具规模，多次经受了风浪的考验。马耳他政府对中方的施工质量表示满意，对中国施工人员的谙练技术、严明纪律和高尚品德表示赞赏。

三、巴林团矿厂疏浚工程

依照中国港湾工程公司与阿尔扎及拉公司签订的合同，1981年12月中方派遣了3艘1450立方米/时的绞吸式挖泥船附带全套排泥管，抵达巴林国，承包阿拉伯钢厂团矿厂疏浚吹填工程。这是中国港湾工程公司承包的第一项国外疏浚吹填工程，总土方量650万立方米，吹运距离达2000米，吹填区长1200米，宽800米，总面积96万平方米。在施工现场，3艘船连续作业，于1983年6月圆满地完成了任务，显示了中国疏浚工作的水平和能力，为国家赢得了信誉。

四、墨西哥和哥伦比亚疏浚工程

1982 年，中国港湾工程公司与墨西哥有关当局签订了合同。上海疏浚公司派遣 4500 和 6500 立方米自航耙吸式挖泥船各一艘，横渡太平洋，于当年 6 月抵达墨西哥。至 1985 年年底，相继兑现合同 10 个，先后为托波洛班波等港疏浚土方 2670 万立方米。

1984 年 6 月，上海疏浚公司的一艘 6500 立方米自航边抛耙吸式挖泥船转赴哥伦比亚，至 1985 年年底共完成承包合同 4 项，先后为巴兰基利亚、圣马尔塔、布韦那文图拉等港挖泥 785 万立方米。

1985 年 7 月，中国港湾工程公司的 3 艘 1450 立方米/时绞吸式挖泥船开赴哥伦比亚的马哥达雷那河，承担航道疏浚任务。中国疏浚工程技术人员的娴熟技艺、勤奋精神和良好风纪深受当地官员和有关方面的赞许，被誉为“世界最佳航道工”。

第十章
水运工程技术的发展

第一节　概　述

新中国成立以来，水运工程技术得到了较快的发展。

在总体方面：在沿海淤泥层深厚的浅滩上开挖出深水航道，建设了大型港口；在无掩护水域建造了开敞式码头、深水防波堤和外海灯塔；在流态复杂、挟沙量很大的河段兴建了可通行 4×3000 吨级船队的船闸；在有大型裂隙、严重涌水的地基上建成了 30 万吨级干船坞；对部分山区河流进行了渠化，对一些河口和浅、险航道进行了疏浚和整治。

在工艺方面：建设了一批高度机械化、自动化的煤炭、矿石、散粮、石油和集装箱码头，液压机械启闭、无触点自动控制的船闸，以及多种型式的船台滑道。

在结构方面：开发和广泛使用了码头、船闸、船坞、船台滑道、防波堤和仓库、堆场的众多新型式；采用了预应力钢筋混凝土桩、梁、板、100 米跨的全焊桁架式钢梁，重 5900 吨的沉箱、500 吨的方块、20 吨的异形块体，高 33.50 米、单扇宽 19.70 米的闸门和重 970 吨的单面板气压卧倒式钢坞门等构件。

参加研制并推广使用了高强低碳合金钢、高效混凝土外加剂、防蚀涂料、高分子修补材料、橡胶护舷、充气胶囊芯模和钢模板等新材料。

开发和引进了排水、振密、夯实和复合地基等软弱地基加固技术，使用了预应力钢筋混凝土桩、钻孔灌注桩、钻孔嵌岩桩、钢管桩、钢筋混凝土沉箱、沉井和地下连续墙等人工基础，以及锤击、冲捣孔、水冲、振动和静力压入等沉桩方法。

推广使用了混凝土拌和、运输、浇注、水下浇注、施加预应力和养护，大型土石方爆破、开挖，水下筑坝、炸礁，水底管道敷设和打捞、救助等方面的新技术。50 年代开始兴建混凝土构件预制厂，并逐步以机械替代人力。70 年代中期，各工程局分别添置了打桩船（机）、起重船（机）、挖泥船（挖土机）等一大批新型、高效施工机械，沿海和长江沿线的大中型水运工程施工基本实现了机械化，主要港工建筑物的预制装配化程度已达到 70%。

勘察、设计和试验技术也焕然一新。经过 10 多年的努力，编制了水运工程技术规范和定额。70 年代中期，各科研、设计单位相继购置了电子计算机，各项繁杂的手工计算逐步为电子计算机所取代。80 年代，包括施工单位在内的许多部门都陆续引进了多功能的微型电子计算机并开始用于管理、绘图和信息处理。

1976 年唐山地震后，航务工程部门全面调查了震情，制定了抗震规范。遵照国家地震局确定的地震烈度，大连、营口、天津、汕头和洋浦等港的新建工程部采取了抗震措施。

第二节　港口总体布置和装卸工艺的发展

一、港口总体布置

50 年代后期，在海港中开始兴建整体接岸的宽平台码头，逐步取代了以引桥接岸的窄平台码头，在码头前方设置了铁路和门座起重机轨道，仓库和堆场也紧邻码头；在河港中兴建了直立墩式码头。

70 年代中期，在无掩护海域建设了离岸开敞式码头；在水位差达 15 米的中、上游河港建设了直立式平台码头；在长江下游建设了 1 万吨级以上的泊位，在其近旁兴建了小船港池和驳船码头；在客运码头新建了大型客运站或候船室；在大、中型港口增建了供油、供水设施、防污染设施和外轮航修站（厂）。

80 年代，在几个重要港口兴建了港口专用雷达导航台链。

二、装卸工艺

20 世纪 50 年代末，开始在码头上安设门座起重机、“少先吊”[①] 和小型流动机械，逐步取代了繁重的体力劳动；火车直达码头前沿，实现了部分货物车船直取和水陆联运。70 年代，新建和改建了一批石油、煤炭和散粮专用码头；沿海新老港区都添置了大量装卸机械，一些码头上出现了起重机臂架林立、各式车辆来往如梭的景象。80 年代，成套引进了国外的装卸设备，新建的大型煤炭、矿石和集装箱码头的机械化、自动化程度达到了世界先进水平。

（一）件杂货和集装箱码头。

50 年代后期，部分港口在 1 万吨级以上泊位开始装设门座起重机，在码头前沿铺设火车轨道，实现部分车船直取，提高了装卸效率。一些港口使用自制的“少先吊”和小型流动机械，初步实现了机械化。60 年代，在技术革新中创造出网络成组装卸，70 年代又增添了货板和托盘成组运输。70 年代后期，开始改造杂货码头试运集装箱。80 年代，在天津、上海和黄埔等港兴建了 8 个全集装箱泊位，在青岛、厦门、南京和武汉等港建设了兼运集装箱的多用途码头。

新建的全集装箱泊位，装、卸船均用 40. 5 吨的集装箱装卸桥，港内水平运输采用拖挂车，拆、码垛使用轮胎式龙门起重机，港内装卸和运输均由电子计算机管理，设计船型为 1000 标准箱等全集装箱船，年吞吐能力 100 万吨。厦门港多用途泊位的集装箱装卸工艺流程是装卸桥—拖挂车—跨运车。前方设 1 台轻型集装箱装卸桥，后方配备了 4 台跨运车。大连港改造的多用途泊位，选用了门座起重机—拖挂车—叉车的工艺流程，仓库和堆场使用 42 吨叉车进行堆、拆垛作业，年吞吐能力为 50 万吨。

（二）煤炭和矿石装船码头。

1955 年兴建的裕溪口煤码头，是新中国自行设计和施工的第一座机械化

① “少先吊”是一种小型简易起重机。

装船煤码头。根据已有设备，采用了底开门自卸车厢运煤、V 形坑道贮存、坑道皮带机供料、固定旋转式装船机装船的工艺。单机装船效率 600 吨/时，泊位设计年装船能力 250 万吨。投产后，由于运煤车型的变化，改用了螺旋卸车机卸车。稍后建设的杨泗庙和南京煤码头，采用了同样的装船和堆取料工艺。只是南京煤码头改用了翻车机卸煤，并为提高煤在坑道中的自落能力而率先采用了压缩空气破拱，泊位设计年装船能力提高到 500 万吨。

60 年代后期建设的青岛煤码头，在没有大型、高效率装卸设备的情况下，在码头前沿安设了 5 台小型固定式装船机，后方配备了螺旋卸车机、双悬臂堆取料机和螺旋喂料机，65 分钟可装满一艘 1 万载重吨级煤船。随后改建的秦皇岛港 7—9 号泊位，采用了类似的工艺，9 号泊位的实际年装船能力达到 900 余万吨。

70 年代初建成的连云港老港港区煤码头，采用了台时效率为 1000 吨的移动式装船机，后方采用了 12 台螺旋卸车机。70 年代后期兴建的秦皇岛港一期煤码头，采用了高架皮带机喂料的移动式装船机、翻车机、单臂堆料机和斗轮式取料机。全部设备都是中国自行制造、安装的。装船机台时效率 2500 吨，堆场容量 50 万吨，泊位设计年装船能力 500 万吨。

80 年代初建成的北仑矿石码头，成套引进了日本的装卸机械。移动式装船机台时效率 4200 吨，轨道式斗轮堆料机台时效率 4200 吨。稍后建成的秦皇岛港二期煤码头和石臼港煤码头，成套引进了更新的设备。其中，以尾车式皮带机喂料的移动式装船机台时效率 6000 吨，C 型转子串联式翻车机和堆料机台时效率 3600 吨，斗轮式取料机台时效率 3000 吨。三者的堆场容量依次为 50 万、94 万和 120 万吨，前二者的设计泊位年装船能力分别为 500 万和 1000 万吨，后者还建了大型解冻库。三座码头均没有电子皮带秤和自动采样、制样装置，装卸作业全部采用电子计算机程序控制，达到了 80 年代国际先进水平。

（三）煤炭和矿石卸船码头。

50 年代初期，首先在上海洋泾港和董家渡码头上铺设了轻型轨道，使煤炭的水平运输初步实现了机械化。50 年代末，开始采用船上起货机配抓斗取代了人工舱内装网络的艰苦作业。60 年代后期，上海北票煤码头采用了以门座起重机配双索抓斗卸船、接力式皮带机堆垛和水平运输、高架漏斗装火车的工艺。70 年代后期，上海港中华南栈采用了台时效率为 500 吨的带斗门座起重机卸船，堆场配备了台时效率为 300 吨的堆取料机，泊位实际年卸船能力超过 500 万吨。北票煤码头在系列化改造中，设计并安装了 10 吨桥式卸船机，台时效率 400 吨。宁波港北仑 10 万吨级卸船码头采用了日本造的单悬臂移动式门座卸船机，台时效率 2100 吨，泊位设计年卸船能力 1000 万吨。宝山钢铁厂主原料码头使用了台时效率 1800 吨的双悬臂移动式门座卸船机。

80 年代中期建设的营口港鲅鱼圈煤码头，首次采用了自卸船工艺，卸船效率为 3500 吨/时，年卸船能力为 500 万吨。码头前沿设有两个大型分流漏斗，通过两条带宽 1400 毫米的皮带机与堆场相连。堆场上设有 4 台堆取料机，装车线上设有 2 台台时效率为 1500 吨的移动式装车机。同期兴建的黄埔港西基煤码头，采用台时效率为 500 吨的带斗门座起重机卸船，前方皮带机与码头线平行，可直通堆场或驳船码头。秦皇岛、石臼、庙岭等煤（矿石）码头和堆场都分别建有干吸尘和喷水消尘设施，庙岭的煤堆场周围还设有绿化隔离带，改善和美化了环境。

（四）油码头。

新中国成立以来，已建成 40 余座油码头，其中 1 万吨级以上的泊位 30 个。

在装船码头中，50 年代建设的连云港港油码头采用油槽车进油，经港区油罐贮集后装船出运。1968 年，在防城港首次敷设了海底输油管线。1974 年兴建的黄岛临时油码头，敷设了两条长 530 米的海底油管，泊位年装船能力 500 万吨。70 年代初建设的秦皇岛油码头，开始采用长距离管道输油。稍后兴建的黄岛、鲇鱼湾和南京中转港等相继仿效。大连港鲇鱼湾油码头，港区与管道末站共建的罐群和泵站设在码头后方的山坡上，既增加了装船时原油的自流能力，降低了泵站的能耗，又避免了重复建设。码头安装了国产的台时效率 2000 吨的全液压装油臂，使 10 万吨级泊位的装船效率达到 6700 吨/时。1976 年建成的黄岛油码头，采用装油流量计，初步改变了计量落后状态。

在卸船码头中，50 年代建设的湛江油码头开始采用卸油入罐后再通过地下管道输给炼油厂的工艺，1975 年建成的陈山油码头首次使用了卸油臂。此外，70 年代建设的秦皇岛、大连和湛江等油码头，部兴建了水污处理设施。大连鲇鱼湾污水处理场的日处理能力为 2 万吨，处理后的水中含油量均小于 10 毫克/升。

（五）散粮码头。

60 年代以前，中国没有机械化散粮专用码头。70 年代和 80 年代，相继改造和新建了一批散粮专用泊位，主要机械设备和能力如表 77。

建成的散粮泊位的主要机械和能力

表 77

泊位名称	泊位吨级（万吨）	年吞吐能力（万吨）	装卸船机		
			种类	效率（吨/时）	数量（台）
大连港 1 号泊位	1.0	128	装船机	200	2
上海民生路 4 号泊位	1.0	150	吸粮机	200	6
天津港 12 号泊位	3.5	222	10 吨门机抓斗	—	3
黄埔墩头基 1 号泊位	3.5	88	吸粮机	400	1
			装卸桥	250	2
厦门港 2 号泊位	5.0	80	10 吨门机抓斗	—	2
湛江一区南 4 号泊位	3.5	45	吸粮机	400	2
大连港 8 号泊位	2.0	350	夹皮带卸粮机	750	2
天津港 12 号泊位	3.5	350	夹皮带卸粮机	750	2

上海民生路 4 号泊位原是个杂货泊位，1973 年改造成为散粮进口专用泊位，码头前沿安设了 6 台吸粮机，后方兴建了 18 个钢筋混凝土圆筒仓和 1 座灌包房，设计年卸船能力 150 万吨。1983 年，每千吨散粮的卸船时间由改造前的 8.71 小时缩短到 2.11 小时，效率提高 3 倍多。灌包房每昼夜可灌包 4500 吨。新建的天津港 12 号泊位，采用了门座起重机抓斗岸边直取工艺，设计年卸船能力 222 万吨。1983 年开始改造卸粮工艺，引进了夹皮带卸粮机、气垫式皮带机和镀锌板咬口筒仓，年卸船能力提高到 350 万吨，降低了能耗，而且减少了粮食失落和噪音。

第三节　码头、仓库和堆场结构的发展

码头主体结构型式先后经历了两次变革：一是50年代后期采用了卸荷板式方块、无抛石棱体的扶壁和高桩板梁等新结构，提高了预制装配化程度；二是70年代中期开发了重力墩式、沉井基础双曲拱式和开孔沉箱重力式等新型式，在水位差约15米的中、上游河港建设了桩基板梁和桩基框架直立式码头，各种码头都向结构合理化、构件大型化、装卸高度机械化前进了一大步。仓库结构、堆场面层和基础处理技术也有很大发展。

一、重力式码头

1952年开工的海口港客货码头，是新中国建设的第一座重力式码头，采用了古典重力式方块结构。稍后，在广州船舶修造厂建设了一座木笼式码头。1958年，在重力式码头建设中出现了一些新的型式，在秦皇岛港7号泊位接长段采用了卸荷板式方块结构，在青岛港40号泊位采用了混凝土空心方块，在广州大沙头客运码头中采用了扶壁式结构。1959年建设的广州如意坊码头，取消了抛石棱体，采用了墙后设隔砂板、底板尾部上翘的双肋扶壁式结构，技术经济指标进一步提高。

70年代中期，卸荷板式方块结构更上一层楼。湛江港矿砂码头的总高度达18.5米，底宽5.5米，宽高比已小于0.30，比60年代的0.35又前进了一步。镇海煤码头采用了简支式卸荷板，受力更为合理。在沉箱结构方面，秦皇岛二期油码头采用了开孔消浪式沉箱，减轻了波浪反射，明显地改善了泊稳条件。大连鲇鱼湾油码头采用了沉箱墩式结构，前沿水深达18.0米，引桥上还采用了百米跨径的全焊式钢桁梁。在厦门、防城等港建设了沉井墩和沉井基础双曲拱式码头，在湛江、防城和青岛等港还进行了使用空心方块建设深水码头的尝试。

80年代初，黄埔港墩头基6—8号泊位使用了高13.45米、宽10.25米、重180吨的钢筋混凝土扶壁，设计和科研人员共同提出了基于半谷仓理论的

立板土压力计算方法，施工中使用了滑升式模板。石臼港煤码头使用的圆沉箱直径18米、高20米、自重2733吨，采用了坐底浮坞接运下水的新工艺。

二、桩基码头

交通部原筑港工程局上海工程队于1954年为驻沪海军兴建的基地码头，是新中国建设的第一座中级桩基码头，桩基框架式结构长70米。北仑10万吨级卸矿码头，是新中国自行设计并施工的最大的桩基码头，长351米、宽36.5米、前沿水深18.2米，采用高桩板梁式结构，钢管桩桩尖为开口圆锥形，直径120厘米、长61米。30多年来建设的高桩码头，不仅数量多，而且总体布置、结构型式、基桩的种类、计算方法和施工技术都有很大的发展。

（一）上部结构。

50年代以前，桩基码头的上部结构有刚性桩台和框架式两种。其优点是刚度大、整体性好。缺点是现场浇注混凝土的数量多，质量较难保证；要求施工水位低，可施工时间短；刚性桩台自重大，需用的基桩数量多。

1952年，在上海港董家渡码头改造中采用了预制钢筋混凝土框架。1958年，交通部水运设计院在天津新港5号泊位设计中首次采用了预制装配化程度较高的钢筋混凝土梁板结构。稍后建设的上海港张华浜3、4号泊位和天津新港14、15号泊位进一步完善了结构。从此，构件较为简单、受力明确、预制装配化程度高、施工方便的梁板式结构得到日益广泛的应用。

新港5号泊位的承台宽44米，分前后两部分。前平台的上部结构有横梁、起重机轨道梁和面板；后平台无纵梁。横向排架间距均为3.5米，面板为钢筋混凝土叠合板。码头的预制装配化程度为68%。张华浜3、4号泊位的承台分为码头、前平台和后平台。前二者的承台均由横梁（分为上、下梁两部分）、纵梁和面板组成，横向排架间距为7.0米；后平台没有纵梁，横向排架间距为3.5米。工程的预制装配化程度为70%。新港14、15号泊位的承台总宽41.85米。前平台采用预应力钢筋混凝土Π形梁板，横向排架间距7.0米。1959年兴建的天津新港16—18号泊位，前平台试用了无梁板结构，预制装配化程度为86%。但是，当码头上的活载加大时，面板厚度需增加较多，造价比梁板式高。同期兴建的马鞍山矿货码头，在长江沿线首开了桩基框架式结构的先例。60 年代后期改建的上海港公平路码头试用了横向排架间距为 14.5 米、有挡土后板桩的窄平台结构，前沿设有柔性靠船钢管桩。

70 年代初，在上海物探大队基地码头采用了空心大板结构。稍后，在海河沿岸建设了一些无梁空心大板码头。二者的预制装配化程度均为 80% 左右。70 年代中期，开始将下横梁与靠船构件一起预制，取消中间的纵梁，只设一对门座起重机轨道梁，且改为简支；面板为搁在横梁上的预应力简支板。施工时，先浇桩帽，然后吊装横梁、纵梁、面板，再现浇节点和码头面层。前方承台上部结构的预制构件由 60 年代的 18 种简化为 9 种。预制装配化程度由 43.3% 提高到 71.3%。70 年代后期建设的北仑卸矿码头，在纵横梁系间加设了水平剪刀撑，进一步加强了整体刚度，从而使大型高桩板梁式码头的结构更臻完善。

80 年代初，在设计水位差达 15 米的长江中游兴建了桩基板梁式和框架式码头。

50 年代以前，框架式结构中上、下弦的内力和桩力都是按连续梁计算的。50 年代初，考虑到框架的刚度较大、框架与桩的整体作用以及桩与土的关系，开始将横向排架按刚性桩台计算。50 年代中期，进一步考虑到桩的沉降，改为按弹性支承桁架计算。对于梁板和无梁板结构，考虑到其刚度都比框架式小，一般均按柔性桩台计算。

（二）基桩布置。

50 年代以前建设的框架式码头只有直桩。50 年代中期，开始在系船柱下设 3∶1 的斜桩。50 年代后期，在梁板式码头承受水平力的前方承台，每个排架都设一对横向叉桩，在结构段的端部还设有纵向叉桩。上海张华浜 3、4 号泊位等宽承台码头，原设计的桩长按桩力分别确定，同一排架中的桩长不等，至 60 年代中期，其部分短桩，特别是向岸的斜桩断裂相当严重。

1964 年 9 月，交通部在上海成立了张华浜码头科研办公室，邀请专家、教授和设计、科研人员，在谭真副部长兼总工程师的直接领导下，进行了为期一年的集中调查观测和试验研究，查明断桩的主要原因是软土地基的沉降对桩身产生负摩擦，并得出了同一排架中的桩尖应达到同一标高的结论。

1966年兴建的张华浜7号泊位，桩长均按排架中桩力最大的一根选取，桩尖基本达到同一标高，且伸入同一硬土层，成为半支承桩。

（三）接岸结构。

50年代末，在天津新港和上海港开始采用宽承台结构，尽量保持原岸坡的自然坡度。在天津新港还开始采用砂井对岸坡进行了加固。在1976年唐山大地震中，岸坡保持完好。70年代，设计单位进一步对板桩和抛石棱体加挡土墙等结构进行了技术经济论证，在岸坡土质较软的地区广泛采用了中抛石棱体加小挡土墙方案。天津新港只在土质很差、工期很紧的几个泊位中使用了造价较高的钢板桩。

三、板桩码头

36年来，建设的板桩码头已超过百座，总长1.5万多米。其中，五六十年代建设的是3000吨级以下的码头，且多使用钢筋混凝土板桩。70年代中期建设的连云港港5、6号两个1.5万吨级杂货泊位，前沿水深9.0米、挡土高度16米，使用了长22米的组合式国产鞍Ⅳ型钢板桩。

在锚碇结构方面，三航局于1969年首次采用了斜拉桩式结构，用斜拉桩取代了拉杆和锚碇板。其构造简单，占用的后方场地小，斜拉桩的遮帘作用还减少了主板桩下部所承受的土压力，对场地狭窄、土质密实的老港区尤为适用。

四、浮码头

浮码头主要由引桥、趸船和船舶消能设施等三个部分组成。它对水位变化和岸坡土质的适应性强，施工期短，且便于迁移，因而应用极广。

在引桥方面，50年代开始使用钢筋混凝土结构取代木结构，节约了木材，提高了承载能力和耐久性。70年代，加大了跳板梁跨度，减缓了枯水位时的坡度。80年代初，二航局在武汉白浒山外贸码头上首次采用了升降式钢引桥。在水位变幅不超过13米时，通过桁架梁前端在提升墩上的升降，可保持跳板的坡度平缓，使载重30吨的集装箱拖车在引桥和趸船上顺利行驶。

在船舶消能设施方面，60年代中期，二航局在南京炼油厂的2万吨级油码头设计中采用了悬重式消能设备。70年代中期，三航局又设计了撑杆加橡胶护舷的新式消能装置。

五、斜坡式码头

60年代中期，二航局在重庆朝天门设计了架空式斜坡码头；70年代中期，在金沙江畔的陡坡上，为接卸化工厂的大型、重件设备，建设了顺岸式斜坡码头。在流速3—4米/秒的情况下，1500吨级的驳船靠、离码头都很顺利。

六、仓库结构

40年代，港口大型仓库很少，且多是砖墙、木架、铁皮瓦的小型货栈。

50年代中期，湛江港一区建成了砖和钢筋混凝土结构的仓库3座，总面积15463平方米，最大跨距10米，50年代末，上海港在张华浜兴建了大型仓库3座，建筑面积22503平方米，其中有两座采用了跨度为24米的预应力钢筋混凝土屋架。60年代后期建设的上海港公平路仓库，采用了砖木结构，屋架跨度24米，是上海港第一座内部设有行车的仓库。70年代建设的仓库，开始采用了钢丝网水泥折板和挂板结构。

1983年建成的黄埔港二区集装箱交接库，采用了钢筋混凝土双曲扭壳屋盖，建筑面积9745平方米，由5个主跨、4个副跨和前后雨棚构成。主跨为48×24米的双曲抛物面扭壳，副跨是48×6米的预应力钢筋混凝土梁板，每个主、副跨均由6根钢筋混凝土柱支承，横向柱距均为24米。柱子少，跨度大，采光和通风好，且便于装卸机械通行和作业。1985年建成的天津港四港池4座集装箱交接库，均采用预制装配式钢筋混凝土双曲拱屋盖。每幢建筑面积4366平方米，皆由18个跨度39.68米的双曲拱单元构成。每个单元由5块8.0×5.99米的双曲拱板和1根槽钢组合拉杆装配而成，横断面是一个跨度39.18米、带拉杆的单波薄壁大拱。拱脚坐落在由边柱支承的钢筋混凝土斜面梁上，拉杆焊在斜面梁的预埋铁件上。与前者相比，加大了跨距，提高了预制装配化程度，且造价较低。

此外，1982 年，蛇口港建成一座钢结构仓库，采用了 24 米跨的桁架式钢屋架和焊接工字型柱，屋面和外墙皆为波纹钢板。1984 年，赤湾港引进了澳大利亚的预应力拱型轻钢结构仓库。48 米跨的桁架式轻型钢屋架，下弦和柱子施加预应力后，桁架呈拱形，耗钢量和造价均较低。

七、堆场

50 年代以前，码头堆场多是天然地基泥上面层，少部分采用土石混合面层，个别港区使用了条石铺面。

50 年代中期建设的裕溪口煤码头堆场，采用了钢筋混凝土 V 形坑道。60 年代建设的码头前方件杂货堆场，开始采用混凝土面层，70 年代渐多。70 年代后期建设的北仑矿石堆场，堆取料机轨道采用了道渣轨枕。稍后建设的秦皇岛港一、二期煤堆场和石臼港煤堆场，堆取料机轨道采用了钢筋混凝土轨道梁。80 年代初，天津港集装箱堆场面层采用了 40×40×12 厘米的 400 号预制混凝土方块，下面敷设了 25 厘米厚的粉煤灰—石灰垫层；黄埔港集装箱堆场面层采用了 24×12×12 厘米的 500 号预制混凝土小方块。

在地基方面，北仑矿石堆场的回填部分采用了排水砂井加固，宝山钢铁厂的矿石和煤堆场采用了挤实砂桩，天津港三港池集装箱堆场采用了袋装砂井—堆载预压，四港池集装箱堆场采用袋装井—堆载预压的面积达 34 万平方米、袋装砂井—真空预压的面积近 6 万平方米，秦皇岛港一、二期煤堆场轨道基础和上海港九、十区的集装箱堆场均采用了强夯加固，石臼港煤堆场根据地质情况分 11 种类型分别进行了处理。

第四节　船坞、船台滑道和过船建筑物建设技术的发展

一、船坞

60 年代初期建设的文冲船厂 1 号坞（1.5 万吨级），坞首和坞室均采用整

体重力式结构，整体性好、耐久、施工简便。70 年代初，在岩基上建设的北海船厂 1.5、2.0 万吨级干坞采用了锚杆衬砌式结构，以锚杆帮助坞体保持稳定，减少结构内力。坐落在强风化岩层上的文冲船厂 2 号坞（2.5 万吨级），采用排水减压分离式结构，改善了结构受力条件，底板厚 1.2 米，仅为相邻 1 号坞的 50%。在淤泥质粘土层上建设的新港船厂 2.5 万吨级干坞，采用了钢板桩承台式坞墙和钢筋混凝土桩基底板；天津航道局 3000 吨级干坞为钢板桩锚定式坞墙；而海洋石油勘探局船坞采用了桩基扶壁式坞墙。70 年代中期，上海航道局船厂 3000 吨级干坞采用了桩基、预制整体浮箱式结构，省去了常规施工中的围堰，工期短、造价低。稍后，广州航道局沥窖船厂建设了同类船坞，浮箱坐落在 4 米厚的砂垫层上。

在改建、扩建技术方面，60 年代探索出了充分利用原坞体构件和简化施工围堰的经验。70 年代后期，在改建江南船厂 3 号坞时，保留了原坞的全部木桩基础和 L 形低桩承台结构的西侧坞墙。在施工中，利用老坞门和在其东侧加打的一段钢板桩围堰临时挡水，采用了先坞室、后坞口，先建坞墙、后筑底板的工序，缩短了围堰，避免了大开挖，保全了施工场地和通道，并减少了对相邻船坞、船台生产的影响。

在坞门型式方面，60 年代沿用了浮箱式坞门。70 年代初，在新港船厂干坞中试制成功气压式卧倒门，节省了钢材，操作方便，且缩短了开关时间。70 年代后期，在马耳他 30 万吨级船坞中建造了重达 970 吨的单面板气压式卧倒门。

在结构设计理论方面，60 年代是按平面问题进行结构计算，70 年代中期开始采用差分法和有限元法，通过电子计算机进行二维和三维的空间计算，使结构更为经济合理。此外，还通过对锚杆受力情况、减压排水设施的可靠性、水泵振动和钢筋混凝土温度场等课题的研究，提出了锚杆和温度应力的计算方法以及保证质量的措施。

二、船台滑道

50 年代初期，修复和加固了几座 3000 和 5000 吨级造船台。1957 年，大连造船厂开始建造两座 1.5 万吨级造船台，80 年代初又建造了一座 10 万吨级造船台。60 年代至 70 年代，涂油楞木滑道得到广泛应用。80 年代，沪东船厂改用了钢珠滑道，效果更佳。

60 年代至 70 年代，根据地基情况，船台滑道分别采用轨枕道碴和桩基井字梁等基础。80 年代，大连造船厂 10 万吨级滑道的水下部分采用了预制钢筋混凝土箱形基础，顶部的透空段则采用钻孔灌注桩基础。

在修、造船两用横向船台滑道建设方面，50 年代后半期兴建的金陵船厂 2000 吨级和青山船厂 3000 吨级梳式滑道是第一批，稍后又建设了横向斜架车滑道和横向高低轨滑道。70 年代初，在高低轨滑道的基础上，开发出了横向高低轮滑道，减轻了水下滑道施工的难度。这类滑道的轴线与上（下）水船舶的纵轴线正交，占用的水、陆域进深较小。

60 年代，还开始建造了船排、双支点、斜架车、摇架和变坡转盘等各具特色的纵向滑道。这些滑道虽比横向滑道占用岸线短，但仍需配备船舶横移车或转动，操作工序较多。70 年代初，在杭州船厂首次建造了一座变坡横移船台滑道，省去了横移车，工序少，占地小，节省了投资。随后又在新河船厂兴建了同类型的 1000 吨级船台滑道。

三、船闸

在规模方面，50 年代中期兴建的最大船闸，闸室尺度 210 × 15 × 3 米，可通行 2 × 1000 吨级驳船船队。稍后建设的大型船闸，最大闸室尺度为 230 × 20 × 5 米，可通行 2 × 2000 吨级驳船船队。70 年代建设的葛洲坝 2 号船闸，闸室尺度为 280 × 34 × 5 米，最大工作水头 27 米，可通行 4 × 3000 吨级的顶推驳船队。60 年代还建设了总工作水头 43 米、闸室尺度为 198 × 15 × 4.5 米的两级船闸。

在平面布置方面，50 年代建设的淮阴船闸，根据地形和水流情况，建了长约 1000 米的引航道，采用了非对称的导航架。70 年代，在葛洲坝枢纽中建了长 1750 米的防淤导流堤和六孔冲砂闸。在 60 年代建设的两级船闸中，还建了长 185 米的中间渠道，在改善流态、减少淤积和保障航行安全方面起了重要作用。

在结构方面，50 年代中期建设的几座大型船闸的闸室和闸首均采用钢筋混凝土整体式结构。稍后，在整体式闸首中开始采用空箱式闸墩，而闸室为分离式，有的还用了框格式透水底板。解台船闸的闸墙为浆砌石结构，首次采用了底面有倒坡的衡重式断面，工程量比重力式减少 15%。60 年代建设的巢湖船闸，闸首采用了钢筋混凝土空箱式门墩和双铰式底板。同期还引进了悬臂式、扶壁式和钢筋混凝土板桩等各具特色的闸墙形式。70 年代建设的皂河、刘老涧和谏壁等船闸，采用了有倒拱式底板的整体式闸首。

在输水型式方面，五六十年代多采用短廊道集中式，而总工作水头 43 米的双牌两级船闸开始采用了长廊道分散式。70 年代建设的葛洲坝船闸，采用了双侧灌、泄水的分散式输水系统。

闸门型式也因地制宜，多种多样。五六十年代，大、中型船闸较广泛地使用了人字门和横拉门。70 年代建设的皂河船闸开始采用了拱形人字门，而谏壁船闸采用了拱形三角门，受力日臻合理。葛洲坝 2 号船闸下闸首的人字门高达 33.5 米，单扇重 600 吨，门上设了预应力背拉杆。

60 年代，相继采用了圆筒式和蝴蝶式输水阀门。葛洲坝船闸率先采用了反向弧形门，减少了高水头开启时的振动。

在闸、阀门的启闭方面，50 年代后期建设的大型船闸开始采用电动卷扬机，70 年代的葛洲坝船闸工作闸门采用了连杆传动式启闭机，而谏壁等船闸的闸门和葛洲坝船闸的输水阀门则开始采用了液压式启闭机。70 年代中期，在施桥、淮安和葛洲坝等船闸中，相继安装了无触点自动控制系统。施桥船闸的自控系统设计获得了 1978 年全国先进科技成果奖。

四、升船机

升船机建设技术的研究始于 1958 年。1966 年 7 月，在安徽省寿县建成了第一座湿运式高低轮斜面升船机。它采用了盛水船厢，船厢下装设了高低轮。在坝顶设置了换轨段和一台可逆转链条机，以克服单绳牵引过坝顶的“死点”。至1985年年底，全国共建成高低轮式斜面升船机44座，占已建成升船机总数的75%。

1970年，在四川省潼南县建成一座坝顶设有转盘的半湿式斜面升船机。同年7月，在湖北省蒲圻县建成了第一座用钢质网架承船、桥式起重机提升过坝的垂直升船机。提升高度42米，载船能力20吨，一次过坝时间19分钟。1973年建成的丹江口升船机，吸取了寿县斜面升船机和蒲圻垂直升船机的建设经验，采用了斜面与垂直并用、中间建有渠道的两级式方案。1982年，在安徽省龙湾兴建了一座试验性小型水坡式升船机。

80年代，湖南、浙江的航务工程科研和技术工作者相继设计和制造了4种惯性自动控制仪，开发了小型干运斜面升船机通过坝顶“死点”不用辅助设施的新技术。

第五节　防波堤、护岸和灯塔工程技术的发展

一、斜坡式防波堤

50年代初，开始对斜坡和混合式抛石堤进行修复、加固和扩建，面层多为干砌和浆砌块石。1953年，在厦门海堤中采用了插砌条石。1955年，在秀英港东防波堤中使用了50厘米厚的竹筋混凝土块护坡和压顶。1958年，在八所港北防波堤堵口工程中使用了重34.4吨的混凝土方块。1959年，在秦皇岛港7号泊位接长段的防波堤中采用了重4吨的混凝土四脚锥体护面。1966年，大连某厂的东防波堤采用了2.5吨重的四脚空心混凝土块体护面。1970年，北海船厂防波堤采用了重2.54吨的扭“工”块体护面。1983年，石臼港煤码头引堤的外侧采用了重8.0吨的扭“工”块体护面。80年代中国援建的毛里塔尼亚友谊港的防波堤，在设计波高6.2米、周期24秒的情况下，护面层采用了重12吨的扭“工”块。由于当地缺乏石料，大部分堤身均由0.8—1.6吨的混凝土四面体和重5.0吨的扭“工”块组成。而在马尔萨什洛克港防波堤斜坡段外侧的施工中，首次采用了重20吨的扭“工”块护面。

二、直立式防波堤

1968 年兴建的青岛中港西北堤，是中国自行设计施工的第一座直立式防波堤。防波堤为混凝土方块结构，采用了港外侧削角的顶层块体，减小了水平波压力。1972 年兴建的渤海船厂防波堤，采用了沉箱式结构，胸墙的外侧也采取了大削角。1982 年兴建的山东某船厂直立式防波堤，采用了高 14 米、宽 20 米的大型沉箱。而马尔萨什洛克防波堤直立段，在设计波高 9.0 米、周期 10.7 秒的条件下，采用了 26.7×26.1×21.5 米、重 5900 吨的巨型沉箱；在抛石基床的外侧采用了重 10 吨的扭“工”块护坡。1984 年，天津筑港工程公司在援建毛里塔尼亚友谊港防波堤堵口段中，采用了单排钢管桩直立堤。

30 多年来，通过现场观测和模型试验，还相继提出了破碎水深、破碎波压力、直立堤前划分波型界限、堤后绕射系数计算公式和不规则波二维方向谱在浅水中的变形规律等理论成果。

三、护岸

70 年代以来，港口码头和堆场的护岸在沿用砌石和板桩结构的同时，先后开发了抛石层外护网格板、抛石层外护扭“工”块和地下连续墙等新结构。

50 年代至 60 年代，内河航道的护岸多用砌石结构。1973 年，江苏扬州地区开始采用外形整齐美观、砌筑简便、造价较低的预制混凝土空箱结构。1978 年，浙江省在土质软弱且紧临城镇街道、房舍的河段，先后建造了沉井基础、钻孔灌注桩基础和肋形底座基础的干砌、半干砌块石直立墙。80 年代初期，江苏省在泰兴南官河试建了“法布”式护岸，浙江省在桐乡试建了水泥土护岸。武汉市在天兴州使用了大型铰链板柔性沉排护岸。至 1984 年年底，桐乡已建成水泥土护岸 2.3 万余平方米，其中最初建设的护岸已经受了四五年的自然冻融、洪水浸泡、风浪和船行波拍击，至今质量完好。

四、灯塔

60 年代，中国开始自行设计和建造了若干座小型灯塔，且多在陆上。70 年代，修建了天津大沽和西沙群岛浪花礁等大型灯塔。大沽灯塔全高 56. 45 米，灯光中心高程 +39. 0 米，射程 17 海里，建在水深 10 米的外海中。其基础为低桩沉箱墩台，施工中采用了无线电定位仪，定位速度快、精度高。

第六节 航道工程技术的发展

一、山区河流航道

50 年代初，我国在长江上游秭归附近的急流中成功地进行了炸礁。在 60 年代后期治理金沙江和 70 年代治理乌江脱弓滩、赤水河落妹老滩等河床窄、比降大、水流急的浅滩工程中，炸礁技术进一步发展。80 年代，在长江上游鸡扒子山滑坡抢险工程中，在水深 5—20 米、流速 3—7 米/秒的情况下，成功地进行了裸露爆破，并在流速 2—3 米/秒的条件下实现了钻孔爆破。

60 年代中期，对一些多次疏浚而效益不佳的浅、险河段，采取了筑坝与疏浚相结合的整治措施。整治水位和整治线宽度的确定，初期曾按苏联的造床流量理论进行计算，整治效果不够理想。后来，改用枯水流量法，计算结果与实际比较吻合，在川江、嘉陵江和沅江的浅滩治理中获得了较好的效果。1969 年，根据模型试验结果，采用修筑下挑丁坝的方法对川江上的著名险滩——折桅子滩进行治理，使水深、流态和河势都得到了明显的改善，显示了整治建筑物的作用和模型试验的意义。此后，在川江小米滩、乌江老土坎滩和资水洲尾滩等治理中，应用此项技术都取得了成功。在川江治理中，还曾采用了耙砂船扒砂卵石，采用草土围堰实现干炸礁和清渣等技术。工程中采用的有丁坝、顺坝和潜坝等多种。江西省交通厅和黑龙江航道局分别采用干砌块石面卵石填心坝和楔式潜屏坝，取得了良好的技术经济效益。70 年代，黑龙江航道局还创造了冬季冰上筑坝的经验。同期，广东省在连江的渠化工程中，吸取前期的经验，将原来的 4 个梯级改为 11 个，降低了水头，减少了淹没损失，进一步提高了航运、灌溉和发电的综合效益。

二、平原河流和河口航道

50 年代初，我国曾对长江中下游、黄浦江和松花江等航道的浅段进行了疏浚。初期曾采用了苏联的“准备时期挖泥”、“挖槽要靠近上深槽尖端”和“抛泥要抛到上边滩”等经验。60 年代，各地开始因地制宜地选择疏浚时机，因势利导地确定挖槽位置。70 年代，黑龙江航道局采用了“搬尖”挖泥法，投入少，见效快。

1954 年，在长江中游沙质浅滩整治中，采用了爆破松动河床、疏浚、筑坝壅水、调整河势等综合技术，使枯水期水深比整治前增加 0.4 米，曲率半径由 600 米增加到 800 米。此项技术在 80 年代松花江中游的三姓浅滩治理中得到了发展。

1970 年开始的瓯江口航道整治工程，经过水工模型试验验证，先后在温州港老港区对岸上游修筑顺坝、潜坝，下游修筑丁坝，而在港区下游挖槽引流，圆满地实现了“塞支强干”、“引流归槽”和“束水攻沙”，航道水深由 0.5 米增加到 5.0 米，3000 载重吨级海船可顺利通行。稍后的甬江口和闽江口航道治理，再次显示了整治措施的作用和模型试验的可靠性。

70 年代中期和 80 年代中期，根据河势的变化，在长江口分别因势利导，开挖了南槽和北槽的 2 万吨级双向航道。

三、海港航道

在天津新港，1953 年 6 月开始在航道维护中采用超挖 1.0 米作为备淤深度，保障了航道畅通。50 年代后期，支持水利部门在海河口修建挡潮闸，并提出了加固和延长防波堤的减淤措施。70 年代，经整体模型试验验证，封堵了北防波堤缺口。1977 年 7 月至 1984 年年底，通过疏浚，在深广的淤泥滩上建成一条长 24.8 公里、底宽 150 米、水深 9.0 米的双向航道。在连云港港和防城港的广阔浅滩上，也因地制宜地选取了航道轴线，开挖并维护了深水航道。

50 年代中期，把绞吸式挖泥船改装成耙吸式，在湛江港斗龙村的沙质硬层上开挖出深 7.0 米的航道。70 年代，在长江口试用边抛式自航耙吸式挖泥船。70年代中、后期，在礁石林立的珠江口内外，采用爆破与疏浚相结合的方法，将黄埔港航道扩建成了“内九外八”[①] 的2万吨级双向航道。

四、泥土排放

50年代初，疏浚泥土都是直接排到附近的洼地、边滩和深槽。1960年，天津航道局利用开挖秦皇岛航道的砂土为天津新港造地。“建设”号自航耙吸式挖泥船通过技术革新，实现了自挖、自运、自吹。60年代以后，为了支援农业和厂矿、港口建设，各航道局部进行了吹泥造田。

1964年，上海航道局在黄浦江畔敷设了第一条陆上排泥管线，通过接力泵可将泥上吹至4公里以外，设计年排放能力200万立方米。1971年，敷设了长达22公里的第二条管线。1982年，在连云港建成大路口吹泥站，设计年排土能力300万立方米，减少了气候对排土的影响，增加了挖泥船的工作天数，缩短了运距，效益显著，被评为交通部1985年度优秀设计。

1978年，长江航道局在荆江大堤加固工程中，成功地敷设了水底排泥管线。1980年，天津航道局敷设了一条穿越天津港主航道的海底排泥管，避免了施工对船舶进出港的影响，缩短了工期，获得交通部技术改进成果二等奖。

五、测量定位

五六十年代，水深测量和挖泥定位都是使用六分仪和船上后方交会法。50年代末，上海和广州航道局开始采用圆弧格网法，加快了工程进度。1980年，天津航道局在秦皇岛煤码头主航道施工中，采用雷达定位，解决了离岸远、雾气重、雾天多等难题。1982年，在天津港主航道建设中，抛设了一具柱式浮标，启用了微波测距仪和以国产304型定位仪为核心的自动定位导航系统，测量精度和效率均有显著提高，使工程提前一年竣工。1984年5月，广州航道局在304型定位仪、自动测深仪和八位通用电子计算机的基础上，

---

① 1979年年底，虎门以内的航道达到水深9.0米、底宽140米，虎门以外的航道达到了水深8.6米、底宽160米，通称“内九外八”。

研制成功自动测深和导航系统，并通过了部级技术鉴定。利用这一系统，可以完成预置航线自动导航、测深、绘制水深图和计算挖方量等工作。

第七节　地基和基础工程技术的发展

一、土坡稳定

50 年代，普遍使用快剪指标进行土坡稳定计算。70 年代，根据具体工程情况，分别按规范取用快剪、固结快剪和十字板剪切时的安全系数，进一步提高了计算的可靠性。

在岸坡加固方面，1954 年在长江岸边首次采用了砂井。1958 年在天津新港工程中，使用带活瓣桩尖的套管打设了直径 45 厘米、长 12 米的砂井。1975 年，二航局又在荻港成功地使用了袋装砂井。

50 年代，在上海等地较陡的岸坡上打桩时采用了削坡减载技术。60 年代，采取了“在危险的岸坡上，低水位时不打桩”，“在安全度不大的岸坡上，用重锤轻打、隔桩位跳打”等措施。60 年代中期，在上海港张华浜码头加固工程中，研制成功了无振动、无噪音的静力压桩工艺和设备。

在维护基坑的边坡稳定方面，50 年代中期在青山船厂使用了深层井点降水，60 年代较广泛地采用了轻型井点。70 年代初，在位于地下水位以下 10 余米的文冲船厂 2 号坞基坑，用一级轻型井点降水实现了干开挖。

交通部于 1976 年年底组织力量对水运工程中发生的重大滑坡进行了调查研究，并于 1979 年 10 月颁发了《关于防止码头岸坡滑动的注意事项》。

二、软弱地基加固

水运工程部门研究和使用得较多的软弱地基加固技术，有砂井、振冲碎石桩、强夯和真空预压 4 项。

（一）砂井法。

50 年代，开始采用陆上打桩架和钢套管打设砂井。60 年代，大连某防波堤工程首次在水上打设砂井，用砂井和砂垫层对厚达 10 米的海底淤泥进行了加固，经受了台风、巨浪和强地震的考验。70年代后期，在天津新港的堆场地基加固中，开始应用了袋装砂井，并研制成功专用灌装机和打砂井机。至1984年年底，天津港采用袋装砂井—堆载预压法加固的堆场已近30万平方米，共打砂井19万根、总长195万米，其中使用袋装砂井节省的砂料达5万立方米。

（二）振动水冲法。

1977年，南京水科所与水规院合作研制出第一台振冲器，随即在南京船厂的淤泥质亚粘土地基上进行振冲碎石桩加固试验，一举获得成功。实践证明，对粗砂和卵石层可直接采用振动加水冲；对细颗粒土壤，可在振动和水冲的同时填加碎石和卵石，形成碎石桩的加固效果显著。振冲加固法设备简单，操作容易，无需钢、木、水泥等材料，工期短，效果可靠。

1980年，水规院与江阴振冲器厂合作研制成功可水平和垂直双向振动的振冲器。至1983年年底，已研制出的振冲器有13、30和55千瓦等三种规格，加固的工程已达420多项，加固总进尺300万米。1984年，南京水科所推导出单桩的极限垂直应力计算公式，为计算复合地基的承载能力提供了有效的方法。

（三）强夯加固法。

1978年，一航局通过试验，摸索出了一套施工工艺、监测手段和控制方法。随后，在秦皇岛港煤堆场，正式利用强夯法加固了粉细砂地基。同期，三航局等单位利用强夯法加固淤泥质亚粘土地基也获得成功。1985年，使用强夯法加固的土层已扩展到砂砾、中细砂、粉煤灰、杂填土和不饱和亚粘土等，有效加固深度达8—10米，锤重发展至1—15吨。同时总结出了以孔隙水压力、夯击贯入量确定最佳夯击次数的有效方法。河海大学和三航局还分别提出了计算模式和计算方法。

（四）真空预压法。

1980年，一航局科研所开展袋装砂井—真空预压法的研究和实验。稍后又进行了用真空预压法加固水上和水下岸坡的试验，随即总结出一套切实可行的施工工艺。仅1983年和1984年，天津新港就用袋装砂井—真空预压法加固堆场地基约5万平方米，其真空度可长期维持在80千帕（600毫米汞柱），加固效果与堆载70千帕相当。但却比堆载法操作简便，节省能源，成本低，见效快，工期短。天津大学通过室内模型试验，提出了负压作用下土体固结模式和相应的计算方法。

（五）其他加固方法。

80年代初，水规院、一航局、河海大学等单位分别在天津新港、烟台等地成功地进行了深层水泥拌合法、水下振冲法、塑料板排水法等现场加固试验，并已研制出相应的机械设备。二航局在赤湾港防波堤基础处理中，采用尼龙编织布取代部分换砂已获得成功。

三、桩基

50年代以前，水运工程中的基桩多是木桩。50年代中期，开始采用钢筋混凝土桩。为了解决裂桩问题，1957年在塘沽开滦码头首次引进并试用了预应力钢筋混凝土桩。70年代中期，开始使用断面为60×60厘米的预应力钢筋混凝土空心桩，并在外海和地质条件复杂的工程中使用大直径钢管桩。80年代，三航局引进并生产了后张法预应力钢筋混凝土大直径管桩。

50年代初期，钢筋混凝土桩大多在现场的简易场地上制作。1958年，相继在天津和上海建设了有固定台座的预制厂，并采用木笼式芯模预制空心桩。1969年，一航局引用充气胶囊取代木笼。稍后，天津和上海等地又先后采用了蒸汽养护技术。

1954年，上海工程队把打桩架搬到方驳上进行水上打桩。翌年，在湛江港夹有砂姜石的亚粘土层上采用冲捣孔法沉桩。60年代，在长江沿岸的粉细砂层中采用水冲加锤击法。70年代，内冲内排法的桩顶偏位已可控制在15厘米以内。80年代，二航局用真空吸渣法使钢管桩穿过了4—5米厚的砂卵石层。

1965年，三航局金东振研究出无噪音、无振动的静力压桩法，并在有关部门的协助下，研制成功150吨的压桩机和压桩船，为岸坡较陡、距已有建筑物较近、灵敏度较高的软弱土层沉桩，开辟了成功之路。

60 年代后期，在码头、船坞、船台和船闸等工程中开始应用钻孔灌注桩，并在中小型工程中逐步得到推广。1974 年至 1981 年，仅浙江省交通厅海港工程处就在 21 个工程中采用了此项工艺，钻孔达 69250 米，水下灌注混凝土 31434 立方米。80 年代初，四航局采用了振动沉管灌注桩；二航局采用了钻孔嵌岩桩，并研制出大直径的钻岩机。

70 年代末，三航局在宝山原料码头施工中采用“超顶起吊、一次沉桩”法，用架高 60 米的打桩船施打了一批长 78 米的钢管桩。一航局在中国援建毛里塔尼亚的工程中，采用平台船吊打法完成了全部钢管桩的沉设。

在板桩施工方面，70 年代初一航局采用了成组打入法。四航局使用无导架施工法打了 3000 多根钢板桩。在设备方面，1955 年上海工程队建造了一艘架高 25 米、起吊能力 15 吨、桩架可俯仰并配有蒸汽锤的打桩船，可在水上打设 3:1 的斜桩。1958 年，上海市筑港工程局建造了一艘架高 38 米、起吊能力 20 吨、吊龙口可外伸 8 米、装有 6.5 吨和 8 吨汽锤的打桩船，可打设 36 米的长桩。70 年代中期，各航务工程局购置了一批架高 45—55 米、起吊能力 50—80 吨、配有 M40 和 MB70 柴油锤的新式打桩船。80 年代初，三航局引进一艘架高 80 米、吊桩能力 120 吨、自行改装后龙口可外伸 21 米的大型打桩船，在张华浜集装箱码头施工中跨越 3 排桩而施打岸边桩。

50 年代末，开始进行打桩拉应力的测定，相继研究出按土质选择适当锤型、锤重、锤垫（替打木和纸垫等）等防止桩头开裂的措施。70 年代后期，三航局研制成功柴油打桩锤的遥控自动停锤装置。80 年代初，开始应用波动方程分析和计算打桩应力。

四、沉井

沉井对地基的适应性强，而且无大型机械也可预制和沉设，在水运工程中的应用日益增多，规模不断扩大。秦皇岛港一期煤码头翻车机房基础，沉井直径达 24 米。武汉化工二厂水泵房基础，沉井全高 25 米。上海某船厂的坞门墩，沉井总高 25.5 米。防城港的两个 1 万吨级泊位全部采用了沉井墩基础。

（一）沉井的预制。

沉井大多在现场就位浇注。秦皇岛港一期煤码头工程翻车机房的沉井，采用了砖砌刃脚底模。武汉化工二厂的沉井采用了滑升式模板。60年代中期，上海几座船坞的坞门墩沉井，都是在其他船坞中预制下部几层，浮运到现场沉设后再逐节加高。70年代，厦门水产冲水码头的沉井，是在临时平台上预制的，由起重船吊到驳船上，运至现场后再逐个吊装就位。

（二）井体的沉设。

五六十年代，我国打井挖土和填土均由人工完成。80年代初，建在回填砂和粉细砂等松散土层中的秦皇岛港煤码头翻车机房沉井，施工时在外围打了10个深30米的排水井，在井壁外侧注入触变泥浆润滑、防渗，实现了井外降水、井内机械干开挖。在井外地面上还安设了井体下沉深度观测尺，井内吊放了倾斜指示器，使井内、井外都可直观地看到井体下沉的情况。

建在风化岩层上的武汉化工二厂水泵房基础，采用了风镐碎岩、人工装石渣入料斗、15吨履带起重机吊运的工艺。在岩石裂隙渗水严重的情况下，结合基坑排水，安装并使用了水力机械。用压力为800千帕的高压水枪冲散石渣，以便人工装斗。用射流泵在排干积水的同时，把小块的石渣和石粉带到井外。

在淤泥质亚粘土中建造坞墩时，三航局采用湿法施工，用高压水枪破土，用负压加水力排土。竣工验收时，高25.5米的沉井，任意二对角的刃脚高差均小于3.7厘米，平面上的最大误差为12厘米，完全达到了优质标准。

五、地下连续墙

在1976年唐山地震后的抢险工程中，一航局用自制的四头组合钻机在新河船厂开裂的岸坡上建造了深15米、厚55厘米、长60米的地下连续墙，成功地防止了土体滑动。1979年在澄西船厂的吹填砂和粉细砂层中，二航局用钻抓法和组合钻机钻进法，建造了长121米的船坞翼墙。墙体最大深度37米，厚80厘米，垂直精度在1/200以上。施工中，改进了护壁泥浆的配方和拌制、回收工艺，进一步完善了在泥浆中浇注混凝土的工艺。1981年5月至1982年5月，四航局改进了潜水电钻和斗体推压式抓斗，在湛江磷矿码头有深厚砂层的多层土地基中，用以当地材料为主拌制的泥浆护壁，成功地建造了一座直径为24.6米的圆筒形翻车机房地下仓和一条长40米的地下廊道。墙的最大深度21米，厚80厘米。1984年，在秦皇岛港第三期煤炭工程中也采用了大型地下连续墙。

第八节　水工建筑材料和钢筋混凝土技术的发展

36年来，在水运工程中相继开发和大量使用了混凝土、钢筋混凝土、混凝土外加剂，橡胶护舷和充气胶囊，引进了钢材防蚀技术，并不断地提高了混凝土施工机械化和预制装配化程度。

一、混凝土和钢筋混凝土

我国在水运工程中，50年代开始用钢筋混凝土构件取代紧缺的钢材和木材，并按破坏阶段进行强度计算。

1957年，在塘沽开滦码头改建中试用了预应力钢筋混凝土桩，增强了抗裂性能，且使受力钢筋减少40%。随后又开发了预应力钢筋混凝土梁、板和叠合板等，并开始用重量比取代体积比进行混凝土配合比设计。这是新中国水运工程技术发展的一个重要里程碑。70年代初，在长寿驳船厂和秦皇岛港油码头相继使用了高强钢丝后张法预应力钢筋混凝土鱼腹式梁。稍后又开始使用了干硬性和流态泵送混凝土。80年代，交通部颁发了《混凝土和钢筋混凝土设计规范》，规定了各种构件的附加安全系数，开始推行按半极限状态理论进行计算。

二、混凝土外加剂

1949年秋，新港工程局在制作防波堤块体时，掺用松香热聚物加气剂，提高了混凝土的抗冻性能。历经30余年的风吹浪打，块体仍然完好无损。50年代后期，各航务工程局相继使用了氯化钙早强剂和纸浆废液塑化剂。70年代初，一航局与中国科学院力学所合作研制出三乙醇胺系复合早强剂，可使混凝土7天内强度提高25%以上。二航局研制出“NNO”减水剂。70年代中期，由南京水科所、中国科学院力学所和4个航务工程局组成的交通部混凝土减水剂协作研究组，开发了以“NNO”为主的复合减水剂。当水泥用量不变时，拌和水可减少12%—30%，3天抗压强度可提高50%—95%，28天强度可提高25%，还可提高抗渗性；保持同样的抗压强度，可节省水泥10%—20%。70年代末，二航局研制出杂环系超塑化剂“CRS”。它具有减水、早强和流化等多种效能。当水泥用量不变时，可减水19%—29%，3天抗压强度可提高42%—138%。使用700号水泥并掺用“CRS”，水灰比降至0.22，拌和物仍有良好的和易性。1983年，四航局与广州造纸厂合作，利用木浆废液研制出减水剂“MY”。单独掺用它，在水泥用量和坍落度不变时可减水12%，28天强度可提高15%。80年代，各航务工程局还分别研制和应用了混凝土硫化剂，保证了泵送质量。

三、提高混凝土质量的其他技术

50年代初，我国在秀英港预制方块时采用了真空脱水。60年代，在烟台港客货码头和文冲船厂1号坞施工中采取了分层减水、二次振捣和限制每次浇注高度等措施，有效地防止了大体积混凝土的“松顶”。同期还对上海船厂和文冲船厂的大体积混凝土进行了水化热的观测和研究，提出了选择低水化热水泥、掺用大块石、控制浇注速度、加强养护和减少相邻构件的约束等防止出现温度裂缝的有效措施。

为了提高混凝土和钢筋混凝土的强度和耐久性，我国从60年代起，各工程局除研究、使用高效外加剂外，还改进了混凝土的配合比，强化养护制度，采用了蒸汽养护和喷涂塑料薄膜养护。80年代，三航局还引进了离心、震动和挤压成型的制桩技术。

四、混凝土和钢筋混凝土施工的机械化、工厂化

50 年代末，我国开始普遍使用自落式搅拌机和中频振捣器，初步实现了混凝土的拌和和浇注机械化。60 年代中期，一、三航局分别研究、使用了由索铲（或皮带机）、卷扬机和电磁铁等组成的后台砂石料运输和称量联动线，研制了高频振捣器，并试用了风动混凝土输送泵，预制厂的材料运输实现了机械化。70 年代中期，现场砂石料和混凝土的运输开始使用小型翻斗汽车。后期又引进了强制式搅拌机、拌和车（船）和液压式输送泵，大型钢模板的装拆则使用起重机，沿海港口的施工现场基本上实现了机械化。同期，三航局高桥预制厂采用了程序控制的液压、气动式粗钢筋加工流水作业线，使生产效率提高一倍，而作业场地减少一半。

1958 年，渤海工程处在海河口内建成一座永久性混凝土构件预制厂，占地 3 万平方米，具有 8 条双线压柱式预应力台座，日制桩能力达 40 根，使新港 16—18 号泊位装配化程度达到 86%，预应力钢筋混凝土达到混凝土总量的 51%。同年，上海市筑港局兴建了高桥预制厂，建成长 200 米的预应力台座，年预制能力 7600 立方米。翌年，河北省航务工程局在秦皇岛建成一座滑道下水能力为 700 吨的沉箱预制厂。70 年代中期，各航务工程局相继新建和扩建了预制厂，使沉箱的预制下水能力提高到 1000 吨，梁、板、块体的起吊能力增加到 200 吨。80 年代初期，一航局又在大连和秦皇岛兴建了具有载重 2000 吨斜架车和滑道的沉箱预制厂，在石臼兴建了采用坐底式浮坞接运、下水能力为 3000 吨的大型沉箱预制厂。同期，块体的预制、起吊能力提高到了 500 吨。至 1985 年年底，4 个航务工程局已拥有混凝土构件预制厂 17 个，年生产能力 30 余万立方米。其中，一航局一公司两个预制厂的最大年生产能力已达 5.59 万立方米。三航局高桥预制厂的年生产能力达到 4.7 万多立方米，使上海地区高桩码头的预制装配化程度保持在 70%—80%。

五、新型材料和钢材防蚀

60 年代后期，三航局等单位开始研究并使用粉煤灰水泥。一航局试验成

功用充气胶囊取代木笼芯模预制空心桩，稍后又用其预制大孔板。70 年代中期，各航务工程局开始推广钢模板，并使用滑模浇注了大型沉井、沉箱、扶壁和圆筒仓等，节约了大量木材，加快了工程进度。

从 60 年代起，各局先后使用环氧树脂、聚酰胺、丙凝、甲凝等材料进行了构件粘接和水下修补。1973 年，水规院与沈阳橡胶制品厂等单位协作，开发了橡胶护舷的系列产品。

60 年代初，南京水科所与三、四航局合作，在上海、舟山和湛江等地建立暴露试验站，开展了钢材锈蚀机理和防蚀技术的研究。60 年代后期，三航局与上海冶金局协作，研制和试用了耐海水腐蚀的新钢种。南京水科所在江苏省三河闸试用了通电阴极保护。1974 年，三航局与南京水科所等单位合作，开展钢材耐海水腐蚀涂料、阴极保护设施和阳极材料的研究，为陈山原油码头基桩选择了耐腐蚀钢种和防锈油漆，并开始在海港中对钢桩采用了阴极保护。随后，连云港、三亚和北仑等港区的钢板桩、钢管桩码头都采用了阴极保护。在石臼港建设中，对钢梁采用了热喷铝防蚀新技术。

第九节　试验和勘测技术的发展

一、试验

1951 年和 1953 年，在天津新港相继组建了中国水运工程系统的第一个混凝土、土工和水工模型试验室，分别开展了材料和土壤的物理力学性能试验，以及新港地区的水文、气象调查和观测。60 年代，各航务工程局先后成立了科研所，各专业的试验研究工作迅速展开。

在混凝土和材料试验方面，我国在 60 年代先后引进了回弹仪、超声波探伤仪、γ 射线探伤仪和老化仪等，分别开展了混凝土构件强度、密实性和钢结构焊缝的无破损测验，以及高分子材料的抗老化试验。70 年代，把工业电视引进了水下构件的质量探查，80 年代引进了英国的新型超声波探伤仪。

在结构试验方面，60 年代开始使用电阻应变仪测定打桩拉应力和构件内力。70 年代初，一、三航局都购进了静动态电阻应变仪。1979 年，一航局又引进了 200 点巡回检测静态应变仪，增强了应力测试能力。

在水工模型试验方面，一、四航局 70 年代先后兴建了大型水工试验室，开展了码头、防波堤布置和断面、构件选择等试验；80 年代，一航局又引进了宽水槽不规则波造波机，试验技术又前进了一步。

在地基观测方面，60 年代一航局研制出了孔隙水压力仪、测斜仪和钢弦式压力盒接收器；70 年代研制出连续振荡式压力盒接收器和磁性沉降仪，完善了应力变形测试手段。

在试桩方面，三航局于 70 年代进行了快速加荷法的研究；80 年代开始应用波动方程处理试桩资料，并制造和使用了 1200 吨的荷载架。

在土工试验方面，一、三航局 1965 年购进了静力三轴仪；80 年代一航局引进振动三轴仪，增添了动态研究的能力；同期还研究出塑限试验的新方法——最大结合水含量法。

二、水文测验

在波浪观测方面，我国在 50 年代初期是采用打桩设置水尺观测波高，利用秒表记录波浪周期。稍后引进了一批苏联的测波仪，在镜筒内的网格上观测抛在海面的浮标的波动范围，按相似关系求得波高，并用秒表记录周期，用仪器上的水平度盘观测波向。70 年代末期，引进了荷兰的“骑士”测波仪。随波浮动的浮筒产生的加速度信号以电波发射，岸台接收后通过解调得出波浪尺度。80 年代初，引进了美国“恩迪柯”测波仪。现场记录采用盒式磁带，并配有 Z80 型计算机和专用软件，可以根据需要分析各种特征波要素和波谱。956 型可以观测波向，使用比较理想。

在海流观测方面，60 年代在航务工程中多使用“奈克曼”海流计观测海流。自 1978 年起，采用了山东海洋学院生产的 ZD0－3 型和 SLC9－1 型仪器，可同步测量流速、流向和水深值，也可测量瞬时流速和时段积分平均流速。1983 年，开始使用重庆水文仪器厂生产的 ZSX－1 型流速流向仪。它利用电子线路计时，可测出某时段的平均流速和流向值。

我国在潮位观测技术方面，临时验潮站一直采用水尺目测潮位；永久验潮站从60年代起采用HCJ－1型和HCJ－2型卷筒式自动验潮仪。80年代，上海航道局引进了自动报潮系统。

三、工程测量

陆上测量，我国在50年代末期采用了较精密的光学经纬仪。70年代中期开始使用精密经纬仪和红外测距仪。

打桩定位，50年代多采用拉线定位法，60年代推广了直角前方交会法，70年代开始采用任意角前方交会，减少了搭设测量平台的临时工程量。

水深测量，50年代初多使用“水砣”和测杆，稍后引进了少量的MS10测深仪，60年代开始使用南京和丹东无线电厂相继研制出的晶体管测深仪。70年代，淄博无线电五厂研制出集成电路数字式测深仪，性能稳定，便于携带，得到广泛应用。80年代，又引进了日本、美国的部分测深仪。

50年代，我国的海上定位都是采用六分仪后方交会法，内河则多用经纬仪或大平板仪前方交会法。60年代后期试用49500－1型海上无线电定位仪。70年代中期开始使用了测程为100海里的“304”定位仪。80年代，广州航道局在“304”定位仪和无线电测深仪的基础上，增加微机处理系统，把测深、定位、成图各项功能组成“自动测深和疏浚导航系统”，实现了现场完成水深图。

四、地质勘探

50年代，我国地质勘探大多采用人力手摇和人力加压钻进方法。60年代，钻探人员将人力绞车改为机动绞车，海上作业则多采用二条木船拼成操作平台。1975年，一航局首次购进配有SDJ－300型钻机的钻探专用船。随后，各航务工程局相继使用了双体钻探船。80年代，航务工程勘察队伍已能在水深20米、流速4节、潮差7—8米的海上进行钻探作业。

在取样方面，60 年代采用了密闭取样器，70 年代开始按不同的岩、土特性采用不同的钻机，并分别选用回转、冲击和水冲等钻进方法，提高了取样率，减少了振动。70 年代中期，推广了十字板剪力仪并研制成功静力触探仪。80 年代初，引进了浅地层剖面仪。

第十节　水运工程规范和定额

旧中国没有统一的建设法规，定额更是空白。

新中国成立后，1952 年至 1978 年，交通部先后组织了三次规模较大的规范和定额编制工作，从而使水运工程逐渐有了比较完整的技术、经济法规。1984 年 3 月召开的全国水运工程基础工作会议，对规范和定额的编制、修订作了新的布署，成立了交通部港口工程规范技术委员会和定额站等专门机构，为水运工程规范和定额编制工作开拓了新局面。

一、规范

我国水运工程技术规范的编制工作始于 50 年代。60 年代初，交通部相继颁发了重力式码头、高桩码头和港工混凝土等 8 个规范单行本，国家计划委员会颁发了《全国内河通航标准（试行）》，对水运工程的设计和施工起到了指导和推动作用。但因多是按苏联经验制订的，与中国的国情差距较大。

为适应水运工程建设发展的需要，根据原国家建委的部署，交通部于 1972 年组织了一次大规模的规范修订、编制工作，随后颁发了一套体现中国水运工程建设特点的技术规范，在港口建设中发挥了重大作用。至 1985 年，交通部编制、修订和颁发的水运工程技术规范共计 32 册，内含现行的 18 册（见表 78）。其中，1978 年颁发的《海港水文规范》获得了国家科学技术进步二等奖。1985 年已基本编制完稿的还有《海港总体及工艺设计规范》《海港钢筋混凝土结构防腐蚀技术规定》《海港预应力混凝土结构防腐蚀技术规定》《船闸设计规范》《干船坞设计规范》《水运工程设计节能技术规定》等。

水运工程技术规范（标准）

表 78

序　号	规范、标准名称	颁发年份
1	重力式码头	1975
2	钢筋混凝土高桩码头	1975
3	斜坡码头和浮码头	1975
4	荷载	1976
5	地基	1978
6	海港水文	1978
7	河港总体及工艺设计	1978
8	港口工程制图	1978
9	防波堤	1979
10	港口工程地质勘察	1979
11	港口工程测量	1981
12	港口工程混凝土试验方法	1981
13	混凝土和钢筋混凝土　设计部分　JTJ220－82	1982
14	混凝土和钢筋混凝土　施工部分　JTJ221－82	1982
15	桩基工程　JTJ222－83	1983
16	水工建筑物抗震设计　JTJ204－84	1984
17	水运工程质量检验	1985
18	战时码头抢修抢建	1985

二、定额

1955 年至 1957 年，交通部相继制订、颁发了《航务水工建筑安装工程统一施工定额》《航务水工建筑设计预算定额》《航务工程间接费定额》《工程船舶艘班费定额》等，对推动各施工单位的生产和加强基本建设的经济管理，起到了良好的作用。1972 年至 1976 年，根据国家计委关于加强工程概预算和定额工作的决定，交通部组织了定额的修订和编制工作，先后颁发了《水运工程预算定额》《水运工程概算定额》《水运工程概预算编制规定》等 7 种基础定额。1978 年召开的定额工作会议、1984 年召开的水运工程基础工作会议和随后成立的定额站，进一步加强和促进了定额工作。至 1985 年年底，交通部先后编制和修订的水运工程定额已有 28 种，现行的见表 79。

水运工程定额

表 79

序　号	定额名称	颁发单位	颁发年份
1	疏浚工程预算定额	交通部	1979
2	水运工程预算定额	交通部	1979
3	疏浚工程概算定额	交通部	1980
4	水运工程概算定额	交通部	1980
5	水运建筑安装工程统一施工定额	交通部	1980
6	水运工程概、预算编制规定　航务水工部分	交通部	1981
7	水运工程概、预算编制规定　疏浚工程部分	交通部	1982
8	水运工程船舶机械艘、台班费用定额	交通部	1984
9	水运工程工期定额	交通部	1984
10	水运工程混凝土和水泥砂浆材料用量定额	交通部	1984

第十一节　水运工程科技情报网的工作

为配合大规模的港口建设，1973 年交通部决定由水规院负责组织水运工程科技情报网（时称情报站），开展技术情报活动。1984 年，为适应新技术、新领域的发展需要，对情报网进行了改组，将原来的港工、航道分网调整和扩大为沿海港口、内河港口、沿海航道、内河航道、勘察技术、地基基础、过船建筑物、技术经济、电子计算机应用和水上交通管理与通信导航 10 个专业分网。总网网长由水规院指派主管情报工作的副院长担任。1985 年已有全行业 100 多个单位参加，成为交通系统最大的一个情报网。

水运工程技术情报网贯彻“科学技术必须面向经济建设，经济建设必须依靠科学技术”的方针和“专业化、小型化、多样化”的原则，面向全行业，全方位、多层次、多种内容地开展活动，使技术交流的专业性和针对性更强，更紧密结合生产实际。水运工程科技情报网自组建以来，组织了各类技术交流活动，包括设计、施工、科研、管理等方面的新技术、新成果、新经验和国外技术情报的交流，以及网内各单位的技术协作和咨询服务。这些活动紧密结合生产实际，效果突出。例如，在北仑港、石臼港离岸式码头的规划、设计阶段，情报网组织设计、施工、科研单位间开展情报交流和协作，为工程方案的决策献计献策，取得显著的经济效益。在工程建成之后，沿海港口分网又组织了“离岸式码头建设经验交流会”，对建成的离岸式码头设计、施工、计算技术和波浪对结构的作用力等课题进行探讨，为“七五”期间计划建造的离岸式码头提供了经验。此外，在蛇口工业区管理委员会的协助下召开了“淤泥质海岸港口建设经验交流会”，受到了有关方面的欢迎。

航道分网为促进泥泵耐磨技术的发展和推广应用，组织了攻关协作和经验交流活动。上海航道局、广州航道局、长江航道局、黑龙江航道局、江苏省交通厅工程管理局等单位通过协作和情报交流，促进本单位的技术革新，取得较显著的科技成果和经济效益。地基基础分网组织的“港口桩基工程沉降、负摩擦以及软弱地基加固技术经验交流会”，对上海港 14 区软土层在大面积回填后地基加固的问题进行技术咨询，并提出了有较大参考价值的书面报告。分网组织的“码头岸坡稳定会议”，除交流码头岸坡稳定分析方法的现状和发展外，还为临海市红光码头滑坡后的修复方案提供了咨询。会后提出的“关于修复红光码头的意见和方案”，使工程取得了显著的技术和经济效益。技术经济分网完成的“北海港建设初步可行性研究”咨询报告很快付诸实施，为国内第一个港口建设“交钥匙”工程的顺利完成，创造了良好的条件。水运工程科技情报网先后进行的水垫搬运技术咨询工作，支持二航局实现了大型 T 形梁水平和坡道搬运工艺；协助四航局实现了八所港工程中 180 吨混凝土方块的搬运工艺，取得了明显的经济效益。勘察技术分网先后组织两次技术交流交易会，在技术交流活动的同时，也形成了一个技术交易市场，取得了多项协作成果。内河港口分网和内河航道分网分别组织的“内河港口设计施工经验交流会”“湖区航道整治技术交流会”等，均属国内开拓性的技术交流会议。为促使内河碍航闸坝复航，过船建筑物分网多次组织专业技术交流活动，受到各方面的重视。水运工程科技情报网不断地开拓国际交流渠道。通信导航分网组织的“雷达导航技术讲座会”和海岸电台通信等专业技术交流会，分别邀请了日本、英国和香港地区的有关单位和专家参加交流活动。

同时水运工程科技情报网还重视沟通信息和资料交流，至 1985 年，先后编印了总网的《网讯》（双月刊）、各分网的《通讯》和专题文集，组织翻译国际航运会议、国际港口会议、国际疏浚会议和国际航标会议等文献，合计 1500 余万字，为国内外技术交流和促进水运工程科技发展做出了积极贡献。

第十一章
水运工程建设队伍的成长

第一节　概　述

在人民解放战争胜利的凯歌声中，天津和上海等地的军事管制委员会先后接管了塘沽新港工程局、海河工程局和上海浚浦局。1949 年 11 月，这些部门相继改由新成立的中央人民政府交通部领导。

1953 年 1 月，交通部航道工程总局改称航务工程总局，下设筑港工程、设计、疏浚和打捞 4 个公司，初步形成了全国的水运工程系统。同年 8 月，筑港工程公司和设计公司改为局建制，成为事业单位。1956 年，打捞公司改称打捞局。1958 年 7 月，交通部内除保留少数工程技术力量和徐州筑港工程局外，其余水运工程单位均下放给所在省、市。交通部水运设计院解散。同年 9 月，交通部在北京组建了水运规划设计院。

1961 年，根据国务院关于调整管理体制的精神，交通部相继将天津航道局、上海市筑港局等 6 个工程局收归部直接领导，成立了第一、二、三、四航务工程局和天津、上海航道局。1963 年，打捞局改称上海海难救助打捞局。“文化大革命”中，部分单位的隶属关系再次变动，设计、科研单位和局以上机关遭受了严重摧残，各项行之有效的规章制度被破坏殆尽。

1973 年，为了适应大规模港口建设的需要，恢复了交通部水运规划设计院建制，新建了广州航道局和广州、烟台海难救助打捞局，各航务工程局均恢复和扩建了设计院（处）和科研所，新增了工程处，队伍得到迅速发展。

1979 年以来，通过整顿和改革，各部门的管理水平和技术实力都有了更大的提高。为了加强设计和科研管理，各航务工程局所属设计研究院均于

1978 年分立为设计院和科研所，四个航务工程勘察设计院均于 1984 年 1 月改为交通部直属，各航务工程局随之转变为以施工为主的企业。为了跨入世界水运工程市场，经国务院批准，中国港湾工程公司于 1980 年 2 月 15 日正式成立。交通部副部长陶琦兼任首任董事长，基本建设局局长李浩然为首任总经理。交通部水运规划设计院、各航务工程勘察设计院、航务工程局和航道局都是其成员公司，并专设了对外业务部门。

1985 年年底，交通部直属的设计、航务工程、航道和救捞等系统已拥有设计院 5 个，工程局 10 个，长江航务管理局和黑龙江航运管理局所辖工程局、设计院各 1 个，职工总数达 106672 人，拥有工程船舶 1767 艘、大型施工机械 2579 台。沿海和长江流域的各省（区）也都有水运工程的设计和施工力量。实践证明，这个队伍已成为一支不畏艰苦、具有较高技术素质的水运建设生力军。

第二节　规划和设计部门

1951 年，交通部组建了航道工程总局勘察设计大队，1953 年 1 月扩建成航务工程总局设计公司，同年 8 月改称设计局。1956 年 9 月，在航务工程总局设计局、内河规划委员会和河运总局设计科的基础上组建了交通部水运设计院，下设规划、港工、船舶分院和勘察总队（含 3 个勘察队和 1 个土工试验室）。至 1957 年年底，全院的勘察设计人员将近 1500 名，其中港工、规划分院和勘察总队合计 1069 人。

1958 年 8 月，交通部撤销水运设计院。港工、规划分院和勘察总队的大部分人员被下放，虽然收到了“母鸡下蛋”的效果，但是却削弱了总体规划和设计管理工作。为此，交通部于当年 9 月又组建了交通部水运规划设计院。河北、湖北、广东和上海等省市的航务（筑港）工程局，则分别以接收的勘察设计人员为主体，成立了设计处（室），开始独立承担工程设计。其他各省的交通厅也相继以下放人员为骨干组建了设计院。

为了贯彻第一次全国设计工作会议关于加强设计工作的精神，交通部于

1964年年底在原第一、二航务工程局设计处的基础上，分别成立了交通部第一、二水运工程设计院，在“文化大革命”中又先后下放给了相应的工程局，并与科研所合并成为设计研究院。1972年11月，交通部决定在北京恢复水运规划设计院。各航务工程局设计院（处）的技术力量也逐步得到充实，并于1978年恢复了单独建制。1981年6月，四个航务工程局的设计院分别改称交通部第一、二、三、四航务工程勘察设计院，1984年1月均改为交通部直属，并成为中国港湾工程公司成员。至此，水运工程建设系统开始有了交通部直属的5个设计院，4个航务工程局和3个航道局还分别组建了设计科研所，勘察设计人员约4000人。此外，长江、黑龙江航运规划院和广东、广西、浙江、江苏、福建、湖南、四川、江西、安徽等省（区）交通厅设计院的水运工程设计力量也都有很大发展。

一、交通部水运规划设计院

交通部水运规划设计院（简称水规院）成立于1958年9月，是以“全面规划、综合平衡、组织推动、技术指导”为主的规划设计管理单位。1959年4月，将大运河建设局勘察设计室并入，当年年底职工总数增至318人，业务性质也随之调整为以规划和设计管理为主，兼做一部分工程设计。1960年，为了精减机构，交通部将水规院与公路设计院合并，组成交通部交通工程设计院。1963年4月又分为水运工程设计院和公路工程设计院。

1964年第一次全国设计工作会议召开之后，交通部于8月将水运工程设计院改组为水运规划设计院，任务是以水运规划为主，兼做部分设计。1966年设有港口、船厂、水道、经济营运、技术情报、综合技术室6个业务生产室。

1969年6月，全院下放到湖北省阳新“五七干校”。1971年4月，交通部撤销了水规院，将全部人员迁至武汉，并入二航局设计院。1972年11月，为适应大规模的港口和船厂建设需要，交通部恢复了水规院的建制，规定其主要任务是负责水运规划、设计和技术管理，并适当地承担部分重点和援外水运工程的设计。从此，水规院步入了稳定发展的时期。

1978 年，水规院设有港口、航道、工厂、经济营运、通信导航、技术标准、技术情报和电子计算站 8 个生产科室和生产办公室、行政办公室等管理部门。1980 年 2 月以后，在对外交往中兼称中国港湾工程公司设计公司。1985 年年底，全院职工总数为 583 人，其中高级工程师 30 人、工程师 237 人，科技人员总数为 380 人。

30 年来，水规院及其前身相继完成了“二五”至“七五”期间全国的水运工程建设规划，以及葛洲坝枢纽船闸、文冲船厂、大连港香炉礁杂货码头、北仑港区雷达导航台链等项国内外工程设计；组织编写、修订和代部审定了港口、船坞、船闸等技术规范、全国内河通航标准、水运工程定额、港口史和水运史等；组织研究和推广了橡胶护舷、船闸控制自动化、浅地层剖面仪、地下连续墙、振动水冲法和水泥拌合法软土加固机等新技术、新设备和新工艺；编辑出版了《港工航道快报》、《水运工程》、《中国水运工程》（英文版）等正式刊物和《水运工程科技专题情报资料》、《网讯》等内部资料；组织和领导了水运工程科技情报网和水运工程系统的电子计算技术协调组。有 6 个项目先后获部（省、市）级以上科技成果奖，其中橡胶护舷和施桥船闸自动控制系统设计获得全国科技大会奖，葛洲坝二、三江工程及其水电机组设计获得国家科技进步特等奖。与四航局设计研究院共同设计的文冲船厂第二期工程，先后被评为交通部和国家级优秀设计。

二、交通部第一航务工程勘察设计院

交通部第一航务工程勘察设计院（简称一航院）的前身，是 1958 年年底成立的交通部渤海工程处设计室，当时有职工 40 人。1959 年扩建成河北省交通厅航务工程局设计处，后来改为交通部一航局设计处，1964 年 10 月又扩建为交通部第一水运工程设计院。1969 年与一航局科研所合并，组成一航局设计研究院，1978 年又与科研所分开改为设计院。1981 年改称交通部第一航务工程勘察设计院，1984 年元旦改为交通部直属单位，对外兼称中国港湾工程公司天津设计公司。1985 年，院内设 3 个设计室、1 个勘察处、1 个基础工程处和 17 个管理科室，职工总数 899 人，其中技术人员 494 人；年完成勘察设计工程投资额 900 万元，成为专业齐全、设备先进的综合性水运工程设计院。

27 年来，一航院及其前身共完成工程设计 300 项，设计泊位 235 个（含 1 万吨级以上的泊位 94 个）、码头线总长 3.26 万米，设计船坞 7 座、船台滑道 2 座、大型灯塔 2 座，完成地形测量总面积 4 亿平方米、钻探总进尺近 50 万米。其中，山海关船厂船坞、天津港三港池集装箱泊位、秦皇岛港煤码头二期工程、马耳他 30 万吨级船坞设计被评为交通部级优秀设计，后三项还被评为国家级优秀设计。此外，还参加了港口和船坞工程技术规范的编制工作，其中《海港水文规范》获得了国家科学技术进步二等奖。

三、交通部第二航务工程勘察设计院

交通部第二航务工程勘察设计院（简称二航院）的前身为湖北省航务工程局设计处是 1958 年组建的，1962 年 6 月并入长江航运管理局科研院。1963 年 1 月，交通部第二航务工程局成立，又恢复了设计处的建制。1964 年 10 月，设计处扩建为交通部第二水运工程设计院，“文化大革命”中又改归二航局领导且与其科研所合并。1978 年恢复了设计院的单独建制，改称交通部第二航务工程设计院。1981 年改为现称。1984 年元旦划归交通部直接领导，对外兼称中国港湾工程公司武汉设计公司。

二航院是一个综合性水运工程设计院。1985 年，院内设有 4 个设计室、1 个勘察处和 14 个管理科室，职工总数 681 人，其中专业技术人员312 人。

二航院在 60 年代以承担长江沿线及其支流上的内河港口设计为主，为西南地区的企业设计了多座码头和取水泵房。70 年代开始承担船台滑道和大型船坞的设计任务，还完成了黄埔港墩头基 5 个 1 万吨级以上泊位和烟台救捞局基地码头的设计，80 年代又完成了营口鲅鱼圈和大连港和尚岛新港区的设计。

27 年来，二航院及其前身共完成工程设计 550 项：设计泊位 450 个（含 1 万吨级以上的泊位 27 个）、码头线总长 5.26 万米，设计船坞 2 座和大量取水泵房，完成地形测量总面积 1000 平方公里、地质钻探总进尺 60 万米。其中，长岭炼油厂取水码头被评为石油部和湖南省优秀设计，南京中转油港工

程获得国家建委颁发的奖状，武汉八大家一冶重件码头先后被评为交通部和国家级优秀设计，武汉钢铁公司 8、9 号码头被评为交通部优秀设计，武汉港杨泗庙 9—12 泊位设计获得国家科技进步三等奖。此外，还参加了部分港口工程技术规范的编写工作，并主编了《河港装卸工艺手册》《港口装卸机械设备手册》《港口工程地质勘察手册》《英汉港口及航道工程词典》。

四、交通部第三航务工程勘察设计院

交通部第三航务工程勘察设计院（简称三航院）的前身，是 1958 年成立的上海市筑港工程局设计室，时有职工 52 人。1963 年 5 月改为交通部第三航务工程局设计室，1964 年改称设计处，1978 年扩建为设计院，1981 年改为现称。1984 年元旦划归交通部直接领导，对外兼称中国港湾工程公司上海设计公司。

1985 年，院内设有 3 个综合设计室、1 个勘察队和 8 个管理科室，职工总数 660 人，内含勘察设计技术人员 400 名、勘察工人 130 名。

27 年来，三航院及其前身共完成水运工程设计 760 项：设计各类泊位 500 个（含 1 万吨级以上的泊位 76 个）、码头线总长 4 万米，设计大中型船坞 4 座、船台滑道 17 座、垂直升船机和船闸各 1 座，设计仓库等房屋总面积 70 万平方米，完成地形测量总面积 4. 18 亿万平方米、地质钻探总进尺 13 万米。其中，上海港九区集装箱码头被评为交通部 1985 年度优秀设计，北仑矿石中转码头先后被评为交通部和国家级优秀设计。此外，还参加了交通部港口工程技术规范的编制工作。

五、交通部第四航务工程勘察设计院

交通部第四航务工程勘察设计院（简称四航院）的前身，是 1961 年组建的广州航务工程局技术设计室。1963 年改名为第四航务工程局设计室，1964 年扩建为设计处，1966 年与第四航务工程局中心试验室合并成为设计试验处，1969 年与广东省航运厅设计院合并，改称华南水运公司航务工程局设计研究处。1972 年与广东省航运厅设计院分开，1973 年扩建为四航局设计研究院，

1978 年改为第四航务工程局设计院，1981 年改为现称。1984 年元旦划归交通部直接领导，对外兼称中国港湾工程公司广州设计公司。

1985 年 9 月，院内机构调整，设立 2 个综合设计室、1 个土建设计室、1 个勘察队和总工程师室等 6 个管理科室，职工总数 499 人，成为工种齐全的综合性水运工程设计单位。

27 年来，四航院及其前身共完成水运工程设计 127 项：设计各类泊位 162 个（含 1 万吨以上的泊位 41 个）、码头线总长 2.47 万米，设计船坞 3 座、船台滑道 10 座、仓库房屋总面积 82 万平方米、堆场道路 135 万平方米、防波堤和护岸总长度 1.53 万米，完成测量总面积 2 亿平方米、钻探总进尺 15.53 万米。其中，马尔萨什洛克防波堤是中国设计的最大的防波堤，与水规院共同完成的文冲船厂二期工程先后被评为交通部和国家级优秀设计，黄埔港墩头基集装箱码头被评为交通部 1985 年度优秀设计。1982 年，土建工程师邓智强被评为广东省先进工作者，光荣地出席了广东省劳动模范和先进生产者代表大会。

第三节 航务工程部门

1949 年 1 月 25 日，中国人民解放军天津市军管会接管了塘沽新港工程局，并改称华北航务局天津新港工程局。同年十一月，天津新港工程局改由交通部领导，从此新中国的航务工程队伍逐渐成长壮大。同期，大连、营口、秦皇岛、青岛、上海和广州等港务部门也相继组建了港口维修和建设队伍。

1951 年 3 月，交通部从新港工程局等单位抽调人员，临时成立了南京港整治工程局，负责浦口码头抢险和航道整治。1952 年年底，为了加强海南岛建设，交通部组建了华南公路建设指挥部第四工程局，新港工程局为之输送了中坚力量。

1953 年 5 月，天津新港工程局按照交通部的决定改组为交通部航务工程总局筑港工程公司，当年 8 月改称筑港工程局，下设旅大、新港、上海、海南、北京 5 个工程队和青岛区、广州区、长江区 3 个工程处。

为了集中力量建设湛江港和裕溪口煤码头，1955 年 5 月交通部决定撤销航务工程总局筑港工程局，局机关和从新港工程队抽调的部分职工南下湛江，组建成交通部航务工程总局第一工程局（简称航务一局）；将长江区工程处扩建成第二工程局（简称航务二局）；青岛区工程处和上海工程队合并，成立第三工程局（简称航务三局）；旅大工程队和新港工程队合并，成立渤海区工程处；原广州区工程处和广州疏浚队也并入航务一局，称为第二工程处。1957 年年底，湛江港第一期工程结束，航务一局的主力遂奔赴徐州成立了交通部运河工程局徐州筑港工程局（后改称交通部航务工程局）。

1958 年，除徐州筑港工程局外，交通部所属各航务工程单位均下放给所在省（市）领导。1961 年，遵照国务院关于调整管理体制的精神，上述单位又相继改为交通部直属，先后成立了交通部第一、二、三、四航务工程局（简称一、二、三、四航局）。1973 年大规模港口建设开始后，各航务工程局又得到充实。

80 年代，通过整顿和体制改革，各工程局均开拓了业务范围，企业素质有了进一步提高，并作为中国港湾工程公司的成员跨入世界水运工程建设市场。1984 年 1 月，四个航务工程设计院划归交通部直接领导，此后各局均由包揽设计、科研和施工的综合性工程局，转变为以施工为主的企业。1985 年 4 个航务工程局共有职工 57770 人，工程船舶 400 余艘，施工机械近 1 万台。

一、交通部第一航务工程局

交通部第一航务工程局（简称一航局），是全国力量较雄厚的一支航务工程建设队伍。它的前身是 1961 年 11 月由交通部渤海区工程处、交通部航务工程局和山东省交通厅青岛筑港工程处合并而成的，稍后又吸收了辽宁省交通厅大连港务工程处，1963 年 4 月改为现称。

一航局成立之初，下设工程处 3 个（分驻塘沽、青岛和大连），船舶机具处（驻塘沽）、设计处（驻天津）和科研所（驻天津）各 1 个，各工程处均设有船机队和混凝土构件预制厂。1971 年组建了船舶机械修造厂，1974 年又在港口建设高潮中相继组建了第四（驻塘沽）、第五（驻秦皇岛）工程处，并添置了大量施工机具和船舶。同时充实和加强了设计、科研力量，组成设计研究院。1978 年，为贯彻全国科学技术大会精神，恢复了设计院和科研所的单独建制。自 1980 年起，一航局作为中国港湾工程公司天津筑港公司，跻身于国际水运工程承包者的行列。1984 年元旦，一航院划归交通部直接领导。同年，局属各工程处均改为工程公司，成为独立核算的经济实体。1985 年年底，一航局下设工程公司 5 个，船机修造厂、科研所和设计事务所各 1 个，职工总数 20990 人。

36 年来，一航局及其前身为国民经济的发展，特别是为水运、水产和海防建设做出了巨大贡献，相继完成重大建设工程 35 项，建成码头线总长 1. 37 万米（含 1 万吨级以上的泊位 61 个）、防波堤 13 座、船台滑道 4 座、船坞 4 座、大型灯塔 1 座、大型取水设施 9 项，完成科研课题 468 项，并完成援助和承包发展中国家的水运工程 7 项。其中，有 50 年代修复和改建的天津港 1—5 号泊位，以及新建的湛江一区 1—5 号泊位、天津港 14—18 号泊位、秦皇岛港乙码头；60 年代建设的烟台港客货码头、三亚港杂货泊位和防城港工程；70 年代建设的天津港 7—13 号泊位、19—24 号泊位，秦皇岛港甲码头和油码头一、二期工程，青岛港黄岛油码头，大连港鲇鱼湾油码头，天津港大沽灯塔，新港船厂 2. 5 万吨级干船坞，北海船厂 2 座干船坞和马耳他共和国干船坞公司的 30 万吨级干船坞；80 年代建设的大连港香炉礁杂货码头，秦皇岛港煤码头一、二期工程和丙、丁码头，天津港 25—29 号泊位，青岛港 8 号码头，石臼港煤码头，宁波港北仑 10 万吨级矿石泊位和毛里塔尼亚共和国“友谊”港。被评为国家级优质工程的 5 项，被评为交通部优质工程的 6 项，获国家发明奖的 1 项、交通部级科技成果奖的 3 项。全局被评为交通部（或省、直辖市）级劳动模范、先进生产者的有 53 人次，被评为全国劳动模范的有 5 人次。

二、交通部第二航务工程局

交通部第二航务工程局（简称二航局）成立于 1963 年 1 月。其前身交通部航务工程总局第二工程局，是 1955 年由原筑港工程局长江区工程处扩建而成的，建局伊始就承担了裕溪口煤码头的建设重任。1958 年 8 月，交通部将其下放给湖北省，改名湖北省交通厅航务工程局。1959 年 4 月改属长江航运局领导，1962 年 6 月取消局建制。1963 年 1 月恢复局建制，并改由交通部直接领导。60 年代后半期，为承担西南区建设任务，组建了第三工程处。

1973 年，按照交通部的部署，二航局抽调力量南赴广州，承担了黄埔墩头基一期工程 5 个 1 万吨级以上泊位的设计、施工任务。1976 年唐山地震后，又北上参加了天津地区的抗震抢险工程。同期还担负了长江下游的荻港船厂和澄西船厂的建设。此间，人员和装备都得到了加强并成立了第四工程处，建设了裕溪口和九江等两个混凝土构件预制厂。1975 年年底，职工总数达到 5523 人。1978 年年底改属交通部长江航运管理局领导，设计院与科研所分立。1981 年 6 月复归交通部直接领导。

1979 年以来，二航局通过企业整顿和改革，增强了活力，确立了“立足长江、面向沿海、兼顾国外”的经营方针，完成了镇江大港区、武汉港杨泗庙 9—12 号泊位、阳逻船厂船台滑道、蛇口港五湾突堤码头和赤湾港防波堤的建设任务。从 1982 年开始，作为中国港湾工程公司长江筑港公司，参加中东地区的劳务与工程承包。1984 年初二航院归交通部直接领导后，将科研所改组为科研设计所，四个工程处均改为工程公司。1985 年年底，二航局的下属生产单位有科研设计所、船机修造安装公司、船舶机械化施工公司、四个工程公司和一所航务工程学校，职工总数 7954 名，其中工程技术人员 800 余名。

30 余年来，二航局及其前身共完成大型建设工程 34 项，合计竣工产值 4. 34 亿元。其中建成码头 236 座（内含 1 万吨级以上泊位 14 个），防波堤 1 座，大型取水建筑物 30 座，房屋建筑面积 13. 86 万平方米，道路堆场 1. 05 万平方米，完成科研课题 62 项，其中荣获部（省）级科技成果奖的 4 项，被评为部（省）级优质工程的 4 项，被评为国家优质工程的 1 项；被评为交通部或省级劳动模范、先进生产者的 18 人次。

三、交通部第三航务工程局

交通部第三航务工程局（简称三航局）的前身交通部航务工程总局第三工程局，是1956年6月由原筑港工程局青岛区工程处和上海工程队合并成立的，下设青岛和上海两个工程队，局本部于1957年由青岛迁至上海。1958年，青岛区工程处下放给山东省，局本部和上海工程队等则下放给上海，改称上海市筑港工程局，属上海港务局领导。随后，组建了设计室。1960年，以局试验室为基础成立了局属港工科学研究所，不久又改为中心试验室。1963年5月复归交通部直接领导，并改为现称，下设3个水工施工队和船机队、机修厂、混凝土构件预制厂、设计室、试验室各1个；职工总数2213人，其中工程技术人员255名；拥有大型机械110台、工程船舶22艘；主要承担连云港以南华东沿海和南京以下长江沿线的码头、船坞、船台滑道等工程建设。1964年夏，三个工程队扩建为工程处，设计室扩建为设计处，恢复了港工科研所的建制，技术力量得到显著加强。1965年，第三工程处迁至南京。70年代初，工程范围曾一度扩展到九江地区，而且完成了位于金沙江沿岸的渡口船厂船台滑道建设。在大规模港口建设中，在宁波和连云港分别成立了第四、第五工程处，从国内外购置了一批性能先进的打桩、起重、挖泥船舶和挖土、混凝土拌和、运输等大型机械，有4个工程处新建了混凝土构件预制厂。1979年以来，通过整顿和改革，实力得到进一步加强。1980年，原四航局四处（驻厦门）整建制地划归三航局领导，称为第六工程处。从1982年开始，作为中国港湾工程公司上海筑港公司，参加了国际水运工程投标和承包。1984年1月，三航院划归交通部直接领导，6个工程处均改为工程公司，局内新成立了设计所，并加强了对施工企业的领导。至1985年年底，三航局的下属单位包括6个工程公司和预制厂（高桥）、机修厂、科研所、设计所、兴华承包工程公司、物资供应公司、职工学校等各1个。

30多年来，三航局及其前身共完成较大工程700余项，建成各类泊位603个（内含1万吨级以上泊位83个），码头线总长5万余米；大中型船坞13座，船台滑道7座，一大批道路、堆场、仓库和生产、生活用房；

还承建了缅甸、柬埔寨、坦桑尼亚和哥伦比亚等一批国外工程；完成科研课题130项。其中，有50年代后期建设的上海港张华浜2、3、4、6号泊位，北票7、8号泊位，连云港港1号码头；60年代建设的南京港浦口煤码头，上海港张华浜7号泊位和公平路码头，张家港1—5号泊位，改建的上海船厂1号坞、江南船厂2号坞；70年代建设的上海港军工路深水港区、华栈杂货码头、白莲泾木材码头和中华南栈煤码头，南京中转油港，宁波港镇海煤码头，上海石化总厂陈山原油码头，上海海运局滨油库码头，国家海洋局627码头，浙江炼油厂专用码头，上海船厂和沪东厂造船台，“钟山”和“庐山”号钢筋混凝土浮船坞；80年代建设的上海港张华浜集装箱码头，连云港港3号突堤码头和庙岭煤码头，南京港新生圩深水港区，张家港港6、7号泊位，南通港狼山1—3号泊位，宁波港北仑2万吨级矿石泊位和镇海港区8、9号杂货泊位，厦门港东渡港区，上海石化总厂金山化工原料码头，宝山钢铁总厂原料码头、成品码头和水渣码头，扩建了江南船厂3号船坞。被评为部（市）级优质工程的10项，国家优质工程的2项，获部（市）级成果奖的15项，获国家科技成果奖的1项。全局被评为交通部和省（市）级劳动模范、先进生产者的共23人次，被授予全国劳动模范称号的1人。

四、交通部第四航务工程局

交通部第四航务工程局（简称四航局）成立于1963年。其前身交通部广州区航道工程局是1951年由黄埔建港管理局、广州区港务局和广州海运办事组的基建队伍合并而成的，当时有职工99人。1953年改为交通部航务工程总局筑港工程公司广州区工程处。1955年并入航务一局。1958年改称广州市筑港工程局。1961年广东省航运厅疏浚大队并入后，改为交通部广州航务工程局，由广州海运局代管。1963年，四航局正式成立并改为交通部直属单位，下设工程队5个，设计处、试验室各1个。1969年改称广东省航务工程局，属华南水运工程公司领导。1973年4月回归交通部，复称四航局。

在70年代前半期的大规模港口建设中，交通部公路三局机械工程处、贵州省交通局公路五处和福建省工程管理局一处等相继并入，全局组成工程处4个和船机处、机修厂、设计研究院各1个。1978年，设计研究院分别组建了科研所和设计院。1982年，四航局作为中国港湾工程公司广州筑港公司，开始参加国际水运工程的投标和承包活动。1983年，局内进行整顿和改革，逐步实现了由单纯计划生产型转向生产经营型，增强了企业的活力，经济效益显著上升。1984年完成的施工产值比上年增长32.7%，比整顿前历史最高水平的1981年翻了一番。1984年元旦四航院改为交通部直属单位后，局属各工程处均改为独立核算的工程公司。1985年年底，四航局下设水工施工公司3个，船舶工程公司、机修厂、科研设计所和航务工程学校各1个，职工总数12390人。

30余年来，四航局及其前身共建成码头线总长2.43万米（含1万吨级以上的泊位46个）、大中型船坞8座、船台滑道27座、防波堤和护岸23座（总长7596米）以及大量的道路堆场，同时还完成科研课题173项。其中，有50年代建设的黄埔港中级泊位，广州船厂修船码头和2座船坞，黄埔港6—8号杂货泊位；60年代建设的黄埔港煤码头，湛江港三区矿货码头，文冲船厂1号船坞和修船码头；70年代建设的湛江港5万吨级油码头、三区矿石码头，防城港3—7号泊位，三亚港钢板桩码头，文冲船厂2号船坞和修船码头；80年代建设的黄埔港墩头基钢铁和集装箱码头、洪圣沙水转水码头、西基煤码头，汕头港客运码头，蛇口港五湾顺岸码头，赤湾港杂货泊位和石油基地码头，湛江港四区散、杂货码头以及八所港扩建工程。被评为交通部优质单项工程的8项，获部（省）级科技成果奖的3项，1984年还荣获了“全国交通系统提高经济效益成绩显著单位”奖状和“优秀施工管理单位”奖杯。全局被评为部（省）级劳动模范或先进工作者的22人次，被授予全国劳动模范称号的7人。

第四节　航道建设部门

1949年春，天津和上海市军事管制委员会先后接管了天津海河工程局和上海浚浦局。1953年2月，交通部决定将其合并，组成了交通部航务工程总局疏浚公司，下设天津区、上海区疏浚队和新河、张华浜船厂。1954年，原新港工程局的疏浚力量并入天津区疏浚队，又新成立了广州区疏浚队，统一和加强了沿海的疏浚力量。在内河，1951年相继组建了东北内河航运局航务工程处、长江航务管理局航道标志处和川江航道测量委员会，1953年9月成立了川江航道整治工程总队，内河航道建设队伍初具规模。

航道部门也走过了1958年下放地方政府和1961年后相继回归交通部的历程。70年代，为适应港口建设的需要，新组建了交通部广州航道局和黑龙江航道局（属交通部黑龙江航运管理局）并增加了人员，增添了新式大型工程船舶。80年代，各局的人员和船舶、机械设备又得到进一步加强。至1985年年底，交通部有直属航道局3个，长江航务管理局和黑龙江航运局所属航道局各1个，广东、浙江和天津等省市交通厅（局）也都有各自的疏浚队伍。

50年代初期，天津海河工程局和上海浚浦局的业务范围分别扩展到华北和华东地区沿海港口，新建的广州区疏浚队担负了黄埔、湛江、八所等华南港口的航道建设，长江和黑龙江的航道部门则完成了所管辖的主要航道勘测和严重碍航滩险的治理。70年代以来，配合大规模港口和船厂建设，完成了大量深水港池、航道和基坑的开挖，港、厂用地的吹填以及新开港口的航道扫测和航标设置任务。1958年和1983年，还先后接管了原由海军管理的沿海商港、军商合用港和沿海主要干线航道的航标，各局都成立了相应的航标管理部门。从1980年2月起，各局部成了中国港湾工程公司地区性疏浚公司。1982年以后，上海、广州和长江等疏浚公司相继迈入了国际疏浚市场。1985年五个航道局共有职工36980人，挖泥船118艘，年疏浚能力在1亿立方米以上。

一、交通部天津航道局

交通部天津航道局的前身是1897年成立的海河工程局。1949年1月

16 日，海河工程局由天津市军事管制委员会接管，当年 7 月改称海河工程处，属华北水利工程总局领导，不久又改归天津市和水利部领导。1952 年 8 月划归交通部天津港务局领导。1953 年 2 月，海河工程处脱离天津港务局，组成交通部航务工程总局疏浚公司暨天津疏浚队。1957 年 3 月，疏浚公司撤销，改称天津航道局，重归天津港务局领导。1959 年改为天津市航道局。1961 年 7 月，交通部将天津市航道局的主要力量收回，成立交通部天津航道局，主要承担海港港池和航道疏浚，北方沿海航标的设立、维护、测量和破冰等业务。

天津航道局在 1973 年开始的大规模港口建设中，购进了挖泥船 13 艘，业务不断扩大，技术装备逐年充实。1978 年年底，共有挖泥船 28 艘，其中最大的挖泥船是荷兰建造的 4500 立方米自航耙吸式和 1500 立方米/时的绞吸式。从 1982 年 2 月起，对外兼称中国港湾工程公司天津疏浚公司。1985 年年底，天津航道局已发展成拥有 3 个疏浚公司、1 个航标测量处（下设 4 个航标区）、1 个设计研究所的综合性航道工程局，职工总数达 6378 人（生产工人 3624 人，工程技术人员 1007 人）。

36 年来，天津航道局及其前身共完成疏浚吹填工程 1077 项，疏浚总量 4.54 亿立方米。其中，天津港主航道二期扩建工程工期提前一年，秦皇岛港煤码头主航道工程和二期油码头航道建设被评为交通部优质工程。

天津航道局的管理和技术水平也在不断提高，1958 年和 1959 年连续被评为天津市模范单位。在 1984 年企业整顿验收中，以 939 分的成绩名列同行业的榜首，获得了交通部节能和安全生产等先进单位称号。36 年来，全局先后被评为市级先进集体的有 20 组次，被评为天津市和交通部级劳动模范和先进生产者的有 53 人次。其中，50 年代的革新能手、“浚利”号轮机长张树和曾连续两次荣获天津市特等劳动模范称号，并被授予全国劳动模范称号；相继研制出航标日光控制开关和海测数据自动处理等 5 项重要技术成果的张家孝，80 年代荣获全国交通战线劳动模范称号。

二、交通部上海航道局

交通部上海航道局的前身是1905年成立的黄浦河道局（1912年改组为上海浚浦局）。1949年5月由中国人民解放军华东军事管制委员会接管，划归军管会贸易处领导。翌年8月改组为上海区港务局港务工程处，1951年改称上海区港务局疏浚工程公司。1953年2月成为交通部航务工程总局疏浚公司上海区疏浚队，1957年1月脱离疏浚公司，改为上海区海运管理局航道管理处。1958年5月改称上海市河道工程管理局，10月又改为上海港务管理局领导的上海河道工程局。1964年7月划归交通部北方区海运管理局领导，定名为上海航道局。1978年11月成为交通部的直属单位。1985年年底，上海航道局已发展成为具有连云港、镇海、厦门、东方（驻上海）、九州（驻上海）5个疏浚公司和航标测量处、设计研究所、船舶修造厂各1个的综合性航道工程局，职工总数11129人。

上海航道局分担的业务范围北起连云港，南至厦门，肩负着上海、江苏、浙江、福建等省市沿海大中型港口的港池、航道疏浚和航标设置以及管理等重任，而以长江口和黄浦江航道维护为主。此外，50年代初还参加了南京浦口码头抢修和苏北地区的防洪抢险工程；80年代又先后支援了秦皇岛、石臼、大连和蛇口等港的航道建设，并作为中国港湾工程公司上海疏浚公司，承揽了巴林、墨西哥和哥伦比亚等国的航道疏浚业务。36年来，疏浚挖泥总量为4.91亿立方米，吹填总量为1.47亿立方米（均不含国外工程），仅在上海地区就造田5000平方米，并完成了设计和科研任务30余项。其中，石臼港第一期疏浚工程获得了交通部1982年度优质工程奖杯；黄浦江深水航道包干维护工程连续三年被评为部级优质工程；连云港大路口吹泥站工程被评为交通部1985年度优秀设计；承包墨西哥和哥伦比亚疏浚工程的船队纪律严明、疏浚质量上乘，深受当地政府和企业的赞扬。

上海航道局还以年施工产值超过1亿元、各项技术经济指标优秀的业绩，荣获“1984年全国交通系统提高经济效益成绩显著单位”称号。上海航道局及其前身先后被评为交通部和省（市）级劳动模范和先进工作者的有37人次，被评为全国劳动模范的2人次，先进集体的13个。其中有青年水手长蔡康励，模范轮机长钱云龙，模范船长徐德来、苏连祥。

三、交通部广州航道局

交通部广州航道局正式成立于1973年4月。其前身是1954年3月组建的航总疏浚公司广州区疏浚队，1955年3月改为航务一局二工区，1958年并入广东省航运厅航务工程局打捞疏浚公司，1961年与广东省航道局分设改为广州航务工程局疏浚队，1964年改为交通部广州海运局航道处，1969年并入华南水运工程公司。1973年，为适应大规模港口建设的需要，正式建局并直属交通部领导。1985年，广州航道局下设第一、二、三疏浚公司和爆破勘测工程公司、航道建筑公司、物资公司、设计研究所等生产单位，并改一级核算二级管理为二级核算三级管理。通过改革和放权，广大职工的生产积极性得到了进一步发挥，效益不断提高。

广州航道局在五六十年代，对湛江斗龙村航道进行了3次疏浚，对珠江口航道进行了裁弯取直和炸礁浚深，同时还开挖了八所港的1万吨级船舶航道。1973年至1978年，职工总数由1878人增加到3899人，挖泥船由6艘增加到19艘。从1973年至1985年，共完成疏浚任务431项，共挖土方1.4亿立方米。其中黄埔航道总挖方量达1797万立方米；还建设了防城、海口、三亚、汕头、蛇口、赤湾和九州等港口的人工航道。志强艺高的炸礁队还支援了大连、青岛、石臼、宁波、厦门等港的建设，被评为交通部红旗单位。大濠洲锚地和防城港西贤至牛头段航道的疏浚先后被评为交通部的优质工程，黄埔港航道一期工程被评为交通部1983年度优秀设计。

在航道工程建设中，培养和造就了一代英雄模范人物。仅1973年以后，获交通部和广东省英雄模范称号的就有7人次。老英雄陈义在解放战争中荣立大功4次，担任硇洲岛灯塔管理员期间立功7次，1985年被评为广东省劳动模范。年轻的船长吴小明勤奋好学、知难而上，由一名水手成长为1万吨级挖泥船的船长，出色地完成了各项任务，1982年被评为广东省劳动模范，1985年又荣获省特等劳动模范称号。

四、长江航道局

长江航道局正式成立于1958年3月1日。其前身是1951年组建的交通部长江航务管理局航道标志处，1952年改为航道工程处，隶属于交通部长江航务管理局，负责长江航道整治和维护。到1985年，长江航道局下设2个工程公司、5个航道区、1个设计研究所、1个船厂（阳逻）、1所学校并代管西南水运科学研究所，职工总数12038人；拥有挖泥船28艘、其他工程船557艘，上海整治工程年产值约700万元，中下游年疏浚能力达2000多万立方米；管理宜宾至浏河口的航标共4338座。

34年来，长江航道局及其前身重点对川江航道进行了整治，共治理滩险、礁石207处，完成整治工程量672万立方米；对宜昌至浏河口的1644公里长江中、下游航道进行了维护，对其中的32处浅滩坚持进行了疏浚，保障了安全通航；在1982年10月开始的鸡扒子急流滩险整治工程中，先后完成炸礁21万多立方米、整治工程量34万多立方米。至1985年年底，在长江中下游完成疏浚工程总量达1.55亿立方米。

五、黑龙江航道局

黑龙江航道局正式成立于1979年，现属交通部黑龙江航运管理局领导。其前身是1951年组建的东北内河航运局航道工程处。

1985年，黑龙江航道局下设水工大队和测量大队以及哈尔滨、佳木斯、黑河、齐齐哈尔等航道分局，主要担负松花江、黑龙江、乌苏里江及其支流和湖泊的航道建设、维护和管理。全局职工总数1749人，有各类工程船舶178艘。15个挖泥船队的年度挖泥总能力达550万立方米，可承担全部所辖航道的疏浚任务。水工大队下设3个施工队，承担黑龙江水系航道整治工程，年度完成工程量在400万元左右。1983年至1985年，对松花江中游的三姓浅滩等处进行了治理，使通航条件得到改善，航道水深由1.1米提高到1.5米，600载重吨级船舶可满载行驶。

测量大队下设8个测量队，年施测能力580平方公里左右，为整治和维护工程提供了大量测图。其中，1959年和1972年先后对松花江干流航道进行了两次全面测量，并编制出版了航行图集。

黑龙江航道局还担负着黑龙江水系的航标管理，1956 年实现了航标光源电气化，后来又逐步实现了开关自动化。现有航标船 42 艘，设标里程达 4341 公里。1985 年，黑龙江水系的通航里程增加到 4696 公里，航行条件也得到了明显改善。36 年来，黑龙江航道局全体职工勤奋工作，涌现了不少英雄模范人物。其中有“五一”奖章和全国最佳水运职工金锚奖获得者许长民，劳动模范王希善和耿占祥等。

第五节　救助打捞部门

在旧中国，海难救助和打捞能力十分薄弱。上海招商局轮船公司海事科仅有 3 艘工程船，船员和工程技术人员合计约 40 名。

1949 年 5 月上海市解放后，中国人民解放军上海市军事管制委员会接管了招商局轮船公司，各私营打捞业也得到恢复。1951 年 8 月 24 日，招商局轮船公司海事科和公私合营上海华兴打捞公司合并成立了中国人民打捞公司（设在上海）。同年，在广州成立了华南分公司，在武汉设立长江办事处。1953 年 1 月，中国人民打捞公司改称交通部航务工程总局打捞公司，华南分公司改为华南联络处。1956 年年初，打捞公司改称打捞局，成为事业单位。广东、浙江和江苏等省也成立了集体所有制的打捞公司。

1957 年 2 月，海军司令部、交通部和水产部联合发布《关于海上救助的决定》，交通部打捞工程系统增加了海难救助任务。当年 4 月，在烟台成立了北洋救助打捞队，在温州成立了南洋救助打捞队。1958 年 7 月，交通部将打捞局划归上海海运局领导，华南打捞队改由广东省航运厅航务工程局领导。1963 年 5 月 1 日，交通部收回打捞局并改组为上海海难救助打捞局。

1974 年年初，遵照国务院和中央军委的指示，交通部和中国人民解放军等部门联合成立了全国海上安全指挥部，又称中国海上搜寻救助中心（China Search and Rescue Center），总部设于交通部，同时在沿海各省市设立分支机构。当年 9 月，交通部相继增设烟台和广州海难救助打捞局，购置了一批大功率、高航速、设备先进的救捞工程船舶。1978 年 5 月，交通部为了加强领导、统一指挥，在部内设立了海难救助打捞局。

1980 年，交通部海难救助打捞局抽出部分力量成立了中国海洋工程服务总公司，并在上海、广州、烟台设立分公司；在香港组建华德海洋工程公司，在深圳蛇口工业区设立华威海洋服务公司。1980 年以来，与美国勃朗路特公司合资成立了中国海洋勃朗路特公司，经营海上工程安装等业务。1982 年，作为管理体制改革的探索，交通部海难救助打捞局改组为中国海难救助打捞总公司，辖中国海洋服务有限公司、中国拖船公司和烟台、上海、广州等三个海难救助打捞局，下设烟台、上海、广州 3 个救捞基地和 14 个救助站（点）。

1985 年年底，中国海难救助打捞总公司系统职工总数已达 8600 余人，其中生产人员约 6000 人（潜水员 470 人），工程技术人员约占 20%；拥有各种救捞船舶 143 艘，其中 1941.7 千瓦拖船 27 艘，4413 千瓦—10 兆瓦拖船 7 艘，15.3 兆瓦拖船 2 艘，载重 1.26 万—1.47 万吨的半潜驳 2 艘，配有氦氧潜水设备的海洋打捞船 2 艘，提升力 500—2500 吨的起重船 3 艘。

36 年来，交通部的救捞系统共救助船舰 860 艘（含外轮 137 艘），打捞船舰 1177 艘（含外轮 53 艘），在海上救助遇险者 822 人（含外籍 299 人）。另外，还协助有关部门完成海上钻井、水上安装、水中抢险、大型钻井平台和巨型船舰的远洋拖运等任务多项。先后有 32 人获得全国和省（部）级劳动模范、先进生产者和英雄集体等光荣称号。其中有先后 5 次荣获全国、部（市）级先进科技工作者、劳动模范称号的中国海难救助打捞总公司副总工程师姚根福，有 4 次荣获全国和上海市先进工作者称号的沈阿四，有荣获全国劳动模范称号并赴北京参加建国 30 周年观礼活动的广州救捞局梁秋，有 1959 年被评为全国英雄集体、1978 年被广东省工业学大庆会议授予“一不怕苦、二不怕死救捞队”光荣称号的广州救捞局救捞队。

第三编

水 运 工 业

第十二章
修造船工业

第一节　概　述

1946年5月17日，东北解放区松花江航务局哈尔滨造船所（今哈尔滨船舶修造厂）的职工，在困难的条件下，以忘我的劳动抢修了货船“同昌”号，恢复了哈尔滨至通河的航运。1948年9月又修复沉船“鸭绿江”号（易名“湘平”号），同时建造3艘600吨木质驳船和客船“东北”号。10月1日建成“长春”拖船并举行开航仪式，为新中国的诞生奉献厚礼。

1950年，各地区人民政府将军事接管的原国民党政府的修造船企业，根据“各按系统，自上而下，原封不动，先接后分”的原则，分为三个系统：由当时的重工业部船舶工业局领导的“以军品为主，兼顾民品”的船舶工业系统；由交通部航务总局领导的为水运服务的水运工业系统；由水产部领导的渔船修理和制造工业系统。水运工业的发展经历了五个阶段。

一、艰苦创业，恢复生产

1950年3月，中央人民政府政务院在《关于1950年航务工作的决定》中，把继续支援解放战争和为恢复生产服务明确规定为总任务，并具体指出打捞沉船和修理旧船是当年的主要工作，同时要求各修船厂整理内部管理制度和提高工作效率。军事接管的和征购外商的修船厂经过调整和合并，形成了各级交通主管部门领导的国营修船厂，这是水运工业的主导力量。私营修船厂和各类作坊则是辅助力量。1951年9月交通部召开第一次全国机务会议，确定了“机务工作为运输服务”的基本方针，建立了船舶定期检查和计划养修制度，把水运工业生产与航运管理密切联系起来。1952 年 6 月 14 日交通部颁布的《船舶修理标准暂行规定》，成为联系船厂与航运部门生产的法律性纽带，为生产计划管理奠定了基础。这是管理工作中的一项创举，初步实现了统一管理、统一标准、统一价格，既促进了国营企业的管理整顿和生产恢复，又加速了私营企业走上国家资本主义轨道。1952 年 9 月 1 日，民生实业股份有限公司（简称民生公司）经中央批准，实行公私合营，成立了公私合营民生轮船股份有限公司，其长江沿岸的修船厂同时实行公私合营。设于重庆的民生机器厂改为公私合营民生船厂，遂成为长江航运的大型骨干船厂。1952 年交通部所属的修造船厂，由 1950 年的 8 家增加到 11 家，生产有了迅速发展（见表 80）。同时，各地区的修船厂生产也得到恢复。

1950—1952 年交通部所属修造船厂生产概况

表 80

项目 年份	工厂数	工业总产值（万元）	修船		造船			全员劳动生产率（元/人·年）	年均职工数（人）
			艘	万元	艘	吨	千瓦		
1950	8	1095	515	896	4	—	664	2194	5092
1951	8	1377	652	1048	5	—	887	2823	4977
1952	11	2311	317	1553	23	5000	1058	2796	8433

注：产值按当年价格计算。

二、健全管理体制，生产稳步发展

“一五”期间，修造船工业贯彻“以修为主、以造为辅”的生产方针，在民主改革和生产资料所有制改造的基础上，建立和健全以计划管理为中心的各项生产和技术管理制度，密切船厂与航运部门的生产联系，克服生产计划性差和修船周期长、质量差、工料消耗多、成本高等弊病；同时，有重点地新建、扩建和改造急需的船厂。

制定修船法规，是交通部在“一五”期间为贯彻“以修为主、以造为辅”方针的具体措施。1953 年 1 月 16 日，交通部颁布《海上船舶修理条例试行草案》；经过总结和修改，于 1954 年 6 月正式颁布《修船条例》。《修船条例》是交通系统航运部门、船舶检验部门和修造船厂（站）之间有关船舶修理的职责、业务范围以及相互关系的法规。它详细地规定了从修船前期的准备直到修船完工出厂各个环节中的要求，确定了各类船舶的修理等级范围、时限、工料、质量和费用标准。按照条例规定，航运部门事先要向船厂提交修船计划单；船厂要及时编制修船计划、工料消耗和费用估算表反馈航运部门。施工则根据《修船企业编制与贯彻作业计划的基本方法》和《修船企业主管工程师职责》等文件，实行单船修理主管工程师制。为了使生产中的各个环节有机地协调进行，各厂还建立了全厂和车间两级生产调度机构，以及保证产品质量的检查制度。1955 年 2 月，交通部又颁布了《船舶定厂保修暂行办法》，将船舶的计划修理任务固定在指定的船厂。这样，船厂不但可以依据船舶的营运要求和技术性能提高修理质量，而且明确了生产建设和技术改造的方向。

交通部在加强计划管理的同时，还充实修造船厂的生产能力。1957 年，交通部直属的修造船厂达 14 家，拥有职工 19201 人，完成工业产值 8794 万元（按 1970 年不变价格计算），其中修船产值 5188 万元，造船产值 2111 万元；全员劳动生产率 4894 元/人・年，工人劳动生产率 7909 元/人・年，分别比 1952 年增长 75% 和 99% 以上；修船 654 艘，造船 101 艘、1. 8 万综合吨。上海、新港、鸿翔兴（今立新）、广州 4 个船厂成为沿海船舶修理的主力企业，白莲泾、南京（今金陵）、汉口（今青山）、宜昌、重庆（今东风）5 个船厂成为长江船舶修理的主力企业，哈尔滨船舶修造厂成为黑龙江水系船舶修造的主力企业，新河、张华浜（今东海）船厂则成为工程船舶修造的主力企业。

此外，地方修造船厂在交通部的支持下，生产建设也有不同程度的恢复和发展。广西交通厅梧州船舶修造厂成为西江流域 1000 吨级以下内河船舶的修造中心之一，与广州船舶修造厂遥相呼应，基本上适应了珠江干线航运船舶计划修理的需要。

“一五”期间，国家用于发展水运工业的投资虽少，但因贯彻“以修为主、以造为辅”的方针和采取一系列正确的措施，修船能力基本适应航运发展的需求，造船也取得了可喜的进步。历年生产能力的增长十分明显（见表 81）。

“一五”期间交通部所属修造船厂生产概况

表 81

项目 年份	工厂数	年均职工数（人）	工业总产值（万元）	修船		造船			全员劳动生产率（元/人·年）
				艘	万元	艘	吨	万元	
1953	11	12932	4187	408	2763	0	14233	502	3304
1954	11	13914	5136	610	3595	55	25466	770	3767
1955	11	14371	6322	677	4173	90	26670	1328	4490
1956	11	15358	7317	637	4244	83	22763	1976	4862
1957	14	19201	8398	654	4955	101	17611	2016	4894
平均年递增率%		8.2	15.0		12.4		4.4	32	8.2

注：产值按 1952 年不变价格计算。

三、全面发展修造船工业

1958 年，中国进入了全面建设社会主义的时期，各项建设高潮迭起。当年 7 月，上海船厂开工建造第一艘 3000 载重吨级沿海蒸汽机货船“和平 49”号，船舶主机、锅炉、发电机、泵和全部甲板机械均为自行设计和制造。在船体建造中，采用了平面分段预制、船台总装配的新工艺，仅用 8 个月时间即建造成功。1959 年年初，张华浜船厂建造了第一艘由女工程技术人员和工人为主设计并施工的 662 千瓦（900 马力）港作拖船“妇女”号，后经改进投入批量建造，到 1978 年共建造 117 艘。1964 年，新港船厂开工建造由上海海运局船舶设计院（今上海船舶设计院）设计的连—烟线客船。交通系统的造船生产能力从此成长壮大。

为了克服船用钢材严重短缺的困难，一些地方船厂从 1958 年开始相继试造钢丝网水泥船。1960 年 1 月，交通部召开第一次全国水泥造船会议，交流并总结经验。当时，全国已有上海、江苏、福建、浙江、河北、黑龙江等 7 个省市的 23 个单位设计制造钢丝网水泥船。自 1958 年至 1959 年年底，共建造各类水泥船 45 种、228 艘，投入营运的 189 艘、11720 吨（最大为 200 吨），趸船 12 艘（最长 42 米），拖船 20 艘、1375 千瓦（1870 马力）。其中江苏省的无锡船厂是首创者之一，70 年代还建成生产流水作业线，批量建造钢丝网水泥船。福建省的马尾船厂是另一个首创者，继 1965 年建造了 300 吨钢丝网水泥船之后，又于1974年建造了一艘3000载重吨级钢丝网水泥沿海货船“古田”号。但是，钢丝网水泥船体破损的修复是技术上的难题，阻碍了它的进一步推广。70年代后半期，除江苏、广东等省内河仍保留有大批钢丝网水泥船外，其他地方已由钢质船舶替代。

为了与船体建造相匹配，船舶主机制造也有更新发展，特别是石油工业的崛起，促进了船舶主体内燃化的推广。1958年9月20日，上海船厂与上海船舶产品设计院四室、上海交通大学、沪东船厂开始联合设计国产6ESDZ43/82型船用柴油机（功率1470千瓦，每分钟200转），仅用45天即制成样机。1959年3月，上海船厂又与中国科学院力学研究所和第一机械工业部、交通部上海船舶科学研究所合作试制自由活塞发气机燃气轮机机组，6月进行发气机试验，翌年安装在“人民13”货船和本厂电站进行实用中间试验。后经8年的试验研究，试制了ZF280型（437千瓦）和ZF340型（735千瓦）自由活塞燃气机组。但是，当时的中国工业基础毕竟十分薄弱，产品不配套，技术发展不均衡，试制产品中有许多整体性能差，不能推广和应用；有的因配套件缺乏而不能成批制造。为此，交通部于1960年4月召开了全国港口、水运工业规划会议，强调水运工业必须贯彻“修造并举、造船造机（包括港口机械）并重、基本建设与生产并进”的方针，力争三年之内搭起架子，8年以内形成体系，为水运的发展创造条件。广大职工以大庆石油工人为榜样，艰苦创业，开展技术攻关。在广州黄埔建设的华南最大修船厂——文冲船厂第一期工程完工，在长江先后建成青山船厂和金陵船厂，同时完成了新港、新河、上海、张华浜、鸿翔兴、民生等交通部直属大中型船厂的扩建工程。一些水运较发达地区的地方中心船厂也进行了规模不等的扩建和改建，各种机械船台滑道取代了简易斜坡式滑道，生产机械化水平有了明显提高，初步形成了各主要内河和沿海港埠的修船基地。1965年，在交通系统修造船工业企业中，职工在200名以上的有113家，工业生产总值23824万元。其中，交通部直属船厂12家，工业生产值12196万元；地方（省、市、县级交通部门）所属船厂101家，工业生产值11628万元。

四、统筹规划，重点建设

1966 年“文化大革命”开始后，许多工厂停工停产，工程建设时断时续，原定的生产建设计划全部被打乱。70 年代伊始，外贸货运量急剧增长，水运异常繁忙，港口建设和船队的扩大都需要水运工业迅速发展。1972 年，受周恩来总理的委托，粟裕亲自调查并指导交通部重新拟定了水运工业发展规划和重点建设项目。其基本点是：适应海洋运输的发展，按“修造结合，以修为主；产品制造大、中、小结合，以中、小为主”的方针，与船舶工业和机械制造工业等部门分工协作，协调交通部与地方交通部门的水运工业生产和建设；分别在华北、华南和长江流域建立各有侧重的水运工业区。

在华北地区，以新港船厂为中心，扩建和改建老船厂（含航务工程船厂）；新建山海关修船厂（含 5 万吨级和 1.5 万吨级修船干坞）和外轮航修站；扩建新河工程船舶修造厂；新建船舶配件制造厂。

在华东地区，迁建青岛红星船厂（现北海船厂），使之成为承修万吨级海洋船舶的山东沿海修船中心；在上海，将上海船厂改建为以建造万吨级海洋运输船舶和船用柴油机为主的大型中心厂，连同交通部在上海的其他修船厂和苏、浙地区的地方水运工业，形成全国交通系统修造船工业的生产和技术开发基地；扩建东海工程船舶修造厂、上海港口机械制造厂，提高工程船舶和港口机械的修造能力；此外，新建澄西修船厂（具有万吨级修船干坞和浮坞各 2 座）、镇江船用辅机生产基地，以及船舶航修站和其他船用产品、工程用品的生产厂。

在华南地区，扩建文冲船厂，使其成为承修 2.5 万吨级、1 万吨级船舶兼造沿海客货船和船用柴油机配件的地区中心厂；新建沿海各港的船舶航修站，以基本满足华南海洋船舶修理的需要。

在长江沿线，则根据运输发展和战备要求，相继进行东风、宜昌、青山、金陵、江东和工农兵等船厂的扩建工程以及渡口船厂、川江驳船厂、荻港船厂、阳逻工程船厂的新建工程。

一些地方船厂和配套产品厂为承接六机部和交通部的造船配套产品生产，也纷纷进行改造或扩建。

“四五”期间，全国水运工业主要生产设施和设备比 1970 年均有成倍增长，生产布局较为合理，基本达到了预期目标。1975 年交通系统修造船工业主要生产设备数量见表 82，形成的主要生产能力见表 83。同期，交通部直属企业共造船 885 艘、51.7 万综合吨；地方企业共造船 16360 艘、94.1 万综合吨，其中钢质船 2672 艘、38.5 万综合吨，从而为全国水运的发展提供了大量技术装备，有的还填补了国内空白。但是就总体而言，由于零部件的质量不高和总装技术落后，产品质量较差。

1975 年全国水运工业企业生产设备统计表

表 82

地 区	船坞		船台		滑道	船排		金属切削机床（台）	锻压设备（台）
	座数	能力（吨）	座数	能力（吨）	条数	座数	能力（吨）		
全国总计	45	146050	512	198434	65	198	25276	14662	2229
部直属企业	15	124380	48	99300	—	25	6820	7455	1038
地方企业	30	21670	464	99134	65	173	18456	7207	1191
其中：西南区	1	450	14	6700	1	—	—	258	44
中南区	7	4400	62	28230	12	13	2040	2534	43
华东区	19	11320	380	60834	39	157	16096	4066	646
华北区	1	1000	6	2270	3	3	320	66	12
东北区	2	4500	2	1100	10	—	—	383	56

1975 年交通系统修造船工业企业生产统计表

表 83

地 区	工业产值（万元）			主要产品和产量					
				船舶修理		船用柴油机制造		船舶制造	
	总产值	修船产值	造船产值	艘数	产值（万元）	台	千瓦	艘数	综合吨
全国总计	83313	19276	41308	24015	15542	1050	55530	3778	450238
部直属企业	44269	8998	19395	803	7915	12	20360	179	161501
地方企业	39044	10278	21913	23212	7627	1038	35170	3599	288737
其中：西南区	2049	834	992	197	415	27	1379	143	10824
中南区	12835	3042	7517	6238	2715	515	16199	545	88325
华东区	22151	6067	11993	16494	4168	488	16005	2850	177487
华北区	344	35	239	9	24	—	—	38	1740
东北区	1665	300	1172	274	305	8	1588	23	10361

远洋运输和港口建设的大发展，也促进了修造船工业引进国外先进科学

技术，并结合本国情况加以推广应用。水运工业的科技人员和生产工人，先后研究试制了一批较为先进的技术设备。例如造船方面的光电跟踪切割机、数控切割机、数控肋骨冷弯机、数控弯管机，以及船体立体分段建造工艺装备中的喷（抛）丸除锈装置、惰性气体保护焊机和各种属具；修船方面的高压水除锈机、机械脚手架和各种型式的喷漆设备；船用柴油机的大型检测装置等。但是这些技术设备由于国内配套能力低而未能形成系统的生产流水线，因而使用率和经济效益不高，未能达到理想的地步。

修造船工业的发展，要求对原有管理实行调整和变革。交通部采纳了地方政府的意见，开始改变只管部直属企业不管地方交通企业的现象，除主管部属各级工业企业的生产协作和规划建设外，还从产品生产统筹入手，与地方政府协商，将其主要企业的生产建设纳入国家统一计划，而企业原有隶属关系不变，性质不变。

这次管理体制变革的尝试，因“文化大革命”的干扰而不能完善，但为发展社会化大生产探索出了统筹协作的途径，给人以启迪。

五、调整和改革

1976 年“文化大革命”结束后，修造船工业的生产和建设仍存在许多难题，突出表现在基本建设摊子铺得大，占用大量资金、设备和劳动力，长期没有形成或达到计划生产能力，“大而全”和“小而全”的指导思想仍未得到克服。问题的关键在于小生产方式的思想和习惯势力，以及管理体制方面的弊病。1979 年，国家对国民经济实行“调整、改革、整顿、提高”的方针和旨在搞活经济、提高经济效益的一系列政策措施。交通部首先对在建工程进行清理，对完工项目进行验收，对那些尚不具备条件和重复建设的项目决定缓建或停建。其次，对各工厂企业进行清产核资，审定生产能力，明确生产任务，改善管理措施，提高经济效益。第三，将上海船厂的张家港分厂并入邻近的澄西船厂，广州运洋远输公司兴建中的南海船厂并入相邻的文冲船厂。

调整和改革是顺乎民意、合乎国情的。“大而全”和“小而全”办厂思想所产生的弊端，普遍受到厌弃。但是，改革缺乏经验，只能“摸着石头过河”，逐步开展。交通部工业局于1980年7月21日召开部属修船企业技术质量管理研究会，总结推广新港、上海、金陵和宜昌等船厂进行企业整顿、推行全面质量管理和修船方面的经验，推动改革。其中的关键是加速各级领导班子向“革命化、知识化、专业化、年轻化”方向过渡。

1982年5月4日，国务院决定以原第六机械工业部和交通部的主要修造船厂和配套工厂为基础，组成中国船舶工业总公司（设于北京），作为国家部级船舶工业经济实体，以提高经济效益、加速发展船舶工业为目标，实行工业与贸易、军品与民品、造船与修船、科研与生产相结合的方针。交通部所属山海关船厂、新港船厂、新河船厂、北海船厂、上海船厂、东海船厂、澄西船厂、文冲船厂、镇江锚链厂、镇江辅机厂、镇江柴油机厂、镇江螺旋桨厂、镇江增压器厂、徐州船用阀门厂以及上海船舶设计院15个单位并入中国船舶工业总公司系统。交通部为了支持船舶工业的发展，在“六五”期间不但向该公司委托了大量修船任务，而且通过国家计委签订了总量达184万载重吨的造船定单，其中包括现代化低耗、高效的6.5万载重吨油船、3.5万载重吨散货船和集装箱运输船、工程船、港务船等；同时还抽调设计和施工力量支援船舶工业基础设施的建设。

随着管理体制的调整和改革，交通部撤销了主管水运工业的工业局。交通部和地方交通主管部门转向对企业进行行政管理、计划监督和咨询服务；各企业在保证完成国家下达的生产建设计划前提下，积极开展多种经营服务，技术素质和生产能力有所提高，生产经营范围不断扩大，经济效益也逐渐增长。以国营经济为主导，集体经济、个体和中外合资经营相应发展的活泼局面初步形成。

1985年，全国共有钢质船舶修造厂552家，可修造10万载重吨级以下的各类船舶和海洋工程装备，其中具有修造中型舰艇或3000载重吨以上民用船舶能力的船厂55家；民用船舶总产量达221.9万综合吨；交通系统的船舶修造和配件制造企业260家，其中可纳入全国造船生产统筹的工厂160家，造船总能力77.7万综合吨（见表84），约占全国民用船舶建造总能力的35%。

1985 年全国交通系统造船能力分布概况

表 84

地　区	统筹企业		造船能力（综合吨）	代表船型和船舶吨位
	隶　属	个数		
全国总计	交通部属	12	194000	3000 载重吨以下各类轮驳船、港务船和工程船
	地方所属	148	583200	
辽　宁	交通部属			1000—2000 载重吨货船、1000 载重吨级舶船、441 千瓦拖船
	地方所属	1	5500	
黑龙江	交通部属	1	22000	黑龙江水系 1000 载重吨级轮驳船
	地方所属			
河　北	交通部属		1600	500 载重吨以下轮驳船
	地方所属	1		
上　海	交通部属	4	7000	397 千瓦拖船、1000 载重吨级驳船、工程船
	地方所属	5	10000	
江　苏	交通部属	2	60000	长江中下游客货船、1000—2000 载重吨驳船、小型工程船、拖船
	地方所属	35	190000	
浙　江	交通部属			500—2000 载重吨沿海轮驳船、300—1500 载重吨内河轮驳船
	地方所属	13	33000	
安　徽	交通部属	1	15000	长江中下游 735 千瓦拖船和 1000 载重吨级驳船、小型挖泥船、气垫船
	地方所属	8	32000	
福　建	交通部属			
	地方所属	4	1000	100 载重吨以下轮驳船
江　西	交通部属			50—1000 载重吨轮驳船、小型工程船
	地方所属	9	27000	
山　东	交通部属			3000 载重吨级沿海客货船、内河轮驳船、工程船
	地方所属	4	65000	
河　南	交通部属			
	地方所属	2	4300	黄河下游小型轮驳船
湖　北	交通部属	2	70000	长江中上游客货船、1941 千瓦拖船、1000 载重吨级驳船
	地方所属	22	68000	
湖　南	交通部属			40—250 载重吨轮驳船、430 千瓦拖船、小型工程船
	地方所属	27	66000	
广　东	交通部属			500—1000 载重吨沿海货船、882 千瓦拖船、工程船
	地方所属	5	30000	
广西壮族自治区	交通部属			500—1000 载重吨客货船、小型拖驳船
	地方所属	4	24000	
四　川	交通部属	2	20000	长江上游客货船、1941 千瓦拖船、驳船、工程船
	地方所属	5	23000	
贵　州	交通部属			内河小型客货船、浅水拖驳船
	地方所属	2	2500	
陕　西	交通部属			
	地方所属	1	300	汉江上游小型轮驳船

第二节　交通部直属大型修造船厂

1982 年以前，交通部直属大型修造船厂（即直属一级船厂）8 家，其中上海、新港、文冲、北海、新河、东海船厂是在老厂改造的基础上发展壮大的，山海关和澄西船厂则是在“四五”时期新建的。1981 年 9 月清产核资时，8 家船厂的生产概况见表 85。

1981 年 9 月交通部一级直属修造船厂概况

表 85

厂　名	职工人数（人）			固定资产（万元）		工业产值（万元）		
	总　计	技术人员	生产工人	原　值	净　值	总　值	造　船	修　船
上海船厂	9523	902	6419	18873	13491	10287	5540	2513
新港船厂	6494	225	4865	12391	9280	5804	4160	1500
文冲船厂	6422	426	5372	13148	11364	3647	971	2298
新河船厂	4324	199	3018	6863	5019	1962	1130	568
北海船厂	4081	238	2905	9963	9232	1672	295	1305
东海船厂	3292	181	2226	4207	2626	2655	1944	540
澄西船厂	3069	215	2490	8952	8524	906	173	655
山海关船厂	2609	177	1654	9077	8872	775	8	659
总　　计	39864	2563	28949	83474	68408	27708	14221	10038

一、交通部上海船舶修造厂

交通部上海船舶修造厂（简称上海船厂），是在接管原国营招商局机器造船厂的基础上成立的，并于 1953 年 1 月将英联船厂合并，厂区横跨黄浦江两岸，分为浦东和浦西两个部分。“一五”期间，工厂进行扩建，厂区由 23. 85 万平方米扩大到 36. 74 万平方米，建成内燃机、电工、轮机等主要生产车间和长 408 米的固定式修船码头，同时增添了各种新式大型机床和起重运输设备，成为交通系统最大的以修船为主、造船为辅的工厂，生产管理和技术水平均属全国第一流。1957 年前，工厂共修船 75 艘，完成产值 10736 万元，其中 10% 以上属于基本恢复修理和大修工程，技术要求高。沉船“江泰”号 1950 年从芜湖长江底捞起后，主甲板已被烧成波形，如果全部拆换，工程量大，材料供应也困难。工程技术人员采用水泥固定和防裂措施，很快予以修复。货船“伯先”号曾两次被炸焚，船体严重变形，后经多次试验和检测，用校形和局部构件更换或补强的方法，只用少量钢材即完成修复工程。沉船“济南丸”捞起时，船体已断成两段，主机架开裂，船厂缜密制定工艺措施，将船体接拢，主机整体在车间内检修和组装，使船舶达到原来的技术性能。在承修中波轮船股份有限公司和苏联远东海运局船舶的过程中，上海船厂均按国际规范和标准一一修复，赢得了良好信誉。自1954年起，还建造了一批1000载重吨级长江货驳船、抓斗式挖泥船和地方内河浅水拖船。1957年，全厂完成工业产值2579万元，其中修船1895万元，造船176万元；全员劳动生产率4684元/人·年，工人劳动生产率6993元/人·年，均居交通系统水运工业企业的榜首。

1958年，上海船厂开始贯彻“修造结合，以修为主”的方针，并向承担修理1万载重吨级和建造3000载重吨级船舶的方向迈进。当年新建了3000吨级造船台一座，并配置了自制的40吨门座起重机一台。1960年建成锻工车间和船体车间，1961年建成铸工车间，1968年又建成长200米的造船舾装码头，船体放样间也装备了自制的1:10光学放样机。1970年年底，全厂拥有金属切削机床447台，锻压设备89台，厂区面积达45.2万平方米。当年完成工业总产值3624万元，其中修船797万元，造船1875万元，船用配件12万元；全员劳动生产率6300元/人·年，工人劳动生产率7896元/人·年。这期间，工厂主要任务是制造3000—5000载重吨沿海货船、长江中下游客运班船和671千瓦拖船以及上游的绞滩船等，同时承担大中型船舶的计划修理和蒸汽机、柴油机的研制。其中3000载重吨级沿海货船“和平39”，是上海船厂根据中国船舶建造规范自行设计建造的，建造周期短，技术先进，船舶营运性能好。

1971年，水运工业开始贯彻“修造并举，以修为主”和“造船大中小结合，以中小为主，从小到大”的方针。上海船厂更上一层楼，向以造船、造机为主，兼修船舶和生产备件的现代化大型企业迈进。1970年开始建造的第一艘1.3万载重吨远洋货船“风雷”号，采用大型立体分段水上翻身、船台合拢工艺，在3000吨级造船台建造成功。1971年，船厂重点开展造船生产流水作业线的技术改造，新建2.5万吨级造船台（配有100吨门座起重机），扩建船体车间，其中包括板材堆取和预处理系统、数控切割和加工系统、船体单元组装系统、船体分段装配系统、船台总装下水和舾装系统等现代化设施，使1万吨级船的建造周期由704天减至148天；同时兴建年总装7.4万千瓦柴油机的造机车间。此外，以浦西分厂原有设施为基础，增建了两座固定式码头260米，将3000吨级干船坞扩建为3.5万吨级干船坞，修缮了1万吨级船坞并增加2.5万吨级浮船坞一座。从1970年至1977年，上海船厂连续造出10艘1.3万载重吨“风雷”型远洋货船（含6ESDZ76/160型主机）和7艘长江汉申线“东方红11”新型客船（含12VEDZ300型主机）。1977年，上海船厂受中国机械进出口公司的委托，为中波轮船股份公司建造了1.4万载重吨远洋干货船“绍兴”号（含船舶主机6ESDZ76/160型柴油机）。这是新中国成立以来第一次建造出口的远洋货船。船东对船舶质量极为满意，旋即又向上海船厂订造4艘1.6万载重吨远洋多用途货船。上海船厂厂长冷大章却清醒地认识到：“绍兴”号虽受赞誉，但与国际先进水平相比尚有差距。要制造具有世界先进水平的产品，必须在自力更生的基础上引进外国的先进技术，实现工厂现代化改造。工厂的现代化，就是装备现代化、管理现代化、产品现代化。前两者是手段，后者是目的，应当以产品现代化促进实现装备和管理的现代化。

1978年，上海船厂以承造出口船舶为契机，迈入国际市场，以出口船舶所得外汇资金引进先进技术和装备，进一步提高造船能力和产品质量，增强竞争能力。翌年，船厂派出工程技术人员与丹麦B&W船厂联合设计1.6万载重吨远洋多用途货船“鲁班”号，采用了机舱模型法，并在建造中对船体上层建筑采用整体吊装工艺。同时，还引进瑞士苏尔寿公司船用低速大功率柴油机制造专利，对机座和机架采用不退火焊接工艺，气缸主体和缸套采用保温退火方法，于1981年4月制成第一台5RND68M型柴油机。“鲁班”号投入营运后，性能良好，赢得船东和船员的好评。1979年年底，上海船厂在激烈的国际投标竞争中取胜，承接了联邦德国汉堡客商的4艘1.23万载重吨多用途集装箱运输船订单，并与联邦德国迈耶弗姆公司联合设计。这种新型货船自动化程度高，设有无人机舱，设计除符合联邦德国 GL 规范的要求外，还满足国际公约和规则的要求，适于世界各重要航道和港口航行。在施工中，上海船厂实行全面质量管理并采用新技术、新工艺，使船体总长误差小于万分之一，船体焊接一次合格率 97.3%，机电设备安装一次成功率 98%。4 艘船被船东和验船师一致认为“属于国际一流水平”，并荣获 1983 年国家优质产品金质奖。

70 年代，上海船厂制造柴油机的能力大为提高，而且拥有制造 12V300 型、设计和制造 6ESDZ75/160 型和制造瑞士苏尔寿公司船用低速大功率柴油机的技术专利，产品除为本厂造船配套外，还向其他厂供货。

70 年代后半期，中国揭开了海洋工程开发的新篇章。上海船厂以其雄厚的技术力量，开拓建造海洋工作平台的新领域。1978 年完成半潜式海上石油钻探工作平台的施工技术准备，翌年底正式建造国内第一座平台“勘探 3”号。这座平台是上海海洋石油平台设计公司依据美国船级社规范设计的，总长 91 米，总宽 71 米，总高 98.13 米，满载排水量 2.2 万吨，可在水深 35—200 米的海域内作业，钻井深度 5000—6000 米。长 69 米、宽 57 米、高 52 米的钢质工作台，由 6 根直径 9 米、高 24 米的巨型管柱支撑在两个各长 90 米、宽 14 米、深 6 米的沉垫上。这样一个庞然大物，结构复杂，设备特殊，质量要求高，施工难度大，当今世界只有少数工业发达国家能够设计建造。上海船厂要在 1 万吨级造船台上和狭窄的黄浦江水域进行总装更是困难，尤其是主体的组装合龙难度更大。施工人员采用祝源钧工程师创造的“浮力顶升法”，使“勘探 3”号傲然挺立，并于 1983 年春通过中国船舶检验局和美国船级社的入级检验。1982 年，交通部授予“浮力顶升法”创造者一等科技成果奖。1984 年，又获国家科学技术委员会颁发的二等发明奖。

同期，中国集装箱货物运输崛起，急需形成国际标准箱制造能力。1980 年 7 月 30 日，上海船厂与联邦德国哈巴迪克集装箱工程公司、康切伦斯租用公司签约，并由联邦德国银行贷款，兴建了集装箱分厂，年产国际标准箱 7200 个。1983 年春，首批产品行销国外。此后逐步完善生产经营管理，产品自销率逐年提高。

二、交通部新港船舶修造厂

交通部新港船舶修造厂（简称新港船厂）位于海河口北岸，是交通系统在渤海地区的主要船厂。它的前身是天津新港工程局的第一修船厂，1950 年仅有职工 480 人，机械设备 310 台，3000 吨级修船干坞和小型船台滑道各一座。1952 年，船厂改由交通部海运总局领导，除完成轮驳船和挖泥船修理任务外，还承担将“民 319”拖船改装成破冰船的任务。从 1953 年开始，承担沿海船舶的修理工作。1954 年，新港船厂改革工艺，建造了 6 艘长江中上游使用的 550 吨勺形钢质货驳船、8 艘 700 吨货驳船和 2 艘 300 吨货驳船。1955 年后，连续制造长江拖船 30 余艘。由于当时船舶配套产品缺乏，船用主机、锅炉、泵和阀门等绝大部分设备均由船厂自行设计制造。1958 年，承担沉船“景山丸”打捞后的修复工程，新建长 178 米、宽 19.3 米的 5000 吨级造船台一座。1962 年后，相继增建船体装配和板材焊接车间，可承担 5000 载重吨级以下船舶的修造。1964 年，开工建造由上海海运局船舶设计院设计的连烟线客船“工农兵 2”号。1970 年，为了建造 1 万载重吨级远洋货船，将 5000 吨造船台的出口由 18 米拓宽至 19.5 米。1972 年，建造了 1.3 万载重吨的散货船“天津”号。从 1969 年 1 月至 1975 年 12 月，新港船厂在厂区东部进行了以造船车间、轮机车间、2.5 万吨级造船台和 2.5 万吨级修船干船坞为主体的扩建工程，使生产能力达到年修船产值 1500 万元、造船 5 万综合吨。继 1974 年建造 1.5 万载重吨级“大庆 40”油船之后，又建造了“天山”和“华山”沿海客货船、“凌云”远洋货船和“大庆 233”油船。

“文化大革命”结束后，交通部委任王再鸣为厂党委书记，又选拔年富力强、具有管理经验的大专院校毕业生充实各级领导班子，进行企业整顿，加强工人监督管理机构，学习国外先进经验，并将原有修造船生产混合管理体制改革为造船、修船和机械加工三个相对独立的生产部门。

造船部拥有 1.5 和 2.5 万吨级造船台各一座，具备批量建造 2.5 万载重吨级以下各类船舶的能力。船体车间布局合理，管理得当，从钢板预处理到船体分段船台总装，全部实现了流程化。车间内的 4 条生产流水作业线，配有自动绘图仪、数控切割机和自动焊接机，生产井井有条。2.5 万吨级造船台上的200吨龙门起重机是自行设计并建造安装的，可将大型预舾装的立体分段安稳地吊装在船台上。

修船部拥有2.5万和5000吨级修船干坞各1座，铸工、锻工和金属加工车间以及高压水除锈、抛丸除锈和真空喷漆设备，可进行各种船舶的修理和改装，以及柴油机、轴系和推进器等的修理和换装，平均坞修期约4天。

1978年以来，新港船厂与日本三井造船公司和大阪造船所等进行技术交流和联合设计，在生产管理和产品设计、施工工艺等方面开展现代化改造。生产规划、船舶估价、材料管理、船体放样、工时统计等均应用电子计算机技术，企业管理成绩显著，产品质量大幅度提高，深受客户的赞誉。1981年，新港船厂被评为交通系统先进生产单位。

三、交通部文冲船舶修造厂

交通部文冲船舶修造厂（简称文冲船厂）的前身，是1955年由60余家小型船厂合并成立的黄埔船舶修造厂。1962年，为了充实华南地区的修船能力，国务院同意扩建文冲船厂，并于1963年3月批准第一期工程任务书，确定了厂区规模、生产能力和建设项目等。这是在国民经济尚处于困难时期，中国自行设计和施工的一项重点建设工程。建设、设计和施工单位经过3年时间的努力，建成1.5万吨级修船干坞、1000吨级造船滑道以及船体、轮机、铸造、锻工等车间和牛山职工生活区。1965年12月26日，货船“星火”号顺利进坞落墩。翌年元旦，船坞被正式命名为1号船坞。1972年年初，第二期工程开始，主要项目是兴建2.5万吨级修船干坞（后命名为2号船坞）、造船车间、铸造车间和5000吨级造船台等大型生产设施，扩建和改建轮机、锻工、配件、电工等车间，对牛山职工生活区也进行了美化和扩建。1975年，文冲船厂已成为国内生产规模较大、职工生活环境优美的修造船企业之一。1978年6月，交通部将在建中的中国远洋运输总公司南海修船厂并入文冲船厂，工厂生产能力再次扩大。全厂生产区面积达63万平方米，职工生活区占地近18万平方米，码头岸线近1000米，可容7万载重吨级以下船舶系泊，职工总数约6000名。

建厂20余年来，文冲船厂平均每年修船150艘，包括5万载重吨级货船、6万载重吨级油船和大型挖泥船、救捞工程船、海洋工程船等。在造船方面，最初是为了提高生产设备利用率和协调修船生产而承担小型船舶的建造任务。在第二期工程完工前，船厂即为广州海运局建造了“红卫9”客货船，此后又为国内外的航运企业建造了5000载重吨级远洋货船和各类1000吨级驳船。1981年9月，文冲船厂与香港欧亚船厂签订82SD－C型自升式海上钻井平台构件加工合同，还承担了其他大型钢构件加工业务，开拓了新的生产领域。

80年代上半期，文冲船厂适应国内外航运业的形势，在生产经营方面进行调整和改革。全厂按照专业组成自负盈亏的修船、造船、铸锻、机械、动力等分厂，使生产专业化，以挖掘生产潜力和调动各方面的积极因素。同时，还相继与广州远洋运输公司、英国希云自动化有限公司联营广州希云自动化有限公司，与瑞士BBC有限公司合资经营广州BBC增压器维修站，与香港招商局集团的海通有限公司在蛇口工业区合资经营海安船舶修理有限公司，在海洋工程和航运方面也与国外公司开展了业务合作。

四、交通部山海关修船厂

为了增强北方沿海地区承修10万载重吨级以下大型船舶的能力，交通部决定新建山海关修船厂。1972年，第一期工程动工，主要项目为1.5万吨级和5万吨级修船干坞各一座和船体、轮机两个车间，以及生产配套和职工生活福利设施，形成年度修船产值1520万元和建造驳船4万吨的生产能力。在建设过程中，交通部从新港、文冲船厂抽调管理和技术骨干，同时将新工人派到老厂进行培训，从而保证了工程完成时即具有独立经营的能力。1978年，船厂一边进行企业整顿和改进生产管理，一边增添现代化修船设备，提高修船质量和改善服务态度，一改过去的“等船进厂”，积极主动承揽修船任务。同年10月，5万载重吨级油船“西湖”号进坞修理。1979年9月27日，又有广州海运局7万载重吨级油船“大庆252”号进坞，计划修期20天，实际仅用11天即完成轮机和船体9项修理任务。

“大庆252”油船是瑞典哥特瓦尔根船厂于1966年建造的。船体总长

239.24 米（垂线间长 231.65 米），型宽 36.88 米，进坞时尾吃水 5.49 米，船舶重量 28504 吨，而坞室内长 240.20 米，净宽 38.40 米（坞口净宽 37.20 米），墩木顶面以上水深 7.60 米（船舶进坞时降至 6.31 米）。进坞时，巨大的船体两侧各留有 0.16 米的裕度，要保证安全无损，操作是十分困难的。但是，在田文藻工程师的引领和船长的密切配合指挥下，工作人员协同一致，不到两小时就使油船安稳落墩。“大庆 252”油船的坞修成功，是科学设计、精密施工和大胆革新的结果。实践证明，山海关修船厂具有承修 7 万载重吨级大型船舶的能力。从此，同级船舶进坞修理，为国家节省了大量外汇；外籍船舶也慕名而至，又为国家增加了外汇收入。一节一增，使船厂的经济效益逐年增长。

五、交通部北海船舶修造厂

交通部北海船舶修造厂（简称北海船厂）历史悠久，其前身为 1909 年兴建的青岛造船所，隶属青岛港务局。

1950 年，全厂职工共有 154 人，各类机械设备 75 台，以承担青岛港务船和机械的维修保养为主。1971 年，交通部批准船厂迁建于青岛市燕儿岛，在陆域 44 万、水域 36 万平方米的新厂区，兴建了 1.5 万和 2 万吨级修船干坞各一座，3000 吨级造船台一座，修船码头岸线 780 米，以及船体、轮机、铸造、锻造、电工等生产车间和动力公用设施等，拥有年度修船产值 1960 万元、建造港务轮驳船 1 万吨的生产能力。1981 年 9 月清产核资时，全厂完成工业总产值 1672 万元，全员劳动生产率 4130 元/人・年，工人劳动生产率 5821 元/人・年，尚有很大的生产潜力有待发挥。

1984 年，全厂进行整顿并推行全面质量管理，除承担传统的修造船任务外，还承造近海工程设施和桥梁等钢质构件，以及重型机械和玻璃钢艇等。对生产组织机构也进行了调整，设立了自负盈亏的修船、造船、游艇 3 个分厂，以及开发部和教育培训中心。修船分厂下设船坞、轮机、船电、铸锻、舾装等车间；造船分厂下设船体、起重和预处理等车间，拥有建造 5000 载重吨级以下各类船舶的生产能力；游艇分厂是以生产各种玻璃钢艇为主的专业化企业，可制造海洋工程所需的全封闭式和半封闭式救生艇、工作艇、巡逻艇以及各种国际级别的赛艇、帆船和游艇。

六、交通部新河船舶修造厂

交通部新河船舶修造厂（简称新河船厂）位于天津市海河之滨，具有百年以上的历史。1952 年，交通部将天津船厂、大沽船厂并入新河船厂，改为直属的工程船舶修理厂，主要承担渤海湾一带的航道、航务工程船舶的修理和泥驳建造任务。60 年代末，全厂进行扩建。1972 年，建成 1000 吨级纵向滑道—变坡横移式船台（拥有 9 个船位）和船体、铸工、锻工等车间以及职工生活福利设施，并扩展了轮机车间，使船厂具有修造排水量在 3000 吨以下的各类绞吸式挖泥船、泥驳、拖船和其他工程船舶以及各类属具的能力。1973 年，造船 14 艘、13730 排水量吨，修船 60 艘，产值 323 万元。1974 年 7 月 5 日，试制成功中国第一艘 500 吨起重船。

七、交通部东海工程船舶修造厂

交通部东海工程船舶修造厂（简称东海船厂）位于上海市张华浜黄浦江口。1950 年，东海船厂曾是上海区港务局的修船厂，拥有 1500 吨级修船干坞一座、小型船台滑道一座和简陋的生产车间，主要承担工程船舶的修理。1953 年，改为交通部直属工程船舶修造船厂。1971 年，自行设计并建造一座举力为 2000 吨的垂直升船机，为国内首创。此后，开始成批建造排水量为 3000 吨的工程船舶。10 年后，东海船厂已成为国内大型工程船舶修造厂，具有建造挖泥船、起重船、打桩船、拖船以及各类船机、液压件和工程机械配件的生产能力。1981 年，全厂职工 3292 人，完成工业产值 2655 万元，其中造船 1944 万元，修船 540 万元。船厂还引进 2351 千瓦全回转拖船制造技术，并先后建造了 10 余艘拖船，颇受港口和航运部门的欢迎。

抓斗式挖泥船是东海船厂的系列开发产品，主要类型为 8 立方米、4 立方米和 2 立方米液压升降启闭式。同时还研制出自航式开底泥驳，主要有 100、500 立方米两种。70 年代初期兴建的液压件车间，拥有机械加工设备 86 台、大型液压件试验台、液压起货机和吊重试验装置，主要产品有船舶检验局认可的 3LJM100－38 型和 1.6LJM80－32 型连杆式液压马达以及采用恒功率系统的 3 吨 L 型液压起货机、配套换向调速阀和单、双向平衡阀等。

第三节　长江轮船总公司的主要修造船厂

在 1950 年到 1952 年经济恢复时期，交通部长江区航运管理局首先接管了上海白莲泾船厂，以应修船之急需。此后在武汉、南京、宜昌筹建以修为主的修造船基地，成立第一、第二、第三、第四修船厂，再加上民生公司的民生船厂和几个航修站，初步解决了修船难题。但是，大型客货船的大修和中修，仍需依靠其他船厂援助。当时行驶在长江的货船大多是国外产品，修船遇到的最大困难是没有常用配件，因而修期长，质量不能保证，影响了正常航运。针对这种情况，长江各船厂先后研制成功柴油机的气缸套、气缸头、活塞销、喷油泵和喷油嘴等常用易损配件，从而延长了 16 艘“华字”艇的使用寿命。

船舶的船体、螺旋桨和舵系等的修理，是修船工作的重要组成部分，主要工艺设施是船台滑道和船坞。1952 年民生船厂自造 450 吨并调入 800 吨浮船坞各一座，揭开了长江船舶坞修的新篇章。60 年代以来，各船厂都兴建了机械化船台滑道，大幅度地提高了生产效率。

长江修造船工业在注重修船的同时，还制造了大批适合长江航运特点的大型客货船、拖船、双体船和驳船等，为充实长航船队做出了贡献。从 1952 年至 1985 年，长江轮船总公司所属船厂建造钢质船舶 1946 艘、153 万吨。在这些船舶中，有适航川江航道的“东方红 119”型客班船，有适航苏北航线的“东方红 411”型客班船，也有航行在长江中下游“东方红 11”型客班船和豪华的旅游船等。这些船舶具有航速快、稳性好、设备新、结构坚固、乘坐舒适等特点。除此之外，还建造了大批拖船、油驳、货驳船、专用煤驳船和矿驳船等。

船用主机及其配件的生产曾是修造船工业最薄弱的环节。50 年代后半期，中国开始了船用柴油机的研究工作。随后，长江航运系统各船厂相继试制各种功率的船用主机。80 年代，长江轮船总公司的科研、设计和修造船单位密切合作，在引进国内外先进技术的基础上，针对内河的特点开发新产品。柴油机制造能力的发展，又促进了配件制造能力的提高。各船厂的配套件产品不仅基本满足了船舶维修需要，而且投放国内外市场。

1985 年，长江轮船总公司的修造船厂（站）已有 80 余家，职工 2 万余人，船台滑道和浮船坞 70 余座，各种金属切削机床 2000 余台，生产能力不仅基本适应航运的需要，而且产品已进入国内外市场。36 年来，各船厂累计完成修船 11118 艘次，造船 1946 艘、15.3 万综合吨（见表 86）。

长江轮船总公司系统修造船完成量

表 86

年　度	船舶修理		钢质船舶制造	
	艘　数	产值（万元）	艘　数	综合吨
1950—1952	803	482.6	1	84
1953—1957	1209	3900.1	67	16925
1958—1962	1543	6155.0	171	49599
1963—1965	1041	5363.4	49	7318
1966—1975	3252	18654.0	514	301689
1976—1980	2001	13551.0	484	458987
1981—1985	1269	8898.0	660	697125
总　计	11118		1946	1529727

注：综合吨是国家计委确定的造船丈量吨位。

一、长江轮船总公司东风船厂

东风船厂位于重庆市江北区唐家沱，前身是民生实业公司于 1928 年创办的民生机械厂，1952 年 9 月公私合营，1956 年改为长江航运管理局民生船厂，1967 年更用现名。

东风船厂人才荟萃，办厂伊始即为发展民族航运事业而奋斗。30 年代，船厂主要是修理民生公司的小型船舶。抗日战争时期，张文治、叶在馥等老一辈造船专家曾在船厂工作，指导生产。船厂除修理各类船舶外，还自行设计并建造 148、296 和 442 千瓦三联式蒸汽机船舶，为抗日战争和物资运输做出了有益的贡献。1952 年公私合营后，船厂职工发扬艰苦创业精神，开创了长江船舶坞修的历史。60 年代初期，扩建了修船和铸工等生产车间，1969 年又进行以提高造船总装能力和柴油机生产能力为重点的扩建工程。70 年代末期，船厂已基本形成年修船产值 1100 万元、可建造 3 万千瓦拖船和制造 3 万千瓦柴油机的生产能力。1978 年，东风船厂在其研制的镁稀土合金球墨铸铁柴油机曲轴低压铸造工艺获交通部科技成果奖后，又潜心研制 8E350ZDC 型柴油机整机和 ZHCSL560 双圆弧齿轮减速箱，并引进瑞士苏尔寿公司的 AT 型中速柴油机和挪威乌斯泰因公司调距桨与侧推器技术。80 年代初期，东风船厂进行整顿和生产体制改革。船厂下设修船部、造船部和配件制造、铸工、锻工、设备维修、起重运输等生产部门。1984 年东风船厂与长江轮船总公司、上海交通大学共同研制的硬矮齿形（JD 型）双圆弧齿轮，获得交通部科技成果三等奖。

36 年来，东风船厂以其技术优势，锐意创新，为长江航运事业的发展做出了重要贡献。1985 年，全厂职工 4200 余人，拥有包括高精度和大型机床在内的各类金属切削机床 1100 余台，1200 吨和 1500 吨浮船坞各一座；修船 52 艘、产值 402 万元，造船 9 艘、产值 2492 万元，其他工业产值 325 万元。

二、长江轮船总公司宜昌船厂

宜昌船厂位于宜昌市西坝三江大桥头，与葛洲坝水利枢纽毗邻。宜昌船厂建于 1956 年，初始仅有砖木结构的机加工车间和船篷，以及 1000 吨级的纵向船排滑道，工业生产总值 38.7 万元，职工 174 人，主要承担小型船舶的修理。1965 年 5 月，船厂第一期扩建工程开始，主要项目为 1500 吨级梳式滑道、船台和修船车间等。1969 年，工业总产值达 700 万元，职工增至 1800 余人，生产条件和职工生活均有明显改善。1970 年 5 月，第二期扩建工程开始，主要项目是兴建造船车间、轮机车间、制氧站和铸工、锻工、木工等辅助生产车间，扩建船台并兴建职工生活福利设施等。1978 年工业生产总值达 2457 万元，其中建造 1000 吨级分节驳船 34 艘；上缴利润 442 万元；全员劳动生产率 10991 元/人·年，具备了建造 1500 载重吨级甲板驳和长江中上游客货船以及生产船用柴油机配件的大型船厂规模。此后，为挖掘生产潜力，提高劳动生产率和产品质量，又以造船车间为重点进行了技术改造和全面质量管理，建立了“千吨级分节驳生产线”，按工位实行“五定”（定人员、定设备、定工时、定材料、定质量标准），实现有节奏的均衡作业，将年造驳船量由2万余吨提高到5万吨，工业生产总值超过3000万元。80年代以来，宜昌船厂多次获得交通部、长江轮船总公司和湖北省政府的表彰和奖励。

从1965年到1985年，经过两次扩建和技术改造，宜昌船厂的生产焕然一新，劳动生产率由初始的近4000元/人·年跃升为13000元/人·年，平均每年递增7.6%。产品种类和数量增多，质量提高。1966年至1985年，累计建造各类轮驳船34万吨。

三、长江轮船总公司青山船厂

青山船厂是长江轮船总公司最大的船厂，1958年迁厂创业。厂区位于武汉市青山区，北临长江，东傍武钢运河，占地97万平方米，岸线总长2200米，拥有浮码头泊位7个，2500吨级横向梳式滑道和10个水平船台（其中室内船台2个），以及船体、舾装、轮机、电工、铸工、锻工和维修等生产车间。

70年代，船厂进行技术改造和扩建，形成由板材预处理、下料、拼装、分段装配、船体总装等主要造船工序组成的流水作业线，批量建造了大型客班船、拖船和5000载重吨级油船。1970年4月，青山船厂建成国内第一艘双体客货船“东方红117”号，12月又建成被定为长江上游“母型船”的“东方红38”号。同年，还与长江船舶设计院合作，在“向阳”号试装了齿轮传动的襟翼舵，1977年又在“东方红39”号再次试装，并与本厂制造的两台8300型柴油机相匹配，提高了船舶推进性能和操纵性能，突破了“长江上游船舶长度不能超过80米”的限制。1981年，青山船厂进一步扩大经营范围，承担了新加坡银星航运公司999载重吨浅水货船“银星”号的建造任务。这是中国第一艘为劳氏船级社认可的船舶。此后又为该公司建造了同型船“银光”号。深入的改革和不断的进取，使青山船厂技术成果累累。1984年建成的“江渝 16”和“江渝 17”号，应用长江船舶设计院、华中工学院和中山大学等单位共同研究的长江纵流压浪船型和不对称双尾、双舵以及襟翼舵技术，使推进效率提高约 30%。若与“东方红 38”号相比，则航速每小时提高 3 公里，航次周期缩短 14%；船长 84.5 米，仍能在上游弯曲狭窄的航道中操纵自如。与分节驳船队相配伍的 883 千瓦推船，也是青山船厂在 80 年代推出的优秀产品，采用大圆弧雪橇型船首、直壁式中体和折角式隧道船尾。在施工中，采用了导流管分段预装、上层建筑整体吊装和机舱管系单元组装等新工艺。船舶主机采用气动控制系统，实现驾驶室控制、集中控制和机旁控制。这种推船和沪渝线 820 客位的客货班船，经武汉市经委、科委等 18 个单位联合鉴定，各项技术经济指标均达到国内先进水平。1984 年开工建造的汉申线客货班船“江汉 19”号，是国内迄今最大的内河船舶。

四、长江轮船总公司金陵船厂

金陵船厂位于南京市下关长江南岸。其前身是长江航务管理局南京分局的小型修船站，1952 年 9 月划归长江航务管理局领导，易名长江航务管理局第三船舶修理厂，厂区狭小，设备简陋，仅能承修 1000 吨以下的驳船和 368 千瓦以下的机动船。1957 年 8 月 30 日，交通部批准迁建工程设计任务书，其中包括 2000 吨级梳式船台滑道和船体、轮机等生产车间，以及配套设备和职工生活福利设施。1963 年，工业产值达 452 万元，修理机动船 14 艘、驳船 106 艘，建造驳船 1 艘、机动船 2 艘。从 1970 年开始，成批量建造 1500 吨甲板驳船、3000 吨油驳船、1911 千瓦推船、“东方红 411”和“江申 115”型客货船等。

70 年代是金陵船厂生产不断增长、技术逐年更新的年代。从 1970 年至 1975 年，全厂职工合力奋战，除完成修船任务外，还累计造船 13.8 万吨，其中包括举力 9000 吨钢质浮船坞“华山”号，工业总产值由 1496.74 万元增至 1818.71 万元，平均年递增率 3.3%。1978 年以来，金陵船厂在已有的技术基础上，制定造船流水作业线建设方案，并与第六机械工业部造船工艺科研所共同研制国内第一条造船平面分段流水作业线，使 3000 载重吨级的驳船，从板材预处理，放样下料、焊接组装直到平面分段成型，均可实现连续作业。1980 年，金陵船厂即承担美国技术先进的 2000 载重吨分节驳船的组装任务。实践证明，这条流水作业线设计合理，国产装备质量可靠，各项技术指标均达到 70 年代末同类装置的国际先进水平，获得 1983 年度交通部重大科技成果二等奖。此后，船厂又进行技术改造，增设大型起重运输设备和冷压机，采用综合放样、单元组装、自动焊接等先进工艺以及生产设计和全面质量管理等方法，极大地提高了生产能力和产品质量。从 1981 年至 1984 年，共计建造 2000 载重吨分节驳船 120 艘，产值由 2083. 97 万元增至 3688. 86 万元，年上缴利润由 443. 48 万元增至 664. 95 万元，累计创利 2042. 86 万元。1985 年，为扩大造船流水作业线的能力，除筹建与之配套的钢材预处理流水作业线、增设 60 吨门座起重机 2 台、改建船台和调整生产布局外，还完成了 2 万吨级驳船队的产品设计方案，为以后的发展奠定了基础。全厂拥有固定资产（净值）487 万元，各种机械设备 1100 余台，职工 3200 余人（其中工程技术人员 223 人）年修船 7 万余载重吨、造船 8 万吨，均超过设计生产能力。

33 年来，金陵船厂累计造船 414 艘、逾 63 万吨，上缴利税是国家投资的 1. 8 倍，为长江航运事业的发展做出了卓著的贡献。

第四节 黑龙江航运管理局的修造船厂

黑龙江航运管理局直属的哈尔滨船舶修造厂和各级航运部门所属的小型修船厂（站），担负着东北地区内河船舶的修理和制造任务。黑龙江水系通航期最长为 8 个月，因此船厂的生产有着显著的季节性。在千里冰封之时，船舶卧于冰坞，或进行修理，或进行组装。待到春暖花开，坚冰消融，船浮水面，船厂即以船舶制造和航修以及制造其他产品为主要任务。

哈尔滨船舶修造厂（简称哈尔滨船厂）是黑龙江航运管理局的直属大型企业，始建于 1928 年，时称东北造船所，1946 年为人民政府所接管。50 年代初期，哈尔滨船厂学习并推广电焊造船工艺，建造了钢质千吨级驳船和“吉林”拖船。从 1954 年起，还先后在南京、广州、三门峡、天津、内蒙古等地支援工程建设并就地建造船舶达15年之久。1955年，哈尔滨船厂在南京工地向全国内河船厂介绍电焊造船经验。当年建成总长81.0米、载容量704人、662千瓦蒸汽机客货船“北京”号以及航标艇、驳船等42艘钢质船舶。在“一五”和“二五”时期，船厂职工在航运和水利工程建设中大显身手，共建造客货船、拖船、工程船等127艘、4.5万吨位。

1958年，哈尔滨船厂开始试制6160型内燃机，1968年兴建柴油机车间，小批量制造6200ZC型柴油机。哈尔滨船厂制造的柴油机船逐步替代了蒸汽机船。1975年8月1日，开始对6200ZC型柴油机进行技术改造，使其功率增加1/3。

1978年以来，经过企业整顿、推行全面质量管理、技术改造和扩建工程等综合性治理，哈尔滨船厂的企业素质、生产能力和经济效益不断提高，1981年试制成功2×200—300吨垫气驳船，获1982年交通部科技二等奖。由哈尔滨船厂与武汉水运工程学院联合研制的6200GCE柴油机获交通部嘉奖后，又于1985年10月获国家科技进步三等奖。采用这种柴油机建造的新型双体客船，给松花江客运又增添了异彩。1985年，哈尔滨船厂占地近50万平方米，除新建了设备完善的柴油机、铸锻车间外，其他生产车间和船台等设施也都有不同程度的改建和扩建，全厂拥有各类加工机械设备674台，固定资产2941万元，职工1900人，完成工业总产值3197万元，其中修船199万元，造船2738万元，其他260万元。

黑龙江水系的小型修船厂（站）多为集体所有制企业，生产工人以临时工或合同工为主体，忙时来，闲时去。1985年，在册登记的有4家，完成工业生产总值3656万元，其中修船227万元，造船3159万元，其他270万元。

第五节　上海海运局和广州海运局的主要修造船厂

一、立新船舶修造厂

立新船舶修造厂（简称立新船厂）原为1924年创办的鸿翔兴造船厂，位于黄浦江畔陆家嘴。1955年9月公私合营，归上海海运局领导。当年拥有职工 711 人，机床 228 台，锻压设备 3 台，300 吨级船排 1 座，码头 351 米，主要承担海船航次修理和小型驳船的建造任务，完成工业产值 182 万元。

经过 30 多年来的扩建和技术改造，立新船厂已成为中型修造船厂，占地 6 万余平方米，配有 15 吨、20 吨门座起重机的修船码头 2 座，1000 吨级造船台 1 座，30 吨起重船 1 艘，其他工作船舶多艘，职工增至 2000 名。除修理各类船舶外，还承担各类小型轮驳船、港务船以及金属铸件的制造和电镀业务。80 年代初，立新船厂与日本新潟铁工所合作成立 ZP 全回转式拖船维修中心，与四六五厂合作成立油嘴泵、调速器、柴油机特约维修站，还设立了船舶自动化装置修理站。1985 年工业生产总值达 1882. 3 万元。

二、立丰修船厂

立丰修船厂的前身是1967 年年底利用废钢船“战斗 14”号建立的上海海运局吴泾航修站。翌年，上海海运局在王家渡修建了 58 米长的码头，系泊了“战斗 14”号，遂易名为立新船厂王家渡航修站。1970 年，职工达 108 人，航修船舶 19 艘，产值 38 万元。

厂小志大，穷则思变。正当上海地区船舶坞修能力匮乏之时，上海海运局组织力量，在王家渡航修站将 2 艘万吨级废钢船解体，改装成国内第一艘举力 4720 吨的“7021”钢质浮船坞。“7021”浮船坞的投产，既缓解了上海海运局船舶坞修的紧张状态，又体现了航修站职工自力更生、艰苦奋斗的风貌和高超的技术水平。1971 年，王家渡航修站归由上海海运局直接领导，厂区面积 2. 7 万平方米，固定资产 745 万元，职工 432 人，完成工业产值 198 万元，其中坞修船舶 35 艘，产值 134 万元。为了充实修船能力，技术人员因陋就简，自制了 400 吨油压机、高压水除锈设备、制氧机以及其他简易机械。1973 年 2 月，航修站又修旧利废，历时 13 个月，建成举力 1. 3 万吨的钢质浮坞“黄山”号，2. 5 万载重吨散货船“郑州”号可顺利进坞，3 万载重吨级船舶亦可进坞修理。

1975年，王家渡航修站独立经营，改称上海海运局立丰修船厂。1976年，金陵船厂建造的举力6500吨的“庐山”号钢质浮船坞调入，与“黄山”号相得益彰，使立丰船厂具备了坞修1.5万—4万载重吨级船舶的生产能力。为了尽快弥补大型船舶计划修理能力的不足，交通部批准了立丰船厂扩建任务书，并将此项工程列为重点建设项目，交由交通部水运规划设计院设计。至1980年，已陆续建成轮机、船体、铜工、舾装等生产车间和仓库、变压站等公用设施以及258米顺岸式修船码头。1981年完成工业总产值818.9万元，其中修船55艘，产值775.7万元。与10年前相比，固定资产（原值）增长7.4倍；工业生产总值增长4.1倍，其中修船产值增长5.8倍；全员劳动生产率增长1.4倍，建设与生产比翼双飞。此后又增建南区160米修船码头，将北区原有258米码头接长100米，并配以2352千瓦全回转式拖船和1228千瓦拖船，以提高船舶掉转和靠泊能力。1985年，立丰船厂已成为上海海运局的主要修船基地之一，并实现年工业生产总值1800万元的设计能力。

立丰船厂还适应生产的需要，于1980年设立修船工艺研究室，开展新技术、新工艺的科学研究。在“六五”期间先后取得的成果有：大型油船加装固定式甲板泡沫灭火系统和货油舱惰性气体防爆装置；2.4万载重吨油船将蒸汽货油泵改为电动泵；船舶机电设备化学清洗用的81－A型安全清洗剂和水基无污染润滑剂。其中81－A型安全清洗剂获1982年交通部科技成果三等奖。

三、荻港修船厂

荻港修船厂位于安徽省繁昌县境长江南岸，1971年筹建，1978年8月投产。厂区占地35.9平方米，岸线长1500米，拥有1万吨级泊位4个，浮船坞码头2座，船体、轮机、铸工、锻工、电工、中央试验室和制氧站等生产车间，举力分别为4720吨和6500吨的浮船坞“7021”和“庐山”号以及各类生产配套设备。

70年代初，根据“战备需要”在安徽省繁昌县境兴建了海船修理厂，而对经济上的合理性和技术上的可能性考虑不周。船厂的设计和施工由于缺乏必要的地质水文资料，加上抢时间，争速度，因而发生了局部岸线滑坡事故。船厂建成后，上海海运局的运输船舶驶入长江者很少，南京大桥的净空高度又限制了来往船只的尺度，来获港修船的，都是为维持船厂生产而强制安排的。年修船产值最低为669.6万元，最高为822.1万元，与设计能力1400万元相去甚远。亏损额1981年为54.1万元，1984年高达189.3万元，其他年份利润总额也甚微。因此，建厂教训极为深刻。近几年来，上海海运局和获港修船厂为克服困难，进行了多方面的努力，特别是凭借长江主要港口对外开放和进江海洋运输船舶逐年增多的好形势，加强科学管理，改进服务，面向社会，扩大经营范围，以“质量第一、用户至上”的新风尚，赢得信誉。1985年，船厂工业总产值回升到528万元，其中修船284万元，造船120万元，其他124万元。

四、菠萝庙船厂

菠萝庙船厂原为1968年10月兴建的航修站，位于珠江中游，黄埔港新老港区之间，建站初期仅有职工28人，曾利用报废的“牡丹”客船作修船基地，承担广州海运局5000载重吨以下船舶的航次修理。经过10多年的建设，至1985年扩大为船厂，可承担5000载重吨以下船舶的修理和1.5万载重吨级船舶的航次修理。厂区占地5.5万平方米，码头线长344.5米，可靠泊3艘1万载重吨级船舶，浮筒可停靠1万载重吨级以下船舶3艘；拥有船体、轮机、综合等生产车间以及各类金属切削、铸工、金属热处理、电镀等设备和举力3000吨的钢质浮船坞1座；成为广州海运局所属的重要修船基地。每年可完成修船42艘，其中坞修16艘。1985年，全厂职工987人，完成工业产值689万元，其中修船647万元。

第六节 航务工程局和航道工程局主要船厂

交通部第一、二、三、四航务工程局和天津、上海、广州、长江航道工程局及其下属的较大型工程单位均有不同规模的船舶、机械修造厂（站），其中主要船厂有两家。

一、第一航务工程局工程船舶机械修造厂

第一航务工程局工程船舶机械修造厂（简称一航局船机厂）筹建于1971年7月，位于天津市塘沽区海河节制闸上游左岸。厂区占地14.9万平方米，拥有1500吨级顺岸码头1座，承载750吨的斜架车式船台滑道1座，船体、机加工、钳工、锻工、木工、电工等生产车间，机械设备322台。

70年代，一航局船机厂除承担工程船舶和机具的修理外，还配合援建了马耳他30万吨级修船干坞。1980年，船机厂以其专长建造了容载量500吨、每小时分离量30吨的机舱污水处理船“津港环保1”号。1981年9月25日，联合国国际海事组织召开的防止海洋污染亚洲及太平洋地区环境保护会议的全体代表参观了实船表演，认为污油水净化达到并超过了国际标准，给予好评。1982年，船机厂参加秦皇岛港建设工程所需4艘500立方米非自航开底泥驳的设计和制造招标，以优中标，并于翌年11月按期一次试车成功。此后3次成批制造，均经船舶检验局检查认可，获“ZC”船检证书。

80年代，一航局船机厂积极开拓业务范围，使产品增多，质量提高，产值持续上升。1983年，与日本石川岛播磨工业公司联合设计并单独制造安装了秦皇岛港煤炭码头第二期工程中的集尘清理装置，质量优良。1984年，又为天津港制造并安装了高15.45—51.66米的航标灯钢构架12座，并为北京煤矿机械厂制作采煤液压支架和丫8支架120套。为了扩大进口挖泥船抓斗的配套能力，船机厂自行设计制造了4、6、8、11立方米系列抓斗。1985年，船机厂承担了天津市塘沽区煤气工程中12公里中低压管道和附属设施的施工，被天津市人民政府评为优质工程。船机厂还以雄厚的施工技术，承担了天津港散粮码头的14座铝合金板架筒仓以及机电设备和装修设备的安装工程。每个筒仓容量4300吨，从卸船到贮仓，全部由电子计算机自动控制的机械运输系统完成，筒仓的测温、监控

和计量均由微电脑自动显示。1985 年全厂工业产值 699 万元，全员劳动生产率 12400 元/人 · 年。截至 1985 年年底，一航局船机厂共为国家创外汇收入 275 万美元。

二、上海航道局船厂

1981 年 4 月，上海航道局在调整所属船厂中，将 1966 年兴建的东沟船舶修理厂和 1972 年兴建的草镇船舶修理厂合并，组成上海航道局船厂。厂区占地 6.2 万平方米，岸线长 540 米，设有舾装码头 2 座，浮码头 4 座，3000 吨级修船干坞 1 座，400 吨船排和船台 6 座，以及轮机、船体、备件、电工等生产车间，并有金属切削和锻压设备 400 余台，职工 1349 人，承担上海航道局工程船舶的全部维修保养和部分修理以及工程机械属具的修理和制造。

从 1973 年至 1985 年上半年，全厂共修船 1521 艘次，建造功率 365 千瓦的航标巡检艇和 200 吨渣油船 6 艘，其中 1980 年建成的 3000 吨级修船干坞共接纳船舶 186 艘，船台修造船亦有 809 艘。此外还制造挖泥船备件，其中斗销、销套和泥斗等产品除满足上海航道局需要外，还供应广州、天津、长江航道局和葛洲坝工程局。1985 年，船厂工业生产总值为 1028 万元。

第七节　地方交通系统的修造船工业

为保障本地区修造船舶技术完好和壮大船队，航运较为发达的省、自治区和直辖市的交通部门和航运企业，也纷纷建立以修船为主的各类工厂。1985 年，全国交通系统地方水运工业企业达 537 家，其特点是：(1) 全民所有制企业 128 家，规模较大，是生产主力；集体所有制企业 408 家，规模较小，经营灵活。(2) 除各省（区）骨干船厂机械化程度较高外，其余各厂仍以人工操作为主，劳动强度大而生产效率低。(3) 70 年代中期以来，地方船厂多与国内大型船厂建立生产协作关系，基础雄厚的江苏省和广东省还组建了船舶工业公司，开展国内外生产业务。(4) 与地区经济和航运兴衰与共，发展不均衡，长江以南特别是东南沿海地区的修造船工业较为兴旺。

一、江苏省的修造船工业

1950年，江苏省首先在内河航运枢纽镇江市建立了国营镇江船厂。此后以合并、改造民船运输业和公私合营等方式，逐步建立了苏南、苏北等7个修船基地。1955年和1956年，又相继组建了南京、无锡船厂，初步形成了修造船工业体系。1958年，为了克服木材紧缺的困难，镇江船厂开始探索制造钢质船舶的途径，自行设计、建造了第一艘铆接的钢质客船。同时，无锡船厂与上海船舶科学研究所合作，试制成功国内第一艘29.4千瓦钢丝网水泥拖船，受到1959年全国水运技术革新会议的嘉奖。1960年，无锡船厂开始成批建造15载重吨农用水泥船，以支援农业和发展乡镇内河运输。70年代，无锡船厂建成40—60载重吨水泥船生产流水作业线，并改进工艺，使产量成倍增长，质量也得到保证，受到广泛的欢迎，被誉为“水泥船故乡”。

为了扩大修造船工业的生产能力，提高产品质量，江苏省在“三五”时期开始对船厂进行扩建和技术改造；同时开展船舶选型和定型工作，制订了《江苏省内河船舶型谱表》。船舶产品的标准化、系列化、使船舶的更新改造顺利进展。船舶修理工作也基本达到“大修不出地区，中修不出市县，小修不出企业”。

为了挖掘企业潜力、扩大生产协作、增加造船能力和提高经济效益，江苏省于1973年率先组织跨行业、跨地区的造船统筹，成立了江苏省船舶工业公司，以“五统一，四不变”的办法，理顺了计划、供应和生产等方面的关系。江苏省船舶工业公司在交通部和六机部的扶植下，除加强老厂技术改造外，还新建和扩建了一批船厂，10年间工业生产总值和造船量均翻了一番以上。1985年造船达25万综合吨。江苏省主要船厂完成的修造船总产值见表87。

江苏省主要船厂完成的修造船总产值（万元）

表 87

年　份	合　计	造　船	修　船	其　他
1951—1952	50.56	50.56	—	—
1953—1957	776.36	216.28	551.47	8.61
1958—1965	14024.71	6080.25	6908.81	1035.65
1966—1970	10147.21	5373.16	3080.70	1693.35
1971—1975	33756.58	26423.11	2519.76	4813.71
1976—1980	71706.49	64028.47	3135.62	4542.40
1981—1985	95155.02	83373.12	2773.43	9008.47

江苏省在扩大修造船工业生产能力的过程中，注重产品更新换代，不断提高产品的技术性能和经济效果，以符合航运需要。仅在 1954 年至 1984 年期间，江苏省累计造船近 4 万艘、181 万综合吨，充实了内河航运和水运工程建设力量。在运输船队中，木质船的比重从 1949 年的 99.3% 下降到 10% 以下，机动船的比重则由 31% 上升到 96.7%，特别是 80 年代建造了一批技术性能良好的船舶。其中，“982”玻璃钢巡逻艇和“七四”式公路舟桥获国家银质奖，80 立方米/小时绞吸式挖泥船和太湖豪华游船获国家金龙奖，50 吨起重船和长 19 米的内河拖船被评为省优质产品。在 1984 年交通部主办的内河运输优秀船型设计评选中，有 14 种船型获奖，获得优秀船型的品种居全国交通系统首位。港作拖船、绞吸式挖泥船、750 立方米开底泥驳、玻璃钢游艇等产品还出口香港、澳门和美国、日本、斯里兰卡、马里、塞内加尔等地区和国家。1985 年江苏省船舶工业公司主要船厂概况见表 88。

二、湖北省的修造船工业

新中国成立后，湖北省的航运部门全力修复船厂，抢修旧船，恢复航运，并对旧企业进行改造和扩建。武汉市轮渡公司于 1949 年 10 月成立修理厂。1950 年 2 月湖北省轮船公司成立，省航政局遂于当年 10 月将其所属宜昌机械厂迁至武昌，改建为湖北省航政局机械厂，专修局属船舶。

1985 年江苏省船舶工业公司主要船厂概况

表 88

厂　名	建厂时间	职工总数（人）	固定资产原值（万元）	主要机械设备		船台滑道		码　头	
				切削机床（台）	锻压机（台）	座	吨级	座	吨级
新华船厂	1955	1117	1566.0	72	2	2	5000	1	5000
镇江船厂	1950	1231	1377.1	93	3	2	5000	1	5000
无锡船厂	1956	1264	1255.8	102	4	1	60	10	200
						2	200		
江扬船厂	1961	878	1143.8	72	1	1	200	5	1000
						2	1000		
南京船厂	1958	773	539.6	31	2	3	1000	1	3000
红旗船厂	1958	1090	630.4	71	3	2	500	3	500
苏州船厂	1957	805	522.4	47	3	3	500	3	500
靖江船厂	1971	882	667.1	21	2	3	3000	1	1000
江阴船厂	1956	619	630.2	38	1	2	1000	1	3000
					2	2	3000		
口岸船厂	1972	1257	1070.0	56	12	2	1000	1	1000
						1	500		
合　计		9916	9402.4	603	33	28		27	

注：仅列出固定资产原值在 500 万元以上的船厂。

1952 年 8 月，机械厂更名为湖北省内河航运管理局修船厂，除添置机床设备外，又招聘了一批技术工人。1952 年，全厂职工 300 余人，修船 80 多艘，工业总产值达 50 万元以上。同年，武汉市轮渡公司修理厂改为市属船舶修配厂，有职工 245 人，修船 67 艘，总产值 35 万元。

“一五”时期，为适应内河航运发展，船厂除修船外，还大力从事造船。1953 年 1 月，省内河航运管理局修船厂建造了第一艘航行汉江下游的钢质客货船“沙洋”号。8 月，武汉市船舶修配厂建造了钢质渡船“轮渡 4”号。为了克服船厂之间生产忙闲不均现象，增强修造船能力，1955 年 12 月上述两厂合并成省交通厅内河航运管理局船舶修造厂。1956 年，船体装配逐步改用焊接代替铆接，改用 600 吨升船机代替人力绞车升船，并在生产中开展技术革新，提高生产效率，保证产品质量。“一五”期间共建造各种小型客货船、拖船、驳船和趸船 151 艘，总吨位 4174 吨，初步改变了运输船舶的落后面貌。1956 年，在木帆船运输业社会主义改造的基础上，武汉市建立水上运输公司船厂，省航运局建立罗家墩船厂和青山船厂，有的地、县也相应建立修船厂。1958年，湖北省在发展轮船运输的同时，还加强了对木帆船的技术改造，许多航运公司和乡镇兴办了木帆船修造厂。从1960年开始，各地水运企业将木帆船逐步改由机械动力推动，掀起了全省水运史上船舶动力的一次变革。

1958年，省交通系统各船厂除制造汉江浅水船外，还自行设计制造了行驶长江中游的“跃进”型船舶6艘以及“谷城”拖船、3000载重吨油驳各一艘。这些船舶投入营运后，改善了区域性客货运输，并使造船工业向汉江水域发展。1965年，湖北船厂抽调113名人员和设备，在沔阳组建汉江船厂，这是省属又一个较大的造船基地。1969年，为了发展长江中游各港间的短途客运，湖北船厂设计制造450客位双体轮渡船获得成功。1969年至1972年，由于国家钢材短缺，全省共建造水泥船282艘，15899载重吨，其中有拖船、自航驳、驳船和趸船等。从1971年开始，长期服务于省内水运生产的修造船工业，先后选定10余家基础较好的船厂，分别承担交通部、第六机械工业部和长江航运管理局的修造船任务。湖北船厂建造的1200吨汽油驳船，质量好，造价低，与其他省市同类产品相比，均居领先地位。1971年，湖北船厂建成横向高低轨机械滑道及其配套设施，可供总长80米、空船吃水2.8米、下水重量700吨的船舶上墩和下水使用。1976年，仅湖北船厂就建造1200吨汽油驳船30艘，长45.5米的客货船4艘，沿海港口交通船30艘，从而迈出了对外造船的第一步。同年，汉江船厂建成承重250吨的纵向滑道一座。

1979年后，湖北省水运工业进入了新的发展时期。各地、县船厂更新改造了木质船舶，变木质为钢质。这是继木帆船实现机械动力化后又一次重大技术改造。1979年至1983年，地、县水运企业建造钢质船舶33万吨，使钢质船舶所占比例由37%上升至74%。1981年至1984年，湖北、汉江、襄阳等10余家基础较好的船厂和船用配件厂，坚持勤俭办企业的方针，更新、改造并添置机具设备，推广新工艺和新技术，研制成功数控肋骨冷弯机，船体外板加工也由手工敲打改为机械成型与水火弯板。船舶上层建筑的焊接均采用二氧化碳气体保护焊。内场拼板从埋弧自动焊为主，向单面焊接双面成型拼中板、二氧化碳气体保护焊拼薄板的方向发展。对切割面积较大、线形较复杂的板材，采用了数控切割技术。管系制造安装用比例放样法代替样棒制作法，并配合管系放样推广管电（缆）放样工艺，合理地布置管道与电缆走向。在此期间，全省共造船24万吨，其中为省外造船7.2万吨，包括971千瓦拖船和长68.5米的客货船等船舶。1984年，在交通部内河运输优秀船型设计评选中，湖北船厂研制的16车渡驳船和221千瓦“武运”拖船获得设计二等奖；省航运公司汉江船厂研制的221千瓦汉江浅水推船获湖北省设计一等奖，272千瓦长江推船和35米长的甲板驳船获设计二等奖。截至1985年，全省交通系统分布在长江和汉江沿岸的船厂共有120多家，年生产能力可达10万吨。其中，100人以上的全民和集体所有制企业30家，能制造和修理各种钢质推船、拖船、客货船、自航驳船和驳船等内河船舶，工业总产值达6000万元以上。湖北省主要船厂概况见表89。

三、广东省的修造船工业

50年代初期，广东省原有的十几家私营小型修船厂得到恢复，但仅能承担20吨以下非机动船舶的修理和制造，生产能力很低。“一五”时期，在民主改革和公私合营的基础上，调整并合并小型修船厂，扩建了广州造船厂、广州船舶修理厂（即东塱船厂）、粤中船厂、汕头船舶修造厂和江门船厂等。1957年，全省交通系统有修造船厂15家，修造船工业复苏。但是，修造船工业仍然满足不了水运日益发展的需要，特别是500载重吨级以上船舶的修理和制造能力紧缺。为了壮大地区的修造船能力，国家除投资扩建黄埔船厂和新建文冲船厂外，还支持广东省在合并新中国机器厂和航运厅船舶保养厂的基础上，于1963年组建新中国船厂。1965年，省交通系统200人以上的修造船厂已有7家，职工人数达5354人，金属切削机床202台，工业总产值2103万元。

70年代，随着水运事业的发展，广东省又陆续新建了西江船厂、北江船厂和东江船厂，同时扶持一批地区航运局建设小型修造船厂和船舶保养场共计25家，以扩大地区船舶修理和制造能力。1980年，为统筹船舶工业生产和经营，经省人民政府批准成立了广东省船舶工业联合公司，其直属企

1985 年湖北省主要船厂概况

表 89

厂　名	建厂时间	职工总数（人）	固定资产原值（万元）	主要机械设备		船　台（座/吨级）	滑　道（座/吨级）	码　头（座/吨级）
				切削机床（台）	锻压机（台）			
湖北船厂	1950 年	1806	1990.0	101	14	2/2000、5/1800、2/1000	1/500	1/1100、1/1000、1/360
汉江船厂	1965 年	644	773.8	38	10	5/1000、8/800、2/400、1/200	1/250	1/1000、2/500
合　计		2450	2763.8	139	24			

注：仅列出固定资产原值在 500 万元以上的船厂。

业有新中国船厂、江门船厂、粤中船厂、西江船厂和广州船舶机械厂5家，并统筹珠江、斗门、道窑、东莞、新塘、惠州、湛江、顺德、鹤山、平州等20家船厂的生产经营，形成了布局较为合理、相互协作的生产体系。80年代以来，广东省船舶工业联合公司所属25家企业的生产建设稳步发展，随着改革、开放和搞活等项政策的深入贯彻，企业生产和经营逐渐活跃。1985年，职工总数达1.6万余人，固定资产原值超过1.3亿元，实现工业总产值1.2亿元。其中，公司直属的5个企业拥有金属切削机床408台，船台滑道24座，船坞和码头各6座（见表90），承担3000载重吨以下各类船舶的修理和制造，以及6180型柴油机的制造和各类船用配件的生产。1985年，广东省船舶工业联合公司直属企业完成工业总产值6406.24万元，其中造船4827.04万元，修船544.64万元，造机131.92万元（见表91）。适销对路的产品逐年增多，质量也有明显提高。其中，442千瓦拖船、琼州海峡渡车船、140载重吨活鱼运输船、开底泥驳船、集装箱运输驳船分别获得国家或省的奖励；6180型船用柴油机的气动遥控装置曾获1978年全国交通科技大会表彰，6180型系列柴油机通过国家级鉴定。

1985年广东省船舶工业联合公司主要船厂概况

表90

厂　名	建厂时间	职工总数（人）	固定资产原值（万元）	主要机械设备		船台滑道		船　坞		码头（座）
				切削机床（台）	锻压机（台）	座	吨级	座	吨位	
新中国船厂	1963年	2600	2798	102	45	12	500	—	—	1
江门船厂	1954年	1300	1446	80	29	2	600	3	600	2
粤中船厂	1954年	1100	1244	50	14	9	50 170	3	500	3
西江船厂	1967年	800	942	59	12	1	350	—	—	—
广州船机厂	1979年	510	574	117	7	—	—	—	—	—
合　计		6310	7004	408	107	24		6		6

注：仅列出固定资产值在500万元以上的船厂。

“六五”期间广东省船舶工业联合公司直属厂主要生产指标

表 91

项目 年度	工业总产值（万元）					创外汇（万美元）	全员劳动生产率（元/人·年）
	合　计	造　船	修　船	造　机	其　他		
1981	5507.56	4467.56	615.58	120.00	304.42	420.00	8142
1982	6022.49	4921.88	484.16	108.00	508.45	620.00	9230
1983	6056.12	4773.18	629.39	93.60	559.95	355.00	9385
1984	6279.58	5048.82	595.84	96.00	538.92	735.00	9454
1985	6406.24	4827.04	544.64	161.92	902.64	380.00	9850

四、安徽省的修造船工业

1963 年 1 月，安庆内军械所的徐寿、华衡芳、吴加廉、龚云堂和徐建寅等工程技术人员设计并制造了长约 9.6 米的木壳蒸汽机轮船雏形，进而在南京建成船长 18.33 米（55 尺）、由单缸（直径 1 尺）蒸汽机驱动的明轮船舶。船体为木质，满载排水量 25 吨，1866 年在南京下关长江水面试航成功，顺流时速约 14 公里/小时，逆流时速约 8 公里/小时，命名“黄鹄”号。这是中国建造的第一艘轮船。

新中国成立后，安徽省的修造船工业获得新生。1954 年以前，省人民政府致力于医治战争创伤，恢复了蚌埠、芜湖、安庆等地的船厂生产，修复旧船和建造木质驳船，为内河航运充实运力。此外，还为矿山和农业等方面提供简单机械产品。此后，修造船工业经历了调整。1954 年，原芜湖铁工厂划归一机部船舶工业局领导，改称江东船厂。同年，全省交通系统 200 人以上的全民所有制船厂两家，即蚌埠船厂和江风船厂，有职工 810 人，金属切削机床 49 台，完成工业产值 240.12 万元。此外，尚有在 1958 年前后建立的 20 家集体所有制小型船厂。1980 年以来，安徽省内河航运呈现出新的繁荣景象，集体所有制企业和个体专业户迅速增多，涌现出一批小型修造船厂。1984 年，全省交通系统有全民所有制船厂 6 家，集体所有制船厂 38 家，职工 6393 人，完成工业总产值 4257 万元，其中修船 488 万元，造船 65222 吨。蚌埠船厂和巢湖船厂不仅是省交通系统的两家最大船厂，也是技术水平较高、锐意开拓和贡献较大的企业。此外，中国船舶工业总公司的芜湖造船厂、先锋机械厂、安庆船用柴油机厂、安庆船用电器厂，长江轮船总公司的江东船厂和上海海运局的荻港船厂等，也都为发展安徽省的航运事业贡献了力量。据统计，在安徽省境内，各部门的59家修造船企业，36年来除承修各类船舶外，累计造船75.7万吨（其中交通系统船厂造船38.5万吨），约占全省民用运输船舶保有量的94%。主要船舶产品有内河客货船、拖船、驳船汽车渡船、挖泥船、交通船、玻璃钢侧壁式气垫船，以及机床和船用齿轮箱等机电产品。

五、四川省的修造船工业

修造船工业在四川省占有重要的地位。1949年年底，人民政府将原民国政府的军政部船厂和交通部船舶修造厂接管后，经过整顿和改组，建立了川江船舶工厂，由西南区交通部航务管理局领导。1954年，船厂划归四川省交通厅领导。“一五”期间，船厂曾制造船用蒸汽机、锅炉和辅机，并修理和建造钢质船舶。1981年易名重庆船厂，1983年改由重庆市领导。重庆船厂是四川省的中心船厂，设有450吨浮船坞1座、1000吨级船台3座和斜坡滑道5条，主要产品有588—882千瓦拖船、600客位客船和40—70米趸船，还担负过海军600吨浮船坞的建造任务，1984年建造了54客位的气垫船和国内第一艘300升采金船。

“二五”时期，四川省的修造船工业发展较快，着重于增大修造钢质船舶能力。1964年，为了配合攀枝花钢铁公司的建设，兴建了鱼砟修造船厂。1965年，船厂迁建并改称渡口船舶修造厂。同年，在长江和岷江交汇口兴建了省属宜宾造船厂，主要承担岷江、长江区域的船舶修造和6135型柴油机的制造任务。

1966年，全省已有修造船企业31个，其中省属全民所有制船厂2个，地、市、县属全民所有制船厂2个，轮船公司所属船舶修理厂（所）2个，集体所有制船厂1个，集体所有制船运公司的船舶修理厂（所、站）合计21个。从1969年在涪陵召开木船机动化现场会后，修造船工业的建设规模更加扩大，主要项目是宜宾造船厂第二期扩建工程。1975年以来，宜宾造船厂相继建造了泸州天然气化工厂的产品运输船、882千瓦拖船和500吨钢驳船以及

88—441 千瓦拖船和 500 客位客船。宜宾造船厂和泸州驳船厂等还建造了运输尿素的专用船舶。

1976 年至 1980 年，经各类船厂的努力，全省木质运输船舶基本实现了机械化，机动船达 1188 艘，主机功率 129751. 84 千瓦。

1980 年以来，国民经济贯彻“调整、改革、整顿、提高”的方针，基本建设规模压缩，修造船工业主要是挖掘生产潜力，进行技术改造。1984 年，全省船舶修造厂（站）共计 52 个，其中全民所有制 10 个，集体所有制 42 个，职工合计 1. 5 万人；造船 5 万余吨，修船 3000 余艘，完成工业总产值 5000 万元。按其分布，长江沿线 12 个，嘉陵江沿线 8 个，岷江沿线 6 个，渠江沿线 4 个，沱江 7 沿线 4 个，乌江沿线 3 个，涪江和金沙江沿线各 2 个。

六、山东省的修造船工业

山东省的修造船工业始建于 1957 年，其标志是济南船舶修造厂的建立。此后，黄河、卫运河、济宁等航运局均建立船舶修造厂，各县、市也纷纷组建修船厂（站）。60 年代和 70 年代初期，又分别建立了威海船厂和青岛船厂，增强了海船的修造能力。1984 年，省交通系统修造船厂共计 15 家，其中省交通厅直属的有威海船厂、青岛船厂、小清河航运局船舶修造厂和黄河航运局船厂，均为集体所有制企业，县、市交通部门管理的济宁航运局船厂和鄄城县航运公司船厂为全民所有制企业，其余的 9 家均为集体所有制企业。各修造船厂完成工业总产值 1954. 02 万元，其中修船 655. 47 万元，建造钢质船舶 37 艘、4230 载重吨，水泥船 77 艘、4070 载重吨。

威海船厂的前身是威海机床厂，1961 年建成一座载重 300 吨的转盘式滑道连同 4 座船台和船体、舾装、放样、轮机、铸工、锻工和热处理等生产车间。20 余年来，船厂产品不断创新，产量逐年增长。1963 年只能建造主机功率分别为 44 千瓦、88 千瓦的小型木质渔船，1964 年即开始建造沿海钢质船舶，1966 年 11 月建成一艘 89 载重吨的钢质双体渡船，1977 年建成 1000 载重吨级沿海货船，1980 年又为在莱州湾开展顶推船运输，成批建造了功率 368 千瓦的顶推船和 800 载重吨驳船。1982 年，船厂调整生产布局并进行第二期扩建工程。1985 年，威海船厂已成为山东省沿海船舶的修造基地，拥有船台 9 座，船排 9 座，门座起重机 3 台（最大起重量 25 吨）；金属切削机床 73 台，锻压设备 18 台；职工 1200 人，全员劳动生产率 1 万元/人·年，完成工业总产值 1200 万元以上。

第八节　主要船舶设计部门

一、长江船舶设计院

1951 年，交通部河运总局成立设计科，1955 年将公私合营民生实业公司设计科的部分技术人员并入（另一部分并入长江航运管理局），1956 年改为交通部水运设计院船舶设计分院。不久，在张文治总工程师主持下完成了国内首批建造的 368 千瓦（500 马力）双联双胀蒸汽机拖船设计任务。1957 年 6 月，设计通过部级鉴定并由新港船厂成批建造计 30 余艘，这是 60 年代长江中下游拖驳运输船队的主力。1958 年夏交通部水运设计院撤销后，改称交通部船舶设计院，业务范围扩及港口机械设计，60 年代初期曾易名为交通部水运工业设计院。

1965 年 5 月，交通部船舶设计院由北京迁至武汉，并与长江航运管理局科研设计院合并，定名为长江船舶设计院，主要从事长江和其他内河以及沿海的船舶、港口起重运输机械的设计研究。1985 年，全院职工约 500 名，其中高、中级工程技术人员近 200 名，分布在船舶设计与制造、船舶动力装置、船舶电气、甲板机械、起重运输机械和电子计算机站等生产科室。

35 年来，长江船舶设计院为内河和沿海设计了各种类型的客船、客货船、推（拖）船、油船、工程船、污油废水处理船、浮船坞等 500 多项，已建造并投入营运的船舶达 1000 余艘。此外，还设计了各类港口起重运输机械和船舶甲板机械等。1978 年以来，长江船舶设计院深入改革，不断创新，8 年共计完成船舶、配套产品设计、科研、标准等任务 600 余项，有 80 余项更新换代产品设计和 20 余项科研、标准成果获得部、局级嘉奖，1984 年即有 4 项内河船型获交通部内河运输优秀设计一等奖，有 11 项获二等奖。1985 年，纵流消波压浪船型和几种新尾型获国家科学进步二等奖励。

二、上海船舶设计院

1961 年，交通部将上海船厂的设计科扩建成为上海海运局船舶设计院，1963 年改为交通部上海船舶设计院，主要承担海洋运输船舶的设计。1982 年 5 月，上海船舶设计院划归中国船舶工业总公司，改称上海船舶设计研究院。

20 年来，上海船舶设计院在交通部的领导下发展壮大，为开发新船型和提高运输船舶的技术水平做出了贡献，共计完成各类船舶的设计 200 余项，已建成的有 500 余艘、近 200 万载重吨，获国家、交通部重大科技成果奖 25 项。1968 年设计的 1911 千瓦（2600 马力）双机单桨可调螺距打捞救助拖船和与马尾船厂共同设计的 3000 载重吨级沿海钢丝网水泥船，均属国内首创。1970 年 2 月与王家渡航修站完成“7021”钢质浮船坞设计建造，1971 年 8 月又与第三航务工程局合作完成了国内第一座万吨级钢筋混凝土“钟山”浮船坞的设计和建造。此后又连续完成“黄山”、“庐山”、“华山”、“长山”4 艘 1 万—2. 5 万吨级浮船坞的设计和建造任务，一举成为中国浮船坞设计的权威，并为迅速提高中国船厂的坞修生产能力立下了汗马功劳。

1972 年年底，上海船舶设计院总结船舶营运经验，精心设计，并在江南船厂的密切合作下，仅用 6 个月的时间即完成了 1. 6 万载重吨沿海矿、煤船的设计。随后成批建造了 26 艘，船舶各项性能都达到设计要求，营运效果显著，成为沿海煤、矿运输的主力。1973 年设计的新型连烟线客货船“天山”号和“天华”号，由新港船厂建造，营运效果良好，是沿海优秀船型之一。此外，综合地方沿海小型货船的特点，专门设计了 500 载重吨级沿海货船。这些船舶已成为批量建造的简统船型之一。1979 年与交通部船舶运输科学研究所、山东省航运局合作设计建造的莱州湾海河顶推船组（由 368 千瓦推船和 800 吨驳船组成），经济效益显著，获 1980 年交通部科技成果二等奖。同年为青岛黄岛电厂设计的短程自卸运煤船，营运两年即全部收回建造投资，深受电厂欢迎，获国家技术进步三等奖。2 万载重吨级散货船设计获 1985 年部级重大科技成果奖。在船舶设备和装置设计中，SB3 船舶机舱检测报警装置、YTV－150C 型船用压力传感器和大件运输浮箱均获 1981 年交通部科技成果三等奖。

在开发沿海船舶的同时，上海船舶设计院还潜心于近洋和远洋运输船型的科研设计。其中 5000、7000 载重吨级近洋货船，1.5 万载重吨级、3.5 万载重吨级远洋货船等均为中国的基本船型。“六五”期间又设计出 15 种船型，已建成的船舶达 107 万载重吨。

为了改善设计手段和提高设计质量，上海船舶设计院于 1973 年开始应用电子计算机技术。1978 年以来，还与上海交通大学、六机部 11 所等合作，编制了干货船和多用途船的设计集成程序，可以根据设计任务优选船型主要技术参数、船体线型和主要结构图等。

第十三章
港机修造和其他水运工业

第一节　港机修造工业

港机（港口装卸机械的简称）是在港口用来完成船舶和车辆的货物装卸，库场货物的堆码、拆垛和转运以及舱内、车内、库内作业的起重运输机械，它是现代港口不可缺少的设备。港机修造工业的主要任务是为港口装卸机械化生产服务。

中华人民共和国成立初期，沿海主要港口的装卸机械为数甚少。1952 年，大连、秦皇岛、天津、青岛、上海、广州 6 大海港仅有各种装卸机械 176 台，其中大部分设备相当陈旧，有些已残破不堪。机械操作比重很小，大连港曾为 15.71%，其他港口均在 5.3% 以下。各港口的装卸作业除利用船上吊杆进行货物进出舱作业外，基本上都是依靠人力。一些港口虽然建立了机械维修组或维修车间，但设备陈旧，数量亦极少。至于内河港口，则装卸作业基本仍是采用箩筐杠棒，依靠肩挑人抬。

1954 年，各港口在基本完成民主改革和业务调整的基础上，逐步开展了以流动机械为主要内容的装卸机械化，修复原有残旧机械设备，并陆续增添各种流动机械。当时从国外（主要是苏联和东欧各国）购买了叉车、搬运车、汽车起重机和门座起重机，如苏制 4003 型 5 吨叉车、04 型电瓶搬运车、K51 型 5 吨汽车起重机和匈制 GANZ（岗茨）5、10 型门座起重机等，仅 1 年时间即增添小型流动机械 360 余台。到年底沿海 6 个主要港口共有装卸机械 569 台。

机械化的发展，要求建立机械管理机构、培训技术干部和加强维修保养工作。根据生产需要，采取脱产培训、在职学习和师傅带徒弟等方式，培养司机和维修技术工人近500名。1956年，随着机械工业的发展，各主要港口开始增添国产履带式起重机、链板式输送机和电瓶搬运车。在此期间，还给新建、扩建或恢复的湛江、黄埔、裕溪口等港提供了新型的装卸机械设备。

50年代末，除少数装船的大型煤炭、矿石专业码头采用散货输送机械系统外，其他主要沿海港口的大部分装卸作业，均采用以船舶起重机械为主、流动搬运机械为辅的机械化系统，而各主要内河港口的大部分装卸作业，则采用以输送机为主的机械化系统。有些河港因水位差较大，开始使用浮式起重机（又称起重船）和缆车系统。在“一五”期间增添的装卸机械如牵引车、搬运车、皮带输送机等，主要解决了装卸过程中占用劳动力最多的水平搬运作业，而货物的起舱、平舱和码垛等仍以人工操作为主，特别是舱内、库内和车内的货物作业更为繁重。

从50年代末到60年代初，开展了技术革命和技术革新的群众性运动。在“自力更生、土洋并举”的方针指导下，各港口职工研制了一批装卸机械，改善了竖向装卸作业条件。如上海港的“船吊卸煤抓斗”、青岛港的“蟹爪扒煤机”、大连港的“辘辘吊”、秦皇岛和天津两港的牵引铲、圆盘平舱机等，使港口货物装卸机械操作比重明显提高。但由于维修力量不足，机械失修失养，加之“双革”产品质量差、寿命短，因此机械完好率普遍下降。

港口装卸的货物种类多，且要求连续作业，因此需要装备品种齐全、性能优良、经久耐用的机械设备。但是，机械工业部门制造的通用起重运输设备难以满足这些要求，国家外汇又很困难，进口设备来源极少。于是，交通部不得不着手建立自己的港机制造工业。

1960年1月，根据第二次全国人民代表大会第一次会议第十七号《关于从速建立港口码头起重机械制造厂》的提案，国家计划委员会同意建设上海和武汉两个港口机械制造厂。交通部随即决定将上海白莲泾船舶修理厂改建成上海港口机械制造厂，这是中国第一家港口机械制造厂。1964年，交通部将原船舶设计院港机设计室成建制地并入工厂，以充实其设计力量。1966年10月，交通部决定在湖北省宜昌市新建红光港口机械制造厂，主要生产小型电动起重机、轮胎起重机、非标准皮带输送机等。1968 年 5 月，交通部决定将武汉港港机修造厂扩建为武汉港口机械制造厂，将南京港港机修造厂扩建为南京港口机械制造厂，还决定在上海港机械修造厂扩建制造车间。1969 年，交通部又在四川省江北县新建川江港口机械制造厂，由上海港口机械制造厂援建。1972 年，交通部将广州港务局港机厂扩建为广州港口机械制造厂。此外，还扩建了沿海主要港口的机修厂，使之除承担本港装卸机械的修理和配件制造任务外，还具有制造部分港机和大型工属具的能力。

到 1975 年，交通部已有 7 个港口机械制造厂（上海、广州、川江、红光、武汉、南京和安庆）、1 个以维修配件和制造港机为主的港机修造厂（上海港机械修造厂）和 2 个配套产品生产厂（武汉电机厂和九江轴承厂），工业生产总值达 6350 万元，各类港机产品 809 台。在此期间，各地方政府纷纷扩建或改建为地方港口服务的港机修造厂（站），交通部则在资金、物资和技术力量方面给予必要的支援，并将部分产品列入生产计划，如湖南省的长沙装卸机械厂、广东省的广州港芳村作业区机修厂、山东省的德州装卸机械厂、江苏省的苏州装卸机械厂等。交通系统的港机工业和机械工业部门的起重运输机械制造业相辅相成，可为各港口提供各种传统的货物装卸机械。

1979 年国民经济实行“调整、改革、整顿、提高”方针后，港口对传统装卸机械的需要量减少，各港机制造厂的生产任务普遍不足。武汉电机厂和九江轴承厂（后改为钢窗厂）生产的配套件（电机和轴承）由过去的供不应求变为生产过剩；同时，港口对装卸机械的需要已侧重于发展大型高效率的散货装船和集装箱装卸机械。机械工业部门生产的通用起重运输机械开始进入港口市场，国外进口的装卸机械大量增加，随即形成了竞争的局面。因此，进一步改善经营管理，调整产品结构，提高产品质量，大力发展港口需要的新机型、新品种，增强在国内外市场上的竞争能力就成了港机工业发展的关键所在。各港机厂相继进行整顿，开展全面质量管理，积极生产集装箱装卸系统设备和大型散货专用设备等急需产品，改善服务。上海港口机械制造厂与交通部水运科学研究所合作，于 1979 年研制出国内第一台 40 吨岸边集装箱装卸桥，随后又研制出集装箱轮胎龙门式起重机；广州港机制造厂试制了3吨舱内叉车和改进型2000公斤牵引车、JD40型正面吊运机；南京港机制造厂试制了MQ5－25型门座起重机，为发展新产品开拓了道路。各港口的港机修造厂（站）以保养和修理为主，兼造一些生产急需的新产品。如大连港机械修造厂制造了CPCD5型万能装卸机（叉车）和DCQ20型拖头等；秦皇岛港机械修配厂制造了7、8、9号泊位的装煤机械。1985年，交通部直属港机厂的产品均投入批量生产，工业产值达9303万元（见表92）。

1985年交通部直属港机厂概况

表92

厂　名	总产值（万元）	职工总数（人）	设　备（台）	
			机床	锻压
上海港机厂	4588	3920	417	46
广州港机厂	1402	902	163	19
川江港机厂	1026	1148	136	19
红光港机厂	1090	1020	169	17
武汉港机厂	532	952	133	11
安庆港机厂	160	145	28	3
南京港机厂	505	597	88	9
合　计	9303	8684	1132	124

80年代，港机工业在贯彻改革、开放和搞活等方针中，生产有了新的发展，品种增多，质量提高，1981年至1985年，工业总产值每年平均以19.6%的速度增长。1985年，港机工业可以生产起重量达150吨的各种门座起重机、2—10吨叉车、2万牛牵引车、5—25吨轮胎起重机、3—500吨浮式起重机以及集装箱起重机、轮胎式集装箱龙门起重机、集装箱底盘车和大型煤炭装船机等；已经出口的产品有150吨门座起重机、30吨门座起重机和集装箱底盘车等；与国外厂家合作生产的产品有轻型岸边集装箱起重机、500吨定臂式浮式起重机、6000吨/时煤炭连续装船机、1200吨/时煤炭卸船机系统等，并研制出集装箱正面吊运机。交通系统港口机械制造已形成按专业分工协作生产，科研、设计、制造相结合的工业体系，在发展过程中，还培养、充实了一支科研设计力量。交通部水运科学研究所设有港口起重机械、输送机械、电气

与自动化三个研究室，专门从事装卸机械和系统的研究。武汉水运工程学院和上海海运学院设有港口机械系，培养港机科研、设计、制造和管理人才。交通部还在这两个学院设立港机产品检测站。长江船舶设计院设有港机设计室，主要从事长江内河港口装卸机械产品设计。各港机厂均设有设计室，从事本厂港机产品的开发和设计。上海港机厂拥有雄厚的技术力量，能承担各种港口装卸机械产品的设计和研制。近年来，科研、设计和制造部门紧密配合，在消化吸收国外先进技术和开发新产品方面，迈出了新的步伐。联合研制的岸边集装箱起重机、轮胎式集装箱龙门起重机、集装箱正面吊运机等新产品相继投入使用，填补了国内港机产品的空白。

从 1960 年至 1985 年，港机制造工业为港口提供了各类装卸机械约 5000 台，其中门座起重机 466 台，牵引车 1247 台，轮胎起重机 519 台，叉车 1893 台，浮式起重机 117 台；还提供了相当数量的抓斗、电磁吸盘、平板车等大型工属具。

第二节　主要港机厂简况

一、上海港口机械制造厂

上海港口机械制造厂于 1960 年 1 月建设，同年将鸿翔兴船厂的港机车间并入，1964 年又将江苏省交通厅所属上海周家渡船厂并入，生产能力得到充实。1969 年，上海港机厂已成为初具规模的大型港口机械制造厂，可为国内外港口建设提供专用起重机械，同时还利用原有修船设施，承担一部分修船任务。1973 年，根据国家港口建设发展规划，交通部决定继续扩建，并将其改为直属企业。

上海港口机械制造厂拥有较先进的生产设备和较强的生产能力。厂内具有 60、80、150 吨门座起重机等大型起重和安装设备；加工直径为 10 米的立式车床，加工长度 8 米、宽度 2. 8 米的刨床，镗杆直径为 125 毫米的落地镗床，加工直径 5 米、模数为 40 的滚齿机等各类金属切削机床；2 吨单臂自由锻锤、300—500 吨油压机和加工厚度为 45 毫米的四辊轧床等锻压设备；14

米刨边机、八头数控切割机和切割厚100毫米钢板的十头光电跟踪切割机等刨边、切割设备；在热处理方面则有功率75千瓦的离子氮化炉、160千瓦的中频淬火炉和5米直径工件的表面淬火设备。

上海港口机械制造厂从1960年8月试制国内第一台港口专用5吨门座起重机到1985年，主要产品可分为三大类：

1. 起重机械类：5—150吨门座起重机13个品种，合计制造379台；3—500吨浮式起重机8个品种，合计制造31台（其中3—15吨的主要用于内河港口，60—500吨的主要供海港用于装卸重大件货物）；5—25吨轮胎起重机3个品种，合计制造248台，其中16吨的222台。

2. 搬运机械类：叉车、牵引车和平板车等9个品种，合计制造2531台，其中5吨叉车2个品种，1252台。

3. 大型专用机械类：从1978年至1984年共研制和生产40吨岸边集装箱起重机10台，40吨轮胎式集装箱龙门起重机12台；散货装卸船机械7个品种，合计制造14台。1985年还制造了40吨/小时吸粮机、16吨门座式抓斗卸船机（又称带斗门机）和1200吨/小时、3000吨/小时链斗式卸船机。

上海港口机械制造厂自建厂以来已向6个国家和地区出口产品7种，16台，总产值在1600万元以上。其中有为援建马耳他30万吨干坞提供的150吨和30吨门座起重机（工作幅度45米和60米），有为援建毛里塔尼亚“友谊”港提供的10吨港口专用门座起重机2台（工作幅度30米），受到用户称赞。近年来，为引进国外先进技术，以提高产品的竞争能力，上海港机厂与日本国的厂商联合制造大型新式产品：1982年与日立公司合作制造30.5吨轻型集装箱装卸桥，用于上海港集装箱码头；与北井制作所合作制造500吨固定式起重船一艘，用于天津港；从1983年起，与三井三池公司合作制造6000吨/小时煤炭装船机，用于石臼港。从1984年起，又与日立公司合作，为黄埔港磡头西基煤炭码头设计制造成套装卸船机械和堆场机械，包括300吨/小时的装船机、500吨/小时的卸船机以及堆料1500吨/小时、取料1000吨/小时的大型堆取料机和装车机等。

二、广州港口机械制造厂

广州港口机械制造厂（简称广州港机厂）成立于1968年12月，由广州海运局领导，1970年曾一度改由广东省领导，1980年改为交通部直属企业。广州港机厂于1969年至1970年主要制造简易起重机和属具，如“少先吊”、皮带输送机、平板车等；1971年制造牵引车成功并开始批量生产，同年自行设计2台QL5型5吨轮胎起重机，还生产了牵引车等的配套件高压油泵；1975年与上海港口机械制造厂联合设计3CS舱内叉车，1977年试制成功。随着集装箱运输的发展，1980年试制成功集装箱底盘车后即小批量生产。从1983年开始，承担木材装载机的装配任务。

从1969年到1985年，广州港机厂共生产各类装卸机械2452台，其中牵引车794台，叉车422台，集装箱底盘车350台，各类起重机45台。另外，还生产了各种减速器2500余台，油泵1700余台。集装箱底盘车，不但供交通部所属企业使用，而且供应了地方其他部门。1984年，广州港机厂开始研制国家重点攻关科研项目JD40（B75）正面吊运车，于1985年11月通过国家鉴定。此外，还与香港招商局合资经营中国蛇口港机制造股份有限公司，开拓国际市场。

三、川江港机制造厂

川江港机制造厂是1969年决定兴建的国家重点建设项目，1980年正式投产。厂区位于重庆市郊鱼嘴，属长江航务管理局领导。全厂拥有金属结构、金属加工、船体、装配、设备维修、金属热处理、铸造、锻压8个生产车间以及公用和辅助设施，主要生产任务是为长江中上游港口生产浮式起重机、缆车、桥式起重机和驳船等。截至1985年，共生产3—300屯各型浮式起重机21座，5—10吨桥式起重机11台，减速器129台，750吨和1500吨驳船12艘，三用工作艇4艘，制革转鼓40台，卧式锚机95台。

四、红光港机制造厂

红光港机制造厂位于宜昌市，1967 年 7 月 22 日动工，1977 年建成，隶属长江航务管理局领导。根据建厂任务书规定，全部建成试生产一年后，总产值为 500 万元；主要产品产量为 495 型柴油机 50 台、2 吨叉车 30 台、3—5 吨缆车 10 台、5 吨流动起重机 60 台、配件和属具产值 50 万元；职工 600 人，劳动生产率为 9000 元/人·年。在建设过程中，1970 年即试制第一台 16 吨轮胎起重机，1973 年形成批量生产能力，1979 年创产值 795.2 万元。工厂生产实行科学管理，“批量生产一代产品，试制一代产品，研究一代产品”，使产品得以及时更新换代。质量管理和检验人员占全厂职工的 2.6%，制定了完整的管理和检验制度，严格执行有关国家标准、部颁标准、厂级标准和其他企业标准。全厂拥有各类设备 672 台，基本形成了港机制造的配套生产能力。建厂 18 年来，16 吨轮胎起重机更新 5 种型号，共生产 377 台；同时生产了 J25 型集装箱 1004 个、3—10 吨轮胎平板车 192 台以及其他产品。1984 年 11 月，红光港机制造厂成为长江水运企业中第一个一次验收合格的单位。在 1983 年和 1984 年两年中，先后获得长江航务管理局授予的“1983 年经济效益显著单位”和交通部授予的“1984 年全国交通系统提高经济效益成绩显著单位”的称号，成为全国交通系统 52 个先进单位之一。

五、南京港口机械厂

南京港口机械厂是 1969 年在南京港修配厂的基础上扩建而成的，隶属南京港务局领导，是长江航务管理局定点生产港口装卸机械的专业厂。全厂拥有铸造、冷焊、金工、装配、内修、维修 6 个生产车间，主要产品有 F53－18 型 3—5 吨浮式起重机、5 吨 MQD5－25 型门座起重机、牵引力 2 万牛 NQ18 型牵引车、3—40 吨系列平板车以及各种规格的集装箱装卸桥、皮带机、卸煤机、联合卸车机等。1972 年至 1984 年，生产各型装卸机械共计 1200 余台，其中浮式起重机 108 台，牵引车 290 台，门座起重机 16 台，平车 805 台，堆煤机 3 台，装煤机 1 台，联合卸车机 1 台，皮带机 1 台，集装箱装卸桥 1 座。

六、大连港机械修造厂

大连港机械修造厂是于1950年在大连埠头局机械修理所的基础上扩建而成的，生产设施较为齐全、配套，生产能力不断扩大。

50年代初期，大连港机械修造厂主要维修旧有的电动车、牵引车和皮带机等简单装卸机械。“一五”期间，开始中修汽车、叉车等设备。1958年，开展技术革新，制造了不少使用效果较好的装卸运输工具。随着工厂的扩建，自制了一些生产设备。到1962年，已能大修叉车、汽车、拖头、柴油起重机、门座起重机、机床和装煤机、抓煤机、翻车机等大型专用设备。70年代特别是三年大建港后，进一步贯彻“修造并举”的方针，着重于技术、设施上的改造，对四五十年代的老旧设备，采取购置和自制的办法进行更新。1975年以来，先后制造剪板机、夹板锤、800吨压力机、C630车床、工具磨床、大型清洗机、大功率电机试验台等共64台，同时制造了一批部、局急需的装卸机械、设备和专用工具，如柴油起重机、CPCD5型万能机（叉车）和DCQ20型拖头。其中柴油起重机和获辽宁省科技奖的输油臂，1983年作为新产品在北京全国工业展销会上展览；为大连叉车厂制造的真空泵，装在出口叉车上，销往国外。

1979年以来，大连港机械修造厂贯彻“调整、改革、整顿、提高”的方针，推行经济体制改革，落实多种形式的经济责任制，使各项工作更上一层楼，从只能大修国产机械到能够修理从日本进口的TCM系列叉车、小松叉车和KATO起重机。同时，在确保国家计划的前提下，发挥优势，开展多种经营。几年来，计划外产值连续占总产值的30%以上，年年全面超额完成国家计划，使工厂从过去的单纯生产型逐渐转变为生产经营型。

第三节　潜水装备制造工业

旧中国没有潜水装备制造工业。新中国成立后，为了适应打捞沉船和疏通航道的需要，1951年上海中国打捞公司由10余名工人组建了维修小作坊，并扩建为潜水衣具和机具修理所，1955 年生产出第一批胶管供气式潜水装具。1957 年，修理所扩建为打捞机具修造厂，翌年有职工 120 人，设备 21 台。1971 年 2 月，打捞机具修造厂分为上海潜水装备厂和上海救捞局航修站两部分。当年，上海潜水装备厂已能生产成套的潜水装具，除供应国内外，还远销国外。1972 年，设计并制造了 69 – Ⅲ型轻潜水装具，又在海军等单位协助下，制成头盔式氦氧深潜装具，技术性能优于国外同类产品。此外，还生产了 SHG – Ⅰ型水下焊割开关、QDS – Ⅰ型体育竞赛潜水装具、YY – Ⅰ型医用吸氧器和 TQ 型坦克潜渡呼吸救生器等。到 1978 年，中国已具备了制造人工潜水装具的系列生产能力。

1978 年，芜湖潜水装备厂建成投产。潜水装备制造工业又开发了潜水减压舱系统大型产品。与此同时，各救捞局也充实和加强了设备维修能力。

在调整和改革中，上海救捞局将上海和芜湖两个潜水装备厂归入组建的上海潜水装备工业公司。公司生产经营的产品分为 4 类、30 个品种：（1）潜水工作人员维持生命用的呼吸器类；（2）救生和防护用的呼吸器类；（3）水下工程作业工具类；（4）各种潜水、救生衣类。这些产品已广泛用于海洋工程、救助与打捞、桥梁施工、水库电站建设、水产养殖和体育娱乐等领域，用户达 700 余家。此外，产品还远销港澳，东南亚、非洲、东欧和北美 10 多个国家和地区，受到用户的欢迎。近年来，为了提高产品的技术水平和开发新产品，公司重视国内外科学技术交流和生产协作，与国内化工、冶金和仪表工业 30 多个工厂建立配套生产关系，并与美国、联邦德国、法国、英国等国同行进行互访。

上海潜水装备厂 1980 年研制生产的 HZK – 7 型消防空气呼吸器，获得公安部 1983 年颁发的科技成果二等奖；1983 年研制成功保温救生衣、轻型氦氧潜水装具和自动气胀式救生衣；1984 年设计的 FD – LK 限速装置获国家科技成果发明奖四等奖。随着潜水科学技术的发展，中国潜水装备制造工业已具备研制水面遥控潜水机械装备的能力，并将为潜水作业向深度和广度发展提供良好的技术装备。

第四节　航标制造工业

中国有两个航标制造工厂——上海航标厂和南京航标厂。

上海航标厂是在原上海航标修理工场的基础上发展起来的，1949 年仅有职工 20 余人，生产灯器、零配件并承揽航标修理保养工作。50 年代生产煤油灯芯航标灯和直径 1080 毫米的浮筒，研制成功乙炔航标灯、117 型闪光仪并仿制六分仪。此后又研制成功电动闪光仪、换泡机、闪光灯、笛浮标以及大、中型雾号和各式灯桩。1959 年全国航标实现电气化后，先后研制和应用半导体闪光灯、卤钨灯。70 年代制造大型灯塔的灯笼和旋转牛眼透镜。1972 年试制成功硅太阳能电池航标灯，先后装用于天津港的灯浮标以及吴淞口和曹妃甸的灯桩，获得 1978 年交通部颁发的全国交通战线重要科技成果奖。为了开辟航标新能源，1979 年试制成功 50 瓦航标风力发电装置，装用于珠江口舢舨洲、金锁牌两灯塔，效果良好，获得 1980 年交通部颁发的科技重大成果奖。同年制成螺旋形 3000 瓦定光氙灯，用于花鸟山灯塔，灯光射程达 26 海里。1980 年研制成功金属气体放电 1000 瓦钠铊铟灯，次年装用于硇洲岛灯塔，灯光射程亦为 26 海里。1982 年制成四阀冲动涡轮式波力发电装置。同年为连云港设置外航道导标时，曾对灯光采用无线电遥控装置。1985 年，全厂职工 551 人，工业总产值 1016 万元，全员劳动生产率 10986 元/人·年。

南京航标厂是为适应内河航标生产的需要于 1958 年成立的。从生产煤油灯一直发展到生产透镜直径为 75、95 毫米的白炽航标灯，半导体霓虹灯，150、200 毫米半导体闪光灯，以及各种浮标、岸标。产品已由单一的航标器材发展为航标、灯器和船舶配套设备三大类。中国航标除自给外尚有少量出口。1956 年曾向朝鲜民主主义人民共和国出口乙炔灯，1964 年曾向越南民主共和国出口透镜、乙炔灯等，1985 年又向毛里塔尼亚伊斯兰共和国出口各式浮标、灯器以及灯塔的灯笼。

第四编

水上安全监督和航行保障

第十四章
水上安全监督

水上安全监督，是交通运输管理工作的有机组成部分，也是行业管理的一项重要内容。

在1950年完成接管国民党政府航政局和海关的有关航务行政管理后，以原航运企业总船长职务为基础，在沿海港口设置港务监督，在海运企业内设置海务监督；在交通部直属内河航运单位和各省、自治区、直辖市航运系统内设置港航监督；长江干线和广东省分别在1966年和1981年成立了航政管理局。

1970年交通部、铁道部、邮政总局合并后，设置了安全监察委员会。根据1973年12月28日国务院、中央军委《关于成立海上安全指挥部的通知》，1974年由国务院和中央军委有关部门共同组成全国海上安全指挥部。沿海各省、自治区、直辖市也由军区和有关部门组成当地海上安全指挥部，下设办公室，负责办理日常工作。

海上安全指挥部的主要任务是：负责统一部署和指挥海上船舶预防台风、防止船舶污染、海域、海上防冻破冰以及海难救助工作。

1979年，交通部根据全国安全生产委员会的指示精神，在原安全监察委员会的基础上成立了交通安全委员会。委员会主任由交通部部长兼任，由副部长一人及水上安全监督局局长和公路管理局局长任副主任，部内各有关厅、局的负责人任委员。委员会下设办公室，负责处理日常工作。

交通安全委员会依据国家有关安全生产的方针、政策、法令、指示，统管全国交通运输安全工作，包括车、船运行安全，职工劳动安全，劳动保护，防火、防爆等工作；研究解决交通安全工作中的重大问题，统一组织、协调重大安全活动；掌握全国交通系统的安全工作，进行督促检查；总结、交流并推广交通安全先进经验，吸取事故教训。

交通安全委员会与各省、自治区、直辖市交通安全委员会互通情况，联系工作，协作配合，共同做好全国交通安全工作。

中国十分重视国际海事合作。1971 年与朝鲜民主主义人民共和国签订海难救助协议。1973 年 3 月 1 日，中国参加国际海事组织，并派出代表团和常驻人员积极参与其各项活动。中国已参加了国际海事组织所制订的 15 项国际公约和议定书，并将其规定纳入国内有关法规，认真实施。1985 年 6 月 20 日，国际海事组织理事会议决定授予中国代表沈肇圻“1984 年国际海事奖”，以表彰中国政府和他本人为制订世界航运法规做出的贡献。

第一节 海务（航行）监督

海务（航行）监督的主要任务是保障本单位所属船舶的航行安全。交通部海洋运输管理局设有海务监督处，各海洋运输企业均设海务监督处（室、科）；交通部内河运输管理局设有航行监督处，各内河航运企业均设航行监督处（科）或安全科。海务监督部门负责办理下列事宜：（1）制定并贯彻有关船舶安全航行的规章制度；（2）考核并帮助驾驶人员提高技术业务能力；（3）总结安全生产的经验教训，推广先进经验，纠正影响船舶航行安全的错误；（4）研究并推行先进的航海技术；（5）指导船舶防台、抗灾；（6）向船舶提供有关航海图书、航行通告和水文气象资料等；（7）监督船舶航海仪器的正确使用和维修保养；（8）调查和处理有关船舶航行事故；（9）统计、分析海损事故，并提出防范措施和建议。

50 年代，交通部颁发了一系列有关船舶航行安全的规章制度，其中主要有：《船员职务规则》《雾中航行规则》《防台规则》《海图作业规则》《航海日志的记载与保管办法》《驾驶台规则》《驾驶台值班与交接班制度》《消防救生演习制度》《船舶紧急应变部署》以及各种航海仪器的使用、维修保养制度等。1958 年，管理权限下放，这些规章制度即交由各航运企业自行掌握。

海务监督部门拥有许多经验丰富的老船长，他们对船舶航行安全进行技术指导，经常随船检查工作，总结和推广经验，发现问题及时纠正。

南海是台风多发地区，不少船舶曾因台风袭击受到损害。广州海运局总结出一整套行之有效的预防台风经验，36 年来从未因台风袭击而发生大的损失。

鉴于长江口至山东成山角之间航线密集，在雾季容易发生船舶碰撞事故，上海海运局实行了分道通航制，取得了较好成效。

第二节　港务监督

鸦片战争后，帝国主义列强强迫中国开放广州、厦门、福州、宁波、上海 5 处为通商口岸，进而控制海关，攫取航权。辛亥革命后，全国人民反帝爱国运动不断高涨。北洋政府和民国政府先后在上海、汉口、天津、哈尔滨、广州等地设置航政局；抗日战争胜利后，中国收归航权取得了进展。

中华人民共和国成立后，废除了一切不平等条约，彻底收回航权。1950 年改组航务管理机构，在长江、黑龙江、珠江等主要内河成立航运管理局，在沿海各港成立港务管理局负责航政工作。1951 年，沿海各港又将原来的航政、引水和部分港务工作合并成立港务监督，内河则设港航监督。

港务监督和港航监督均为国家行政管理机关，根据国家的有关规章法令，维护国家主权，对船舶实施监督管理，保障水上交通安全秩序。其主要职责如下：（1）办理船舶注册登记，核发船舶国籍证书或船舶登记证书；（2）办理船员考试和发证；（3）核发海员证；（4）负责船舶进出港管理，办理船舶进出港签证；（5）对进出港船舶实施监督检查；（6）维护港口和航道的水上交通秩序，加强交通管理；（7）审批港口和航道的水上、水下工程施工，监督港口和航道的通航情况，发布航行通告和航行警告；（8）组织实施船舶进出港和引航；（9）组织并指挥港内船舶防台、抗灾；（10）组织海难救助；（11）调查处理海损事故、船舶排污和有关违章事项；（12）监督危险品的装卸和积载。

30 多年来，港务监督和港航监督工作不断积累经验，取得了一定成就。

第一，建成了较为完整的水上安全监督体系。凡是有运输船舶经常进出的港口，水上交通安全监督和管理设施日臻完善。

80 年代，交通部内设立水上安全监督局，沿海各主要港口均设有港务监督（上海、大连称海上安全监督）。长江设长江航政管理局，下设 6 个分局、19 个处。黑龙江设黑龙江港航监督局，下设 5 个分局、1 个监督所和 26 个监督站。

除广东省设置航政局、广西壮族自治区设置安全监督局、黑龙江水系设置港航监督局及其分支机构外，各省、自治区、直辖市都在交通厅或航运局内设置港航监督处（室）或车船监理处，在各主要港口设置港航监督或车船监理。各县大多只设统一管理运输业务和航政管理的“航管站”。

第二，培养造就了一支管理和技术干部队伍。50 年代初期，引航人员严重不足，交通部决定从航海院校毕业生和港务船船员中培养引航人员。截至 1985 年年底，各类工作人员已达 9000 人，涌现出一批优秀人才。

1979 年 3 月 18 日，6. 6 万总吨的英国巨型豪华旅游船“伊丽莎白女王”号首次抵达大连港。因日程安排紧凑，进港不能稍有延误。而当时天气突然变坏，东北风高达七八级，引领船舶进港靠岸十分困难。引航员索戡等 3 人以精湛的技艺，沉着操作，顺利地按计划引船进港靠泊码头，赢得了随船经理的称赞。

上海港是中国最繁忙的港口之一，1984 年进出港船舶约 72. 2 万艘次。交通部劳动模范引航员张德润在航行密度大、情况复杂的黄浦江上引领中外船舶进出港口和靠离码头，做到了 20 余年无事故。

广东省劳动模范、汕头港的刘炳辉，连云港市劳动模范、连云港港的杨保真，天津港的钟伯源和烟台港的孙德润等人，都是技术精湛、工作勤恳，受到各方面称赞的优秀引航人员。各港口的引航员战严寒，斗酷暑，与风浪作斗争，数十年如一日，为水运安全生产做出了重要贡献。

第三，建立和健全了各项规章制度。港务监督为维护国家主权，对船舶实施行政管理，保障水上交通安全，必须以行之有效的规章法令为依据。通过不断的调查研究和补充修改，到1985年，从港口管理、船舶管理、船员管理、引航管理、海损事故调查处理、防污管理、危险货物管理到航海通告等，各类规章法令和内部实施细则，共颁发近200种。现行的主要规章、法令见表93。

港务监督主要规章和法令

表93

名　称	颁发机关	颁发日期
中华人民共和国海上交通安全法	中华人民共和国主席	1983. 9. 2
中华人民共和国防止船舶污染海域管理条例	国务院	1983. 12. 29
中华人民共和国对外国籍船舶管理规则	交通部	1979. 9. 18
中华人民共和国对外国籍船舶航行长江水域管理规定	交通部	1982. 4
船舶登记章程	交通部	1960. 9. 6
中华人民共和国轮船船员考试发证办法	交通部	1979. 6. 12
进出口船舶联合检查通则	交通部、对外贸易部、公安部、卫生部	1961. 9. 8
海港引航工作条例（试行）	交通部	1976. 11. 12
海损事故调查处理规则	交通部	1971. 12. 15
内河避碰规则	交通部	1979. 2. 1
船舶进出港口签证管理办法	交通部	1979. 3. 22
船舶装载危险货物监督管理规则	交通部	1981. 10. 29
中华人民共和国海员证签发和使用范围暂行规则	交通部	1976. 9. 8
关于修改《沿海无线电航行警告和航行通告的播发办法》的通知	交通部	1984. 8. 20

第四，装备了必要的工作船艇和通信导航设施。1985年，监督工作船艇已由50年代的寥寥无几增至150余艘，仅长江航政局系统就有工作船艇65艘，上海港务监督有各类船艇46艘，沿海各港共配有浮油回收船5艘。组建了全国的航行警告系统，在天津、上海、黄埔设立航行警告分台；在大连设立危险货物运输管理咨询中心；陆续建成一批监督站、信号台、雷达导航站和交通管理设施。甚高频无线电话已普遍使用。在宁波北仑港水上交通管理系统建成的基础上，秦皇岛、上海、连云港和青岛等港口的水上交通管理系统已列入国家第七个五年计划，并开始建设或着手筹划。

上海港水域辽阔，自浏河口至绿华山全长 198 公里，自吴淞口至闵行全长 67 公里。港内有监督站 7 个，信号控制台 12 个。

在社会主义社会条件下，如何根据国情做好港务监督工作，经验尚嫌不足，但是多年工作实践表明：

一是必须坚持政企分开的原则。港务监督和航务监督是国家行政机关，而港务局是实行经济核算的企业单位。两者任务不同，性质各异，设置在一起既不利于行政管理工作的开展，也不利于企业的经营管理。50 年代，曾提出关于体制改革的建议。1965 年，长江航政管理局曾与航运企业分开设置，但因“文化大革命”的影响而未得实施。1980 年“政企分开”的原则提出后，加速了航运管理机构改革的进程。1982 年 1 月，交通部在大连港进行改革试验，加强了航政管理工作。1984 年年底，长江航政管理机构由上年的 3 个分局、18 个处，增加到 6 个分局、19 个处。随着“政企分开”原则的深入贯彻，港务监督和港航监督在维持正常的水上交通秩序和保障港口和船舶的安全生产等方面都取得了成绩，武汉长江大桥监督站连续数年被评为先进集体。

二是必须坚持以法律规章治理行业的原则。监督和检查国家有关法律规章的贯彻执行，是港务监督和港航监督的重要职责。规章制度是长期工作经验的总结，其中还吸取了沉痛的教训，必须严格遵守。尤其是船舶航行，风险大，潜伏着不安全的因素，稍有疏忽，便可能发生事故，造成重大损失。新中国成立后，交通部颁发了一系列规章制度。但在“大跃进”和“文化大革命”年代，许多规章制度被错误地视为束缚生产力的因素而备受贬责。此后，国家开始加强法制建设，为港务监督和港航监督指明了方向和任务。多年徘徊不前的船员考试制度，在 1979 年以后得到恢复并逐步走上正轨。截至 1983 年，全国已签发船员证书 30 万册，为促进船员技术业务的提高，保障船舶航行安全，起到了重要的作用。1983 年颁布的《中华人民共和国海上交通安全法》，肯定了海上交通安全工作的重要地位和基本法律准则。

三是必须重视智力开发和人员培训。港务监督和港航监督是一项技术性、政策性较强的工作。有关人员应该具备较高的专业知识和政策水平，并能在工作中发现和妥善处理问题。但是在相当一段时间内，录用人员的工作中存在着忽视技术业务和文化素养的倾向，使一些没有经过专门培训、缺少专业知识的人员担任了港务监督和港航监督工作，因而影响了工作质量和工作效率，不能适应工作需要。自 1982 年起，有关港务监督部门分别在大连和上海举办港务监督专业学习班和英语培训班，1985 年 10 月又在武汉开办航政职工中等专业学校，以专门培养港务监督和港航监督工作人员。

四是必须重视运用现代化的技术装备和先进的管理方法。港务监督和港航监督担负着港口及其附近水域的交通秩序管理和海难救助工作，需要有效的监控通信指挥设备。70 年代以前，由于国家财力有限，各监督部门所需的技术装备未能得到应有的改进。80 年代，国家为了改善港务监督的技术装备做了很大努力，取得了明显的效果，同时还注意学习和吸收国际上的经验，改进了工作。例如长江航政局自 1984 年 3 月在镇江航段实施水上交通管理以来，交通事故、死亡人数、沉船艘数和经济损失均有明显下降。

第十五章
环境保护

1973 年 8 月第一次全国环境保护会议后，国务院决定各有关部设立环境保护机构，对各行业的环境保护工作进行统筹规划、组织实施、督促检查。交通部于 1974 年成立了环境保护领导小组，下设办公室，开展环境保护工作。1982 年，环境保护领导小组撤销，办公室并入水上安全监督局。

交通部环境保护机构在宣传、贯彻和执行国家有关方针政策中，着重开展防治污染的工作，特别是防治油和煤尘的污染工作。在大、中型新建、扩建、改建工程中，坚持主体工程与环境保护设施同时设计、同时施工、同时投产。在开展环境保护的科研、监测、教育和监督等工作中，建立了 1500 多人的专业队伍。10 余年来，在防治港口和船舶污染，改善港口环境的工作中，取得了较好的成绩。湛江港水质已达到国家二级标准（国家规定港口水质为三级标准），秦皇岛、大连港的水质也优于三级接近二级水质标准。对粉尘的防治也取得了比较明显的成绩，武汉港 41 号码头、秦皇岛港煤码头、上海港煤码头的煤粉尘污染都基本得到控制。

第一节　以防治油污染为重点开展各项工作

中国港口和修造船厂（站）众多，船舶往来如梭，环境污染源广，治理难度大，特别是船舶的油污水易对港区和水域造成严重污染。70 年代初，中国水运生产建设崛起，船舶油污水发生量急剧增加，而港口却没有油污水回收和处理设施。油船压载、洗舱和机舱油污水以及船舶垃圾和粪便在港区水域随意排放，环境污染十分严重。为此，交通部环境保护机构一成立，就决定把防治石油运输中的油污染作为首要工作。

首先，交通部受全国第一次环境保护会议委托，起草了《中华人民共和国防止沿海水域污染暂行规定》，并经国务院批准试行，成为交通系统环境保护工作的第一个法规。其次，开展交通部直属港口、船舶污水的防治设施建设。1974 年，在大连寺儿沟油码头兴建了中国第一座油船压舱水处理场。1974 年至 1980 年，先后在大连、秦皇岛、青岛、湛江、南京等地兴建了 7 座油污水处理场和 3 座油船洗舱站，改造了 3 艘 1 万吨级油污水处理洗舱船，新建、改建了 18 艘油污水处理船（驳），使沿海大中型港口每日处理船舶油污水的能力达 10 万吨。到 1984 年年底累计接收处理了各种油污水 9000 多万吨，回收废油约 50 万吨，不仅减轻了沿海水域的油污染，而且创造了 9000 余万元的收入，收到了显著的社会经济效益。

按照 1973 年国际防止船舶污染公约和中国海洋保护法的规定，150 总吨以上的油船和 400 总吨以上的其他船舶均应配备油水分离器、排油监控或报警装置、粪便和垃圾处理装置。载至 1985 年，沿海港口和交通部直属航运、航道、救捞单位在所属的 1135 艘 150 总吨以上油船和 400 总吨以上其他船舶上安装了油水分离器，在 574 艘上安装了排油监控装置和 348 台粪便处理装置、179 台垃圾焚烧炉。在 5 个远洋运输公司和 2 个海运局所属船舶中，安装油水分离器、排油监控装置的已达 97%。

港口的煤、矿石、散粮、水泥、化肥等装卸粉尘是交通运输中的另一主要污染源。为此，交通部开展了防尘科学研究并对污染严重的港口进行了治理。1986 年 5 月，武汉港务局积极开展治理工作，使 41 号煤码头煤尘污染得到了控制，周围环境有了明显的改善。秦皇岛港务局也在煤码头建设中采用注水机、喷洒水枪、皮带机加罩等设施，使粉尘得到控制，基本符合国家关于环境保护的各项规定。

在开展防治油污染和粉尘污染工作的同时，还开展了废水、废气、废渣和噪声治理工作，取得了较好的效果，积累了经验。1978 年以来，上海船厂依靠自己的力量，治理了 44 个污染项目，使污染物排放达到规定标准，厂容整洁，绿树成荫，1980 年被评为上海市和交通部环境保护标兵单位和清洁工厂。1985年由国家环境保护委员会授予全国环境保护先进单位称号的有大连鲇鱼湾油码头、秦皇岛油码头、青岛黄岛油码头和南京金陵船厂；由交通部授予环境保护先进单位称号的有大连港新港港务公司、秦皇岛港务局第一作业区、青岛港务局第四作业区、南京港务局第六作业区、湛江港务局第二作业区、上海港务局军工路集装箱公司、青岛远洋运输公司“神泉”货船、上海海运局“林海1”货船、武汉长江轮船公司“江汉6”客货船、武汉港务管理局江岸作业区、广州远洋运输公司“华平”货船；受交通部表扬的单位有营口港务局第三作业区和大连远洋运输公司“洪泽湖”油船等单位或船舶。

第二节　制定环境保护法规和制度，完善管理机制

1974年至1982年，交通部所属各单位都已建立了环境保护机构，1985年已形成了行业环境保护管理体系，为加强法规建设和完善管理机制开展了大量工作。

1. 组织制定法规、规范、标准。80年代以来制订的法规、标准、规范有《交通部环境及污染物监测技术规范》《交通部建设项目环境保护管理办法》《沿海港口环境保护设计规定》《船舶污染物排放标准》《船舶噪声标准》《车辆废气排放标准》《船舶污染事故划分标准》《船舶防污染结构和设备标准》等。

2. 组织制定规划和计划，并监督实施。交通部组织制订了“七五”时期环境保护规划，并对其年度计划的实施及时了解情况，监督检查。

3. 组织制定环境保护技术政策，对环境保护科研方向和选题进行宏观指导。

4. 开展环境资料监测和统计。每年定期报告各种环境统计资料，开展信息交流，为环境决策提供科学根据。例如通过对历年油船压舱水处理量和油运输量的对比统计分析，随着油船专用压载舱及其清舱能力的增加，今后扩建油港可以不必再建油污水处理场，使青岛港黄岛油码头二期工程、大连鲇鱼湾油码头工程节省了投资。又如历年积累的各种环境数据为2000年交通环

境预测提供了基础资料。

5. 组织信息情报交流。交通部自1980年以来组织领导了科学技术情报网和《交通环保》双月刊的工作。情报网每年都针对行业环境保护中出现的问题，组织学术交流活动，及时总结交流环境保护技术成果和经验，促进了情报网成员单位的环境保护工作，深受各单位的欢迎，多次受到交通部科学技术情报网和全国科学技术情报网的表扬。其成员现已扩大到部外的有关单位。《交通环保》双月刊突出交通环境保护工作的行业特点，很受读者欢迎，已在全国公开发行。

6. 组织专业技术人员培训。1974年以来先后组织举办了管理监测、评价技术、质量控制等培训班。武汉水运工程学院还开设了环境保护大专班。

1979年国家环境保护法公布后，共有15项大中型港口建设工程进行了环境预评价，编报了环境影响报告书，成为全国执行环境影响报告书制度较好的行业。

为了提高环境影响报告书的质量，交通环境保护科技情报网组织两次港口环境预评价研讨会，武汉水运工程学院举办了环境评价训练班。1984年至1985年，交通部又组织水运所和秦皇岛港务局与美国东西方中心环境和政策研究所进行技术合作，共同对秦皇岛港煤炭码头三期工程进行环境预评价，提高了预评价的水平。国家环境保护局颁发环境评价许可证以来，交通部天津水运工程研究所和环境监测总站等12个单位取得了综合或专项评价证，可承担本行业所有新建项目的环境预评价工程。

为了加强对基建工程的环境保护法规实施和环境影响报告书的管理，交通部颁布了《交通建设项目环境保护管理办法》和《沿海港口环境保护设计规定》，对可能造成海洋污染的港口或码头采取行之有效的治理措施。建立环境影响报告书制度使港口建设从可行性研究阶段开始，就把环境保护作为必须考虑的因素之一，在港口选址、平面布局、工艺流程和设备设计等方面发挥了显著的作用。例如原拟在大连港香炉礁建设煤码头，建设条件很好，但因地处大连市中心，距居民区太近，煤尘污染和车辆噪声严重，经过环境论证，认为不宜建煤码头，遂改选在和尚岛建设；秦皇岛港在煤炭码头三期工程环境预评价中与美国东西方中心环境和政策研究所合作，提出了许多切实可行的防尘除尘措施，被设计部门采纳。

第三节 建立交通环境监测网，开展科学研究

环境监测是环境保护的耳目，必不可少。1975 年以来，先后在秦皇岛、大连、湛江、青岛、上海、南京、天津、烟台、营口、重庆、连云港、宁波等 12 个港口建立了环境监测站。1983 年又建立了交通部环境监测总站，初步形成了交通环境监测网，并参加了国家海洋环境监测网。

各港口环境监测站开展日常污染源监测和港区环境监测，及时掌握港口污染源和环境质量的变化情况，为治理污染和环境管理提供了科学依据。按照国家的要求，自 1983 年以来，大连、湛江港每年还编报了环境质量报告书。各港口监测站在完成日常污染源监测和环境监测工作的同时，大多还开展了环境预评价工作。由港口监测站承担或参加的大中型港口建设项目环境预评价已达 20 项。上海、青岛、湛江、秦皇岛、大连等监测站开展了环境保护科学研究和各种环境保护标准的制定工作。交通部各监测站在历年国家海洋环境监测网技术考核中都取得了较好的成绩，其中大连、湛江港的成绩尤为突出。

为加强对交通环境网站的管理，还特别注意各项规章制度的制订和实施。1980 年以来先后制订了《交通部环境监测工作条例》《交通部环境质量报告书编写技术规定》《交通部环境及污染源监测技术规范》等主要规章制度。

交通部自 1980 年以来，每年召开一次环境监测工作会议，总结和布署工作。交通部环境监测总站成立以后，即组织力量制订了《交通部环境监测工作条例实施细则》，使港口监测站的工作逐步做到制度化、规范化。此外，还举办了监测质量控制训练班，对各环境监测站的监测质量控制进行了考核，颁发了经国家环境监测总站认可的考核合格证。

环境保护是一项新兴的事业，需要科学研究工作作为先导。交通部自 1975 年起先后在水运科学研究所、上海船舶运输科学研究所、天津水运工程

科学研究所建立了环境保护研究室。在开展环境保护科学研究工作的初期，曾组织数批科研人员前往美国、日本和西欧各国进行考察，使环境保护科学研究的方向、选题都能跟上世界先进水平。10 多年来，交通部约有 30 余项环境保护科学研究成果获得国际、国家、部和地方的各种奖励。

第十六章
船舶检验

第一节　新中国船舶检验机构的创建

船舶检验是对船舶施行技术监督以保障航行安全的一项重要工作。各航运发达国家政府都设有健全的船舶检验机构，有的国家还设有民间验船机构。

鸦片战争后，帝国主义侵略者操纵中国海关，长期把持船舶检验和监督权。1931 年后，国民党政府交通部才在上海、汉口、广州和天津等地设立航政局，接管了一部分由海关兼办的航务管理和船舶检验工作。但只能检验国内沿海和内河船舶，所发船舶检查证书也只能在国内通行，而对进出中国港口的外轮却无权监督和检查，至于中国航行国际航线的船舶，则需经外国船级社检验发证。

中华人民共和国成立后，废除一切不平等条约，收回航权，建立航政机构。1951 年 5 月召开的第二届全国航务会议，拟定了全国水运事业统一管理方案。交通部决定设立“船舶登记局”，作为国家对运输船舶施行技术监督和办理船舶入级的机构，同年 9 月成立筹备处。1954 年，船舶登记局筹备处委托苏联船舶登记局驻大连和上海的两个验船处代为培训验船技术人员，前后 3 批，计 66 人。这是新中国培养船舶检验专业人员的起始。

1956 年 8 月 1 日，中华人民共和国船舶登记局正式成立，统一领导国内各主要港口原有的船舶检验部门，1958 年 6 月 1 日改名为中华人民共和国船舶检验局。同年 10 月，在上海召开第一次全国验船工作会议，讨论开展全国的船舶检验工作。此后，上海、广州、大连、天津、青岛、武汉等验船部门，陆续改为船舶检验局办事处，但行政上仍属当地港务或航运部门领导。

这一时期，船舶检验局选派至苏联验船处的学员相继结业，分配在船舶检验部门工作，充实了技术力量。1962 年，苏联船舶登记局驻大连和上海两个验船处撤销，中国顺利地予以接办。

1963 年 10 月，国务院批准颁布了《中华人民共和国船舶检验局章程》，明确规定了船舶检验局的性质和任务，主要是：（1）船舶检验局是国家的船舶技术监督机构，负责制定船舶检验的规章制度和技术规范；（2）在全国主要港口设置办事机构，对建造、修理和营运的船舶执行监督检验，发给船舶技术证书；（3）对船用主要产品和材料执行监督检验，技术条件符合规定的发给合格证件；（4）根据中华人民共和国参加的有关国际公约，代表政府履行公约规定的检验，签发国际证书；（5）办理船舶入级业务，并可根据需要，与外国船舶检验机构订立互相代理或合作检验的协议；（6）接受申请，承担船舶公证检验。

第二节 船舶检验业务的发展

50 年代初期，全国没有形成统一的管理体制，各港口则以不同的方式接管了原有船舶检验工作。1956 年，船舶检验局实现对各港船舶检验业务的统一领导。50 年代末 60 年代初，随着造船工业的兴起，船舶检验局制订出第一批中国的船舶规范。1960 年首次办理国内建造的 2 艘远洋货船的入级检验，1961 年首次检验大型船用机器——上海沪东船厂试制的 6487 千瓦（8820 马力）重型低速柴油机。此后又在对大连船厂建造的 1.5 万吨级货船和油船、上海江南船厂成批建造的 1.5 万吨级货船等船舶检验工作中不断积累经验，制订了《船舶检验工作条例》。“文化大革命”时期，船舶检验工作受到冲击。1972 年，中国在联合国的合法席位得到恢复，联合国所属“政府间海事协商组织”（1982 年改称“国际海事组织”）承认中华人民共和国政府为代表中国的唯一合法政府。中国遂于 1973 年 3 月参加该组织，并当选为理事国，取得了签发国际公约规定的船舶国际证书权利。1979 年以来，中国航运和造船工业迅速发展，3 万、6 万乃至 10 万载重吨级的各类船舶和海上平台相继建造，船舶检验事业也进入了稳定、持续发展的新阶段。

一、建立比较完整的船舶检验管理体制

全国的船舶检验工作管理体制，是由50年代逐步调整形成的。1956年，首先对沿海和长江各主要港口的船舶检验机构实行技术业务统一领导，而对其余港口的船舶检验机构，则仅实行业务指导。1963年至1966年期间，船舶检验局的机构调整，其分支机构虽有增加，但进展不大。直至70年代末期，全国船舶检验机构才有了较大的调整。80年代，管理体制按照加强行业管理的原则进行改革，形成了比较完整的船检工作管理体系。

（一）船舶检验局及其直属分支机构。

船舶检验局是统一领导全国船舶检验工作的主管机关，其直属分支机构担任国际航行船舶、外籍船舶、海上设施、船用产品以及国内沿海和内河主要干线船舶的检验。船舶检验局内设有海船处、河船处、产品处、规范科研处、海上平台处和技术情报处等业务处室。直属检验机构已扩充至上海、广州、大连、武汉等14个分局和营口、烟台、连云港、宁波、汕头、九江、安庆、镇江等19个检验处，还有香港的远东船舶检验社作为代理机构。

（二）船舶检验局渔船分局和渔船检验机构。

渔船原由各港口船舶检验机构施行检验。1979年经交通部与农牧渔业部商定，特设船舶检验局渔船分局，专门担任国内渔业船舶的检验。渔船分局下设10个检验处和26个检验站。

（三）地方船舶检验机构。

中国海域辽阔，河流众多，船舶分布各地，许多船舶检验工作要由各省、市设置地方机构担任。80年代初的改革，主要是把过去附属于航运企业的船舶检验机构，改为隶属于交通行政部门，以增强其施行技术监督的职能。全国除新疆、西藏、青海和北京市外，各省、自治区、直辖市水运系统内均设有船舶检验处，并在辖区内分设检验所和检验站。同时，船舶检验局加强对

地方船检业务的领导，为地方培训验船人员，制定验船人员技能考核办法，统一各地检验制度、规范、标准，协调划定各省、自治区、直辖市船舶检验机构的工作范围。

二、培训船舶检验技术人员

船舶检验是一种多学科的应用性工作。现代船舶检验工作实践表明，验船师除由具有实际操作经验的高级船员和船舶修造、设计人员充任外，主要应选调具有专业基础知识的学员，采用多种方式，给予专门培训，使之在工作实践中成长。1954 年以来，继委托苏联验船处培训验船师之后，船舶检验局采用三种方法培养技术人才：一是委托国内大专院校举办专门培训班，讲授检验知识和专业技术。二是派遣人员出国，或是在外国船级社参加较长时间的学习，以求深造和开阔视野；或是在外国船级社或其他国际培训组织参加短期学习，见习某项业务。三是为在职验船师举办专项检验短期训练班和交流会。

80 年代，特别重视了海洋工程检验人员的培养。同时，为了适应检验外籍船舶、与外籍人员直接洽谈以及填写外文证书和检验报告的需要，举办了多期英语培训班。船舶检验局分别在上海和武汉设有海船和河船检验人员培训中心，有时还在北京举办综合性学习班。各种学习班先后举办 30 多期，学员达数百人次。截至 1985 年，全国船舶检验工作人员近 2700 人，其中直属和地方部门各有 1200 多人，渔业检验部门 200 多人。

三、制订和颁发船舶规范

制订船舶检验制度和技术规范，是船舶检验局的重要职责之一。1959 年，船舶检验局颁布了中国第一批船舶规范 10 余种，其中最重要的是《钢质海船入级与建造规范》。它是海船建造和入级的依据，内容浩繁，先后修订 6 次，并于 1978 年出版英文本，以便对外使用。其他海船规范也在陆续修订，并逐步出版中英文合订本。1962 年，船舶检验局首次颁布了《长江钢船建造规范》。它适应于长江水系船舶建造，亦供其他内河钢船参照执行。

1978年以来，为适应国内建造和检验海上平台的需要，船舶检验局组织有关部门制订了《海上移动式钻井船入级与建造规范》、《海上固定式平台入级与建造规范》和《海上平台安全规则》。为了集中研究和制订船舶规范，船舶检验局于1983年和1984年先后在上海和武汉分别设立海船和河船规范科研所。1983年，渔船检验分局也制订出一套《钢质海洋渔船建造规范》。截至1985年年底，船舶检验局公布的规章和规范近40种（见表94）。

现行的船舶检验规章和规范一览表

表94

序号	名　称	公布年份	备　注
（一）综合部分			
1	中华人民共和国船舶检验局章程	1963	国务院批准
2	船舶和船用产品监督检验条例	1982	中文本
3	船用产品检验规则	1983	中英文合订本
4	焊工考试规则	1985	中英文合订本
（二）海船部分			
1	钢质海船入级与建造规范	1983	中文本、英文本
		1984	修改通报
2	钢质挖泥船建造规范	1978	中文本
3	船舶建造检验规范	1978	中文本
4	海上营运船舶检验规程	1984	中文本
5	海船载重线规范	1975	中文本
6	海船稳性规范	1981	中英文合订本
7	海船抗沉性规范	1974	中文本
8	船舶起重设备规范	1981	中英文合订本
9	海船救生设备规范	1984	中英文合订本
10	海船信号设备规范	1984	中英文合订本
11	海船航行设备规范	1984	中英文合订本
12	海船无线电设备规范	1983	中英文合订本
13	海船吨位丈量规范（包括国际公约的规定）	1983	中文本
14	船舶吨位丈量规范（原有国家吨位）	1977	中文本
		1979	英文本
15	使用《苏伊士运河船舶吨位丈量规则》的办法	1977	中文本
16	使用《巴拿马运河船舶吨位丈量规则》的办法	1977	中文本
17	海船乘客定额及舱室设备规范	1982	中文本
18	集装箱检验规范	1983	中英文合订本

续表

序号	名 称	公布年份	备 注
19	海船防污染结构与设备规范	1984	中文本
20	钢质海洋渔船建造规范	1985	中文本
（三）平台部分			
1	海上移动式钻井船入级与建造规范	1982	中文本、英文本
2	海上固定式平台入级与建造规范	1983	中文本、英文本
3	海上平台安全规则	1984	中文本、英文本
（四）河船部分			
1	长江水系钢船建造规范	1978	中文本
2	长江水系小型钢船建造规范	1985	中文本
3	内河钢质工程船舶建造规范	1982	中文本
4	长江水系船舶稳性和载重线规范	1985	中文本
5	内河小型钢丝网水泥船建造规范	1984	中文本
6	内河小船动力装置检验办法	1961	中文本
7	内河船舶乘客定额与舱室设备规范	1981	中文本
8	长江水系营运船舶检验规程	1982	中文本
9	内河航区分级规范	1985	中文本
（五）其他			
1	船舶录	1985	中英文合订本
2	船用产品录	1986	中英文合订本

四、船舶检验和入级工作

截至 1985 年，经船舶检验局检验和登记入级的海船（100 总吨以上），计有 1935 艘、1253. 13 万总吨，按种类分则有杂货船、散装货船、多用途船、油船、客船、集装箱船、冷藏船、拖船、挖泥船和起重船等；经船舶检验局检验的内河船舶 5300 艘，约 300 万总吨；各省、市地方船舶检验机构检验的内河船舶，计有 483000 艘、1100 万总吨。

1978 年以来，根据“对内搞活经济，对外实行开放”的政策，国内承造大批出口船舶，有些需要取得外国船级。船舶检验局积极采取措施发展国际检验业务，允许某些外国船级社根据合作协议，采取联合检验方式，派遣验船师前来承造厂与中国验船师共同担任检验任务。同时，对在日本、罗马尼亚等国订造的船舶，船舶检验局亦派出多批验船师与外国船级社实施联合检验。在 1982 年至 1985 年间，经联合检验的船舶有 100 多万总吨。

在法定检验方面，80 年代以来，船舶检验局不仅承办中国政府授权签发船舶国际证书，还接受美国、挪威、英国、印度、巴西、希腊、利比里亚、朝鲜、芬兰等国家的授权，检验各该国的船舶和签发国际证书。

五、海上平台检验

为了适应海上石油开发的需要，国务院指定船舶检验局担任海上平台和有关设施的检验工作，并参照国际要求签发安全证书和入级证书。1983 年 1 月，船舶检验局增设了海上平台处，并在有关的分局设置相应的检验机构和专职的平台检验人员，开展对海上移动式平台、固定式平台、单点系泊装置、海底管道、潜水系统和潜水器等的法定检验和入级检验。

船舶检验局担任海上平台的远距离拖航检验是于 1977 年开始的，从 1980 年开始对海上平台实施建造和营运检验，采取了下述检验办法：（1）凡悬挂中国国旗的移动式平台，均由船舶检验局进行建造和营运中的法定检验；（2）对采用船舶检验局（ZC）和外国船级社（如挪威 DNV、美国 ABS）双重船级的移动式平台的入级检验，由双方验船师一同进行；（3）对在外国船级社入级的移动式平台，由双方验船师合作进行营运检验；（4）对在中国建造、只申请中国船舶检验局船级的移动式平台，全由船舶检验局进行审图和建造检验；（5）外国移动式平台进入中国沿海作业时，由船舶检验局按照《海上平台安全规则》进行作业前的法定检验；（6）对固定式平台、海底管道、单点系泊装置的制造检验和使用中的法定检验，由船舶检验局担任。

通过数年检验实践，船舶检验局掌握了平台的设计审查和制造检验。如 1984 年上海船厂制造半潜式钻井平台，船检局验船师进行审图，并在入级检验中做了大量工作，应用电子计算机进行总体强度计算，校核其桁撑结构在各种恶劣情况下的强度；对所有重要结节、负荷传递、材料选用、焊接工艺和无损探伤，都进行缜密检验，取得了成果。国际上能担任海上工程检验的船舶检验机构为数不多，船舶检验局在这个领域将更加努力，提供更广泛的优质服务。

六、船用产品检验

船用产品质量的优劣，直接影响到船舶和海上平台的整体质量和安全。60 年代，船用产品检验工作范围有限。70 年代，造船工业发展较快。为了提高船舶总装质量，各船厂强烈要求船检局对船用产品开展监督检验。由于各船用产品制造厂不了解船舶检验工作的目的，起初曾遇到某些障碍，工作进展较慢。但是不久，有的产品因受检验而提高了质量，有的经船舶检验局发给合格证件和标记而取得信誉，成为船用名牌产品，开拓了国际市场，经济效益显著。同时，对于国内建造的出口船舶，外商提出船用材料和重要设备必须经过验船机构检验合格。从此，国际上通行的工厂认可和产品型式认可的做法在国内推广，使船用产品检验工作顺利开展。

船舶检验局于 1979 年专设产品处，各直属分支机构也都设有产品检验部门，并制订了《船用产品检验规则》。船检局已对全国 300 多家工厂的下列船用产品进行了检验发证：金属和非金属材料、船用锅炉和受压容器、热交换器、主机和重要辅机、轴系和管系设备、电气设备、甲板机械、航行设备、无线电设备、信号设备、起货和制冷设备以及船用集装箱等。对这些经检验合格的产品，已编印出《船用产品录》，供造船业和航运业选用。此外，英、美、日本、丹麦、比利时、联邦德国、瑞士、挪威、瑞典、意大利、法国等 13 个国家的百余家厂商，申请船舶检验局给予产品检验认可。

船用产品检验，从国内发展到国外是一次飞跃，并积累了多方面的经验。截至 1985 年年底，船舶检验局已制定出船体钢材、铸锻件、柴油机、增压器、船用交流发电机及其励磁装置、电动液压舵机、螺旋桨、防火材料与耐火结构以及船用集装箱的检验须知，印发检验人员统一掌握。

七、与外国验船机构签订互相代理协议

各国验船机构之间常有互相代理关系。双方通过签订协议，互相承认对方的检验机构和能力，互相代理检验工作和代发证书，其中包括国际公约要求的检验和吨位丈量。当各自入级的船舶到达对方港口而证书到期或途中发

生海损事故时，可以委托代理检验，以保持各自的船级和证书有效。

船舶检验局成立初期，即与苏联和波兰船舶登记局签订了互相代理协议。此后又与朝鲜民主主义人民共和国海事局和罗马尼亚、南斯拉夫船舶登记局签订协议，并与所有国际著名船级社，相继签订了船舶技术检验合作协议（见表95）。

船舶检验局与外国验船机构签订的协议

表95

协议年月	对方机构	协议名称
1962年5月	苏联船舶登记局	关于相互代理船舶技术检验协议
1963年6月	波兰船舶登记局	关于相互代理船舶技术检验和入级业务协议
1971年11月	朝鲜民主主义人民共和国海事局	关于船舶技术检验和船级规定中相互合作协定
1973年5月	罗马尼亚船舶登记局	关于船舶技术检验合作的协议
1973年9月	南斯拉夫船舶登记局	关于船舶技术检验合作的协议
1974年11月	法国巴黎国际船级社	关于船舶技术检验合作的协议
1977年3月	挪威船级社	关于船舶技术检验合作的协议
1977年4月	联邦德国劳氏船级	关于船舶技术检验合作的协议
1977年11月	英国劳埃德船级社	关于船舶技术检验合作的协议
1978年10月	意大利船舶登记局	关于船舶技术检验合作的协议
1980年8月	日本海事协会	关于船舶技术检验合作的协议
1981年3月	美国船级社	关于船舶技术检验合作的协议

八、参加国际海事技术会议和学术活动

“国际海事组织”内设有海上安全委员会（MSC）和海上环境保护委员会（MEPC），订立了一系列国际公约。中国已参加与船舶检验工作直接有关的公约有：（1）国际海上人命安全公约；（2）国际船舶载重线公约；（3）国际防止船舶造成污染公约；（4）国际船舶吨位丈量公约；（5）国际海上避碰规则公约（有关船舶信号设备）；（6）国际集装箱安全公约。

这些公约起源于20世纪20年代。1912年，英国一艘豪华的大西洋客船“泰坦尼克”号触冰山沉没，死亡1503人，震惊世界。于是各海运国家集会商议，并于1929年制订最初的海上人命安全公约，1930年制订最初的船舶载重线公约。后经几次修订，其中所涉及的船舶结构、设备和监督检验要求，

均为船舶检验局所履行。

海上安全委员会下设专门研讨船舶设计、分舱、稳性、载重线、消防、救生、无线电、集装箱以及渔船安全等小组委员会；海上环境保护委员会则专门研讨防止船舶污染海洋和有关措施。两个委员会所讨论的课题大部与船舶检验工作有密切关系，船舶检验局经常偕同有关单位派员参加会议，并参与研究有关的课题。

九、科学研究活动

船舶检验方面的科学研究活动，主要是为了提高船舶和海洋工程的质量和安全性，以及完善船舶规范。船舶检验局曾与有关单位共同研究大型船舶的结构强度、曲轴强度、轴系扭振、船舶振动、防噪声、防污染、分舱、稳性、船舶淹湿性与干舷的关系、消防、救生等课题，取得了显著的成效。在海洋工程方面，船舶检验局已会同国内著名院校和研究机构，进行了平台节点、材料疲劳强度、桩基、水下结构、超声波探伤、海洋环境条件等 20 余项的研究，对保障安全和提高质量提供了科学的依据。电子计算机的开发和应用也取得了可喜的成果，在船级管理、工程计算、审查设计图纸等方面有了系统的应用程序，促进了船舶检验工作的现代化。船舶检验局技术委员会已组成稳性、消防、救生、防污染 4 个分委员会，开展多方面的科学技术活动。船舶检验局从成立以来，为航运、造船、海洋石油开采和相关工业的发展，起了积极的作用。

1985 年 11 月，经交通部呈报国务院批准，把船舶和海上设施的入级业务和一部分公证检验业务划分出来，成立一个社会团体性质的“中国船级社”。中国船级社的主要任务是：（1）施行入级和保持入级的检验，签发入级证书和必要的证件，出版船舶录；（2）接受中国政府和其他国家政府的授权，代行法定检验和发证工作；（3）承办公证检验业务；（4）提供技术咨询；（5）制订各种船舶和海上设施的入级规则和规范，并及时进行更新；（6）进行有关安全技术和入级标准的研究和试验。

第十七章
水运通信

水运通信是水上无线电通信（简称水上通信）、港口地区通信和水运长途通信的总称。它担负着船舶遇险、安全、海难救助、船舶运输调度、港口作业、港口交通管理、企业管理、港航工程建设、特别业务和船舶公众通信等多种信息的传递任务。港口地区通信和水运长途通信属于专用通信，只承担交通系统专用通信任务。水上通信，既承担交通系统专用通信任务，也承担国内外船舶公众通信任务。

新中国成立以来，水运通信事业有了较大的发展：制定了有关电台设置、频率管理、网路组织、通信方式、设备技术、服务质量和维修等方面的规章制度；形成了初具规模的水运综合通信网，它为加强船舶航行安全和海难救助、及时实施调度指挥和业务联系以及提高运输生产效率，都发挥了重要的作用。1985 年，交通部直属水运部门设有通信管理机构 37 个，地方水运部门设有通信管理机构 27 个，全国水运通信工作人员达一万多人。

第一节　水上无线电通信

一、船岸无线电通信

船岸无线电通信的基本设施是江、海岸电台和专用电台。

1949 年前，曾有江、海岸电台和专用电台 53 座，但管理分散，业务量少，通信范围狭窄。新中国成立后，交通部接管了原属三北、鸿安、民生等公司经营的江岸电台和招商局经营的江、海岸电台，邮电部接管了旧电信局经营的江、海岸电台。北洋沿海和内河恢复船岸无线电通信后，交通部于

1950 年 11 月将分布在佳木斯、哈尔滨、营口、大连、秦皇岛、天津、北京、烟台、青岛、连云港、上海、温州、厦门、宁波、汕头、广州、镇江、南京、芜湖、安庆、九江、黄石、汉口、沙市、宜昌、万县、重庆和长沙等地的江、海岸电台定为部属航务电台，开放国内外船舶通信业务。邮电部所属江、海岸电台也开放国内外船舶通信业务。

为了避免两部重复设台和节省人力物力，1953 年经政务院财政经济委员会批准，交通部所属 30 座航务电台和邮电部所属 23 座江、海岸电台合并，由交通部统一管理，统称“交通部航务无线电台”，并成为陆地对江、海船舶公众通信的唯一机构。

1954 年，交通部又将水上运输与水上通信的管理统一起来，使水上通信更紧密地为水运生产服务。此后，海洋区航务电台联络对象日益增多，曾一度造成部分通信电路负荷过重现象。为此，交通部决定将海洋区航务电台分成华北、华东和华南 3 个区。华北区以北京台（1964 年关闭后由大连台负责专用电路的调整）为中心台，辖天津、秦皇岛、烟台、青岛、大连和营口台；华东区以上海台为中心台，辖连云港、宁波、温州、福州和厦门台；华南区以广州台为中心台，辖黄埔、汕头、湛江、北海、海口和榆林台。各区开有船舶公众电路、船舶保密电路、专用电路、会晤电路和混合电路。调整后的海洋区通信网适合于远洋和沿海的船舶电台与航务电台之间以及航务电台相互间的通信联络。与此同时，建立了长江、黑龙江和珠江区通信网。1957 年，对水运系统 6 个通信网的联络呼叫、守听频率和电报格式作了统一规定。根据水运生产的需要，交通部还决定将密路改为明路，密电可在明路上传递。为了加强无线电报通信保密，1963 年和 1965 年，先后明确了部与港和港与港之间明、密电报的传递路径和办法。

50 年代的航务电台电路规模都比较小，仅采用人工莫尔斯电报通信方式。随着船岸近程无线电通信业务的不断增加，单一的通信方式已难以满足需要。1957 年以后，先后在天津、南京、秦皇岛、上海和其他港口开放中高频无线电话业务。为了适应港口建设和水运业务的更大发展，先后迁建或扩建了天津、湛江、大连、上海、连云港、广州、海口、八所、秦皇岛、宁波、营口、烟台、青岛、厦门和汕头等海岸电台。其中承担远洋通信任务的上海、广州和天津海岸电台，还建设了指向不同航区的大型同相水平天线，并相应安装高频大功率发射机，有效地提高了船岸远程无线电通信能力。到1985年，共设江、海岸电台92座（其中开放国内外船舶通信业务的海岸电台21座），为开展通信业务提供了方便。

船舶电台是附属于船舶的移动电台。随着水运事业的发展，各类船舶按照《海船无线电设备规范》和有关规定配备电台设备。到1985年，交通系统拥有船舶电台2662座，比1954年增加34倍。全部远洋船舶和大部分沿海船舶均装有单边带收、发信设备。为了更有效地利用高频频谱和提高船岸无线电通信效率，我国于1977年按国际要求对船、岸台人工莫尔斯电报守听方法进行了改革，船舶电台在规定的频带内对海岸电台采用定频呼叫法，海岸电台相应地由巡回守听改为定频守听，提高了频谱利用率。到1985年，有21座海岸电台开放高频人工莫尔斯电报定频守听电路。

江、海岸电台的电路分为船舶电路、船舶辅助电路和专用电路。

船舶电路一般分为中频和高频电报电路，中高频、高频、甚高频和电话电路。1985年，海岸电台设有电报电路168条，电话电路43条，形成以广州海岸电台为主台的华南海区船舶电路通信网和以上海海岸电台为主台的华东、北方海区船舶电路通信网。其中上海、广州和天津海岸电台开放了16条远洋船舶电报电路，通信距离可达太平洋、印度洋、大西洋以及波罗的海和地中海海区。近洋船舶和沿海船舶电报电路，通信距离分别为2000—4000公里和200—1000公里。江岸电台设有高频电报电路74条，高频电话电路3条，形成以汉口江岸电台为主台的长江区船舶通信网和以哈尔滨江岸电台为主台的黑龙江区船舶电路通信网，船、岸台实行同频工作。为了适应长江对外开放后江海联运的通信要求，1983年在南京和南通江岸电台增设船岸异频通信电路。此外，一些省属江、海岸电台，除少数设有公众通信电路外，一般只开放为本系统或企业的船舶服务的专用电路。船舶跨省运输中的船岸无线电通信，按规定直接插入其他省的网路或加入开放公众通信业务的岸台通信网。

船舶辅助电路是岸台之间相互转递船舶电报、传递气象资料和航行警告的无线电报电路。根据船舶运行的海域，由处于华南沿海区域的广州、福州、泉州、厦门、汕头、湛江、北海、防城、海口、八所和三亚等海岸电台组成华南沿海船舶辅助电路网，由处于华东和北方沿海区域的上海、营口、大连、秦皇岛、天津、烟台、青岛、连云港、宁波、温州、舟山、海门、福州、厦门和南京等江、海岸电台组成华东和北方沿海船舶辅助电路网。为了及时中转远洋船舶电报，1979 年建立了上海、广州和天津三座岸台相互间的远洋船舶辅助电路。

60 年代，短波单边带通信技术日趋成熟。1967 年，国际电信联盟通过关于在水上移动业务中尽早采用单边带无线电话通信方式的决议，规定海岸电台和船舶电台分别从 1975 年和 1982 年起不再使用双边带无线电话通信方式。1975 年以来，上海、广州和天津海岸电台先后增设了短波单边带收、发信设备，单边带无线电话终端机，有线—无线转接设备和相应的岸上传输线路，通话采取定时出晤和以报转话的方式。1978 年，天津、广州和上海海岸电台试开高频单边带无线电话业务，1979 年正式开放此项业务，全时开通话路 4 条。在合理选用频率和时间的条件下，可通达波罗的海、地中海，印度洋，太平洋和巴拿马运河西端等海（洋）域。此外，1983 年又在长江中、下游增开船岸单边带无线电话业务。

窄带直接印字电报通信，是船岸无线电报通信的先进方式，具有较高的传输速度和较低的误码率。上海和广州海岸电台以及 20 余艘远洋船舶均已安装了窄带直接印字电报设备。

为了减轻船舶无线电业务人员长时间守听的负担，减少呼叫频道的拥挤和提高对船舶调度指挥的时效，1975 年试制了符合国际水上移动业务要求的顺序单频编码选择性呼叫系统，1977 年以来已在部分船舶上安装使用。1977 年和 1980 年，上海和广州海岸电台先后设立单频顺序选择性呼叫电路，为迅速沟通船岸无线电通信联系取得了良好效果。

海事卫星通信是船岸全球通信的最新手段。1979 年以来，中国已有 24 个海事卫星船站接入国际海事卫星系统工作，北京海事卫星站正在建设之中。

无线电气象传真在海洋航运中的应用，是当代水上无线电通信技术的重要进展。其传输内容包括天气分析和预报、海面气象形势、海浪、海温和海水、热带风暴和卫星云图等，由分布在全球各区域的气象传真发射台向所覆盖的区域定时广播。船舶驾驶员可根据收到的天气图像，正确地调整航向和航速，选择最佳航线。1985 年，交通系统已有 250 艘船舶配有气象传真接收机，其中远洋船舶占 72%，沿海船舶占 24%，其他船舶占 40%。

甚高频无线电话通信是船岸间和船舶间有效的近程通信方式，50 年代初期已在某些航运发达国家广泛采用。1975 年以来，甚高频无线电话设备逐步装于国内各类船舶，港务、港监、外代、航运、救捞、航政、航务工程、航道和导航台等单位相应建立了甚高频海岸电台、港口电台和专用电台。国内外船舶进出港口均已采用无线电话进行调度指挥，结束了过去用灯光、旗语信号进行通信联系的落后方式。随着内河航运的发展，内河的甚高频无线电话通信也取得了较大进展。例如，在长江中、下游沿线组建了甚高频台链，沿线任何船舶均可用指配的频道随时与覆盖该航区的甚高频岸台通话，并可通过人工转接由陆上通信线路与任何港口联系。1985 年，各类船舶普遍配备了甚高频电台，在沿海和内河港口建立了 524 座甚高频无线电话台，基本实现了集中开放公众通信业务和人工有线—无线转接。

二、船舶遇险和安全通信

船舶遇险通信是指船舶在海上发生重大危急事件时所进行的通信。安全通信是指发送有关航行安全或气象警告信息的通信。

根据《国际海上人命安全公约》规定，各类船舶必须按其总吨位和航行区域配备相应的通信设备。新中国成立以来，先后建立了中频无线电报遇险通信系统和中高频、甚高频无线电话遇险通信系统。1985 年，22 座海岸电台设有中频人工莫尔斯电报遇险通信电路，11 座海岸电台设有中高频无线电话遇险通信电路，75 座江、海岸电台设有甚高频无线电话遇险通信电路，组成了船舶遇险通信网路。天津、广州和上海三座海岸电台于 1978 年正式开放的高频单边带无线电话，使遇险网路具有了更远的通信能力和更有效的通信方式，深受使用部门的欢迎。例如，1978 年 4 月，正值天津海岸电台拟试高频单边带无线电话之际，上海远洋公司货船“团结”号在日本沿海失火。为使抢救工作迅速及时，在现场担任救助任务的“和田”货船与天津海岸电台开通了高频单边带无线电话，在长达100多个小时的救助通信中，不仅通话质量良好，还为交通部直接指挥抢救提供了方便。

为了加强船舶的航行安全，各海岸电台定时或非定时地发送重要的航行警告和气象警告。上海、广州两座海岸电台负责定时播发航行警告和航行通告，其他各岸台负责播发非定时的航行警告，同时转发给上海或广州台作定时播发。气象警告按定时和非定时播发，由上海、广州和天津台分海区负责。长江和黑龙江水系的航行警告和气象警告，分别由汉口和哈尔滨江岸电台以通电方式定时播发。

通过航海实践，人们愈来愈认识到海上通信对船舶航行安全的重要作用。海岸电台的通信人员坚持“守听第一”的宗旨，在报话国际遇险频率上昼夜监听着来自海上船舶的信息，搜寻船舶遇险呼救信号，播发有关航行安全的电报。船舶无线电报务员也为船舶的安全航行辛勤工作，特别是发生海事时，他们临危不惧、机智沉着地完成任务。由于船、岸电台及时沟通联系并准确传递有关船舶遇险等紧急信息，许多海事得以转危为安，减少或避免了生命和财产的损失。例如，1980年9月“两伊战争”爆发，中国的“嘉陵江”、“阳春”、“牡丹江”和“开平”4艘货船同时受困于交战区霍拉姆沙赫尔河，与国内通信中断，人船危急。为了尽快与受困船舶取得联系，正处于阿拉伯河口待命的“桂阳”货船协助组成中转通信网，及时转发来自受困船舶的信息和广州海岸电台的电报。船、岸电台的密切配合，为这次抢险、护船和船员安全撤离提供了可靠的通信保障。

无线电通信对内河船舶航行安全的重要作用，也愈来愈受到重视。到1985年，全国内河设有江岸电台36座，分布在长江、湘江、西江、松花江和黑龙江沿线。长江的中、上游航道浅而窄，水位变化大，尤其是川江，水情复杂，船舶容易发生触礁、碰撞、断缆和搁浅等事故，仅在1973年至1983年间，船舶遇险30次，紧急情况194次。长江的船岸无线电通信克服不利的自然条件影响，岸台之间团结协作和密切配合，出色地完成了船舶遇险通信。

例如，1974 年 9 月，“长江 2025”拖船在川江奉节附近触礁，呼叫重庆台 3 次无效，汉口台主动给予回答，及时转告重庆台。当汉口与该船通信困难时，上海台又积极配合，终于较好地完成了营救通信任务。

甚高频无线电通信在水运部门的广泛使用，不仅收到明显的经济效益，而且在船岸近程救助方面也是极为有效的通信手段。例如，1981 年，“津港拖 7”拖船在大沽口与“滨海 209”货船相撞，用甚高频第 16 频道发出求救呼叫“我船漏了，快来救我”，此后信息中断。天津港甚高频海岸电台值班员及时将此遇难事件通知天津港务局轮驳公司和港监，并迅速调出第 9 频道供救助通信临时专用，保证了救助工作的顺利进行，使全部落水船员安全得救。

为了做好船舶遇险和安全通信工作，交通部先后颁发了《中华人民共和国船舶遇险通信暂行规定》《水运无线电管理规则》《水运电报规则》《水运无线电话规则》《水运无线电设备维修规则》以及《水上无线电通信规则》等等。这些规章制度对维护电波秩序，有效发挥船舶电台和江、海岸电台的效能，及时营救遇险船舶和加强船舶的航行安全，都起到了重要作用。

第二节　港口地区通信

一、港口地区有线电通信

港口地区有线电通信是利用港口地区有线（如明线和电缆等）线路传输声音、文字和图像等的通信。

电话通信是港口地区有线通信的基本方式。50 年代初期，港口的有线电话机线数量少，技术落后，除在大连和秦皇岛港设有步进制自动电话交换机外，大多数港航单位仅设有小型共电（或磁石）式人工电话交换机。1973 年以来，陆续新建或扩建了黄埔、广州、连云港、大连、厦门、防城、天津、湛江、烟台、青岛、秦皇岛、宁波、营口、石臼、重庆、南京、镇江诸港口和广州远洋运输公司等港航单位的有线电通信枢纽，并敷设相应的传输线路，形成了有线自动电话通信网。

为适应内河航运的发展，1980 年至 1985 年，还先后建成长江航务管理局、黑龙江航运管理局有线电通信枢纽，分别安装了2000门和800门纵横制自动电话交换机。其中汉口有线电通信枢纽工程是迄今交通系统最大的纵横制交换机工程，由长江航务管理局自行设计、安装和调试。汉口和哈尔滨枢纽的建成，基本改变了这两个重点内河港口有线电话通信的落后面貌。

1981年，本着统一规划、统一建设和统一管理的原则，交通系统建成第一个区域性的广州地区专用有线电通信网，其中包括广州海运局、广州海岸电台、黄埔港老港和新港4个有线电通信枢纽，分别用中继线连接市内电话局，各枢纽之间均可自动拨叫，自动电话总容量为3300门。在黄埔和广州两个枢纽内都设有会议电话总机，可供召开全国性电话会议使用。在黄埔新、老港区设有仓库、泊位、生产和机具调度4套调度电话总机，为港口各类业务调度提供了灵活方便的通信手段。此外，还开通了有线电传和真迹传真业务，并将广州海岸电台与广州地区交通部所属单位有机地衔接起来，形成了有线—无线转接通信网。

70年代以来，电话交换技术发展迅速，许多工业发达国家广泛采用数字程控电话交换机。为适应航运发展，上海、广州、青岛和天津等远洋运输公司已将数字程控电话交换机投入使用，不仅改善了自动电话传输质量，也为交通系统推广使用数字程控电话交换机和建立数字通信网提供了经验。

1985年，沿海、内河港口和交通部直属单位拥有自动电话机达21000多台，许多港航单位还设有调度电话、会议电话、泊位电话、电传和传真等多种通信设施。其中调度电话业务不仅用于装卸生产部门，还广泛用于生产辅助和行政部门。

二、港区无线电话通信

1978年以来，许多港口先后配备了用于港区调度指挥、移动机械、车辆、集装箱码头和港口作业船舶的无线电话机。例如，上海港务局的19个单位装备了无线电话机，开通了21个通信网路，使港口通信大为改善，为加强生产调度指挥、提高生产效率、降低成本、增加收入和抢险救助等发挥了较好作用。1983年，秦皇岛港引进甚高频自动拨号无线电话系统，并于1984年投产使用，移动台装于港内拖船、燃料船、洪水船、消防船和车辆，基地台的控制终端设备通过电缆与港务局自动电话交换机相连接，移动用户与有线用户、移动用户相互之间，均可用拨号方式沟通。

自动拨号无线电系统的建立，可使各项调度指令直接通知有关船舶，通过合理调度，每年可节约大量燃油。以往港务船执行任务时，往返安全常因天气突变而受到严重威胁。现在可使用自动拨号无线电话随时与有关单位联系，提前了解情况，增强了航行安全。此外，它减轻了甚高频海岸电台的话务负担，使其有更多时间处理进出港口船舶的业务联系，从而缩短船舶的等候时间和进出港时间，提高了疏港效率。

自动拨号无线电话系统和甚高频船岸无线电话系统互相配合，使各港口的无线电话通信发挥了更为广泛的良好作用。

第三节　水运长途通信

一、内河长途通信

内河长途通信是指内河沿岸港航单位之间的通信。1953 年，长江航线建成由重庆到上海 2517 对公里租杆挂线线路，可同时开通 3 路载波电话。1956 年又在川江地段架设简易线路，为与偏僻分散的绞滩站、航道段信号台电话通信提供了方便。1964 年以来，逐步建立了由汉口至重庆兰家沱和苏北等区间沿运输线 2073 杆程公里的长途线路。其中 1965 年至 1971 年，利用自建和租杆挂线线路，先后增开了重庆至汉口、汉口至上海的 12 路载波电话，在重庆、宜昌、芜湖、南京和上海等港设有载波电话终端机。为便于电路转接，在干线上同时开通 3 路载波电话，不但基本缓和了长江长途通信的紧张局面，也初步解决了长江中、下游电路拥挤问题和各中、小港（站）之间的通信困难。到 1985 年，长江沿线有租杆挂线和自建杆线通信线路 4231 公里，全线和分段开通 65 条长途话路。

为了提高川江地段的电话通信质量，1983 年在涪陵至丰都沿线用铜线替换了原架设的铁线，在涪陵安装了 12 路环路载波终端机和 90 门自动电话交换机，在8个信号台、丰都港务局和航道区安装了环路载波分机，使涪陵至丰都53公里地段形成了迅速可靠的通信网路，它不仅具有普通载波通信设备的性能，而且具有下线灵活、接口多样和可以自动接续等功能。因此，在内河沿线线长站多的情况下，建立区段间环路载波通信网路是一项投资省、见效快并能有效挖掘现有线路和设备潜力的好途径。

除长江外，其他内河港口（站）间的长途通信，至今仍比较简单。例如松花江，仅在肇源至通河、佳木斯至同江两个地段设有单路超短波电话接力电路。横贯两广的西江沿线各港和珠江三角洲，依靠简易的甚高频电台进行接力式无线电话通信。在湘江、汉江、赣江和闽江，程度不同地建有明线长途通信线路。到1985年，江西、湖南和福建省交通部门自建区间长途通信线路约3500杆程公里。其他内河各港（站）间的长途通信基本上是依靠记挂当地邮电通信线路，难以满足航运发展的需要。

二、部港长途通信

部港长途通信是交通部与主要港航单位之间的专用长途通信。1950年至1969年，部港长途通信一直是以登记排队方式记挂邮电长途电话线路，时效甚低。1969年至1975年铁路、交通、邮政合为交通部时，曾部分依靠铁路长途电话干线改善部港长途通信。1979年以来，交通部向邮电部先后租用通达上海、大连、秦皇岛、天津、青岛、连云港、宁波、哈尔滨、广州和汉口等港航单位的长途电话电路22条，还可通过汉口与长江沿线各港航单位通话。在汉口、广州、大连、宁波和黄埔等港设有23部长途电话交换设备，基本形成了连通交通部与各主要港航单位之间的专用长途通信网。专用长途通信网路不但使交通部机关能与大部分直属港航单位直接通信，而且各港航单位之间也能沟通联系，明显地提高了时效和通信质量。在夜间，通信网路还用来开通传真业务以及交通部海洋调度计算机与各港口调度计算机之间的联网，有较高的网路利用率。

1978年以来，中国远洋运输总公司租用邮电长途话路6条，建立了总公司与广州、上海、天津、青岛和大连远洋运输公司的长途通信网和与各海岸电台间的有线—无线转接通信网，为加强远洋船舶的调度指挥起到良好作用。

第四节 国际合作

1953 年，为了向中波轮船股份有限公司船舶提供无线电通信业务，在天津海岸电台与波兰格丁尼亚海岸电台之间建立了专用线路。这是新中国最先开展的水上通信国际合作（1964 年，该电路移至上海海岸电台）。1957 年，根据中、朝、苏三国海上救护协定，青岛海岸电台承担水上通信任务，并与苏联符拉迪沃斯托克（海参崴）海岸电台建立定时会晤电路。1971 年以来，由朝鲜南浦海岸电台和青岛海岸电台共同承担海难救助时的通信任务（按现国际惯例协调救助通信）。1958 年以来，哈尔滨航务电台与苏联哈巴罗夫斯克（伯力）航务电台之间保持着通信联系，以便相互通报黑龙江流域的气象、水位和船舶航行动态。为了改进两台间的业务联系，1979 年 3 月中苏第二十次航行例会达成协议，各台改用本国电报文字，但电报格式、通报手续和通信用语不变。1975 年，中、日两国签订了渔业协定，双方指定相应的海岸电台承担与入港避难船舶的通信任务。承担此任务的中国海岸电台有温州、上海、连云港和青岛台。

1972 年，中国在联合国的合法席位得到恢复之后，在国际电信联盟（简称国际电联）的合法权益也得到恢复，并开始参加各项技术业务活动。1974 年 4 月 22 日至 6 月 8 日，国际电联在日内瓦召开水上移动业务世界无线电行政大会，交通部派出电信代表团首次出席会议，并当选为大会副主席。这次会议修改了《国际无线电规则》中有关水上移动业务的若干规定，对水上专用频带重新作了调整，还修改了附录 25——高频海岸无线电话电台频率分配计划。1976 年，联合国所属政府间海事协商组织通过《国际海事卫星组织公约》和《国际海事卫星营运协议》，1979 年 7 月 1 日正式生效。1979 年 7 月 13 日，中国签署《公约》和《协议》。1979 年 7 月 19 日，国际海事卫星组织正式成立。交通部北京船舶通信导航公司作为中国的归口主办单位，参加了该组织的活动，在 1979 年、1983 年和 1985 年召开的第一、第三和第四次全会上，均被选为代表亚太地区的理事。

中国重视扩大水运通信的对外合作和交往。1976 年，交通部派出专家组协助阿尔巴尼亚培训水上通信人员；1978 年，交通部组织水上通信代表团考察波兰和南斯拉夫的水运通信设施，1979 年，长江通信部门选派技术人员考察美国密西西比河的航运通信设施和有关工厂；1985 年，交通部组织代表团考察了联邦德国的内河通信导航设施；同年又组织技术考察组考察了挪威和日本的海事卫星岸站和有关公司，等等。1981 年以来，多次邀请英国和日本有关公司的通信专家来华进行技术交流，并选派通信技术人员出国接受技术培训。中国远洋运输总公司分别与日本和美国等国的 8 个公司、上海船舶通信导航公司分别与荷兰和丹麦的 2 个公司、广州船舶通信导航公司与丹麦的 1 个公司签署了维修代理协议。

第十八章
水上导航

在江河湖海，利用各种观测手段测定船舶的位置，引导船舶沿预定航线航行，称为水上导航。

水上导航技术是人类长期航海实践活动和科学技术发展的产物，经历了从初级到高级，从近程到中远程乃至全球导航的漫长历史进程。古代沿岸航行主要是借助观测岸上的物标、山形和地貌等天然标志，测定船位和引导航行的。随着航运的发展和科学技术的进步，在重要水域和航道附近设置灯塔、灯船、浮标之类的助航标志，用以指示航道、锚地、碍航物，或作为船舶定位和转向的标志。中国元代在山东半岛的成山头垒砌石堆，竖立标杆，白天示挂布幡，夜间悬点灯火，指引过往船队，就是早期的灯塔之一。当航海活动从沿海扩展到远洋时，船舶长期航行于海天一色、四望无际的海面上，沿岸航海所用的引航术已鞭长莫及，于是天文航海（又称天文导航）应运而生。西汉《淮南子·齐俗传》记述的“夫乘舟而惑者，不知东西，见斗极则寤矣”，东晋法显《佛国记》记述的“大海弥漫无边，不知东西，唯望日月星辰而进”，都是天文航海的生动描绘。宋代发明了指南针并用于航海，不仅解决了恶劣天气下的海上求向问题，而且为仪器导航开辟了道路，它是航海科学史上的全球性重大变革。20 世纪 30 年代以来，电子学的发展和电子导航仪器的出现，又使水上导航技术发生了划时代的变化，航海人员能够全天候地、迅速而准确地测定船位，选择有利的航线和航行条件。当今，无论是在内河、港湾、沿海或远洋航行，都有各类航标和无线电导航系统可供利用。同时，水上导航技术在海洋调查勘探、石油开发、航道疏浚测量、环境保护和打捞救助等方面都得到了广泛的应用。

本章仅限于阐述为水上交通运输服务的无线电导航系统、船舶导航仪器和港口船舶交通管理系统。

第一节　无线电导航系统

无线电导航系统是一种现代导航系统，一般系由若干岸台发射无线电波，为船上的导航仪器接收，从而测得航向和船位。无线电导航系统已有20多年的历史，它的优点是不受时间和气象条件的限制，随时可以使用；测量工作迅速，有较高的精确度和可靠性。目前，中国为水上运输服务的主要有无线电指向标系统（见第六章第二节）、“长河－Ⅰ”中程无线电导航系统和一些近程高精度定位系统。

一、中程无线电导航系统

“长河－Ⅰ”中程无线电导航系统是中国自行设计的第一个中程无线电导航系统，也是目前沿海运输船舶的主要定位手段，体制与国外的劳兰－A（LORAN）双曲线导航系统相同。根据“平面上一动点到二定点的距离差为一常数的轨迹是一条双曲线”的几何原理，船上的接收设备可测出3个以上岸台发射的无线电波时间差，得到2条以上的双曲线，相交点即为船位。

“长河－Ⅰ”导航系统由10个导航台组成台链。1968年首先建成成山角、射阳河、枸杞3个导航台，1974年建成庄河、上古林、石塘、天达山4个导航台。1975年南海的龙滚、石牌山、三灶3个导航台最后完工，使整个系统基本成网并覆盖了沿海主要航区，在不超过五六百海里的范围内（地波），为船舶提供了0.5—2海里精度的导航定位服务。交通部于1982年接管“长河－Ⅰ”导航系统后，改造了部分台的天线，发射和维修、调试设备，使系统性能得到改善。

除“长河－Ⅰ”导航系统外，海军、国家海洋局、石油、地质和测绘等部门也都建有专用的无线电导航定位系统。新的中远程无线电导航系统正在筹建之中。

二、近程高精度定位系统

60年代以前，海港、航道测量和疏浚通常都是依靠导标、浮筒和六分仪等常规的设施定位施工，不仅费时烦琐，而且受到作用距离的限制和天气的影响，尤其是在外航道的疏浚作业中，由于对不准边线，出现超宽超深，往往挖大量废方，造成很大浪费。为此，1964年交通部上海航道局首先引进一套哈菲克斯A（Hi—FixA）系统，用于长江口南水道的测量和疏浚作业。1980年又用哈菲克斯6型更换了哈菲克斯A型设备，在南水道建立一组固定台链，专供测量和疏浚工程使用。此外，天津、广州航道局近年也引进了一些不同类型的近程高精度定位系统以及自动测深绘图设备，使航道测量和疏浚作业技术水平大为提高。

中国船舶工业总公司第七研究院707所研制的304-Ⅰ型定位仪，是近期比较好的一种国产近程高精度定位设备，1977年定型生产，工作频率1.9兆赫左右，作用距离100海里（白天），定位精度5—10米。1977年7月，天津航道局用304-Ⅰ型定位仪配合测深仪测量塘沽新港锚地，仅六天三夜即测量了总长1300公里的测深线，在远区的精度也比常规手段高。在304-Ⅰ型的基础上，海军定型生产近导-4型，此后又研制出304-Ⅱ型，技术性能和功能均比304-Ⅰ型有所改进。近程高精度定位系统已在水运工程的水下测量和航道疏浚中得到广泛应用。

为了提高航测和疏浚导航能力的自动化水平，广州航道局设计研究所从1981年开始研制“自动测深及疏浚导航系统”，用8位微型机、304-Ⅰ型无线电定位仪和测深仪联机进行数据处理，并具有坐标变换、导航航迹显示、自动测深绘图等功能。经过不断改进和完善，“自动测深及疏浚导航系统”于1984年5月25日通过部级鉴定。试用表明，这是一种比较先进的国产设备，可以减轻航道测量、疏浚作业人员的劳动强度，缩短扫浅时间，减少挖废方，提高经济效益。

第二节 船舶导航仪器

船舶导航仪器是船舶安全航行的重要设备，用来测定船位、航速、航向、方位和至目标的距离，避免搁浅、碰撞和迷航，使船舶沿预定航线到达目的地。运输船舶配备的基本导航仪器有磁罗经、陀螺罗经、自动操舵仪、计程仪、测深仪、航海雷达、无线电测向仪、无线电定位仪（如劳兰、奥米加、德卡）、卫星导航接收机和自动避碰系统等等。鉴于导航仪器对船舶安全航行的重要性，国际海事组织对导航仪器的性能和装备标准都有专门规定。

新中国成立时，水上运输部门只有少数海船装有磁罗经和拖曳式计程仪。随着航运的恢复和发展，船舶航行安全问题越来越突出。1953 年，中兴公司的“临城”货船在北戴河金山嘴附近触礁遇难，前去营救的“中通”货船也在附近搁浅。1956 年，“民主三号”客船在太平山后甘屿礁因雾触礁沉没。为此，“一五”期间交通部门加强了对船舶的技术管理和技术革新，一些船舶加装了无线电测向仪、回声测深仪和自动计程仪等较先进的导航仪器。1956 年，交通部首次从国外购进 15 部 R. F. T 型雷达装备海船和作为教学仪器。此外，从国外购进的船上配有“涅普东”型雷达，后改为“顿河”型雷达。这些雷达的技术性能较差，后来逐步被引进的德卡（Decca）雷达和马可尼（MARCONI）雷达取代。在内河，由于航道狭窄，特别是川江航段水流湍急，暗礁浅滩多，夜航雾航安全难以保障。为此，全国不少科研单位为研制长江夜航雾航设备作过许多探索和试验。如 1967 年交通部上海船舶运输科学研究所与中国科学院华东技术物理研究所、中国科学院庐山云雾研究所在庐山进行的近红外、中红外激光透雾试验。次年，交通部上海船舶运输科学研究所与中科院上海实验生物研究所、长江航运局等单位在湖北省巴东、神农架等地对鸟类透雾能力进行过仿生研究。1958 年，长江航运管理局曾在“江德”货船上安装了一台德卡 214 型雷达，在长江下游作导航试验，认为雷达在保证航行安全方面是比较理想的设备。由于当时航海人员对雷达的操作使用还不够熟练，为了避免误认雷达屏幕上的目标而导致海事，交通部海河总局颁发了《海上船舶运用雷达避碰暂行规则》和说明，作出若干限制性规定。

60 年代，船舶导航仪器数量虽有所增加，但除远洋船队外，无论在数量上或质量上仍很落后。1964 年，交通部直属船舶配有无线电测向仪的只有 106 艘，占交通部直属企业海船总数的 54.9%，装有导航雷达的海船 64 艘，江船仅有 4 艘。

为了改变船舶导航设备的落后面貌，国内有关科研单位和生产部门，从仿制开始，逐步过渡到自行研究设计和生产各种导航仪器。60 年代初，上海航海仪器厂试产航海 - Ⅰ 型陀螺罗经，70 年代开始自行设计制造。1978 年，交通部上海船舶运输科学研究所研制出小型轻便的 CLP - 1 型陀螺罗经。目前国产陀螺罗经的品种还有航海 - Ⅱ型、航海 - Ⅲ型、LH - 3 型和 JYJD 型。60 年代初，九江仪表厂研制出国内第一台自动操舵仪。目前国产自动操舵仪已装备于 1300 艘大小船只，主要品种有 HD、HQ、DT、DY、DS、CS、SZ、CZ、4211 和 4212 等，并开始研究自适应操舵仪。50 年代末，上海航海仪器厂开始研制水压式、水银水压式和拖曳式计程仪。70 年代初，交通部上海船舶运输科学研究所研制出电磁计程仪和平面传感器。目前国内生产的电磁计程仪和多普勒计程仪，品种有 14 种以上，现正在研制声相计程仪。

早在 50 年代初期，科研人员就研制出回声测深仪。1955 年，上海航海仪器厂生产了 753 型回声测深仪。目前装备船舶的测深仪已有 10 多个品种。

导航雷达是船舶安全航行的重要设备之一，50 年代末上海新华无线电厂曾经进行试制，1963 年交通部上海船舶运输科学研究所开始研制船用导航雷达。1964 年，华东科委组织交通部上海船舶运输科研所、上海无线电四厂、上海科技大学试制“751”型电子管大型雷达，并于 1965 年定型生产。1964 年底又试制成功“752”型的晶体管中型雷达。70 年代后，中国已能自行设计制造各种新型的船用导航雷达。天线长度从 1.2 米增大到 3 米，显示屏幕从 23 厘米增大到 40 厘米，雷达波长也由 3 厘米发展到 10 厘米、8 毫米波段。目前船用导航雷达比较系列化的产品是“凯歌”系列，其中“凯歌”753 型和 756 型曾获国家银质奖。在港口雷达方面，交通部上海船舶运输科研所1980年研制出供港口交通管理使用的GLD－Ⅰ型港口雷达，填补了国内的一项空白。上海无线电四厂于1974年首次引进避碰雷达样机，1984年又引进自动雷达标绘仪（ARPA）组装流水生产线，并已开始生产。

在其他无线电导航设备方面，国内生产最多的是劳兰－A接收机，奥米加接收机也有少量产品。卫星导航接收机，除691－P、SD－755等双频道接收机外，带有微型处理机的卫导/奥米加组合导航设备已有2种型号样机通过鉴定投入生产。对于下一代卫星导航系统（GPS）接收机，已有不少单位在探索和研究。此外，组合导航系统国产设备也开始生产。

目前罗经、测向仪、计程仪、测深仪、导航雷达在大中型海船上基本普及。先进的避碰雷达、卫星导航接收机、组合导航系统已开始装备在部分远洋船舶上。内河船舶也已开始装备导航仪器。1973年，重庆长江轮船公司开始在川江客班船上试用导航雷达，至1984年，渝—汉线上的客班船和1470千瓦以上的拖船都安装了导航雷达；渝—宜线客班船和少数735千瓦的拖船也装有导航雷达。长江中下游船舶导航仪器装备的发展比上游更快。目前，长江轮船总公司所属船舶，除675千瓦以下的短途港务船外，均装有导航雷达。国产导航仪器种类见表96。但是，船舶导航仪器装备的水平差异很大。其特点是：远洋运输船队的装备水平比沿海运输船队高，海船装备水平比江船高；远洋船队导航仪器种类齐全，技术先进，更新周期短，达到80年代国际先进水平；沿海运输船舶大部分导航仪器是国产设备，约属60年代末70年代初的国际水平；内河船舶的导航仪器装备无论是数量还是质量至今仍非常落后，例如黑龙江水系，只有数艘船舶装有雷达。因此总的看来，运输船舶导航仪器装备只达到70年代初的国际水平，与先进国家相比尚有较大的差距。

导航仪器品种繁多，给维修保养工作带来不少困难。1963年，交通部直属港航单位的通信导航设备维修技术人员仅有161人，富有经验的技术人员更少。经过多年培养，船舶导航仪器的维修力量有了较大变化，全国许多港航单位相继成立了通信导航站，承担中外船舶各种导航仪器的维修任务。

国产导航仪器种类统计

表 96

名　称	生产研制单位数	种类数	装船较多型号
磁罗经	5	12	
陀螺罗经	2	4	航海 - I
自动舵	5	18	HD、HQ
计程仪	4	14	CDJ - 4
测深仪	5	6	SDH - 3
导航雷达	4	8	凯歌系列
劳兰 - A	4	6	ESJ - 1A
奥米加	2	2	
卫星导航接收机	3	6	691 甲
自动雷达标绘仪(ARPA)	1	1	
组合导航系统	2	2	

大连、天津、青岛、上海、广州等港还成立了国外设备的维修代理点。据统计，到 1984 年，交通部直属单位导航设备维修、管理技术人员已达 190 人，水平和素质也有显著提高。

第三节　船舶港口交通管理

随着船舶大型化、高速化和水上交通密度的增加，海损事故极易发生。据统计，近 20 年来，运输船舶全损性的重大海事，发生在港内狭水道和沿岸的占有 65% 的高比例，说明港口和沿岸是海事的多发区。海损事故不仅使当事船蒙受生命财产损失，阻塞交通，而且由此引起的污染危及沿岸和港湾居民的安全，造成重大的社会、经济损失。如 1983 年 11 月 25 日，巴拿马籍的“东方大使”油船在青岛港装油出港，触中沙礁，漏油 3343. 6 吨，使胶州湾大面积污染，造成很大的经济损失。因此，建设现代化的港口船舶交通管理系统，日益引起交通部门的重视。

一、船舶交通管理系统的功能和组成

船舶交通管理系统（简称 VTS 系统），是有利于交通安全和提高交通效

率以及保护环境的管理系统。国内早期曾称港口导航系统，后来又称水上交通管制系统、船舶交通管理系统。1985 年 11 月国际海事组织通过的“船舶交通管理指南”，正式定名为船舶交通管理系统。通常，船舶交通管理系统的功能可以包括：

信息服务——在固定的时间或 VTS 中心认为必要的时间，或根据船舶的请求，播送有关船舶动态、水文气象信息，发布航行通告；与船舶交换有关安全的所有信息；提出建议、警告或指令。

助航服务——VTS 中心根据船舶的要求或认为必要时，对在困难条件下航行或出现故障的船舶给予帮助。

交通组织服务——为避免港口水域出现危险局面而预先规划的交通活动，如实施船位报告制、船舶定线制、指定锚泊地点等。

支持联合行动——支持如引航、港口作业、海上安全、污染预防与控制、搜寻救助等方面的联合行动。

VTS 系统的基本组成应包括岸上的管理机构 VTS 中心、使用 VTS 的船舶和通信三部分。VTS 中心是实施船舶交通管理的中心。中心的操作员应具有一定的资历并经过专门的训练。VTS 中心一般应配有通信、雷达、计算机等采集、处理和传输信息的设备。使用 VTS 的船舶应按 1974 年海上人命安全公约的要求装备相应的通信导航设备，船岸之间的合作一般是志愿的。船舶航行和操纵的决定权仍属于船长。VTS 中心与船舶之间沟通联系的桥梁是通信。应按无线电通信规则制定相应的通信程序；通信设备一般采用甚高频无线电话，并使用双方都能理解的语言。

中国目前的港口船舶交通管理尚处于初级阶段，大多数港口主要依靠港章法规、航标和巡逻艇进行管理和服务。在过去相当长的时间内，曾对港口导航问题进行了许多试验和探索，近年才逐步由单一的港口导航系统向多功能的 VTS 系统转化。

二、港口导航的探索和实践

50 年代，国内港口船舶管理的主要手段是旗号、灯光信号、望远镜和视觉、音响航标，这些手段受到环境气候和作用距离的限制。另一方面，船舶的导航仪器装备也很落后，只有个别的大型船舶装有雷达。遇到大雾和台风等恶劣天气，往往要由当地驻军的岸基雷达协助搜索海上目标，管理极为不便。为此，1956 年交通部在制定第二个五年计划中提出整治沿海航道航标，在大连港试办雷达导航设备。1958 年，大连港在港务局办公大楼顶部安装了一部船用导航雷达，对黄白嘴 1 号浮筒附近的港务船进行导航试验，但因雷达质量太差而未达到预想结果。

60 年代后，随着国内外航线的恢复，水上运输有了较大发展，港口船舶导航问题已引起人们的关注。为此，1963 年 11 月交通部水运总局召开了全国电信工作会议，提出在第三个五年计划期间在上海建立港口雷达站一座，在珠江入口航道、琼州海峡航道浮标上装设雷达反射器。次年 8 月，交通部上海船舶运输科学研究所编写了《港口新型导航技术研究》任务书，提出研制港口雷达和电视导航设备的方案。由于受当时国内电子工业水平的限制和后来“文化大革命”的冲击，这些规划和设想一再受到延误，但是对港口导航的探索和试验从未停止过。1962 年 7 月，秦皇岛港港监室从船上拆下一台旧的船用雷达，检修后安装在信号台顶，夜间和雾天协助拖船接送引航员和船舶进出港，并用高频无线电话通知来港船舶停靠地点。1969 年，秦皇岛港遇到几十年少见的冰冻，该雷达站为破冰船定位贡献了力量。此外，大连、青岛、上海、湛江、海口等港先后都进行了雷达导航试验，其中以青岛、上海两港试验成效较好。1981 年 14 号强台风袭击上海港时，港监引航员在吴淞信号台上利用雷达标绘仪监视锚地，及时通知巴拿马籍的“康乐索斯”货船走锚；当中国的“红旗”货船、海军 132 舰走锚迫近“望亭”货船时，立即通知 132 舰采取措施，避免走锚碰撞；同时还使“第三圣伊尔”货船和“绿春”货船避免了走锚搁浅事故。青岛港雷达试验站自 1976 年至 1985 年，在能见度不良的情况下为各类船舶导航近 1100 艘次，对进出港船舶安全航行起到一定作用。

内河船舶导航方面，较为突出的是上海市内河轮渡雾天导航系统。1976 年，上海市内河轮渡公司在陆家嘴安装一部 8 毫米波段雷达，监视轮渡线附近江面情况，用开路电视把雷达显示器的图像发送给渡船上的电视接收设备，驾驶员参照电视监视器上的雷达图像，辨认航线和本船位置驾驶船舶。同时，还在轮渡站两侧安装电子雾钟和雾航灯，作为雾航夜航的辅助设备。船岸之间利用甚高频无线电话进行联系。1978 年，在东东线、周江线也建立了雾天导航系统，与陆延线一起，使每天 45 万人次安全过江。黄浦江雾天导航系统获得上海市 1978 年重大科技成果奖。

三、港口船舶交通管理系统的建设

通过长期的探索和实践，中国已初步积累了建设现代港口船舶交通管理系统的经验。从 70 年代中期开始，船用电子导航仪器的研制和生产有了长足的进步，船舶导航仪器装备水平也大为提高，各种国产的、引进的导航仪器在大中型船舶基本普及，甚高频无线电话在船对船、船对岸通信中大量应用；通信导航设备的管理、维修力量有了较大发展；港口监督引航力量和工具也大为增强。所有这些都为正规建设现代港口船舶交通管理系统准备了物质条件。另一方面，交通部也加强了对水上交通管理的领导。1975 年 3 月，交通部科技委、水运局在北京联合召开第一次全国导航工作会议，讨论船舶导航设备的科研生产和港口导航的差距，提出 10 年内在主要沿海港口和川江初步建设比较先进的导航系统的设想。会议之后，许多港口都作了建设港口船舶交通管理系统的规划，并进行了某些试验。1976 年 6 月，交通部成立通信导航局；1980 年，全国交通系统港航单位的通信处（站）也相应改为通信导航处（站），这是交通部第一次设立“导航”建制。1985 年又把船舶交通管理系统划归交通部水上安全监督局，进一步充实了 VTS 的职能和内容。在此之前的 1974 年，交通部水运规划设计院增设了专门从事水运通信和导航规划、设计业务的通信导航处室机构。10 余年间，从小到大，逐步建立了一支比较齐全的通信导航规划设计队伍。这些都从组织上、技术上为建设港口船舶交通管理系统提供了保证。

为解决天津港原有 20 公里长、60 米宽的进港主航道夜航雾航问题，1974 年天津港建港指挥部委托南开大学承担无线电导航工程的设计、试验和设备研制、安装任务。在天津港和有关部门的支持下，研制出 DHY－1 型相位差双曲线无线电导航系统。又经过改进、定型和试验，系统的定位误差达到小于 5 米的精度，引水员携带的定位接收设备重 2.5 公斤。1980 年通过技术鉴定，1983 年移交上海航运电子设备厂生产，并将在秦皇岛港口船舶交通管理系统中应用。

宁波港北仑港区雷达链，是全国第一个以港口雷达为主的港口水上交通管理系统（时称港口雷达导航系统）。1978 年年初选址、进行系统总体设计和论证，1980 年与英国雷柯—德卡公司签订了引进港口雷达设备合同，1981 年正式动工。设计、施工人员克服海岛勘察、选点、设计和施工方面的重重困难，经过 3 年努力于 1981 年完成了雷达站主体工程，1982 年 1 月正式开机运行。整个雷达链由大榭、崎头、虾岐 3 个雷达站组成，连续覆盖虾岐门引水锚地至北仑矿石码头约 30 海里长的航道和有关水域。主要设备有一套英国德卡 HR－25 型和 2 套 HR－18 型港口雷达，3 套高亮度电视扫描转换器以及相应的视频地图和甚高频无线电话设备。

继北仑雷达链之后，1981 年和 1984 年，交通部又先后批准秦皇岛港口导航工程和连云港导航工程初步设计，前者已于 1986 年建成，后者将于 1990 年建成。为了进一步推动港口船舶交通管理建设，1984 年交通部批准把青岛、上海两港的船舶交通管理系统作为重点建设项目。此外，大连港和长江葛洲坝的 VTS 系统也正在建设之中。交通部于 1984 年召开的“青岛、上海港交通管理系统攻关会议”指出：“加强法制，利用先进手段，建立港口交通管理有三个作用：一是加强港口管理，二是保障航行安全，三是提高营运效率。”这是建立新的港口船舶交通管理系统的主要目的，表明从此中国的港口船舶交通管理系统将从单一的港口导航功能进入多功能的实际建设的新时期。

第十九章
航标和航道测量

第一节　概　述

航标是用以帮助船舶安全航行的设施，全称为助航标志。航标分目视的、音响的和无线电的几种。它从宝塔、标杆发展到灯塔、灯船、灯浮，从钟、锣音响发展到电雾号，从无线电指向标发展到劳兰－A、劳兰－C、德卡、雷康等，以多种手段为船舶提供信息，以便船舶测定船位，避开暗礁、浅滩等危险物或危险区，沿安全航道航行。南海的浪花礁因 70 年代发生 10 余起船舶海损事故闻名于世，1980 年建设灯塔后保障了船舶航行安全。1957 年以前，长江、珠江、黑龙江等重要内河航道，因无航标或航标技术落后而使船舶不能夜航；1959 年全部实现航标电气化后，船舶日夜安全航行，提高了营运效益。航标已成为航运事业不可缺少的设施，它是航道和港口建设中的重要组成部分。

航标之所以能保障船舶安全航行，是因为它提供准确的位置和表示明确的航道，这就需要测量。航道未经测量不能设标，船舶没有海图和港口航道图则难以航行。航标和测量均为船舶航行服务。

1968 年，中国海关总署设立海务科并开始在沿海设置专门的航标管理机构，进行航标的建设和维护。海关总署海务科将沿海航标分为 4 个海区：江苏省至浙江省沿海为第一海区，辽宁、河北和山东省沿海为第二海区，福建、台湾省沿海为第三海区，广东、广西沿海为第四海区，分别在上海、青岛、广东设管理机构，由上海派船驻厦门管理第三海区，共设置灯塔 50 座，在上海、青岛、厦门还设置了航标维修厂。航标船共有 10 余艘，其中 1200 吨以上大型航标船5艘。在抗日战争中，北渔山灯塔等被破坏；在解放战争中，唐脑山灯塔等受到损坏。至1949年，航标表刊登的沿海航标共计421座。

海关总署江务科管理长江的航标，并以汉口为基地，在南京和重庆设办事处。自吴淞口至四川省宜宾之间都设置了航标。汉口以下多为灯标，可以夜航；汉口至城陵矶一半为灯标，只能勉强夜航；城陵矶以上则不能夜航，特别是宜昌以上的川江，标志稀少，航行困难。除干流外，湘江、嘉陵江、岷江、金沙江均设有航标。1948年，全线设标1050座。

黑龙江水系从30年代开始设置航标，黑龙江、松花江的航标比较系统，第二松花江、嫩江、乌苏里江、额尔古纳河的通航河段均没有航标，1938年设标2377座。1945年，航运因战争停顿，航标大部分被毁。

新中国成立初期，保持了上海、青岛和广州的航标机构，管理所辖海区的航标；迅速恢复上海至天津航线的有关标志并为开辟近海航线设置标志。1953年，交通部将海区主要航标移交给海军司令部，而只负责商港航标的建设和管理，海军负责军用标和海上公用干线航标的建设和管理，渔业部门负责渔港、渔场的航标建设和管理。1958年，国务院批准“统一规划，统一制度，分工负责，自建自管”的航标管理办法，海军将商港和近海短程航线的航标交予交通部管理。1983年，海军又将海区公用干线航标675座交予交通部管理。交通部天津、上海、广州航道局分别负责北黄海—渤海、南黄海—东海、南海的航标建设与维护，共拥有航标测量职工4300余人，航标测量船、艇74艘。沿海各省（区）交通厅（局）以及某些港务局都有航标管理机构、人员和设备。沿海民用航标达2400余座，其中灯塔67座，灯桩1103座，灯船7艘，灯浮797座，导标232座，无线电指向标15座，劳兰－A站10个，以及其他标志。船艇定期巡检、补给航标，塔、站、船和航标区之间有单边带、甚高频无线电话等通信联系，使航标经常处于良好的工作状态。

内河航标由交通系统各级航运部门管理，从恢复长江航标到实现川江夜航，从黑龙江的航标恢复到珠江的航标建设，统一了全国内河航标制度。在京杭运河、长江、黑龙江和珠江水系的支流以及天然湖泊、人工水库等通航水域，也都设置了航标。长江的航标管理机构几经变动。1965年，长江航道局成立，下设南京、汉口、重庆等 5 个航道区，区下设段，段下设站，各区设航标科负责航标管理，共有航标职工 4000 余人，航标船 230 艘。1950 年，黑龙江的航标由航道工程处管理。1952 年，设立松花江航标区和 54 个站，负责松花江干流和黑龙江、乌苏里江国境河流主航道中方一侧的航标。现在，黑龙江航道局辖有合江等 3 个航道工区，下设 37 个航道段，职工 277 人，各段、站均有机动航标船。珠江航标分别由广东省航道局和广西壮族自治区航道处管理。广东省有航标职工 1200 人，航标船 138 艘；广西有航标职工 776 人，机动航标船、艇 121 艘。其他凡有通航河流的省都有航标管理机构。这些管理机构维护着 3 万余座内河航标，使之保持正常状态，从而对内河船舶的安全航行做出了贡献。

第二节　海区航标建设

新中国海区航标的建设成绩显著。除南沙群岛外，北起鸭绿江口，南至西沙群岛，西抵东兴港，都设置了航标。

一、干线航标

中国人民解放军于 1949 年 5 月解放上海后，立即接管海关总署海务科，管理航标。航标职工不畏敌人空袭和炮击，抢修航标，清理航道，扫除水雷，在“新亚”“新宁”“香山”“福庆”等沉船处设置灯浮标，并用小船绕过国民党军舰的封锁线，补给海上灯塔。遵照政务院《关于 1950 年航务工作的决定》，检查了上海至天津沿线航标，修理崆峒岛灯塔，恢复猴矶岛灯塔，建立屺姆岛灯桩，检修曹妃甸灯桩，使上海以北通航。在上海以南，修复唐脑山、花鸟山灯塔，在册子山、龟山、金塘水道等设置灯桩、灯浮。在福建沿海，由于军事原因，采取近岸设标方法。例如三都沃至闽江口设柴岩灯桩等，使船舰在远离马祖岛的内侧航行；在大嶝岛航线设标，以免受金门岛的威胁；在厦门外青屿灯塔的西侧设标，使船舶避开大担岛。在广东修复舢舨洲、金锁牌、遮浪角等灯塔。在广西建冠头岭灯桩等，使上海以南的干线通航。

南北通航之后，为了增强干线航标的效果，在沿海增设了一批灯光射程10海里以上的标志。例如海南岛的莺歌嘴、鱼鳞角灯桩，雷州半岛的红坎灯桩，山东的靖子头、北隍城岛灯塔等。渔业部门在沿海设渔业航标，其中有些对干线作了补充，例如雷州半岛的草潭岭灯桩，山东的苏山岛灯塔。

1956年，“民主三”客货船于雾天在太平山附近触礁沉没，于是在大戢山、唐脑山、鱼腥脑、太平山等灯塔设置雾号；在成山角、莫邪岛等灯塔设大型雾号；硇州、圆岛灯塔等重要标志增设雾号，有的还设置了钟、锣、哨等，以加强干线航标在雾中的作用。为了弥补干线航标在某些水域缺乏标志，还在琼州海峡等处增设了浮标。1961年在西沙群岛的永兴岛建立灯桩后，1980年又建立北礁灯塔和浪花礁灯塔，使海区干线航标向南发展到北纬16度1分35.2秒。

为了改善原有干线航标，对原有灯塔陆续进行了灯器换装或改建。著名的天津大沽灯船，经历了98个春秋之后，终于在1978年为新建大沽灯塔所取代。灯塔灯高35.6米，灯光射程17海里，塔深11层，内设机房、淡水仓、值班室、生活用房等，可居住12人。大沽灯塔傲立海中，它的建成标志着中国航标建设技术的新水平。

国家对短程航线的航标建设也十分重视，在有运输条件的港口之间，几乎都设置了航标。如大连至营口之间设有长兴岛灯塔，山东靖海湾至乳山口间设有航标，杭州湾内设置了闯牛山等灯桩。此外，在福建兴化湾、泉州湾以及广东雷州半岛和海南岛沿岸都设有船舶短程航行使用的航标。

二、港口航标

1949年以前设置航标的沿海港口仅23个，1984年已有200多个。原来有航标的港口，一般都增加了新标。其航标建设有两个特点：一是航标数量增加，上海港于1843年辟为商埠，1847年在长江口设灯桩，1858年设浮标，是设标较早、标数最多的港口，但与今日相比则相差甚远；1949年前黄浦江上游从无航标，如今则航标遍全江；长江口仅新增疏浚航槽的灯浮即达40座、灯船6艘；黄埔港航标由6座增至53座；中等港口如温州港，1877年辟为商港，1878 年建象岩礁立标，航标由 1949 年前的 6 座增至 52 座；宁波港也由 3 座发展到 64 座。二是在事故多发地段直接标示航道。大连港 1949 年曾有航标 20 座（其中灯浮 3 座），现有航标 37 座（其中灯浮 15 座）；烟台港原有岸标 4 座，现有航标 12 座（其中灯浮 5 座）；1974 年至 1981 年间，青岛中沙礁曾有 1 万吨级轮船发生触礁海损事故 7 次。为此，先设灯浮，后改灯船，连续 4 年未发生事故。

70 年代中期以来，航标在新港口建设中日益受到重视，并被纳入新港项目，导标则受到特别的关注。例如，石臼、鲇鱼湾、蛇口、赤湾、厦门等港都在建港时安排了航标建设。湛江港的导标多达 13 组，连云港、秦皇岛、天津新港等均注意设置导标。天津双航道引导灯桩中后标灯高 52 米。

三、无线电指向标

无线电指向标是世界上最早的无线电助航设施，第二次世界大战前曾是主要的无线电助航手段。

中国在 20 年代在长江口外花鸟山建立了第一座无线电指向标站，三四十年代又分别在佘山、大戢山和成山角建立了 3 座无线电指向标站。这些设施曾在战争中受到破坏，1950 年以后得到恢复。此外，还先后在沿海建立了环射式指向标站（含一处校正台）。经过调整，1984 年共有无线电指向标站 15 处。1982 年，更新了控制机，并对发射机进行调整换装，使信号发射更为准确、可靠，覆盖范围基本达到 200 海里。根据国际海事组织关于 1600 总吨以上船舶必须配备测向仪的有关规定，中国沿海运输船舶基本上都安装了测向仪，远洋运输船舶全部安装了测向仪。但根据国际航标协会对改革指向标信号格式提出的要求，国内设置的无线电指向标尚需逐步改革。

四、海区水上助航标志的改革

新中国海区水上助航标志经过了 3 次改革。第一次是在 1953 年。当时按照苏联经验，长江水上助航标志曾采用红色标志标示航道右岸，遂与海区水上标志发生矛盾，因此对海区水上助航标志进行了改革。第二次是在 1960

年。按照中国人民解放军航海保证部公布的《海区水上助航标志制度（草案)》，用黑色标志标示航道右侧，红色标志标示航道左侧，并增加方位标志和专用标志，使标志系统化。第三次是在 1985 年至 1986 年。为了促进国际海区浮标系统的统一，避免航海人员记忆中国浮标系统特征的麻烦，海区航标主管部门决定采用国际航标协会推荐并为多数航海国家所接受的海上浮标系统（A 区域)，按等效采用原则，制定了《中国海区水上助航标志》国家标准 GB4696－84，并于 1984 年在厦门港进行试验。这次改革后的水上助航标志既有国际海上浮标系统的全部优点，又有自己的特色，为推荐航道左、右侧标确定了名称，补充了用途，还将专用标志尽量归纳，使其品种减少，用途扩大。这次改革将使中国海区水上助航标志进入国际统一浮标系统，具备类型简单、作用明确、特征明显、易懂、易记等优点，有利于航行安全。

第三节　内河航标建设

内河航标包括江、河、湖泊、水库等天然或人工水域的助航设施。内河航标深入内地，面广数多，是中国航标的重要组成部分。

一、长江水系航标

长江干流航标在解放战争后首先得到恢复。1950 年，航标达 855 座，以后逐年新建。1953 年至 1955 年，按照交通部颁发的《内河航标规范》进行改革。由陆南炳等人设计，在宜昌以下全部为灯标，宜昌以上大部分是灯标；在川江设置通行信号台、雾情揭示信号台，建立水位情报传递网，预报水位，根据水位变化及时调整航标。在江阴至重庆间设置统一的助航标志和信号标志约 4500 余座，宜昌以下实现全面夜航，宜昌以上实现分段夜航，结束了川江没有夜航的历史，提高了船舶周转率。1958 年对浮具等航标结构进行改革，以钢质标志船、双船浮等代替竹浮标，以提高浮标的效果和寿命。在此期间还对航标灯器进行改革。1959 年全线实现航标灯电气化后，长江干流的航标仍不断在调整和充实，截止 1984 年年底，宜宾至浏河口的 2687.6 公里设标总数为 4694 座，平均设标密度为每公里 1.74 座。

长江主要通航支流大都设有灯标，可以夜航，如嘉陵江合川至重庆段，汉水利河至汉口段，资水益阳至甘溪港段等。其他通航河段都设有航标，可在白天助航。水运不发达的贵州省也不例外，在乌江的大乌江龚滩段已设航标。

长江水系湖泊众多，面积超过 100 平方公里的有 15 个，其中洞庭湖、鄱阳湖、巢湖和太湖等 6 个湖超过 500 平方公里。这些湖泊的通航水域都已设置航标。1966 年，在太湖试用灯桩代替浮标，不仅标志可靠，维护方便，而且便于利用风力发电。太湖全设灯桩，并在洪泽湖等湖泊推广使用。

二、黑龙江水系航标

黑龙江水系的航标受战争破坏较多，但恢复较早。1945 年 5 月，哈尔滨至通河通航，此 238 公里河段上的航标随即得到恢复。此后，航线逐渐扩展，航标也随着增加。1949 年，松花江航标初步整修完毕。1951 年，中苏两国达成《关于黑龙江、乌苏里江、额尔古纳河、松阿察河及兴凯湖之国境河流航行和建设协定》。次年，中国对黑龙江、乌苏里江和额尔古纳河中方一侧建设航标，并将松花江的哈尔滨至同江航线建成一等标，使 696 公里内全部昼夜通航。1953 年，全水系维护航标里程 3303 公里，设航标 2281 座。1955 年后，按照《内河航标规范》调整各河段航标，增加航标种类，扩展设灯标河段，加强航标的作用，提高了助航效果。1957 年，在第二松花江三岔河至扶余段设置航标。同年，用电灯代替煤油灯，全系统航标灯基本实现电气化。截至 1984 年年底，黑龙江水系设标里程达 4361 公里，设标 4145 座，平均每公里设标 0.95 座。其中夜航设标里程达 3516 公里，占设标里程的 80.6%；导标 1984 座，占设标总数的 47.9%。

三、珠江水系航标

珠江水系分布于广西、广东境内。

广西境内的河流，除西江梧州段曾在 1949 年以前有浮标 14 座外，其余均无航标。1952 年后，陆续整治航道，逐年增设航标。1956 年，郁江和右江的贵县至百色河段设标达1100座；郁江的贵县至浔江的梧州河段按《内河航标规范》进行改革，年末有航标950座。黔江、柳江、融江的桂平至融安段1955年开始设标，1962年达1005座。桂江的梧州至桂林340公里，于1956年在梧州至昭平段设标472座，以后在桂林至平乐段设重点标。西江于1955年全部设一等标。广西的内河航标随水位调整，受水利工程影响而改变，标志数量变化大。1984年，维护航标里程2039公里，设标3146座，平均每公里1.5座。

广东境内的河流，除珠江口和广州外，于1950年开始建设航标，1953年约有航标60座。1954年，在珠江三角洲陈容水道大尾角至莺歌咀设一等标。次年，在西江干流莺歌咀至梧州292公里河段建标，使广州至梧州日夜通航。北江韶关至河口257公里设标370座。连江干流的连县至连江口181公里设标308座。绥江怀集至马房147公里设标570座，平均每公里3.8座，其中多数为简易标。此外，东江、贺江、珠江三角洲的几十条水道也都设有航标。广东省东部的韩江、榕江、练江和西南部的鉴江、漠阳江通航河段均已设标，有的昼夜通航。

经过30多年的建设，广东省内河设标里程达3706公里，其中有灯标志2529公里；航标总数3928座，其中灯标2382座，平均每公里设标1.05座，灯标0.94座。

四、水库航标

中国水库多，有的面积大，流域广，具有发展水运的条件。交通部为适应航标建设需要，于1960年3月颁布了《湖泊、水库、运河船闸航标规范》。有的水库在设计中就包括了航标建设项目。水库的水位变化大，航标的建设和维护都比较复杂，需要专人管理。例如浙江新安江水库，1959年建成，面积580平方公里，流域5944平方公里，有8条航线，通航里程287公里。设计航标191座，1960年建标81座，其中灯标20座，浮标3座。水库的水位变化幅度高达26米，水位低时许多山头相连，水位高时若干山头成为岛屿，有的成为暗礁。有的航道在高水位时行船，低水位时通车。有的航道设标和撤除标志或移动标志都很频繁。但是，管理者不畏艰苦，日夜坚守岗位，尽力尽责，为发展水库区的交通运输做出了贡献。

第四节　航标技术

随着工业生产水平的提高和科研工作的发展，航标技术发生了很大的变化。首先是岸上标志的结构得到改进，使标志更为明显。除了砖、石、钢筋混凝土和钢结构外，还采用了玻璃钢结构。其次，在水上标志中，除钢质浮标增加了较小型的以适应内水和港内需要外，在内河制造了单船浮标和双船浮标；在海区引进了活节式灯桩技术，并试制冰期浮标和大型浮标。

1949 年以前，岸上灯标大多使用煤油灯，浮动标志曾以乙炔灯为主，电灯极少，且只有白炽灯。到了 1960 年，岸上标志基本实现了电气化，浮动标志也以采用电灯为主。电灯的闪光器曾采用电机控制，1968 年制造了晶体管闪光器，80 年代又有了集成电路闪光器。控制电灯开关的日光阀，早在 50 年代就已得到应用，1975 年被改进成半导体日光阀，结构更为精致。60 年代出现了卤钨灯；70 年代初期试制成功霓虹灯；70 年代末闪光脉冲氙灯和螺旋形 3 千瓦定光氙灯投入使用；80 年代初金属气体放电式的 1 千瓦钠铊铟灯泡等制造成功。灯器的透镜，除磨制玻璃透镜和模压玻璃鼓形透镜外，引进并制造了塑料锥形透镜。此外，1984 年从英国和美国购进一批封闪式光束旋转灯、三色扇形灯、导标灯和小型塑料透镜电闪灯，以改装部分灯塔、灯桩、导标和灯浮，增加其照射距离。在灯光的控制上，除采用人工和日光阀外，研制并部分使用了遥测遥控装置。

在能源方面，煤油、乙炔和丙烷已很少使用甚至不用，空气干电池得到了广泛的应用，也有使用蓄电池的。城乡电网的发展，为航标用电提供了方便。虽然柴油发电机组是灯塔、无线电指向标站和导航台的动力，但风力发电已经投入使用，波力发电装置已有制造，水流发电正在试用之中，太阳能的利用也日趋广泛。在无线电助航设施方面，采用了数字技术改造控制设备，选用了新型固态发射机，并引进了先进的鉴频雷达应答器。

第五节 航道测量

交通部门除了要为航道、港口规划和建设进行大量工程勘察测量工作外，还要为船舶安全航行和设置航标开展航行海图的测绘工作，以便准确、及时地提供沿海港口和内河引航图和航道图。在中国海港中，地处河口的占有很大比重。由于河口水文情势复杂，水道变化剧烈，进行水文和水下地形测绘，对于有效地开发利用航道和提高船舶运输效益，具有特别重要的意义。航道等部门为此组建了专职的测量队，系统地进行了沿海港口航行图和内河航行图的测绘，向有关单位提供现实性强的航行图，并供出版和修正海图。

交通部门进行航行图的测绘工作，多数是与航道、航标管理和建设工作结合进行的。1949 年前，海关总署海务科和海军海道测量局负责这项工作，但成图少。50 年代初期，中国人民解放军接管旧海道测量局，配合军事和航海需要，开展海图测绘工作。交通系统以原上海海务办事处为主，在负责海区和长江航标管理的同时，也进行了长江和沿海一些港口航行图的测绘。50 年代初期，交通部组织了一批技术人员和青年学生，对长江上游、中游进行了大规模的水道测量工作，1954 年正式出版了第一部内河航行图集《水道图长江上游部分》，不久又出版《长江中游航行图》。“流星”测量船在船长谭冠法领导下，测量了在龙口港、甬江口至灵桥航道和长江的狼山水道。“衔山”测量船完成了长江口至天生港的三角网测量等。随着航运事业的发展，先后组织了多批测量队，开展北起丹东港，南至三亚、八所、北海等近 30 个沿海港口的大比例尺航道图和长江、西江、松花江的干流以及鸭绿江等航行图的测绘。除向航运单位及时提供蓝图外，也先后由出版部门出版各种海图和航行图集。

测绘航行图的技术力量，随着业务的开展不断壮大。据沿海各航道局和长江航道局统计，测绘人员已达 1600 人（包括航道工程测量人员和测量船船员），拥有经纬仪等各种精密测绘仪器 388 台组，不同规格的测量船艇 40 艘。各省、自治区的航道管理部门也都设有数十人到数百人的测绘队伍。测绘作业的方法和手段，随着新型电子测量设备和水声仪器的配备使用，已由原来以繁重的手工操作为主，逐步向以微机为中心的自动测绘方向过渡。60 年代，交通部上海航道局引进了哈－菲克斯定位系统。70 年代，中国研制成功 304－Ⅰ型定位仪等近程高精度定位系统。80 年代初，广州航道局设计研究所等应用微机采集定位数据和测深数据，经过处理即可实现坐标变换、导航航迹显示、自动测深和绘图。

航行图的测绘以国家测绘局颁布的规范为基础，参照海军《海道测量规范》，制定本专业的测量和制图技术标准。航行图测绘工作贯彻了严格执行检查和验收制度，保证了成图质量。

第六节　国际合作和国际活动

一、中苏合作

为保障国境河流的船舶航行安全和增强中苏双方的航运合作，中国和苏联两国政府于 1951 年 1 月 2 日在哈尔滨市签订了《关于黑龙江、乌苏里江、额尔古纳河、松阿察河及兴凯湖之国境河流航行和建设协定》（以下简称《协定》），并制定了《黑龙江、乌苏里江、额尔古纳河、松阿察河及兴凯湖等中苏国境河流之航行规则》（以下简称《规则》）作为协定附件。《规则》中将航标分为三等：一等标具有发光设备，保证船舶昼夜双线航行；二等标为设在特别困难航段的灯标，保证船舶昼夜航行；三等标则保证船舶昼间航行。《协定》确定中苏联合委员会每年举行会议一次，讨论协定河流的航标变动、挖泥、测量和海事处理等事项。

二、中朝合作

中朝两国政府于 1960 年 5 月 23 日在北京签订了《中华人民共和国政府和朝鲜民主主义人民共和国政府关于国境河流航运合作的协定》（以下简称《协定》）。《协定》确定，根据其附件《中朝双方关于国境河流鸭绿江、图们江航道航标建设与管理的规定》，对鸭绿江、图们江国境河流段的航道进行勘测、整治并设航标，以改善船舶航行条件。中朝鸭绿江、图们江航运合作委员会处理有关鸭绿江、图们江国境河流段的航道整治和维护、航标建设和管理等合作事宜。

三、参加国际航标协会

国际航标协会（International Association of Lighthouse Authorities—IALA）为非政府间组织。其宗旨是保障船舶安全、高效的航行，并通过技术手段推动航标的发展，促进航标设备的完善。1981 年 5 月，中国政府通知国际航标协会决定采用该会推荐的海上浮标系统（A 区域），并将于 1986 年在中国海区（不含台湾省）实施。1984 年 1 月 1 日，中国加入国际航标协会，为 A 类会员。1985 年，中国代表团以会员身份参加第十一次会议。1986 年，中国成为国际航标协会海上浮标系统协议的缔约国。

四、恢复参加国际海道测量组织

国际海道测量组织（International Hydrographic Organization—IHO）于 1919 年召开第一次大会决定成立常设机构，1921 年国际海道测量局正式活动。它是政府间组织，其宗旨是实现各国海道测量单位之间的协调，尽最大可能使海图和航海文件一致化；采纳和利用可靠有效的方法进行海道测量；发展水道测量方面的科学，介绍海洋技术。每 5 年召开大会一次，并根据需要召开工作会议。中国是 1919 年第一次国际海道测量大会参加国，是国际海道测量局的创始国之一。1977 年第十一次大会通过决议，承认中华人民共和国是参加国际海道测量组织的唯一合法的中国代表。1979 年，中国政府正式承认国际海道测量组织公约，并参加该组织活动。1982 年，中国代表团以正式成员国代表的身份在摩纳哥出席了第十二次大会。

第五编

科学研究、教育、出版和学会

第二十章
科学研究

第一节　概　述

在1951年5月开始的治理淮河水利工程中，我国即开展了水工、土工等方面的科学试验和研究工作。1956年，中共中央发出“向科学进军”的伟大号召。当年，交通部成立技术局，以主管交通科学研究工作，统一领导部属各专业科研单位。交通部技术局成立以来，水运科学研究工作经历了三个阶段。

一、创业阶段（1956年至1965年）

交通部技术局成立后，即积极着手建立科学研究机构。1956年7月，交通部水运科学研究院筹备处成立，这是中国有史以来第一个专业水运科学研究机构。同年，在天津新港成立回淤研究站。1957年，科研机构进行调整，水运科学研究院筹备处的部分研究工作按专业分别与水利电力部南京水利实验处和第一机械工业部上海船舶研究所合并，成立了水利电力部、交通部南京水利科学研究所和第一机械工业部、交通部上海船舶研究所。

在机构建设的同时，交通部从大学毕业生和研究生中选拔了一批优秀人才，组成了各个科研领域的基本队伍。各科研机构贯彻“以任务带学科”的发展方针，对完成《一九五六年至一九六七年全国科学技术发展远景规划》中有关的水运科研任务进行探索。1958年以后，科研体制变动，以技术革新和技术革命的群众性运动替代了系统的科学研究工作，水运科学研究受到冲击。1961年，国家颁发了《关于自然科学研究机构当前工作的十四条意见》，清理“左”的思想表现，指出“出成果、出人才，为社会主义建设服务”是科研单位的根本任务，使水运科研工作恢复正常。

1962 年，为了适应水运事业发展的需要，交通部将上海海运局科研所和第一机械工业部、交通部上海船舶研究所的民用船舶研究人员合并，成立了交通部上海船舶运输科学研究所。1965 年，为了适应西南地区“三线建设”的需要，在四川省宜宾市成立了西南水运工程研究所。到 1965 年年底，交通部属和部企、事业单位所属水运科学研究机构达到 10 个，人员超过千人。从 1963 年开始，水运科研工作者投入了为完成《一九六三年至一九七二年科学技术发展规划》的研究工作中，水运科研工作得到较为稳定的发展。

在此阶段中，水运科研工作者因陋就简，艰苦奋斗，在水道、港口、船舶及其动力装置、港口装卸机械和工艺、运输经济和组织管理等方面进行了开拓性的研究，取得了进展。比较有代表性的成果有获得 1965 年国家发明奖的超声波测厚仪以及钢丝网水泥船、天津新港减淤措施方案、机动货船船型论证方法、小型吸粮机等，促进了水运事业的发展。

二、艰难阶段（1966 年至 1976 年）

在持续十年之久的“文化大革命”中，水运科研人员曾被下放劳动，科研工作一度处于停顿状态。

1970 年，由于周恩来总理的关怀，水运科研工作恢复了一些试验研究工作。1973 年，大规模的港口、航道和水运工业建设开始了，相关的科学研究工作获得复苏，原有的科学研究机构得到恢复和充实。1974 年 5 月，交通部将西南水运工程研究所的大部分迁至天津，与天津港务局回淤研究站合并，成立了天津水运工程研究所。1975 年成立了交通部标准计量研究所，翌年成立了交通部计算机应用研究所，水运科学研究得以逐步开展。这个阶段，比较重要的研究成果有葛洲坝枢纽泥沙模型设计及试验、6ESDZ76/160 船用低速柴油机试制、分节驳顶推船队、钢筋混凝土浮船坞建造等，适应了当时运输生产建设的需要，科研队伍也经受了考验，日趋成熟。

三、兴旺发展阶段（1977年至1985年）

1977年8月8日，邓小平代表中共中央主持召开了全国科学和教育工作座谈会并作了重要讲话。他针对“文化大革命”时期科学和教育工作备受摧残等问题，明确指出：“无论是从事科研工作的，还是从事教育工作的，都是劳动者……科研机构要出成果、出人才，教育战线也应该这样……要珍视劳动，珍视人才，人才难得呀！”1978年3月18日，邓小平又在全国科学大会开幕式上的讲话中强调：“四个现代化，关键是科学技术的现代化。”他重申了马克思主义关于科学技术是生产力的观点，提出要建设宏大的又红又专的科学技术队伍和要善于领导科学技术工作。在这次大会上，有70项水运科技成果获得表彰。同年，交通部在天津市召开交通系统科技大会，制订了《一九七八年至一九八五年交通科技发展规划纲要》，提出了16项任务，其中与水运有关的有港口工程、港口装卸工艺和机械、航道工程、船舶运输、航海、通信导航、海上救助打捞、船舶和修造船工艺、电子计算机的应用、环境保护、标准计量、情报等12项。会议还表彰了为交通科技工作做出贡献的先进集体和个人，评选出优秀科技成果，交流了工作经验。从1978年至1980年，受到交通部表彰奖励的科技成果总计123项，平均每年40余项。其中获得1979年一等奖的4项，获得1980年一等奖的一项。1978年以来获交通部科技成果一等奖的项目见表97。这些成果，有的在工程实践中取得了较高的经济效益，有的达到国际先进水平，有的获得了国家创造发明奖。1978年，为了适应救捞事业发展的需要，交通部在上海成立了海上救捞科学研究院。

80年代初，中共中央、国务院提出了“经济建设必须依靠科学技术，科学技术工作必须面向经济建设”的科学技术发展方针。水运科研工作更加重视运输生产建设的需要和经济效益，直接用于生产的科研开发项目迅速增加。

1981年，在国家科委、计委和经委的主持下，交通部组织制定了交通运输技术政策。1982年，中国共产党第十二次全国代表大会把科学技

1978—1985 年交通部科技成果一等奖获奖项目

表 97

成果名称	完成、协作单位	获奖年份
1. 半闭口钢管桩承载能力的试验研究	第三航务工程局科学研究所、第四航务工程局	1980
2. 40 吨集装箱装卸桥	上海港机厂、交通部水运科学研究所	1980
3. 氮氧饱和潜水模拟和海上试验	海上救捞研究院，上海、广州救捞局，上海海军医院，南通医学院	1980
4. 50 吨纯弯曲肋骨冷弯机	武汉水运工程学院、湖北省航运局汉江船厂	1980
5. 灰口铸铁离子氮碳钛三元共渗新工艺及其应用	大连海运学院、上海海运局、旅顺龙头机械厂	1981
6. 袋装砂井真空预压法加固软土地基的研究	第一航务工程局	1983
7. 302 米氦氧饱和潜水模拟实验	海洋水下工程科学研究院、石油部南海勘探指挥部	1983
8. 半潜式海上石油钻探船“浮力顶升法”合拢新工艺	上海船厂	1983
9. 750 立方米/小时自航链斗挖泥船	上海航道局、上海重型机械厂、上海冶金机械厂	1983
10. 船舶无人值班机舱自动化系统	上海船舶运输科学研究所、上海海运局	1985

术列为经济发展的战略重点之一，要求对关键性的科研项目攻关。水运科技工作者经过艰辛的努力，到 1985 年年底，取得了真空预压加固软土地基法、大直径预应力钢筋混凝土管桩、天津港集装箱码头计算机管理系统、湛江港散粮圆筒仓自动化系统、大型水平埋刮板输送机、大跨距岸壁式集装箱起重机、集装箱正面吊运机、天津港国际集装箱集疏运系统研究等 10 项科技成果，完成了国家“六五”时期港口建设关键技术的攻关任务，受到国家计委的表扬。

1983 年，交通部组织制定了《二〇〇〇年交通科技发展规划纲要》，确定了符合国情的水运科技发展目标：到 20 世纪末，水运生产技术总体上将达到 70 年代末或 80 年代初的世界先进水平。

1979 年，交通部属科研单位开始进行管理体制改革，并试行“收入留成”办法。1980 年又对重点科研项目实行合同制。1984 年 7 月 1 日，上海船舶运输科学研究所率先进行技术合同制试验，不再向国家领取事业费，而以科研任务取得经费。科研所的自主权扩大了，对外加强横向联合，对内实行承包责任制，进一步挖掘了科研潜力，调动了科技人员的积极性。在科研院（所）的科研生产工作中，横向联合的科研任务已占据重要地位。

1985 年 3 月，中共中央做出了关于科学技术体制改革的决定。南京水利科学研究院、计算机应用科学研究所以及四个航务工程局的科研所和辽宁省交通科学研究所等，相继试行改革。其他水运科研单位也都程度不等地开展了改革。科研课题项目增加 30%—90%，其中委托任务比重增大，收入随之得到提高。

科学技术方针的指引，特别是体制的改革，促进了水运科研工作的发展。“六五”期间，有 26 项水运科技成果获得国家科学技术进步奖，10 项获得国家发明奖，还有 130 项获得部级优秀科技成果奖（见表 98、99）。

30 多年来，水运科研事业走过了曲折而坎坷的道路，但成就斐然。到 1985 年年底，交通部直属以及和其他部门共同领导的与水运有关的科学研究院（所）已达 9 个，部属企事业单位以及地方所属水运科研机构已达 36 个，科研工作者近 4000 人，成为装备初具规模、有较高研究水平、能够承担国家重大科技攻关和开发任务、在某些领域具有国际竞争能力的研究力量。

第二节　主要研究工作

一、水运软科学研究

所谓软科学研究，是指决策研究。50 年代，为了发展航运事业，在苏联专家的指导下，研究制订了各个水系的航运发展规划，编制了长江、黄河、珠江、黑龙江等水系的航运规划，提出了全国“四纵六横”航运网规划的设想。

1964 年至 1965 年，交通部组织水运科研工作者参加了国家科委制定的《船舶、港口、航道技术政策》的研究工作。1979 年以后，随着经济体制和政治体制的改革，决策的科学化和民主化受到重视，水运软科学研究得以恢

1985 年国家科学技术进步奖交通部获奖项目（水运部分）

表 98

成果名称	完成、协作单位	奖励等级
1. 葛洲坝二、三江工程及其水电机组	水电部长江流域规则办公室、葛洲坝工程局、哈尔滨大型电机研究所、南京水利科学研究院、东方电机厂、交通部水运规划设计院、哈尔滨电机厂	特
2. 23－6Ⅱ带锈防锈剂	武汉水运工程学院	二
3. 模态、综合超单元法及其在船舶结构动态计算中的应用	上海船舶运输科学研究所	二
4. 船舶无人值班机舱自动化系统	上海船舶运输科学研究所、上海海运局	二
5. 纵流消波压浪船型及几种新尾型	长江船舶设计院、中山大学、702 所	二
6. “大庆 236”油船打捞工程中新技术的应用	广州海难救助打捞局	二
7. 港口工程技术规范《海港水文》	第一航务工程局勘察设计院	二
8. 内河侧壁式气垫船	安徽省科学研究所、安徽省交通厅、上海船舶运输科学研究所、果湖船厂	二
9. 分节驳结构强度的研究	武汉水运工程学院	三
10. 波浪中工程船舶横摇角计算法的研究	武汉水运工程学院	三
11. 6200GCZ 型船用柴油机	武汉水运工程学院、哈尔滨船舶修造厂	三
12. 变长线齿轮减速器	武汉水运工程学院、武汉通用机械厂、武钢机械总厂	三
13. 溢油分散剂	交通部水运科学研究所、大连油脂化学厂、北京市环境保护科研所	三
14. LMJ40 型轮胎式集装箱龙门起重机的研究	交通部水运科学研究所、上海港口机械制造厂	三
15. 60 吨浮式起重机（起重船）	交通部水运科学研究所、上海港口机械制造厂	三
16. 沿海港口推广水上过驳作业的研究	交通部水运科学研究所、交通部水运规划设计院	三

续表

成果名称	完成、协作单位	奖励等级
17. 2 方抓斗挖泥船液力变矩器 - YB545 型（可调式）液力变矩器及 YBDT - ZW 电磁操作装置	上海船舶运输科学研究所、东海船厂、上海铁道学院	三
18. 柴油机船减速运行技术	上海船舶运输科学研究所、上海远洋运输公司	三
19. 长江鸡扒子抢险整治工程	长江航道局、重庆航道区、西南水运工程科研所、重庆长江轮船公司	三
20. 武汉港务局汉阳作业区 9 号至 12 号码头扩建工程	第二航务工程局勘察设计院	三
21. DMC 柴油机测量分析系统	大连海运学院	三
22. 8 米玻璃钢耐火封闭式救生船	广州海运局、上海海运局、704 研究所、福州船厂、宁波造船公司	三
23. 钳式抓斗	上海海运学院、安庆港机厂	三
24. 长江水系分节驳船型尺度系列	交通部标准计量研究所、长江船舶设计院、交通部水运科研所、长航科研所、武汉水运工程学院	三
25. 莱州湾海河顶推船组	山东省交通厅、小清河航运局、上海船舶设计院、上海船舶运输科学研究所、威海船厂	三
26. 300 马力内河推轮研制	湖北省航运公司科学研究所、交通部攻关办公室	三

1985 年前国家发明奖交通部获奖项目（水运部分）

表 99

成果名称	完成、协作单位	奖励等级	年份
1. 超声波脉冲式晶体管测厚仪	上海船舶运输科学研究所		1965
2. 灰口铸铁离子氮碳钛三元共渗工艺	大连海运学院	二	1983
3. 半潜式海上石油钻探船（浮力顶升法）合拢工艺	上海船厂	二	1983
4. 50 吨纯弯曲肋骨冷弯机	武汉水运工程学院	三	
5. 数控肋骨冷弯的弦线测量法和检测	武汉水运工程学院	三	1985
6. 奥氏体钢表面国套离子轰击渗扩工艺	大连海运学院	四	1983
7. 带制流板和整流尾组合舵	武汉水运工程学院	四	
8. YH－82 环氧树脂低温（－10℃）固化剂	第一航务工程局科学研究所	四	1985
9. 揿轮转轮式单索木材抓斗	上海港务管理局	四	1985
10. FD－LK 型风力发电机限速装置	上海潜水设备厂	四	1984

复和发展。

1981 年，在国家科委等单位的领导下，交通部组织科研、设计、生产单位和大专院校的 200 余名科技人员参加了《中国交通运输技术政策》的研究，在 18 个专题中，有 5 个与水运密切相关。经过 3 年多的努力，完成了预定任务。其中，《中国交通运输政策要点（草案）》于 1985 年 8 月经国务院常务会议讨论通过，作为指导性文件下达；《公路、水运主要技术政策》也于同年由交通部颁布试行。此外，还有一些专项技术政策，如内河和沿海港口装卸工艺技术政策、航道技术政策也先后由交通部颁发试行。

从 1984 年到 1985 年，在原国务院技术经济研究中心的主持下，交通部的水运专家、学者和有关部门的专家共同提出了《二〇〇〇年的中国交通运输》研究报告。此外，交通部还提出了《二〇〇〇年中国国内水运》和《二〇〇〇年中国远洋运输》等专题研究报告。

重点工程可行性研究是软科学研究的一个重要方面。“六五”期间，各水运工程设计、科研和管理部门及大专院校通力合作，对大连、上海等 23 个港口的 52 项工程以及京杭运河、汉江、淮河、信江 4 条河流的开发进行了可行性研究，为国家决策提供了科学的依据，同时也为发展软科学研究积累了经验。

为了促进沿海港口的合理发展，尽速扩大其通过能力，从 1983 年开始，以交通部水运科学研究所为主，应用系统工程方法陆续完成了《沿海煤运系统的研究》《沿海港口过驳作业系统的研究》《沿海集装箱运输系统的研究》。同时，还开展了《水运理论价格的测算》《煤炭、石油合理运输》《沿海开放城市港口发展的对策》等水运软科学课题的研究，提出了各项研究报告和水运运价改革方案。

在水运软科学研究中，除广泛采用系统工程方法外，还引入了一些新的理论和方法，如系统动力学、计量经济学、灰色系统、突变论等。计算机技术也得到广泛应用，它已成为水运软科学研究工作中的重要手段。水运软科学研究正在逐步做到定性分析与定量分析相结合，静态典型调查与动态系统分析相结合。

二、水运工程科学研究

30 余年来，水运工程科研单位结合港口、航道和水利工程建设以及海洋开发等，在国家和交通部有计划的安排下开展了广泛的科学研究活动，成果累累，仅在近 10 年间就有千余项。其中成效显著的有：

1. 淤泥质海岸港口淤积——减轻天津新港回淤措施的调查研究。

50 年代初期，在天津新港第一期建设工程中开展了大规模海洋水文测验工作，积累了丰富的资料。50 年代后半期，配合天津新港第二期建设工程和海河整治工程，组织天津港务管理局回淤研究站、南京水利科学研究所、华东水利学院和天津大学等十余个科研部门分工协作，进行天津港回淤的试验研究，了解淤泥的成分结构、粘性和流变特性，掌握淤泥在风、浪、潮、流等动力作用下的运动形态和规律，以及泥沙入港过程和淤积量。结合现场勘测资料的综合分析和整体模型试验结果，提出了减轻回淤措施方案。经过陆续施工，控制了回淤量的增长趋势。1973 年，在天津新港第三期建设工程中，交通部天津水运工程科研所综合现场勘测资料分析和数理模型试验结果，提出了不同阶段、不同地区的回淤预报以及延伸外堤第一期工程减淤效益等成果，为天津新港工程建设的可行性研究提供了科学依据。

70 年代后半期，在连云港港的大规模建设中，南京水利科学研究所等单位根据泥沙预报分析，进行了物理和数学模型试验，提出了淤泥质海岸以悬沙为主的港口航道回淤量计算方法。这一方法应用于一些港口淤积强度预报后，获得了较好的效果。在其他沿海港口，如湛江、北海、丹东、洋浦、赤湾以及援建的毛里塔尼亚友谊港等港口，也陆续进行了港口淤积研究，取得了实效。

2. 潮汐河口综合治理——长江口通航治理研究。

河口治理受到径流、潮流和外海风浪的综合作用，机理十分复杂。多年来，对各大河口航道进行了治理并对长江口进行了大量现场勘测、室内大模型物理试验和数学模型分析研究，在潮汐模型试验中研制了微机控制和自动数据采集等仪器设备，并结合宝山钢铁厂建设，对南支河段整治、三沙治理和码头前沿水深以及通海航道选线、崇明北支水道等进行了研究。同时还利用大模型对石洞口电厂冷却水、外高桥和白龙港等污水环境的治理进行了可行性研究，为河口整治规划提出了可靠的论证。这些成果已在港口航道建设中得到推广应用。

此外，结合珠江、钱塘江、海河、瓯江、甬江、闽江、鸭绿江、辽河、大口河等河口治理，进行了大量的现场观测和模型试验，提出了治理方案。经过实施，有些港口的航道条件已经得到改善。

3. 枢纽泥沙、河流动力学和葛洲坝枢纽泥沙模型试验。

1970 年葛洲坝工程开始前后，各科研和设计单位即开展了大量试验研究。1973 年，南京水利科学研究所承担了库区枢纽全沙模型试验，首创了包括悬沙、底沙和卵石的“全沙模型相似准则”，经过上百次验证，提出了多种改善水流条件的措施。工程实践证明，各项措施效果良好。西南水运工程科学研究所和天津水运工程科学研究所提出的长江南津关通航条件改善措施，也取得了令人满意的效果。以上成果作为葛洲坝工程及其机组的组成部分，获 1985 年国家科学技术进步特等奖。

1978 年，结合国家重点科研项目“挟沙水流试验研究”，南京水利科学研究所在窦国仁主持下提出了《河床紊流的随机理论和各流区的统一规律》。这一成果在流体力学的基本理论方面有所突破，并在 1980 年北京国际河流泥沙学术讨论会上发表。论文的重大价值在于它能在航空、造船、化工、环保、农田灌溉等方面发挥作用。

天津水运工程科研所在冲击河流阻力理论的研究中，提出冲击河道的粗率值随水位变化的规律取决于沙波发展的过程，而沙波的发展与相对流速的大小有关，粗率是相对流速的函数。大量实际资料证明了两者函数关系的正确性。

4. 山区河流——川江航道整治。

多年来参加川江整治的建设单位和科研单位，通过试验研究，阐明了各种滩险的成因，将浅滩分为过渡浅滩、泥流浅滩和弯道型浅滩，在总结经验的基础上，提出了整治原则和计算方法，从而用较小的投资和工程量增加了水深，满足了航运需要。在其他山区河流整治工程中，结合具体情况广泛采用，取得了显著效果。

5. 港口工程结构——大直径预应力钢筋混凝土管桩研制。

为适应大规模高桩码头建设的需要，1957 年第一航务工程局开始研制预应力钢筋混凝土方桩，随后各航务工程局在码头建设中发展了预应力面板叠合板、空心大板等，为码头设计和施工开创了新局面，加快了进度，降低了造价。

1980 年，第三航务工程局对大管桩施工工艺进行了研究，提出以离心震动辊压混凝土预制管节和后张粘接的制桩工艺。此项工艺于 1983 年列入国家“六五”期间科技攻关项目，并于 1985 年完成了整套设备，研制成了直径 1.2 米长管桩 8 根。管桩的结构强度、刚度、耐锤击性能和承载能力等均可适应在深水中建港的需要。钢筋混凝土大管桩代替大直径钢管桩，从技术上为港口工程结构型式的更新以及节约投资和钢材，提供了有利的条件，取得了显著的经济效益。

6. 软土地基加固处理和真空预压袋装砂井排水加固法。

在沿海和沿江地区，近代沉积的软土地基分布较广。这种地基含水量高，压缩性大，抗剪强度低，必须经过加固处理。

自1975年以来，各科研单位分别对各种加固方法进行了试验研究，提出了大量的研究成果，其中有强夯法、振动水冲法、深层搅拌法、碎石桩水泥拌合法、电化法以及砂井、袋砂井、塑料板、砂垫层、土工织物、堆载和真空预压等排水固结法。同时探索并发展了合理的综合加固方法。1980年，第一航务工程局科研所在天津新港试验成功真空预压袋砂井排水加固法，1983年列入“六五”国家科技攻关项目，取得了大面积的成效。天津大学在其机理研究中，提出了负压条件下的固结模型和设计方法，从而为此方法提供了科学依据。

7. 港口防浪和不规则波研究。

结合港口海涂建设，各科研单位经过对波浪环境的调查实测、推算预报以及数学模型和物理模型试验，提出了波浪绕射、反射计算方法，并对防浪掩护、斜坡堤、直立堤、浮式和空气囊防波堤进行了研究。在室内波浪试验中，则在原有冲击式、推板式造波机水槽和港池设备的基础上，装备了小风浪水槽和转向造波机，还进一步发展了港池、水槽不规则造波机，使试验研究工作向不规则波发展。在继续研究规则波的同时，着手不规则波的观测、试验和研究，开展不规则波在港口工程中的应用研究，其中包括海浪观测和资料分析、试验技术和研究方法、海浪的统计特性和海浪谱、不规则波的试验研究和理论计算等。随着港口防浪研究的进展，还与设计、施工单位试验研制了各种型式防浪混凝土异型块体，分别应用在需要防浪的水运工程建筑物上。

8. 港口工程材料——钢材、混凝土、钢筋混凝土耐久性研究。

钢材、混凝土和钢筋混凝土是水运工程中使用的大宗性材料。对沿海地区进行的大量调查表明，港口所处环境的介质和气候影响着工程材料的寿命。早在50年代初期就在新港建立了混凝土暴露试验站，随后在沿海的青岛、湛江、赤湾以及长江口建立了钢材、混凝土暴露试验站，积累了宝贵的长期实测资料。研究结果表明：在南方沿海，主要是钢材锈蚀问题；而在北方沿海，主要是冻融对混凝土具有破坏作用。早在50年代，第一航务工程局就进行了大量调查研究，研制成功加气剂。70 年代，交通部又组织南京水利科学研究所和各航务工程局等单位研制成功各种型号的减水剂、扩散剂、复合早强剂和硫化剂，并制定了相应的技术标准，改变了混凝土的施工技术，进一步提高了工程质量。南京水利科学研究所等单位研究制定的混凝土和钢筋混凝土耐久性试验标准方法并已纳入港口工程规范。在 60 年代开始的钢材防腐材料研究的基础上，涂料与外加电流阴极保护联合防腐和牺牲阳极防护技术研究获得成功并推广应用。

三、船舶运输科学研究

1. 船型论证。

船型论证，即船舶技术经济论证始于 1954 年。“一五”期间，学习苏联的船型论证经验，确定了评比指标体系及其计算方法，确定了各类运输船舶的使用年限。1954 年，《中国造船》发表了何志刚的论文《船舶经济性能》，提出了影响运输船舶经济性的各种因素及其计算方法。1956 年，中国造船工程学会召开学术讨论会，推动了船型论证的研究。

60 年代初期，学术界关于投资经济效果的讨论，进一步推动了船舶技术经济论证的研究工作，开始重视水运速度和质量因素，重新研究了评价船型方案的指标体系。1962 年许富良所撰《运输船舶设计中经济论证方法的探讨》和 1963 年张德洪所撰《机动货船船型论证方法》等文章，都提出货物在途积压指标应作为评价船型方案的重要指标之一，从而提高了船型论证工作的水平。近 10 年来，对大型散货船、集装箱船、滚装船、自卸船、标准经济型干货船、内河分节驳船队等进行了大量的船型论证工作，同时还配合船型、机型的简化统一工作和远洋、沿海、长江船舶规划工作，完成了不少技术经济论证。交通部上海船舶运输科研所、水运科研所、上海交通大学、上海海运学院共同编写的《运输船舶船型技术经济论证方法》，王彩当、王宝林等 6 人发表的《论长江运输船舶使用年限》，比较系统地总结了船型技术经济论证经验。为了继续推动船型论证研究工作，中国造船学会成立了船舶技术经济论证学组，举办了三次全国性的学术讨论会。

2. 船舶运输节能技术研究。

船用柴油机燃烧劣质油具有重大的意义。70 年代初，上海海运局开始进行柴油机燃烧劣质油的试验。上海船舶运输科研所等单位为此也进行了多方面的研究，使之速见实效。

1979 年 11 月通过技术鉴定的 CNT 燃油粘度调节器，可以自动地把燃油调节到最佳雾化粘度，保证燃烧良好，消除结炭，节约用油，解决了燃烧劣质油的技术关键。经货船“长顺”号使用，效果良好，节约燃料 1%。翌年，上海海运局、大连海运学院和上海船舶运输科研所在“安源”号使用匀质器和磁性滤器等组成的燃油预处理系统，代替离心式净油机处理系统，使 7ESDZ75/160A 型柴油机燃烧 250 号重油成功，节约燃油 4.5%。1985 年，上海船舶运输科研所又研究成功 CRH－2 型燃油混合装置，可使混合油比例稳定，混合均匀，粘度符合要求，保证了柴油机工作安全可靠，节油效果显著。

减少船舶航行时的阻力，是节约能源的又一重要途径。各水运科研单位和大专院校进行了大量的试验研究，有的已取得明显的效果。黑龙江水运科学研究所和上海船舶运输科研所共同研制成功的垫气驳，是一种节省功率和能源的新型船舶。1982 年通过鉴定的 2×200—300 吨垫气驳，当航速为每小时 9 公里时可减少阻力 30% 左右。长江船舶设计院研究的纵流压浪消波船型和华中工学院研究的平头涡尾船型也在减少阻力方面取得了比较显著的效果。

1982 年，上海船舶运输科研所和上海远洋运输公司共同完成了大功率柴油机船减速运行技术研究，提出不同船舶在不同营运条件下“减速运行”的措施，在保证主机安全可靠运行的前提下，不但可节省大量燃油，而且能获得明显的船舶营运综合经济效果。实践表明，大功率柴油机减功 50% 运行时，可改善低负荷性能，节油效果明显。

1983 年，上海船舶运输科研所和天津远洋运输公司针对柴油机船因船壳污底等原因引起的螺旋桨与主机不相匹配而使油耗提高的问题，共同研究出螺旋桨削边技术。

3. 新型运输方式的研究。

70 年代初，为了改变内河运输的落后面貌，交通部水运科研所和长江航运科研所开始对分节驳船顶推运输进行试验研究，从驳船船型、推进系统、操纵性能直到顶推系结装置等各个方面，研制了由倒转舵、襟翼舵和导流管组合而成的推进操纵系统以及无缆和短缆相结合的顶推系统装置。1980 年引进了美国密西西比河功率为 441 千瓦的推轮和 2000 吨级分节驳，使驳船船型、推进和操纵系统以及顶推和系结装置又有所发展。

1975 年以来，分节驳船顶推运输先后在长江和 12 个省、市推广应用。截至 1985 年，全国已有 60—5000 吨级分节驳近 90 万载重吨，功率 117. 6—441 千瓦的推船 22 万余千瓦。

在内河分节驳顶推运输获得成功的鼓舞下，又对海上顶推船组的船型和联结装置进行了研究，并结合莱州湾—小清河航线，开展了海河顶推船组的研制工作。

船组由 367. 7 千瓦沿海推船、插销齿条式联结装置和 800 吨浅槽式推驳船组成，于 1980 年 3 月投入营运，主要航行于山东省的羊口港与龙口港之间。营运表明，船组在六七级风浪中航行仍具有良好的推进和操纵性能，联结装置安全可靠，操作简便、迅速。这种运输方式适宜于沿海航程较短、装卸时间偏长且具有稳定大宗货源的航线进行循环运输。

采用自卸船是大幅度提高大宗散货卸船效率的重要途径。早在 70 年代初，上海海运学院等单位就研制了 500 吨的自卸船。70 年代后期，上海海运局最早提出了将自卸船用于海上运输的设想，此后即开始了关键设备——环形皮带提升机的研制工作。1982 年，上海海运局、上海港务局和上海海运学院曾有四人联名上书国家经委领导，建议在秦皇岛至鲅鱼圈煤运航线上采用自卸船。交通部水运科研所和上海船舶运输科研所经过深入研究，肯定了这一建议的可行性，终于导致“南极洲”和“北极星”两艘自卸船的引进。由于鲅鱼圈电厂的缓建，自卸船的优越性未能得到充分发挥，但从发展看，这种运输方式是有前途的。

4. 船舶自动化技术研究。

从 70 年代中期开始，长江航运科研所、上海船舶运输科研所、武汉水运工程学院、大连海运学院等单位先后开展了船舶主机、辅机以及机舱自动化技术的研究。1978 年以来，几乎每年都有成果获得部级或国家级奖励。从最初的程序控制、单元自动化，一直发展到全自动无人值班机舱。无人值班机舱自动化系统是在上海船舶运输科研所钱瑞麟主持下完成的，这是中国研制成功的第一个系统。在船舶正常航行时，轮机人员无需在舱值守、操作和监视机电设备的运转。这项研究成果达到了 70 年代末期的国际先进水平，部分项目达到 80 年代初期水平，并有所创新。

5. 航行安全和导航技术研究。

航行安全和导航技术的研究范围广，涉及航海法规，船舶操纵、避让、过闸、狭水道安全航行、驾驶操纵模拟试验技术，气象导航，水上交通管理系统，雷达导航系统，海洋和内河船舶导航雷达，以及雷达应答器、电罗经、计程仪等航海仪器。其中有些领域已经取得成绩，并在生产实践中得到应用。

1982 年，上海航舶运输科学研究所研制成功小比尺自航船模自动测量、控制和处理系统。系统由无线电遥控遥测操纵台、测量电视和电子计算机数据处理系统等组成，除用于水工模型通航条件研究和优选航道整治设计方案外，还可用于船舶性能设计和安全航行等研究。

“气象导航”是根据航线附近的气候、波浪、潮流以及船舶性能等因素选择最佳航线，用以指导跨越大洋航行的一种方法，在 70 年代已被世界航海界所接受。中国气象导航的研究始于 1977 年。上海船舶运输科研所经过研究，相继提出《气象导航在海运业务中的经济效益》《北太平洋低气压和航线选择》等论文。与此同时，国家海洋局和气象局也开展了此项研究工作，并在 80 年代初分别与青岛和大连远洋运输公司进行实践，取得了一定的经济效益。

在助航标志领域取得显著成效的，首推太阳能电池航标灯。它是利用半导体“结”的光生伏特效应直接把光能转换成电能的元件。1973 年开始研究硅太阳能电池在航标灯上的应用，1975 年 9 月首先安装于上海吴淞口导堤前端河塘灯桩，以后陆续推广应用于 100 余处。实践证明，太阳能电池工作性能稳定可靠，水密性和防腐性强，不污染环境，易于维修和保养，可改善劳动条件，适应恶劣海况，因而使船舶航行安全有了切实的保障。近年来，上海航标厂又研制成功 A 型系统灯浮标，使助航标志的研制达到了一个新的水平。

上海船舶运输科研所研制成功的远程雷达在应答器是与船用导航雷达配合使用的一种导航装置，可设置在灯塔、灯船、礁石、岛屿等处，是现代化港口导航系统的组成部分。此外，船用导航雷达、港口导航雷达、船用电罗经和计程仪的研制也获成果。上海船舶运输科研所研制的船用电罗经，技术性能已接近国际先进水平。

6. 船舶结构计算的研究。

上海船舶运输科研所于1979年开始进行模态综合技术在船舶振动计算分析中的应用研究，首先将模态综合法引入船舶工程的计算，提出了新的方法——模态超单元法，在应用研究上取得了重要突破，而且在实船计算中取得成功。这种方法根据动力变换的原理和超单元的模态分析，导出一种新的动态子结构法——模态综合超单元法。与一般模态综合法相比，它的显著优点是只使用超单元的连接点坐标作为广义自由度，矩阵的尺寸与参与综合的模态数无关。这种方法经过几种力学模型考核，证明精度完全满足工程要求。其计算程序已自成体系，可用来计算膜、板、杆、梁和组合结构，还可应用在桥梁、车辆、船舶、航空、滨海结构核动力站以及民用建筑等工程。

船舶在大海中航行时，由于波浪的作用，船体发生纵弯曲，因而在船体剖面上产生纵弯曲和正应力，同时也产生相应的剪力。各国的船舶规范对波浪弯矩和波浪剪力都规定了计算公式，并提出了船体抵抗这些外力的强度要求。为了制定钢船建造规范，上海船舶运输科研所开展了“波浪剪力”的研究，选择了中国远洋船队实际营运的几十艘船舶和一些国际标准船型，进行了大量的计算，还选择了一些典型工况进行水池验证。对于波浪剪力，从不同尺度的25种船型的计算分析中，归纳出了简单实用的最大波浪剪力公式，并定出了中国“ZC”规范中对船体剪力的要求，列入1982年新规范之内。

四、港口装卸工艺和设备研究

港口装卸工艺和设备的研究工作是从50年代后期逐渐发展起来的，大体上经历了三个阶段。第一阶段的主要任务是减少港口装卸作业中普遍存在的肩挑、背扛等重体力劳动，增加机械化的比重；第二阶段的主要任务是实现船舱、仓库、车厢等有限空间内的货物搬运机械化，改善装卸工人的劳动条件；第三阶段的任务则是研究大型、专用、高效率的装卸工艺和设备，较大幅度地提高装卸效率。

1. 装卸工艺。

50 年代末和 60 年代初相继建成的裕溪口、青岛港机械化煤码头，解决了煤炭装船中使用劳动力多、劳动强度大、装船效率低等问题。80 年代，经过科研、设计、制造和施工部门的不懈努力，秦皇岛港的煤炭装船工艺已接近当代世界先进水平。

原油及其成品的装卸工艺研究，在借鉴国外经验的基础上，成功地解决了沿海和长江各港口的原油装卸。为了把鲁宁输油管输送来的原油装船转运至长江沿岸各个炼油厂，长江船舶设计院等单位研究了“输油臂及其在原油趸船上的应用”，保证了从陆上到趸船再到各类油船、油驳船的顺利转运。

粮食的装卸，经历了从袋装到散装、从人力到间歇式装卸再到连续式装卸的发展过程，目前多采用吸粮机与夹皮带机或链斗卸船机与皮带输送机相匹配的卸船工艺。大型粮食码头还设有圆筒仓。

干散货（煤炭、矿石）的卸船，采用了装卸桥或带斗门座起重机或装卸桥与皮带机相配的工艺，效率也有提高，但不显著，有待进一步研究。

件杂货的装卸有成组、集装箱和袋装三种新工艺。80 年代以来，采用集装箱运输件杂货已得到迅速的发展。成组运输则是另一种重要装卸工艺，早在 50 年代就对木材、生铁等成组运输进行了试验研究。70 年代末，交通部水运科学研究所和大连、上海港务局还进行了纯碱集装袋包装运输，设计试制了载重 1 吨的纯碱集装袋，经过大连至上海航线试验证明，效果良好。虽然由于管理体制等原因成组运输的比重还不大，但就改善劳动条件和提高装卸效率而言，港区内的成组装卸和搬运已占有相当的比重，这是研究成组运输的一个重要结果。

此外，上海港在卷筒纸和木材装卸工艺研究中取得了良好的成果。

2. 港口装卸设备。

在港口装卸设备中，最早研究的是起重机械，从一般通用型直到专用、大型和高效的起重机械。从60年代初至80年代初，试制成功了起重5—150吨的门座起重机。1978年，上海港务局与武汉水运工程学院等单位共同研究的15吨带斗门座起重机在上海港七区投产。翌年，上海港机厂与上海交通大学共同研究开发的200吨全旋转浮式起重机和天津港务局与武汉水运工程学研究开发的200吨全旋转浮式起重机投产。1978年，上海港机厂与水运科学研究所试制成功40吨集装箱装卸桥。1981年，上海港机厂又与水运科学研究所合作，成功地开发了40吨轮胎式集装箱龙门起重机。为了改进集装箱装卸设备的性能，水运科学研究所又于1982年完成了集装箱装卸桥自动弱磁调速技术和轮胎式集装箱龙门起重机轨道自动控制的研究，取得了良好的效果。1985年又完成了适用于多用途码头的大跨距集装箱装卸桥的研制，装卸效率每小时可达30箱，并已在青岛港投产使用。

从60年代开始，水运科学研究所就与生产单位密切合作，研究开发吸粮机，先后研究成功每小时80吨、250吨、400吨等吸粮机，用于内河和沿海港口。“六五”期间又进行了低能耗吸粮机——夹带带吸机和曲边带带吸机的中间试验，取得了初步成功。

由武汉水运工程学院毕华林教授主持研制的悬链式链斗卸船机是一种新型高效率的连续卸船机械。对于水位落差大的内河港口，它是一种比较理想的散货卸船机械，与间歇式抓斗卸船相比，具有生产效率高、自重轻、能耗低、清舱效果好、投资省、震动小、噪音低、维修使用方便等优点。经过几年的艰苦努力，第一台悬链式链斗卸船机已于1985年在株洲港投产，卸船效率每小时200吨。

为解决散粮卸船设备陈旧、效率低、易发生筒仓爆炸事故等问题，水运科学研究年成功地研制出大型埋刮板输送机，生产率为每小时600吨，输送距离56米，经使用证明达到了国外同类机型的设计制造水平。

长期以来，船舱、车厢、仓库和堆场使用的流动搬运机械，因受液压元件技术的限制，与国外先进水平有着很大差距。70年代末期，上海港机厂和广州港机厂试制成功3吨舱内叉车。它具有行驶速度快、装卸效率高、转弯半径小、机动性能好、自重轻和稳性好等优点，适用于船舱，狭小场地和库内装卸作业，代表了当时的开发制造水平，1985年，采用引进关键部件与国内攻关相结合的方法，研制成功了40吨集装箱正面搬运机。

装卸工属具对于提高装卸效率，保证安全操作和改善工人劳动条件有着极其重要的作用，因此一直是重要的研究领域。1978年，上海海运学院和西安起重机械厂合作研制成功剪式抓斗。它是一种新型散货抓取装置，与长撑杆抓斗相比，具有很高的抓取能力系数，在抓取矿石时可达1.91，大幅度提高了起重机的装卸效率。1982年，上海港务局木材装卸公司研制成功10吨掀轮式单索木材抓斗，从根本上扭转了原木装卸的不安全状况。随后又逐步形成两种类型、六种规格的木材抓斗系列，分别用于各类作业。1985年，场地堆垛、拆垛和岸边装驳作业的机械化比重已占整个原木装卸的88%以上。上海港务局的科技人员还开发了滑块多瓣式生铁、矿石抓斗，并对掀轮式单索木材抓斗做了进一步的改进。在新型抓斗的开发中，上海港木材装卸公司的五一劳动奖章获得者、工人出身的发明家包起帆做出了突出的贡献，曾在国内外多次获奖。

五、海洋救捞工程技术研究

1. 潜水技术和潜水生理医学保障研究。

1979年12月3日至13日，交通部海上救捞科学研究院、石油部南海石油勘探指挥部、上海海难救助打捞局、海军医学科学研究所和第二军医大学等单位密切协作，在南海进行了36.5米氮氧饱和64—75米空气巡回潜水海上实验。这次实验在以往实验室模拟实验的基础上，较系统地解决了氮氧饱和空气巡回潜水的组织实施、生理医学保障、设备操作程序和安全等方面的主要问题，为近海75米水深饱和巡回潜水作业提供了科学依据，是中国潜水技术的一次重要突破。

1979年12月19日至26日，上述单位又在南海首次成功地进行了120米氦氧饱和165米模拟巡回潜水实验。氦氧饱和潜水是国外于60年代发展起来的一项新技术，对于海洋资源开发、救助打捞、军事建设以及海洋科学考察等都有着重要意义。它的试验成功，标志着中国潜水技术发展到了一个新的阶段。1981 年 5 月 9 日至 22 日，交通部、石油部海上救捞科学研究院在南海三亚外港进行 302 米氦氧饱和潜水模拟实验成功，使潜水技术有了重大突破。1985 年，海洋水下工程科学研究院、海军总医院、江苏海洋工程公司，在西藏自治区海拔 4500 米的羊卓雍湖成功地进行了水下作业科学试验，达到了国际先进水平。

2. 救捞工程技术研究。

70 年代，广州救捞局应用“内浮力”法打捞沉没于深水中的 2 万吨级油船和抽吸海底沉船内原油获得成功。1977 年，在打捞“阿波丸”工程中，打捞技术又取得了一批可喜的成果。例如使用聚能橡皮炸药水下爆破切割技术可在水深 60 米处切割厚 40 毫米的钢板和清除钢板上的铁锈或海生物，效果优于同期国外采用的水下爆破切割技术。水下打捞抓斗可用来抓取沉船舱内的散状货物，为国内首创。

1982 年，广州海难救助打捞局和华东工程学院三系共同研究成功线型水下聚能爆炸切割技术，烟台海难救助打捞局等单位成功地运用于沉船“渤海 2”号的解体工程。实践证明，这是一项安全、可靠、高效的切割技术，达到了国外水下爆炸先进施工水平。上海救捞局于 1985 年试制成功保暖救生衣、MZ－300 型面罩式和 TZ－300 型头盔式作业潜水器具，达到 80 年代国外同类产品水平。

六、海洋环境保护研究

防治运输船舶对海洋所造成的污染，以保护海洋环境的工作始于 70 年代初期。最初的研究集中在石油污染的防治上，随后则开展了防治粉尘和其他有害物质污染的研究。

1. 预防石油污染的研究。

为了防止石油及其制品在运输过程中可能对海洋产生的污染，开展了船用油水分离器、油分浓度报警器和油污水处理工艺等研究。上海船舶运输科学研究所研制的船用油水分离器，符合国际海事组织规定的不超过 15ppm 的排放标准。近年来，该所又对油水分离器的结构作了进一步改进，采用了真空抽吸式，提高了工作的稳定性和分离效果，使排放水的含油浓度不超过 5ppm，大大低于规定排放标准。与油水分离器配套使用的油分浓度报警器也同时研制成功。此外，还研制成功大容量油水分离装置，可在码头用来处理船舶机舱油污水、油船压载水和洗舱水。

交通部水运科学研究所、铁道部建厂工程局和青岛港务局结合黄岛油港的建设，经过反复试验，研究出了流程合理、布局紧凑、运转安全可靠、营运费用低、管理方便、操作简便的油污水处理工艺。这种单纯采用物理法、重力流的工艺已被许多油港在建设油舱压载水处理场时所采用。

1985 年 11 月，大连海运学院和大连远洋运输公司合作研究成功高粘度原油洗舱工艺。运输原油的油船，在卸油时用部分原油作为清洗剂，通过洗舱机向卸完原油的油舱壁和舱底喷射，使上面附着的沉淀物重新溶解而随货油一起卸掉。这项工艺对于防止油污染和提高经济效益，都显示出明显的优越性，不但填补了原油洗舱技术的空白，在国际上也属具有开拓性的研究成果。

2. 污染监测和评价技术的研究。

从 70 年代开始，天津水运工程科学研究所先后对沿海 10 余个主要港口的污染状况进行了调查，为环境质量评价打下了良好的基础。同期，水运科学研究所等单位完成了监测方法和设备以及化学分析方法等多方面的研究，成果较为显著的有水运科学研究所于 1982 年研究提出的“水中含油量标准分析方法”和“溢油品种鉴别方法——气相色谱法和荧光光谱法”。前者具有灵敏度、回收率和精密度高且操作简便、快速易行等优点，可以作为港口水中油分析的标准方法。后者采用“气相色谱法”和“荧光光谱法”，能快速、准确地鉴别溢油，为港口提供了急需的监测手段。

80 年代，各研究、设计、生产单位通力合作，在港口建设工程中总结出一套完整的环境质量评价方法，开辟了环境保护科学的一个新领域。

3. 油污染应急清理措施研究。

70 年代中期，水运科学研究所即与生产单位合作研究溢油的回收和处理。

1985 年，交通部秦皇岛防污设备厂研制成功了浮上式围油栏。它由双面涂塑人造革制成，经实际使用，效果良好，已正式投入批量生产。

溢油处理剂是一种化学药剂。它的作用是将溢油乳化为微小颗粒，使之分散在水面下 1—2 米的阳光充足处，被水中溶解氧氧化或被细菌等微生物降解，从而使海面净化。1978 年，水运科学研究所张秀芝等研制成功溢油处理剂 1 号、2 号，填补了一项空白。

吸油材料是回收溢油的又一种重要手段。天津水运工程科学研究所与天津第二塑料厂和南开大学配合于 1978 年研制成功聚氨酯、稻草纤维和纸渣纤维等三种吸油材料，经过大量试验，吸油性能良好，回收率达到 90% 。

4. 煤粉尘污染防治措施研究。

武汉水运工程学院利用风洞试验对煤尘的扩散规律进行了研究，为港口煤码头的选址和减轻煤尘污染提供了科学依据。此外，在煤尘的治理中，秦皇岛港务局创制了“煤炭防尘注水工艺和注水机”，防尘效果显著。

七、电子计算机应用研究

电子计算机在中国水运中的推广应用始于 70 年代初期，起初只作为计算工具，以后则逐渐发展，广泛应用于信息处理、过程控制和辅助设计等多种领域，发挥着愈来愈重要的作用。

截至 1985 年年底，水运系统拥有电子计算机 500 余台，其中 90% 以上是微型，其余为中、小型，机型以 IBM 为主。中、小型机主要用于事务管理、数据处理和科学计算，微型机则主要用于办公室自动化、自动控制和数据处理等。

1. 辅助管理。

在海洋运输管理方面，电子计算机已应用于船舶动态管理、集装箱码头管理、财会、货物理赔、单船成本核算、运输统计、集装箱跟踪盘存管理、船员工资和人事档案等，有些项目获得了较大的经济效益和社会效益。

交通部计算机应用研究所设计的港口吞吐量统计分析与船舶在港停泊时间分析统计系统，功能强，可满足港口各类统计需要，从 1983 年 11 月起相继在烟台、湛江、青岛、秦皇岛等港口正常运行，成为统计分析中不可缺少的手段。

上海远洋运输公司设计的远洋运输船舶调度管理系统，适用于运输生产调度管理、计划统计和动态数据随机查询，对提高业务管理水平、加强船舶安全生产、减轻事务性劳动、提高工作效率和企业经济效益都起了良好的作用。集装箱跟踪盘存管理系统可对6万只集装箱进行跟踪盘存管理，从1981年正式使用以来，加强了集装箱的调度管理和周转，提高了利用率，减少了租箱数量，节省了费用，经济效益显著。

在内河运输管理方面，长江航务管理局开发的内河运输生产统计系统，输入并存储长江港口吞吐量、在港船舶停时、港口装卸工作、库场和码头泊位利用情况等信息，输出9类40余种统计报表，提高工效10倍。

2. 科学计算。

科学计算包括船舶、码头、港口建筑物的结构计算、绘图、船型论证、工程可行性研究和数学模型研究等领域。

上海船舶运输科学研究所恽伟君所完成的模态综合超单元法程序是学术性较高的一项科研成果，在国际上首次提出了变频动力变换模态的概念，独立推导出模态综合超单元法，使大型复杂的结构动态计算能够在小型计算机上实现，解决了难度较大的非线性特征值的求解问题，并在船舶振动计算中应用成功，达到了国际水平。

大连海运学院完成的微型计算机航海常用算法软件，包括天文定位天测罗经差、雷达避碰、墨卡托航行和大圆航线设计、劳兰C时差—坐标转换、货物装载5个计算程序，可省去航海天文历、天体高度方位表等，代替航海天文计算机，省去雷达避碰作图；代替雷达自动标绘仪的部分功能，省去绘图计算，简化大圆航线设计；代替劳兰C时差坐标转换器和专用的船舶装载计算机；已用于广州海运局和大连、上海远洋运输公司以及中国渔业总公司的船舶上。

南京水利科学研究院和天津水运工程科研所等单位，从70年代起先后开展了数学模型研究，已能计算二维水流和泥沙的河床变形问题，对三维的水流也已开展了计算。在长江口、钱塘江、珠江、连云港和瓯江口等试验研究中，都采用了物理和数学模型的综合结果，从这一方面来说它已是一种异步的复合模型。

3. 实验数据处理。

大连海运学院开发的DMC柴油机测量分析系统，是检测燃烧、喷油工况和处理测量数据的专用微型计算机系统，对于节省燃油、检查故障、维护保养以及开发新型柴油机都有重要意义。这一系统可测量、显示和打印出气缸压力、油管压力、针阀升程、放热率等曲线和数据表格，还可显示和打印出平均指示压力、发火角、转速等10多个重要参数，属国内首创，其数据处理功能则达到了国外同类产品的先进水平。由于去掉了硬件倍频器，用软件技术提高精度和性能价格比，是其独特的创新。

上海船舶运输科研所开发的船模试验水池数据处理系统，由微型计算机配以模拟量、脉冲量和开关量等通道板组成，可在船模试验水池的阻力、敞水和自航三项常规试验中高速自动采集和处理试验数据。系统投入使用两年来，提高了试验的处理效率，为水池接受国内外的船模试验任务提供了保证。

4. 自动控制。

水运科技工作者在应用计算机实现过程的自动控制方面也取得了比较大的进展。除船舶无人值班机舱自动化系统外，南京水利科学研究院开发的定床潮汐模型试验自动化系统也是一项卓越的成果。在模型试验中，应用微型计算机对多口门的潮汐水位实现自动控制，使模型有如天然般地同期产生潮汐变化，同时对模型中的水位、流速进行定时的多点同步测量，待微型计算机集中采集测量数据和处理后，把最终结果打印出来，或按要求绘制成曲线。

5. 工程设计。

武汉水运工程学院开发的机械计算机辅助设计（CAD）系统，包括机械零件设计程序库、减速器的CAD系统、机物的计算机模拟、优化设计和有限元分析、常用工程数据库。

结构计算是港口工程设计中最繁重的一项工作。常用的结构为框架、弹性基础梁、厂房排架、钢筋混凝土扶壁码头等，自使用计算机编制应用程序后，计算用时缩短，精度提高。在结构计算中有限单元法备受青睐之时，南京水利科学研究院编制了高桩码头空间排架内力计算程序，解决了繁难的空间结构计算问题。在三维空间结构计算方面，华东水利学院建立的SOJ－I三维线弹性有限单元应力分析程序，计算单元为6面体的20个结点的等参单元，曾用于葛洲坝水利枢纽2号船闸闸首的应力计算。

第三节　重点水运科学研究单位

一、交通部水运科学研究所

1956年6月，交通部部务会议决定成立交通部水运科学研究院（筹备处），它是新中国成立后最早创建的水运综合研究机构。当年7月，根据水运经济、港工航道和船舶3个研究方向，决定组建相应的水运经济管理研究所、港工航道研究所、船舶动力与船型研究所和一个情报科。不久又在组织方案中增列了水运规划研究所和装卸机械研究室，拟定了《水运科学研究院工作条例（草案）》并规定了各研究所的职责。从1956年至1958年初的筹备期间，主要是开展了一些调查研究和试验工作，以及科技人员的实习和培训。

1957年11月，建立研究院的计划取消，原筹备处的船舶动力和船型部分并入与第一机械工业部合办的上海船舶科学研究所；港工航道部分并入与水利部合办的南京水利科学研究所，留下水运经济部分在北京成立交通部水运科学研究所，归交通部海河运输总局领导。初期定员56人，1959年经批准扩充至90人，至1960年发展为130人。1959年年初，所内设有水运经济研究组、船舶运行工作组织研究组、装卸工作组织和机械化研究组、装卸机械研究组、情报编译组。1960年，增设航道航行研究组。同年年底，水运科学研究所与公路科学研究所合并，成立交通部科学研究院。两所的研究人员和编译人员实行横向合并，成立经济与管理研究室、机械化研究室。科研管理在贯彻国家《科研十四条》精神中开始走向正规，研究队伍逐步恢复和扩大。

交通部科学研究院水运部分的主要研究内容是：一条龙运输大协作组织管理、货物装卸工艺、船舶运行方式和运行组织、船型经济论证、人民公社交通运输、评价指标、港口装卸机械的研制及其有关技术理论、装卸机械的合理运用技术，总结鉴定技术革新和技术革命群众性运动中的港机发明创造，并进行提高、配套，以及推广新技术等。

在“文化大革命中，科研工作受到严重破坏”。从1967年下半年到1971年年初，除极个别项目继续进行外，主要研究工作基本停顿。1971年，重新成立交通部科学研究院（筹备组），下设5个研究组，其中包括水运经济、水运规划和港口机械3个组。当年年底，交通科学研究院与铁道部科学研究院合并成立交通部科学研究院。这一时期，由于科研条件的限制以及“左”的思想的严重干扰，科研工作方向任务不明，机构举棋不定，领导班子不健全，除极个别课题外，仅能开展一些简易的技术性调查研究工作。1973年，水运规划组回归重建的交通部水运规划设计院。

1973年7月交通部和铁道部分立后，交通部科学院又分为铁道部科学研究院和交通部科学研究院。交通部科学研究院下设水运研究所和公路研究所，并代管标准计量研究所。水运研究所设运输、港机、港电、液压等研究室，经扩充人员，增添设施，逐步开展科研工作。此后又从运输研究室抽出部分人员组建交通部电子计算机应用研究所。交通部科学研究院水运研究所成立时，任务定为运输技术管理和工具设计（如集装箱、成组运输箱袋）、港口机械单机设计、电力拖动和控制技术。

“文化大革命”结束后，水运科研工作进入蓬勃发展的新阶段。专业设置逐步配套，科研人员迅速增加，试验设备不断充实。1978年以来，科研工作从立题开始就注重为国民经济发展服务，并紧密结合水运建设需要，重视科研成果转化为生产力。为了适应新形势下科研工作发展的需要，1981年4月在原院属水运研究所的基础上建立了独立的水运科学研究所，方向任务是：“面向全国水运事业的生产建设实际，以推动水运生产技术进步和提高经济效益为中心，大力加强和发展水运经济与管理、港口机械方面的科学研究，逐步形成为水运经济和港机科学研究中心。同时积极开展港口电气自动化、水运通信和环境保护方面的科学研究工作。……要在水运经济建设的重大技术、经济问题的决策中，发挥参谋和咨询作用。……逐步做到能够承担全局性、系统性的科学研究任务，解决若干关键技术问题。”

水运科学研究所在水运事业发展的推动下，经过职工的努力，先后承担了数以百计的各类研究课题和工作项目，并与有关单位合作，获得数十项重要研究成果，促进了学科技术的发展。

首先是为国家综合运输布局和水运经济决策出谋划策。早期进行的关于中国水运经济性的研究和近年进行的关于充分利用水运的研究，对水运在综合运输网中应有的地位和如何振兴水运，提出了科学论证。《全国港口布局原则及大中小港分工相互关系问题》，迄今仍有指导作用。又如关于水运发展战略的研究和关于港口、船舶技术发展政策的研究，对国家决策具有一定参考价值，有的已被采纳实施。

早在50年代后期，水运研究所就对港口机械化的普及和提高进行研究，对60年代开展中小港口的半机械化和机械化起了很大促进作用。70年代中期以来，水运研究所吸收和运用当代科学技术，密切结合生产需要，研究并试制出大型、专用、高效的装卸机械。例如为开展集装箱运输所需要的大型集装箱装卸桥、集装箱轮胎龙门起重机、正面吊运机，供进口散粮卸船作业使用的大型吸粮机，供散粮筒仓作业使用的大型水平埋刮板输送机等。在电气自动控制方面，完成了湛江港散粮筒仓流程自动控制和计算机管理系统的设计和调试，并在实际生产中获得良好的使用效果。

此外，论证了一批发展船型和新工艺系统的技术经济方案，完成了货种运输系统和主要港口建设可行性研究。前者如江海客货船的船型论证、原油船型论证方案，或被纳入发展船型的系列，或被应用于设计生产。后者如煤炭运输系统优化论证、国际集装箱运输可行性研究等。

为了缓解港口泊位紧张，积极推行了易于见效的技术措施。如根据各港的具体情况和货种条件，探讨各种过驳作业方式的适用性及其技术措施；推广了先进的船队运行方式，使分节驳顶推船队在江河货运中应用。为了保护水域，防治环境污染，水运科学研究所研制成功的溢油分散剂在处理溢油事故中取得了良好治理效果；根据船舶污水排放要求，研究了油污水处理工艺、油分浓度自动测定仪等。在溢油品种鉴别方法等方面也取得了重大科技成果。

水运科学研究所的一批研究成果分别获得各级技术奖励，一批专业论文受到社会和同业重视。

经过近10余年的恢复和发展，水运科学研究所已成为全国水运系统专业门类比较齐全的综合性研究机构。在水运经济、大宗货和特种货运输系统管理、港口起重机械、输送机械、港口电气化与自动化、环境保护、水运情报等方面已有一批专业人才，仪器设备、技术手段、图书资料也初具规模，形成了较为完备的基础力量。至1984年，所内设有经济与管理研究室、运输研究室、特种货物运输研究室、港口起重机械研究室、港口输送机械研究室、电力拖动与自动化研究室、环境保护研究室、劳动卫生研究室、标准室、情报资料室、中心试验室、环境监测总站、试验工厂，共有职工399人，其中专业科研人员234人。

二、交通部上海船舶运输科学研究所

1962年1月，上海船舶科学研究所的民用船舶研究人员与上海海运局科学研究所合并，成立了交通部上海船舶运输科学研究所。成立初期，所内设有船体室、动力室、电子室、航海室和情报室，试验设备和图书资料都很缺乏。随着水运事业的发展，研究所得到了迅速发展。1985年，全所设有15个研究室，共有职工1200余人，其中技术人员700余人，并开办了一个拥有300余名职工的实验工厂。研究所还设立了交通部节能技术服务中心、交通部上海计算中心和蛇口工业区南海船舶技术服务中心。

研究所的任务是以船舶运输和建造中的应用技术研究为主，同时开展有关的基础理论研究。（1）在航海安全技术和导航通信方面，研究航海法规，船舶操纵、避让、过闸和狭水道安全航行、驾驶操纵模拟试验技术，气象导航和水上交通管理系统。（2）在船舶性能、结构方面，研究船舶阻力、推进、操纵性、耐波性、结构强度、振动预报、气垫技术、船舶规范和新建各种船型的主尺度优化以及特种钢筋混凝土船舶的研究设计。（3）在船舶动力和自动控制方面，研制船用柴油机、涡轮增压器和辅机，研究节能技术，无人值班机舱、柴油发电机组及其配电系统自动控制、安全报警系统，油污水处理技术、危险品安全运输技术。(4) 在船舶技术经济论证方面，研究发展规划、运输方式、经营方针和管理、新船型和机型的开发。

研究所的主要科研设备有：(1) 大型船模试验水池（2 号水池）水池长 192 米，宽 10 米，深 4.5 米，可用于各种类型船模的阻力、自航和敞水试验，是中国目前最新颖的船模试验水池之一。(2) 1 号船模拖曳水池。水池长 46 米，宽 6 米，深 2 米，适用于中小型船舶的阻力、自航试验，兼作浅水试验池。(3) 小比尺船模试验水池。水池长 35 米，宽 11.5 米，深 0.75 米，能进行小比尺自航船模的无线电操纵试验，设有自动测量和数据处理系统，包括测量电视、“130” 计算机和微机系统。(4) 空泡水筒。它可用来进行推进器空泡性能试验和船体与推进器的组合试验。(5) 水平式循环水槽。水槽长 15 米，宽 4.8 米，深 1.65 米。工作段分别为 6 米、1.5 米、1.0 米，水速 2 米/秒，适用于船模、桨、舵的流态试验和伴流试验。(6) 200 点同步加载设备。此设备适用于船舶和钻井平台等大型结构的强度试验。(7) 柴油机燃、润料专用试验机。使用这种专用试验机可对中小型柴油机进行性能试验和烧油系统、扫气系统试验以及燃料油、润滑油的应用研究。(8) 船舶涡轮增压器试验室。室内可进行大、中型船用增压器的性能试验、耐久性试验以及压气机等部件特性试验和风筒试验。(9) 激光试验室。室内设有自行研制的激光全息光弹仪和激光散斑照相设备，可应用激光技术对船舶各种构件进行结构强度和振动等测试。(10) 船用油水分离器试验室。室内具有可按国际海事组织的有关规定进行型式试验的设备，主要有船用油水分离器整机试验台 2 座，它具有自动倾斜和摇摆功能。另有大型油水分离器模拟试验台一座。(11) 无线电仪器环境条件试验室。室内可对电子仪器设备研制过程中的环境条件进行考核试验。(12) 电子计算机。所内备有包括 IBM4341 型计算机系统在内的 6 万—80 万次/秒的电子计算机 5 台。(13) 船舶电站和自动化试验室。它用于船舶柴油发电机组的平台试验和电力拖动试验以及自动化系统试验。

船舶运输科研所自成立至 1985 年，先后完成国家、交通部和有关单位提出的科研任务 300 余项，其中获得国家发明奖、全国科学大会奖、交通部和上海市重大科研成果奖的共有 78 项。

1970 年无锡水泥船会议之后，水泥船的建造发展很快。船舶运输科研所在水泥船的设计、建造等技术的研究工作中起了重要作用，先后提出 20 余项科研成果。全国陆续设计制造出 150 吨、200 吨、300 吨 3 种类型的沿海钢丝网水泥货船。船舶运输科研所编制的《内河钢丝网水泥船建造规范》，已由交通部于 1974 年正式公布。

船舶运输科研所在航海技术和导航仪器、船舶性能和结构、船舶动力、船舶自动化等方面的研究工作成绩显著，主要科研成果有：（1）船用电罗经；（2）CNT 型燃油粘度自动调节装置；（3）船舶冷却水系统电解海水防污装置；（4）YDO－Ⅱ型远程雷达应答器；（5）钢丝网水泥船分段拼装工艺；（6）GLD－1 型港口雷达；（7）2 立方米抓斗挖泥船液力变矩器操纵装置；（8）同时记录两簇应力条纹的全息光弹性法（上海激光技术研究所协作）；（9）海洋货船设计集成程序（上海交通大学协作）；（10）船用油水分离器（上海船舶设计院协作）；（11）关刀型螺旋桨四叶敞水系列设计图谱（广东航运科学研究所协作）；（12）MC－60 型顶推联结装置（浙江省航运公司协作）；（13）船舶总纵强度剪刀计算方法（船舶检验局协作）；（14）CEZY 型低速大功率柴油机电子气动遥控装置（上海海运局协作）；（15）柴油机船减速运行技术研究（上海远洋运输公司协作）；（16）船舶无人值班机舱自动化系统（上海海运局协作）。

三、长江航运科学研究所

1960 年 8 月，以长江航运技术革新办公室为基础，成立了长江航运管理局科研规划设计院，下设设计室、科研室和办公室，有职工 90 人。1965 年，设计室与原交通部船舶设计院的一部分科室合并，成立了长江船舶设计院，而在原科研室的基础上成立了长江航运科学研究所。全所职工 135 人，其中科技人员 109 人。1972 年，航运科研所改由长江航运管理局直接领导，设内燃机组、船舶航行技术组、港机组、情报组、加工车间和试验站等，全所人员增至 168 人，主要服务对象为长江水系，并为全国内河航运的科研工作提供技术协助。其后，为了适应航运事业发展的需要，长江航运科研所逐步扩大机构。到1985年，全所有职工331人（其中技术人员186人），主要的科研生产科室和工厂有：（1）动力研究室，承担船舶节能、船舶振动和噪声、船舶机型、船舶柴油机主要零件的研究。（2）港、船机械研究室，承担港口装卸机械、装卸工艺、港口机械标准、船舶机械、船舶和港区环境的防污研究。（3）自动控制研究室，承担船舶主机遥控、监测报警、辅机和电站的控制、计算机应用、导航设备、港口电气、船岸通信的研究。（4）船体研究室，承担船舶性能、船舶结构、航行技术、船队性能、船模水池试验、实船测试等项目的研究。（5）技术情报室，负责科技、经济情报的研究；承担科技情报资料、科技文献的翻译等工作，并负责《内河运输》和《内河航运信息》期刊的编辑发行工作。（6）试验加工厂，负责研究课题所需各种机具、零部件的加工和安装，并生产一些科研产品，承接外来的有关加工任务。

长江航运科研所的研究方向是：（1）以研究长江运输船舶的技术问题为主，兼顾港口机械和环境保护。（2）以应用研究为主，兼管科研成果的小批量生产。在应用技术研究中，以改善船舶的技术性能、节约能源、提高劳动产率、降低运输成本和保障航行安全为重点。

重点研究的技术课题有：船型、船队性能和结构强度；船舶柴油机性能和零件寿命；水运自动控制技术；实船和模型试验测试技术；节能技术；港口装卸设备技术；环境保护技术。如1960年，内河运输船舶因技术状态不佳经常发生尾轴套筒漏油、舵机失灵以及柴油机轴系扭振等问题。长江航运科研所试制成功橡皮套筒式尾轴密封装置，解决了尾轴漏油，也消除了舵机失灵的隐患。在此期间完成的圆筒橡皮联轴节和双刚度联轴节，解决了几种船舶的轴系扭振问题。

自1976年到1985年，长江航运科研所共有重要科研成果31项，其中获全国科技大会奖和交通部科技成果奖的有12项，有代表性的成果有：（1）船用柴油机中间轴装硅油减震器的减震方法；（2）BYQ－1型油位计；（3）船用柴油机程序控制操纵系统；（4）千吨级大统舱分节驳舱口盖；（5）长江船舶柴油机轴承扭振计算方法和程序（长江船舶设计院、船舶检验局长江区办事处协作）；（6）CDY系列船用柴油机电力遥控装置（南京航标厂、宜昌船厂协作）。

四、南京水利科学研究院

南京水利科学研究院是中国成立最早的水利科学研究机构，至今已有50年历史。

1935年，全国经济委员会设置中央水工试验所作为水利工程设计、施工的科研机构。试验所的主体工程是水利试验室，长70米，宽30米，备有控制水流循环的成套机械设备；另有办公室等部分建筑。1949年南京解放，试验所由华东军政委员会接收，改名为南京水利实验处。1953年3月，水利实验处改由中央水利部直接领导。1957年2月，全国科学研究机构调整，南京水利实验处改由水利电力部和交通部共同领导，同年4月改名为水利电力部交通部南京水利科学研究所，1984年1月经国家科委批准扩建为水利电力部交通部南京水利科学研究院，是全国最大的科研单位之一。

1956年以前，南京水利科学研究院的主要任务是根据国家水利建设方针，配合华东地区和淮河中下游流域兴建的水利工程，进行水工、土工和河港等各种科学试验，协助解决工程设计和施工中出现的问题。同时，为适应全国水利建设发展的需要，开展工程水力学、泥沙、潮汐、渗流、地基、混凝土材料性质和其他有关水利基础科学的研究。在此期间，共提出试验报告401篇，其中属淮河流域的占58%，属长江流域的占8%，属其他流域的占34%。

1957年6月，成立学术委员会，确定科研工作任务为“密切结合水电部和交通部的业务，与高等院校合作，以港口和航道工程中的水工建筑、港湾整治等有关基本理论和生产中的实际问题为重点科研对象，进行试验研究，使科研所成为全国性的专业科研机构”，拟定了科研方向为：（1）中低水头水工建筑物的渗流试验；（2）软土地基的加固研究和现场观测；（3）河道中下游的河床演变研究；（4）潮汐作用下的河口、海岸的整治和防护研究。

1963年到1972年，南京水利科学研究所拟定了11个中心课题：（1）浅水建筑物和水电站枢纽的水力学研究；（2）通航建筑物力学研究；（3）水工建筑物渗流和地下水动力学研究；（4）通航河流河床演变和航道改善研究；

(5) 海岸工程水文和海床动力地貌研究;(6) 海港淤积和减淤措施;(7) 潮汐河口冲淤演变和整治研究;(8) 防浪建筑物和港口防浪问题研究;(9) 土基与土坡的变形和稳定的研究;(10) 水运工程水工结构研究;(11) 港工材料耐久性研究。1982 年,研究专业方向调整为 18 个:(1) 水工建筑物水力学研究;(2) 水工通航过鱼建筑物水力学研究;(3) 水工建筑物渗流和地下水开发利用的研究;(4) 核技术在水利、水运工程中应用的研究;(5) 内河航道整治研究;(6) 潮汐河口治理的研究;(7) 海岸演变和海港防淤减淤措施的研究;(8) 防浪掩护和防浪建筑物的研究;(9) 枢纽泥沙问题和河流动力学问题的研究;(10) 软土地基加固的研究;(11) 土体变形及其与建筑物共同作用的研究;(12) 土石坝筑坝技术的研究;(13) 土动力学问题的研究;(14) 长期静荷载作用下大块体结构的研究;(15) 结构震动与抗震问题的研究;(16) 钢筋混凝土结构研究;(17) 水工港工混凝土和钢筋混凝土耐久性与性能改进的研究;(18) 水工港工钢结构腐蚀与防护技术的研究。1984 年又增加了 2 个专业方向,即海洋工程研究和环境水力学研究。

南京水利科学研究院在港口、航道等方面承担的科研任务,有秦皇岛、天津新港、石臼、连云港、上海、温州、黄埔、湛江等港口和船坞工程,长江口、钱塘江、珠江口、辽河口、瓯江口、鸭绿江口等潮汐河口和长江、松花江等内河航道整治工程;在水利枢纽和水电站建设方面承担的任务,有长江三峡水利枢纽工程、长江葛洲坝水利枢纽工程、南水北调工程以及富春江、丹江口、乌江渡、西津、大化、天生桥、龙羊峡、碧口、安康、二滩、东江、水口、五强溪等大中型水电站工程;承担的水利、水电、水运工程等实验达数百项。主要科研成果有:(1) 河床紊流的随机理论和各流区的统一规律(论文);(2) 毛里塔尼亚友谊港动床模型试验;(3) 葛洲坝枢纽泥沙模型试验研究;(4) 葛洲坝枢纽工程 2 号船闸水力学问题研究;(5) 河工模型的相似规律和设计方法;(6) 应用 ADI 方法计算连云港港不稳定流;(7) 定床潮汐模型试验自动化; (8) 混凝土和钢筋混凝土耐久性试验方法的研究;(9) 混凝土减水剂的研究和应用(交通部第一、二、三、四航务工程局协作);(10) 长江口航道整治模型试验(上海航道局协作);(11) 振动水冲法加固软土地基（交通部水运规划设计院）；（12）高浓度γ射线测沙仪的研究及其在长江口航道疏浚工程施工中的应用（上海航道局、中国科学技术大学协作）。

五、西南水运工程科学研究所

西南水运工程科学研究所的前身为交通部水利电力部西南水利水运科学研究所，是在1965年根据国家计委、经委、科委关于搬迁科研机构的通知筹建的。同年7月，由南京水利科学研究所抽调科研和行政人员成立筹备处，地址定在四川省宜宾市。1966年4月10日正式成立，由两部共同领导，编制直属交通部。1973年年底，交通部决定将所内主要人员迁往天津与原天津新港回淤研究站合并成立交通部天津水运工程科学研究所，而将宜宾部分改为留守处。1977年，交通部根据国家计委意见决定恢复续建，更名为西南水运工程科学研究所，由长江航务管理局领导，职工90人。西南水运工程科学研究所设有航道研究室、水工研究室、仪器研究室、技术情报室和计划基建室等业务、行政科室，建有试验用水循环系统、航道试验厅、露天试验场、水工试验室、变波水槽、率定水槽、小比尺自航船模试验水池等试验设施。

西南水运工程科学研究所主要承担长江中、上游和山区河流航道整治工程有关的通航科学试验任务，专业有航道整治研究（包括推移质）、浅险滩演变规律研究、水利枢纽通航水流条件和通航建筑物水力学研究、模型试验测试技术和仪器研制、电子计算机应用研究等。任务来源主要有交通部下达的科研项目，亦有地方水运、水利部门委托的试验研究。自建所以来，独立或合作完成了44个模型试验研究和仪器研制项目，为长江和西南地区的水运、水利建设事业做出了贡献。1978年后，成功地解决了川江小米滩、鸡扒子滩的航道整治方案问题，首次研制成功4×1500吨级1/150试验用自航船模等，受到交通部和有关单位的奖励和好评。西南水运工程科学研究所的主要科研成果有：（1）川江浅滩整治经验；（2）小米滩航道整治工程模型试验；（3）长江鸡扒子滩航道整治；（4）川江三峡河段整治（长江航道局、南京水利科学研究院协作）；（5）长江1471千瓦（2000马力）4×1500吨顶推船队、1/150自航船模和操作性能试验（长江航道局协作）。

六、天津水运工程科学研究所

1974年5月，交通部将原西南水利科学研究所大部分人员和设备调至天津，与原天津港务局回淤研究站合并成立天津水运工程科学研究所。建所初期，共有职工226人，其中科技人员83人，管理人员26人，工人96人。

研究所的主要任务是解决海河航运中重大水运工程技术问题，包括海岸工程和河道的河网水运工程中出现的技术问题。如海岸、河口泥沙运动规律和减淤措施的研究，内河泥沙运动规律、河床演变和航道整治的研究，港口工程、港工结构和通航水工建筑的试验研究，港口环境保护措施的试验研究，电子计算技术和新测试仪器的研制。所内主要科研设备有：（1）大型水工试验厅3座；（2）水槽厅1座；（3）长水槽5座；（4）浅水船池1座；（5）试验棚4座；（6）环境保护试验室1座；（7）293千瓦（400马力）测量船1艘。

试验厅内附有生潮、生波设备以及波浪水流、水位、泥沙等测试仪器和微型机的数据采集处理系统，从而使科研工作能运用原型观测、物理模型、数学模型、复合模型和理论分析等手段，对技术关键进行研究，推出最佳方案和工程措施，以解决实际问题。科研所承担的港口和航道重点工程科研任务有：天津新港、石臼、秦皇岛、镇海、营口、连云港、洋浦、湛江等港口污染调查；长江葛洲坝枢纽库尾航道整治，三峡枢纽的通航研究，三峡库尾淤积和改善航道措施研究；川江航道整治和西江航道通航问题等。随着任务的不断增加，1985年所内人员增至410余人，其中科技人员200人，共提出科研报告约300篇。其中针对建港前期工作，提出了港址选择、港域平面布置、防浪掩护、泥沙回淤预测、减淤措施和港口环境评价与治理等一系列报告，为港口建设提供了科学依据。在枢纽通航和航道整治方面，提出了航道整治工程研究报告、枢纽上下游泥沙运动规律、河床变形研究报告以及通航建筑物水力学试验研究报告等。比较突出的科研成果有：（1）冲积河流阻力理论的研究（论文）；（2）泥沙起动规律；（3）忠州湾倒脱靴折桅子滩航道整治工程试验研究；（4）镇海港航道整治；（5）光电测沙仪；（6）EMV－1型电磁流速仪；（7）PU－02聚氨酯吸油材料（天津第二塑料厂协作）。

七、海洋水下工程科学研究院

交通部于 1978 年成立了海上救捞科学研究院，以从事打捞沉船的科学技术研究。其后，沿海大陆架石油资源频繁发现。为了开发海洋宝藏，必须掌握水下工程的作业技术以及水下作业人员在深水压力下进行工作的各种生理机能和健康状况。为此，经国家科委批准，海上救捞科学研究院扩大编制，充实设备，于 1980 年改为海洋水下工程科学研究院，由交通部和石油部共同领导。

科研院的主要任务，是为打捞救助、近海石油开发和各类水下工程进行科学研究工作，内容包括水下工程作业系统、饱和潜水技术、水下施工工艺和水下检测技术。院内设潜水生理医学研究室、水下机械装备研究室、水下施工工艺研究室、深潜器系统技术研究室、科研情报研究室和水下工程作业队。

在潜水技术方面，海洋水下工程科学研究院还完成了中国目前最大的 3 兆帕高压舱群的设计和安装任务。为了保障潜水人员的人身安全，已着手研究 SYG 水下遥控观察装置。它是无人潜水器，内部装有水下暗光电视摄像系统、航向和深度控制系统以及推进装置。在水面遥控即可操纵潜水器在水下自由航行，把水下情况的图像传递到水上进行显示录像。潜水器可用于观察水下设施，如堤坝、码头、水下管道等工程质量，并配合潜水员进行水下作业，具有轻便、灵活等特点，不久即可研制完成投入使用。

1983 年，海洋水下工程科学研究院成功地完成了厦门至鼓浪屿过海输水管道的敷设工程，其后又进行了深圳市蛇口工业区赤湾港的防波堤和浙江江口桥的水下检测施工。水下机械手、水下示位仪、“人工鳃”的研制工作正在进行之中。

海洋水下工程科学研究院在成立初期仅有职工 81 人，其中科技人员 46 人。随着任务的增多，1985 年职工已增至 262 人，其中科技人员 162 人。主要的科研成果有：（1）氮氧饱和潜水模拟和海上实验（南海石油勘探指挥部、海洋医学科学研究所协作）；（2）120 米氦氧饱和 165 米模拟巡回潜水模型实验（南海石油勘探指挥部协作）。

八、交通部科学技术情报研究所

1963 年，第三次全国科技情报工作会议制订了 1963 年至 1972 年情报工作发展规划。交通部决定在原交通科学研究院情报室的基础上成立交通部运输科学技术情报研究所，并于翌年 8 月 1 日正式成立。成立初期，所内人员大多是由各方面抽调来的科技和外语翻译人员，总共仅 43 人。科技情报所的主要任务，是为交通部所属各单位的工程建设、规划、设计、施工和科学研究课题提供有价值的情报资料。所内设有情报研究室、编译出版室、图书资料室等业务室。

1970 年，科技情报所根据交通建设发展规划的需要，陆续编写了反映国内外水运、公路发展水平、动向和成果的资料。主要有《国外交通参考资料》《国外水运概况》《国外公路概况》《交通科技革新成果》《国外港机》《国外交通科技水平动向》等。1973 年又承担了国内外港口科技情报的收集和调查研究工作，提供了国外港口码头专业化的资料，并为交通部向国外订购挖泥船和拖船提供了有关技术资料。在这一时期中，先后完成的水运重要情报资料有《世界港口（日本横滨、大阪、神户港）》《世界港口（美国海区和大湖区港口、英国伦敦港）》《国外海港建设动向》等。

1975 年，国家科委召开第四次全国情报工作会议，做出了发展情报网和由中国科技情报研究所归口管理全国科技情报工作的决定。交通部科技情报所进一步发展，并规定情报所的任务为：（1）加强调查研究，进一步开展各项情报服务工作；（2）进一步总结经验，大力开展技术革新成果的交流和推广工作；（3）做好全国交通科技情报网的组织协调工作；（4）贯彻全国科技情报会议《关于加强科技情报资料工作的几点意见》，加强检索工作，逐步起到检索中心的作用。所内根据专业需要调整机构，设置图书资料室、公路情报研究室、水运情报研究室和办公室 4 个室，人员编制增至 130 人。图书资料室开始研究微型机在交通科技情报处理工作中的应用，同时大力发展科技情报网工作。至 1980 年年初，全国交通系统已基本形成纵横贯连的科技情报网。

1981 年，交通部在北京召开第一次交通科技情报工作会议，通过了《关于加强交通科技情报工作的若干规定（暂行）》《交通系统科技情报网工作暂行条例》《交通系统国外科技资料统一管理的规定》3 个文件，科技情报工作得到进一步加强。科技情报所内增设了综合室和编辑室，并创办了《交通情报工作通讯》，以便及时交流交通系统科技情报工作的情况和经验。1983 年 1 月，交通部发出《关于组织编制交通运输“七五”计划和二〇〇〇年规划的通知》。科技情报所负责“系统整理国内外水运、公路技术经济指标的发展水平，分析差距所在，研究提出采取的措施”的任务，组织专门人员对有关课题进行了大量调查研究工作，同时完成了国家科委、计委、经委 1981 至 1983 年下达的各项技术政策课题，提出了《运输结构变化与能源消耗结构变化的关系》等研究成果，为各主管部门制定有关技术政策提出了科学根据。至 1985 年年底，科技情报所共出版国内外水运、公路各种科技资料 500 种，各种专业刊物 39 种，拍摄有关港工、公路、水运科技电影、录像 30 余部，为发展交通事业和传播新兴科学技术做出了重要贡献。

九、交通部标准计量研究所

1963 年以前，标准化工作由交通部技术局负责归口管理。此后，交通部在上海、天津、广州地区的企、事业单位和长江航运系统成立协作组织，以便积极开展船舶标准化工作。部属公路、水运规划设计院和其他有关公路、航务工程的设计、施工、科研等单位也都设有相应的标准化机构和人员。1965 年，初步形成了包括航运、船厂、设计、科研等方面的交通标准化工作系统。1975 年成立交通部标准计量研究所，职工仅有 40 余人。标准计量所主要负责交通标准化工作，在交通运输行业中贯彻标准化，以促进交通运输生产和管理现代化，提高技术经济效果。

1. 水路运输标准化保证了运输安全，减少了货差和货损。

在船舶、港口和航运设施、船舶运输和港口装卸工艺以及环境保护和港口航运管理等方面，严格执行水运标准和规程，确保了安全生产，增加了港口吞吐能力，从而减少了货差和货损。如中日航线定期货船“丰城”号大力推行《船舶货运全面质量管理暂行办法》之后，于1981年取得了承运百万件货物而无货损的好成绩，获得当年安全优质标兵的称号。

2. 水运工程标准化提高了设计、施工质量，缩短了工期。

在水运工程建设方面，标准化工作主要是针对港口建设的规划、设计、施工和管理，通过制定和贯彻标准、规范，统一或简化工程设计、计算方法，改进结构和施工工艺，提高施工要求，扭转了过去在设计、施工中无章可循的局面。从1972年开始，交通部相继组织编写了一整套符合中国国情的港口工程技术规范，改变了过去长期参照国外规范的状况。

在港口和航道工程建设中，标准化工作推广了先进技术，节约了原材料，缩短了工期，如贯彻《混凝土和钢筋混凝土》新规范，在混凝土中添加外加剂，提高了混凝土强度，缩短了脱模时间。对钢筋混凝土受弯构件使用新的计算方法，使构件的箍筋用量减少40%。

3. 标准化提高了劳动生产率。

水运工业标准化的积极作用首先表现在船舶、港口机械、航标材料和潜水设备等方面。由于实行标准化，产品品种和规格简化而形成专业化生产，便于采用新工艺，提高了劳动生产率。如宜昌船厂采用了分节驳建造标准之后，1979年平均6天造出一艘船，而1975年则需30天时间。

船舶检验局坚决贯彻标准化工作，采用国际海事组织所规定的船舶安全技术标准，按国际要求进行船舶检验，使远洋船舶在性能和建造技术上都提高到国际水平。

十、交通部计算机应用研究所

交通部为适应港口大规模建设的需要，于1974年在水运科学研究所内成立了计算机筹建小组，翌年9月正式成立交通部北京电子计算中心站，1975年易名为电子计算所，1983年又更名为交通部计算机应用研究所。

研究所以交通运输经济信息管理的设计、规划和应用开发为主要科研方向。1983年以前，所内仅有科技人员40人，主要承担交通部计划统计局、远洋运输总公司等单位的计算机应用管理工作。硬件设备以国产计算机为主，所内设硬件和软件两个研究室。1983 年年后，为适应交通行业对计算技术的需要，所内科技力量有较大增长，专业人员增至 70 人。所内设有硬件室、软件室、系统运行室、新技术开发部和技术管理室。

研究所拥有 IBM3031 型电子计算机，可对交通系统各种工程设计、科学研究和大型数据处理提供运算。它还有 ACS－8600、ACS－986 多用户微型机，供项目使用。承担的主要任务有：远洋租船的进口运费计算；远洋航运船舶动态查询；远洋公司对外财物结算系统；交通部水运业务资金平衡和利润、成本汇总；货物流量、流向统计；中国港口装卸和停泊分析；线性规划在合理运输中的运用；燃油和滑润油消耗分析；船舶停港时间统计；水运客运量调查；港口吞吐量统计；交通部海洋运输调度管理系统。

计算机应用研究所自建立以来，结合生产先后完成科研任务 40 余项，主要有：

1. 天津港三港池集装箱码头电子计算机管理系统。

（1）集装箱进口管理系统：内容包括进口单证核对，查找拼箱、整箱，编制堆场、堆存计划和卸船顺序表；进行集装箱动态跟踪，场地堆存情况查询，打印集装箱出场日报、集装箱盘存情况报表等。（2）集装箱出口管理系统：内容包括出口单证核对、场位指示、船舶配载、制定装船顺序表、打印集装箱进场日报。（3）空箱管理系统：内容包括查询空箱堆存情况、打印空箱库存报表。（4）计费系统：内容包括装卸费、堆存费、港务费等的费用结算。（5）船舶在港动态系统：内容包括查询船舶在港装卸情况、进行船舶停时分析。（6）其他经营系统：内容包括对吞吐量、工时运用、机械运用等指标进行系统分析。

电子计算机管理系统的完成，使集装箱码头的管理工作做到了繁而不乱，差错减少，缩短了装卸船舶单证准备时间，因而减少了船舶在港停泊时间，同时也有效地使用了堆场，使码头的吞吐能力平均提高 20%。

2. 交通部海洋运输管理电子计算机调度管理快速统计系统。

海洋运输管理局调度室是交通部海洋运输生产的指挥中心和信息集散地。过去使用电话联系、手工记录和经验推断的方法，不时造成工作上的被动和失误。计算机应用研究所设计完成了信息快速统计系统，使用电子计算机准确地收集处理大量信息，及时反映生产情况，使调度管理效率提高。系统包括：(1) 调度快速统计系统：内容包括输入和存贮年度每日生产进度，积累生产动态信息、年度国家计划、月度生产计划和月度生产实绩。这些数据经计算机处理后可以提供每日生产日报，提供调度生产旬报、生产情况快速月报和年报。(2) 外贸船舶在港动态信息处理系统：内容包括输入、存贮船舶在港作业动态的信息。通过电子计算机处理后，可以随时提供装载不同货物船舶在港内作业的动态。(3) 港口生产统计系统：计算机应用研究所完成了港口生产统计系统通用型软件，已经在湛江、天津、秦皇岛、烟台、青岛等港口使用。这种系统的完成，实现了数据共享，提高了工作效率，完善了企业生产管理。系统包括港口吞吐量和货物分类流向分析、船舶在港停泊时间统计分析、装卸作业和装卸机械管理等分系统。

第二十一章
水运教育

第一节 概 述

中国近代的水运教育始于19世纪下半叶。1866年夏，清政府创办了培养海军航海、轮机和造船等专门人才的学校——“求是堂艺局”，又称福州航政学堂。清朝晚期的海军教育，为近代的水运教育作了必要的准备。然而，标志中国近代水运教育诞生的，则是上海吴淞商船学校的成立。1909年，清朝政府邮传部改南洋公学为高等实业学堂，增设船政科。1912年，民国政府交通部正式成立交通部吴淞商船学校，初设驾驶科，分为正科和普通部，学制3年。1914年秋，开始招收轮机科学生。1915年，学校因毕业生分配困难和经费不足奉命停办，校产移交海军部改办吴淞海军学校。吴淞商船学校停办后，航运教育界人士多方奔走呼吁，1928年经民国政府交通部批准复办，翌年11月正式招生。复校初，学校仅设驾驶科，次年秋开设轮机科。1932年“一二八”事变后，校舍为日军炮火毁坏大半，书籍仪器也遭劫掠。1933年春，校舍修复，学校附设的高级中学设驾驶、轮机2科，学制3年（校内学习2年，实习1年）；专科也设驾驶、轮机2科，学制4年（在校学习与实习各半）。1937年“八一三”事变，吴淞商船专科学校再次为日军炮火所毁，被迫停办。1939年，学校在重庆重建，改名为国立重庆商船专科学校，设航海、轮机和造船等科，学制4年。1943年，民国政府教育部将学校解散并入重庆的交通大学。1946年2月，教育部决定恢复吴淞商船专科学校。同年10月正式开学，设驾驶、轮机2科，学制5年，交通大学代办的航海、轮机两科仍划归吴淞商船专科学校。1948年，吴淞商船专科学校还增设一期一年制高级无线电短期训练班（后改为无线电专修科）。

1920年，著名爱国华侨陈嘉庚先生创办集美学校实业部水产科，学生以学水产为主，兼学航海，后以水产、航海并重。1925年改称集美学校高级水产航海部，1927年春独立为集美高级水产航海学校，1935年春改称福建私立集美高级水产航海职业学校，一直沿用至50年代初。1937年抗日战争爆发后，学校曾迁安溪、大田县，1945年抗战胜利后迁回集美。

1927年3月，东北商船学校于哈尔滨创办，同年12月5日正式开学，设驾驶、轮机2科。1931年“九一八”事变后，日本侵占东北地区，学生迁入威海海军学校学习。

1937年1月，伪“满洲国”交通部于哈尔滨开办“高等船员养成所”。1944年，“养成所”迁至葫芦岛，改称“国立高等船员养成所”，设驾驶、轮机2科。抗日战争胜利后，“养成所”自行解散，后应学生要求，于1946年10月由国民党政府接管复校，改称葫芦岛国立商船专科学校，翌年5月改称国立辽海商船专科学校，设驾驶、轮机和预科3科，时有7个班，学生共计145人，教师20余人。1948年10月，学校迁至北平（现北京），1949年3月迁至沈阳与东北邮电学校并入东北交通专门学校，同年9月又分出成立东北商船专科学校。

除上述3校外，抗日战争胜利后，国民党政府于1946年1月在武昌创办国立海事职业学校，同年3月正式开学，设驾驶、轮机、造船3科，学制3年。在此期间，还有福州商船学校（即马尾商船学校）和潮汕高级商船职业学校。

从清末邮传部创办商船学堂到1949年的40年间，水运教育时兴时衰，6所学校仅培养专门人才1000余人。

1949年10月1日，中华人民共和国诞生，揭开了水运教育历史的新篇章。从1949年到1965年，水运教育经过了院系调整、教育革命和贯彻“整顿、巩固、充实、提高”方针等重要阶段。

1950年9月，交通部决定将吴淞商船专科学校改为上海航务学院，并将上海交通大学航业系并入该院，设航海系、轮机系、港埠工程系和无线电专修科。东北商船专科学校于1950年春迁至大连，翌年5月改为东北航海学院，设航海系、轮机系、航务管理系和俄文专修科。1951 年春，集美高级水产航海学校增设集美水产航海专科学校。1952 年 9 月，福州商船学校与厦门大学航务专修科合并成立福建航海专科学校，设航海 1 科。

1952 年，全国高等院校进行院系调整，交通部决定集中力量创办以航海类专业为主的综合性高等海运院校。1953 年春，上海航务学院迁至大连，与东北航海学院合并成立大连海运学院，学制 5 年。同年 9 月，福建航海专科学校并入大连海运学院（见表 100）。新创立的大连海运学院，设 4 个系即船舶驾驶系、轮机管理系、航务管理系和港务工程系，5 个专业即船舶驾驶专业、船舶动力装置专业、船舶修理专业、航运管理专业和港口与水道工程专业（该专业 9 月并入大连工学院）以及干部专修科。建校当年，有本科生 136 人和专修科学生 32 人。

1953 年大连海运学院的教师、学生组成表

表 100

人数　类别 学校	教师				学生数（本科）
	教　授	副教授	讲　师	助　教	
上海航务学院	16	11	6	15	354
东北航海学院	8	6	23	35	387
福建航海专科学校	6	4	10	7	135
合　计	30	21	39	57	876

1949 年 7 月，在原国立武昌海事职业学校的基础上成立了中南交通学院，设有邮政、电讯、公路、航业 4 个系、11 个专业。1951 年 1 月，学院更名为武汉交通学院。1952 年，武汉交通学院造船专业并入上海交通大学，土木工程和自动车专业并入江西南昌大学，公路桥梁专业并入广州中山大学，邮政、电讯两系停办。调整后的武汉交通学院更名为武汉河运学院，学制 4 年半，设船机系和水运系，船舶机器与机械、水运管理 2 个专业，在校学生 443 人，教师 40 余人。

经过院、系调整，集中了教学力量，初步形成了以大连海运学院、武汉河运学院为主体的高等水运教育，开创了新中国水运高级技术人才培养的新局面。

随着国民经济和水运事业的发展，水运院校的专业设置和办学规模相应扩大。1954年、1955年两年，武汉河运学院先后增设了水运经济与组织、水道与港口专业，增办了港口机械系和港口机械化及装置专业。1957年，武汉河运学院改名为武汉水运工程学院，以培养内河运输和管理高级技术人才为目标，学制由4年半改为5年。同期，大连海运学院先后增设了船舶电工、港口电气和无线电报务等新专业。1956年，两校招生数为前两年招生总数的1.5倍多。1957年后则放慢了发展速度。1958年10月，水运院校贯彻教育与生产劳动相结合的方针，开展教学改革，纷纷办起多种学制班。大连海运学院将大连海运学校并为中专二部（在此之前曾招收400名初中毕业生成立了中专部），武汉水运工程学院举办老干部特别班、工农预科班、附属高中班、港机中技班、河船驾驶代培等不同学制的专业和学科班。同年，2个学院分别增设船舶制造与修理专业。1958年，交通部又在上海筹办上海海运学院，翌年招生，初设船舶驾驶、轮机管理专业，继而增设船舶机械、港口机械2个专业。1960年，交通部所属3所水运高等学校，各类学生的招收数由1959年的858人猛增至1768人。

1961年年后，在贯彻“调整、巩固、充实、提高”的方针中，水运高等院校先后撤销了一些条件不完备的新建专业，压缩了招生数。1962年，根据刘少奇主席关于“两种教育制度”的讲话精神，交通部提出水运院校开设函授教育的要求。大连海运学院设立了函授部，同年9月于广州、上海地区招收驾驶、轮机管理专业函授生57名。武汉水运工程学院也于1961年成立函授部，先后在全国18个省、自治区、直辖市招收船机修造、船舶修造、港口起重运输机械、轮机管理、河船驾驶等专业函授生。到1965年年底，水运院校共有10余个专业招收函授生，在籍学员达1000余人。

在实行教学改革的同时，交通部还调整了专业设置，使水运院校明确了办学目标，突出了专业特色。大连海运学院是以海洋运输为主要专业的国家重点高等学校，上海海运学院是以海运管理为主要专业的部重点高等学校，武汉水运工程学院则是以船舶和港口机械为主要专业的部重点高等学校。1965年水运院校共有20个专业，教师921人，在籍学生4588人。

从1953年到1965年，为了培养多层次的水运技术人才，在大力发展水运高等教育的同时，水运中等教育和职工教育也得到了发展。交通部先后接办、创办了一批中等水运学校。到1965年，全国水运中等专业学校（含直属和地方）已达9所，共有40个专业，教师663人，在籍学生6204人。

50年代初期，中国的水运教育缺乏社会主义的办学经验。水运院校积极学习苏联和其他社会主义国家的经验，有组织地翻译了苏联的教学计划、教学大纲、教材和各种文献资料。1954年后，大连海运学院、武汉水运工程学院先后聘请了一些港口装卸机械化、船队工作组织、船舶驾驶等专业的苏联专家和轮机管理、船机修造等专业的波兰专家。这些专家除向学生讲课以外，还向进修教师讲学和培养研究生，并就水运教学中的理论与实践、课堂教学与实习等重要问题介绍了各国的经验。1954年，大连海运学院首次招收研究生11名，接受朝鲜留学生1名。此后又有成批的阿尔巴尼亚、越南留学生就读于大连海运学院和武汉水运工程学院。截至1964年，在水运高等学校派往苏联、波兰等国的留学生和进修生中，有7人获得副博士学位。借鉴苏联等国的教学经验，各水运院校先后制订了一系列教学管理规章，建立了教学研究机构，创造和积累了适合中国国情的教学经验，初步形成了为社会主义经济建设服务，与生产劳动相结合，坚持以教学为主，发挥教师在教学过程中的主导作用与调动学生主动性相结合，理论与实践相结合，理论、实践和科学性相统一的中国水运教育风格。1965年，水运高等学校教师队伍已发展为879人，同时还建立了一支中等专业学校教师队伍和职工教育教师队伍。

1966年，正当水运教育事业进入发展和提高的关键时期，爆发了长达十年之久的“文化大革命”。这是教育事业备受摧残的年代，它不仅耽误了一大批专门技术人才的培养，而且使水运教育同世界发达国家在许多方面本来已经缩小的差距又拉大起来。从1966年到1970年，所有水运高等院校、中等专业学校和技工学校，全部停止招生和正常的教学活动，有的解散停办。教师受摧残，校舍被破坏、占用，教学设备和图书资料损坏丢失，损失难以估计。

1971年1月，武汉水运工程学院首次招收工农兵学员，学制由5年缩短为2年半和1年半（后分别延长至3年和2年）。学生大多数只有相当于初中甚至还不到初中文化程度。翌年，大连海运学院和上海海运学院也试招工农兵学员。在此期间，还陆续开办了各种类型的培训班。在1971年到1976年的6年中，水运高等院校先后招生6期计6340人，举办各种类型的培训班19期，培训各种技术人员1430人。水运中等专业学校也基本恢复招生，并先后创办了广州海运学校、武汉水运工业学校、青岛海运学校和广州航务工程学校，使中等专业学校由原来的15所发展为19所。6年中，水运中等专业学校招生近万人，先后举办各种短期培训班，培训了一批技术人员（包括技术工人）。

在职工教育方面，根据毛泽东主席1968年7月21日关于办理工科大学要走上海机床厂从工人中培养技术人员的道路的指示，70年代各水运企业纷纷办起了“七二一”工人大学。但是，企业很少具备办大学的条件，缺乏必要的师资力量和教学设备，多使办学流于形式。在这一期间里，水运企业还先后办起了一批技工学校。1973年前后，天津远洋运输公司和广州远洋运输公司相继创办了天津海员学校、广州海员学校。在1973年到1976年期间，长江航运总公司创办了上海河运学校、芜湖河运技工学校、金陵船厂技工学校和青山船厂技工学校等。到1976年，部属水运企业办起技工学校16所。这些学校由于基本按正规办学要求创办，具备一定的师资力量和条件，因而使企业职工教育和职工培训工作初步走上正轨。

“文化大革命”结束后，邓小平明确指出：四个现代化，关键是科学技术的现代化；科学技术人才的培养，基础在教育。1978年至1979年，经国务院批准，新增了南通医学院、集美航海专科学校、武汉河运专科学校和南京航务工程专科学校，水运高等学校由原来的3所增至7所。在专业结构上，水运高等学校加强了主干专业的建设，增设了急需的短线专业，并注意发展管理学科。到1985年，7所院校共设专业40个，招生专业点达54个，连同重庆交通学院、长沙交通学院、大连工学院、天津大学、河海大学共约60个，形成了主干专业基本配套的科类体系。水运高等学校专业设置和教学规模见表101。

1985 年水运高等院校教学概况

表 101

校名	建校时间	系专业设置	学生	教师
大连海运学院	1953 年	航海、轮机、电子工程、自动控制、航政及海运管理工程、社会科学 6 个系。海洋船舶驾驶、船舶通信导航、轮机管理、船舶电气管理、计算机及其应用、自动控制、电子工程、通信工程、交通管理工程等 11 个专业。航海技术、电子技术、船舶政工、水运管理、港务监督、科教管理 6 个专科或专修科	3696	1984
上海海运学院	1959 年	航海、轮机管理、水运管理、远洋运输、起重运输机械、外语 6 个系。海洋船舶驾驶、轮机管理、船舶电气自动化、水运管理、水运经济、水运财务会计、港口机械设计与制造、电子计算机技术、远洋运输业务、英语等 12 个专业。水运管理、水运财务会计、机械制造 3 个专科或专修科	2375	565
武汉水运工程学院	1949 年	船舶工程、船舶机械工程、船舶动力工程、工程机械、电工及计算机科学、管理工程、社会科学 7 个系。船舶工程、工程力学、造船工艺及设备、热能动力机械与装置、内燃机、船舶机械、金属材料与热处理、焊接工艺及设备、起重运输与工程机械、流体传动与控制、工业电气自动化、计算机及其应用、交通运输管理工程、工业管理工程、机械设计与制造 15 个专业，环境工程、科技情报管理、政治理论 3 个专科	4732	882
集美航海专科学校	1920 年	航海、轮机系，海洋船舶驾驶、轮机管理、船舶电工 3 个专业	1074	237
南京航务工程专科学校	1978 年	港口航道、土木建筑、工程机械 3 个系，港口水工建筑、航道整治工程、起重运输与工程机械、工业与民用建筑 4 个专业	801	196
武汉河运专科学校	1978 年	船舶驾驶、轮机管理、管理工程 3 个系，内河船舶驾驶、船舶无线电通信、航政管理、轮机管理、水运管理、水运财务会计等 7 个专业	1235	298
南通医学院	1912 年	医学、航海医学 2 个专业	1206	270
合计			15119	4432

水运高等学校还重点加强了研究生培养工作，努力培养高层次的专业技术人才。1978 年，武汉水运工程学院首先恢复招收研究生。1979 年，大连海运学院、上海海运学院也相继恢复招收研究生。1981 年，国务院决定恢复建立学位制，水运院校首次有 14 个学科被批准为硕士学位授权点。其中，大连海运学院有航海技术、轮机管理工程、船舶电气管理工程、船舶无线电导航技术和船舶机械制造与修理 5 个学科，上海海运学院有国际经济法、运输管理工程、航海技术、轮机管理工程以及装卸机械设计与制造 5 个学科，武汉水运工程学院有装卸机械设计与制造、船舶机械制造与修理、船舶内燃机、船舶动力装置和船舶流体力学 5 个学科。经国务院批准，大连海运学院杨烈宇教授指导的船机制造与修理专业和武汉水运工程学院吴秀恒教授指导的船舶流体力学专业，分别获得博士学位授予权。3 校共有 25 个学科招收硕士、博士研究生。

师资队伍也有明显加强。1985 年，7 所水运高等学校共有教师 4432 人，同时还普遍注意了学术梯队建设。各院校的办学条件得到了较大改善，学校占地面积、校舍建筑面积、教学实验设备和图书馆藏书量等都有显著增加。

随着教育事业的发展，各院校的改革工作不断深入，调整了机构和各级领导班子，加强了各项管理工作，实行岗位责任制，制订教师工作规范，试行主讲教师聘任制，完善考核制度，修订和完善教学文件与制度，加强学籍管理和整顿教学秩序等。教学改革的研究和探讨也十分活跃，有些院校还开展了“第二课堂”活动，组织专业课外小组，开办各类讲座，组织学科竞赛。这些改革的实践，对搞活教学、扩展学生的知识范围、增强学生的专业思想、培养学生的实践能力和社会活动能力、提高学生的学习主动性，都起到了良好的作用。

1985 年，水运中等专业学校已达 21 所，拥有招生专业 57 个，在校学生 8934 人，教师 1413 人（其中有副教授和讲师 387 人）。各水运中等专业学校概况见表 102。与此同时，水运技工学校也有了很大发展，1985 年已达 37 所，在校学生 6000 余人。

1979 年以来，企业、事业单位广泛开展了全员培训，积极利用现有条件

1985 年水运中等专业学校

表 102

校　名	建校时间	专业设置	学生	教师
大连海运学校	1956 年	海船驾驶、轮机管理、船舶电工、船舶无线电通信	1016	149
上海海运学校	1959 年	海船驾驶、轮机管理、船舶无线电通信、船舶电工	500	108
广州海运学校	1973 年	海船驾驶、轮机管理、船舶无线电通信	881	127
哈尔滨航运学校	1952 年		未招生	15
江苏省无锡船舶工业学校	1958 年	船舶制造与修理、船舶电气设备与安装	391	50
江苏省南通河运学校	1960 年	海船驾驶、海船轮机管理、河船驾驶、河船轮机管理、水运管理、港口装卸机械	711	115
广东省航运学校	1960 年	船舶驾驶、轮机管理、水运管理、船舶无线电通信、航道、财会、港口机械	592	67
福建省马尾商船学校	1982 年	船舶驾驶、轮机管理	144	18
上海港湾学校	1959 年	港口装卸机械、船舶与港口电气、外轮理货、水运财务会计、港口水运管理、水运计划统计	712	128
广西航运学校	1959 年	水运管理、水运财会、交通物资管理、秘书、船舶检验、轮机管理、政工管理	553	49
天津港口管理中等专业学校	1985 年	港口管理		
南京海员学校	1955 年	轮机管理、船舶驾驶	350	113
青岛港湾学校	1976 年	港口装卸机械、船舶与港口电气设备、港口管理	400	57
重庆河运学校	1956 年	港口装卸机械、河船轮机管理、内河船舶驾驶、水运管理	270	115
南京河运学校	1956 年	内河船舶驾驶、河船轮机管理、船舶与港口电气设备	677	92
武汉水运工业学校	1973 年	物资管理、船舶修理与制造、船机修理与制造、水运计划统计	902	94
武汉水运卫生学校	1958 年	护士	232	30
广州航务工程学校	1975 的	企业管理、港口水工建筑、航道工程	243	33
秦皇岛水运卫生学校	1979 年	护士	207	16
交通部人民警察学校	1981 年	航运警察	123	24
广州潜水学校	1983 年	潜水作业技术	30	13
合计			8934	1413

多层次、多规格、多形式地办学，职工参加学习的人数日益增多。仅1985年，交通系统水运企业参加各类学习的职工即达13万多人，占职工总数的28.7%。其中参加中、高等专业教育学习的有2万余人，参加文化技术学习的有11万余人。

1980年以后，水运企业相继办起了5所职工大学。1980年6月，经交通部批准、教育部同意备案，中国远洋运输总公司所属的青岛海运学校，正式改为专门培训远洋船员的职工大学——青岛远洋船员学院。交通部北京管理干部学院和武汉交通政治管理干部学院也相继成立并招生。上海海港职工大学是1980年7月成立的，5年中共培养港口管理、港口机械和港口电气3个专业的大专生234名，各类短训班学员900余名。水运企业职工大学还有上海海运职工大学、大连海港职工大学和长江航运职工大学等。

在职工培训工作中，水运企业根据本单位的实际情况，围绕发展水运生产、航行安全、节约能源和提高企业管理水平，举办了大量的技术业务短训班，取得了显著成效。一些航运单位还利用短训班的形式，进行技术干部、船员提职前的培训和船员证书考前的培训。

水运高等院校，是培养水运建设事业高级技术人才的摇篮、也是水运科学研究的重要基地。水运高等学校在坚持科学研究为教学服务、为提高培养质量服务的同时，坚持科学研究为经济建设服务。在科学研究工作中，水运高等学校重视基础科学研究和应用科学开发性研究，以各种方式和途径加强学校与社会、学校与学校之间的联系，不仅提高了学校适应经济和社会发展的积极性和能力，也不断提高了学校的教学水平和人才培养质量。1976年10月以来，大连海运学院、上海海运学院、武汉水运工程学院先后建成10个科学研究所。

水运教育所取得的明显成就，也加强了中国水运教育的国际地位和影响，促进了同世界各国教育界的友好往来和学术交流，扩大了办学视野。从1978年到1983年，先后有20多个国家和地区的专家、学者以及航运界友好访问团和政府代表团数百人前来大连海运学院和上海海运学院访问、讲学、考察和进行学术交流，1984年前来的人数超过任何一年。这两所学院分别同日本东京商船大学、神户商船大学、埃及阿拉伯海运学院、英国伦敦市理工学院、英国南安普顿海运学院、挪威航运学院、挪威奥斯陆大学、美国加利福尼亚海运学院、美国太平洋大学麦乔奇法学院以及有关航运公司建立了友好交往。在此期间，前来武汉水运工程学院参观访问、讲学和进行学术交流的，先后有联合国“亚太经社会”以及美、日、联邦德国等 13 个国家和地区的 20 多批学术团体、专家和学者近 100 人。

在国际友好往来和学术交流活动中，水运高等院校派往国外进行参观、访问和考察的专家、学者也不断增加。1978 年至 1984 年，大连海运学院，上海海运学院、武汉水运工程学院、青岛远洋船员学院等高等院校，共选派研究生、留学生和进修生 90 余各赴美国、日本和欧洲学习深造，先后有 40 余人赴日本、美国和欧洲进行参观访问、考察和学术交流，其中参加国际学术和技术交流的有 17 人，出席会议 18 人次，共宣读和提交学术论文 11 篇。1983 年，大连海运学院派出贾欣乐副教授担任世界海事大学的客座教授。

1982 年，联合国开发计划署和国际海事组织，正式确定大连海运学院为亚太地区海事培训中心，并于同年 11 月举行培训中心正式成立和首期轮机模拟器培训班开学典礼。1983 年，上海海运学院与联合国“亚太经社会”合作举办了航运经济与管理师资研究生班和本科生班。1985 年，国际海事组织又在大连海运学院设立了世界海事大学第一个分校——大连分校。

第二节　水运教育的成就

一、为社会主义水运事业培养了一大批新型专业技术人才

从 1949 年到 1985 年，水运高等院校培养出研究生 100 余人，本科生 20500 余人，专科、专修科毕业生 5400 余人；水运中等专业学校培养出毕业生 2 万余人；大连工学院、天津大学、华东水利学院等院校也为水运事业培养和输送了近万名毕业生。他们投身于水运建设事业，不仅改变了职工队伍的结构成分，而且显著地提高了技术管理水平。他们中的绝大部分人，都成了全国水运系统各单位的骨干力量，相当数量的人还成了从基层企、事业单

位直到交通部的各级技术和管理领导干部，涌现出一大批德才兼备、对祖国水运事业的发展做出卓越贡献的先进模范人物。

二、造就了既有系统科学理论、又有丰富实践经验的教师队伍

经过长期精心培养，水运院校造就了一支忠诚社会主义教育事业的教师队伍。截至 1985 年，水运高等学校共有教师 4432 人，中等学校共有教师 1413 人。他们不为名，不为利，一心教书育人，不断攀登科学技术高峰，既掌握了系统的科学理论，又具备了丰富的实践经验，具有较高的教学水平和学术水平，在为水运事业培养建设人才中做出了受人尊敬的贡献。水运院校各主要专业已编印出适合现代化教学需要的教材。其中高等院校公开出版 62 种，2550 万字；中等学校公开出版 33 种，1100 万字；技工学校公开出版 4 种，130 万字。然而，在“文化大革命”时期，教师却受到歧视。直到中共十一届三中全会以后，水运院校才得以认真落实知识分子政策，开展教师职称评定工作。在水运高等学校在职的教师中取得新职称的有教授 14 人，副教授 249 人，讲师 1382 人。1985 年在中等学校任职的教师中，有副教授 7 人，讲师 380 人。

三、科学研究成果多

科学研究是教学与生产实践的纽带，是高等学校工作的重要方面。1956 年，各水运高等学校普遍开展了科研活动，1958 年后即结合生产开展专题研究，推广成果，但时起时落，成效甚少。

自 1978 年到 1984 年，水运院校共承担国家、部和省市科研项目 339 项，取得重大科技成果 79 项，其中获国家发明奖、全国科学大会奖 11 项，获部、省市重大科技成果奖 68 项。大连海运学院杨烈宇教授及其课题组研制的《灰口铸铁离子氮碳钛三元共渗新工艺及其应用》和《奥氏体钢表面加套离子轰击扩渗工艺》，分别获得 1983 年国家发明奖二等奖和四等奖。1979 年以来，大连海运学院进行的微机应用研究达 39 个项目，先后取得 13 项研究成果。其中航海技术研究所朱绍庐教授研制的《WJJC－I 型船用柴油机工况监测系

统》，是国家重点科研项目《大型运输船舶自动化新技术》的重要组成部分。该系统以微机为主体，具有柴油机燃烧和喷油工况人机对话、巡回监测、柴油机故障诊断、回车车钟记录等多种功能，为国家船舶自动化技术填补了一项空白，各项技术指标均达到或超过国际先进水平。武汉水运工程学院王呈方副教授等研究的《50 吨纯弯曲肋骨冷弯机》和《数控肋骨冷弯的弦线测量法和检测机构》均获国家发明奖三等奖，汤忠谷讲师等研制的《带制流板和整流尾的组合型舵》获国家发明奖四等奖，《分节驳顶推船队成套技术研究》获国家经委新技术开发优秀成果奖，《涡轮增压柴油机模拟配机计算程序》获国防科工委二等奖。上海海运学院自 1978 年以来，每年承担国家各部委下达的重点科研项目，同时承担上海有关企、事业单位委托的科研任务，获国家、交通部和上海市重大科技成果奖的有 11 项。

水运职工大学也在科研工作中发挥了积极作用。上海海港职工大学建校以来先后完成 27 项技术革新项目，港机专业师生与生产单位合作设计的“16 吨电吊”，获得上海市重大科技成果奖三等奖。

科学研究也是学校教学和学术水平的真实反映。科学研究工作的发展和成果的取得，不仅提高了教师的教学水平和科研能力，也促进了学术水平的提高和学术活动的广泛开展。自 1978 年以来，水运院校教师近千人参加了全国和省市学术组织，其中有 230 余人担任了理事以上的学术职务。大连海运学院杨烈宇教授、陈祖慰教授，上海海运学院陈嘉震教授，武汉水运工程学院毕华林教授和吴秀恒教授，还先后担任了国务院学位委员会的学科评议组成员。

四、水运教育研究有了良好开端

教育事业的发展，要求加强教育的科学研究。1983 年以来，交通部陆续开展了交通专门人才现状和 2000 年人才需求量、教育发展规划、扩大学校办学自主权、学制和层次、专业设置、人才培养规格、教学改革、师资队伍建设以及国外教育等多方面的研究，取得了初步成果。

人才现状和需求预测的研究，为制定教育规划提供了决策依据，为探索需求规律进行了具有深远意义的试验。通过对教育发展规划的研究，确定了教育的规模和发展速度以及各类教育的结构和比例，使水运教育的规模、布局、结构和层次更趋合理，并为今后持续而稳步的发展奠定了基础。在扩大学校办学自主权方面，明确了扩大学校自主权的若干规定。在航海教育方面，研讨了教育的层次、规格、学制和培养方式，以及航海类专业毕业生参加船员考试的改革办法，同时结合船员使用规格，研究了不同学历在职干部船员的继续培养提高问题。在专业设置方面，针对高等教育专业划分过细和口径过窄的弊端，对专业进行了调整。在人才培养规格方面，根据国家的要求，组织编写了各专业的人才培养规格，进一步研究和制定了专业主要课程教学的基本要求，作为院校制定教学计划和课程教学大纲的基本依据。通过师资队伍建设的研究，明确了师资队伍建设的方向和指导思想，对师资队伍的规划、培养和科学管理三个方面提出了建议，并建立了水运高等院校教师和干部数据库。此外，还把对本国教育的研究同对外国教育的研究有机地结合起来。为此，水运院校曾多次组织考察团，先后去日本、埃及、波兰和挪威等国家进行考察研究。

水运教育的研究虽然取得了一定进展，某些方面甚至采取了一些重大改革措施，但总的说来，仍属探索，还需要在实践中检验、改进和完善。

第三节　部分水运高等院校概况

一、大连海运学院

1953 年，原上海航务学院、东北航海学院、福建航海专科学校合并成立了大连海运学院，首任院长茅埕。大连海运学院是新中国第一所以海洋运输为主要专业的综合性海运学院。建校初期，学院设有船舶驾驶、船舶动力装置、船机修理、海运管理、水道与港口工程 5 个专业，学制 5 年；在校本科学生 691 人，教师 149 人，其中教授 20 人，副教授 17 人，讲师 25 人，助教和其他教学人员 87 人，职工 238 人。

33 年来，大连海运学院经过不断调整、改革和充实，教学和科研水平大幅度提高，1960 年即被国家确定为全国重点高等学校。1983 年，联合国开发计划署和国际海事组织在大连海运学院设立亚太地区海事培训中心；1985 年，世界海事大学又在此设立大连分校。

大连海运学院已是世界上规模大、教学和科技水平高的高等航海学府之一，除为中国培养出万余名本科生和研究生外，还为 20 多个国家和地区培训了数百名留学生和专业技术人才。1985 年，学院设有航海、轮机、电子工程、计算机及自动控制、航政及海运管理、社会科学 6 个系，海洋船舶驾驶、船舶通信导航、轮机管理、船舶电气管理、计算机应用、自动控制、电子工程、通信工程、交通运输管理工程、航海技能、电子技术 11 个专业，以及 5 个专科专业、2 个科研所、5 个硕士学位授权点、1 个博士学位授权点，还有外语部、基础部和函授部。在职教师 1984 人，其中教授 7 人，副教授 60 人，讲师 342 人；各科学生 3696 人，其中本科生 2341 人，研究生 172 人。

大连海运学院依山傍海，环境优美，教学设施完备。除教学楼、实验楼、图书馆、游泳馆、天象馆、计算机站、电化教学中心外，学院建有设备先进的航海和轮机模拟器、卫星导航和通信工程等实验室，拥有 2 艘 1 万载重吨级远洋和近海教学实习船“育红”号和“育英”号，3 个为教学和科研服务的校办工厂；图书馆藏书 50 余万册。此外，大连港和大连造船厂等企业也为学院开展教学生产实习和科学研究提供便利的条件。

为了培养学生的海员素质，学院在进行德、智、体、美教育的同时，还对学生实行半军事化管理，使学生毕业后能迅速适应海上航行环境，成为一名意志坚强、团结互助、机智勇敢、忠于职守的高级航海技术人才。学院除实行人民助学金和奖学金外，还设立“木兰奖学金”和“招商局奖学金”，以资助和鼓励学生潜心学习，奋发进取。

学院还注重发挥人才优势，结合水运事业的发展，开展科学研究和在职人员的技术培训。在科学研究方面，80 年代成果显著，其中有 2 项获国家发明奖，一项获首批国家发明专利，12 项获部、省、市级重大科技成果奖。

二、上海海运学院

上海海运学院创建于 1959 年，陈嘉震教授任院长。建校初期，学院设有海洋船舶驾驶、轮机管理、船舶机械、港口机械等专业。经过院校专业调整，1965年学院设有水运管理、远洋运输和水运经济3个系，水运技术管理、海洋运输业务、水运经济与组织、交通财务会计、英语和法语6个专业，教师165人，学生751人；1966年成为交通部以水运经济管理为主要专业的重点高等学校。

1978年以来，上海海运学院为适应水运事业和对外贸易的蓬勃发展，不断充实教学力量，扩展规模，增设新专业，开展科学研究，加强国际学术交往。1985年，学院设有航海、轮机管理、水运管理、远洋运输、起重运输机械、外语6个系，海洋船舶驾驶、轮机管理、船舶电气化、水运管理、远洋运输业务、水运经济、水运财务会计、港口机械设计与制造、电子计算机技术、英语等12个专业，另有水运管理、水运财务会计、机械制造3个专科和专修科，还设有4个科研所和基础部、社会科学部、研究生部以及交通部海员培训中心、港口机械产品检测中心、全国海洋运输情报网、上海海事律师事务所第二接待站。教学和科研设施逐渐完善，设有电子助航、卫星导航、模拟驾驶、轮机管理、电化教学、轮机和港口机械等各类实验室和研究室40余个，另有教学实习船和水上训练基地，举世闻名的上海港和各航运企、事业单位，均为学院教学和科研提供着良好的条件。1985年，上海海运学院初步成为以海洋运输为特色的综合性水运高等院校，职工1610人，教师565人（其中正、副教授59人，讲师240余人）；在校学生2375人，其中研究生169人。

建校以来，学院已培养出5000余名毕业生和30余名外国留学生，同时为航运企业培训了4500名专业人员。80年代，教学和科研成果显著，共计完成科研、新产品设计、论文专著120多项，其中有9项获得国家、部、市级重大科研成果奖。

三、集美航海专科学校

集美航海专科学校的前身，是著名爱国华侨领袖陈嘉庚先生于1920年创办的集美学校实业部水产科，以“诚毅”为校训。1978年，经国务院批准，集美航海学校成为航海高等学校，叶振汉任校长。学校设有航海系、轮机系和基础部，有海洋船舶驾驶、轮机管理、船舶电气管理和管事等4个专业，学制3年。从1984年起，学校试办招收初中毕业生的5年制专科班，恢复在香港、澳门招生。1985年，职工600人，教师237人，其中正、副教授2人，讲师66人，学生1074人。

集美航海专科学校位于厦门市的集美镇。优美的环境、新型的经济特区和现代化的厦门港，为教学创造了优越的条件。在典雅的教学楼群里，有宽敞的教室和现代化的实验室，配备有卫星导航、雷达自动标绘仪、电子计算机系统和外语视听设备，拥有教学实习船和水上训练站。学校设立奖学金和奖励基金，以鼓励学生向上进取，对学业卓著者还颁发“木兰奖学金”和荣誉证书。为发扬“诚毅”的美德，使学生在德育、智育、体育等方面得到全面发展，对学生实行半军事化管理。集美航海专科学校还设立了高等教育研究室、科技情报室、航海史研究室、电子计算机应用研究室和电化教学研究室等科学研究机构，使教学紧密地与国内外航运事业发展相结合，以提高科学研究水平，加强学术交流。

集美航海专科学校在香港、澳门地区和东南亚各国享有较高的声誉。1984年，根据在香港的校友建议，学校恢复了在香港和澳门地区招生，并举办了船员培训中心。

四、武汉水运工程学院

武汉水运工程学院的前身是1946年1月成立的国立武昌海事职业学校。1949年7月，经中原临时人民政府批准，创办了中南交通学院，刘惠农任院长。随着交通运输事业的发展，中南交通学院于1951年1月改属中央人民政府交通部领导并更名为武汉交通学院，1952年全国高等学校院系调整后又更名为武汉河运学院，曹海波任院长，1957年1月定名为武汉水运工程学院。

武汉水运工程学院是一所以水运工程为主的综合性高等学校。1963年，交通系统高等学校进行专业调整。1965年，院内设有船舶机械、造船工程、港口机械等系和基础部，教师338人，学生1738人，函授生787人。1977年以后，教学步入正轨，除招收本科生外，又恢复招收研究生、函授生，并举办各类短期培训班。仅 1982 年以来即开办各种专业培训班 44 期，学员达 1700 余人。为国家经委举办厂（局）长经理统考班 6 期，有近 400 人参加了学习。36 年来，学院共培养万余名水运高级科技和管理人才。

1985 年，学院设有船舶工程、船舶动力工程、船舶机械工程、港口机械工程、计算机与自动化、管理工程和社会科学 7 个系，基础部、体育课部和函授部 3 个部；有船舶机械、制造工艺及设备、焊接工艺及设备、金属材料及热处理、热能动力机械及装置、内燃机、环境工程、轮机管理、流体力学、造船工艺及设备、船舶工程、起重运输与工程机械、流体传动及控制、工业电气自动化、计算机及其应用、交通运输管理工程、科技情报管理、工业企业管理、财务会计、水运计划与统计、马列主义基础等 20 余个专业，45 个教研室；有教职工 2030 人，其中教师 882 人（教授、副教授 220 余人，讲师 399 人，工程师等科技人员 77 人），聘请外籍名誉教授 3 人，国内知名学者兼职教授 3 人。在校学生 3416 人，其中研究生 217 人，并有函授生 1316 人。各层次学制是：博士研究生 3 年，硕士研究生 2 年半，大学本科 4 年，专科 2 至 3 年，函授本科 5 年半。

学院在教学方面进行了探索性的改革，实行多层次、多规格、多形式办学，有研究生、本科、专科、干部专修科和短训班等。同时，在保持原有工科专业稳步发展的基础上，增设和加强了理科、管理学科和文科专业，向以工为主的多学科方向综合发展。在教学内容、教学方法和教学管理制度方面，修订了教学计划，减少必修课，增加选修课。从 1985 年开始，对研究生和本科生实行学分制。为了培养学生实践能力，加强了实验和实习环节，每年实行教学质量检查评比、教材评选以及评选优秀生并建立奖学金制度，调动了师生教与学的积极性，效果较好。

学校校舍和教学、科研设备不断充实更新，设有 35 个实验室和计算机中心、测试中心，以及成套电化教学设施和实习工厂。“六五”期间新建了基础学科实验大楼、内燃机实验大楼、港机实验室、船舶结构实验室和外语视听室，建成了大型（132 米 ×10.8 米 ×2 米）船模拖曳试验水池和 80 米 ×60

米×1.5米的船模操纵性试验水池，配备了60万倍电子显微镜和成套电子计算机等实验设备。一个拥有现代化设施的新图书馆正在兴建。

学院重视教学与科学研究相结合。1978年全国第一次科学大会之后，科研项目逐年增多，承担了国家、省、市的科研项目72项，其中有3项获国家发明奖，11项获国家科技进步奖，5项获全国科学大会奖，43项获省、部级成果奖，有的达到了国际先进水平。

科研活动有力地促进了教学质量和学术水平的提高，学院已有10个专业获得硕士学位授予权，船舶流体力学、内燃机专业获得博士学位授予权，吴秀恒教授、李世谟教授、陆瑞松教授为博士生导师，院长毕华林教授和副院长吴秀恒教授均为国务院学位委员会学科评议组成员。动力工程系高孝洪副教授、船舶工程系王呈方副教授是有突出贡献的中青年科技专家。

国际学术交流也甚为活跃。1980年以来，学院先后选派教授、副教授和讲师等百余人次赴美、英、法、联邦德国、日、意、瑞典、比利时等国家进修和访问考察；聘（邀）请美、英、加拿大、联邦德国、日等国专家和学者60余人次来院任教或讲学。联合国亚太地区港口和航运考察团、美国船舶科技交流访华团等20多批国际学术团体、200多名专家、科技人员来院访问，还与联邦德国的汉诺威大学和杜易斯堡内河船舶研究所等建立关系，进行学术交流。

第二十二章
出版事业

第一节 概 述

交通科学技术书刊是交通科学技术进步的反映，推动着交通运输事业的发展。在每一个历史转折时期，都曾出现过一批优秀书刊，对交通运输事业的发展产生了深远、持久而广泛的影响。

自 1913 年至 1949 年的 37 年间，全国所有出版商家出版的交通图书（包括内容涉及航空、铁路、公路和水路运输的综合性图书），国家和各省政府交通部门编印的标准、规范以及工作计划和工作报告，交通专业各大专、中专学校和培训班编印的教科书和讲义，少数公司和厂家编印的说明书之类读物等，共有 200 余种。在商务印书馆、中华书局等较大的出版商家，曾有一两个人兼顾交通图书的出版。

新中国成立后，为了适应交通运输事业发展的需要和介绍各社会主义国家的先进经验，1949 年 11 月交通部成立了编译室。1952 年 12 月 8 日，在编译室的基础上成立了人民交通出版社。

人民交通出版社属专业性出版机构，建社初期曾负责出版交通部所主管各专业的科技图书和科技期刊。1958 年期刊编辑工作划归各专业局直接领导后，则专门出版交通科技图书。出版社的机构设置虽曾几度演变，但编辑、出版、发行三大业务部门始终存在。编辑部门设有总编辑室、水运编辑室和公路汽车编辑室。为了适应教材建设的需要，1964 年增设了教材编辑室（1969 年后撤销，1977 年恢复成立），负责交通系统各类院校教材的编辑出版工作。1984 年，为了加强交通史书和综合性书籍的出版，又设置了综合编辑室。出版社现设5个编辑室以及出版部、发行部等业务部门和经济独立核算的印刷厂。33年来，人民交通出版社共出版各类交通科技图书约4000种，9500万册。

第二节　水运科技图书

截至1985年年底，水运科技图书共出版1400余种，约970万册。这些图书的出版，既反映了水运科技成就和发展动向，又及时贯彻执行了各个时期水运建设的方针和任务，适应了水运管理、生产、设计、科研、教学各个领域不同层次读者的实际需要。

人民交通出版社成立初期，除了编辑出版交通部颁发的规章和少数知识性读物外，主要是翻译出版了大量苏联科技图书。这些书籍的出版，为介绍国内外先进的科学技术和管理经验、编制技术标准和提高职工专业水平，都起到了积极作用。随着大规模经济建设的开展，介绍先进生产经验的图书和专业小丛书像雨后春笋般地问世。《黄浦江船舶操纵》《船舶柴油机的管理与维修》等中级读物也相继出版。经济建设的发展促进了文化建设的高涨。1958年，为了满足职工学习科学文化和专业技术，陆续出版了文化课本、培训教材和函授教材。1961年至1964年，为适应教材改革的需要，又陆续出版了中国自行编写的大专、中专和技工学校教材60余种，各水运专业图书初步形成系列。“文化大革命”中，出版工作虽曾一度中断，但在周恩来总理关怀下，仍然取得了成绩。70年代，中国远洋船队和沿海港口建设突飞猛进，出版社适时地组织编写了《海港码头结构设计手册》等重点图书，同时翻译了美国、日本等国有关港口建设的专著。《世界主要港口里程表》《远洋船员英语会话》《船舶柴油机》《船舶辅机》《船舶冷藏和空气调节装置》等一大批读物的问世，颇受船员们的欢迎。

1979年以来的改革和开放形势，也使出版事业生机勃勃。至1985年，共出版水运科技新书491种，占33年来水运图书出版总数的1/3强。这些图书在系统地总结本国长期实践经验的同时，比较密集地介绍了国外的先进技术和科学管理经验。电子计算机、自动化系统、控制论和现代生产管理技术书籍的出版，卓有成效地促进了知识的更新。《中国对外开放港口》首次公开介绍了中国港口21处，适应了对外贸易运输发展的需要，便利了国际航运界对中国的了解。就品种结构而言，水运科技图书已经基本配套，不同专业都已形成比较完整的体系。

国家和交通部颁发的水运标准、规范，如《钢质海船入级与建造规范》《海船稳性规范》《海船救生设备规范》《水路旅客运输管理规程》《钢质挖泥船建造规范》《船体修理技术标准》《船用柴油机修理技术标准》《港口工程技术规范》《水运工程概算定额》等，共出版近150种。

教材建设是出版工作的重要任务之一。1978年以来，出版了现代教学需要的水运院校教材和教学参考书110种，职工培训教材18种，适时地满足了教学需要。1985年各主要水运专业教材已基本出齐，部分专业教材开始修订再版。

工具书在水运图书中占有重要地位。《航海手册》《内河船舶设计手册》《修造船资料手册》《港口装卸机械设备手册》《港口工程测量手册》《港口工程钢筋混凝土结构设计手册》《防波堤设计手册》等各种手册，以及《英汉航海词典》《英汉船舶机电词典》《日英汉造船技术词典》《英汉起重装卸机械词典》《英汉港口航道工程词典》等中外文技术词典，共出版20余种。

水运图书中数量最多的是各类参考书。其中有管（理）、（使）用、（保）养、修（理）、检（验）方面的应用技术读物，如《海船积载》《卫星航法》《船用雷达常见故障及检修》《船体放样工艺》《船舶柴油机修理工艺》《挖泥船施工》《山区航道整治》等；有各种成套业务丛书、基础知识读物和考工问答，如《海船驾驶基础知识丛书》《驾驶员、轮机员考试问答》《航海问答》《轮机问答》《混凝土技术问答》《船厂考工问答》等。同时根据需要，还出版或组织编写了一定数量的高级专业读物，如杨烈宇教授著的《离子轰击渗扩技术》等。

这些水运科技图书具有较高的可读性和实用性，因而收到了良好的社会效益和经济效益。《船舶柴油机轴系扭转振动》和《串列螺旋桨及其设计方法》先后获1982年度和1983年度全国优秀科技图书二等奖。《运输船舶船型技术经济论证方法》被评为交通部和上海市重大科研成果。《链斗式挖泥船专用设备修理技术要求》等5种船舶技术标准获交通部、六机部标准成果奖。由300多名专家、学者编写而成的《水运技术词典》，收词18000条，500余万字，它的出版，对于统一水运专业名词术语和便利技术交流，起到了重要作用。

1981年根据国家科委下达的任务，交通部和中国航海学会联合决定，由航海史研究会组织编撰《中国水运史丛书》。这套110余卷的历史丛书，以历史唯物主义和辩证法，系统地总结了几千年来中国水运发展史，它包括各海港史、各省航运史、长江航运史、运河史、招商局史、民生公司史等。承先旨在启后，继往为了开来。透过历史现象，认识水运事业的本质和发展规律，更好地继承和发展前人的伟大业绩。现已出版了《秦皇岛港史（古、近代部分）》《河北省内河航运史（古、近、现代部分）》等10余卷，已有4卷获得省（市）社会科学著作二等奖或三等奖。《中国水运史丛书》将于90年代初期出齐。

第三节　水运科技期刊

水运科技期刊是水运出版物的重要组成部分。

1950年6月，由交通部编译室编辑的《人民交通》月刊创刊。1953年，《人民交通》辟为水运和公路两版单独出版发行。1954年，人民交通出版社在《人民交通》水运版的基础上，创办《水运》月刊，1955年创办《航运译丛》双月刊。1957年年初，《航运译丛》停刊。1958年，交通部为了加强对交通运输工作的方针政策指导，决定由各专业局直接领导期刊编辑工作。同年8月，交通部海河运输总局成立《水运》杂志社，下设期刊编辑室，负责编辑《水运》《水运技术通讯》《水运业务》3个月刊。1962年，《水运业务》由交通部水运总局商务处主办，改名为《水运商务》;《水运技术通讯》由交通部技术司接办。这些刊物在宣传国家的方针政策、交流管理经验和推广先进技术方面，都曾起到了较好的作用，受到水运职工的欢迎，发行量由办刊初期的数千份增加到一万多份。1967年7月后，3个月刊相继停刊。

1975年9月，随着国民经济整顿工作的开展，交通部科学技术委员会于北京召开了水运科技刊物协调座谈会，决定从1976年开始，统筹编辑出版《水运科技动态》《航海轮机》《水运工程》《港口装卸》《内河运输》《船舶修造》6种刊物。由于“左”的错误的干扰，除《水运工程》按期出版外，其余几种均于1978年后始得创刊发行。1979年以后，在水运事业迅速发展的形势推动下，交通部直属水运科技情报、科学研究、设计、工程和生产单位以及院校和各学会、协会，积极创办或恢复各种科技刊物。据不完全统计，截至1985年年底，水运科技刊物约有50余种，科技情报网网刊16种（见表103），各学会、协会会刊14种（见表104）。与此同时，各省、自治区、直辖市水运部门也纷纷创办为发展水运事业所需要的科技刊物。一个门类齐全、专业配套的水运科技刊物体系已基本形成。这些刊物在宣传科技方针政策、促进科技交流、帮助技术攻关、解决生产难题以及智力开发和普及科技等方面，都起到了积极作用，从而为振兴水运做出了贡献。

主要水运科技刊物一览表

表103

序号	刊物名称	主办、主编单位	创刊年份
1	水运工程	交通部水运规划设计院	1976
2	远洋运输	上海海运学院	1978
3	内河运输	交通部内河运输管理局、长江航运科学研究所	1979
4	港口装卸	交通部海洋、内河运输管理局、武汉水运工程学院	1979
5	水运管理	上海海运学院	1979
6	船舶修造	天津修造船工艺研究所	1979
7	水运科技情报	武汉水运工程学院	1979
8	国外航海教育资料	大连海运学院	

续表

序号	刊物名称	主办、主编单位	创刊年份
9	国外航海科技	大连海运学院	
10	北方水运	黑龙江航运管理局	1980
11	水运环境保护	天津水运工程科学研究所	1980
12	中国港口参考资料	中国港口协会	1983
13	中国港口	中国港口协会	1985
14	中国海运（中英文）	中国远洋运输总公司与海贸出版公司合作	1983
15	交通与计算机	武汉水运工程学院	1983
16	水路运输文摘	交通部科技情报研究所	1983
17	海运情报	上海海运学院	1983
18	中文科技资料目录—水路运输	交通部科技情报研究所	1984
19	船舶设计技术交流	长江船舶设计院	
20	水运工程快报	交通部水运规划设计院	1984
21	大连海运学院学报	大连海运学院	1958
22	武汉水运工程学院学报	武汉水运工程学院	1959
23	上海船舶运输和科研所学报	交通部上海船舶运输科研所	1978
24	中国河运	交通部长江航务管理局	1979
25	青岛远洋	青岛远洋运输公司	1981
26	航海科技动态	交通部上海船舶运输科研所	1981
27	港口工程	交通部第一航务工程局	1985
28	上海海学院学报	上海海运学院	1979
29	中国水运工程（英文版）	交通部水运规划设计院	1986
30	中国海员	交通部政治部、中国海员工会	1985

中国航海学会和地区航海学会刊物表

表 104

刊物名称	刊物性质	主办单位	创刊日期
中国航海	中国航海学会学报，综合性高强科技刊物（半年刊）	中国航海学会	1965 年 12 月创刊，1966 年停刊，1979 年复刊
航海技术	航海中级科技刊物（双月刊）	中国航海学会	1979 年 7 月
航海科技动态	航海科学技术报导性刊物（月刊）	中国航海学会、交通部上海船舶运输科研所	1971 年
广州航海	广州航海学会会刊（不定期）	广州航海学会	1966 年
大连航海	大连航海学会会刊，中级航海科	大连航海学会	1979 年

续表

刊物名称	刊物性质	主办单位	创刊日期
	技刊物（不定期）		
航海	航海科学普及刊物（双月刊）	上海市航海学会	1979 年
内河航运	内河航运中级科技刊物	武汉航海学会	1980 年
湖南水运	湖南航海学会会刊，综合性中级航海科技刊物（每年 2—3 期）	湖南航海学会	1981 年
天津航海	天津市航海学会会刊，中级航海科技刊物（季刊）	天津市航海学会	1982 年
山东航海	山东航海学会会刊，中级科技刊物	山东航海学会	1982 年
浙江航海	浙江航海学会会刊，中级科技刊物	浙江航海学会	1982 年
贵州交通科技	综合性科技刊物（不定期）	贵州航海学会、贵州公路学会、贵州交通科学研究所	1982 年
江苏航海	江苏省航海学会会刊，中级科技刊物（不定期）	江苏省航海学会	1983 年
安徽航海	安徽省航海学会会刊（季刊）	安徽省航海学会	1984 年

第二十三章
学会和协会

1965年3月，中国航海学会筹备委员会成立。80年代初期，随着国民经济改革的发展，为密切政府主管部门与企业之间的联系，以及企业之间的业务交流和协作，陆续成立了跨部门和地区的行业协会，中国港口协会即是其中之一。学会和协会举办的各种专业学术性活动及其成果，为水运事业的蓬勃发展和加强国际交流合作，发挥了积极作用。

第一节　中国航海学会

一、任务和组织

中国航海学会是中国航海科技工作者的学术性群众组织。其主要任务是联合广大航海科技工作者，开展航海学术活动，提高航海科学技术水平，普及航海知识，并通过国内和国际间的广泛科学技术交流，推广和引进先进技术，以促进中国航海事业的进一步繁荣。

1965年3月，中国航海学会筹备委员会在北京成立。1979年4月1日，中国航海学会在广州召开第一次代表大会。此后，成立了学术工作委员会、普及与教育工作委员会、编辑工作委员会、国际交流工作委员会和航海史研究会，下设12个专业委员会和研究会。另外，在16个省、自治区、直辖市设有19个地区航海学会。中国航海学会历届理事长（或筹委会主任）有于眉、曾生、彭德清。

二、重大学术活动

中国航海学会于1979年成立时，第一届一次常务理事会议即决定成立编辑工作委员会、学术工作委员会、国际交流工作委员会和普及与教育工作委员会，以开展各种学术活动。在4月份召开的3个工作委员会会议上，编辑工作委员会决定恢复出版学会学报《中国航海》，设立《中国航海》编辑部，并决定出版《航海知识》杂志，编写《中国航海史》和《航海丛书》。学术工作委员会决定组织力量草拟航海专用名词、术语和符（代）号统一方案。两个工作委员会分别制订了继续组织出版航海刊物和开展航海科学学术活动的工作计划。普及与教育工作委员会也商定协同中国科协举办一次全国青少年航海夏令营，并拍摄航海科技电影。随着现代化经济建设的蓬勃发展，航海学会的活动日益繁荣。

（一）制订《全国航海名词、代号、术语的统一方案》和《航海教学术语代号统一方案》。

新中国成立以来，全国尚无统一的常用航海名词、术语及其代号。交通、海军、水产系统各有一套，互不通用，影响交通安全。因此，在1979年中国航海学会第一次代表大会上，一些代表建议航海学会承担这一工作。理事会采纳了这项建议，商定由大连航海学会负责草拟统一方案。会议还组成由海军、水产、交通等有关单位、大专院校、地区学会参加的联合调查组。经过调查研究，拟订了《航海常用名词、术语及其代号统一方案》。翌年6月，中国航海学会在大连召开了统一航海常用名词、术语及其代号专题学术讨论会。参加会议的有来自全国各地的有关单位的代表60余人，其中大多数都是有丰富经验的船长、引航员、教授和港航监督方面的专家。会议经过讨论，原则上同意上述方案。1983年12月，国家标准局批准该方案为国家标准，代号为《GB4099－83》并于1984年12月1日起执行。这项工作对国内外航海交往、保障航行安全和航海法规、条例以及教学工作都发挥了重要作用。

其后，为了满足教学的需要，编写了《航海教学术语代号统一方案》。1982年8月召开了讨论会，着重讨论了改变全国现行航海教学术语代号中所存在的混乱现象、统一的意义以及如何改变等，并对原方案提出了修改意见。经过研究，会议同意将修改后的《方案》报请国家标准局批准实施。

（二）提出《预防海损事故建议书》。

中国航海学会于1982年10月在北戴河召开了防止海损事故学术讨论会。与会者就海损事故发生的原因和预防措施，进行了热烈讨论。会议共收到论文和建议性文章103篇。其中论述预防海损事故的论文和文章68篇，船舶航行应实行分道通航的论文和文章11篇，论述《一九七二年国际海上避碰规则》并提出对原则进行修改的文章24篇，会上宣读的论文计有25篇。

这些论文和文章从不同的方面反映出国内海损事故的基本状况，介绍了船舶预防海损事故的经验和教训；阐述了航海安全工作的重要性，提出了保证海上和内河航行安全、防止海损事故的一些有效措施和科学方法。代表们一致建议拟订《中国航海学会关于预防海损事故的建议书》，提供有关行政主管部门研究采纳。

（三）邀请中外专家举办《一九七二年国际海上避碰规则》学术讨论会。

中国航海学会于1982年11月在上海召开了《一九七二年国际海上避碰规则》学术讨论会。学会常务理事以及学术工作委员会、编辑工作委员会、普及工作委员会、国际交流工作委员会的负责人和中国航海界的专家约30人参加了会议。应交通部邀请，国际海事组织（IMO）的9位专家到会作了专题报告。

会议上，中外专家和学者就《一九七二年国际海上避碰规则》以及有关防止船舶碰撞问题发表了意见，进行了座谈和讨论。中国与会人员进一步了解了国外航海界在海上避碰方面的研究动向和国际海上避碰规则的修改方向，澄清了在执行规则中存在的一些问题。中国与会人员还提出了一些意见，供修订规则时参考。

（四）提出《安全航行建议书》。

黑龙江水运系统由于航道和管理方面的原因，海损事故时有发生。1983年3月，黑龙江省航海学会与黑龙江航运管理局联合召开了全省水运安全工作和船舶驾驶学术交流会。有关航运部门约120名代表参加了会议。与会代表和科学工作者针对黑龙江省内河航运的具体情况，就防止海损事故、保障安全航行的关键性问题提出了一个《建议书》，内容是：（1）建立驾驶技术指导机构；（2）增添比较先进的安全设施；（3）加强船舶驾驶技术教育，提高驾驶人员的技术文化水平；（4）强化海事监督，总结和交流正、反两方面的经验。

以上建议受到了主管部门重视，立即批转全线贯彻执行。根据黑龙江航运管理部门统计，1983年1月至11月间，全航运系统没有发生死亡和火灾事故，其他事故也大幅度下降，海损事故的经济损失比1982年同时期下降了50%，成效显著。

（五）举办垫气驳船技术和分节驳船营运管理学术讨论会。

黑龙江省航海学会和武汉航海学会，受中国航海学会的委托，于1983年8月9日在佳木斯市联合举办垫气驳船技术和分节驳船营运管理学术讨论会。15个省、市和长江、黑龙江航运管理局以及高等院校、科研单位和海军的82名代表参加了会议。大会共征集论文24篇，其中垫气驳技术和分节驳营运管理各12篇。在讨论会上，长江航运管理局、黑龙江航运管理局和湖北省航运公司提供了分节驳船以锚泊基地为中心，港、航分工负责的营运和技术管理方法。会议对黑龙江水运科学研究所和上海船舶运输科学研究所设计的300吨垫气驳船，从设计制造到实船营运效果，都给予了充分的肯定，并提出宝贵意见。

（六）举办郑和下西洋580周年纪念活动。

郑和是中国古代的大航海家。他自1405年至1433年，率领中国船队7次下西洋，其规模之庞大，组织之严密，航海和船舶技术之先进，不仅在中国航海史上是空前的，在当时的世界上也是罕见的。

为了纪念历史上的这一伟大事件，纪念郑和下西洋580周年筹备委员会于1983年4月12日正式成立。1985年7月11日至13日，在南京正式召开了郑和下西洋580周年纪念大会，中央、省、市领导人和航海方面的专家、教授以及港、澳同胞400余人参加了大会，参观了郑和航海历史文物史迹，并举办了学术讨论会。筹备会先后组织编印了《郑和下西洋》《郑和下西洋论文集》《郑和研究资料选编》《郑和史迹文物选》《郑和家世资料》《古今对照郑和航海图》等学术刊物，出版了《郑和下西洋580周年纪念》画册，塑造了郑和画像和宝船模型。中国航海学会和云南电视台协作摄制了 8 集电视连续剧《郑和下西洋》，广泛宣传了郑和不畏艰险的航海事迹，提高了中国人民的民族自尊心，对社会主义物质文明和精神文明建设，起了良好的作用。

（七）举办台湾海峡航行安全学术讨论会。

自 1979 年台湾海峡恢复正常通航之后，为了总结航行经验，进一步改善船舶在海峡的航行安全并提出改进意见，中国航海学会于 1984 年在福州召开了台湾海峡航行安全学术讨论会。

会议上讨论了 41 篇学术论文，内容涉及台湾海峡航线设计、航行方法、无线电导航、航标以及海上救助和安全管理问题。这些论文都是广大航海从业人员多年经验的总结。大会在总结经验的基础上草拟了《关于改善和保证台湾海峡船舶航行安全问题的若干建议》，供有关行政领导部门和企业作为改进工作的参考，同时提出了《关于保证船舶在台湾海峡安全航行的倡议》，倡议海峡两岸的有关部门通力合作，进一步完善助航设施，提供必要的避风锚地，对遇难船只提供有力救援，为创造海峡的良好航行秩序而共同努力，并呼吁台湾行政当局对此做出积极的反应。

三、争取祖国和平统一的工作

1979 年元旦全国人民代表大会常务委员会发表《告台湾同胞书》之后，中国航海学会为争取海峡两岸人民早日打破 30 余年的隔阂，恢复通航、通信以及亲人的相互往来，争取祖国和平统一，而展开了一系列的活动。

1980 年 8 月，中国航海学会邀请全国航海界知名人士 40 余人，在江西庐山召开促进大陆与台湾通航，共同开展航海学术交流的座谈会。在参加会议的人士中，有很多是在民国时期从事航海事业的老前辈。其中有原“重庆”军舰舰长邓兆祥，原中国商船驾驶总会常务理事周启新，原中国油轮公司“永灏”油船轮机长周延瑾，原招商局轮船公司总经理胡时渊，原“海辽”货船船长方枕流，原国民党海军司令部驻上海办事处主任周应聪等人。

会议中，全国政协副主席邓兆祥，中国航海学会副理事长贺崇升、张序三、周启新，中国航海学会常务理事陈嘉震等先后发言，对分别 30 余年的台湾航海界同仁表示深切的怀念，同时分析了近年来大陆与台湾之间经香港转口的贸易。估计其间贸易总值达8000万美元，如将经其他国家转口贸易计算在内，数值更大。自古以来，大陆与台湾就互相依存、共同发展，却被人为地长期分割，不能直接通航、通商。这是不正常的现象，应当早日改变。

参加座谈会的全体同仁还发表了《致台湾航海界同仁的一封信》。信中建议双方可先通过航海学会这类民间学术组织进行接触，然后再经过航海界同仁的共同努力，促成双方有关当局协商具体通航办法，力争大陆与台湾航海界之间尽早实现个人互访、个人通信，交换学术资料，以便增进相互了解。同时建议中国航海学会和广州、上海、天津、大连、武汉等地区航海学会，以及设在香港的招商局为这项工作提供方便和协助。

1981年10月，中国航海学会举行年会，为结束30余年来大陆与台湾隔海相望、骨肉分离的不幸局面，经全体代表讨论，一致通过如下倡议：（1）中国航海学会欢迎台湾航海界同仁以团体或个人名义，参加中国航海学会，并推选代表参加中国航海学会的领导机构。（2）中国航海学会愿随时向台湾航运学会寄送会刊《中国航海》及其他航海书刊，同时，也热烈希望台湾航运学会将有关航海科技出版物寄来，建立两岸航海界联系和学术交流。（3）中国航海学会召开的全国性和地方会议，都欢迎台湾方面派代表参加。同时，中国航海学会也愿意应邀参加台湾航运界召开的学术会议。（4）海峡两岸航海界的老同学、老同事以及分别多年的亲友，应尽快会面，重叙情谊。中国航海学会将为这种接触提供协助。

1984年3月，中国航海学会在福州召开台湾海峡航行安全学术讨论会，为维护台湾海峡航行安全，特倡议台湾、福建两省通力合作，加强航行管理，并提出了《关于保证船舶在台湾海峡安全航行的倡议书》，其内容为：（1）鉴于海峡两岸渔船大部分使用“劳兰－A”无线电接收机，福建一侧已设有两组“劳兰－A”无线电导航台。为了使船舶能获得更可靠的船位，建议台湾在西岸适当地方增设一个“罗兰－A”无线电导航台。（2）目前通过海峡的船舶采用小船沿海峡两岸航行、大船在中间航行的方法可继续沿用，但应在总结经验的基础上选用最佳航线。建议在海峡内采用分道通航制。（3）海峡两侧原有的灯塔、灯标应全部开放，并增强亮度。改建福建省的牛山灯塔。(4) 在海峡作业的渔船，夜间应悬挂航行灯，并在有条件时安装雷达反射器，尽可能不妨碍大船航行。(5) 福建省已公布三沙等 4 个接待站和长乐、梅花等 11 个停泊点，供台湾渔船避风使用。建议增辟福州马尾、厦门和湄州湾三个港口锚地，供台湾商船避风使用。(6) 救助海峡中遇难的船舶，是两岸军民义不容辞的责任。建议继续发扬近几年来在海上互相救助的精神，一旦收到遇难船舶呼救信号，应尽快前往抢救，并尽快互通情况。(7) 航行在海峡中的各种船舶相遇时，要互相礼让，互保安全。(8) 设防岛屿的驻军，发现船舶误入警区时，可发出警告信号，促其离开，不予伤害。八项倡议发表后，福建省人民政府立即予以响应，宣布福州马尾、厦门、湄州湾等处为台湾商船的避风锚地，并建议台湾方面给予充分合作。

自《告台湾同胞书》发表之后，经过政府和民间团体的多方努力，台湾海峡气氛日益缓和。据不完全统计，每月通过海峡的船只已达 1000 余艘。

第二节　中国港口协会

中国港口协会是由港口同行业的企、事业单位在自愿为港口服务的宗旨下，联合组成的社会经济团体，是全国性的港口行业组织。其基本任务是：遵照社会主义现代化的路线、方针和政策，为港口事业的发展提供多方面的服务，诸如为制定港口规划进行调查研究，组织港口之间的横向联合，进行技术、经济合作，开展各项咨询服务工作，为港口培训各种专业人才，探索研究港口企业经营管理的改革和实现现代化问题，各类海事、海商案件的技术鉴定和咨询服务，开展国内外港口经济、技术和经营管理等方面的经验交流和友好合作等等。协会在政府经济管理部门与港口企业之间起纽带作用，反映港口企业的愿望和要求，传达贯彻政府的意图，协助政府部门进行港口行业管理工作，以加速港口社会主义现代化建设，更好地为国民经济发展和内外贸易运输服务。

协会是在中国进行经济体制改革的新形势下诞生的，1980 年成立中国运输经济研究会港口分会，翌年11月改为中国港口协会。协会行政上受中华人民共和国交通部领导，业务上也受其指导，是中国交通运输协会的团体会员。为了有效地开展工作，协会内部设立港口规划发展、港口经营管理、港口科学技术、港口航政管理等专业委员会，以及组织、编辑、经营管理等工作委员会。在开展咨询服务方面，分别成立了江海港口开发咨询服务公司、海事海商技术咨询服务部和人才培训中心等组织机构。为了指导工作，交流经验，传递信息，编辑出版了《中国港口》杂志（双月刊），并经国家出版局批准公开发行。协会在北京和主要港口城市都设有派出机构，即北京办事处，大连、天津、上海、武汉和广州联络处。

全国沿海港口和内河主要港口都成立了港口协会，黑龙江、长江、珠江三大水系也成立了各水系的港口协会，沿海的浙江、福建省还成立了区域性的港口协会，有关科研、设计、建筑部门和高等院校成立了港口研究会。这些港口协会和研究会都是中国港口协会的团体会员。另外，还有个人会员5000多人。在会员中，知名专家、教授、学者和长期从事港口工作的领导干部以及专业工程技术、业务管理人员占80%以上，是港口事业的一支骨干力量。

协会首届理事会由名誉理事长李维中（原交通部副部长）、理事长柴保中（原交通部港口局局长）和7名副理事长、1名秘书长组成。

附　录

交通部历届领导人名单

（按任职先后排列）

一、1949 年至 1966 年

（一）部　长：章伯钧　王首道　孙大光

（二）副部长：李运昌　季　方　王首道　张　策　朱理治　潘　琪
马辉之　孔祥祯　孙大光　邝任农　谭　真　彭　德
于　眉　肖　民　葛　琛　朱田顺　陶　琦　彭德清
马耀骥

二、1967 年至 1970 年

（一）军管会主任：赵启民　张瑞基（代）　潘友宏

（二）军管会副主任：陈　湃　蔡润田　王永年　俞　侠　张瑞基

三、1970 年至 1974 年

（一）革命委员会主任：杨　杰

（二）革命委员会副主任：马耀骥　潘友宏　俞　侠　郭　鲁
朱春和　韩卫民

四、1975 年至 1985 年

（一）部　长：叶　飞　曾　生　彭德清　李　清　钱永昌

（二）副部长：于　眉　马耀骥　陶　琦　曾　生　彭德清　潘　琪
周　惠　郭　建　曾　直　王西萍　贺崇升　程　望
汪少川　李　清　李维中　林　岑　钱永昌　子　刚
王展意　郑光迪　林祖乙　黄镇东

（三）顾　问：梅盛伟　肖　民　葛　琛　刘亚雄　彭　德　潘　琪
陶　琦　李　清

后　记

本书编写工作始于1983年7月，止于1989年2月。5年来，编写工作得到了各方面的热情关怀和大力支持。《当代中国》丛书编辑部具体指导了编写工作，交通部办公厅档案处提供了大量的行政和业务档案，计划统计局提供了统计资料，其他业务主管局审查了文稿并提出修改意见；各有关省、自治区和直辖市交通厅（局），交通部直属企业和事业单位还为本书提供了素材和图片；一些水运管理专家、高级工程技术人员提出了宝贵的审查意见，交通部原生产调度局局长张思奇主审了第一编，基本建设局总工程师刘济舟主审了第二编，中共水规院党委书记王元存主审了绪论和第五编，水规院副院长胡家明主审了第四编，内河运输管理局副总工程师陈永孝和水规院副总工程师强元清主审了第三编。在定稿前，交通部计划司司长刘锷、运输管理司司长张奇、科技司司长张德洪和工程管理司副司长袁一虹审查了主要篇章。唯因篇幅所限，不能全部列出关心和支持编写工作者的姓名，谨在此一并深表谢忱。

由于编写者缺乏经验，理论水平和科技知识有限，书中会有错误和不当之处，在工作中也存在一些疏漏，恳切希望读者批评指正。

《当代中国的水运事业》编辑部

1989年2月